Hans-Werner Sinn

DIE WUNDERSAME GELDVERMEHRUNG

Meiner lieben Gerlinde
zur Goldenen Hochzeit
in Anerkennung einer bewundernswerten Lebensleistung

Hans-Werner Sinn

DIE WUNDERSAME GELDVERMEHRUNG

Staatsverschuldung, Negativzinsen, Inflation

HERDER

FREIBURG · BASEL · WIEN

MIX
Papier aus verantwor-
tungsvollen Quellen
FSC® C014496

2., aktualisierte Auflage 2021

Verlag Herder GmbH, Freiburg im Breisgau 2021
Alle Rechte vorbehalten
www.herder.de

Satz: Daniel Förster, Belgern
Herstellung: GGP Media GmbH, Pößneck
Printed in Germany

ISBN Print: 978-3-451-39127-9
ISBN E-Book (E-Pub): 978-3-451-82579-8
ISBN E-Book (pdf): 978-3-451-82580-4

Inhalt

»Vber all erfindett sych der groste gebrech vnd ein vnleydelicher Irthum wo der Landes herre, adir die Regirer der Lande, adir der gemeynen eynn gewyn suchenn ausz der Munczunge als nemlich wan sye der forigenn vnnd ganck-baren Muntcz eyne neuve Muntcze zcugeben, die Im grann adir im schroett unfulkommene ist, vnnd doch in der achtunge mit der forigen vorgeleichett wirdtt ... Dis vber vorwustett die wirdickeit der Muncze gleich wye Rathe adir ander vnnkrautt, das getreyde. Welchs zo es vberhant nympt vnnd Spaett wirtt befundenn mag es der Herre nicht liderlichenn bussenn adir abewenndenn, ane eyne andere beswerunge, der vnderthane. Ouch nicht ane sein vngelymp, dweyle er dasselbige geursachett.«

»Der größte und unerträglichste Irrtum ist es aber, wenn der Landesherr oder der Inhaber der Staatsgewalt oder der gemeine Mensch aus der Münzprägung einen Gewinn zu ziehen sucht, indem er nämlich der bisherigen Münze eine neue zur Seite stellt, die im Material oder im Gewicht mangelhaft ist, und doch mit der alten gleichgesetzt wird. ... Dieses Übel verwüstet die Bewertung der Münze ebenso wie der Rost oder anderes Unkraut das Getreide. Wenn es überhandgenommen hat und zu spät entdeckt worden ist, kann es der Herr nicht ohne Mühe und nicht ohne erneute Belastung seiner Untertanen besei-tigen und erst recht nicht ohne Unglimpf, da er ja selbst die Ursache dafür gesetzt hat.«

Nicolaus Copernicus, Denkschrift über das Münzwesen, 1519, vorgetragen 1522 beim Preußischen Landtag in Graudenz

Zitiert nach H. M. Nobis und M. Folkerts, Hrsg., *Nicolaus Copernicus Gesamtausgabe*, Band V: *Opera Minora. Die humanistischen, ökonomischen und medizinischen Schriften, Texte und Über-setzungen*, bearbeitet von Stefan Kirschner und Andreas Kühne, Akademie Verlag: Berlin 1999, S. 130 (frühneuhochdeutsch) und S. 119 (hochdeutsch, hier leicht redigiert). Zur Entstehungs-geschichte des Textes, zum Vortrag in Graudenz und zu den Abweichungen von anderen frühe-ren und späteren Fassungen siehe S. 124–128. Copernicus hat sein Traktat im Auftrag der preußi-schen Landstände im Jahr 1519 auf der Basis eines früheren lateinischen Textes (Meditata) erstellt und am 21. März 1522 vor dem Preußischen Landtag in Graudenz persönlich in seiner Mutter-sprache verlesen.

Vorbemerkungen und Danksagung

Seit dem Jahr 2008 habe ich stets in der Großen Aula der Ludwig-Maximilians-Universität München eine »Weihnachtsvorlesung« zu wechselnden Themen der Wirtschaftspolitik gehalten. Der Auslöser war damals die allgemeine Sorge vor den Auswirkungen der Finanzkrise, die kurz zuvor mit dem Konkurs der Investmentbank Lehman Brothers und dem Zusammenbruch des weltweiten Interbankenmarktes ihren Höhepunkt erreicht hatte. Anders als meine normalen Vorlesungen als Hochschullehrer richteten sich diese Vorlesungen an die Studenten aller Fakultäten und an die allgemeine Öffentlichkeit. Sie wurden allesamt per Video aufgezeichnet und per YouTube im Internet verfügbar gemacht.

Meine bislang letzte Vorlesung vom Dezember 2020 trug den Titel »Corona und die wundersame Geldvermehrung in Europa«. Die Sorge um den Geldwert und die Stabilität unseres Finanzsystems trieb mich zu diesem Thema. Zu dem Titel selbst wurde ich durch Gabor Steingart inspiriert, der über die unnachahmliche Gabe verfügt, die Dinge sprachlich auf den Punkt zu bringen.

Die Vorlesung wurde im Internet bis zum Sommer 2021 mehr als 1,6 Millionen Mal angeklickt. Offenbar traf das Thema den Nerv der Zeit. Das wird im Übrigen auch dadurch belegt, dass in den Monaten danach führende Volkswirte in den USA, allen voran Lawrence Summers und Olivier Blanchard, mit ähnlichen Sorgen eine weltweite Diskussion des Themas haben anstoßen können. Dem Drängen meines Verlages und vieler Zuschauer folgend ist dies nun das Buch zur Vorlesung für jene, die es genauer wissen wollen.

Sicher: Hohe Klickzahlen im Internet sind noch kein Garant für den wissenschaftlichen Wahrheitsgehalt von Aussagen, sie sind aber ein Zeichen von Relevanz. Das ist ein Aspekt, dem sich auch jener Teil der wissenschaftlichen Forschung stellen sollte, der allein auf das Interesse von Fachkollegen ausgerichtet ist.

Der langjährige Präsident des Kieler Instituts für Weltwirtschaft Herbert Giersch, der für mich beim Wiederaufbau des ifo Instituts in München stets ein Vorbild war und der in diesem Jahr 100 Jahre alt geworden wäre, hat immer von der Bringschuld der Ökonomen gegenüber der Gesellschaft gesprochen. Diese Bringschuld empfinde ich in hohem Maße, denn während meiner akademischen Karriere wurde ich von den Steuerzahlern unseres Landes bezahlt. Sie können mit Fug und Recht erwarten, dass ein in ihren Diensten stehender Ökonom ihnen seine Argumente und Erkenntnisse in verständlicher Sprache vorträgt und über Themen schreibt, die für sie von Bedeutung sind.

Ich verlange meinen Lesern mit einer teilweise detaillierten und komplexen Analyse, die auf einer großen Zahl von Fakten basiert, einiges ab. Sich mit dem Thema intensiv zu beschäftigen ist aber enorm wichtig, denn es geht um viel. Ein Elend der aktuellen Politik scheint mir zu sein, dass viele Entscheidungsträger selbst oft die ökonomischen Zusammenhänge nicht einmal ansatzweise verstehen, in die sie mit ihren Entscheidungen eingreifen. Und auch die journalistische Berichterstattung darüber ist häufig nicht bereit, sich auf diese Komplexität einzulassen. Aber genau das öffnet einer übergriffigen, demokratisch nicht legitimierten und durch die EU-Verträge nicht vollständig abgedeckten Politik der EZB ebenso Tür und Tor wie einer mit Blick auf das Umweltziel ineffektiven und die Wirtschaft bedrohenden Energiepolitik. Umso wichtiger ist es vor diesem Hintergrund, die Bürger[1] mit validen Informationen zu versorgen und ihnen die drohenden Gefahren möglichst umfassend vor Augen zu führen, wie ich es in diesem Buch versuche, damit endlich eine ungeschönte und faktenbasierte öffentliche Debatte stattfinden kann, die zu einer dringend notwendigen Weiterentwicklung oder Neubestimmung der europäischen Institutionen führt.

Ich kann versichern, dass ich es wie stets angestrebt habe, dieses Buch so zu schreiben, dass es nicht nur für meine Fachkollegen, sondern auch für interessierte Laien verständlich ist, und gleichzeitig wahrhaftig zu bleiben. Nach bestem Wissen und Gewissen habe ich versucht, eine faire Abwägung zwischen den relevanten Argumenten vorzunehmen und den Blick auf das Wesentliche zu lenken.

Ich bedanke mich bei all jenen Kollegen und Zentralbankern, von denen ich bei der Diskussion der hier genannten Themen habe lernen oder an

---

1 Dieses Buch verwendet, wie es dem allgemeinen Sprachgebrauch entspricht, generische Geschlechtsformen und verzichtet auf das »Gendern«.

denen ich mich zumindest habe reiben können. Schließlich fällt die Erkenntnis nicht vom Himmel, sondern entwickelt sich im Disput. Genannt seien, in alphabetischer Reihenfolge, insbesondere Ernst Baltensperger, Peter Bernholz, Peter Bofinger, Clemens Fuest, Bruno Frey, Martin Hellwig, Stefan Homburg, Otmar Issing, Georg Milbradt, Dietrich Murswiek, Wolfram Richter, Kenneth Rogoff, Helmut Schlesinger, Fritz Schneider, Christian Seidl, Jürgen Stark, Harald Uhlig, Carl Christian von Weizsäcker, Frank Westermann und Franz-Christoph Zeitler. Ich danke Friedrich Breyer, Udo di Fabio, Harold James, Paul Kirchhof, Albrecht Ritschl und Nout Wellink für nützliche Hinweise zu diesem Manuskript. Friedrich Breyer möchte ich besonders hervorheben, denn er hat zudem das gesamte Manuskript redigiert.

Vorlesungen und Bücher verlangen technischen Aufwand bei der Erstellung von Grafiken und der Literatursuche. Ich danke der Ludwig-Maximilians-Universität München und dem ifo Institut, dass sie mir dabei auch nach meiner Emeritierung im Jahr 2016 noch beistanden. Anja Hülsewig hat mir bei der Literatursuche sowie der Zusammenstellung der Daten geholfen. Sie wurde von Monika Habier stellenweise unterstützt. Daniel Weishaar hat das Manuskript kritisch gelesen. Christoph Zeiner, im Einzelfall unterstützt durch Christiane Nowack, hat die Grafiken erstellt. Allen Mitarbeitern bin ich zu großem Dank verpflichtet, ohne ihnen eine Mitverantwortung für möglicherweise verbleibende Ungenauigkeiten geben zu wollen.

Beim Verlag Herder, der dieses Buch wie schon die letzten Bücher aus meiner Feder betreut hat, möchte ich mich ebenfalls herzlich für das Vertrauen und die Ermunterung bedanken. Hervorheben möchte ich vor allem meinen Lektor Patrick Oelze, der dieses Buch sorgfältig redigiert und mancherlei Präzisierung, Erläuterung und Verdichtung verlangt hat. Im Gegensatz zur ersten Auflage ist die derzeitige Auflage zwei Monate später teilweise aktualisiert worden, sofern es am aktuellen Rand, so zum Beispiel bei den Inflationsraten, wichtige Neuerungen bei den Daten gab.

München, im November 2021
Hans-Werner Sinn

1. Einleitung und Kurzübersicht: Die Inflationsgefahr

Europa schwimmt im Geld, aber es ist deswegen nicht reich, denn Geld ist nur Papier oder eine Ziffer im Computer. Es kann gefährliche Illusionen wecken, wie eine Vielzahl von Inflationen in der Geschichte der Menschheit gezeigt hat. Ähnlich wie so viele Vorläufer in den vergangenen Jahrhunderten haben sich auch die Regierungen der Euroländer bei ihren Zentralbanken das Geld drucken lassen, das sie den Bürgern in der Eurokrise und der nachfolgenden Coronakrise nicht glaubten abnehmen zu können. Das Geld haben die Staaten verwendet, um die von ihnen in Anspruch genommenen Arbeitsleistungen und die von ihnen erworbenen Güter zu bezahlen und auch um Sozialtransfers und Subventionen auszuschütten. Die Wirtschaft und die Bürger erhielten Ersatzeinkommen aus der Druckerpresse, die an die Stelle der nur noch zögerlich fließenden Markteinkommen traten. Es floss im Übrigen auch etwas neues Geld als Kredit an die private Wirtschaft inklusive der Bauherren, aber das war nur ein kleiner Teil des Geschehens.

Sicher, das Geld wurde von den Empfängern anschließend an andere weitergereicht, die ihre Leistungen nun besser verkaufen konnten. Es gab positive Multiplikatoreffekte auf den Wirtschaftskreislauf. Und es floss niemals direkt an die Staaten. Stets wurden private Geschäftsbanken als Kreditvermittler zwischengeschaltet. Sie besorgten sich bei den Zentralbanken neu gedrucktes Kreditgeld, das sie alsbald an die Staaten und zum Teil auch an die Firmen und Haushalte weiterverliehen. Von der Möglichkeit, zusätzlich auch noch Kreditgeld aus dem Bodensatz an Zentralbankgeld zu schaffen, das bei ihnen zirkulierte, machten die Banken wenig Gebrauch. Mit dem neuen Geld wurden Ansprüche auf Güter und Leistungen verteilt, die weit über das hinausgingen, was produziert werden konnte.

Während die Erlöse der Firmen und die Einnahmen der Staaten normalerweise aus dem bereits in Umlauf befindlichen Geld stammen, das beim

Verkaufsakt und bei der Steuerzahlung nur den Besitzer wechselt, wird das von den Zentralbanken verliehene Geld zur Verfügung gestellt, ohne dass der staatliche Sektor dafür eine Leistung hätte erbringen oder das Geld jemandem hätte wegnehmen müssen. Scheinbar muss dafür niemand auf den Erwerb von Gütern verzichten, die er sonst mit seinem Geld hätte kaufen können. Manna scheint vom Himmel zu regnen.

Aber der Schein trügt, denn es gibt keine geheimnisvollen Mächte, die in der Lage sind, für eine Volkswirtschaft Ressourcen aus dem Nichts herbeizuzaubern. Geld stellt Verfügungsrechte über Teile des Sozialprodukts dar, und wenn seine Menge schneller wächst als das Sozialprodukt, gibt es eine Inflationsgefahr. Die Gefahr ist dann nicht virulent, wenn dieses Geld ungenutzt in der bloßen Finanzwelt zirkuliert oder auch nur in Horten aufbewahrt wird. Wenn aber im Übermaß Geld geschaffen und verteilt wird und wenn die Geldhalter plötzlich auf die Idee kommen, dieses Geld für den Kauf von Konsum- und Investitionsgütern zu verwenden, und die Verkäufer dasselbe mit dem erhaltenen Geld machen, kann der Geldwert sehr rasch erodieren.

Das spricht nicht grundsätzlich gegen eine Politik der temporären Geldvermehrung. Es gibt Situationen, in denen die Droge frischen Geldes eine lahmende Wirtschaft wieder ankurbeln oder vor den Kräften der internationalen Spekulation retten kann. So kann man vermuten, dass der Erwerb von Staatspapieren mit dem neuen Geld Finanzkrisen und Staatskonkurse in Europa kurzfristig hat vermeiden können, als die internationale Spekulation in den Jahren nach der Finanzkrise den Glauben an die Stabilität des Euroraums verloren hatte. Die Staaten und Banken blieben solvent, und ihre Gläubiger, die Anleger aus aller Welt, wurden vor Konkursen geschützt. Kettenreaktionen, die zu einem Finanzcrash führen, wurden vermieden. In Maßen lässt sich der Druck neuen Geldes tatsächlich rechtfertigen, wenn es dazu dient, vorübergehende Liquiditätsengpässe und nicht etwa eine echte Insolvenz aufgrund eines falschen Geschäftsmodells zu vermeiden. Danach müsste jedoch wieder eine Phase der Verringerung der Geldmenge folgen.

Die Geldmenge wurde im Euroraum vor allem durch umfangreiche Staatspapierkäufe aufgebläht, von denen die EZB behauptet, sie tätige sie, um damit eine mäßige Inflation zu erzeugen. Zu einer solchen Inflation verpflichte sie der Maastrichter Vertrag, denn sie sei gleichbedeutend mit Preisstabilität. Lange Jahre kam die Inflation aber nicht zustande, weil das neue Geld von den Banken und anderen Marktteilnehmern gehortet wurde. Die fehlende Wirkung nahm die EZB zum Anlass, immer mehr von den Staatspapieren mit frischem Geld aus den Druckerpressen zu erwerben.

Der Bestand an Zentralbankgeld im Euroraum hat sich seit dem Beginn der Finanzkrise im Sommer des Jahres 2008 bis zur letzten Überarbeitung des Manuskripts im September 2021 fast versiebenfacht, von 880 Milliarden auf ziemlich genau 6 Billionen Euro, viel schneller, als die Wirtschaftsleistung stieg. Davon sind 4,9 Billionen ein Geldüberhang über jenes Niveau der Geldmenge, das sich in Relation zur Wirtschaftsleistung vor der Lehman-Krise schon einmal als ausreichend für die Eurozone erwiesen hatte. Von diesem Geldüberhang waren bis zum September 2021 etwa vier Fünftel durch die Käufe staatlicher Papiere in Umlauf gekommen. Drei Viertel des Zuwachses der Schulden der Eurostaaten während der Krisenjahre seit Ende 2008 wurden auf dem Umweg über zwischengeschaltete Banken von den nationalen Notenbanken und der EZB-Zentrale finanziert. Dennoch fand nach Meinung des Europäischen Gerichtshofs (EuGH) die vom Maastrichter Vertrag verbotene Monetisierung von Staatsschulden nicht statt. Alles entspreche den vereinbarten Regeln, erklärte er dem skeptischen Bundesverfassungsgericht (BVerfG).

Mittlerweile hat die Inflation aber begonnen. Da der Nachfrageeffekt staatlicher Defizite mit der Materialknappheit am Ausgang der Pandemie zusammentraf, kam es im Jahr 2021 zu einer Anstoßinflation. Perspektivisch sind in den nächsten Jahren weitere Anstoßeffekte in einem Kostenschub durch die Energiewende, in der Pensionierung der Babyboomer und in einer durch Zinsdifferenziale erzeugten Euroabwertung zu sehen. All diese Anstoßeffekte können zu einer Änderung der Inflationserwartungen führen, die eine sich selbst verstärkende Inflationsspirale in Gang setzt, bei der sich der Geldüberhang inflationär entlädt, ähnlich wie der Ketchup, der lange im Kühlschrank lag und nach dem Schütteln auf einmal aus der Flasche herausspritzt.

Wenn eine solche Situation droht, müssten die Zentralbanken das überschüssige Geld wieder einsammeln, indem sie die Staatspapiere, die sie in Besitz genommen haben, wieder verkaufen. Da die Staaten dabei erhebliche Schwierigkeiten in Form steigender Finanzierungslasten und die Banken, die ähnliche Papiere in ihren Büchern haben, gefährliche Abwertungsverluste auf ihre Anlageportfolios zu verkraften hätten, ist jedoch zu erwarten, dass der Rat der Europäischen Zentralbank die Geldmengenreduktion nur sehr zögerlich angehen wird, wenn überhaupt. Die Anstoßinflation trifft eine Ökonomie, deren Inflationsbremse zerstört ist.

Die Umverteilungseffekte, die von einer möglichen Inflation ausgelöst würden, sind bereits für sich genommen sehr problematisch, denn sie betreffen nicht nur die Geldhalter im engeren Sinne, sondern generell jene Teile der Bevölkerung, deren Einkommen nicht inflationsgesichert ist und die nicht reich genug sind, um Realkapital in Form von Immobilien oder Unternehmensbeteiligungen erwerben zu können. Wer Riester-Verträge, Sparbücher, Rentenpapiere oder Lebensversicherungspolicen besitzt, nämlich das Kleinbürgertum, gehört zu den Verlierern. Diese Sparer verlieren durch die lockere Geldpolitik bereits ihre Zinsen und sehen ihrem Rentenalter mit Bangen entgegen. Wenn sie eines Tages feststellen müssen, dass sie wegen einer Inflation außerdem noch das ersparte Kapital selbst verlieren, werden sie aufbegehren und ihren Unmut kundtun. Politische Konsequenzen erheblichen Ausmaßes sind nicht ausgeschlossen.

Der Ärger wäre ja auch nur zu verständlich. Da sind Millionen von Bürgern, die tagaus, tagein ihre mühsame Arbeit verrichten, um sich die Güter des täglichen Bedarfs zu kaufen und ein paar Euros für ihr Alter zusammenzusparen. Bevor sie einen Euro ausgeben, drehen sie ihn dreimal um. Und auf der anderen Seite stehen diejenigen, die direkt oder indirekt in den Genuss der zusätzlichen Geldschöpfung im Umfang von Tausenden von Milliarden Euro gekommen sind, für die sie eben solche Güter erwerben konnten. Das sind nicht nur diejenigen, deren Einkommen im Zuge der Coronamaßnahmen gestützt wurden, sondern auch die Inhaber großer Investmentportfolios aus aller Welt, deren Ansprüche gegen Staaten und private Schuldner, die sonst vielleicht in Konkurs gegangen wären, gerettet wurden.

Der eine schuftet, um ein bisschen Geld zusammenzukratzen, und der andere wird über politische Prozesse vor den Konsequenzen der eigenen Fehlinvestition geschützt, oder er kommt zu ungeahntem Geldsegen, ohne sich anstrengen zu müssen. Der Hinweis auf diesen Verteilungskonflikt klingt vielleicht populistisch, doch verdeutlicht er den Kern des gesellschaftlichen Problems. Jeder, der verantwortlich denkt, sollte diesen Sachverhalt zutiefst verinnerlichen.

Die Nonchalance, mit der in Brüssel und Berlin Hunderte von Milliarden Euro aus der Druckerpresse verteilt werden, damit Gläubiger vor dem Konkurs ihrer Schuldner geschützt oder Geschenke verteilt werden können, steht in einem erheblichen gedanklichen Widerspruch zu der Bedeutung, die das Geld für den Bürger hat, der es Tag für Tag durch seine Arbeitsleistung neu erwerben muss, um über die Runden zu kommen.

Die Verteilungsfrage stellt sich im Übrigen nicht nur innerhalb eines Landes, sondern auch international, denn, wie durch die sogenannten Targetsalden gemessen, landete besonders viel von dem neuen Geld im Austausch für Güter und Vermögensobjekte in Deutschland. Die Inflationsgefahr beinhaltet für die Bundesbank und damit für die Bundesrepublik Deutschland und ihre Bürger auch die Gefahr, Forderungen zu verlieren, die aus den Ungleichgewichten des innereuropäischen Zahlungsverkehrs resultieren.

Das alles ist schon deshalb problematisch, weil die grundlegenden Entscheidungen von einer Institution, der EZB, getroffen wurden, die außerhalb jeglicher demokratischer Kontrolle arbeitet, nach Auffassung des Bundesverfassungsgerichts im Verdacht steht, ihr Mandat zu verletzten, und noch nicht einmal durch einen Rechnungshof kontrolliert wird. Diese Institution verteilt Rettungsgelder aus der Druckerpresse und gibt Rettungsversprechen nach eigenem Gutdünken. Sie rettet nicht nur Staaten, sondern vor allem die Investoren aus aller Welt, die sich hemmungslos mit den Schuldscheinen hoch verschuldeter Staaten eingedeckt haben, wohl wissend, dass die EZB die Risiken übernimmt.

Die Stabilität des Geldes ist eine Grundvoraussetzung der marktwirtschaftlichen Ordnung, denn erst sie ermöglicht einen reibungslosen Gütertausch innerhalb einer Zeitperiode und vor allem zwischen diesen Perioden. Der eine wagt es zu sparen, verzichtet heute und gibt dafür in Form von Geld seine Anspruchsrechte auf Güter anderen, die damit Investitionen finanzieren, die sie aus dem laufenden Einkommen nicht stemmen können. Aus den Investitionen entsteht ein realer Kapitalbestand, der, wenn er nicht durch Kriege zerstört wird, im Laufe der Zeit immer mehr Bedarf an Arbeitskräften bedeutet, so dass sich im Wettbewerb der Unternehmen immer höhere Löhne und ein höherer Lebensstandard der Massen ergeben. Der Prozess, mittels dessen Ersparnis in Investitionen und reales Kapital verwandelt wird, ist die Quelle des wirtschaftlichen Wachstums und des Wohlstands für alle. Bei einer Inflation besteht die Gefahr, dass die Sparer sich nicht mehr trauen, ihr Geld zu verleihen, denn eine Inflation ist grundsätzlich nicht kalkulierbar und schafft sowohl beim Gläubiger als auch beim Schuldner Unsicherheit bezüglich der Höhe der realen Tilgungs- und Zinslasten, die aus einem Kreditkontrakt zu erbringen sind. Diese Unsicherheit ist Sand im Getriebe der Marktwirtschaft und der Gesellschaft.

Bei einer Hyperinflation wie in Deutschland vor 100 Jahren kann sogar der normale Tausch von Gütern und Leistungen beeinträchtigt werden, weil bereits zwischen der Einnahme eines Geldbetrages und seiner Verausgabung für baldigen Konsum eine erhebliche Geldentwertung stattfindet. Dann verliert das Geld seine Funktion als Tauschmittel, und die Menschen müssen sich in den umständlichen Naturaltausch flüchten, wie er vor der Entwicklung des Geldwesens üblich war.

Stefan Zweig hat in seinen Lebenserinnerungen sehr plastisch beschrieben, wie sich die große deutsche Inflation der Jahre bis 1923 auf das tägliche Leben der Menschen auswirkte, wie das Kleinbürgertum verarmte und wie zermürbend es war, wenn die Frauen ihren Männern an den Werktoren die Lohntüten abnahmen, um sie vor der täglichen Entwertung durch die Inflation in Konsumgüter umzutauschen. Und er hat klargemacht, wie auch die politische Radikalisierung der Menschen in der Weimarer Republik durch die Inflation verursacht wurde:[1]

> »Nichts hat das deutsche Volk – dies muss immer wieder ins Gedächtnis gerufen werden – so erbittert, so hasswütig, so hitlerreif gemacht wie die Inflation.«[2]

Auch ein nüchterner Ökonom, der die Inflation gerne in eine blasse mathematische Formel überführt, tut gut daran, die vielen plastischen Schilderungen des Autors über das Leben und die persönlichen Katastrophen in Zeiten der Inflation zu lesen, um auch einmal intuitiv zu begreifen, was auf dem Spiele steht, und um zu verstehen, welch hohes Gut die Stabilität des Geldwertes ist.

Dieses Buch prognostiziert nicht, dass sich eine Inflation wie vor 100 Jahren wiederholt. Dafür gibt es keine konkrete Veranlassung. Es zeigt aber, dass bezüglich der Anstoßeffekte Parallelen zu der Inflation der 1970er Jahre durchaus bestehen. Die durchschnittliche jährliche Inflationsrate in Deutschland lag damals bei etwa 5 %. Deshalb ist es angebracht, wachsam zu sein. Tatsächlich lief die Geldmenge im Euroraum seit dem Jahr 2015 derart aus dem Ruder, dass man sich Sorgen um die Stabilität des Geldwertes machen muss. Das Buch diskutiert die Mechanismen und Bedingungen, unter denen eine Inflation schlummert, erwacht und dann möglicherweise nicht mehr gezähmt werden kann, verweist auf historische Parallelen und versucht den Weg zurück zu einem soliden Finanzwesen zu beschreiben, wie es in den Maastrichter Verträgen angedacht war, aber bislang noch nicht zustande gekommen ist.

---

1 St. Zweig, *Die Welt von Gestern*, Kopenhagen 1942, 5. Auflage, Insel Verlag: Berlin 2019, S. 334 ff.
2 Ebenda, S. 359.

2. Die drei großen Krisen

Europa in der Dauerkrise • *Erstens: Die Subprime-Krise* • *Zweitens: Die Wettbewerbskrise des Mittelmeerraums* • *Drittens: Die Coronakrise* • *Der Absturz* • *Wird nun auch Deutschland erfasst?*

Seit 2007 ist Europa in der Dauerkrise. Erst schwappte die US-amerikanische Finanzkrise über den Atlantik. Dann platzte die inflationäre Blase, die der Euro in den Mittelmeerländern erzeugt hatte, und hinterließ nur noch Torsos einst halbwegs wettbewerbsfähiger Volkswirtschaften zurück. Danach erfasste die Coronakrise die Welt und setzte zudem noch den ohnehin geschwächten Mittelmeerländern in besonderer Weise zu. Schließlich droht auch die deutsche Industrie, die unter den angeblich umweltpolitischen Vorgaben aus Brüssel besonders leidet, in einen Abwärtstrend zu geraten, der trotz der schnellen Erholung von der Coronakrise nicht zu übersehen ist.

Europa in der Dauerkrise

Die große Inflation, die Stefan Zweig beschrieb, entstand aus der großen realwirtschaftlichen Krise, in die Deutschland durch den verlorenen Ersten Weltkrieg und die nachfolgende Spanische Grippe geriet: eine weltweite Pandemie, der in Deutschland wohl mindestens 600 000 Menschen zum Opfer fielen. Der fast bankrotte Staat hatte sich in immer mehr Staatsschulden geflüchtet, die von der Reichsbank anschließend monetisiert worden waren. Konkret hatte die Reichsbank einen immer größeren Bestand an Schatzwechseln – Staatspapieren mit kurzer Fristigkeit – mit frisch geschaffenen Mark erworben, um so sicherzustellen, dass der Markt aufnahmebereit für neue Schatzwechsel war, die der Staat verkaufte, um sich zu finanzieren. Angesichts dieses Ursachengeflechts ist es nützlich, vor einer Diskussion der Gefahren der heutigen Geldpolitik einen Blick auf die reale Krise der letzten Jahre zu werfen, die ebenfalls eine außergewöhnliche, wenn auch noch nicht längst so dramatische Ausweitung der Geldmenge mit sich brachte.

Die heutige Krise begann im Jahr 2008, dem Jahr der Lehman-Pleite, oder eigentlich schon im Sommer 2007, als der Interbankenmarkt auch in Europa erstmals kurzfristig zusammenbrach. Alle Länder der Welt wurden davon erfasst, doch während die meisten sich schnell erholten, geriet die EU in eine tiefe Dauerkrise, die die Finanzmärkte, die Firmen der Realwirtschaft und das politische Gefüge der EU selbst zum Wanken brachte, zumal ab dem Jahr 2015 auch noch eine Welle von Flüchtlingen nach Europa strömte. Die osteuropäischen Länder distanzierten sich in dieser Zeit immer stärker vom Kurs der EU und der Eurozone, und das Vereinigte Königreich trat sogar aus der EU aus.

Inzwischen hat sich zu allem Unglück auch noch die Pandemie hinzugesellt. Bei genauerer Betrachtung sind es inzwischen drei sich überlappende Wirtschaftskrisen, die der EU zu schaffen machten und noch machen:

- die Weltfinanzkrise, die in den Jahren 2007 und 2008 ausbrach,
- die Eurokrise, die durch die Finanzkrise gezündet wurde, und schließlich
- die Coronakrise, die im Jahr 2020 von China ausgehend die ganze Welt erfasste.

Erstens: Die Subprime-Krise

Die Weltfinanzkrise war in den USA aus der sogenannten Subprime-Krise entstanden. Sub-prime steht für private Wertpapiere minderer Qualität, die von Banken und Finanzvermittlern aus dem Bereich der Immobilienwirtschaft geschaffen worden waren und Ansprüche gegenüber wenig zahlungsfähigen Kreditnehmern und wenig soliden Immobilien begründeten. Die Banken und Kreditvermittler (Broker) mussten diese Immobilienkredite aufgrund des Community Reinvestment Act – eines Gesetzes gegen die Bildung von Slums an den Rändern der Großstädte – an sozial schwächere Familien ausreichen, weil sie sonst Sanktionen ausgesetzt worden wären.[1] Diese Institute wussten, dass die Eier in ihren Körben, konkret die Forderungstitel gegen die Kreditnehmer, faul waren, und versuchten, sie schleunigst in der weiten Welt zu verkaufen. Dazu verpackten sie diese Titel wieder und wieder neu, indem sie immer komplexere Bündel aus guten und schlechten Krediten, ja anderen Kreditbündeln zusammenlegten. Es entstanden auf diese Weise z. B. die sogenannten ABS-Papiere mit einer Anspruchsstruktur, die so verworren war, dass sie keiner mehr verstand. ABS steht für Asset Backed Securities. Es handelt sich um Wertpapiere, die anteilige und in Rangstufen gegliederte Ansprüche an den Rückflüssen einer großen Zahl von anderen Wertpapieren begründen. Die mathematischen Risikomodelle, die angeblich den Überblick über die Risiken bewahren sollten, erwiesen sich im Nachhinein als schöngerechnete Mogelpackungen zur Erfüllung der Kriterien der amerikanischen Ratingagenturen, die aber bei ihrer Aufgabe, klare und verlässliche Qualitätssiegel zu erteilen, kläglich versagten, wenn sie nicht gar wissentlich ihre Augen verschlossen.[2]

Die Mogelei hatte im US-amerikanischen Finanzsystem Methode. Aber sie hatte weniger moralische als systemische Ursachen, denn die beteiligten Unternehmen der Finanzwirtschaft neigten zum Zocken, weil sie dabei Gewinne zulasten anderer machen konnten. Sie genossen das Privileg der beschränkten Haftung, das Kapitalgesellschaften generell genießen, und brauchten zudem nur sehr niedrige Eigenkapitalbestände vorzuweisen. Das veranlasste sie, sich an allzu riskante Investitionsprojekte heranzuwagen.[3] Wenn alles gutging, schütteten sie ihre Gewinne an die Aktionäre aus und brachten sie so in Sicherheit, und wenn es schiefging, dann machten sie den Laden eben zu. Sie verloren dann zwar ihr Eigenkapital, aber weil das so klitzeklein im Verhältnis zur Größe des Glücksrades war, das damit gedreht wurde, konnten die Aktionäre diesen Verlust verkraften und zugleich in anderen Unternehmungen neue Glücksräder in Schwung bringen. Die Fremdkapitalgeber, die diesen Firmen Geld geliehen hatten, hatten stattdessen das Nachsehen. Noch schöner war es freilich, wenn die eigene Firma als systemrelevant eingestuft und von vornherein vom Steuerzahler gerettet wurde. Dann ließ sich das alte Rad sogar wieder reaktivieren und für ein neues Spiel verwenden.

---

1 H.-W. Sinn, *Kasino-Kapitalismus: Wie es zur Finanzkrise kam, und was jetzt zu tun ist*, Econ: Berlin 2009, besonders Kapitel 5: »Auch Main Street hat gezockt«, S. 119.

2 Ebenda, Kapitel 6: »Heiße Kartoffeln«.

3 Ebenda, besonders Kapitel 4: »Warum Wall Street zum Spielkasino wurde«.

Die asymmetrische Beteiligung an Gewinnen und Verlusten, die aus einer Haftungsbeschränkung der Kapitalgesellschaften und einer zu laschen Eigenkapitalregulierung der Behörden resultiert, hat legale Geschäftsmodelle für die Unternehmen der Finanzwirtschaft ermöglicht, deren Erfolg für immer mehr Verbreitung sorgte und eine gewaltige Aufblähung rein finanzieller Transaktionen kompliziertester Art in der Welt führte. Die Finanzwirtschaft hat sich in den letzten Jahrzehnten viel schneller als die Realwirtschaft entwickelt, aber es ist nicht erkennbar, dass daraus ein volkswirtschaftlicher Vorteil entstand, der etwas mit dieser gewaltigen Aufblähung zu tun hatte, so wichtig ein funktionierendes Finanzwesen als solches für die Marktwirtschaft ist. Immer mehr Institutionen beteiligten sich an bloßen Spielen zulasten Dritter, hofften auf das schnelle Geld, gingen ins Risiko und beteiligten sich am Aufbau von Strukturen, die letztlich zum Kollaps der Weltwirtschaft führten, konkret zur ersten Rezession der Weltwirtschaft seit dem Zweiten Weltkrieg.

Die verheerenden Entwicklungen fanden nicht nur in den USA statt. Überall schossen solche Kasinos im weiteren Sinne aus dem Boden. Überall auf der Welt, wo die Bilanzierungsregeln des Basler Ausschusses galten, auch in Europa, wandten sich auch Banken mit seriösen Namen dem Risikospiel der Finanzmärkte zu. Der Basler Ausschuss ist eine in Basel ansässige Koordinationseinrichtung, die den Regierungen einheitliche Empfehlungen für die Regulierung der jeweiligen nationalen Bankensysteme gibt, um den Deregulierungswettbewerb zu verhindern. Ihm gehören die G20-Länder und viele weitere Länder auf der ganzen Welt an. Obwohl die Intention der Basler Regeln vernünftig ist, waren sie unter dem Einfluss der regulierten Banken aber doch nicht in der Lage, die Risikospiele zu verhindern. Die für die Banken geltenden Eigenkapitalregeln setzten so wenig Eigenkapital voraus, dass damit der institutionellen Zockerei Tür und Tor geöffnet wurde.

Die Banken wandten sich in diesen Jahren mehr und mehr dem sogenannten Investmentgeschäft zu, bei dem sie viel mehr Geld verdienen konnten als bei ihrem Kerngeschäft, der Ausleihung von Krediten an die Firmen der Realwirtschaft. Und wenn die Banken nicht unter eigenem Namen aktiv wurden, so taten sie es in ausgelagerten ausländischen Zweckgesellschaften in Irland und anderswo, deren Geschäftsgebaren sie zuhause nicht einmal bilanzieren mussten.

Die Deutsche Bank und die Schweizer Bank UBS hatten damals Eigenkapitalquoten von weniger als 2 % bezüglich der Bilanzsumme, was im Grunde nur wenig mehr als nichts war. Öffentlich zitierte man lieber die sogenannte

Kernkapitalquote, bei der nur ein Bruchteil der Bilanzsumme als Bezugsgröße für das Eigenkapital gewählt wurde, so dass hohe numerische Werte herauskamen.[4] Diese niedrigen Eigenkapitalquoten waren höchst verwunderlich angesichts des Umstandes, dass die Banken von ihren Kunden meistens Eigenkapitalquoten von 30 % und mehr verlangten, bevor sie überhaupt nur daran dachten, ihnen einen Kredit zu geben. Der Londoner Investmentbanker der Deutschen Bank Anshu Jain, der ein Vielfaches des damaligen Vorstandschefs Josef Ackermann verdiente, scheffelte zeitweilig so viel Geld herbei, dass die Kollegen aus dem Firmenkundengeschäft nur erblassen konnten. Aber es liegt in der Natur dieser Zockerei, dass sie nicht ewig funktioniert. Deutsche Bank und USB kamen in der großen Finanzkrise in ernste Schwierigkeiten.

Die Finanzwirtschaft der westlichen Industrieländer verkam angesichts solch lascher Regeln für die Eigenkapitalunterlegung ihrer Geschäfte zum Kasino-Kapitalismus, weil die asymmetrische Beteiligung an den Gewinnen und Verlusten riskante und dubiose Geschäftsmodelle betriebswirtschaftlich rentabel werden ließ, die volkswirtschaftlich – nämlich unter Berücksichtigung der Verluste der Gläubiger der Banken und der Steuerzahler, die zu Hilfe kamen – völlig unrentabel waren. In der Konsequenz zeigten die Institute der Finanzwirtschaft beim Handel mit Finanzprodukten eine viel zu hohe Risikoneigung. Sie zahlten zu hohe Preise für dubiose Finanzprodukte, und das wiederum veranlasste die US-amerikanischen Finanzprofis, viel zu viel Kraft in die Konstruktion solcher Produkte zu investieren, als es aus einer weltwirtschaftlichen Gesamtsicht sinnvoll sein konnte.

Das galt in ähnlicher Weise auch für die privaten amerikanischen Haushalte, die am Beginn der Kette von Investmentspielen standen. In den USA gilt nämlich das Recht der non-recourse loans: Das heißt, dass Banken ihren Kreditnehmern im Falle der Überschuldung nur das beliehene Objekt wegnehmen konnten, nicht aber auf das sonstige Vermögen der Menschen zugreifen konnten. Ein Eigenheim wurde also rechtlich in den USA in etwa so behandelt wie hierzulande eine GmbH, bei der ja auch der Eigentümer gegenüber den Gläubigern nicht persönlich in der Haftung steht. Auch die Häuslebauer haben deshalb in den USA fleißig mitspekuliert. Sie kauften Häuser zum Teil mit einem Kredit von 100 % und mehr – auch noch für das SUV, das mit drin sein musste – in der Hoffnung, dass die Wertsteigerungen der Häuser

---

4   Ebenda, Kapitel 7: »Politikversagen«, besonders S. 159.

die Kreditquoten alsbald drücken würden. An die Möglichkeit einer Umkehrung des Trends bei den Hauspreisen dachten sie dabei nicht, weil sie im äußersten Fall zwar das Haus mitsamt dem Kredit verlieren, ansonsten aber ungeschoren davonkommen würden.

Grundlegendes hat sich bis zum heutigen Tage nicht an dieser rechtlichen Situation geändert bis auf den Umstand, dass die Banken nach einer Revision des Basler Abkommens nun gezwungen sind, eine bilanzielle Eigenkapitalquote von 3 % (nicht 30 %!) vorzuhalten, was aber nur eine geringfügige Änderung der Anreizstrukturen bedeutet und das weitere Wachstum des Kasino-Kapitalismus garantiert, mit allen problematischen Konsequenzen, die man 2008 schon überall in Europa zu spüren bekam.

Auch in Deutschland fanden die amerikanischen Finanzjongleure viele institutionelle Kunden und am Ende der Kette auch Privatanleger, die glaubten, mit dem Kauf von Optionsscheinen und anderen Derivaten hohe und leidlich sichere Renditen erzielen zu können. »Stupid German money«, dummes deutsches Geld, nannte die US-Presse die Investitionen von deutschen Geldhäusern, die sich hatten blenden lassen.

Deutschlands staatliche Landesbanken und auch die eine oder andere private Bank wurden 2008 bis 2010 mit 280 Milliarden Euro an Staatshilfen gerettet, was die deutsche Schuldenquote für sich genommen um elf Prozentpunkte hochschnellen ließ.[5] Der interessierte Leser mag dazu bis zur Abbildung 6.1 im Kapitel 6 vorblättern.

Zu den ersten europäischen Banken, die bereits im August 2007 in Schwierigkeiten kamen, gehörte (neben der kleinen deutschen Staatsbank IKB) die französische Großbank BNP Paribas. Ihre Krise ließ den Interbankenmarkt zittern und führte zu energischen Interventionen der EZB, die wegen der Ferienzeit von der Öffentlichkeit nicht bemerkt wurden. Die in den Monaten danach folgenden Bankenpleiten ließen sich aber nicht verheimlichen. Im Sommer 2007 geriet die deutsche Sachsen LB in eine solche Schieflage, dass sie mit hohen Garantien des Freistaats Sachsen verkauft werden musste. Im September

---

5   Insgesamt wurden bis Ende 2010 Hilfen in Höhe von 283,4 Milliarden Euro in Anspruch genommen. Dies entspricht 11 % des BIP. Vgl. Bundesrepublik Deutschland Finanzagentur GmbH, Finanzmarktstabilisierung, »Historischer Überblick über die Maßnahmen des Finanzmarktstabilisierungsfonds FMS (SoFFin)«, Maßnahmenstand: 31.12.2019, https://www.deutsche-finanzagentur.de/fileadmin/user_upload/finanzmarktstabilisierung/FMS-Massnahmen_de.pdf.

2007 erlebte die angeschlagene britische Bank Northern Rock einen Bankrun, bevor sie im im Februar 2008 schließlich verstaatlicht wurde. In den USA kam im Frühjahr 2008 die Bank Bear Sterns in die Krise, und ähnlich erging es vielen anderen Banken der USA. So wurde das, was man zuerst als singuläres Ereignis begreifen konnte, rasch zum Flächenbrand.[6]

Den Höhepunkt der Krise assoziiert man gemeinhin mit der Pleite der US-amerikanischen Investmentbank Lehman Brothers im September 2008, denn danach brach weltweit der Interbankenmarkt zusammen. Kaum eine Bank traute der anderen noch über den Weg, und Kredite wurden nicht mehr vergeben.

Die Garantien, die die großen Länder der Welt (G7) nach einer am 11. Oktober 2008 in Washington getroffenen Vereinbarung für ihre Banken aussprachen, so auch Deutschland, konnten die Vertrauenskrise dann zwar rasch wieder lindern, so dass der Kreditfluss allmählich wieder in Gang kam. Doch schlagartig hatte dieses Ereignis die Risikobereitschaft der europäischen Banken verringert und die geforderten Zinsen für Ausleihungen an weniger solide Banken und Staaten vergrößert.

Zweitens: Die Wettbewerbskrise des Mittelmeerraums

Die zweite Krise ist die Wettbewerbskrise der Mittelmeerländer von Zypern bis Portugal. Die Länder waren vor dem Euro in einen inflationären Boom geraten, der sich zur Blase ausweitete, die mit der Lehman-Krise platzte.

Die Blase platzte, weil die internationalen Geldgeber mit dem Entstehen der Finanzkrise befürchteten, dass die Mittelmeerländer diese Finanzkrise nicht so schnell würden überwinden können wie andere Teile der Welt, da bei ihnen auf einmal größere, schon lange angelegte Strukturprobleme aufbrachen und sichtbar wurden, die über eine bloße Vertrauenskrise der Märkte weit hinausgingen. Das Kapital floh deshalb in Scharen aus diesen Ländern und trieb nicht nur viele Banken, sondern auch ganze Staaten an den Rand des Ruins. Anders als die Bundesrepublik Deutschland waren sie bereits hoch verschuldet und genossen im Grunde nur eine geringe Bonität auf den Kapitalmärkten, obwohl sich nach der Einführung des Euro zunächst Optimismus

---

6   Für eine Chronologie der Krise vgl. H.-W. Sinn, *Kasino-Kapitalismus*, a.a.O., Kapitel 3.

verbreitet hatte. Die ausländischen Anleger, die diese Länder in den ersten Jahren des Euro bereitwillig finanziert hatten, waren auf einmal nicht mehr bereit, die fällig werdenden Kredite zu verlängern oder neue Kredite zur Ablösung der alten zu gewähren, sondern verlangten ihr Geld zurück, und wenn sie doch bereit waren, sich neu zu engagieren, so nur zu horrenden Zinsen.

Box 2.1: Leistungsbilanz, Nettoauslandsposition und Kapitalimport

Ein Leistungsbilanzdefizit ist definiert als Überschuss der Importe und Nettozinszahlungen an das Ausland (im weiteren Sinne, inklusive Pachten, Mieten etc.) über die Exporte und Nettogeschenke aus dem Ausland (Entwicklungshilfe, Gastarbeiterüberweisungen, zwischenstaatliche Transfers etc.). Man nennt das Defizit der Leistungsbilanz auch Nettokapitalimport, denn es führt zu einer Verringerung der Nettoauslandsposition. Die Nettoauslandsposition, manchmal auch Nettoauslandsvermögen genannt, ist selbst als Nettoforderung des Inlands gegenüber dem Ausland (Kreditforderungen sowie Forderungen aus Pacht-, Leasing-, Lizenzbeträgen usw.) zuzüglich eines Netto- oder Nettorealvermögensbesitzes (Aktien, Firmenanteile, Immobilien) von Inländern im Ausland definiert. Netto heißt hier, dass die jeweiligen Posten mit entsprechenden Titeln des Auslands gegenüber dem Inland saldiert sind.

Zum besseren Verständnis könnte man versuchen, diese Begriffe auf die Ebene eines Einzelhaushalts zu übertragen, obwohl das nicht üblich ist. Vereinfacht könnte man dann sagen, dass ein Haushalt, der mehr für Konsum und Schuldzinsen ausgibt, als er an Einkommen hat – weil er mehr Leistungen von seinen Mitmenschen »importiert«, als er an sie »exportiert« –, eine negative Leistungsbilanz aufweist und dementsprechend Kapital von außen importiert. Ein Kapitalimport ist also definitionsgemäß eine negative Leistungsbilanz und umgekehrt. Im Umfang seiner negativen Leistungsbilanz verringert der Haushalt sein Sparvermögen (alias Nettoauslandsposition), und wenn die negative Leistungsbilanz lange genug anhält und groß genug ist, dann kann das Sparvermögen sogar in ein negatives Sparvermögen, also eine Nettoschuld gegenüber anderen umschlagen.

Allzu häufig suchten auch Anleger aus den Krisenländern selbst das Weite und versuchten, ihr Vermögen im Ausland in Sicherheit zu bringen. Die Aktienkurse purzelten in dieser Situation, und die Immobilienpreise fielen in dramatischem Ausmaß. Betroffen waren insbesondere jene Länder, die aufgrund jahrelanger Leistungsbilanzdefizite hohe Auslandsschulden – präziser: eine hohe negative Nettoauslandsposition relativ zur Wirtschaftsleistung – aufgebaut hatten. Das waren vor allem Portugal, Spanien, Griechenland und Zypern, aber auch in begrenztem Maße Italien.

Als Problem erwies sich nun für die Krisenländer, dass sie durch den Euro selbst in einen inflationären Wirtschaftsboom geraten waren, der sie überteuert und ihrer Wettbewerbsfähigkeit beraubt hatte. Durch diesen vorgelagerten Boom war ein Zusammenhang zwischen der schwelenden strukturellen Wettbewerbskrise der Mittelmeerländer und der US-amerikanischen Finanzkrise entstanden.

Solange stets frischer Kredit von außen kam oder nur niedrige Zinsen zu bezahlen waren, war die Auslandsverschuldung ein beherrschbares Problem. Wenn man das Geld für den Lebensstandard in Form von Importen oder für die Tilgung alter Auslandsschulden nicht mehr mit dem Export von Gütern erwirtschaften kann, reicht auch der Export von neuen Schuldscheinen. Wie man zu Geld kommt, ist eigentlich egal. Doch wenn diese Schuldscheine nicht mehr gekauft werden oder nur noch, wenn sie mit üppigen Zinsen versehen werden, entsteht ein Problem. Vor einem solchen Problem standen auf einmal die Mittelmeerländer. Auch Irland war als Drehscheibe des Finanzkapitals stark betroffen, doch litt es vor allem unter der plötzlichen Kapitalflucht.

Der Grund für den inflationären Boom, der die Wettbewerbsfähigkeit bereits vor der Lehman-Krise unterminiert hatte, lag im Euro selbst. Die Kapitalmärkte hatten das Eurosystem ganz im Gegensatz zu den EU-Verträgen als Haftungsunion verstanden und waren davon ausgegangen, dass die wenig verschuldeten Länder im Notfall für die stark verschuldeten Länder geradestehen würden, obwohl es der Maastrichter Vertrag eigentlich ganz anders vorsah. Da sie nun keine Abwertungen als Korrektur einer fehlenden Preisdisziplin mehr zu befürchten hatten, reduzierten sich die nominalen Zinsunterschiede zwischen den Ländern fast bis zur Unkenntlichkeit, obwohl die Schuldnerländer zunächst kräftig weiter inflationierten und ihre Wettbewerbsfähigkeit auf diese Weise beschädigten. Sie konnten sich fast genauso günstig verschulden wie Deutschland und andere als stabil geltende Länder.

Abbildung 2.1: Zinsen für zehnjährige Staatspapiere (1990 bis 31. August 2021)

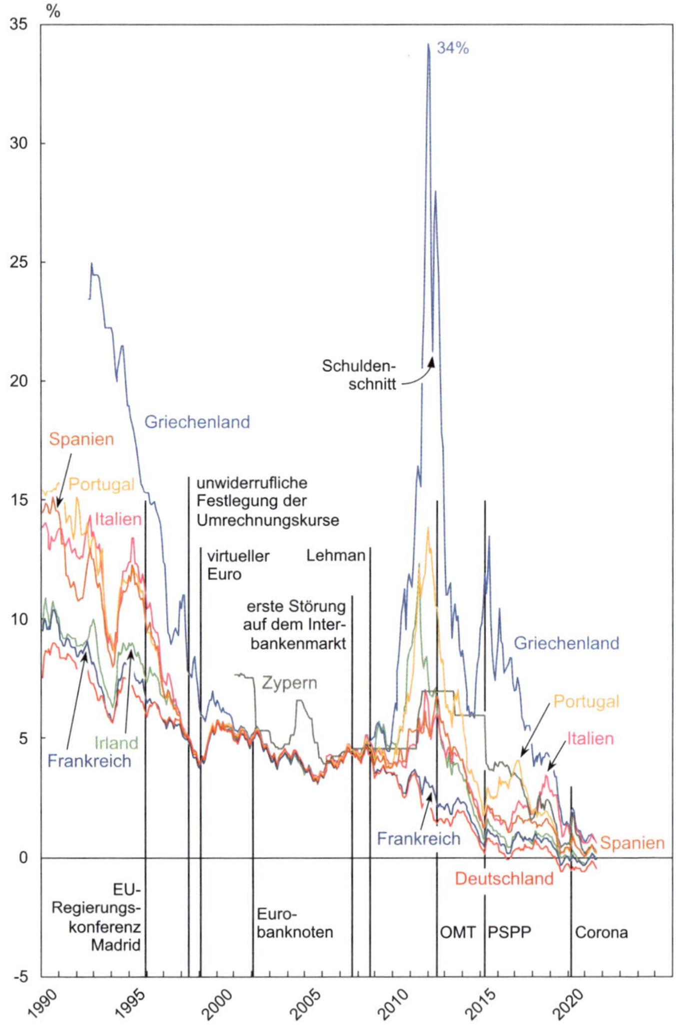

Quelle: Macrobond, Datenkategorie: *Government Benchmarks,* 10 Year, Yield.

Erläuterung: Bei den Zinsen handelt es sich um durchschnittliche Zinssätze von Staatsanleihen mit zehnjähriger Laufzeit (sogenannte Benchmark Bonds). Dabei wird unter Zuhilfenahme der Erwartungstheorie des Zinses aus den zu einem Stichtag beobachtbaren Zinsen von Papieren mit unterschiedlichen Restlaufzeiten die Rendite eines fiktiven zehnjährigen Staatspapiers berechnet, das zu diesem Zeitpunkt emittiert wird.

Die Einebnung der Zinsen durch den Euro wird exemplarisch in Abbildung 2.1 für zehnjährige Staatspapiere gezeigt. Die Grafik beginnt mit dem Jahr 1990, also dem Jahr der deutschen Vereinigung kurz vor dem Abschluss des Maastrichter Vertrags, und endet in der Gegenwart. Man sieht sehr deutlich, dass Deutschland stets die niedrigsten Zinsen hatte und dass die mediterranen Krisenländer bis 1995 Aufschläge von etwa fünf Prozentpunkten, bisweilen auch viel mehr, auf die deutschen Zinsen zahlen mussten, weil die Geldgeber die höhere Konkurs- und Abwertungswahrscheinlichkeit dieser Länder in ihre Zinsforderungen eingepreist hatten.

Die Zinsunterschiede verringerten sich schlagartig, als auf der EU-Konferenz von Madrid gegen Ende des Jahres 1995 der Euro endgültig beschlossen und der Mai 1998 als Beginn der unwiderruflichen Festlegung von Wechselkursen vor der Euroeinführung (1999–2002) benannt wurde. Mit jedem Tag, den man dem Mai 1998 näherkam, verringerte sich der Zinsunterschied bis hin zur Unkenntlichkeit in der Grafik. Selbst Griechenland und Zypern, die zu unterschiedlichen Zeitpunkten erst später dem Euro beitraten, konnten von der Zinskonvergenz profitieren.

Die Zinsunterschiede blieben, wie die Abbildung zeigt, für die meisten Länder zehn Jahre lang praktisch bei null, genauer vom Frühjahr 1998, als die Wechselkurse unwiderruflich fixiert wurden, bis zum Herbst 2008, als der Zündfunke der Lehman-Pleite eine Explosion auf den Weltkapitalmärkten auslöste. Doch dann stiegen sie wieder an, kulminierten im Jahr 2012 und wurden anschließend mit großem Geschütz der EZB wieder heruntergedrückt, wobei das Schutzversprechen im Rahmen des OMT-Programms 2015 und die umfangreichen Staatspapierkäufe im Rahmen des PSPP im Jahr 2015 eine besondere Rolle spielten. Es ist hier zu früh, diese Programme zu erläutern. Das geschieht erst in den späteren Kapiteln dieses Buches. Wichtig ist aber die Erkenntnis, dass die Zinsspreads nie wieder auf das Niveau des vermeintlich goldenen ersten Eurojahrzehnts gedrückt wurden.

Die Senkung der Zinsspreads während der ersten Jahre des Euro entlastete die finanziell angeschlagenen und überschuldeten Staaten der Eurozone genauso wie die dort ansässigen privaten Schuldner, die mit ihren Staaten in einem Boot saßen und als Steuerzahler für jegliche Finanzprobleme würden geradestehen müssen. Der italienische Staat profitierte besonders, weil er von Anfang an massiv überschuldet war und nur noch wenig Vertrauen bei den Anlegern fand. Die Zinssenkung im Vergleich zu Deutschland, die mit dem Euro einherging, bedeutete für das Budget des italienischen Staates eine so massive Entlastung, dass Italien stattdessen seine hohe Mehrwertsteuer hätte abschaffen können.[7] Außerdem verbesserten die Zinssenkungen die Leistungsbilanzen, denn auf einmal mussten die betroffenen Länder für ihre Auslandsschulden weniger Zinsen an ausländische Gläubiger abführen. Dieser von vielen Beobachtern übersehene Effekt war so stark, dass sich die Leistungsbilanzen der Krisenländer in den Jahren nach dem Gipfel von Madrid deutlich verbesserten. Auch während der Eurokrise profitierten die Leistungsbilanzen dieser Länder stark von dem positiven Einfluss, den die Zinssenkungen auf sie ausübten. Aufgrund dieses Effektes drehte sich das Vorzeichen mancher Leistungsbilanzsalden um. Aus einem Defizit wurde ein Überschuss, doch anders, als der große Applaus vermuten ließ, hatte das wenig mit einer verbesserten Wettbewerbsfähigkeit zu tun.[8]

Die Krisenländer nutzten den Zinsvorteil, um ihre Schuldenquoten zu senken, doch hielt diese Tugend meistens nicht lange an. Im Endeffekt konsumierte man den Zinsvorteil und nutzte die Gelegenheit, sich noch mehr zu verschulden. Die zusätzliche Verschuldung erlaubte es dem Staat und der privaten Wirtschaft, mehr Ausgaben für konsumtive und investive Zwecke zu finanzieren, die auch die Importe umfassten. Das Geld wurde vor allem für Sozialtransfers, Löhne im Staatssektor, lokale Dienstleistungen und den Bau verwendet. Die binnenwirtschaftlichen Sektoren, die am Staat hingen, von den Restaurants bis hin zum lokalen Handwerk, profitierten genauso wie die Baufirmen, deren Arbeiter und all die nachgelagerten Konsumbereiche, die den Lebensstandard der Bevölkerung ausmachen. Es entstand ein Wirtschaftsboom, der die EU veranlasste, bei der Vorstellung ihrer Lissabon-Agenda von einem goldenen Jahrzehnt zu schwärmen, in dem Europa zur »wettbewerbsfähigsten und dynamischsten wissensbasierten« Region der Welt werden würde.[9] Das erwies sich freilich im Nachhinein als bloßes Wunschdenken.

---

7 H.-W. Sinn, *Der Euro: Von der Friedensidee zum Zankapfel*, Hanser: München 2015, Kapitel 2: »Scheinblüte in der Peripherie«, S. 79–81.

8 Ebenda, S. 147 f., besonders Abbildung 4.4.

9 »Die Union hat sich heute ein neues strategisches Ziel für das kommende Jahrzehnt gesetzt: das Ziel, die Union zum wettbewerbsfähigsten und dynamischsten wissensbasierten Wirtschaftsraum in der Welt zu machen – einem Wirtschaftsraum, der fähig ist, ein dauerhaftes Wirtschaftswachstum mit mehr und besseren Arbeitsplätzen und einem größeren sozialen Zusammenhalt zu erzielen.« Vgl. Europäisches Parlament, *Europäischer Rat, 23. und 24. März 2000, Lissabon, Schlussfolgerungen des Vorsitzes*, http://www.europarl.europa.eu/summits/lis1_de.htm.

Tatsächlich wurde die EU in dieser Zeit die am langsamsten wachsende Großregion der ganzen Welt.

Der Wirtschaftsboom führte zu Lohnerhöhungen, die den Lebensstandard über den Anstieg der Importe steigen ließen, doch die Lohnerhöhungen verringerten zugleich die Wettbewerbsfähigkeit der Industrie. Da sie weit über die Produktivitätszuwächse der Wirtschaft hinausschossen, führten sie zu einer Sonderinflation im Vergleich zu den nördlichen Ländern der Eurozone.

Abbildung 2.2 zeigt die Entwicklung der Preise für die in verschiedenen Ländern erzeugten Güter relativ zu den handelsgewichteten Preisen im Rest der Eurozone, wie sie von der europäischen Statistikbehörde (Eurostat) berechnet werden.[10] Sie sind so normiert, dass sie alle im dritten Quartal 2007, also unmittelbar nach dem Ausbruch der Finanzkrise in Europa, gleich 100 werden. Man erkennt also in der Grafik nicht das absolute Preisniveau, sondern die Änderungen der relativen Preise im Zeitablauf, und zwar vom Gipfel von Madrid im Jahr 1995, als der Euro endgültig beschlossen wurde, bis hin in die Gegenwart, konkret bis in den Januar 2021. Anfängliche Wechselkursänderungen vor der Fixierung der Wechselkurse im Mai 1998 für den anschließenden Euroeintritt sind miterfasst, weil sie für die Wettbewerbssituation genauso wirken wie bloße Preisänderungen in der alten oder neuen Währung.

Vom Jahr 1995, also vom Gipfeltreffen in Madrid, bis zum Ausbruch der Finanzkrise erhöhte sich das Preisniveau der selbst erzeugten Waren (BIP-Deflator) relativ zum Rest der Eurozone in Italien um 23 %, in Spanien um 18 %, in Griechenland um 14 %, in Zypern um 15 % und in Portugal um 18 %. Frankreich wurde relativ zum gesamten Rest der Eurozone um 3 % günstiger; relativ zu Deutschland verteuerten sich die in Frankreich produzierten Güter jedoch um 20 %.[11]

---

10 Für eine ähnliche Grafik und eine frühe Diskussion dieser Problematik vgl. H.-W. Sinn, »Austerity, Growth and Inflation: A Remark on the Eurozone's Unresolved Competitiveness Problem«, *The World Economy* 37, 2014, S. 1–13.

11 Europäische Kommission, Economic and Financial Affairs, *Economic Databases and Indicators*, Price and Cost Competitiveness, Quarterly Real Effective Exchange Rates vs. (rest of) EA18, Price Deflator GDP, Market Prices, https://ec.europa.eu/info/business-economy-euro/indicators-statistics/economic-databases/price-and-cost-competitiveness/price-and-cost-competitiveness-data-section_en.

Abbildung 2.2: Die Entwicklung der relativen Güterpreise*
(Q1 1995–Q2 2021; Q3 2007 = 100)

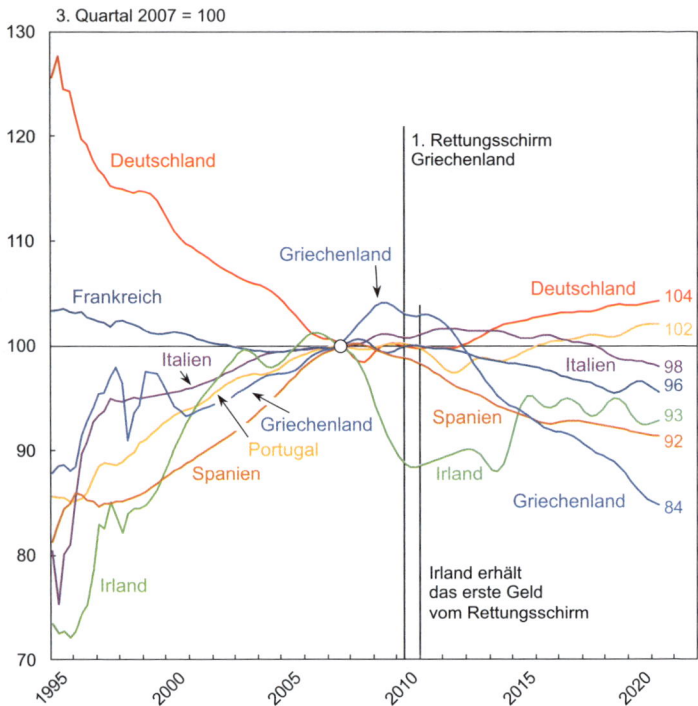

* Reale effektive Wechselkurse: BIP-Deflator relativ zum Rest der Eurozone, handelsgewichtet, normiert auf 3. Quartal 2007.

Quelle: Europäische Kommission, Business, Economy, Euro – Indicators, Statistics – *Economic databases,* Price and Cost Competitiveness, Real Effective Exchange Rate Index, Price Deflator GDP (Euro Area).

Wegen der Zerstörung der preislichen Wettbewerbsfähigkeit erwies sich der Boom als Blase, die nur noch Torsos einst halbwegs wettbewerbsfähiger Industrien zurückließ. Eigentlich hätten die mediterranen Länder nach der Lehman-Krise und der damit verbundenen Abschottung vom internationalen Kapitalmarkt eine Abwertung gebraucht, um wieder auf die Beine zu kommen und die Wettbewerbsfähigkeit der Industrie wiederherzustellen, doch eine solche Abwertung konnten sie wegen der festen Einbindung in die gemeinsame Währung nicht mehr vornehmen.

Das Einzige, was ging, war die Preise wieder langsamer als in anderen Euroländern steigen zu lassen. Man nennt das reale Abwertung, weil es wie eine echte Abwertung bei unterschiedlichen Währungen wirkt. Wie die Grafik zeigt, ist es in einigen Ländern, vor allem Spanien und Griechenland, zu einer solchen Abwertung gekommen.

Das erste Land, das real abwertete, war indes Irland, denn dort war die Krise bereits im Jahr 2007 deutlich spürbar. Das Land hatte seine relativen Preise bereits bis zum Jahresende 2010 um 11 % verringert. Irland hat deshalb auch als erstes der betroffenen Länder sein Sozialprodukt und die Industrieproduktion wieder steigern können. Interessanterweise fand die irische Abwertung bis zum Ende des Jahres 2010 statt und danach nicht mehr. Das könnte daran gelegen haben, dass Irland seit dem Januar 2011 Gelder aus dem im Mai 2010 beschlossenen Rettungsschirm EFSF der Staatengemeinschaft bekam. Diese Gelder verringerten den Leidensdruck und beendeten die Phase starker Preis- und Lohnsenkungen. Es war ein Glück für Irland, dass seine Krise, wie man an der Lage des Maximums der irischen Preise im Vergleich zur Lage der anderen Maxima sieht, früher stattfand, als es noch keine Rettungsschirme gab. Das zwang das Land, sich selbst frühzeitig durch eine echte Deflation zu retten. Als das Rettungsgeld kam, war die schmerzliche Abwertung, die andere Länder sich bis dahin noch nicht zugemutet hatten, bereits erledigt.

Reale Abwertungen sind so etwas Ähnliches wie Chemotherapien in der Medizin. Sie belasten den Körper enorm und führen den Patienten bisweilen an den Rand der Verzweiflung, weil sie eine starke Wirtschaftsflaute verlangen, gegen die der Staat nicht mit konjunkturbelebenden Maßnahmen angeht, aber wenn sie überwunden sind, dann kommt es meistens doch zur Heilung. Der Rückgang von Preisen und Löhnen, absolut oder gegen den Trend, ist für eine Gesellschaft nur schwer zu ertragen. Die Gewerkschaften begehren auf, jeder hat das Gefühl, dass er besonders benachteiligt ist, die Verteilungskämpfe nehmen zu. Doch wenn die Preise hinreichend weit gefallen sind, dann ist die Wettbewerbsfähigkeit wiederhergestellt, und die Wirtschaft floriert wieder. So ist es in Irland heute ohne Zweifel, wie eine Vielzahl von Indikatoren zeigen.

Für die anderen Länder der Eurozone, die im ersten Jahrzehnt des Euro zu teuer geworden waren, stellt sich die Lage anders dar, denn sie haben eine reale Abwertung nur sehr zögerlich zugelassen, wenn überhaupt.

Energischer gingen Spanien und Griechenland voran. In den ersten zehn Jahren des Euro hatten diese beiden Länder einen besonders heftigen inflationären Boom durchlebt. Nach der Lehman-Krise kam es mit einer deutlichen Verzögerung zu Irland bis heute, also über fast 13 Jahre, immerhin zu Abwertungen von 8 % bzw. 16 %. Nach vielen schweren Jahren im Eurosystem half das deutlich, denn die Arbeitslosenquoten, die in der Spitze Werte von 28 % in Griechenland im Juli 2013 bzw. 26 % in Spanien im Februar 2013 erreicht hatten, reduzierten sich danach allmählich wieder und lagen bis zum Beginn der Coronakrise bei 15 % bzw. 14 %. Nur in der Coronakrise stiegen die Arbeitslosenquoten temporär wieder an.[12]

Griechenland hat mittlerweile wieder ein relatives Preisniveau wie vor der Finanzkrise und hat die alte Attraktivität als preisgünstiges Reiseland zurückgewonnen. Allerdings hat es noch immer nicht jenes Maß an Wettbewerbsfähigkeit erreicht, das es ihm erlauben würde, durch Leistungsbilanzüberschüsse seine gewaltigen Nettoauslandsschulden abzubauen. Dazu müsste das relative Preisniveau deutlich unter das Anfangsniveau fallen. Spanien hat nach 13 Jahren erst die Hälfte der Wegstrecke bis zum Startpunkt vor der inflationären Anfangsblase im Euro zurückgelegt. Insofern stehen dem Land immer noch viele schwierige Jahre bevor.

Portugal und Italien beteiligten sich an der realen Abwertung durch Preiszurückhaltung gar nicht oder kaum. Portugal ließ sein Preisniveau im Vergleich zu seinen Handelspartnern sogar noch um 2 % ansteigen, und Italien senkte es um 2 %. Das ist über so lange Zeiträume gerechnet unerheblich und liegt im Bereich der Messtoleranzen. Es ist bei weitem nicht genug, um auch nur annähernd wieder die Wettbewerbsfähigkeit zu erreichen, die diese Länder 1995 hatten, als der Euro auf dem Gipfel von Madrid beschlossen wurde. Allerdings gelang es Italien dank der binnenwirtschaftlichen Impulse, die von der Staatsverschuldung stammten, seine Arbeitslosigkeit wieder zu reduzieren. Während die Arbeitslosenquote bis 2014 bis auf 13 % gestiegen war, sank sie danach auf 10 %, was freilich das Doppelte der deutschen Quote war. Die deutsche Arbeitslosenquote hatte sich im Vergleich zum Vorkrisenniveau (Sommer 2008), als sie bei 7 % lag, sogar noch etwas verringert.

Die realen Abwertungen im Mittelmeerraum hatten ihr rechnerisches Gegenstück in einer entsprechenden realen Aufwertung für Deutschland, dessen Preise für die selbst erzeugten Güter in den letzten Jahren schneller stiegen als

---

12 Hier und im Folgenden vgl. Eurostat, Datenbank, *Bevölkerung und soziale Bedingungen,* Arbeitsmarkt, Beschäftigung und Arbeitslosigkeit, LFS Hauptindikatoren, Arbeitslosigkeit – bereinigte LFS-Reihe, Arbeitslosenraten nach Geschlecht und Alter – monatliche Daten.

bei den Handelspartnern, nachdem sie nach der Euroeinführung jahrelang gefallen waren. Am aktuellen Rand hatte Deutschland sein relatives Preisniveau im Vergleich zum Lehman-Zeitpunkt um 4 % erhöht, was ungefähr ein Fünftel des Weges ist, der insgesamt zurückzulegen wäre, wenn die Handelspartner in der Eurozone gegenüber Deutschland wieder die Wettbewerbsfähigkeit erlangen sollten, die sie bei der Entscheidung über den Euro bereits hatten.

Insgesamt gibt es vier Wege, wie die Eurozone mit dem Problem der falschen relativen Preise und der dadurch verlorenen Wettbewerbsfähigkeit des Mittelmeerraums zurechtkommen kann:

(1) Die Länder des Mittelmeerraums senken ihre Preise oder sie disinflationieren, d. h., sie verringern ihr Inflationstempo im Vergleich zu den anderen Ländern.

(2) Die Länder des Nordens, allen voran Deutschland, werden nachinflationiert.

(3) Es wird eine Transferunion errichtet, die die fehlende Wettbewerbsfähigkeit des Südens durch dauerhafte fiskalische Transfers oder Hilfsmaßnahmen der EZB kompensiert, die in ihrem ökonomischen Kern auch Transfermaßnahmen sind.

(4) Durch temporäre Austritte und die Wiedereinführung einer eigenen Währung wird eine offene Abwertung ermöglicht.

Der erste Weg ist das, was man gemeinhin im obigen Sinne als reale Abwertung bezeichnet. Der zweite Weg ist eine Variante der realen Abwertung, die die Anpassungslast auf jene Länder verlagert, die an Wettbewerbsfähigkeit gewonnen haben. Der vierte Weg, die offene Abwertung, war schon zweimal, und zwar in den Jahren 2011 und 2015, erwogen worden, wie im nächsten Kapitel erläutert wird, doch wurde diese Lösung aus politischen Gründen verhindert. Stattdessen versuchte man, sich durch eine Kombination der anderen drei Möglichkeiten durchzuwursteln. Da die Disinflation, die in Spanien und Griechenland stattfand, von den beteiligten Ländern verständlicherweise als belastend empfunden wurde, lag in den letzten Jahren sehr viel Gewicht auf der Transferlösung. Nur die Nachinflationierung des Nordens ist bislang nicht gelungen. Sie könnte aber letztendlich gelingen, wenn sich die Mechanismen, die in diesem Buch diskutiert werden, durchsetzen. Das ist eine Chance für die mediterranen Länder, aber es ist eine Gefahr für Deutschland und vergleichbare Länder des Nordens, und das nicht nur wegen der wieder verminderten Wettbewerbsfähigkeit, sondern auch wegen der vielfältigen schädlichen Wirkungen, die von einer Inflation auszugehen pflegen. Dazu später mehr.

Drittens: Die Coronakrise

Die dritte Krise, die der EU zusetzte, war die weltweite Coronapandemie. Tragischerweise wurden gerade die ohnehin schon von der Wettbewerbskrise getroffenen Länder des Mittelmeerraumes im Jahr 2020 auch noch besonders früh und besonders hart von der Pandemie erfasst. Die Pandemie war vermutlich durch chinesische Gastarbeiter, die sich im Gebiet zwischen Bergamo und Mailand im Norden sowie Pistoia und Florenz im Süden aufhielten, übertragen worden.[13] Die Gastarbeiter waren zum Neujahrsfest in der zweiten Januarhälfte 2020 heimgefahren und hatten dann das Virus mitgebracht. Jedenfalls verbreitete sich das Virus rasend schnell und führte zu einer hohen Zahl von schwersten Krankheitsverläufen und anschließenden Todesfällen, die die Welt in Angst und Schrecken versetzen. Bis Anfang September 2021 (6.9.) hatte Italien den Tod von etwa 130 000 Menschen aufgrund der Coronapandemie zu beklagen, was 0,22 % seiner Bevölkerung entsprach. In Deutschland betrug der Verlust etwa 93 000 Personen oder 0,11 % der Bevölkerung.

Von Italien übertrug sich das Virus erst nach Spanien und dann nach ganz Europa. Gleichzeitig gab es viele weitere Ansteckungswege, die von China ausgehend die ganze Welt erreichten. In bislang drei großen Wellen wanderte das Virus um den Globus und legte die Produktion und die Wirtschaftstätigkeit lahm, weil die Behörden keine andere Möglichkeit sahen, als harte Quarantänemaßnahmen und Kontaktverbote zu verhängen.

Während das Weltsozialprodukt in der Lehman-Krise nur leicht gefallen war, ging es im ersten Jahr der Coronakrise um gut 3 % zurück.[14] In den USA war ein ähnlicher Rückgang des Bruttoinlandsprodukts zu verzeichnen (-3,4 %), in Deutschland betrug er etwa 5 % und im Euroraum gar 6,5 %.

---

13 Ca. 300 000 chinesische Gastarbeiter waren offiziell in Italien registriert. Tatsächlich dürfte die Zahl aber deutlich höher sein. Vgl. M. Rüb, »Einer von Hunderttausenden Chinesen«, *Frankfurter Allgemeine Zeitung*, 10.3.2020, https://www.faz.net/-gq5-9xbfd.

14 Hier gemäß T. Wollmershäuser et al., »ifo Konjunkturprognose Herbst 2021: Lieferengpässe in der Industrie bremsen gesamtwirtschaftliche Erholung«, *ifo Schnelldienst digital* 2, 2021, S. 1–12, https://www.ifo.de/publikationen/2021/aufsatz-zeitschrift/ifo-konjunkturprognose-herbst-2021-lieferengpaesse-der.

Die Wirtschaftsleistung von Frankreich (Bruttoinlandsprodukt) schrumpfte um 8 %, jene von Italien um 9 % und jene Spaniens um 11 %.[15] Die Prognosen zeigen, dass die Weltwirtschaft und die Wirtschaft der USA die Einbrüche des Jahres 2020 bereits im Jahr 2021 mehr als überwunden haben werden, dass aber die europäischen Länder dafür noch bis zum Jahr 2022 warten müssen. Die Wellen der Pandemie – genauer eigentlich die Lockdownmaßnahmen, die sie erzwangen – riefen die bei weitem schlimmste weltwirtschaftliche Krise der Nachkriegszeit hervor, auch wenn die automatischen Schutzmechanismen des Sozialstaates sowie umfangreiche Transferprogramme, die man zusätzlich beschlossen hatte, die persönlichen Konsequenzen für die breite Masse in den meisten westlichen Ländern abfederten. Nur einigen asiatischen Ländern, allen voran China, die das Virus mit drastischen Quarantänemaßnahmen im Griff behielten, blieb die scharfe Rezession erspart. China wuchs trotz der Krise noch um gut 2 %, und Südkorea schrumpfte um 1 %.[16] China geriet allerdings im Jahr 2021 in eine Immobilienkrise, deren Ausmaß und Implikationen bei der Abfassung dieser Zeilen noch nicht absehbar war.

Die Wende kam mit der Erfindung von Impfstoffen. Allen voran war es der neuartige Boten-RNA-Impfstoff der Mainzer Firma BioNTech, der Hoffnungen auf eine wirkliche Lösung des Problems aufkeimen ließ, die sich alsbald bestätigen sollten.[17] Angestoßen und teilfinanziert durch die Regierung von US-Präsident Trump wurde mit dem Programm »Lichtgeschwindigkeit« (Operation Warp Speed) schon Anfang des Jahres 2020 mit der intensiven Forschung an einem Impfstoff, dem Aufbau von Produktionskapazitäten und der Vorbereitung von Tests an Zehntausenden von Versuchspersonen begonnen.

---

15 Vgl. T. Wollmershäuser, P. Brandt, C. Grimme, M. Lay, R. Lehmann, S. Link, M. Menkhoff, S. Möhrle, A.-C. Rathje, P. Sandqvist, R. Šauer, M. Stöckli und K. Wohlrabe, »ifo Konjunkturprognose Sommer 2021: Deutsche Wirtschaft im Spannungsfeld zwischen Öffnungen und Lieferengpässen«, *ifo Schnelldienst,* Sonderausgabe Juni, 2021, S. 1–52, https://www.ifo.de/publikationen/2021/aufsatz-zeitschrift/ifo-schnelldienst-sonderausgabe-juni-2021.
16 Ebenda.
17 Die US-Firma Pfizer wurde durch die Vermarktung des Impfstoffs zum Weltmarktführer der Pharmabranche. Sämtliche Patente des neuen Impfstoffs liegen freilich in Mainz bei BioNTech, der Firma von Uğur Şahin und seiner Frau Özlem Güreci, beide Immigrantenkinder und habilitierte Forscher und Professoren der Johannes-Gutenberg-Universität. Der Impfstoff wurde in Gänze von Şahins Forscherteam entwickelt. Zu diesem Team gehörte auch Katalin Kariko, eine ungarische Genforscherin, die in die USA ausgewandert war, dort in Form des »Verpackens« mit Peptiden eine Methode zur Vermeidung von allergischen Reaktionen bei der Impfung der modifizierten Boten-RNA entwickelte und, nachdem ihre Forschung an der Pennsylvania State University nicht die erhoffte Anerkennung fand, im Jahr 2013 nach Mainz übersiedelte, um im Team von Şahin mitarbeiten zu können.

Dabei war insbesondere die US-Firma Pfizer erfolgreich, die sehr früh die Kooperation mit BioNTech gesucht und die nötige großtechnische Herstellung und die Tests für den dort entwickelten Impfstoff ermöglicht hatte.

In Windeseile wurde die Bevölkerung Israels, der USA und Großbritanniens mit dem deutschen Impfstoff geimpft (dort wurde nach einer anfänglichen Verzögerung später auch in großem Umfang der eigene Impfstoff von AstraZeneca verimpft). Die EU folgte mit einer erheblichen Verspätung von etwa drei Monaten. Sie hatte bei den Bestellungen auf das falsche Pferd gesetzt und außerdem noch versucht, die Preise zu drücken, was die Hersteller veranlasste, zunächst andere Kunden zu bedienen. Die Verzögerung verlangte entsprechend härtere und längere Lockdownmaßnahmen, die die Geduld der Bevölkerung arg strapazierten, Hunderte von Milliarden Euro an ausgefallenem Sozialprodukt implizierten und Tausende vermeidbarer zusätzlicher Todesfälle mit sich brachten.[18] Bei der Abfassung dieser Zeilen im Spätsommer 2021 hatten aber auch die EU-Mitgliedstaaten hohe Impfquoten erreicht, die zum Teil noch höher lagen als bei Ländern, die früher gestartet waren. Andere große Länder der Welt hatten zeitgleich noch sehr hohe Inzidenzen und können ein vergleichbares Schutzniveau vermutlich im Winter 2021/2022 erreichen. Die Konsequenz dieser Erfolge ist ein starker Konjunkturaufschwung in den USA und mit der beschriebenen Verzögerung in Europa, der schließlich auf alle Länder der westlichen Welt übergreift. Allerdings trifft dieser Aufschwung auf erhebliche Lieferengpässe der durch die Lockdowns geschädigten Weltwirtschaft und induziert eine Inflation, über die noch zu reden ist.

Der Absturz

Die Politik hat versucht, die Krisen durch verschiedene geld- und fiskalpolitische Maßnahmen zu bekämpfen und zu überwinden. Die Details dazu werden in den nachfolgenden Kapiteln besprochen. Doch das Endergebnis ist, wie Abbildung

---

18 Die auf die Bevölkerung bezogene Kurve der Impfungen folgte der US-amerikanischen mit einer Verzögerung von ca. drei Monaten. Insgesamt waren bis zum 30. Juni 2021 in Deutschland 90 875 Menschen an oder mit der Coronainfektion gestorben, davon allein im ersten Vierteljahr 2021 43 000. Die durchschnittlichen Kosten der Stop-and-go-Strategie mit Lockdowns und Lockerungen können für die EU auf 30 Milliarden Euro in sieben bis zehn Tagen geschätzt werden. Für den Betrag hätte die EU im Sommer 2020 von allen sechs damals zur Debatte stehenden Herstellern jeweils genug Impfstoffdosen für die gesamte EU-Bevölkerung kaufen können. Vgl. H.-W. Sinn, »Die Gründe für das europäische Impfstoffdebakel«, *Wirtschaftswoche*, 29.1.2021, Nr. 5, S. 22.

2.3 zeigt, ernüchternd. Dargestellt wird dort die Entwicklung der Industrieproduktion (Verarbeitendes Gewerbe) ausgewählter Länder. Die Kurven zeigen sogenannte Indexwerte der Produktion, die auf das dritte Quartal des Jahres 2007, also unmittelbar nach den ersten Störungen des europäischen Interbankenmarktes normiert sind. Konkret: Zu diesem Zeitpunkt nehmen alle Kurvenwerte den Wert 100 an, so dass man am nachfolgenden Kurvenverlauf erkennen kann, wie weit die einzelnen Länder in der Folge sich prozentual vom Vorkrisenniveau ihrer Industrieproduktion entfernt haben, sei es nach unten oder nach oben.

Abbildung 2.3: Die Industrieproduktion in ausgewählten
Ländern (3. Quartal 2007 = 100, bis Juli 2021)

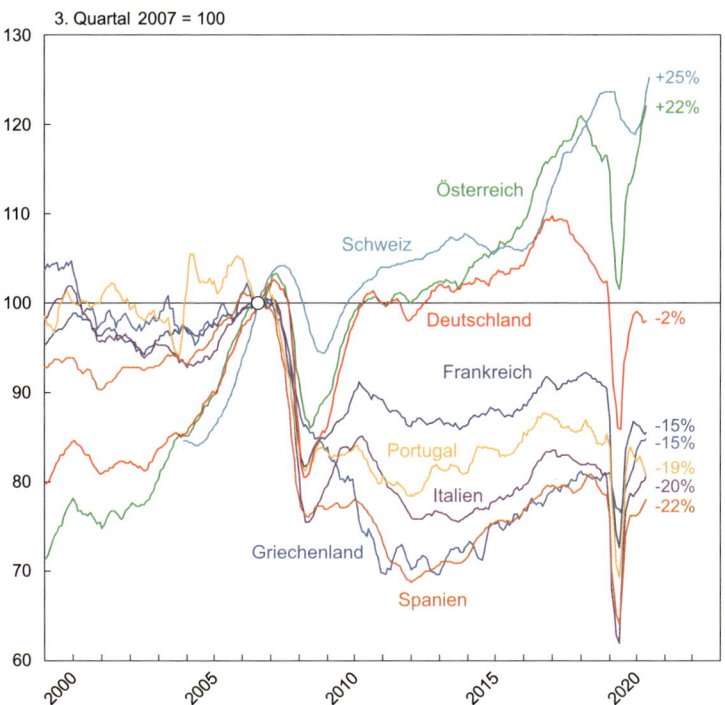

Quellen: Eurostat, Datenbank, *Industrie, Handel und Dienstleistungen,* Konjunkturstatistik, Industrie, Produktion in der Industrie (sts_inpr_m).

Legende: Es werden Indexkurven der Industrieproduktion gezeigt, die so normiert sind, dass sie im 3. Quartal 2007, also zum Zeitpunkt des Ausbruchs der Weltfinanzkrise auf den Wert 100 normiert sind. Die Monatsdaten werden als gleitende Fünfmonatsschnitte dargestellt.

Die Industrieproduktion ist nur ein Teil des Bruttoinlandsprodukts, weil der staatliche Sektor und die Dienstleistungssektoren fehlen. Es handelt sich aber um einen besonders wichtigen Teil, denn es sind vor allem die Industriegüter, die im internationalen Wettbewerb stehen und damit das Lohnniveau vorgeben, das der Staat und die Dienstleistungssektoren sich leisten können, die ja selbst meistens nicht unmittelbar den Kräften des internationalen Wettbewerbs ausgesetzt sind.

Die Wettbewerbskrise, in die die mediterranen Länder geraten sind, wird durch die Abbildung sehr gut verdeutlicht. Man sieht, dass die Industrieproduktion dieser Länder, ja selbst jene Frankreichs, das wirtschaftlich eng mit dem restlichen Mittelmeerraum verbunden ist, nach dem Beginn der Finanzkrise stärker abstürzte als jene der deutschsprachigen Länder und sich dann nicht mehr erholte. In Italien und Spanien ging die Produktion in der Finanzkrise um ein Viertel zurück und liegt – trotz gewisser Fluktuationen in den nachfolgenden Jahren, die immer mal wieder Hoffnung aufkeimen ließen, – am aktuellen Rand des Diagramms noch um ein gutes Fünftel unter dem Vorkrisenniveau vom Herbst 2007.

Während der Coronakrise im Jahr 2020 war die Produktion in Spanien und Italien temporär sogar noch weiter abgesackt, aber auch danach, als sie sich einigermaßen erholt hatte, taten sich diese Länder schwer, den schon vor der Coronakrise sichtbaren Abwärtstrend zu verlassen. Die Zahl der italienischen Industriefirmen sank bereits im Jahrzehnt vor der Coronakrise um ein Fünftel.[19] Verheerender hätte sich der Euro für die mediterranen Länder kaum auswirken können. Ein italienischer Ministerpräsident nach dem anderen hatte sein Wahlvolk davon zu überzeugen versucht, dass unter ihm die große Wende kommen würde, doch nichts geschah. Die Nerven lagen in diesem Land blank, und neue Parteien wie die Lega und Cinque Stelle gewannen erstaunlichen Zulauf in der Bevölkerung. Mittlerweile ist der ehemalige EZB-Präsident Mario Draghi in Italien an der Macht. Draghi hat das Thema der Wettbewerbsfähigkeit ursprünglich selbst betont.[20] Ihm ist zu-

---

19 Vgl. Istituto Nazionale di Statistica (2020), »Imprese e addetti«, Registro Statistico delle Imprese Attive (ASIA), http://dati.istat.it/.

20 M. Draghi, »Competitiveness: The Key to Balanced Growth in Monetary Union«, Remarks by Mario Draghi, President of the ECB, *Treasury Talks ›A European Strategy for Growth and Integration with Solidarity‹*, A conference organised by the Directorate General of the Treasury, Ministry of Economy and Finance – Ministry for Foreign Trade, Paris, 30.11.2012, https://www.ecb.europa.eu/press/key/date/2012/html/sp121130.en.html.

zutrauen, dass er nun energischere Maßnahmen als seine Vorgänger ergreifen wird.

Ein Wort noch zu Irland. Alle Indikatoren deuten darauf hin, dass es Irland als einziges der ehemaligen Krisenländer geschafft hat, sich vom Griff der Eurokrise zu befreien. Die Industrieproduktion schoss in die Höhe, die Arbeitslosenquote ging von ihrem Spitzenwert in Höhe von 16,1 % im Jahr 2011 bis zum aktuellen Rand auf 6,7 % (Juni 2021) zurück. Dennoch ist Irland im Diagramm über die Industrieproduktion nicht enthalten, weil für Irland wegen einer großen Umstellung der statistischen Definitionen keine brauchbaren Daten vorliegen.[21]

Wird nun auch Deutschland erfasst?

Die Industrieproduktion der deutschsprachigen Länder hatte sich, wie Abbildung 2.3 zeigt, in der Krise recht gut behauptet. Das lag daran, dass sich in Deutschland keine inflationäre Blase aufgebaut hatte und es insofern in den ersten Jahren vor Lehman gegenüber dem Mittelmeerraum an Wettbewerbsfähigkeit noch gewann. So konnte sich seine Industrie sehr rasch von der Rezession des Winterhalbjahres 2008/2009 erholen und machte die Eurokrise der Südländer nicht mit. Bis zum Sommer 2018 schien die Welt noch in Ordnung zu sein.

Dann jedoch brach auch der deutsche Trend ab, und obwohl sich die Industrie von der Coronakrise rasch erholte, gibt es bei der Abfassung dieser Zeilen noch keine Hinweise, dass ihr rezessiver Trend bereits ein Ende fand. Es könnte sich hier schon ein Strukturbruch für Deutschland andeuten, der mit den Schwierigkeiten zu tun hat, den im Zuge der Umweltpolitik zunehmend enger geschnürten Regulierungsmaßnahmen der EU zu entsprechen.

Der Trendbruch wurde unmittelbar durch die Schwierigkeiten der Kraftfahrzeugindustrie aufgrund der Schummeleien bei den Abschaltvorrichtungen

---

21 Da Irland eine Drehscheibe für den Handel mit Softwareprodukten und Finanzdienstleistungen, die häufig US-amerikanischen Ursprungs waren, und faktisch eine Steueroase ist, zeigten die Statistiken des Landes eine Reihe von Sondereffekten auf die offiziell verbuchte Wertschöpfung, die eher Artefakte als tatsächliche ökonomische Effekte waren. Die irische Statistikbehörde hat daraufhin in der betrachteten Zeitspanne eine große Revision ihrer statistischen Definitionen vorgenommen, was für die veröffentlichten Reihen einen Strukturbruch bedeutet und sie unbrauchbar macht.

für Dieselmotoren erklärt. Zum einen wandten sich die empörten Kunden nun von deutschen Autos ab. Zum anderen gelang es verschiedenen politischen Interessengruppen, im Windschatten der Empörung wesentlich schärfere Umweltstandards für Autos durchzusetzen. Da war zum einen die schärfere Auslegung der Stickoxidregeln der EU in Deutschland, die die Hersteller zu groß angelegten Rückrufaktionen zwang. Und zum anderen gab es die CO_2-Verordnung der EU, die im Herbst 2018 beschlossen wurde und gegen die Verbrennungsmotoren gerichtet war.

Insbesondere Letztere hatte es in sich. Sie reduzierte nämlich den ohnehin schon scharf begrenzten CO_2-Ausstoß der Motoren so drastisch, dass die Autoflotte eines Herstellers im Schnitt im Jahr 2030 nur noch 2,2 Liter Dieseläquivalente pro 100 Kilometer verbrauchen durfte. Da ein solcher Wert technisch völlig utopisch ist, kam diese Verordnung einem angekündigten Verbot der Verbrennungsmotoren nahe. Im Herbst des Jahres 2020 wurde diese Verordnung dann nochmals verschärft, so dass der Verbrauch auf nur noch 1,8 Liter Dieseläquivalente reduziert wurde. Tabelle 2.1 zeigt die jeweils rechtsgültigen Grenzwerte und sich daraus ergebenden Verbrauchswerte.

Tabelle 2.1: Halsbrecherische EU-Vorgaben für CO_2-Ausstoß der PKW-Flotten

	Gramm CO_2 pro km	Diesel-Äquivalent pro 100 km in Liter
2015	135	5
2021	95	3,5
2030	47,5	1,8

Quellen: Eigene Berechnungen auf der Basis der EU-Verordnungen: EU, »Verordnung (EG) Nr. 715/2007 des Europäischen Parlaments und des Rates vom 20. Juni 2007 über die Typgenehmigung von Kraftfahrzeugen hinsichtlich der Emissionen von leichten Personenkraftwagen und Nutzfahrzeugen (Euro 5 und Euro 6) und über den Zugang zu Reparatur- und Wartungsinformationen für Fahrzeug EU«, Amtsblatt der Europäischen Union L 171/1, 19.6.2007, https://eur-lex.europa.eu/legal-content/DE/TXT/PDF/?uri=CELEX:32007R0715&from=DE; EU, »Verordnung (EG) Nr. 443/2009 des Europäischen Parlaments und des Rates vom 23. April 2009 zur Festsetzung von Emissionsnormen für neue Personenkraftwagen im Rahmen des Gesamtkonzepts der Gemeinschaft zur Verringerung der CO_2-Emissionen von Personenkraftwagen und leichten Nutzfahrzeugen«, Amtsblatt der Europäischen Union L 140/1, 5.6.2009, https://eur-lex.europa.eu/TXT/PDF/?uri=CELEX:32009R0443; EU, »Verordnung (EU) 2019/631 des Europäischen Parlaments und des Rates vom 17. April 2019 zur Festsetzung von CO_2-Emissionsnormen für neue Personenkraftwagen und für neue leichte Nutzfahrzeuge und zur Aufhebung der Verordnungen (EG) Nr. 443/2009 und (EU) Nr. 510/2011«, Amtsblatt der Europäischen Union L 111/13, 25.4.2019, https://eur-lex.europa.eu/legal-content/DE/TXT/PDF/?uri=CELEX:32019R0631&from=de.

Hinter diesen Maßnahmen steckt eine Koalition zwischen den industriepolitischen Interessen der französischen Hersteller und umweltpolitischen Extremvorstellungen bei den Grünen und grün Gesinnten. Letzteren ging es um das Klima, doch der französischen Industrielobby, die in Brüssel antichambrierte, ging es um die Marktchancen für die mit Atomstrom fahrende Elektroflotte, die die französischen Hersteller inzwischen aufgebaut hatten.

Dass es den maßgeblichen Kräften in Brüssel nicht wirklich um das Klima geht, zeigt sich an der Berechnungsformel der EU, denn sie unterstellt für die Berechnung des Flottenverbrauchs, dass die Elektroautos einen CO_2-Ausstoß von null haben. Das ist natürlich nicht wahr, denn in den allermeisten europäischen Ländern wird der Strom zu erheblichen Anteilen noch immer aus fossilen Brennstoffen hergestellt. Aber nur mithilfe dieser Annahme lassen sich rechnerisch so niedrige Verbrauchswerte erreichen, wie sie in der Tabelle ausgewiesen sind. Wie absurd diese Mogelei ist, wird deutlich, wenn man sich zudem klarmacht, dass E-Autos einen schweren CO_2-Rucksack mit sich herumschleppen, weil bei der Produktion in China und anderswo sehr viele fossile Brennstoffe verwendet werden. Erst nach einer Fahrleistung von mehr als 219 000 Kilometer, also mehr als der durchschnittlichen Lebensdauer der Autos (190 000 Kilometer) wird der schwere Rucksack nach einer vom ADAC und vom österreichischen Automobilclub ÖMTC in Auftrag gegebenen Studie durch den leichten Vorteil im laufenden Betrieb kompensiert.[22] Bis dahin stößt ein E-Auto beim deutschen Energiemix mehr, nicht weniger CO_2 aus. Das hat sogar VW beim Vergleich seines E-Golfs mit einem Golf Diesel festgestellt, wobei eine Laufleistung von 200 000 Kilometer unterstellt wurde.[23]

Es kommt hinzu, dass Autos mit Verbrennungsmotoren einen international handelbaren Brennstoff verwenden. Wenn die EU auf diesen Brennstoff verzichtet, wird das den Weltmarktpreis des Öls drücken, was den Verbrauchern ande-

---

22 G. Jungmeier, L. Canella, J. Pucker-Singer, M. Beermann, *Geschätzte Treibhausgasemissionen und Primärenergieverbrauch in der Lebenszyklusanalyse von Pkw-basierten Verkehrssystemen*, Joanneum Research, im Auftrag von Österreichischer Automobil-, Motorrad- und Touring Club, Fédération Internationale de l'Automobile und Allgemeiner Deutscher Automobil-Club: Graz 2019. Vgl. auch Ch. Buchal, H.-D. Karl und H.-W. Sinn, »Kohlemotoren, Windmotoren und Dieselmotoren: Was zeigt die CO_2-Bilanz?«, *ifo Schnelldienst* 72 (8), 2019, S. 40–54.

23 Vgl. Volkswagen AG, *Klimabilanz von E-Fahrzeigen & Life Cycle Engineering*, 24.4.2019, Folie 13 (Golf Diesel) und 18 (E-Golf, deutscher Strommix), https://uploads.volkswagen-newsroom.com/system/production/uploaded_files/14448/file/da01b16ac9b580a3c8bc190ea2af-27db4e0d4546/Klimabilanz_von_E-Fahrzeugen_Life_Cycle_Engineering.pdf?1556110703.

rer Länder, die weniger umweltbewusst agieren, den Anreiz gibt, den von Europa freigegebenen Brennstoff zu kaufen. Darüber hinaus gibt es für die Regierungen dieser Länder einen Anreiz, dem deutschen Beispiel nicht mit ähnlichen Regulierungsmaßnahmen zu folgen. Insofern ist zu befürchten, dass nicht einmal ein Wechsel zu emissionsfrei laufenden E-Autos irgendeinen Beitrag zur Verringerung des weltweiten Ausstoßes an CO_2 leisten würde. Aber dazu findet man kein einziges Wort in den einschlägigen Beschlussdokumenten.

Der neue Dirigismus der EU könnte freilich in Europa selbst den Appetit auf Wiederholungsmaßnahmen wecken. Zu befürchten ist, dass die Bereitschaft der heute nicht mehr wettbewerbsfähigen EU-Länder, mithilfe des Brüsseler Apparats nach kompensatorischen Maßnahmen der Industriepolitik zu suchen, die der eigenen Wirtschaft Vorteile verschaffen, im Laufe der Zeit zunehmen wird. Das ist insbesondere auch deshalb zu erwarten, weil in Zukunft die Briten mit ihrem ordnungspolitischen Grundverständnis in der EU fehlen werden. Der Brexit verstärkt die Gefahr, dass sich Europa immer mehr in die Richtung der französischen Planification, also einer dirigistischen Industriepolitik bewegen und nach außen hin Schutzzölle zur Abwehr unliebsamer Wettbewerber einführen wird.[24] Natürlich wird man nie zugeben, dass man Protektionismus betreibt. Immer nur wird man fairen Wettbewerb einfordern, wie es die Protektionisten aller Zeiten stets getan haben. Die Spielregeln in einem solchen Regelsystem werden nicht mehr von den Märkten, sondern von Brüsseler Politikern gemacht, und es ist nicht zu erwarten, dass sie der deutschen Industrie, die auf den innereuropäischen und den weltweiten Marktwettbewerb ausgerichtet ist, zuträglich sein werden. Das Debakel bei den Impfstoffen, wo die EU-Kommission aus industriepolitischen Gründen lange auf den letztlich nicht verfügbaren Impfstoff des französischen Herstellers Sanofi wartete und die Bestellung des wirksamen BioNTech-Impfstoffs verzögerte,[25] könnte sich in anderen Bereichen wiederholen. Insofern droht die Schwäche Frankreichs und des Mittelmeerraums, auch Deutschland in Mitleidenschaft zu ziehen.

---

24 H.-W. Sinn, *Der Schwarze Juni: Brexit, Flüchtlingswelle, Euro-Desaster: Wie die Neugründung Europas gelingt*, Herder: Freiburg 2016, Kapitel 1: »Der Brexit und die Spaltung Europas«.
25 Vgl. M. Becker, V. Hackenbroch, M. Knobbe, Ch. Schult und T. Schulz, »Das Impfstoffdrama«, *Der Spiegel*, 19.12.2022, Nr. 52, S. 28–31.

3. Wie die EZB zur Rettungsinstanz wurde

Geld- und Fiskalpolitik ● *Ursachentherapien hätte es gegeben* ● *Der Druck des Finanzkapitals* ● *Die Rettungspolitik und das Mandat der EZB* ● *Die Maßnahmen beim Zusammenbruch des Interbankenmarktes 2008* ● *Die ersten Rettungsschirme: Der EZB-Präsident bedrängt die Regierungen* ● *Austeritätspolitik, Staatenrettung und die Tricks der öffentlichen Kommunikation* ● *Die heiße Phase der Eurokrise und die Geheimverhandlungen über Euroaustritte* ● *Der erste griechische Konkurs im Eurosystem* ● *Die Targetsalden* ● *Transmission der Geldpolitik, Zinsspreads und Länderrisiken*

Um die Krisen abzumildern, betrieb die EZB mehr als nur Geldpolitik. Sie wurde zum Taktgeber der Krisenpolitik, indem sie die Politiker unter Zugzwang setzte. Sie unterstützte die Fiskalpolitik oder ersetzte sie durch geldpolitische Maßnahmen, die selbst fiskalischen Charakter hatten. Die Notenbanken jener Länder, von denen sich die internationalen Anleger abwandten, durften ihren Landsleuten billige Euroersatzkredite mit frisch geschaffenem Geld zur Verfügung stellen, mithilfe derer Nettokäufe von Gütern und Vermögensobjekten im Ausland realisiert werden konnten, die durch die Targetsalden gemessen werden. Die Verzerrung der internationalen Zinsstruktur durch die EZB hat die Targetsalden hervorgebracht und die Effizienz des europäischen Kapitalmarkts unterminiert.

Geld- und Fiskalpolitik

Geldpolitik wird gemeinhin als der Versuch verstanden, die Güternachfrage, insbesondere die Nachfrage nach Investitionsgütern, über eine Veränderung der Höhe und Fristigkeitsstruktur der Zinsen zu beeinflussen. Sie ist auch eine Politik zum Schutz des Finanzsektors vor spekulativen Attacken auf grundsätzlich gesunde Unternehmen. Sie bedient sich des Verleihs von selbst erzeugtem Geld an die Banken und des Erwerbs von Wertpapieren, die die Banken im Besitz haben.

Fiskalpolitik nennt man den Versuch, die wirtschaftliche Aktivität durch eine Änderung der Höhe und Struktur der Einnahmen und Ausgaben des Staates sowie durch staatliche Garantien zu steuern. Die Fiskalpolitik ist in der Regel expansiv, wenn das Budgetdefizit steigt und somit ein wachsender Teil der Ausgaben durch eine Verschuldung des Staates finanziert wird, denn die Verschuldung führt im Gegensatz zu Steuern nicht zu Einkommenssenkungen bei den Bürgern, jedenfalls nicht im ersten Schritt, und an die Steuern, die später einmal zur Rückzahlung nötig sind, denken nur wenige.

In der Eurozone ist die Geldpolitik zu einer Gemeinschaftsaufgabe geworden. Sie wird vom EZB-Rat, einem rechtlich unabhängigen Gremium, beschlossen und vom EZB-Direktorium umgesetzt. Die Fiskalpolitik wird hingegen von den nationalen Regierungen und den sie kontrollierenden Parlamenten ausgeführt, die über das Budgetrecht verfügen. Die EU selbst verfügt auch über ein kleines Budget. Sie wird bis auf die Zolleinnahmen, die ihr unmittelbar zustehen, durch frei vereinbarte Zuwendungen der nationalen Regierungen finanziert. Im Gegensatz zu den nationalen Regierungen hat die EU selbst gemäß Artikel 310 AEUV nicht das Recht, sich selbst zu verschulden.[1]

Geld- und Fiskalpolitik entfalten normalerweise einen deutlichen kurzfristigen Effekt auf die gesamtwirtschaftliche Güternachfrage und greifen so in den Wirtschaftskreislauf ein. Bei geeigneter Dosierung wirken sie wie Aufputschmittel, die den erschlaffenden Wirtschaftskreislauf in Schwung bringen und schmerzlindernd wirken. Sie sind indes keine Ursachentherapien, die gegen die mikroökonomischen Anreizstrukturen wirken, welche

---

1 »Der Haushaltsplan ist in Einnahmen und Ausgaben auszugleichen.« (Artikel 310 AEUV)

die Krisen erzeugt haben. Bisweilen verzerren sie die Anreizstrukturen zusätzlich, indem sie die Bereitschaft senken, in eine ursachengerechte und bisweilen schmerzliche Therapie einzulenken.

Ursachentherapien hätte es gegeben

Der Instrumentenkasten der Volkwirtschaftslehre beinhaltet nicht nur die makroökonomische Therapie der expansiven und ggf. auch kontraktiven Geldund Fiskalpolitik. Vielmehr hat sich das Fach in seinem Kern stets mit den Anreiz- und Lenkungsstrukturen des marktwirtschaftlichen Systems, vor allem mit den möglichen Defekten dieses Systems beschäftigt und leitet daraus seine Politikempfehlungen her. Die Analyse von Marktfehlern aufgrund falscher Preisstrukturen und Externalitäten hat eine Fülle von ökonomischen Krankheiten des Systems identifiziert und zielgerichtete Methoden zur Heilung entwickelt.

Das Gewicht, das keynesianisch-monetaristische Argumente, die sich mit den Auswirkungen der Geld- und Fiskalpolitik auf die gesamtwirtschaftliche Nachfrage beschäftigen, in der öffentlichen Wahrnehmung und auch bei den großen internationalen Organisationen wie der OECD und dem IWF in den Jahren seit dem Kollaps des Weltfinanzsystems angenommen haben, entspricht keineswegs der eher begrenzten Bedeutung, die sie ansonsten in der volkswirtschaftlichen Lehre und Forschung haben.

Eine Impfung ist eine Ursachentherapie gegen die Pandemie. Ähnliche Ursachentherapien gegen die Finanzkrise und auch gegen die Wettbewerbskrise hätte es gegeben. Doch wollte man sie aus verschiedenen Gründen nicht, auch weil zu viele Institutionen der Finanzwirtschaft ihr Geschäft genau damit machen, dass im Auf und Ab der Wirtschaftsentwicklung die Gewinne privatisiert und die Verluste sozialisiert werden.

So hätte man nach dem Höhepunkt der Finanzkrise den Kasino-Kapitalismus mit dramatisch erhöhten Eigenkapitalvorschriften für Finanzinstitute in die Schranken weisen können, denn wie erläutert, hatte deren Zockerei wesentlich mit der asymmetrischen Beteiligung an Gewinnen und Verlusten zu tun, die aus dem Zusammenwirken einer Haftungsbeschränkung mit unzureichenden Eigenkapitalanforderungen resultiert. Nach der ersten Welle der Finanzkrise im Jahr 2008 hätte die Politik die Banken zwingen können, das Eigenkapital durch die Einbehaltung von Gewinnen zu akkumulieren. Eine solche Maßnahme wurde später während der Coronakrise, vom März 2020 bis zum September 2021, tatsächlich ergriffen.[2] Doch konnte man sich lange Zeit zu solch herzhaften Schritten nicht aufraffen, weil der Widerstand der Interessenvertreter zu groß war. Die Politik beließ es bei einer Minireform der Basler Regeln für die weltweite Bankenregulierung, mit der eine Mindesteigenkapitalquote von 3 % der Bilanzsumme, die sogenannte Inverse Leverage Ratio, eingeführt wurde.[3]

Jedoch sind 3 % sehr wenig im Verhältnis zu dem, was die Banken selbst ihren Kunden an Eigenkapital abverlangen. Häufig wollen sie selbst zehn Mal so viel oder mehr. Die Banken rechnen ihre tatsächlichen Eigenkapitalquoten gerne hoch, indem sie die sogenannte Kernkapitalquote nennen. Dabei teilen sie das Eigenkapital durch die Summe der risikogewichteten Aktiva statt durch die Summe aller Aktiva, so wie sie in der Bilanz stehen. Die risikogewichteten Aktiva sind aber manchmal nur ein Fünftel der Summe aller Aktiva, weil die Risikogewichte meistens deutlich unter eins liegen. Die vielen Staatspapiere von EU-Staaten zum Beispiel, die die Banken in ihrem Portfolio haben, zählt man mit Erlaubnis der Aufsichtsbehörden gar nicht. Deren Risikogewicht ist null. Kein Wunder, dass sich dann rechnerisch solide erscheinende Kernkapitalquoten ergeben. Kernkapital und Eigenkapital sind Synonyme, jedenfalls wenn das echte Eigenkapital gemeint ist.

Die Annahme, dass Staatspapiere kein Risiko haben, ist rein politischer Natur. Sie soll sicherstellen, dass die Staaten sich günstig finanzieren können, weil die Banken für ihren Erwerb kein Eigenkapital vorweisen müssen. Mit der Realität hat diese Annahme jedoch nichts zu tun, wie die griechischen Staatskonkurse der Jahre 2012 und 2015 gezeigt haben, auf die weiter unten noch Bezug genommen wird. Und natürlich wiesen die von den Märkten lange Zeit verlangten Risikoprämien in den Zinsen für die Staatspapiere

---

2 Europäische Zentralbank – Bankenaufsicht, *EZB fordert Banken auf, Dividendenausschüttungen bis September 2021 auszusetzen oder zu begrenzen*, Pressemitteilung, 15. Dezember 2020, https://www.bankingsupervision.europa.eu/press/pr/date/2020/html/ssm.pr201215~4742e-a7c8a.de.html.

3 Bank für Internationalen Zahlungsausgleich (BIZ), *Basel III: A Global Regulatory Framework for More Resilient Banks and Banking Systems*, Dezember 2010 (aktualisiert Juni 2011), Basel Juni 2011, http://www.bis.org/publ/bcbs189.pdf, S. 12 und 61. Die Leverage Ratio ist der Vervielfachungsfaktor, der angibt, wie viel Bilanzvolumen eine Bank in Relation zu ihrem Eigenkapital maximal stemmen kann. Manchmal wird das Adjektiv »inverse« bei der Verwendung des Begriffs Leverage Ratio auch weggelassen, obwohl der Kehrwert des Vervielfachungsfaktors gemeint ist.

der Mittelmeerländer darauf hin, dass diese Papiere nicht als sicher angesehen wurden. Im Gegensatz zu den USA, wo viele Finanzinstitute untergingen, wollte man die Finanzinstitute in Europa unbedingt retten. Von 2008 bis 2010 sind in den USA 322 Banken in Konkurs gegangen,[4] in Europa nur 51.[5] Das ist zwar verständlich, doch kommt auf diese Weise nie eine Systemänderung zustande, denn wenn die Krise vorbei ist, will sich niemand mehr mit dem Thema belasten. Politisch sind Reformen nur in der Krise möglich und nicht wenn scheinbar wieder alles im Lot ist. Nichts ist im Lot bei diesem Thema in Europa.

Und die Wettbewerbskrise aufgrund der inflationären Überteuerung in den ersten Eurojahren? Auch sie war eine mikroökonomische Krise par excellence, denn nichts ist wichtiger für die Funktionsfähigkeit der Märkte als eine Struktur der Preise und Löhne, die auf den vielen Teilmärkten der europäischen Wirtschaft das jeweilige Angebot mit der Nachfrage in Übereinstimmung bringen. Doch Preisanpassungen finden in der realen Ökonomie wegen vielerlei institutioneller Hemmnisse nur mit erheblichen Verzögerungen statt. Innerhalb des Eurosystems braucht ihre Anpassung im Zuge von realen Ab- und Aufwertungsprozessen viele Jahre.

Reale Abwertungen sind äußerst schmerzlich, weil sie Lohn- und Preissenkungen absolut, oder mindestens gegen den wachsenden Trend gerechnet, bedeuten. Sie rufen Widerstände der Gewerkschaften hervor und lassen sich schlecht umsetzen, ohne ein Land in Aufruhr zu versetzen. Zwar wären sie halb so schlimm, wenn sie im Gleichschritt realisiert würden, wenn also alle Löhne und alle Preise gleichzeitig und im gleichen prozentualen Umfang fielen. Doch in der Praxis lässt sich das meistens nur schwer realisieren, schon weil es viele Preise wie Mieten und Zinsen gibt, die in langfristigen Kontrakten fixiert sind.

Statt Volkswirtschaften dem schwierigen Prozess der realen Abwertung zu unterziehen, hätte man die Wettbewerbskrise durch eine Flexibilisierung des

---

4   Federal Deposit Insurance Corporation, *Bank Failures in Brief – Summary 2001 through 2021*, April 2021, https://www.fdic.gov/bank/historical/bank/.

5   Siehe M. I. Guerra Alves, *Bank Failures in Europe during the Financial Crisis*, ISCTE Business School, Instituto Universitario de Lisboa 2012, S. 26, https://repositorio.iscte-iul.pt/bitstream/10071/12421/1/Bank%20failures%20in%20Europe%20during%20the%20financial%20crisis.pdf. Dort werden 51 solcher Bankkonkurse dokumentiert. Ähnliche Daten findet man auf dieser Website: https://openeconomics.net/failed-bank-tracker/.

Euro mit temporären Austritten und Abwertungen im Nu überwinden können. Bei einer Abwertung werden alle Löhne und Preise im Verhältnis zu den internationalen Wettbewerbern gesenkt, und im Binnenverhältnis merken es die Leute nicht einmal. Nur die Importe und die mit ihnen im Inland fabrizierten Produkte werden teurer. Das ist zwar auch etwas schmerzlich, hat aber den Riesenvorteil, dass die Verbraucher sich dann der heimischen Produktion zuwenden, die Wirtschaft in Schwung kommt und neue Arbeitsplätze wie Pilze aus dem Boden schießen.

So hatten es Finanzminister Wolfgang Schäuble und 15 weitere Finanzminister der EU im Jahr 2015 im Falle Griechenlands vorgeschlagen, doch wurden sie vom französischen Staatspräsidenten Hollande, Bundeskanzlerin Merkel und im Hintergrund dem amerikanischen Präsidenten Obama gestoppt. Diese Politiker fürchteten, dass solch ein Schritt die Wahrscheinlichkeit eines Austritts anderer bedrängter Länder erhöht hätte.

Der Druck des Finanzkapitals

Auch die Angst der Politiker vor einer destabilisierenden Kapitalflucht hat natürlich eine wichtige Rolle gespielt. Dennoch ist es debattierbar, ob es wirklich notwendig war, deswegen auf eine Ursachentherapie zu verzichten. Schließlich gibt es ja gegen die Kapitalflucht das wirksame Mittel der Kapitalverkehrskontrollen. Kapitalverkehrskontrollen bedeuten, dass man nicht nach Belieben Überweisungen ins Ausland tätigen kann, sondern dass solche Überweisungen und auch Bankabhebungen, die anschließend den Bargeldexport ermöglichen würden, auf kleine Kontingente beschränkt werden. Sie sind ein probates Mittel, um die Kräfte eines überbordenden Finanzkapitalismus zu bändigen, und sie sind längst nicht so ungewöhnlich, wie viele denken. So hatte Deutschland wie viele andere Länder auch zwischen den Kriegen und auch noch in der Nachkriegszeit bis in die 1970er Jahre Kapitalverkehrskontrollen, wenngleich sie zuletzt sehr schwach ausgeprägt waren. Im Euroland Griechenland wurden von 2015 bis 2018 harte Kapitalverkehrskontrollen eingeführt, und ebenso hatte das Euroland Zypern von 2013 bis 2015 solche Kontrollen. Bargeldtransporte werden im Übrigen im gesamten Euroraum grundsätzlich kontrolliert und auf 10.000 Euro beschränkt.

Die ungebremste Freiheit des Finanzkapitals, Staatsgrenzen schnell und ungehindert überwinden zu können, um sich im Falle einer Krise rechtzeitig aus dem Staube machen zu können, ist eine relativ neue Einrichtung der westlichen Welt, die unter dem Einfluss der Liberalisierungs- und Deregulierungswellen zustande kam, die gegen Ende der 1970er Jahre durch die britische Premierministerin Margaret Thatcher und den US-Präsidenten Ronald Reagan in Gang gesetzt wurden.[6] Die nachfolgenden Finanzkrisen, so die Japan-Krise Anfang der 1990er Jahre, die Asienkrise Ende der 1990er Jahre, das Platzen der Dotcom-Blase im Jahr 2000, die Lehman-Krise im Jahr 2008 und schließlich auch die Eurokrise haben alle mit der dramatisch gesteigerten Mobilität des Finanzkapitals zu tun.

Natürlich sollte man das Kind nicht mit dem Bade ausschütten, wenn über Kapitalverkehrskontrollen nachgedacht wird, denn man darf ja nicht übersehen, dass der freie Kapitalverkehr grundsätzlich segensreich ist. Wenn das Kapital dorthin fließt, wo es die höchsten Renditen erwirtschaften kann, dann erzeugt es bei funktionierenden Kapitalmärkten den größtmöglichen Beitrag zum aggregierten Sozialprodukt der beteiligten Länder. Im Übrigen verringert es die Lohnungleichheit zwischen den Ländern, weil niedrige Löhne hohe Renditen versprechen und viel Kapital anziehen, das Arbeitsplätze schafft und über eine Konkurrenz der Arbeitgeber die Löhne hochzieht.

Das Problem ist nur, dass der Finanzmarkt übersät ist mit Institutionen, die unter beschränkter Haftung bei häufig nur minimalem Eigenkapital arbeiten und deswegen übermäßig riskante Projekte angehen, die ihre betriebswirtschaftliche Rendite daraus erzeugen, dass ihnen gelegentlich vom Staat und von Einlagensicherungssystemen aus der Patsche geholfen wird oder sie sich zulasten ihrer Geschäftspartner und Gläubiger sanieren.[7] Die aufgezählten Krisen waren allesamt Beispiele für die großzügigen Hilfen aus öffentlichen Kassen, die den Kapitalanlegern gewährt wurden.

Der freie Kapitalverkehr erfüllt die Funktionen, die von ihm lehrbuchmäßig erwartet werden, bei den Direktinvestitionen, doch auf den Finanzmärkten hat sich ein solcher Wildwuchs mit verschachtelten und unübersichtlichen Kreditkonstruktionen und Derivaten entwickelt, dass es bisweilen schwerfällt, die realwirtschaftliche Bedeutung noch zu erahnen und mehr als

6 Vgl. z. B. J. Cooper, *Margaret Thatcher and Ronald Reagan: A Very Political Special Relationship*, Palgrave Macmillan: Basingstoke 2012; P. Pierson, *Dismantling the Welfare State: Reagan, Thatcher and the Politics of Retrenchment*. Cambridge University Press: Cambridge 1994.

7 Vgl. H.-W. Sinn, *Kasino-Kapitalismus: Wie es zur Finanzkrise kam, und was jetzt zu tun ist*, Econ: Berlin 2009, und die dort angegebene Literatur.

eine Mischung aus Null- und Negativsummenspielen zu erkennen. So gesehen bedeuten gelegentliche Kapitalverkehrskontrollen, die in Krisenzeiten verhängt werden, wahrlich keine Behinderung eines funktionsfähigen Kapitalmarktes, sondern stellen seine Funktionsfähigkeit im Gegenteil erst wieder her.

Indem sie Fluchtwege nach Fehlinvestitionen versperren, wird den Investoren von vornherein klar gemacht, dass sie haften müssen, wenn sie ihr Kapital falsch investieren, anstatt es den Steuerzahlern der betroffenen Länder selbst oder den Steuerzahlern befreundeter Länder zu überlassen, die Scherben aufzusammeln.

Aber die Realität der Krisenbekämpfung ist ganz anders, denn bis auf kleine Ausnahmen wie im Falle Griechenlands und Zyperns setzten sich die Interessen der Finanzindustrie durch. Auch in der Eurokrise wagten es die europäischen Politiker nicht, das Rad der Geschichte zurückzudrehen oder wenigstens anzuhalten. Es gelang ihnen nicht, dem falsch verstandenen Liberalismus der Reagan-Thatcher-Ära zu entkommen. Stattdessen reagierten sie zum Glück für die Finanzanleger mit umfangreichen geld- und fiskalpolitischen Programmen, die alle historischen Parallelen sprengten und zu einem exorbitanten Wachstum der Geldmenge und exorbitanten Schulden der EU-Länder führten.

Die Betonung der Geld- und Fiskalpolitik hat kurzfristig die Gefahr eines Kollapses in der Eurozone aufgrund spekulativer Attacken des Finanzkapitals und negativer realwirtschaftlicher Multiplikatoreffekte vermindert. Doch geschah damit genau das, was die Finanzmärkte von Anfang an für den Fall einer Krise erwartet hatten und was sie, wie im vorigen Kapitel gezeigt (Abbildung 2.1), veranlasste, in der Vor-Euro-Zeit fast vollständig auf Risikoprämien im Zins zu verzichten. So war die inflationäre Blase entstanden, die die Ursache der fundamentalen Wettbewerbskrise des Mittelmeerraumes war und die die meisten der betroffenen Länder bis zum heutigen Tage nicht haben abschütteln können.

Man muss zugeben, dass die Politik es auch nicht leicht hatte, anders zu agieren. Denn die publizistischen Organe, die den Finanzmärkten nahestehen, haben während der Krise ein wahres Trommelfeuer in Gang gesetzt, um unter allen Umständen zu erreichen, dass ihre Portfolios gerettet wurden und die No-Bail-out-Klausel des Maastrichter Vertrages (Artikel 125 AEUV) geschleift wurde, die eigentlich den Beistand für bedrängte Staaten und ihre Gläubiger ausschließt.

Der Druck, den die Finanzpresse aus London und New York während der Krise auf die deutsche Politik ausübte, war riesig. Als die Kanzlerin zögerte, finanziellen Beistand zu leisten und die harten Budgetregeln des Eurosystems aufzuweichen, wurde sie von der angesehenen Londoner Zeitschrift *New Statesman* zum gefährlichsten Führer Europas erklärt.[8] Und immer wieder wurde auch von scheinbar seriöseren Journalisten aus dem Umfeld großer Finanzinvestoren der Vergleich mit Deutschlands problematischer Geschichte bemüht. Deutschland habe den Ersten Weltkrieg vom Zaun gebrochen, den Zweiten verursacht und sei nun dabei, Europa abermals ins Unglück zu stoßen, erklärte der damalige Aufsichtsratsvorsitzende des vom Großinvestor George Soros finanzierten Londoner Think-Tank INET, Anatole Kaletzky, ein bekannter britischer Journalist.[9] Man war offenbar wild entschlossen, Deutschland dazu zu bringen, die Rolle als Garantiegeber für die bedrängten Länder der Eurozone, die ihm die Finanzmärkte zugeschrieben hatten, tatsächlich auszufüllen – allen anderslautenden Formulierungen der EU-Verträge zum Trotz.

Dem Druck, der von allen Seiten kam, hat die Kanzlerin nicht standgehalten. Am Rande des EU-Gipfels vom 29. Juni 2012 gab sie im Beisein von Mario Draghi, Nicolas Sarkozy und Mario Monti ihr Placet zum sogenannten OMT-Programm (»whatever it takes«) der EZB, das die gewünschte Sicherung der Portfolios brachte.[10] Damit war ein erster Schritt hin zu den von den mediterranen Ländern so vehement geforderten Eurobonds getan, dem noch andere Schritte folgen sollten, wie Kapitel 6 zeigen wird.

Die gewählte Geld- und Fiskalpolitik hat denn auch die erhoffte Schutz- und Beruhigungsfunktion ausgeübt und die Investments der Anleger gerettet. Die große Eurokrise blieb aus, weil sich Deutschland mit seiner Bonität hinter die Hilfsprogramme stellte und sich damit an möglichen Verlusten aus Fehlinvestitionen der Anleger aus aller Welt beteiligte. So gesehen war die Rettungspolitik wirksam.

---

8 M. Hasan, »Angela Merkel's Mania for Austerity is Destroying Europe, Says Mehdi Hasan«, *New Statesman*, 20.6.2012, https://www.newstatesman.com/politics/politics/2012/06/angela-merkels-mania-austerity-destroying-europe.

9 A. Kaletzky, »Can the Rest of the World Stand up to Germany?«, *Reuters*, 20.6.2012, http://blogs.reuters.com/anatole-kaletsky/2012/06/20/can-the-rest-of-europe-stand-up-to-germany. Dieser Artikel ist nur ein Beispiel unter vielen in der britischen und US-amerikanischen Finanzpresse, die Druck gegenüber Deutschland aufbauten, eine Rettung der Finanzprobleme der Investoren mit den Mitteln der EZB zu ermöglichen.

10 Vgl. auch H.-W. Sinn, »Merkel Has a Duty to Stop Draghi's Illegal Fiscal Meddling«, *Financial Times*, 29.9.2014, https://www.ft.com/content/09b1d31c-47c8-11e4-ac9f-00144feab7de.

Das große Interesse der Kapitalanleger an Rettungsprogrammen für die bedrängten Länder und die Ablehnung von Kapitalverkehrskontrollen kann man am besten verstehen, wenn man sich das Verhalten von Kreditgebern im Falle einer Konkursgefahr vor Augen führt. Bestehen Zweifel an der Zahlungsfähigkeit eines Schuldners und der Bonität seiner Sicherheiten, wünschen die bisherigen Gläubiger nichts sehnlicher als neue Gläubiger, die das Geld bereitstellen, mit dem sie selbst ausgezahlt werden können. Was sie natürlich keinesfalls wollen, ist ein Verbot, sich ablösen zu lassen, denn es würde dazu führen, dass sie selbst die Konsequenzen ihrer Fehlinvestition würden tragen müssen. Deshalb trommeln sie mit allem, was sie zur Verfügung haben, um staatliche Instanzen als neue Gläubiger, Bürgschaftsgeber oder am besten Geschenke verteilende Gönner auf den Plan zu rufen, und wehe, jemand wagt es, sich ihnen öffentlich in den Weg zu stellen. Dann versucht man sogleich, ihn zu diffamieren und seine Glaubwürdigkeit mit einer öffentlichen Diskreditierungskampagne zu untergraben.[11]

Es ist bezeichnend, dass die Vertreter großer US-amerikanischer Anlagegesellschaften wie State Street, die die Portfolios stattlicher Pensionsfonds für die Altersversorgung der amerikanischen Bevölkerung verwalten, die Beteiligung der FDP und nicht etwa der Grünen in der deutschen Regierung als kritisch ansehen. Bei der FDP befürchten sie, dass sie sich für eine Politik der Schwarzen Null ausspricht und gegenüber europäischen Rettungsfonds kritisch eingestellt ist, während sie bei den Grünen das Gegenteil erwarten.[12]

So weit ist es im Finanzkapitalismus also schon gekommen. Die liberalste und marktwirtschaftlichste Partei Deutschlands wird kritisch gesehen, eben weil sie die Grundprinzipen der Marktwirtschaft, nämlich eine sparsame Haushaltsführung des Staates und eine Selbsthaftung der Anleger, betont. Man

---

11 So z. B. geschehen im Januar 2015 mit einer groß angelegten Diskreditierungskampagne auf zehn Seiten des *Handelsblatts* gegen den Autor dieser Zeilen, die vermutlich den Boden bereiten sollte für die eine Woche später anstehende Entscheidung des EZB-Rates, das große PSPP-Programm für den Kauf von Staatspapieren durch die nationalen Notenbanken aufzulegen. Dazu hatte das *Handelsblatt* fünf Ökonomen aufgeboten (Fratzscher, Rürup, Bofinger, Welfens und Kemfert), die allesamt institutionell mit dem Deutschen Institut für Wirtschaftsforschung (DIW), einem Konkurrenzinstitut des vom Verfasser geleiteten ifo Instituts, verbunden waren. (Siehe »Der falsche Prophet«, Titelgeschichte, *Handelsblatt*, Wochenende 14.–18.1.2015, S. 4–13.)

12 F. Wiebe, »Investoren sehen FDP als mögliches Risiko«, *Handelsblatt*, Nr. 121, 21.6.2021, S. 28–29.

sieht daran sehr deutlich, dass die internationalen Investoren mit ihren Medien, die von New York und London aus die Welt beschallen, keineswegs an der Marktwirtschaft an sich interessiert sind. Sie präferieren stattdessen den Kasino-Kapitalismus, der seine Gewinne letztlich daraus bezieht, dass staatliche Instanzen einspringen, wenn private Portfolios in Gefahr geraten, während die Erträge dieser Portfolios selbstverständlich an die privaten Anteilseigner gehen. Offenbar kann man die Marktwirtschaft heute nur noch uneingeschränkt mit den Firmen der Realwirtschaft identifizieren. Bei der Finanzwirtschaft, die ehemals als solides Bindeglied zwischen ihnen und den Sparern agierte, sind – jedenfalls, wenn sie angelsächsischer Herkunft ist – zunehmend Zweifel angebracht.

Für die gesunde Funktion der Märkte ist der von den Investmentgesellschaften mit Vehemenz von der staatlichen Geld- und Fiskalpolitik geforderte Versicherungsschutz sehr problematisch, weil er die Zockerei eher noch belohnt. Kein Wunder, dass die spekulativen Tätigkeiten in den Jahren nach der Lehman-Krise wieder zulegten. Der lange tot geglaubte Markt der ABS-Papiere, die der Großinvestor Warren Buffet einmal als »Massenvernichtungswaffen« bezeichnet hatte, war in Europa vor der Coronakrise fast wieder auf dem Niveau angelangt, das er im Lehman-Jahr hatte, als er im Zentrum der Finanzkrise stand.[13] Und die Papiere finanziell ungesunder Länder des Mittelmeerraumes waren wieder außerordentlich beliebt, so beliebt, dass die Investoren Zinsen unterhalb der Sätze akzeptierten, die die Vereinigten Staaten zahlen mussten. Dazu mehr in Kapitel 8 (besonders Abbildung 8.2).

Die Wiederherstellung der Wettbewerbsfähigkeit der Mittelmeerländer wurde durch den Geldsegen nicht beschleunigt, sondern verzögert. Weil nämlich alle gesellschaftlichen Gruppen wussten, dass es frisches Geld zur Lösung der Budgetprobleme gab, war die Bereitschaft zu schmerzlichen Lohn- und Preiskürzungen, also realen Abwertungen im Euroraum, nicht mehr gegeben. Der Umstand, dass Irland genau dann mit der massiven realen Abwertung

---

13 Im Jahr 2018 lag das Volumen der als Pfand für Refinanzierungskredite verwendeten ABS-Papiere bei 94 % des Niveaus aus dem Jahr 2008. Siehe Securities Industry and Financial Markets Association (SIFMA), *AFME / ESF Securitisation Data Report*, Q4 2008, https://www.sifma.org/resources/research/afme-esf-securitisation-data-report-2008-q4/; Securities Industry and Financial Markets Association (SIFMA), *AFME Securitisation Data Report*, Q4 2018, https://www.sifma.org/resources/research/afme-securitisation-data-report-fourth-quarter-2018/.

aufhörte, als es das erste Geld aus dem Rettungsschirm EFSF bekam, spricht Bände. Das wurde ja oben anhand der Abbildung 2.2 erläutert. Nein, an einer Ursachentherapie war den Finanzmärkten nicht gelegen. Man wollte die Diskussion darum partout nicht und wies alle Überlegungen zur Verbesserung der Wettbewerbsfähigkeit überteuerter Länder durch reale oder offene Abwertungen und zur Schließung des großen Spielkasinos weit von sich. Immer nur wurde nach noch mehr Engagement der EZB verlangt, die über eine unbegrenzte Potenz zur Lösung aller Probleme zu verfügen schien.

Die Rettungspolitik und das Mandat der EZB

Die Federführung für die Organisation der Rettungsmaßnahmen lag in der Krise eindeutig bei der EZB und nicht bei den demokratisch gewählten Regierungen. Nur die EZB hatte das Geld, und nur sie brauchte auf die parlamentarischen Bedenkenträger, die sich den Wählern statt den Großinvestoren verpflichtet fühlen, nicht zu achten. Parlamente sind naturgemäß sehr zögerlich beim Geldausgeben, weil sie von den Steuerzahlern die Quittung bekommen, wenn sie verschwenderisch mit den ihnen anvertrauten Mitteln umgehen. Eine Institution jedoch, die unabhängig agieren darf und das Geld zur Beruhigung der Finanzinvestoren selbst drucken kann, ohne dass irgend jemand das Gefühl hat, ihm würde etwas weggenommen, hat eine viel höhere Schlagkraft, weil niemand ängstlich sein Portemonnaie zu schützen versucht. Sie läuft aber Gefahr, über die Köpfe der Bürger hinweg zu regieren, wie alle Machthaber es zu tun pflegen, die nicht demokratisch legitimiert sind. Eines Tages bekommen solche Machthaber aber doch die politische Quittung für ihre Aktionen, nämlich dann, wenn die Verlierer einer solchen Politik sichtbar werden, z. B. die Geldbesitzer und die Besitzer von nominalwertgesicherten Vermögenstiteln, deren Vermögen in einer Inflation verpuffen könnte.

Die Zentralbank verleiht selbst geschaffenes Geld verzinslich gegen hochwertige Sicherheiten an die Banken oder sie kauft, was fast dasselbe ist, mit diesem Geld private oder staatliche Wertpapiere von den Banken. Indem sie bestimmt, wer wann wie viel und wie lange von diesem Geld bekommt, kann sie das Marktgeschehen maßgeblich beeinflussen und gewaltige Verteilungseffekte auslösen.

Eine Zentralbank darf ihre Macht freilich nicht nach Belieben ausnutzen, sondern muss sich an ein beschränktes Mandat halten. So hat die Europäische Zentralbank die Hauptaufgabe, eine Inflation zu verhindern. Im Vertrag über die Arbeitsweise der Europäischen Union zum Mandat der EZB (Artikel 127 AEUV) heißt es:

»Das vorrangige Ziel des Europäischen Systems der Zentralbanken (im Folgenden ›ESZB‹) ist es, die Preisstabilität zu gewährleisten. Soweit dies ohne Beeinträchtigung des Zieles der Preisstabilität möglich ist, unterstützt das ESZB die allgemeine Wirtschaftspolitik in der Union, um zur Verwirklichung der in Artikel 3 des Vertrags über die Europäische Union festgelegten Ziele der Union beizutragen. Das ESZB handelt im Einklang mit dem Grundsatz einer offenen Marktwirtschaft mit freiem Wettbewerb, wodurch ein effizienter Einsatz der Ressourcen gefördert wird [...].«

Sie kann allerdings die Wirtschaftspolitik, soweit die Preisstabilität nicht gefährdet wird, unterstützen und muss darauf achten, dass der freie Wettbewerb zur Sicherung eines effizienten Einsatzes von Ressourcen gewährleistet bleibt.

Außerdem soll sie nach international anerkannten Grundsätzen des Notenbankwesens die finanzielle Stabilität des Geldsystems wahren, auch wenn das vertraglich so nicht fixiert ist. Das beinhaltet die Abwehr spekulativer Attacken und die Bekämpfung von Liquiditätskrisen durch den Verleih von Geld gegen erstklassige Sicherheiten und für hohe Zinsen.[14] Eine solche Strategie wäre auch für sie selbst profitabel. Insolvenzen darf sie freilich nicht verhindern und Geschäfte, die zu absehbaren Verlusten führen, darf sie nicht durchführen. Nach der Auffassung des Bundesverfassungsgerichts, die dem Europäischen Gerichtshof, ohne Widerspruch zu ernten, mitgeteilt wurde,

---

14 Diese Aufgaben wurden schon im 19. Jahrhundert von Walter Bagehot beschrieben und sind bis heute allgemein akzeptiert. Siehe W. Bagehot, *Lombard Street. A Description of the Money Market,* Henry S. King & Co: London 1873. Vgl. auch P. Tucker, »The Repertoire of Official Sector Interventions in the Financial System: Last Resort Lending, Market-Making and Capital«, *2009 International Conference Financial System and Monetary Policy Implementation,* Bank of Japan, 27./28. Mai 2009, https://www.bankofengland.co.uk/-/media/boe/files/speech/2009/last-resort-lending-market-making-and-capital.pdf.

darf sie deshalb auch nicht staatliche Schuldpapiere regelmäßig bis zur End-fälligkeit halten.[15]

Nach dem Prinzip der Einzelermächtigung, das grundsätzlich für alle EU-Organe gilt, darf die EZB nur das tun, wozu sie explizit von den Parla-menten ermächtigt wurde.[16] Sie darf deshalb insbesondere keine Wirtschafts-politik betreiben, schon gar nicht Fiskalpolitik, weil diese Bereiche der Kon-trolle der Parlamente unterliegen. Die Kontrolle über das Budget des Staates ist das Königsrecht der Parlamente.

So darf der Bundestag sein Budgetrecht nicht an europäische Institutio-nen abtreten, selbst wenn zwei Drittel der Abgeordneten es wollten, denn dieses Recht gehört zu den Rechten mit Ewigkeitsgarantie im Grundge-setz. Wie das deutsche Verfassungsgericht immer wieder betont hat, darf der Bundestag keinen europäischen Regelungen zustimmen, die den deutschen Staat einer Leistungspflicht unterwerfen, deren Umfang von EU-Organen

---

15 Im Vorlagenbeschluss des Bundesverfassungsgerichts (BVerfG) zum OMT-Programm heißt es: »Auch ein Halten von Staatsanleihen bis zur Endfälligkeit kann unter bestimmten Voraus-setzungen mit dem Verbot monetärer Haushaltsfinanzierung (Art. 123 Abs. 1 AEUV) kolli-dieren (Eingriff in die Marktlogik). Zwar gestattet Art. 18.1. 1.-ESZB-Satzung dem Euro-system auch einen ›endgültigen‹ Ankauf von börsengängigen Wertpapieren. Ein dauerhafter Erwerb von Staatsanleihen durch das Eurosystem, die bis zur Endfälligkeit gehalten werden, kann jedoch Auswirkungen auf die monetäre Haushaltsfinanzierung haben. Namentlich kön-nen, wenn ein substanzieller Teil der von einzelnen Mitgliedstaaten begebenen Staatsanleihen dauerhaft vom Markt genommen wird, Effekte nicht eintreten, die aus einem Verkauf der An-leihen vor Fälligkeit resultieren. Damit würde das Eurosystem nicht nur eine unbeeinflusste Kursermittlung verhindern; es würde auch zur Finanzierung des betreffenden Haushaltes bei-tragen. Werden Staatsanleihen bis zur Endfälligkeit gehalten, so hat dies jedenfalls eine Ver-knappung des Angebotes der am Sekundärmarkt zirkulierenden Anleihen zur Folge, was auf eine Umgehung von Art. 123 AEUV hinauslaufen kann«. Siehe BVerfG, *Beschluss des Zweiten Senats vom 14. Januar 2014*, Absatz 90, http://www.bverfg.de/e/rs20140114_2bvr272813.ht-ml. Noch deutlicher und letztlich entscheidend heißt es im abschließenden, nach der Antwort des EuGH verfassten Urteil des Bundesverfassungsgerichts von 2016: »Die Deutsche Bundes-bank darf sich an einer künftigen Durchführung des OMT-Programms nur beteiligen, wenn und soweit die vom Gerichtshof der Europäischen Union aufgestellten Maßgaben erfüllt sind, das heißt wenn […] die erworbenen Schuldtitel nur ausnahmsweise bis zur Endfälligkeit ge-halten werden.« Siehe BVerfG, *Urteil des Zweiten Senats vom 21. Juni 2016*, Leitsätze zum Ur-teil, http://www.bverfg.de/e/rs20160621_2bvr272813.html.

16 »Nach dem Grundsatz der begrenzten Einzelermächtigung wird die Union nur innerhalb der Grenzen der Zuständigkeiten tätig, die die Mitgliedstaaten ihr in den Verträgen zur Verwirk-lichung der darin niedergelegten Ziele übertragen haben. Alle der Union nicht in den Ver-trägen übertragenen Zuständigkeiten verbleiben bei den Mitgliedstaaten.« (EU-Vertrag, Ar-tikel 5,2)

bestimmt wird.[17] Das Budgetrecht zugunsten der EZB oder einer anderen Institution der EU einzuschränken würde eine Neugründung der Bundesrepublik Deutschland verlangen, indem in einem Referendum über die Neuregelung abgestimmt wird.[18] Deswegen sehen die EU-Verträge auch keine selbständigen fiskalpolitischen Rechte für die EZB vor, ganz im Gegenteil.

Deutschland hatte nämlich zur Bedingung für die Aufgabe der D-Mark gemacht, dass das Eurosystem nicht für die Übernahme einer gemeinschaftlichen Haftung genutzt werden kann und insbesondere auch nicht für die Finanzierung von Staaten. Helmut Kohl hatte bei seiner Rede im Bundestag zur Einführung des Euro am 12. April 1998 mit großem Nachdruck betont, dass mit dem Euro »keine Haftung der Gemeinschaft für Verbindlichkeiten der Mitgliedstaaten und keine zusätzlichen Finanztransfers« verbunden seien.[19] In der Tat hatte Deutschland bei den Verhandlungen zum Maastrichter Vertrag den Artikel 123 AEUV verlangt, nach dem eine Monetisierung der Staatsschulden im Sinne einer dauerhaften Übernahme von Staatspapieren durch die Notenbank verboten ist. Außerdem hatte es darauf bestanden, Artikel 125 AEUV einzuführen, der die viel zitierte No-Bail-out-Klausel enthält. »No Bail-out« heißt wörtlich übersetzt »kein Freikauf«. Gemeint ist, dass die Staatengemeinschaft und ihre Institutionen einen konkursgefährdeten Staat und damit seine Gläubiger nicht mit Steuermitteln retten, z. B. indem sie den Gläubigern dieses Staates ihre Schuldtitel abkaufen.

Die Realität der europäischen Geldpolitik in der Krise war eine andere. Tatsächlich hat die EZB ihre Mandatsgrenzen vielfach gedehnt, wenn nicht überschritten,[20] weil sie

- den Anlegern versprach, ihnen die Papiere eines von Konkurs bedrohten Staates notfalls durch die nationalen Notenbanken abkaufen zu lassen und die Verluste zu tragen (OMT-Programm, Kapitel 5),

---

17 U. Di Fabio, »Die Zukunft einer stabilen Wirtschafts- und Währungsunion: Verfassungs- sowie europarechtliche Grenzen und Möglichkeiten«, Stiftung Familienunternehmen, Mai 2013, S. 23.

18 Ebenda, S. 22.

19 Helmut Kohl, »Rede vor dem Deutschen Bundestag bei der Aussprache über den Beschluss der Bundesregierung zur Festlegung des Teilnehmerkreises an der dritten Stufe der Europäischen Wirtschafts- und Währungsunion«, 23. April 1998, Berlin, Plenarprotokoll 13/230, https://dserver.bundestag.de/btp/13/13230.pdf.

20 H.-W. Sinn, »The ECB's Fiscal Policy«, *International Tax and Public Finance*, 25 (6), 2018, S. 1404–1433.

- zuließ, dass die nationalen Notenbanken erworbene Staatspapiere regelmäßig bis zur Endfälligkeit hielten,[21]
- den Kapitalmarkt lenkte, indem sie längerfristige Kredite gewährte, die unter dem Marktniveau verzinst waren (LTRO, Kapitel 5),
- Wertpapiere bevorzugt von hoch verschuldeten Ländern wie z. B. Italien erwarb und die internationalen Zinsunterschiede, die die Märkte aufgrund unterschiedlicher Länderrisiken verlangt hätten, verringerte (Kapitel 11),
- Staaten, Finanzinstitute und private Firmen vor einer Insolvenz schützte, die aufgrund einer fehlenden Wettbewerbsfähigkeit wegen Überteuerung zustande kam (Kapitel 2).

Die EZB beschloss ihre Mandatserweiterung nicht auf einmal, sondern glitt im Zuge der immer verfahrener werdenden Eurokrise allmählich in die Funktion einer Rettungsinstanz, wenn nicht Bad Bank zur Sicherung und Übernahme dubioser Schuldtitel hinein, und sie wurde zum Taktgeber der Parlamente der Eurozone, wenn es darum ging, Entsatz für die bereits von den Notenbanken des Eurosystems übernommene Haftung zu leisten, um die mögliche Vertragsverletzung im Nachhinein zu heilen. Die nachfolgenden Abschnitte und Kapitel geben einen Überblick über das, was im Einzelnen geschah.

Die Maßnahmen beim Zusammenbruch des Interbankenmarktes 2008

Unproblematisch und tatsächlich richtig waren die Aktionen der EZB am Beginn der großen Krise, denn damals ging es um Liquiditätsengpässe und einen in dieser Form ungerechtfertigten Vertrauensentzug der Finanzmärkte.

So wird es zu Recht allgemein begrüßt, dass die EZB nach einer kurzen Intervention beim ersten Aufflammen der Krise im August 2007, vor allem aber im Herbst 2008, als der Interbankenmarkt nach der Lehman-Pleite im

---

21 Präsident Draghi zum SMP: »Question: Will you hold the bonds in your SMP programme until maturity? Draghi: We have no reason to change this commitment. If we do, we will tell you.« Introductory statement to the press conference with Q&A, 9. Februar 2012, https://www.ecb.europa.eu/press/pressconf/2012/html/is120209.en.html.

September 2008 zusammengebrochen war, mit großem Einsatz half, den Kreditfluss aufrechtzuerhalten und das Vertrauen der Märkte zu stabilisieren. Sie tat dies, indem sie ihren Mitgliedsnotenbanken erlaubte, der jeweiligen Wirtschaft zu niedrigen Zinsen fast unbegrenzt frisch gedrucktes Geld zu verleihen. Sie nannte diese Politik »Vollzuteilung«, denn zuvor hatte sie jeweils nur feste Mengenkontingente an neu geschaffenem und verliehenem Geld versteigert.

Ein Wort an dieser Stelle zur Terminologie: Mit »Gelddruck« meint der Ökonom stets nicht nur den physischen Gelddruck, sondern auch die Bereitstellung von elektronischem und jederzeit eintauschbarem Zentralbankgeld für die Banken auf deren Konten bei der EZB. Stets müssen die Banken für den Erhalt dieses Geldes etwas hergeben. Entweder sie leihen sich das Geld gegen Sicherheiten, oder sie verkaufen Wertpapiere aus ihrem Bestand an die jeweilige Notenbank.

Die Aktionen der EZB waren sinnvoll, denn es waren ja nicht nur die zockenden Kasinos der Finanzwelt betroffen, sondern alle, weil niemand mehr sicher war, ob der eigentlich solide Geschäftspartner seinerseits mit der Rückzahlung der von ihm vergebenen Kredite rechnen konnte. Es bestand die Gefahr eines falschen, destruktiven Gleichgewichts der Erwartungen, das unter allen Umständen verhindert werden musste.

Fraglich ist aber, ob man nicht aus der Vollzuteilungspolitik hätte aussteigen müssen, als die Weltwirtschaft im Herbst 2009 bereits wieder auf Wachstumskurs war und die Finanzkrise abschütteln konnte. Die EZB nannte mehrfach Daten für den Ausstieg, doch verpasste sie stets die selbst gesteckten Termine, weil die mediterranen Länder das Vertrauen der Kapitalmärkte noch nicht wieder zurückgewonnen hatten, wie die Zinskurven in Abbildung 2.1 zeigen. Bis heute hat die EZB ihre Vollzuteilungspolitik beibehalten.

Die ersten Rettungsschirme: Der EZB-Präsident bedrängt die Regierungen

Das Jahr 2010 zeigte in aller Deutlichkeit, welche Länder nicht allein in einer Liquiditätskrise steckten, sondern substanzielle Probleme hatten, die Kapitalmärkte von ihrer Bonität zu überzeugen, weil sie in der inflationären Blase, die der Lehman-Krise vorausging, ihre Wettbewerbsfähigkeit verloren hatten.

Am größten waren die Probleme in Griechenland. Dieses Land blieb von den Kapitalmärkten abgeschnitten. Doch auch Zypern, Portugal, Spanien und Irland hatten erhebliche Probleme mit den hohen Zinsspreads, die die Kredit-

geber zum Ausgleich der vermuteten Länderrisiken verlangten. Die anderen
Länder schafften es stattdessen wieder, neues Vertrauen an den Kapitalmärkten
zu gewinnen, was sich daran zeigte, dass die Spreads bei ihnen gering blieben
und die Industrieproduktion wieder anzog (Abbildung 2.1 und 2.3).

Die EZB ließ es in dieser Zeit zu, dass die störrischen ausländischen Anleger durch immer mehr billigen Kredit aus den Druckerpressen der nationalen
Notenbanken abgelöst wurden. Der Kredit floss an die Banken und von dort
an die Firmen, die privaten Haushalte und den Staat. Mit einem wachsenden
Bestand dieser Kredite stieg das Risiko für die nationalen Notenbanken immer mehr an und führte bei der EZB zu Überlegungen, wie man es auf die
Staatengemeinschaft abwälzen konnte.

Bereits Anfang 2010 versuchte EZB-Präsident Jean-Claude Trichet in einer
Vielzahl von Gesprächen, die nationalen Regierungen der noch soliden Länder davon zu überzeugen, ein fiskalisches Rettungspaket für die Krisenländer
zu schnüren, das es ihnen erlauben würde, die EZB-Kredite zu bedienen und
die EZB von ihrem Risiko zu entlasten. Seine Aktionen bedeuteten faktisch
eine Umdrehung der Demokratie, indem eine technokratische, demokratisch
nicht kontrollierte Institution, nämlich der EZB-Rat, die Parlamente durch
die eigenen Vorentscheidungen unter Zugzwang setzte. Die Parlamente waren, nachdem die EZB bereits ins Obligo gegangen war, nicht mehr frei bei ihren Entscheidungen über die Rettungsmaßnahmen für die bedrängten Staaten,
denn hätten sie sie nicht ergriffen, hätte die EZB erhebliche Abschreibungsverluste auf faule Kredite verbuchen müssen, die sie den Staaten auf dem Umweg
über die Banken gegeben hatte und die durch Staatspapiere als Pfänder abgesichert waren. Diese Abschreibungsverluste hätten die Staaten der Eurozone
und damit die Steuerzahler tragen müssen, ohne dass jemals ein Parlament mit
der Angelegenheit befasst war. In dieser Situation blieb den Regierungen und
den Parlamenten kaum eine andere Wahl, als die eigenmächtigen Rettungsaktionen der EZB im Nachhinein abzusegnen und sie durch eigene Rettungsprogramme zu ersetzen. Gegen den Widerstand Trichets gelang es allerdings
Deutschland und einigen anderen Ländern, denen klar war, dass sie die hauptsächliche Schutzlast würden tragen müssen, den Internationalen Währungsfonds (IWF) an der Finanzierung zu beteiligen, um wenigstens ein Mindest-
maß an fiskalischer Disziplin bei den Empfängerländern durchzusetzen.

Manchmal wird im Zusammenhang mit der EZB-Politik von der »fiskalischen Dominanz der Geldpolitik« gesprochen, weil die Zentralbank ihre Geldpolitik nutzt, um die fiskalischen Rettungsaktionen der Staaten zu unterstüt-

zen. Tatsächlich war es aber in den Jahren bis 2010 umgekehrt. Es herrschte eine »monetäre Dominanz der Fiskalpolitik«. Staaten wie z. b. die Bundesrepublik Deutschland, Finnland oder die Niederlande weigerten sich unter Berufung auf das Bail-out-Verbot nach Artikel 125 AEUV, den Gläubigern Griechenlands aus der Patsche zu helfen, aber nachdem die EZB diese Gläubiger bereits gerettet hatte, blieb ihnen nichts anderes übrig, als mit ihren Mitteln Ersatz zu leisten und die Haftung selbst zu übernehmen, zumal sie als Eigentümer ihrer Notenbanken ohnehin schon in der Haftung standen.

So schnürte die Staatengemeinschaft im April 2010 ein 110 Milliarden Euro umfassendes intergouvernementales Rettungspaket für Griechenland, und im Mai ließ sie den Rettungsschirm EFSF folgen, der mit einem Volumen von zunächst 440 Milliarden Euro und einem langfristig möglichen Garantierahmen von 780 Milliarden Euro auch andere angeschlagene Länder stützen sollte.[22]

Austeritätspolitik, Staatenrettung und die Tricks der öffentlichen Kommunikation

Da es finanziell für die mediterranen Länder trotz der Rettungsaktionen eng wurde, sprach man dort und bei ihren Gläubigern in London und New York, die sich selbst an den Rettungsaktionen nicht beteiligten, von »Austeritätspolitik«, so als hätte die Politik diesen Ländern den Geldhahn abgedreht. Das Gegenteil war der Fall, denn der Hahn wurde von den Kapitalmärkten abgedreht, nicht von der Politik. Die hat den Geldhahn wieder geöffnet, wenigstens ein Stück weit, wenn auch nicht ganz so weit, wie die Empfängerländer es gern gehabt hätten.

Nie zuvor hatte es in der Geschichte zu Friedenszeiten in solch umfangreichem Maße internationale Hilfsprogramme zur Minderung und Milderung der Finanzknappheit aufgrund einer Kapitalflucht gegeben wie jene, die die EZB und die EU-Länder beschlossen. Der Begriff Austeritätspolitik war ein Meisterstück der Kunst, Medien und Öffentlichkeit mit einem semantischen Public-Relations-Trick zu manipulieren.

Meisterlich war auch der von den Kommunikationsprofis erzeugte öffentliche Eindruck, es gehe um die Rettung verschuldeter Staaten. Die »armen«

---

22 Vgl. dazu die Homepage der Bundesregierung: https://www.bundesregierung.de/breg-de/themen/euro/was-sind-esm-efsf-und-efsm--476194.

Griechen wollte man nicht hängen lassen und Solidarität beweisen. Darum ging es auch. Tatsächlich ging es aber vor allem um die Rettung der Gläubiger, die die Papiere der bedrängten Staaten besaßen. Dies waren in allererster Linie die französischen Banken. Sie hatten in Griechenland Ende April 2010 ein Exposure, also Ausleihungen, in Höhe von 112 Milliarden Euro, während das Exposure deutscher Banken nur bei 51 Milliarden Euro lag.[23]

Es war Frankreich, das im Jahr 2010 den Bruch des Maastrichter Vertrages einforderte, um sein mediterranes Hinterland und damit seine eigenen Investitionen und Lieferbeziehungen zu retten. Bei der EZB drängelte Präsident Trichet aus Frankreich. Der französische Präsident Sarkozy bedrängte die Bundeskanzlerin. Er drohte sogar mit dem Austritt Frankreichs aus der EU für den Fall, dass Deutschland nicht bereit sein würde, seinen Widerstand gegen einen Fonds zur Rettung der in Schieflage geratenen Staaten und damit ihrer Gläubiger aufzulegen.[24] Ihm stand die Finanzministerin und jetzige EZB-Präsidentin Christine Lagarde zur Seite, die später bekundete, man habe die Verträge brechen müssen, um den Euro zu retten.[25] Und an der Spitze des internationalen Währungsfonds (IWF), der ebenfalls in die Rettungsarchitektur eingebunden wurde, stand der französische Politiker Dominique Strauss-Kahn, der wegen einer Affäre sein Amt vorzeitig niederlegen musste.

Die heiße Phase der Eurokrise und die Geheimverhandlungen über Euroaustritte

In den Folgejahren verschärfte sich die Eurokrise weiter. Im Jahr 2011 zog die Kapitalflucht aus Griechenland abermals an und bedrängte das Land. Gleichzeitig kam Italien in Schwierigkeiten. Die intensiver werdende Anspannung

---

23 Bank für Internationalen Zahlungsausgleich (BIZ), *BIS Quarterly Review*, September 2010, S. 16, https://www.bis.org/publ/qtrpdf/r_qt1009.htm.

24 Dies wurde vom damaligen spanischen Ministerpräsidenten José Luis Rodríguez Zapatero bekundet. Siehe J. Casqueiro, »Zapatero: Sarkozy amena zó con salirse del euro«, *elpais.com*, 14.5.2010, http://elpais.com/diario/2010/05/14/espana/1273788002_850215.html.

25 Im Original sagte Lagarde: »We violated all the rules because we wanted to close ranks and really rescue the euro zone«, B. Carney und A. Jolis, »Toward a United States of Europe«, Bericht über ein Interview mit Christine Lagarde, *The Wall Street Journal*, 17.12.2010, http://online.wsj.com/article/SB10001424052748704034804576025681087342502.html.

der Kapitalmärkte zeigte sich unter anderem an den rasch steigenden Zinsunterschieden im Vergleich zu Deutschland, die in Abbildung 2.1 schon dargestellt wurden. Italien musste in der zweiten Jahreshälfte 2011 Zinsen für neue Anleihen zahlen, die im Mittel um 3,7 Prozentpunkte über den deutschen lagen. Griechenland im Mittel sogar Zinsen, die um knapp 20 Prozentpunkte höher waren.

Die Staatengemeinschaft organisierte für Griechenland deshalb im Juli des Jahres 2011 ein zweites Rettungsprogramm,[26] und die EZB begann ab August damit, die italienischen Staatspapiere im Rahmen des 2010 beschlossenen SMP-Programms zu kaufen, um deren Kurse zu stützen.

Das erste Rettungsprogramm für Griechenland aus dem Jahr 2010 hatte ein Volumen von 110 Milliarden Euro, doch war ein Rest von 34 Milliarden Euro noch nicht ausgezahlt, als es auslief. Dieser Rest wurde dem zweiten Programm zugeschlagen, so dass inklusive dieses Restes ein Volumen von 152 Milliarden Euro ausgezahlt wurde. Zusammen hatten beide Programme ein Volumen von 225 Milliarden Euro oder 111 % des griechischen BIP des Jahres 2011.[27]

Das Programm war freilich mit Auflagen verbunden, die den Griechen nicht gefielen. Der damalige Ministerpräsident Giorgos Papandreou machte kein Hehl aus seiner Ablehnung und wollte das Gesamtprogramm zur Abstimmung stellen, um nach der erwarteten Ablehnung durch das Volk den Austritt aus dem Eurosystem zu betreiben.[28] Der französische Präsident Nicolas Sarkozy und Angela Merkel kamen Papandreou aber zuvor, indem sie ihn vorher zum Rücktritt und zur Absage des Referendums zwangen.[29]

---

26 A. Belke und Ch. Dreger, »Das zweite Rettungspaket für Griechenland«, *Wirtschaftsdienst* 91, Nr. 9, S. 601–607.

27 Bundesministerium der Finanzen (BMF), *Europäische Finanzhilfen im Überblick: EFSF*, letzte Aktualisierung Dezember 2020, https://www.bundesfinanzministerium.de/Content/DE/Standardartikel/Themen/Europa/Stabilisierung_des_Euro/europaeische-finanzhilfen-efsf-efsm.html.

28 Siehe S. Djankov, *Inside the Euro Crisis: An Eyewitness Account*, Columbia University Press: New York, 2014, S. 3, 17. Papandreou hat diese Aussage von Djankov am 11. Februar 2016 öffentlich bestätigt, als ich ihn auf der Europa-Konferenz am Vorabend der Münchner Sicherheitskonferenz dazu befragte. (Ich selbst war zusammen mit Udo Di Fabio auf dem Podium. Papandreou war außerhalb des Programms kurzfristig für einige Einführungsworte und die Podiumsdiskussion hinzugerufen worden, weil er zufällig in München war. Ich danke Mario Keller, Mitorganisator der Konferenz, für die Bestätigung dieser Informationen.)

29 S. Kaiser, »So bändigten Merkel und Sarkozy die Griechen«, *Spiegel Online*, 3.11.2011, https://www.spiegel.de/wirtschaft/soziales/abgeblasenes-referendum-so-baendigten-merkel-und-sarkozy-die-griechen-a-795779.html.

Auch in Italien gab es Austrittsüberlegungen. So führte der italienische Ministerpräsident Silvio Berlusconi im Herbst des Jahres Geheimverhandlungen über den Austritt mit anderen Staaten.[30] Doch in Italiens Bankensystem war der Widerstand dagegen so groß, dass auch er schließlich sein Amt niederlegen musste. Berlusconi und Papandreou nahmen fast zeitgleich ihren Hut, am 12. bzw. 16. November 2011.

Der erste griechische Konkurs im Eurosystem

Das Jahr 2011 war ein Schicksalsjahr für Griechenland. Im Zuge der Verhandlungen über das zweite Rettungspaket für Griechenland war nämlich beschlossen worden, dass schließlich doch die privaten Gläubiger auf einen Teil ihrer Forderungen würden verzichten müssen. Der Verzicht wurde dann im März 2012 realisiert. So gesehen erlebte Griechenland damals seinen ersten Staatskonkurs im Eurosystem.

Der Konkurs war freilich verdeckt. Man kaschierte ihn, indem die privaten Gläubiger »freiwillig« auf 105 Milliarden Euro verzichteten und die öffentlichen Gläubiger im Herbst 2012 ebenso freiwillig Zinsstundungen und Laufzeitverlängerungen gewährten, die das ifo Institut mit einem barwertmäßigen Verlust für die Steuerzahler von 43 Milliarden Euro bewertete.[31] Der Präsident des europäischen Rettungsfonds, Klaus Regling, erklärte, dass Griechenland allein bei diesem Fonds in Barwerten gerechnet 40 % seiner Schulden erlassen wurden.[32] Barwerte sind durch Abzinsung gewonnene Gegenwartswerte von längerfristigen Zahlungsströmen.

Der griechische Schuldenschnitt war der bis dato weltweit größte in der Nachkriegszeit. Es hatte insgesamt über 180 Schuldenschnitte zugunsten von

---

30 Siehe B. Smaghi, *Austerity: European Democracies against the Wall*, Centre for European Policy Studies, Brüssel, 2013, S. 29.

31 H.-W. Sinn, »Die Griechische Tragödie«, *ifo Schnelldienst* 68, Sonderausgabe Mai, 2015, S. 3–33; ifo Institut, *Die Rettung Griechenlands bedeutet Schuldenschnitt zu Lasten öffentlicher Gläubiger in Höhe von 47 Milliarden Euro*, Pressemitteilung, 30. November 2012, https://www.hanswernersinn.de/de/pm-rettung-griechenland-30112012.

32 A. Adamopoulos, »Interview with Klaus Regling, Managing Director, ESM«, *Naftemporiki*, 23.6.2016, https://www.esm.europa.eu/sites/default/files/20160623reglingnaftemporiki.pdf.

Staaten gegeben.[33] Aber keiner hatte ein ähnliches Volumen. Das Eurosystem zeigte zum ersten Mal in aller Deutlichkeit, dass nicht alle seine Mitgliedsländer mit der gemeinsamen Währung zurechtkamen.

Die Targetsalden

Die Rettungsaktionen der EZB werden sehr gut auch durch die Targetsalden abgebildet, deren Verlauf in Abbildung 3.1 dargestellt wird. Targetsalden messen Zahlungsbilanzungleichgewichte in dem Sinne, dass die akkumulierten Überweisungen zwischen den Ländern der Eurozone sowie die darauf aufgelaufenen Verrechnungszinsen nicht zum Ausgleich kommen.[34] Ist die Zahlungsbilanz eines Landes im Gleichgewicht, dann wird die Leistungsbilanz dieses Landes durch einen privaten und fiskalischen Kapitalverkehr (zwischenstaatliche Kredite) gerade ausgeglichen. Ein Leistungsbilanzüberschuss bedeutet dann einen privaten und fiskalischen Kapitalexport und ein Leistungsbilanzdefizit einen privaten und fiskalischen Kapitalimport. Der Leser vergleiche dazu auch noch einmal Box 2.1, wenn ihm diese Begriffe nicht vertraut sind.

Länder wie die Bundesrepublik, die einen Überschuss in der Zahlungsbilanz aufweisen, weil ihnen Liquidität zufließt, erhalten eine bilanzielle Forderung gegenüber dem Eurosystem, und Länder wie Italien oder Griechenland, die Zah-

33 J. Cruces und C. Trebesch, »Sovereign Defaults: The Price of Haircuts«, *American Economic Journal: Macroeconomics* 5, 2013, S. 85–117.

34 Für die erste wissenschaftliche Abhandlung zur Targetproblematik im Zusammenhang mit der Eurokrise siehe H.-W. Sinn und T. Wollmershäuser, »Target Loans, Current Account Balances and Capital Flows: The ECB's Rescue Facility«, *International Tax and Public Finance* 19, 2012, S. 468–508 bzw. das gleichnamige *CESifo Working Paper* vom Juni 2011. Eine Zusammenfassung der Targetproblematik und eine Übersicht über die mittlerweile sehr umfangreiche Literatur findet man bei H.-W. Sinn, *The Economics of Target Balances*, Palgrave Macmillan: Cham 2020. Das Thema wurde in der Literatur kontrovers diskutiert, zuletzt in den *Perspektiven der Wirtschaftspolitik*. Dort wurde eine kritische Sicht unterbreitet von M. Hellwig, »Target-Falle oder Empörungsfalle?«, *Perspektiven der Wirtschaftspolitik* 19, 2018, S. 345–382. Hellwigs Darlegungen wurden jedoch in verschiedenen Kommentaren, die er provozierte, widerlegt: St. Homburg, »Targetsalden sind nicht empörend, sondern gefährlich. Kommentar zum Beitrag von Martin Hellwig«, *Perspektiven der Wirtschaftspolitik* 20, 2019, S. 98–102; P. Spahn, »Targetsalden und die Vollendung der Währungsunion«, *Perspektiven der Wirtschaftspolitik* 20, 2019, S. 103–106; U. van Suntum, »Targetsalden und andere Risiken in der Europäischen Währungsunion«, *Perspektiven der Wirtschaftspolitik* 20, 2019, S. 107–114; H.-W. Sinn, »Der Streit um die Targetsalden. Kommentar zu Martin Hellwigs Artikel ›Target-Falle oder Empörungsfalle?‹«, *Perspektiven der Wirtschaftspolitik* 20, 2019, S. 170–214.

lungsbilanzdefizite aufweisen, weil aus ihnen per Saldo Geld ins Ausland überwiesen wird, müssen sich eine Verbindlichkeit gegenüber dem Eurosystem eintragen lassen. Im Oktober 2021 verbuchte die Bundesbank eine Targetforderung gegenüber dem Eurosystem in Höhe von 1.067 Milliarden Euro in ihrer Bilanz.

Abbildung 3.1: Die Targetsalden Deutschlands und der Krisenländer (Griechenland, Italien, Portugal, Spanien, Italien, Zypern = GIPSIZ, bis Sep./Okt. 2021)

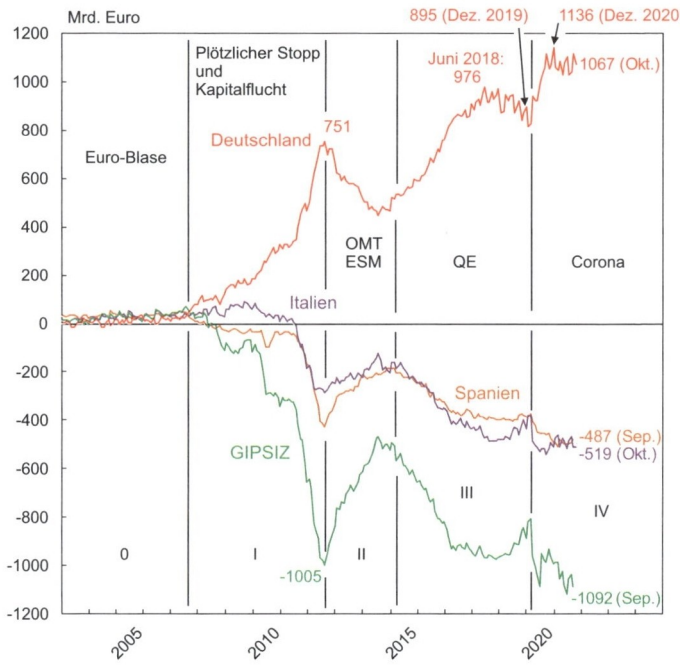

Quellen: bis April 2008: H.-W. Sinn und T. Wollmershäuser, »Target Loans, Current Account Balances and Capital Flows: The ECB's Rescue Facility«, *International Tax and Public Finance* 19, 2012, S. 468–508, durch Berechnungen auf der Basis nationaler Bilanzen und IWF Daten. Danach: Europäische Zentralbank, *Statistical Data Warehouse,* ECB/Eurosystem Policy and Exchange Rates, Target Balances of Participating NCBs sowie Bilanzen der Deutschen Bundesbank, Banca d'Italia, Banco de España.

Hinweise: GIPSIZ kennzeichnet die Summe der Targetsalden für Griechenland, Italien, Portugal, Spanien, Irland, und Zypern. Diese Länder erhielten öffentliche Hilfen durch die Hilfspakete oder durch die gezielten länderspezifischen Anleihekäufe der EZB im Rahmen des SMP. Monatliche Aktualisierungen eines ähnlichen Diagramms findet der Leser unter https://www.hanswernersinn.de/de/themen/TargetSalden. Speziell der Saldo der Bundesbank ist auch zu finden unter https://www.bundesbank.de/de/aufgaben/unbarer-zahlungsverkehr/target2/target2-saldo/target2-saldo-603478.

Umgekehrt verbuchten die Notenbanken der Krisenländer Griechenland, Italien, Portugal, Spanien, Irland und Zypern (GIPSIZ) in ihren Bilanzen Targetverbindlichkeiten, die in der Summe bei 1.092 Milliarden Euro lagen. Wie man an der Abbildung erkennt, erklären allein Spanien und Italien mit jeweils etwa 500 Milliarden Euro den Löwenanteil aller Verbindlichkeiten der genannten Krisenländer. Als Krisenländer werden hier jene Länder angesehen, die in den Genuss von Geldern der 2010 beschlossenen fiskalischen Rettungsschirme oder des damals gezielt als Hilfe gedachten Wertpapierkaufprogramms SMP gekommen waren.

Hinter der Verbuchung der Targetsalden als Forderungen und Verbindlichkeiten der nationalen Notenbanken gegenüber dem Eurosystem steht eine einfache Grundidee, die dem Umstand Rechnung trägt, dass im Eurosystem das Gemeinschaftsgeld nicht etwa von der EZB-Zentrale stammt, sondern von jeder nationalen Notenbank praktisch kostenfrei hergestellt und über die lokalen Geschäftsbanken an die nationale Wirtschaft sowie den Staat verliehen wird, die damit zum einen ihre nationalen Transaktionen bewerkstelligen können und zum anderen Auslandsüberweisungen durchführen können. Länder, deren Bürger und Institutionen die Möglichkeit genutzt haben, mit dem von der eigenen Notenbank bereitgestellten Geld netto gerechnet im Ausland Güter und Vermögensobjekte zu kaufen, müssen sich gegenüber dem Eurosystem eine Verbindlichkeit eintragen lassen, weil sie sich sonst ja diese Güter und Vermögensobjekte, ohne eine Kompensation leisten zu müssen, aneignen könnten. Und Länder, in denen das Gemeinschaftsgeld im Austausch gegen die netto hergegebenen Güter und Vermögensobjekte anlandet, erhalten für den Verlust des Eigentumsrechts an diesen Gütern und Vermögensobjekten eine Ausgleichsforderung gegen das Eurosystem. Unter Gütern sind Waren und Dienstleistungen zu verstehen. Vermögensobjekte sind netto abzüglich etwaiger Auslandsschulden definiert. Sie umfassen z. B. den Nettokauf von Aktien, ganzen Firmen, Immobilien und Wertpapieren, den Nettoaufbau von Kontobeständen und auch den Nettorückkauf von eigenen Wertpapieren sowie anderen Schuldtiteln inklusive der Tilgung von Auslandsschulden. Die Targetforderungen und -verbindlichkeiten der Länder werden in den Bilanzen der nationalen Notenbanken verbucht und werden von der europäischen Statistikbehörde Eurostat sowie natürlich auch vom Statistischen Bundesamt als positive oder negative Komponenten des Nettoauslandsvermögens einer Volkswirtschaft gerechnet.

Analog zu den Targetsalden werden allerdings auch noch Bargeldsalden von den Notenbanken des Eurosystems bilanziert, die den Abfluss physischen Geldes in andere Länder darstellen. Ein solcher Abfluss kann z. B. durch Gastarbeiter und Touristen zustande kommen, die das Geld physisch ins Ausland tragen. Deutschland hatte zur Jahresmitte 2021 einen negativen Bargeldsaldo von 483 Milliarden Euro, den man den Targetsalden von damals 1102 Milliarden Euro gegenüberstellen kann. Das Problem ist nur, dass es keine Möglichkeiten gibt, den physischen internationalen Geldfluss zu messen. Das Notenbanksystem behilft sich deshalb mit der Annahme, dass ein überproportionaler Gelddruck einer Notenbank relativ zur Landesgröße zu einem Nettoabfluss in andere Länder führt, und verbucht ihn deshalb als Bargeldverbindlichkeit dieser Länder.[35] Die Verbuchung dieser Bargeldsalden wird von den nationalen Statistikbehörden in Europa allerdings nicht einheitlich geregelt, so dass hier eine gewisse Grauzone verbleibt.[36] Es kommt hinzu, dass die nationalen Neigungen, Transaktionen mit Bargeld zu bewerkstelligen, sehr unterschiedlich sind, so dass ein Teil der Bargeldverbindlichkeiten eines Landes gar nichts mit einem Erwerb von Gütern und Vermögenstiteln im Ausland zu tun hat. Wie dem auch sei: Nach Abzug ihrer Bargeldverbindlichkeiten hatte die Bundesbank im Juni 2021 noch Nettoforderungen gegen das Eurosystem im Umfang von 619 Milliarden Euro. Sie entsprechen 206 Transrapidstrecken vom Münchner Hauptbahnhof zum Flughafen zu einem Preis von je 3 Milliarden Euro oder 774 Elbphilharmonien zu einem Preis von 800 Millionen Euro. Es geht bei den Salden also nicht um Peanuts. Umso verwunderlicher ist es, dass die deutsche Regierungspolitik sich bislang um dieses Thema gedrückt hat und alle Anstrengungen unternimmt, es in der Öffentlichkeit herunterzuspielen.

Es wäre denkbar gewesen, das Eurosystem anders zu konstruieren, und zwar so, dass zumindest aus den elektronischen Zahlungsströmen, die über das Targetsystem laufen, keine Forderungen und Verbindlichkeiten der nationalen Notenbanken gegenüber dem Eurosystem entstehen. Dazu wäre es nötig gewesen, dass die Notenbanken der begünstigten Länder, also jener Länder,

35 Die Größenproportionalität wird über die Verwendung des Kapitalschlüssels der EZB (bezüglich des eingezahlten Kapitals) hergestellt, der selbst wiederum als Mittelwert aus dem Bevölkerungsanteil und dem BIP-Anteil eines Landes an der Gesamtheit aller Euroländer definiert ist. Für Deutschland liegt dieser Kapitalschlüssel, der nur alle fünf Jahre angepasst wird, derzeit bei 26,4 %.
36 Für weitere Details und den Zusammenhang beider Salden vgl. H.-W. Sinn, *The Economics of Target Balances*, a.a.O.

denen per Saldo neue Güter und Vermögensobjekte zuflossen, ihre Schulden regelmäßig durch die Hergabe international marktfähiger Vermögenstitel wie Pfandbriefe, Devisen oder Gold tilgten. Doch solch ein Tilgungssystem wurde nicht eingeführt. Die Forderungen und Verbindlichkeiten bleiben stattdessen als offene Kreditposten stehen, die grundsätzlich niemals getilgt werden müssen, für die es keine Obergrenzen gibt und für die nicht einmal Pfänder beim Eurosystem hinterlegt werden. Das ist der Unterschied zu Überweisungen zwischen den Geschäftsbanken innerhalb einer Volkswirtschaft. Bei solchen Überweisungen muss die auftraggebende Bank über einen Bestand an Zentralbankgeld bei der Notenbank verfügen, den sie zuvor durch eine pfandgesicherte Kreditaufnahme oder durch den Verkauf von Wertpapieren erworben hat. Dieser Bestand wird dann in das Eigentum jener Geschäftsbank übertragen, die ihrem Kunden den Überweisungsbetrag gutschreibt. Die Notenbanken des Eurosystems, die grundsätzlich im Eigentum der Nationalstaaten stehen und nur Teile ihres Geschäfts koordinieren, verfügen nicht über Bestände an Zentralbankgeld beim Eurosystem, die sie vorher erworben haben und im Zuge einer Überweisung transferieren könnten, und die privaten Banken tun das ohnehin nicht. Die Targetkonten sind leer, und weil sie leer sind, benötigen die auftraggebenden Notenbanken mit der Erteilung eines Überweisungsauftrages einen Kredit vom Eurosystem und damit indirekt von jenen Notenbanken, die die Überweisungsaufträge ausführen.[37]

Bei Ländern mit einer defizitären Leistungsbilanz, die nicht genug privates und fiskalisches Kapital aus dem Ausland bekommen, um dieses Defizit zu decken, und die deshalb eine defizitäre Zahlungsbilanz haben, kommt es im Eurosystem automatisch zu einer Kreditvergabe zwischen den Notenbanken, um die Lücke zu füllen. Somit wird die defizitäre Leistungsbilanz nicht nur durch einen privaten und fiskalischen Kapitalimport zum Ausgleich gebracht, sondern, sofern noch eine Lücke verbleibt, auch noch durch einen öffentlichen Kapitalimport seitens des Eurosystems.

Ökonomisch gesehen handelt es sich bei den Targetsalden der Notenbanken um unbegrenzte Überziehungskredite zwischen den nationalen Notenbanken, mithilfe derer ein ständiger internationaler Nettostrom von Gütern und Vermögensobjekten finanziert werden kann, so als hätten die Staaten, die

---

37 H.-W. Sinn, *The Economics of Target Balances*, a.a.O., Kapitel 2.

ja die Eigentümer ihrer Notenbanken sind, einander unbegrenzte fiskalische Überziehungskredite eingeräumt.

Die Überziehungskredite werden verzinst und mit den aufgelaufenen Zinsen und Zinseszinsen Jahr um Jahr fortgeschrieben.[38] Der Zins ergibt sich endogen aus der Art, wie die Notenbanken des Eurosystems ihre Zinserträge aus den geldpolitischen Aktivitäten untereinander aufteilen. Er ist ein gewogenes Mittel der Politikzinssätze des Eurosystems, also der Refinanzierungszinsen und der Zinsen auf Einlagen der Banken bei der jeweiligen Notenbank. Die Zinsen, die die nationalen Notenbanken verdienen, werden als Gewinne an die jeweiligen staatlichen Eigentümer ausgeschüttet und entlasten das Staatsbudget und damit die Steuerzahler des jeweiligen Landes. Derzeit sind die Zinsen freilich negativ, weil die Politikzinssätze negativ sind. Die deutschen Steuerzahler bezahlen also derzeit die Targetforderungen der Deutschen Bundesbank, die durch den Kauf von Gütern und Vermögensobjekten in Deutschland entstanden.

Der zeitliche Verlauf der Targetsalden in Abbildung 3.1 ist gut geeignet, die verschiedenen Phasen der Krise zu verstehen. Phase 0 kennzeichnet die inflationäre Blase vor Lehman. Hier gab es keine nennenswerten Targetsalden, weil die Blase noch nicht geplatzt war und alle Länder als sicher galten.

Phase I ist die erste Krisenphase. Sie ist durch eine wachsende Skepsis der Kapitalmärkte gegenüber weiteren Investitionen in den Krisenländern bis hin zu einer echten Kapitalflucht gekennzeichnet. In dieser Phase halfen die nationalen Notenbanken den lokalen Bankensystemen der Krisenländer mit Ersatzkrediten aus der elektronischen Druckerpresse und ermöglichten so Nettoüberweisungen nach Deutschland. Im Falle Griechenlands geschah das vornehmlich zum Zweck der Finanzierung der bereits vorhandenen und vorher durch private Kapitalimporte finanzierten Leistungsbilanzdefizite, und im Falle Irlands,

---

[38] Die Verzinsung über das Pooling-System der Euroländer ist nicht trivial und wird häufig missverstanden. So wird gelegentlich behauptet, der Umstand, dass die Zinseinnahmen einer Notenbank von den Targetsalden unabhängig sind, schließe eine Verzinsung aus, so zuletzt von M. Hellwig, »Target-Falle und Empörungsfalle«, a.a.O. Das Gegenteil ist der Fall, denn wenn Targetsalden entstehen, ändern sich die Zinseinnahmen und -ausgaben der nationalen Notenbanken, weil sich die Bestände der bei ihnen gehaltenen verzinslichen Einlagen der Banken und/oder die verzinslichen Geldschöpfungsaktiva ändern. Das Pooling-System verteilt diese originären Zinseinnahmen nach einem festen Schlüssel zwischen den Notenbanken um und bewirkt damit, dass die Targetsalden einen kompensierenden Zinsstrom zwischen den Notenbanken auslösen. Siehe H.-W. Sinn, *The Economics of Target Balances*, a.a.O., Kapitel 9: »The Effective Rate of Interest on Target Balances«, oder auch derselbe, »Der Streit um die Targetsalden...«, a.a.O., Abschnitt 9: »Verzinsung der Salden, Zinspooling und Zinseszinseffekt«.

um ein anderes Beispiel zu nehmen, geschah es zur Finanzierung der Tilgung von Auslandskrediten, weil die Kreditgeber diese Kredite nicht mehr verlängern wollten (Kapitalflucht). Die Nettoüberweisungen ließen in den Krisenländern Targetverbindlichkeiten und in Deutschland Targetforderungen anwachsen.

Phase II zeigt eine Entspannungsperiode, die mit dem OMT-Programm und dem permanenten Rettungsschirm ESM zu tun hat, die, wie anhand von Abbildung 2.1 schon erläutert wurde, die Zinsspreads deutlich verringerten. Als die Anlagen in den Krisenländern wegen dieser Hilfen nicht mehr als sehr unsicher galten, waren die Märkte wieder bereit, Kredite an die Krisenländer zu liefern, was entsprechend zu neuen Überweisungen dorthin führte. Es kam hinzu, dass die Auszahlungen der ESM-Hilfen als Ergebnis der monetären Dominanz der Fiskalpolitik selbst Überweisungen aus Luxemburg, wo der Hilfsfonds angesiedelt wurde, in die Krisenländer bedeuteten. Das verringerte zunächst sowohl die Targetschulden der Krisenländer als auch die Targetforderungen Luxemburgs eins zu eins und unmittelbar. Allerdings finanzierte sich der Fonds durch den Verkauf von Wertpapieren, die von Anlegern aus anderen Ländern sowie im Endeffekt auch von den nationalen Notenbanken erworben wurden. Die Gegenbuchung zur Verminderung der Targetschulden der Empfängerländer verlagerte sich also in weiteren Schritten von der Notenbank Luxemburgs zu den Notenbanken anderer Länder des Eurosystems, deren Targetforderungen schrumpften.

Phase III bezeichnet die Phase des sogenannten Quantitative Easing (QE), zu der u. a. das Programm zum Kauf von Staatspapieren (PSPP) und verschiedene Programme zur langfristigen Vergabe großzügiger Refinanzierungskredite (LTRO) gehörten. Diese Programme entluden eine wahre Liquiditätsflut über dem Eurosystem, in deren Folge überschüssige Liquidität aus den Krisenländern als Anlagegeld in die als sicher angesehenen Länder des Nordens überwiesen wurde, was die Salden rasch ansteigen ließ.

Phase IV erfasst die Geschehnisse während der Coronapandemie. Die nationalen Notenbanken stellten abermals viel Ersatzkredit zur Verfügung, nun aber nicht mehr flächendeckend, sondern gezielt im Mittelmeerraum. Ein Teil der so geschaffenen Liquidität landete in Deutschland, und zwar im Austausch für die Lieferung von Gütern und die Übertragung von Vermögensobjekten an Ausländer. Auch Luxemburg und die Niederlande waren in ähnlicher Weise von diesem Liquiditätszufluss betroffen.

Am aktuellen Rand führt ein EU-weiter fiskalischer Rettungsschirm, der während der Pandemie von der EU aufgespannt wurde, wiederum, ähnlich wie einst der ESM, zu Überweisungen in die Krisenländer, die einen dämpfenden

Einfluss auf die Targetsalden haben. Geschenke und fiskalische Kredite der Staatengemeinschaft ersetzen den Überziehungskredit des Targetsystems und verringern ihn für sich genommen eins zu eins. Über die in der Coronakrise beschlossenen Hilfsprogramme und die nur geringe Beziehung, die sie zur Schwere der nationalen Epidemie haben, wird das Kapitel 6 berichten. Die Hilfsprogramme erklären, wieso die deutschen Targetforderungen am rechten Bildrand gegenüber dem bisherigen Maximum von 1.136 Milliarden Euro im Dezember 2020 wieder abnehmen und im Oktober 2021 »nur« noch bei 1.067 Milliarden Euro lagen. Wie schon beim Rettungsschirm ESM ersetzen fiskalische Hilfen die automatischen Überziehungskredite im Eurosystem, was ein abermaliges Beispiel für die monetäre Dominanz der Fiskalpolitik darstellt. Verschiedene Details dieser Phasen werden in den nachfolgenden Kapiteln weiter besprochen.

Transmission der Geldpolitik, Zinsspreads und Länderrisiken

Der tiefere Grund dafür, dass überhaupt Targetsalden entstanden, liegt darin, dass die Notenbankkredite – Refinanzierungskredite und Kredite in Form von Wertpapierkäufen – speziell für die Krisenländer des Eurosystems in der Regel deutlich billiger waren als Kredite, die sie sich auf dem europäischen Kapitalmarkt hätten besorgen können. Natürlich besteht eine expansive Geldpolitik in ihrem Kern darin, dass grundsätzlich alle Notenbankkredite zunächst günstiger sind als Kapitalmarktkredite, damit sich das gesamte Zinsgefüge nach unten bewegt. Jedoch ist die Unterbietung insbesondere bei den Krisenländern besonders groß, weil die Notenbanken im Gegensatz zu den Märkten keine Risikoprämien im Zins respektieren. Im Gegensatz zur EZB teilen die Märkte die Länder in unterschiedliche Risikoklassen ein und verlangen von Hochrisikoländern, die ihre Kredite mit gewisser Wahrscheinlichkeit nicht bedienen, einen deutlich höheren Zins als von anderen, die sie als sicher erachten. Hätte die EZB diese Unterschiede respektiert, so hätte es die Targetsalden schwerlich geben können, denn die Banken, die ihren Kunden Auslandsüberweisungen ermöglichen wollten, hätten sich das benötigte Geld genauso gut im Ausland leihen können wie bei der eigenen Notenbank.

In Abbildung 2.1 war schon gezeigt worden, welche hohen Zinsaufschläge die Staaten der Mittelmeerländer vor dem Euro zu zahlen hatten, und es war dargelegt worden, dass sie den Euro unbedingt wollten, weil sie sich erhofften, Marktkredite dann zu den gleichen niedrigen Zinsen aufnehmen zu können wie Deutschland. Im ersten Eurojahrzehnt ging die Rechnung auf. Die Märkte vertrauten auf die Bonität, die der Euro als solcher zu versprechen schien, und es gab für die Notenbanken keinen Anlass, den Banken bedrängter Länder Ersatzkredite zur Verfügung zu stellen. Doch zerbarst dieses Vertrauen mit der Lehman-Krise, die den gesamten Weltkapitalmarkt erfasste. Die Zinsspreads stiegen daraufhin zeitweilig für einige Länder wieder auf ähnlich hohe Werte an wie in der Zeit vor dem Euro. In dieser Situation fühlte sich die EZB berufen, Ersatzkredite aus den elektronischen Druckerpressen der nationalen Notenbanken zuzulassen, die grundsätzlich überall in der Eurozone zu gleichen vertraglichen Zinsen gewährt wurden und länderspezifische Risiken, die die Kapitalmärkte einpreisten, nicht berücksichtigten. Mithilfe dieser Ersatzkredite konnten sich die Krisenländer die Liquidität besorgen, die dann die Überweisungen zum Zwecke des Kaufs von Gütern und Vermögensobjekten im Norden der Eurozone ermöglichte, die durch die Targetsalden gemessen werden.

Welch große Bedeutung der Verzicht der EZB auf Zinsspreads, die die Länderrisiken abbilden, für die Targetsalden hat, zeigt eine Episode am Ende der Phase III, also im letzten halben Jahr vor dem Beginn der Coronakrise, während derer die Targetsalden temporär fielen. Diese Phase ist durch das sogenannte Tiering gekennzeichnet, was so viel heißt wie »Staffelung«.[39] Während zuvor nur die Mindestreserven an Zentralbankgeld, die Banken halten müssen, zinsfrei waren und auf die Überschussreserven Strafzinsen zu zahlen waren, erhöhte die EZB die Freibeträge für zinsfreie Einlagen in der zweiten Hälfte des Jahres 2019 auf das Sechsfache. Dieser Schritt führte dazu, dass die Banken der nördlichen Länder, die der Fluchtort für Finanzanlagen geworden waren und im Geld schwammen, für einen Großteil ihrer Einlagen bei den nationalen Notenbanken Strafzinsen in Höhe von 0,5 % zahlen mussten, während bei den Banken der Krisenländer häufig keine Zinsen anfielen, weil ihre Einlagen unter dem Sechsfachen der Mindestreserven blieben. Es ergab sich damit erstmalig in der Geschichte der EZB ein bewusst herbeigeführter Zinsspread bei den marginalen Politikzinsen, wenn auch zu einer Zeit, als die Zinsen negativ waren: Im Norden war der EZB-Zins auf Einlagen mit -0,5 % gemeinhin niedriger als im Süden, wo er meistens null war. Dieser Umstand machte es für Banken des

---

39 Siehe H.-W. Sinn, *The Economics of Target Balances*, a.a.O., Kapitel 10: »Interest Spreads and Tiering«.

3. Wie die EZB zur Rettungsinstanz wurde

Nordens attraktiv, Geld in den Süden zu überweisen, um von den höheren Zinsen zu profitieren, und für die Banken des Südens wurde es attraktiv, sich Kredite im Norden zu besorgen, um von den dort herrschenden niedrigeren Zinsen zu profitieren. Wenn nämlich Geld vom Norden in den Süden zu einem Zins zwischen null und -0,5 % verliehen wurde, so konnten beide Seiten einen Arbitragegewinn erzielen. Die Folge war der in der Abbildung deutlich sichtbare Stopp des Anstiegs der Targetsalden in dieser Phase.

Auch wenn das Tiering-Experiment bei einer ganz ungewöhnlichen Zinskonstellation stattfand, zeigt es doch zweifelsfrei, wie sensibel die Targetsalden auf internationale Zinsunterschiede reagieren, die die EZB bei ihrer Geldpolitik realisiert. Wäre die EZB bereit, den Märkten bei der Berücksichtigung der Länderrisiken in den Zinsen zu folgen, dann gäbe es die Targetproblematik nicht.

So gesehen sind die Targetsalden letztlich das Ergebnis der immer wieder von der EZB betonten Behauptung, ja Ideologie, dass es im Euroraum keine länderspezifischen Risiken gebe und dass der »Transmissionsmechanismus der Geldpolitik« gestört sei, wenn die Märkte fälschlicherweise davon ausgingen, dass nicht alle Länder gleich sicher sind und ihre Kredite mit gleicher Wahrscheinlichkeit zurückzahlen können. Die Behauptung ist tatsächlich nur eine Ideologie, denn es fehlt eine überzeugende Begründung. Die aber ist nötig, denn eine jede staatliche Instanz, die in den Marktprozess eingreifen will, sollte in der Lage sein, einen Marktfehler nachzuweisen, den sie korrigieren will. Ein solcher Marktfehler könnte in einer Externalität bestehen, wie man sie z. B. im Umweltbereich beobachtet, oder auch in Missbrauchstatbeständen aufgrund privater Marktmacht. Die EZB hat aber niemals den Versuch unternommen, die Begründung zu liefern, sondern sich auf die bloße Behauptung beschränkt, die Märkte sähen länderspezifische Risiken, obwohl es in Wahrheit keine gebe.[40]

---

40   Vgl. F. Schorkopf, *Stellungnahme der Europäischen Zentralbank, Verfassungsbeschwerden 2 BvR 1390/12, 2 BvR 1439/12 und 2 BvR 1827/12, Organstreitverfahren 2 BvE 6/12*, 16. Januar 2013, S. 20. Hier heißt es: »Die erste materielle Voraussetzung für OMTs ist, dass der geldpolitische Transmissionsmechanismus im Euro-Währungsgebiet beeinträchtigt ist. Eine solche Störung liegt insbesondere dann vor, wenn die Europäische Zentralbank die Realwirtschaft im Eurogebiet als Ganzem mit ihren geldpolitischen Impulsen nicht angemessen erreichen kann, weil Teilnehmer auf den Staatsleihemärkten vor einem Auseinanderbrechen des Euro-Währungsgebiets fürchten, weshalb es zu erheblichen Risikozuschlägen bei der Preisbildung bestimmter Staatsanleihen kommt.« Vgl. auch A. Di Cesare, G. Grande, M. Manna und M. Taboga, »Recent Estimates of Sovereign Risk Premia for Euro-Area Countries«, *Banca d'Italia Occasional Paper* 128, 4. September 2012, https://www.bancaditalia.it/pubblicazioni/qef/2012-0128/index.html?com.dotmarketing.htmlpage.language=1.

Die EZB verweist darauf, dass die Märkte irrten, wenn sie Austrittsrisiken für einzelne Länder vermuteten. Tatsächlich irrten sie keinesfalls. Die Überlegungen von Berlusconi und Papandreou zum Austritt Italiens und Griechenlands im Jahr 2011 wurden ja oben dokumentiert. Ebenso ist es nun einmal eine Tatsache, wie ebenfalls schon berichtet, dass Finanzminister Schäuble im Jahr 2015 im Ecofin-Rat schon eine große Mehrheit der Finanzminister der EU davon hatte überzeugen können, dass ein temporärer Austritt Griechenlands nützlich sein würde.

Unabhängig von dieser eindeutig zu beantwortenden Faktenfrage kann man natürlich der Auffassung sein, dass es aus politischen Gründen geboten ist, den Euro zusammenzuhalten, und deshalb Ersatzkredite durch die nationalen Notenbanken für die von den Kapitalmärkten mit Skepsis beurteilten Länder notwendig sind, die sich in den Targetsalden niederschlagen. Nur müsste eine solche Entscheidung von den Regierungen und ihren Parlamenten getroffen werden statt vom EZB-Rat. In den Verträgen wurde der EZB nicht das Recht gegeben, länderspezifische Zinsvergünstigungen aus den Druckerpressen des nationalen Notenbanksystems zu gewähren oder die daraus resultierenden Targetsalden zuzulassen, und wenn ihr das Recht nicht explizit gegeben wurde, dann hat sie es wegen des für alle EU-Verträge geltenden Prinzips der Einzelermächtigung (Artikel 5.2 des EU-Vertrag) auch nicht. Vielmehr folgt aus dem expliziten Bail-out-Verbot (Artikel 125 AEUV) eher das Gegenteil. Dieses Thema ist nicht nur aus rechtlicher, sondern auch aus ökonomischer Sicht von fundamentaler Bedeutung für die Funktionsweise des Kapitalmarkts der Eurozone. Der Kapitalmarkt ist das Herzstück der Marktwirtschaft, denn er verteilt das über Generationen akkumulierte Sparkapital auf rivalisierende Verwendungen. Er lenkt dieses Kapital in bestimmte Branchen und Regionen, je nachdem, wo die Vermögensbesitzer, die hinter dem Kapital stehen, die besten Renditen vermuten. Die Vermögensbesitzer haben schlaflose Nächte bei der Vorstellung, dass sie ihr Vermögen durch Fehlinvestitionen verlieren könnten, und sie suchen verständlicherweise den größtmöglichen Profit. Das Profitstreben sorgt dafür, dass kein Vermögen in sinnlosen Projekten vergeudet wird und dass das Kapital so verwendet wird, dass es den maximal möglichen Beitrag zum Sozialprodukt leistet. Die so wirkende Unsichtbare Hand der Märkte ist eines der zentralen Erfolgsgeheimnisse der Marktwirtschaft.

Auch in der DDR hatte man 1964 anerkennen müssen, dass die Volkswirtschaft einer klugen Kapitallenkung bedarf, und hatte deshalb das Neue Ökonomische System der Planung und Lenkung der Volkswirtschaft (NÖSPL) eingeführt. Mit dem NÖSPL wollte man eine sinnvolle Verwendung des Produktionsfonds – Kapital durfte man ja nicht sagen – sicherstellen. Doch mischten sich in die Entscheidung des NÖSPL immer wieder politische Erwägungen ein, die eine Fehlzuteilung des Kapitals auf rivalisierende Verwendungen implizierten, weil eben nicht nach dem höchsten Ertrag, sondern unter Berücksichtigung verteilungspolitischer Erwägungen investiert wurde. Das war einer der Gründe, warum die DDR-Wirtschaft kläglich zugrunde ging. Das kapitalistische System, das auf eine politische Lenkung verzichtete und der Unsichtbaren Hand der Märkte vertraute, hatte sichtlich mehr Erfolg bei der Erzielung von Wohlstandsgewinnen, wie sie durch das Sozialprodukt oder, was dasselbe ist, die Summe aller Einkommen gemessen werden.

Das Problem dabei war allerdings die nicht an Gerechtigkeitsvorstellungen orientierte Verteilung. Die Verteilungsfrage zu lösen wurde im kapitalistischen Westen dem Staat überlassen, der mit einem progressiven Steuersystem und ausgleichenden Sozialtransfers dafür sorgte, dass es selbst der Klasse der Arbeiter und Bauern im kapitalistischen Westen wesentlich besser ging als im »Arbeiter-und-Bauernstaat«.

Die Rolle des Kapitalmarktes ist insbesondere dann von besonderer Bedeutung, wenn das Kapital unsichere Renditen erwirtschaftet, wie es nun einmal in der wirklichen Welt der Fall ist. Cum grano salis kann man davon ausgehen, dass Investoren, die über diversifizierte Investitionsportfolios verfügen, ihr Kapital in diejenigen Projekte investieren, die die höchste »erwartete Rendite« bringen. Der Begriff erwartete Rendite ist ein nützlicher Fachterminus, den man sich vor Augen führen sollte. Als erwartete Rendite wird nämlich eine sich im Mittel über alle Eventualitäten ergebende Rendite im Sinne eines arithmetischen Durchschnitts der gedanklichen Möglichkeiten bezeichnet, wobei die Wahrscheinlichkeiten als Gewichte bei der Mittelwertberechnung fungieren.

Im einfachsten gedanklichen Fall besteht bei einem festverzinslichen Papier die erwartete Rendite aus der vertraglich versprochenen Rendite abzüglich der Wahrscheinlichkeit, dass der Schuldner in Konkurs geht und nichts zurückzahlen kann. Beispiel: Ein Darlehensnehmer verspricht einem Gläubiger eine Rendite von 3 %, weil er selbst gerade einmal so viel oder ein bisschen mehr bei einem realen Investitionsprojekt verdienen kann, doch geht er mit einer Wahrscheinlichkeit von jährlich 1 % in Konkurs, weil das Projekt floppt, und zahlt dann nichts zurück. Dann ist die erwartete Rendite für den Gläubiger oder Anleger 3 % -1 % = 2 %.

Natürlich wird sich ein kluger Anleger nicht von den bloßen Renditeversprechungen der Kreditnachfrager blenden lassen, sondern das Konkursrisiko mit einplanen und deshalb beim Vergleich einer solchen Anlage mit anderen rivalisierenden Anlagen nur vom erwarteten Zins im obigen Sinne ausgehen, also im angeführten Beispiel 2 % statt 3 %. Da alle Anleger ähnlich entscheiden, bildet sich im Wettbewerb eine komplexe Struktur nominaler, vertraglicher Renditeversprechen heraus, bei der nicht diese Versprechen, sondern die erwarteten Renditen in allen Anlagekategorien in etwa gleich sind. Das bedeutet, dass der etwas weniger sichere Schuldner in dem obigen Beispiel eine vertragliche Rendite von 3 % anbieten muss, während ein sicherer Schuldner mit höchster Bonität nur 2 % bieten muss. Es bildet sich auf dem Markt ein Zinsspread von 1 % zulasten des weniger sicheren Schuldners heraus, der aber nicht ungerecht ist, weil dieser Typus von Schuldner ja tatsächlich im Mittel auch nur 2 % zahlt.

Die sich so ergebende Verteilung des Sparkapitals auf rivalisierende Investitionsprojekte ist nicht nur das Ergebnis der Märkte, sondern unter Wettbewerbsbedingungen zugleich, wie sich zeigen lässt, eine effiziente Verteilung in dem Sinne, dass man das aggregierte Sozialprodukt der gesamten Ökonomie durch eine andere Verteilung des vorhandenen Sparkapitals nicht größer machen könnte. Eine andere Verteilung des Sparkapitals würde zu einem kleineren Sozialprodukt und somit zu einer kleineren Summe aller Einkommen führen.[41] Der Ökonom spricht in diesem Zusammenhang auch vom »Gesetz des einen Preises«, das grundsätzlich für alle Arten von Märkten ähnliche Effizienzbedingungen impliziert. Der Kapitalmarkt, der die Preise im Sinne erwarteter Renditen angleicht, ist nur ein Spezialfall dieses allgemeinen Gesetzes. Ungeachtet aller Kritik am Kasino-Kapitalismus, die auf die Verletzung der Effizienzbedingungen durch von den Anlegern nicht berücksichtigte Haftungsbeschränkungen und Staatshilfen abzielt, muss man diese Leistung des Kapitalmarktes grundsätzlich anerkennen.

Das Gesetz des einen Preises im Sinne der Gleichheit der erwarteten Renditen impliziert, dass die auf dem Papier vereinbarten nominalen Renditen der verschiedenen Anlagen unterschiedlich sind und sein müssen, um die Divergenz der Konkurswahrscheinlichkeiten zu kompensieren. Zinsspreads in

---

41 Man sagt auch, dass bei einer anderen Verteilung Wohlfahrtsverluste des Harberger-Typs auftreten. Siehe A. C. Harberger, »The Incidence of the Corporation Income Tax«, *Journal of Political Economy* 70, 1962, S. 215–240. Harberger hat zwar nur den Fall sicherer Erträge behandelt, doch liegt die Verallgemeinerung auf der Hand.

Höhe der Unterschiede in den Konkurswahrscheinlichkeiten sind deshalb unerlässlich für die effiziente Funktion des Kapitalmarktes.

Solche Zinsspreads ergeben sich nicht nur für verschiedene Branchen, sondern auch für verschiedene Länder, denn die institutionellen Verhältnisse zwischen den Ländern weichen voneinander ab, und ähnliche Firmen, die in verschiedenen Ländern arbeiten, haben schon allein deshalb unterschiedliche Erfolgschancen. Man kann ihre Investitionen nicht losgelöst von dem Standort beurteilen, denn sie sind nun einmal in das rechtliche und institutionelle Gefüge des Heimatstaates eingebunden, und solange der europäische Staat, der eventuell bereit ist, die Zinsen der riskanteren Länder zu bezuschussen, nicht gegründet ist, kann die EZB auch nicht so handeln, als gäbe es ihn bereits. In den USA gibt es einen gemeinsamen Staat auf Bundesebene, und doch unternimmt die Federal Reserve Bank keinerlei Anstrengungen, die für die Einzelstaaten geltenden Staatszinsen einzuebnen, denn sie kauft die Staatspapiere der Einzelstaaten nicht einmal.

Insofern ist die von der EZB verfolgte Vorstellung, die Transmission der Geldpolitik sei gestört, wenn die Märkte Länderrisiken einpreisen und nicht allen Ländern den Kredit zu gleichen nominalen Bedingungen gewähren, ökonomisch falsch. Selbstverständlich müssen sich die Länderrisiken in deutlichen Zinsspreads zeigen, wenn der europäische Kapitalmarkt effizient strukturiert sein soll. Insofern sind auch die Targetsalden, die aus einer Geldpolitik resultieren, die die Länderrisiken nicht respektiert, das Ergebnis einer fehlerhaften Verteilung des vorhandenen Sparkapitals auf die Länder der Eurozone.

Die fehlerhafte Verteilung des Sparkapitals ist wohlfahrtsschädlich, weil zu viel Kapital in Länder gelenkt wird, die es unrentabel investieren. Das gilt nicht nur für den privaten Sektor, sondern auch für den öffentlichen Sektor. Leere Autobahnen, verfallene und halbfertige Trabantenstädte und Flughäfen, die zu Investitionsruinen werden, sind nur die sichtbaren Auswüchse dieser institutionell ermöglichten Ineffizienz. Diejenigen Target-Gläubigerländer, die auf dem Wege über das Kollektivsystem der EZB die Zinsverbilligung für die Target-Schuldnerländer tragen müssen, haben mehr erwartete Zinsverluste, als die Target-Schuldnerländer gewinnen.

Die Wohlfahrtsverluste sind von der gleichen Art, wie sie durch ein System kollektiv finanzierter Zinssubventionen zugunsten bestimmter Länder erzeugt würden. Wenn ein solches System gewollt gewesen wäre, hätten die Staaten Europas es im Maastrichter Vertrag beschließen können.

Und wenn die öffentlichen Kredite für bedrängte Staaten schon nicht in den Verträgen beschlossen wurden, so hätten sie von Parlamenten der Euroländer beschlossen werden müssen, die sich bei der Abwägung zwischen der Größe des Kuchens und seiner Verteilung dann vielleicht für den kleineren Kuchen entschieden hätten. Doch auch das ist nicht geschehen. Das große Zinssubventionssystem der Eurozone, das sich in den Targetkrediten zeigt, ist vielmehr allein das Ergebnis einsamer Entscheidungen eines Systems von Länderdelegierten, die keinerlei demokratischer Kontrolle unterliegen und ein Mandat haben, das die Zinssubventionen nicht deckt.

Die Länderrisiken, die wegen der fehlenden Zinsaufschläge zu Targetsalden führen, betreffen auch diese Targetsalden selbst. Falls nämlich ein Land mit negativen Targetsalden in finanzielle Schwierigkeiten kommt, muss der Rest des Eurosystems, der positive Salden hat, um die Erfüllung der Kreditverpflichtungen fürchten. Offenkundig ist dieses Risiko, wenn das betroffene Land aus dem Eurosystem austritt. Da es keine Vorkehrungen in den Verträgen gibt, wie dann mit den Targetschulden umzugehen ist, ist die Wahrscheinlichkeit groß, dass sie nicht mehr einzutreiben sein werden, und wenn, dann nach einem allgemeinen Usus des Völkerrechts (lex monetae) bestenfalls in Einheiten der neuen Währung des betreffenden Landes. Da die neue Währung vermutlich stark abwerten würde, würden die anderen Länder des Eurosystems in diesem Fall nur mit der abgewerteten Währung bezahlt und hätten entsprechende Verluste. Die Bundesbank wäre nach ihrem Kapitalanteil am Eurosystem betroffen. Wenn ein kleines Land austräte, wären das 26 %, wenn ein großes austräte entsprechend mehr.

Targetrisiken gibt es aber nicht nur bei Austritten, sondern auch dann für den Rest des Eurosystems, wenn ein Land nicht austritt, sondern in eine schwerwiegende Finanzkrise gerät, die den Staat und die Banken mit Konkurs bedroht. In einer solchen Situation wäre ein Land mit negativen Targetsalden dauerhaft nicht mehr in der Lage, die Zinsverpflichtungen gegenüber den anderen Ländern im Innenverhältnis des Eurosystems zu erfüllen. Das würde eine Totalabschreibung der Targetforderungen des Eurosystems gegenüber dem betroffenen Land bedeuten.[42] Auch in einem solchen Fall wäre die Bundesrepublik Deutschland von den Abschreibungsverlusten im Umfang ihres Kapitalanteils betroffen.

---

42 Siehe C. Fuest und H.-W. Sinn, »Target-Risiken ohne Austritte«, *ifo Schnelldienst* 71 (24), 2018, S. 15–25, https://www.ifo.de/DocDL/sd-2018-24-fuest-sinn-target-risiken-2018-12-20.pdf, sowie H.-W. Sinn, *The Economics of Target Balances*, a.a.O., Kapitel 12.4: »Risks without Exists«, S. 107 ff.

Allerdings gilt das nur, sofern die Politikzinsen des Eurosystems langfristig positiv und nicht dauerhaft bei den negativen Werten bleiben, die sie heute innehaben. Die negativen Zinsen von heute zu verlieren bedeutet für sich genommen keinen Verlust, wenn sie denn ewig bestehen würden. Man kann diese negativen Zinsen und auch schon die Nullzinsen in gewisser Weise bereits als Materialisierung der Verluste ansehen, weil sie im Grunde ein Konkurs auf Raten sind, nur dass dieser schleichende Konkurs zulasten der Gläubiger institutionell organisiert ist und von seinem schlechten Odem befreit ist.

Auch eine Inflation beinhaltet im Übrigen ein mögliches Targetrisiko, denn die Targetsalden sind nur nominal definiert, während die Güter und Vermögensobjekte, durch deren Erwerb die Salden entstanden, großenteils keinem Inflationsrisiko ausgesetzt sind. Man denke bei den Vermögensobjekten nur an Aktien, Immobilien und Unternehmen, deren Bestand von einer Inflation nicht bedroht ist, weil das an ihnen bestehende Eigentum dinglich definiert ist und nicht bloß in Form geldwerter Anspruchstitel vorliegt. Eine Inflation würde zu einer proportionalen Umverteilung von Vermögenswerten von den Targetgläubigern zu den Targetschuldnern führen.

Schließlich besteht ein gewisses Risiko darin, dass das Eurosystem als solches zerfällt oder die Verhältnisse so unerträglich werden, dass die Bundesrepublik Deutschland austritt. Dann würde die Bundesbank vermutlich ihre gesamten Targetforderungen verlieren. Das wird zwar nicht passieren, doch damit es nicht passiert, wird die Bundesrepublik stets mit fiskalischen Hilfsmaßnahmen dafür sorgen müssen, dass die Targetschuldner solvent bleiben. Auch so gesehen materialisiert sich das Targetrisiko bereits im Vorfeld irgendwelcher dramatischer politischer Entwicklungen in Form der laufenden Hilfsleistungen für andere Länder.

Nach der Kernbotschaft der wissenschaftlichen Spieltheorie ist der Drohpunkt eines jeden Spielers bei Verteilungskonflikten entscheidend dafür, was als Ergebnis komplexer Verhandlungen zum Schluss für ihn herauskommt. Das bedeutet, dass ein Mitglied des Eurosystems eine umso schlechtere Verhandlungsposition hat, je höher seine Targetforderungen sind, und eine umso bessere, je höher seine Targetverbindlichkeiten sind. Da Deutschland die bei weitem größten Targetforderungen hat, wissen alle Beteiligten, dass die Bundesrepublik Deutschland die schlechtesten Karten bei den innereuropäischen Verhandlungen zur Lösung von Interessenkonflikten und zur Vermeidung von Kapitalmarktkrisen hat, während Spanien und Italien die besten Karten haben. Deshalb werden die Targetsalden eine Transferunion erzwingen.

4. Selbstbedienung mit der Druckerpresse

Die Verschleppung des zweiten griechischen Konkurses durch ELA-Kredite ● *Der Umtausch der Kredite aus der Druckerpresse in offene fiskalische Kredite: Der dritte Rettungsschirm* ● *ANFA-Anlagen: Das geheime Investmentgeschäft der nationalen Notenbanken* ● *Nationale Pfandkriterien*

Während in Deutschland die Sorgen vor einem Missbrauch der Druckerpressen durch die Politik vorherrschten, sahen die Vertreter mancher Länder im EZB-Rat das gemeinsame Geld eher als Möglichkeit, die fortwährenden Finanzprobleme ihrer Staaten auf elegante Weise zu lösen und sich den finanziellen Freiraum zu verschaffen, den die privaten Kapitalmärkte nicht zu gewähren bereit waren. Dabei zerfaserte das Eurosystem insofern, als viele der gewählten Maßnahmen gar nicht von der EZB-Zentrale in Frankfurt am Main beschlossen wurden, sondern von den einzelnen nationalen Notenbanken selbst. In erstaunlichem Maße gelang es ihnen, die nationalen Druckerpressen für eigene Interessen zu aktivieren und aus der Zentralsteuerung durch die Frankfurter Zentrale zu befreien, wie in diesem Kapitel gezeigt wird.

Die Verschleppung des zweiten griechischen Konkurses durch ELA-Kredite

Besonders deutlich wird die eigene Verfügungsgewalt über die Eurodruckerpresse am Verhalten Griechenlands. Der Schuldenschnitt des Jahres 2012 in Höhe von 105 % des Sozialprodukts, der zugunsten von Griechenland und zulasten der privaten Anleger realisiert wurde, bedeutete eine temporäre Linderung der griechischen Finanzprobleme, doch konnte er das tiefer liegende Problem des Verlustes der Wettbewerbsfähigkeit durch Überteuerung, das in Kapitel 2 erörtert wurde, natürlich nicht lösen. So gesehen war es nicht verwunderlich, dass Griechenland alsbald in neue Schwierigkeiten geriet. Bereits im Jahr 2014 benötigte das Land ein neues fiskalisches Rettungsprogramm seitens der Staatengemeinschaft, mittlerweile das dritte.

Über dieses dritte Programm wurde hart verhandelt. Die Staatengemeinschaft und der IWF verlangten von Griechenland die Erfüllung der Sparauflagen – so verschiedene Haushaltskürzungen und eine Absenkung der Renten, die damals schon auf oder über dem deutschen Niveau lagen –, bevor sie bereit waren, neues Geld bereitzustellen. Darauf hatte insbesondere der IWF beharrt.[1] Doch war die linke Regierung unter Ministerpräsident Alexis Tsipras mit dem Versprechen gewählt worden, die vermeintliche Austeritätspolitik zu beenden, und konnte deshalb nicht nachgeben.

Um Druck auf Griechenland aufzubauen, verweigerte die Staatengemeinschaft die Auszahlung der restlichen 12 Milliarden Euro aus dem zweiten Rettungspaket.[2] Sie musste indes feststellen, dass sie Griechenland nicht unter Druck setzen konnte, weil sich das Land unter Berufung auf die sogenannten ELA-Notstandsregeln im Eurosystem das Geld druckte, das die Staatengemeinschaft ihm erst nach Erfüllung der Auflagen geben wollte.

ELA steht für Emergency Liquidity Assistance. Nach den Statuten der EZB darf eine nationale Mitgliedsnotenbank nach eigenem Entscheid den Notstand erklären und zu selbst festgelegten Kreditkonditionen, was die Zinsen und die nötigen Sicherheiten betrifft, so viele Refinanzierungskredite an seine Banken geben, wie es will, wobei die Banken nicht gebunden sind, an wen sie die Kredite weiterreichen: an den Staat, an die Firmen oder an die privaten Haushalte. Die Notenbank, die ELA-Kredite vergibt, muss dafür wie für normale Refinanzierungskredite Zinsen in Höhe des Hauptrefinanzierungssatzes (damals allerdings nur 0,05 %) an den gemeinsamen Zinspool

---

1   IWF, »Greece: An Update of IMF Staff's Preliminary Public Debt Sustainability Analysis«, *IMF Country Report* 15/186, 14. Juli 2015, https://www.imf.org/external/pubs/ft/scr/2015/cr15186.pdf.

2   Europäische Kommission, *Financial Assistance to Greece*, Second Programme for Greece, June 2015, https://ec.europa.eu/info/business-economy-euro/economic-and-fiscal-policy-coordination/financial-assistance-eu/which-eu-countries-have-received-assistance/financial-assistance-greece_en#esm-stability-support-programme.

aller Notenbanken des Eurosystems abführen, doch muss sie mögliche Zinsverluste aus dem Konkurs ihrer Schuldner, der nationalen Geschäftsbanken, selbst tragen. Das Land, das den Notfall erklärt, benötigt für die Inanspruchnahme der ELA-Kredite nicht die Zustimmung des EZB-Rates oder einer anderen europäischen Instanz. Griechenland konnte sich deshalb das benötigte Geld selbst drucken und ähnlich verwenden, wie es vor dem Beitritt zum Euro seine Drachmen hatte drucken und verwenden können. Der Unterschied war nur, dass das neue Geld im Ausland viel besser verwendbar war. Seinerzeit hatte man gerade in Krisenzeiten für die Drachmen keine Importe mehr kaufen und auch seinen Schuldendienst gegenüber ausländischen Gläubigern nicht mehr erfüllen können, jedenfalls nicht im Aggregat aller Zahlungsvorgänge. Die Drachmen, die Ausländer als Zahlungsmittel akzeptierten, flossen postwendend nach Griechenland zurück und drückten den Wechselkurs, weil niemand im Ausland Drachmenbestände aufbauen wollte. Sie wurden für griechische Waren, Dienstleistungen und Vermögensobjekte wie Staatspapiere und insbesondere auch für den Kauf von Ferienimmobilien verwendet. Griechenland gelang es also nicht, mithilfe der Drachmen netto gerechnet echte ökonomische Ressourcen aus dem Ausland zu beziehen.

Das war mit den selbst geschaffenen Euros ganz anders, denn sie wurden im Ausland als gesetzliches Zahlungsmittel akzeptiert und zirkulierten dann dort, jedenfalls zum weitaus größten Teil. Das wäre schon zu normalen Zeiten so gewesen, weil sich sozusagen der Wasserstand an Liquidität im Eurogebiet aufgrund des griechischen Gelddrucks gleichmäßig erhöht hätte. Nun jedoch, in der Krise, floss von den zusätzlichen griechischen Euros kaum etwas nach Griechenland zurück. Es kam hinzu, dass der griechische Liquiditätsexport zum Teil auch die von den anderen Notenbanken geschaffene Liquidität verdrängte, weil Banken sie nutzen, um verzinsliche Refinanzierungskredite an ihre Notenbanken zurückzuzahlen. Dieser Effekt hatte anfangs in der Eurokrise eine größere Rolle gespielt als später, weil damals höhere Zinsen hatten gezahlt werden müssen. Jedenfalls führte der Nettoexport von selbst geschaffener Liquidität aus all diesen Gründen zu einem Nettoimport von echten ökonomischen Ressourcen im Sinne von Gütern und marktfähigen Vermögenstiteln. Dass es sich bei den Liquiditätsflüssen und beim »Gelddruck« weniger um physische als um elektronische Überweisungsvorgänge zwischen den Notenbanken handelte und das Geld, um das es ging, auch im Zielland häufig nicht die Form von Banknoten annahm, sondern Zentralbankgeld auf den

Konten der Geschäftsbanken bei der jeweiligen Notenbank war, sei nochmals in Erinnerung gerufen. Das tut aber hier nichts zur Sache.

Eine Einschränkung bezüglich der Aussage, dass Griechenland keine Zustimmung des EZB-Rates benötigte, bestand allerdings insofern, als die EZB die ELA-Kredite grundsätzlich stoppen kann, wenn zwei Drittel der Stimmen des EZB-Rates es beschließen. Die waren lange Zeit jedoch nicht zustande zu bringen, weil Griechenland viele Sympathisanten im EZB-Rat hatte, die sich in ähnlicher Gefahr wähnten oder, wie Frankreich, einen besonderen Vorteil für sich sahen, wenn Griechenlands Zahlungsfähigkeit gegenüber seinen ausländischen Gläubigern erhalten blieb.

Vor dem Beitritt der baltischen Länder zum Eurosystem hatten die Krisenländer des Mittelmeerraums und Irland sogar die Sperrminorität gegen ein Verbot der ELA-Kredite gehabt, denn im EZB-Rat verfügten sie über eine Stimme mehr als ein Drittel. Neben Griechenland hatten sich auch Irland und Zypern während ihrer Krise der ELA-Kredite bedient, so dass bis zum Juni 2012 ein Gesamtvolumen von 251 Milliarden Euro zusammengekommen war.[3] Griechenland selbst zog bis zum Höhepunkt der Krise des Jahres 2015 insgesamt 96 Milliarden Euro an ELA-Krediten aus seiner nationalen Druckerpresse und konnte sich so während einer massiven Kapitalflucht über Wasser halten.[4] Auf die ausstehenden 12 Milliarden Euro aus dem dritten Rettungspaket, die die Staatengemeinschaft wegen der griechischen Vertragsverletzungen verweigerte, konnte das Land verzichten, ohne zahlungsunfähig zu werden.

Die ELA-Kredite sowie auch andere Refinanzierungskredite und geldpolitische Operationen der griechischen Notenbanken schufen neue Liquidität für die griechische Wirtschaft und machten es möglich, einen Liquiditätsabfluss in andere Länder zu verkraften. Dieser Liquiditätsabfluss wird durch Griechenlands negativen Targetsaldo und seinen lange Zeit negativen Bargeldsaldo definiert. Ersterer entsteht, wie erläutert, durch internationale

---

3   Europäische Zentralbank, *Konsolidierter Ausweis des Eurosystems zum 26. Juni 2015*, Pressemitteilung, 30. Juni 2015, http://www.ecb.europa.eu/press/pr/wfs/2015/html/fs150630.de.html. ELA-Kredite werden in den Bilanzen der EZB nicht explizit erwähnt. Jedoch wird die Bilanzposition »sonstige Forderungen in Euro an Kreditinstitute im Euro-Währungsgebiet« gewöhnlich als Approximation genommen. Dieser Wert erreichte im Juni 2012 mit 251 Milliarden Euro sein Maximum.

4   Central Bank of Greece, Monthly Balance sheet, Artikel: »Other Claims on Euro Are Credit Institutions Denominated in Euro«.

Überweisungen mithilfe des Notenbankensystems und Letzterer durch physische Bargeldflüsse in andere Länder. Beide Salden können ökonomisch als Kredite zwischen den Notenbanken angesehen werden.[5] Abbildung 4.1 verdeutlicht die Entwicklung der Target- und Bargeldkredite. Man sieht, dass diese Kredite des Eurosystems an die griechische Volkswirtschaft während der beiden Krisen von 2012 und 2015 jeweils kulminierten, danach abklangen, als sich das private Kapital nach Griechenland zurücktraute, am aktuellen Rand, während der Coronakrise, aber wieder zunahmen. Zusätzlich zeigt das Diagramm additiv auch noch die fiskalischen Rettungskredite, die Griechenland von der Staatengemeinschaft gewährt wurden. Bei der gesamten Kreditsumme handelt es sich also um Kredite, die von öffentlichen Instanzen der Staatengemeinschaft stammen, nämlich von der EU, von den Rettungsschirmen, vom IWF und vom Eurosystem, und an öffentliche Instanzen Griechenlands einschließlich seiner Notenbank flossen. Am aktuellen Datenrand, im April 2021, betrug dieser Kredit 324 Milliarden Euro. Das waren 195 % des griechischen Bruttoinlandsprodukts des Jahres 2020. Wohlgemerkt: Hier handelt es sich nicht um eine Staatsschuld üblicher Art, die auch die Schuldverhältnisse innerhalb des Landes erfasst, sondern um eine Auslandsschuld des griechischen Staates inklusive seiner Notenbank gegenüber öffentlichen internationalen Organisationen inklusive des Systems der Europäischen Zentralbanken.

Der EZB-Rat hat den Kreditfluss an Griechenland in seinen verschiedenen Erscheinungsformen – einmal als Refinanzierungskredit an die Banken und einmal als impliziter Kredit der anderen Notenbanken, die das griechische Überweisungsgeld in ihrem Territorium in Umlauf brachten bzw. aus Griechenland stammende Eurobanknoten bei sich tolerierten – nicht durch seine Aktionen unmittelbar verursacht. Er hat ihn aber toleriert, so wie eine Bank es toleriert, dass ein Kunde seinen Überziehungskredit in Anspruch nimmt.

Mit der Gewährung des Überziehungskredits nahm der EZB-Rat freilich der Staatengemeinschaft das Drohpotenzial, das sie brauchte, Griechenland zur Erfüllung der Auflagen für die Rettungskredite zu bewegen. Und er half Griechenland, den wenig später ohnehin stattfindenden Staatskonkurs über Monate hinweg zu verschleppen.[6]

---

5   Siehe H.-W. Sinn, *The Economics of Target Balances*, Palgrave Macmillan: Cham 2019.
6   H.-W. Sinn, »Die EZB betreibt Konkursverschleppung«, *Süddeutsche Zeitung*, 10.2.2015, S. 18.

Abbildung 4.1: Die öffentlichen Kredite, die an die griechische Volkswirtschaft flossen (bis April 2021)

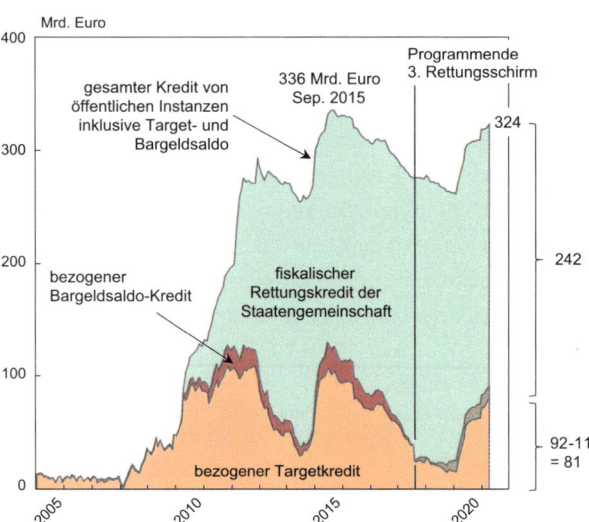

Quellen: Gemäß H.-W. Sinn, »Die griechische Tragödie«, *ifo Schnelldienst,* Mai 2015; Bank of Greece, *Publications and Research, Monthly Balance Sheet, Financial Statements,* diverse Ausgaben, https:// www.bankofgreece.gr/en/publications-and-research/publications/publications-list?types=a78773fb-02a6-43d0-9cd6-041e5800509f,207c5eed-d83f-4de2-ad36-2ba5ba90edef; Europäische Kommission, »The Economic Adjustment Programme for Greece: Fifth Review – October 2011«, *Occasional Papers* 87, 2011, https://ec.europa.eu/economy_finance/publications/occasional_paper/2011/pdf/ ocp87_en.pdf; Internationaler Währungsfonds, *Financial Activities,* https://www.imf.org/external/np/ fin/tad/exfin2.aspx?memberKey1=360&date1key=2099-12-31; derselbe, *SDR Exchange Rate Archives by Month,* http://www.imf.org/external/np/fin/data/param_rms_mth.aspx; European Stability Mechanism, *Financial Assistance, Greece,* https://www.esm.europa.eu/assistance/greece; derselbe, *EFSF programme for Greece,* https://www.esm.europa.eu/assistance/greece/efsf-programme-greece-expired.

Erläuterung: Zusätzlich zum bezogenen Targetkredit (ockerfarben) zeigt dieses Diagramm additiv den Bargeldkredit, den Griechenland bezog (nach oben abgetragen), bzw. den Bargeldkredit, den es selbst vergab (nach unten abgetragen), sowie den Bestand der an Griechenland ausgezahlten fiskalischen Kredite der Rettungsschirme. Das Programmende des dritten und vorläufig letzten Rettungsschirms war der 20. August 2018. Zu dem Zeitpunkt betrugen die von Griechenland bezogenen Kredite insgesamt 250 Milliarden Euro oder 130 % des BIP des Jahres 2018. Die hier genannten Zahlen beziehen sich auf die ausgezahlten Beträge. Manchmal liest man die Zahl 274 Milliarden Euro. Sie ist inklusive eines von Griechenland nicht in Anspruch genommenen IWF-Kredits von 25 Milliarden Euro gerechnet. Die fiskalischen Kredite müssen von 2032 an bis zum Jahr 2059 zurückgezahlt werden. Griechenlands Haushalt wird von der EU überwacht, bis 75 % der fiskalischen Kredite zurückgezahlt sind. Die Target- und Bargeldkredite des Eurosystems können nicht fällig gestellt werden, weil sie den Charakter ewiger Überziehungskredite haben. Die in der Abbildung genannten Endwerte sind gerundet, so dass die gerundete Gesamtsumme nicht notwendigerweise die Summe der gerundeten Einzelwerte ist.

Das wiederum brachte die Regierungen der anderen Länder, insbesondere die Finanzminister der EU, gegen die EZB auf. Besonders erbost hatte sich der deutsche Finanzminister Schäuble gezeigt, der bei den Verhandlungen mit Griechenland eine entscheidende Rolle spielte.[7] Ob deshalb oder aus eigenem Entschluss: Der EZB-Rat zog schließlich selbst die Reißleine, indem er beschloss, Griechenlands ELA-Kredite am 26. Juni 2015, kurz vor dem Ende des zweiten Rettungsschirms, das vier Tage später lag, auf dem erreichten Niveau zu deckeln, d. h. keine weiteren ELA-Kredite zuzulassen.[8] Damit war nach dem Schuldenschnitt von 2012 der nächste, nun aber nicht mehr verdeckte, sondern offene griechische Konkurs im Eurosystem nicht mehr vermeidbar. Er wurde am 3. Juli 2015 formell vom Direktorium des Rettungsschirms EFSF erklärt.[9]

Finanzminister Schäuble hatte schon längst für sich die Konsequenzen gezogen und arbeitete auf den Austritt Griechenlands aus der Währungsunion hin. Er hatte zum Schluss 15 EU-Kollegen im Ecofin-Rat auf seine Seite gebracht, um nun einerseits Griechenland ein letztes Angebot mit harten Auflagen zu machen und andererseits im Falle einer Ablehnung den Austritt Griechenlands aus dem Eurosystem zu administrieren. Auch der griechische Finanzminister Yanis Varoufakis, der Gegenspieler Schäubles, der hart gepokert hatte, hegte eine Vorliebe für den Austritt, ähnlich wie es schon zuvor der griechische Ministerpräsident Papandreou im Jahr 2011 getan hatte.[10] Er hatte für den Übergang zu einer neuen Währung bereits ein elektronisches Zahlungssystem entwerfen lassen, das auf der Basis der Steuerkonten der Griechen laufen sollte.

---

7   »Schäuble: Geldpolitik mitverantwortlich für Erfolge der AfD«, *faz.net*, 9.4.2016, https:// www.faz.net/-gqg-8fprj.

8   EZB, *Jahresbericht 2015*, insbesondere Kasten 8: »Liquiditätsversorgung des griechischen Bankensystems unter schwierigen Bedingungen«, https://www.ecb.europa.eu/pub/annual/html/ ar2015.de.html.

9   ESM, *EFSF Board of Directors Reserves Its Rights to Act Upon Greece's Default*, Pressemitteilung, 3. Juli 2015, https://www.esm.europa.eu/press-releases/efsf-board-directors-reserves-its-rights-act-upon-greece %C2 %80 %C2 %99s-default: »The Board of Directors of the European Financial Stability Facility (EFSF) decided today to opt for a Reservation of Rights on EFSF loans to Greece, after the non-payment of Greece to the International Monetary Fund (IMF). Following the IMF Managing Director's notification of the IMF Executive Board, this non-payment results in an Event of Default by Greece, according to EFSF financial agreements with Greece.«

10 Vgl. Kapitel 3: Abschnitt »Die heiße Phase der Eurokrise und die Geheimverhandlungen über Euroaustritte«.

Der Austritt fand aber nicht statt, denn nachdem die Vorschläge der Finanzminister in einem Referendum von der Bevölkerung abgelehnt wurden und nun die Bedingungen für den Austritt erfüllt waren, intervenierten der französische Präsident Hollande und die deutsche Kanzlerin Merkel sowie im Hintergrund wohl auch der amerikanische Präsident Obama, um ihn in letzter Minute zu verhindern. Sie setzten durch, dass Griechenland im Euroverbund bleiben und stattdessen ein drittes Rettungspaket mit weniger Auflagen bekommen sollte. Varoufakis trat von seinem Amt zurück, als er merkte, dass er für seine zunächst geheim gehaltenen Pläne keine Zustimmung in der Regierung fand.[11]

Der Umtausch der Kredite aus der Druckerpresse in offene fiskalische Kredite: Der dritte Rettungsschirm

Der dritte Rettungsschirm war nötig, um die EZB zu entlasten und den Kapitalmärkten wieder Hoffnung auf eine verbesserte Bonität Griechenlands geben zu können. Im August 2015 einigte man sich auf weitere Hilfsgelder in Höhe von 86 Milliarden Euro. Ausgezahlt wurden davon bis zum Ende des Programms im Jahr 2018 nur etwa 62 Milliarden Euro, weil Griechenland einen Teil seiner Auflagen abermals nicht erfüllt hatte. Griechenland hatte bis dahin etwa 250 Milliarden Euro an fiskalischen Krediten erhalten. Target- und Bargeldkredite im Umfang von netto etwa 25 Milliarden Euro traten zu dem Zeitpunkt noch hinzu, so dass insgesamt ein von öffentlichen Instanzen bezogenes und an die griechische Volkswirtschaft fließendes Kreditvolumen von abgerundet 276 Milliarden Euro erreicht wurde. Diese Summe war bis zum April des Jahres 2021 wegen der wachsenden Targetschulden Griechenlands auf 324 Milliarden Euro oder 195 % des BIP des Jahres 2020 gestiegen.

Auch dies ist ein Beispiel für die schon im vorigen Kapitel beschriebene monetäre Dominanz der Fiskalpolitik (und nicht die viel zitierte fiskalische Dominanz der Geldpolitik). Der EZB-Rat lässt die Selbstrettung mit der Druckerpresse zu, die zu Nettoüberweisungen ins Ausland und deshalb zu

---

11 Y. Varoufakis, *Minister No More!*, Pressemitteilung, 6. Juli 2015, https://www.yanisvaroufakis.
eu/2015/07/06/minister-no-more/.

gewaltigen Targetsalden führt, die öffentliche Kredite des Eurosystems an Griechenland sind. Und den Staatsführern der Eurozone, die bei Gedanken an einen griechischen Euroaustritt zu zittern beginnen, weil sie sich ein erfolgreiches Management eines Austritts nicht zutrauen, bleibt anschließend kaum etwas anderes übrig, als noch tiefer in die Taschen ihrer Bürger zu greifen und neue fiskalische Rettungsschirme aufzuspannen. Die Rettungsschirme stellen dann die Bonität des Landes temporär wieder her und führen dazu, dass ausländisches Kapital wieder ins Land kommt. Das verringert anschließend die Targetverbindlichkeiten. Außerdem sinken die Targetverbindlichkeiten durch die Verbuchung der fiskalischen Rettungsgelder selbst. Der formelle, fiskalische Kredit der Staatengemeinschaft löst den informellen Kredit des Eurosystems wieder ab, der ebenfalls einen fiskalischen Charakter hat.

Nachdem die Fiskalsysteme die Kreditlasten von der EZB übernommen hatten, konnte dann auch noch über Schuldenschnitte nachgedacht werden. Während verschiedener Stufen der Kreditverhandlungen kam Griechenland mehrfach in den Genuss von Laufzeitverlängerungen (bis zum Jahr 2059), von Zinssenkungen gegenüber den ursprünglichen Vereinbarungen und dann sogar von längeren Perioden des totalen Zinsverzichts der Staatengemeinschaft, die zunächst bis in die 2030er Jahre reichen sollten.[12] Frühe Zinsverzichte haben einen großen Effekt auf den Gegenwartswert der Rückzahlungslasten, weil sie den Zinseszinsmechanismus außer Kraft setzen. Mit den Zinsverzichten des Jahres 2015 dürfte die Staatengemeinschaft Griechenland zusätzlich zu den 43 Milliarden Euro des Jahres 2012[13], über die oben be-

---

12 Europäische Kommission, *The Economic Adjustment Programme for Greece*, Third Review, Winter 2011, https://op.europa.eu/en/publication-detail/-/publication/0c88313b-527c-420d-b1ef-d224af-32da6e; dieselbe, *The Second Economic Adjustment Programme for Greece*, Fourth Review, April 2014, https://op.europa.eu/en/publication-detail/-/publication/fe2e91cb-d0e8-47c8-a76f-de6cd-8677bb8; dieselbe, *The ESM Stability Support Programme for Greece*, First and Second Reviews, Juli 2017, Background Report, https://ec.europa.eu/info/sites/default/files/economy-finance/ip064_en.pdf.

13 Der Barwert wurde vom ifo Institut ursprünglich auf 47 Milliarden Euro geschätzt, vgl. ifo Institut, *Die Rettung Griechenlands bedeutet Schuldenschnitt zulasten öffentlicher Gläubiger in Höhe von 47 Mrd. Euro*, Pressemitteilung, 30. November 2012, www.ifo.de/de/w/4P68BdYmJ. Als später die genaueren Konditionen für die Kreditrückzahlung bekannt waren, wurde der Wert um 4 Milliarden Euro nach unten korrigiert, vgl. ifo Institut, *Weitere Entlastung für Griechenlands Hilfskredite geplant*, Pressemitteilung, 11. Februar 2014, www.ifo.de/de/w/4F-kaFLFVw.

richtet wurde, nochmals etwa 34 Milliarden Euro in Gegenwartswerten geschenkt haben.[14] Diese Geschenke sind zwar äquivalent zu offenen Schuldenschnitten, die die griechische Staatsschuld verringern, sie werden aber nicht so verbucht.

ANFA-Anlagen: Das geheime Investmentgeschäft der nationalen Notenbanken

ELA ist nicht der einzige Weg, auf dem nationale Notenbanken nach eigenem Gusto Geld schaffen und zum Vorteil der eigenen Volkswirtschaft verwenden können.

So dürfen die Notenbanken Geld drucken, um damit zugunsten ihrer Eigentümer, der jeweiligen Nationalstaaten, ein Investmentgeschäft auf eigene Rechnung zu betreiben, also im Grunde eine Art Sovereign Wealth Fund zugunsten der Bürger ihres Landes anlegen, der dem norwegischen Fonds, der aus dem Verkauf natürlicher Ressourcen gespeist wurde, nicht unähnlich ist.[15] Die Regeln, nach denen solche Anlagen möglich sind, sind in dem sogenannten ANFA-Abkommen der Notenbanken niedergelegt, das ursprünglich im Jahr 2003 geschlossen, dann aber 2014 und 2019 novelliert wurde.[16] Die nationalen Notenbanken müssen für ihre ANFA-Bestände zwar grundsätzlich Zinsen in Höhe des allgemein gültigen Hauptrefinanzierungssatzes (derzeit allerdings null Prozent) an die Gemeinschaft aller Notenbanken abführen, doch ähnlich wie bei den ELA-Krediten darf ein Ertragsüberschuss, den sie erzielen, an den eigenen Staat ausgeschüttet werden und muss jedweder Verlust

---

14 Vgl. Deutscher Bundestag, *Drucksache* 19/9961, 8. Mai 2019, https://dserver.bundestag.de/btd/19/099/1909961.pdf.

15 In Griechenland und Italien sind die Notenbanken im Eigentum von Geschäftsbanken. Die Notenbankgewinne stehen aber dem Staat zu.

16 EZB, *Agreement of 19 November 2014 on Net Financial Assets*, https://www.ecb.europa.eu/ecb/legal/pdf/en_anfa_agreement_19nov2014_f_sign.p; EZB, *Agreement of 25 October 2019 on Net Financial Assets*, https://eur-lex.europa.eu/legal-content/EN/TXT/PDF/?uri=CE-LEX:42019Z10251&from=EN. Für eine Übersicht vgl. Deutsche Bundesbank, »Zur Bedeutung und Wirkung des Agreement on Net Financial Assets (ANFA)«, *Monatsbericht*, März 2016, S. 87–97. Das ursprüngliche ANFA-Abkommen aus dem Jahr 2003 wurde vermutlich nicht veröffentlicht.

im Vergleich zum Refinanzierungssatz selbst getragen werden.[17] Grundsätzlich dürfen die nationalen Notenbanken auch spekulative Investitionsgeschäfte mit dem selbst gedruckten Gemeinschaftsgeld betreiben und die Gewinne an ihre jeweiligen Nationalstaaten ausschütten. Die Anlageobjekte, die unter ANFA mit dem selbst gedruckten Geld erworben wurden, sind vielfältig. Sie umschließen unter anderem Gold und Goldforderungen, Kredite an ausländische Institutionen und andere Wertanlagen im Ausland sowie ausländische Wertpapiere verschiedenster Art sowie auch Anleihen, die von Personen oder Institutionen begeben wurden, die ihren Wohnsitz in einem der Euroländer haben.[18] Zu diesen Anleihen heimischen Ursprungs gehören auch die Staatspapiere des jeweils eigenen Staates, die auf etwa 80 % der inländischen Anleihen geschätzt werden, zuletzt etwa 150 Milliarden Euro.[19]

Das ANFA-Privileg hat historische Gründe, denn in einigen Euroländern hatten die Notenbanken ein solches Geschäft auch mit ihren früheren Währungen durchführen können. Bei der Gründung des Eurosystems hatten sie darauf bestanden, dieses Privileg behalten zu dürfen.

Bei den ANFA-Beständen handelt es sich freilich nicht vornehmlich um Restbestände aus Vor-Euro-Zeiten, wie manchmal gemutmaßt wird, sondern um ein Dauerprivileg, das »ein Großteil« der Notenbanken der Eurozone weidlich nutze, so die Bundesbank.[20] Diese Notenbanken hätten »auf Basis nationaler Rechtsgrundlagen den Aufbau ihrer nicht geldpolitischen Aktivpositionen – auch für allgemeine Anlage- und Ertragszwecke – betrieben«, heißt es weiter. Sprich: Viele Notenbanken haben die Möglichkeiten der gemeinsamen Geldschöpfung genutzt, um sich ein staatliches Vermögensportfolio zusammenzu-

---

17 C. Fuest und H.-W. Sinn, »Target-Risiken ohne Austritte«, *ifo Schnelldienst* 71 (24), 2018, S. 15–25, https://www.ifo.de/DocDL/sd-2018-24-fuest-sinn-target-risiken-2018-12-20.pdf. Vgl. auch H.-W. Sinn, *The Economics of Target Balances*, a.a.O., S. 69.

18 Es handelt sich hier um den Posten 7.2 der EZB-Bilanz. Vgl. auch EZB, *Was ist das ANFA?*, 5. Februar 2016 (aktualisiert am 15. November 2019), insbesondere die Frage »Was sind Netto-Finanzanlagen?«, https://www.ecb.europa.eu/explainers/tell-me-more/html/anfa_qa.de.html; sowie dieselbe, *Konsolidierter Ausweis des Eurosystems*, 18. Oktober 2019, https://www.ecb. europa.eu/press/pr/wfs/2019/html/ecb.fst191022.de.html.

19 Die Commerzbank schätzt, dass von einem im Juni 2021 nicht für geldpolitische Zwecke gehaltenen Wertpapierbestand in Höhe von 188 Milliarden Euro 151 Milliarden Euro auf Staatspapierkäufe in eigener Regie entfielen. Auskunft der Commerzbank vom 11.8.2021 (M. Leister) zur Studie: M. Leister und C. Rieger, »Big Picture: €QE ohne Grenzen«, *Commerzbank – Rates & Credit Strategy: Ahead of the Curve*, 24. Juni 2021, S. 3–6; M. Leister, »PEPP Erratum«, *Commerzbank – Rates & Credit Strategy: Ahead of the Curve*, 1. Juli 2021, S. 16.

20 Vgl. Deutsche Bundesbank, »Zur Bedeutung und Wirkung ...«, a.a.O., S. 90.

kaufen, dessen Erträge nicht im Eurosystem vergemeinschaftet, sondern an den jeweiligen Nationalstaat ausgeschüttet wurden. Da die fortlaufend auf niedrigere Werte gedrückten Zinsen zu einer ständigen Aufwertung der Anlagen führten, entstanden im Laufe der Zeit nicht unerhebliche Wertzuwächse.

Unabhängig von den ANFA-Kontingenten ist die Forderung, ein solches staatliches Vermögensportfolio zugunsten der Bewohner der Bundesrepublik Deutschland einzurichten, verschiedentlich erhoben worden, konnte aber nie realisiert werden.[21] Einige Autoren schlugen vor, die Targetforderungen der Bundesrepublik abzubauen, indem Deutschland einen Sovereign Wealth Fund für seine Bürger im Ausland anlegt.

Unter Ausnutzung der ANFA-Kontingente könnte die Bundesbank dabei in der Tat behilflich sein. Sie könnte unter Verwendung ihrer Targetforderungen nach den ANFA-Regeln ausländische Vermögensobjekte erwerben und so für den deutschen Fiskus dauerhafte Einnahmen generieren.[22] Letztlich kann aber eine solche Strategie für die gesamte Volkswirtschaft nur gelingen, wenn die so geschaffene Liquidität, die ins Ausland überwiesen wird, auch dort verbleibt. Das aber ist nicht zu erwarten. Da Deutschland von den Banken und Investoren als Hort der Stabilität in Europa angesehen wird, kann man davon ausgehen, dass die Liquidität alsbald nach Deutschland zurückkäme, weil Ausländer mit der ihnen zufließenden Liquidität handelbare Vermögensobjekte in Deutschland erwerben würden. Dann wäre die Targetforderung der Bundesbank im Endeffekt genauso groß wie vorher, und Inländer hätten ihre marktfähigen Vermögenstitel bloß gegen entsprechende Titel aus dem Ausland getauscht, ein Geschäft, dessen Nutzen bezweifelt werden kann. Über die Ausnutzung von ANFA Targetforderungen abzubauen oder Targetschulden aufzubauen, um ausländische Vermögensobjekte zu erwerben, kann nur den tendenziell unter einer Kapitalflucht leidenden Krisenländern gelingen, nicht aber der

---

21 Vgl. D. Gros und Th. Mayer, »Ein Vermögensbildungsfonds für Deutschland«, *faz.net*, 22.12.2012, https://www.faz.net/aktuell/wirtschaft/wirtschaftspolitik/gastbeitrag-ein-vermoegensbildungs-fonds-fuer-deutschland-12674947.html; C. Fuest, C. Hainz, V. Meier und M. Werding, *Das Konzept eines deutschen Bürgerfonds*, ifo Institut, München 2019, https://www.ifo.de/DocDL/ifo-studie-2019-fuest-etal-buergerfonds.pdf; D. Stelter, »25.000 Euro für alle unter 65«, *beyond the obvious*, 22. Februar 2021, https://think-beyondtheobvious.com/stelter-in-den-medien/25-000-euro-fuer-alle-unter-65/. Die Autoren schlagen allerdings nicht vor, dazu die ANFA-Kapazität der Bundesbank zu nutzen.

22 »Es gibt längst einen Staatsfonds: TARGET2: Dr. Daniel Stelter und Prof. Dr. Thomas Mayer über die Zukunft Deutschlands und der EU«, *beyond the obvious*, 13. September 2020, https://think-beyondtheobvious.com/es-gibt-laengst-einen-staatsfonds-target2/.

Bundesrepublik, die als Fluchtort angesehen wird. Nur aus den Krisenländern ins Ausland überwiesene Liquidität bleibt tatsächlich im Ausland hängen und erlaubt so den Nettoerwerb von ausländischen Vermögensobjekten. Abbildung 4.2 zeigt, wie sich der Wert der unter ANFA auf eigene Rechnung erworbenen Vermögensobjekte seit dem Beginn des Euro entwickelt hat (orange Kurve). Während der Bestand dieser Objekte anfänglich, bei der virtuellen Euroeinführung im Jahr 1999, bei 491 Milliarden Euro lag, verzeichnete die Bilanz des Eurosystems zur Mitte des Jahres 2021 dafür einen Betrag von 1.462 Milliarden Euro. Das sind erhebliche Werte. Würde man die entsprechenden Aktiva verkaufen, so könnte man dafür über 1800 Elbphilharmonien wie am Hamburger Hafen in Europa erstellen oder andere sinnvolle Dinge zum Nutzen der Bürger Europas tun.

Statt der Bruttowerte der ANFA-Bestände wird bisweilen auf ANFA-Nettowerte verwiesen, die deutlich kleiner sind. Dabei handelt es sich um die Differenz zwischen den ANFA-Aktiva und einer recht willkürlich zusammengestellten Summe überhaupt nicht mit den Anlagen in Beziehung zu bringender Restposten von der Passivseite der Notenbankbilanzen sowie um die Gegenbuchung von Wertzuwächsen auf ANFA-Titel, die seit dem Erwerb stattfanden. Das führt dann aber zu Werten, die man überhaupt nicht mehr sinnvoll interpretieren kann, zumal sie im Einzelfall sogar negativ werden können. Außer mit dem Ziel, die ANFA-Werte kleinzurechnen, kann man diese Nettowerte nicht begründen. Wichtig für das Verständnis sind die Bruttowerte, die in der Grafik dargestellt sind, denn sie messen aktualisierte Schätzungen für die Marktwerte jener Vermögenstitel, die die Notenbanken früher einmal auf eigene Rechnung außerhalb der gemeinsamen Geldpolitik mit dem selbst geschaffenen Geld erwarben. Auch dieses Geld kam in Europa in Umlauf, ohne dass es dazu im Einzelnen Entscheidungen des EZB-Rates gab.

Auch wenn einzelne Posten, wie z. B. der Tausch von Euros gegen Gold oder fremde Währungen grundsätzlich zu den Aufgaben einer Zentralbank gehören, so ist es doch ein Anachronismus des europäischen Notenbanksystems, dass diese Form der Geldschöpfung nicht vom EZB-Rat koordiniert wurde. Die erlangten Werte wurden mit dem Gemeinschaftsgeld auf eigene Rechnung erworben und führten dann zu Erträgen, die dem jeweiligen Nationalstaat gehören, während man dem Eurosystem zur Verteilung an alle Mitgliedsnotenbanken gemäß dem Kapitalschlüssel allenfalls den Hauptrefinanzierungszins zahlen muss, der schon vor Jahren auf null gesetzt wurde, und beim Gold nicht einmal das.

Abbildung 4.2: Geldpolitische und nicht geldpolitische Buchwerte
der Aktivposten in der konsolidierten Bilanz des Eurosystems
(11.8.2021) – die heimlichen Fonds der Euroländer (ANFA)

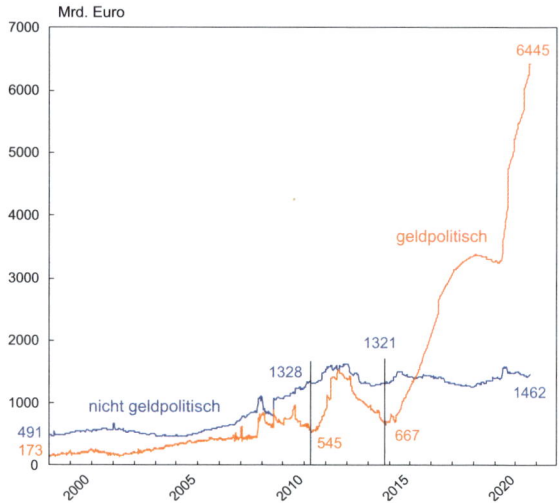

Quelle: Deutsche Bundesbank, »Zur Bedeutung und Wirkung des Agreement on Net Financial Assets (ANFA)«, *Monatsbericht*, März 2016, S. 90, fortgeschrieben bis 11.8.2021. Dazu verwendet wurde EZB, *Was ist das ANFA?*, 5. Februar 2016 (aktualisiert am 15. November 2019). Der Weg führt über die Frage: »Was sind Netto-Finanzanlagen?« Aktivseite der dort gezeigten Musterbilanz aus dem Jahr 2018: https://www.ecb.europa.eu/explainers/tell-me-more/html/anfa_qa.de.html. Nach Maßgabe der Musterbilanz kann aus den Bilanzdaten unter https://www.ecb.europa.eu/press/pr/wfs/dis/html/index.en.html der Zeitverlauf der Kurve exakt repliziert und fortgeschrieben werden. Alternativ kann man auf das Statistical Data Warehouse der EZB zurückgreifen: EZB, Statistical Data Warehouse, *ECB, Eurosystem Policy and Exchange Rates, Eurosystem Balance Sheet, Eurosystem Consolidated Statement*, https://sdw.ecb.europa.eu/browse.do?node=9691294.

Erläuterung: Dargestellt sind einerseits die Marktwerte der Aktiva des Eurosystems, die nach den gemeinsamen Regeln im Austausch gegen Zentralbankgeld erworben wurden, um damit Geldpolitik zu betreiben (»geldpolitisch«), sowie jener Aktiva, die von den nationalen Notenbanken aus anderen Gründen und auf eigene Rechnung erworben wurden (»nicht geldpolitisch«), so z. B., um aus Sicherheitsgründen Währungsreserven mit Wertpapieren, Gold und Devisen anderer Länder aufzubauen, um die Pensionen von Mitarbeitern abzusichern oder um dem eigenen Staat zu helfen, indem für ihn mit einer Gewinnerzielungsabsicht ein externes Vermögensportfolio angesammelt wurde oder auch von ihm auf dem Umweg über das Bankensystem Staatspapiere erworben wurden. Die dargestellten Bilanzposten sind die offiziell ausgewiesenen Bestände zu Buchwerten, die grundsätzlich Marktwerte oder rechnerische Approximationen derselben sind. Sie umschließen die seit dem Ankauf realisierten Wertzuwächse, die auf der Passivseite der Bilanz als Gegenposten verbucht werden. Bei Wertpapieren, die eine Endfälligkeit aufweisen, wird bei der Verbuchung auf der Aktivseite der Bilanz zum Anschaffungswert ein zeitanteiliger Aufschlag in Form des bis zur Fälligkeit noch verbleibenden Anteils der Differenz zwischen dem Wert bei Endfälligkeit und dem Anschaffungswert addiert.

Zum Vergleich enthält die Grafik auch jene Bestände an Vermögensobjekten, die aufgrund der gemeinsamen Geldpolitik zustande gekommen waren (blau). Interessanterweise lag der Bestand an ANFA-Vermögenstiteln bis zum Jahr 2016 noch deutlich über dem Bestand jener Vermögenstitel, die bei der gemeinsam vereinbarten Geldausgabe erworben wurden. Es gab während der Krise zwei Phasen, eine im Jahr 2011 und die andere im Jahr 2014, während derer die in eigener Regie mit dem Gemeinschaftsgeld erworbenen Aktiva mehr als doppelt so groß waren wie die im Zuge der Geldpolitik erworbenen Aktiva. Bis zu diesen Jahren waren also mehr als zwei Drittel der Vermögensbestände der Notenbanken des Eurosystems nicht im Zuge einer gemeinsamen Geldpolitik angehäuft worden. Erst nach dem Jahr 2015, nämlich im Zuge der gewaltigen Aufblähung der Geldmenge durch das Wertpapierkaufprogramm APP und die längerfristigen Refinanzierungskredite (LTRO) stieg die Kurve der geldpolitischen Aktiva über die ANFA-Aktiva weit hinaus.

Leider ist das ANFA-Vermögen in der Eurozone nicht symmetrisch über die Länder hinweg verteilt, weil auch die ANFA-Geldschöpfung nicht symmetrisch verlief. So hat nämlich die Bundesbank davon nur sehr wenig Gebrauch gemacht und ihre ANFA-Kontingente für andere Notenbanken freigegeben bzw. freigeben müssen. Das lag unter anderem, wie die Bundesbank schrieb, daran, dass sie anders als andere Notenbanken keine Staatspapiere über ANFA erwerben wollte, um nicht in den Verdacht einer verbotenen Staatsfinanzierung zu geraten.[23] Der EZB-Rat erlaubte es anderen Notenbanken, die von der Bundesbank nicht genutzten ANFA-Kontingente, die eigentlich größenproportional gestaltet waren, für ihre eigenen Zwecke zu verwenden.[24]

Es ist bemerkenswert, dass diese im Eurosystem bestehende Möglichkeit der nationalen Geldschöpfung aus eigenem Gewinninteresse lange Zeit vor der Öffentlichkeit geheim gehalten wurde und nur durch die detektivischen Recherchen eines Berliner Doktoranden ans Licht kam.[25] Erst nach ihrer Veröffentlichung, doch ohne ihn zu zitieren, nahm auch die EZB zu dem Vorgang Stellung und veröffentlichte das Abkommen.[26] In der Begründung schrieb sie:

---

23 Deutsche Bundesbank, »Zur Bedeutung und Wirkung ...«, a.a.O., S. 94. Vgl. auch S. 92, Fn.15.
24 Ebenda, S. 93 f.
25 D. Hoffmann, *Die EZB in der Krise: Eine Analyse der wesentlichen Sondermaßnahmen von 2007–2012*, Pro Business Verlag: Berlin 2015.
26 EZB, *Agreement of 19 November 2014 on Net Financial Assets*, a.a.O.

»Nationale Zentralbanken sind finanziell unabhängige Institutionen, die sowohl geldpolitische Aufgaben im Zusammenhang mit dem vorrangigen Ziel des Eurosystems – der Gewährleistung von Preisstabilität – als auch nationale Aufgaben wahrnehmen.«[27]

Und auf ihrer Homepage verteidigt sie den Umstand, dass sie geheim hält, welche Anlagen die nationalen Notenbanken mit dem selbst gedruckten Geld im Einzelnen erworben haben, mit dem Hinweis:[28]

»Das Eurosystem hat nicht den Auftrag, die Zusammensetzung nicht geldpolitischer Aktiva und Passiva von NZBen offenzulegen.«

Das alles klingt dann doch eher nach Selbstbedienungsladen für Eurogeld als nach einer verantwortungsvoll zentral gesteuerten Versorgung der Eurozonenökonomie mit dem nötigen Schmiermittel für die realwirtschaftlichen Transaktionen, wie es idealisierend in den Lehrbüchern der Volkswirtschaftslehre heißt. Das ANFA-Abkommen begrenzt nun zwar die Kontingente, die sich ein jeder in dem Selbstbedienungsladen holen kann, doch in der Summe konnten die nationalen Notenbanken auf diese Weise riesige Vermögensbestände auf eigene Rechnung mit dem Gemeinschaftsgeld erwerben, wie die Abbildung zeigt.

Nationale Pfandkriterien

Die Skepsis verstärkt sich, wenn man sich einen anderen Mechanismus vor Augen führt, der ebenfalls sehr viel eigenmächtigen Spielraum für die nationale Geldschöpfung schafft: die Pfänderpolitik der EZB bei der Festlegung der Konditionen für Kredite, die die nationalen Notenbanken den Geschäftsbanken geben.

Wenn eine Notenbank mit dem selbst geschaffenen Geld Kredite an Geschäftsbanken vergibt, muss sie zur Deckung dieser Kredite Pfänder verlangen. Typischerweise handelt es sich dabei um Wertpapiere, die die Geschäftsbanken

---

27 EZB, *Was ist das ANFA?*, a.a.O.
28 EZB, ebenda, Antwort auf die Frage »Warum werden die nicht geldpolitischen Aktiva und Passiva der NZBen ›geheim‹ gehalten?«.

mit ebensolchen Krediten erworben haben. Man nennt solch eine pfandbesicherte Kreditvergabe aus der Druckerpresse deshalb Refinanzierungspolitik.

Für die als akzeptabel geltenden Pfänder legt der EZB-Rat Qualitätskriterien fest, doch angesichts der Vielfalt der am Markt gehandelten Typen von Wertpapieren, die sich nach Laufzeit, Tilgungsmodalitäten, Zinsen, Besicherung und Bonität der Emittenten unterscheiden, ist dies eine äußerst komplexe und aufwendige Aufgabe. So wundert es nicht, dass ein verworrener und kaum noch überschaubarer Katalog mit Hunderten, wenn nicht Tausenden von Kategorien für akzeptable Arten von Wertpapieren entstanden ist.

Die Qualitätskriterien wurden im Laufe der Zeit immer weiter abgeschwächt, um den Banken, die ihre guten Wertpapiere bereits für die Besicherung von Refinanzierungskrediten verbraucht hatten, die Möglichkeit zu verschaffen, noch mehr Kredit aus der nationalen Druckerpresse zu beziehen, indem sie auch grenzwertige Papiere aus ihren Beständen zusammenkratzen durften.[29]

Auf dem Höhepunkt der Eurokrise wurden sogar Wertpapiere von Staaten wie Griechenland, Irland und Portugal als Pfänder akzeptiert, obwohl diese Staaten von den Ratingagenturen kein Investmentgrade mehr bekommen hatten. Ratingagenturen bewerten die Kreditwürdigkeit von Finanzinstitutionen nach einer Skala, auf der sie verschiedene Bonitätsgrade unterscheiden. Wenn die Bewertung außerhalb des Investmentgrade liegt, wird eine konkrete Konkursgefahr vermutet.

---

29 Vgl. H.-W. Sinn, *Die Target-Falle: Gefahren für unser Geld und unsere Kinder*, Hanser: München 2012, S. 150–152. Siehe auch: M. Brendel und S. Jost (2013), »EZB leistet sich gefährliche Regelverstöße«, *Welt Online*, 11.7.2013, https://www.welt.de/wirtschaft/article115063852/EZB-leistet-sich-gefaehrliche-Regelverstoesse.html; J. K. Eberl und Ch. Weber, »ECB Collateral Criteria: A Narrative Database 2001–2013«, *ifo Working Paper* 174, 2014, https://www.ifo.de/DocDL/IfoWorkingPaper-174.pdf; J. K. Eberl, *The Collateral Framework of the Eurosystem and its Fiscal Implications*, Dissertation, ifo Beiträge zur Wirtschaftsforschung, ifo Institut, München 2016, https://www.ifo.de/DocDL/ifo-Beitraege_z_Wifo_69.pdf; M. Brendel, J. K. Eberl and Ch. Weber, »Riskante Risikokontrolle«, *ifo Schnelldienst* 68 (14), 2015, S. 41–49, https://www.ifo.de/DocDL/sd-2015-14-weber-etal-risikokontrolle-2015-07-30.pdf; H.-W. Sinn, *The Euro Trap: On Bursting Bubbles, Budgets, and Beliefs*, Oxford University Press: Oxford 2014, S. 153–165; H.-W. Sinn, *Der Euro: Von der Friedensidee zum Zankapfel*, Hanser: München 2015, S. 204–214; Ch. Weber, *The Collateral Policy of Central Banks – An Analysis Focusing on the Eurosystem*, Dissertation; ifo Beiträge zur Wirtschaftsforschung, ifo Institut, München 2016, https://www.ifo.de/DocDL/ifo_Beitraege_z_Wifo_72.pdf. Diese Autoren weisen auf eine Reihe weiterer Absonderlichkeiten der Pfandpolitik des Eurosystems nach.

Da die EZB keine Staatsfinanzierung betreiben darf, die zu absehbaren Verlusten führt, versucht sie, sich durch Sicherheitsabschläge beim Wertvolumen der Pfänder zu schützen. So soll verhindert werden, dass eine Bank das Risiko schlechter Schuldner auf die Gemeinschaft der Notenbanken abwälzen kann. Doch lassen sich die Abschläge gar nicht mehr sinnvoll berechnen, wenn die Ratingagenturen gar kein Investmentgrade erklären, also den Staatspapieren den Schrottstatus zuerkennen. In einem solchen Fall sind die Verluste absehbar vorhanden, und deshalb müsste man eigentlich davon ausgehen, dass eine verbotene Staatsfinanzierung stattfindet.

Was das konkret bedeuten kann, zeigte sich in der griechischen Krise vom Frühjahr 2012. Damals lagen die Marktwertverluste der griechischen Papiere weit über den Sicherheitsabschlägen, die die EZB vorgenommen hatte. Der EZB-Rat hatte deshalb damals darauf bestanden, dass die Refinanzierungskredite der griechischen Notenbanken auf ELA umgestellt werden, um den Rest des Eurosystems zumindest rechtlich aus der Haftung zu nehmen.[30]

Dass die EZB zu geringe Sicherheitsabschläge setzte, hatte im Übrigen Methode. Wie in verschiedenen Studien nachgewiesen werden konnte, legte sie bei Pfändern mit schlechter Qualität generell deutlich geringere Sicherheitsabschläge fest, als der Markt selbst an Abschlägen vornahm.[31]

Besonders problematisch ist, dass die Pfandkriterien, nach denen die nationalen Notenbanken Refinanzierungskredite ausreichten, sich von Land zu Land unterschieden. Das ist zwar schon deshalb schwer zu vermeiden, weil es viele nationale Besonderheiten bei den eingereichten Wertpapieren gibt. Doch eröffnet diese Unterschiedlichkeit einen Ermessensspielraum bei der Bewertung der Wertpapiere, der zu opportunistischem Verhalten einlädt.

So gibt es in Frankreich den sogenannten STEP-Markt (Short Term European Paper), auf dem Wertpapiere gehandelt werden, die von der Banque de France nach eigenen Kriterien als zulässige Pfänder definiert und dann in den umfangreichen Kriterienkatalog des Eurosystems übernommen wurden.[32]

---

30 Siehe H.-W. Sinn, *Der Euro…*, a.a.O., S. 382.

31 K. Eberl und Ch. Weber, »ECB Collateral Criteria: A Narrative Database 2001–2013«, *ifo Working Paper* 174, 2014, https://www.ifo.de/DocDL/IfoWorking Paper-174.pdf.; I. Drechsler, Th. Drechsel, D. Marques-Ibanez und Ph. Schnabl, »Who Borrows from the Lender of Last Resort?«, *The Journal of Finance* 71, 2016, S. 1933–1974, https://doi.org/10.1111/jof.12421; und S. Steinkamp, »Wie dezentral sind Geldpolitik und Bankenaufsicht in Europa?«, *Perspektiven der Wirtschaftspolitik* 20 (1), 2019, S. 70–94.

32 Siehe H.-W. Sinn, *Der Euro…*, a.a.O., S. 210 f.

Im Rahmen der STEP-Definitionen und auch generell haben einige Notenbanken des Eurosystems von Geschäftsbanken, denen sie einen Kredit gaben, sogar Wertpapiere als Pfänder akzeptiert, die von anderen Banken stammten. Das hat die Schaffung von EZB-kompatiblen Pfändern im Ringtausch von Krediten zwischen Banken ermöglicht, die selbst wiederum von den nationalen Regulierungsinstitutionen als kreditwürdig definiert wurden.[33] Drechsler et al. haben dokumentiert, dass damit die nationalen Regulierungsbehörden faktisch die Kreditkonditionen der Banken im Eurosystem bestimmten.[34]

Banken dürfen sogar auf sich selbst ausgestellte Schuldverschreibungen als Pfänder einreichen, wenn staatliche Instanzen dafür Garantien geben. Auf diese Weise haben sich viele angeschlagene Banken in Spanien und Italien billigen Refinanzierungskredit bei ihren nationalen Notenbanken verschafft und weitergeleitet, ohne dass die Beihilfekontrolle der EU, die sonst im Industriebereich sehr sensibel reagiert, etwas dagegen unternahm.[35] In Spanien wurden mit Krediten der Banco de España finanziell angeschlagene Autonome Regionen vor dem Konkurs gerettet, indem deren Papiere als Sicherheiten akzeptiert und von den Banken als Pfänder eingereicht wurden.[36] In Italien wurde die konkursreife Skandalbank Monte dei Paschi di Siena mit Krediten der Banca d'Italia gerettet.[37]

---

33 Ebenda, S. 212. Vgl. EZB, *Anpassung des Risikokontrollrahmens für neu begebene Asset-Backed Securities und ungedeckte Bankschuldverschreibungen*, Pressemitteilung, 20. Januar 2009, https://www.ecb.europa.eu/press/pr/date/2009/html/pr090120.de.html; EZB, »Beschluss der Europäischen Zentralbank vom 20. März 2013 über die Regelungen bezüglich der Verwendung von ungedeckten staatlich garantierten Bankschuldverschreibungen zur Eigennutzung als Sicherheiten für geldpolitische Operationen des Eurosystems (EZB/2013/6)«, *Amtsblatt der Europäischen Union* L 95, 5. April 2013.

34 I. Drechsler et al., »Who Borrows …«, a.a.O.

35 H.-W. Sinn, *The Economics of Target Balances*, a.a.O., S. 34.

36 M. Brendel und S. Jost, »EZB leistet sich gefährliche Regelverstöße«, *Welt Online*, 11.7.2013, https://www.welt.de/wirtschaft/article115063852/EZB-leistet-sich-gefaehrliche-Regelverstoesse.html; P. Steinkamp, A. Tornell und F. Westermann, »The Euro Area's Common Pool Problem Revisited: Has the Single Supervisory Mechanism Ameliorated Forbearance and Evergreening?«, *CESifo Working Paper* 6670, September 2017, https://www.econstor.eu/bitstream/10419/171134/1/cesifo1_wp6670.pdf.

37 Ebenda. Zu den befremdlichen Begleiterscheinungen des drohenden Konkurses gehörte der Tod des Pressechefs der Bank, der kurz zuvor erklärt hatte, mit Interna des Finanzgebarens an die Öffentlichkeit gehen zu wollen. Er fiel aus einem oberen Stockwerke der Bank in einer Weise auf das Pflaster, die nicht zu einem Selbstmord passte. Die Überwachungskamera der Bank, die den Sturz aufnahm, zeigte, wie bald darauf eine Person aus dem Haus kam, den Toten kurz inspizierte und dann wieder wegrannte, ohne wenigstens den Versuch einer Hilfeleistung zu unternehmen. Vgl. dazu die Dokumentation »Tod eines Bankers«, *Arte*, 12. Dezember 2017, 21:50 Uhr, ARD-Mediathek, https://programm.ard.de/TV/arte/tod-eines-bankers/eid_28724387300117.

5. Die Geldmenge läuft völlig aus dem Ruder

Die Anfänge der neuen Politik: Das Securities Markets Programme (SMP) • *OMT: Whatever it takes* • *Wem hilft und wen belastet das OMT-Programm?* • *Das große Staatspapier-Kaufprogramm* • *PSPP vor Gericht* • *Dicke Bertas: LTRO und TLTRO* • *In der Coronakrise fallen die letzten Barrieren*

Während die ersten Aktionen der Europäischen Zentralbank nach der Lehman-Krise angemessen waren und die Geldmenge kaum erhöhten, hat die EZB mit fortschreitender Krise immer mehr Programme beschlossen, deren Konsequenz eine seit 2015 progressiv, ja zum Schluss explosionsartig anwachsende Geldmenge war. Dieses Kapitel dokumentiert das Geschehen.

Die Anfänge der neuen Politik: Das Securities Markets Programme (SMP)

Der Beginn der lockeren Geldpolitik der EZB kann nicht bereits 2008 verortet werden. Auch wenn damals die Vollzuteilungspolitik eingeführt wurde, um speziell den bedrängten Banken der Krisenländer von Irland bis in den Mittelmeerraum zu helfen, so war damit eher eine asymmetrische als eine wachsende Geldversorgung impliziert. Die Geldversorgung war asymmetrisch, weil sie im Wesentlichen darauf ausgerichtet war, die vorhandene Liquidität wieder in jene Länder zu leiten, die von den Kapitalmärkten mit Misstrauen bedacht, wenn nicht gar abgeschnitten waren. So hatte EZB-Präsident Trichet stets betont, dass die EZB sich als Kreditvermittler zur Verfügung stellt, bei dem die Geschäftsbanken der stabilen Länder die überschüssige Liquidität an das Eurosystem verleihen, während das Eurosystem den Geschäftsbanken der bedrängten Länder stattdessen Kredit gewährt.[1] Diese Politik ließ wegen der Unwucht im internationalen Zahlungsverkehr die Targetsalden anwachsen, wie Abbildung 3.1 gezeigt hat, zunächst jedoch nicht die Geldmenge. Letzteres erkennt man an Abbildung 5.1, die die Entwicklung der Zentralbankgeldmenge zeigt. Offenbar folgte die Geldmenge, wenn auch unter Fluktuationen, bis etwa zur Mitte des Jahres 2011, als Präsident Trichet sein Amt an seinen Nachfolger Mario Draghi übergab, im Wesentlichen dem schon vor der Lehman-Krise angelegten Trend. Die Zentralbankgeldmenge ist definiert als die Menge der ausgegebenen Banknoten (in den Händen der privaten Wirtschaft und der Geschäftsbanken etc.) sowie der Girobestände der Geschäftsbanken bei der nationalen Notenbank. Man spricht auch von der Geldbasis, weil alle anderen Geldaggregate, die je nach Untersuchungsgegenstand auch betrachtet werden können, daraus abgeleitet sind. Es hat sich dafür allgemein das Symbol M0 eingebürgert, im Gegensatz zu den anderen Geldaggregaten M1 bis M3, über die noch zu sprechen sein wird.

Von der Mitte des Jahres 2011 bis zur Mitte des Jahres 2012 gab es dann freilich einen explosionsartigen Anstieg der Geldmenge. Das war die Zeit der großen Eurokrise, als nach Griechenland auch Italien zu wanken begann, als sich Austrittsgelüste in den Regierungen dieser beiden Länder verbreiteten und Griechenland seinen großen Schuldenschnitt hatte. Es war auch die Zeit, in der der neue Präsident Draghi das Ruder bei der EZB übernahm und eine große Kehrtwende der Geldpolitik realisierte. Eine Entspannung der Kapitalmärkte setzte zwar im Sommer 2012 unter dem Einfluss der großen Rettungsaktionen der EZB ein.

Diese Phase fand aber alsbald ihr Ende, als im Jahr 2015 ein neuer Trend aufkam, der durch ungewöhnlich hohe Zuwachsraten der Geldmenge aufgrund von großen Programmen zum Kauf von Wertpapieren gekennzeichnet war, die man bis dahin nicht einmal hätte erahnen können. Und als sich Ende 2019 erneut eine Beruhigung abzeichnete, kam die Coronapandemie,

---

[1] So bei seinem Vortrag in der großen Aula der LMU München am 13. Juli 2009. Siehe J.-C. Trichet, »Enhanced Credit Support: Key ECB Policy Actions for the Euro Area Economy«, Vorlesung anlässlich des *Münchner Seminars*, CESifo und *Süddeutsche Zeitung*, 13. Juli 2009; derselbe, »The ECB's Enhanced Credit Support«, *CESifo Working Paper* 2833, Oktober 2009; http://www.cesifo-group.de/DocDL/cesifo1_wp2833.pdf.

die die Geldmenge auf neue Höchststände wachsen, ja springen ließ. Während die Zentralbankgeldmenge kurz vor der Lehman-Krise, zur Mitte des Jahres 2008, bei 876 Milliarden Euro gelegen hatte, war sie bis zum aktuellen Rand zum vorläufigen Ausgang der Coronapandemie im September 2021 auf 5,99 Billionen Euro, also auf fast das Siebenfache gestiegen.

Nach der sogenannten Quantitätstheorie des Geldes würde das unter sonst gleichen Umständen längerfristig eine Versiebenfachung des Preisniveaus implizieren, was wegen der gewaltigen Umverteilungseffekte, die damit verbunden sind, eine Revolution der gesellschaftlichen Verhältnisse bedeuten würde. Doch hat ein erheblicher Preisanstieg bislang bekanntlich nicht stattgefunden, und natürlich sind die Umstände schon deshalb nicht gleich geblieben, weil die Eurozone zwischenzeitlich real und nominell gewachsen ist und erweitert wurde.

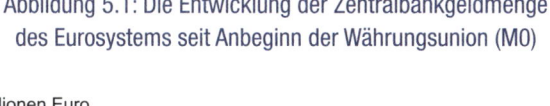

Abbildung 5.1: Die Entwicklung der Zentralbankgeldmenge des Eurosystems seit Anbeginn der Währungsunion (M0)

Quelle: EZB, *Euro Area (Changing Composition), Eurosystem Reporting Sector – Base Money [sum(L010000 and L020100 and L020200)], Euro – World not Allocated (Geographically) Counterpart*, Code: ILM.M.U2.C.LT00001.Z5.EUR, Statistical Data Warehouse, https://sdw.ecb.europa.eu/quickview.do?SERIES_KEY=123.ILM.M.U2.C.LT00001.Z5.EUR.

Auf diese Aspekte wird im Folgenden noch einzugehen sein. Dennoch begründet die Grafik den Anfangsverdacht, dass in der Eurozone im Stillen und ohne die Kenntnisnahme der Öffentlichkeit Dramatisches passiert sein könnte. Es könnte sich um Entwicklungen von einer Bedeutung für die Stabilität des Gemeinwesens handeln, die die allgemeine Aufmerksamkeit interessierter und mündiger Bürger erfordert.

Die Schübe bei der Entwicklung der Geldmenge wurden in dieser Zeit durch eine Reihe von Maßnahmen erreicht. Von besonderer Bedeutung war dabei das Securities Markets Programme (SMP). Bei diesem Programm handelt es sich um den Kauf von Staatspapieren der Krisenländer durch alle Notenbanken des Eurosystems. Die Notenbanken begannen bereits im Mai 2010 mit dem Kauf der Papiere von Griechenland, Irland und Portugal, und ein gutes Jahr später erwarben sie dann auch die Papiere von Italien und Spanien. In der Summe waren bis zum Februar des Jahres 2012 für 223 Milliarden Euro Staatspapiere der Krisenländer in den Bilanzen der Notenbanken gelandet.[2]

Für die deutschen Mitglieder des EZB-Rates war der Kauf der Staatspapiere ein Tabubruch, denn aus ihrer Sicht wurde damit das Verbot der Monetisierung der Staatspapiere gemäß Artikel 123 AEUV gebrochen. Aus dem Eurosystem, das vertraglich auf die Nichtrettung kaputter Investitionsportfolios festgelegt war, wurde spätestens mit diesem Schritt eine fiskalische Rettungsinstitution, ja fast schon eine Bad Bank, die faule Staatsschuldtitel übernahm.

Der Präsident der deutschen Bundesbank, Axel Weber, und das deutsche EZB-Direktoriumsmitglied Jürgen Stark, zugleich Chef-Volkswirt der EZB, wurden im EZB-Rat überstimmt und machten keinen Hehl aus ihrem Widerstand. Sie erwogen die Niederlegung ihrer Ämter, was sie dann allerdings erst ein Jahr später, 2011, wenn auch unter offenem Protest, realisierten.[3] Zu

---

2 Vgl. H.-W. Sinn, *Der Euro: Von der Friedensidee zum Zankapfel,* Hanser: München 2015, Abb. 8.1, S. 361.

3 Dieser Sachverhalt wurde von Jürgen Stark bei seiner öffentlichen Vorlesung für die Hanns-Seidel-Stiftung am 22. Februar 2013 in München erläutert. Siehe auch A. Weber, »Kaufprogramm birgt erhebliche Risiken«, Interview mit J. Schaaf, *Börsen-Zeitung,* 11.5.2010, http://www.bundesbank.de/Redaktion/DE/Downloads/Presse/Publikationen/interview_mit_bundesbankpraesident_axel_weber.pdf?blob=publicationFile. Vgl. ebenfalls C. Teevs, »Brandbrief: Ex-Währungshüter Stark attackiert EZB-Kurs«, *Der Spiegel,* 14.1.2012, Nr. 3, S. 60, http://www.spiegel.de/wirtschaft/soziales/brandbrief-ex-waehrungshueter-stark-attackiert-ezb-kurs-a-809199.html. Vgl. auch A. Kunz, »EZB-Chefvolkswirt Stark tritt zurück«, *wiwo.de,* 9.9.2011, http://www.wiwo.de/politik/ausland/europaeische-zentralbank-ezb-chefvolkswirt-stark-tritt-zurueck/5212924.html.

ihrer Entscheidung dürfte auch die Furcht beigetragen haben, eines Tages wegen der offensichtlichen Vertragsverletzung in Haftung genommen zu werden. Weber war schon als der nächste Präsident der EZB gehandelt worden, denn Deutschland war nach allgemeiner Auffassung an der Reihe, den Posten zu besetzen, und er war als Professor der Volkswirtschaftslehre mit dem Schwerpunkt der Geldtheorie ein unbestreitbarer Experte. Doch nachdem er sich gegen den Kauf von Staatspapieren ausgesprochen hatte, hatte er keine Chancen mehr. Da er von Frankreich und den südeuropäischen Ländern blockiert wurde, unternahm die deutsche Kanzlerin keinerlei sichtbare Anstrengungen, ihn zu stützen.

Im Februar 2012 stoppte das SMP, weil die EZB es erneut geschafft hatte, die Staatengemeinschaft zu überzeugen, sie mit fiskalischen Krediten abzulösen. Es wurde nämlich damals der Rettungsschirm EFSF, der 2010 gegründet worden war, um den neuen, permanenten Rettungsschirm ESM erweitert. Das Gesamtvolumen der Rettungsschirme stieg damit auf 990 Milliarden Euro.[4] ESM steht für Europäischer Stabilitätsmechanismus. Der ESM wurde beim EU-Gipfel in Brüssel am 24./25. März 2011 beschlossen und trat am 27. September 2012 in Kraft, nachdem der deutsche Bundespräsident Joachim Gauck die Ratifizierungsurkunde unterschrieben hatte.

Gaucks Unterschrift hatte sich verzögert, weil der Volkswirt Stefan Homburg nachgewiesen hatte, dass die Formulierungen des ESM-Vertrages implizierten, dass damit nicht nur eine anteilige Haftung für Deutschland, sondern eine gesamtschuldnerische Haftung verbunden war und dass dem ESM im Gegensatz zum ersten Anschein keine Obergrenze für die Mittel gesetzt war, die er von einem einzelnen Staat einfordern konnte.[5] Danach hätten sich die Gläubiger der ausgegebenen Schuldpapiere des Rettungsfonds im Konkursfalle an Deutschland, das Land mit der höchsten Bonität der Eurozone, allein wenden können, um die Rückzahlung zu verlangen, und Deutschland hätte dann bei den anderen noch intakten Ländern um Beistand nachsuchen müssen. Ferner hätte der ESM

4　Der 2010 gegründete Fonds EFSF wurde formell mit den seinerzeit beschlossenen Mitteln weitergeführt, so dass es zunächst formal zwei parallele Fonds gab. Sie standen aber unter einheitlicher Verwaltung. Der EFSF hatte ein maximales Kreditvolumen von 440 Milliarden Euro und der ESM eines von 500 Milliarden Euro. Vgl. Die Bundesregierung, *Was sind ESM, EFSM und EFSF?*, https://archiv.bundesregierung.de/archiv-de/was-sind-esm-efsm-und-efsf--407620.

5　St. Homburg, »Retten ohne Ende«, *faz.net*, 26.7.2012, https://www.faz.net/aktuell/wirtschaft/konjunktur/gastbeitrag-von-stefan-homburg-retten-ohne-ende-11832561.html.

das Recht gehabt, selbst das Haftungsvolumen zu erhöhen. Das Bundesverfassungsgericht stimmte der Homburg'schen Interpretation zwar nicht explizit zu, hielt es aber nicht für ausgeschlossen, dass andere Länder sie für richtig halten könnten. Da das eine Verletzung des Budgetrechts des Deutschen Bundestages bedeutet hätte, verpflichtete es die Bundesregierung, von allen EU-Ländern die schriftliche Erklärung zu erbitten, dass sie eine solche Interpretation nicht teilen und sich im Falle von Staatskonkursen nicht darauf berufen würden.

Hätte sich Deutschland geweigert, dem neuen Schutzschirm zuzustimmen, hätte die EZB vermutlich mit ihrem Ankaufprogramm von Staatspapieren (SMP) oder einem ähnlichen Programm weitergemacht, das fundamental gegen die deutschen Bedenken gerichtet war. Damit wäre alles, was man in Deutschland glaubte mit dem Verbot der Monetisierung der Staatsfinanzen in Artikel 123 AEUV geregelt zu haben, auf den Kopf gestellt gewesen. Die Bundesregierung hatte also objektiv kaum eine Wahl und musste sich den neuen europäischen Machtverhältnissen beugen, die sich in der EZB manifestierten.

OMT: Whatever it takes

Die erhoffte Entspannung auf den Kapitalmärkten brachte der Rettungsschirm ESM freilich nicht, denn der Anstieg der Targetsalden aufgrund einer Kapitalflucht setzte sich bis zum Sommer des Jahres 2012 ungemindert fort. Die wirkliche Entspannung kam erst mit dem OMT-Programm der Europäischen Zentralbank, das vom neuen Präsidenten der EZB, Mario Draghi, durchgesetzt wurde, der wie erwähnt im Sommer 2011 in sein Amt gekommen war. Draghi war zuvor schon als Präsident der Banca d'Italia Mitglied des EZB-Rats gewesen (2006–2011) und wusste als ehemaliger Vizepräsident von Goldman Sachs Europe (2002–2005) genau, was die Kapitalanleger erwarteten und befürchteten.

Er erklärte am 26. Juli 2012 auf einer Londoner Investorenkonferenz das berühmte »Whatever it takes«, das er anschließend durch seinen EZB-Rat als OMT-Programm präzisieren ließ.[6] OMT steht für Outright Monetary Transactions, was auch in der deutschen Übersetzung als »direkte monetäre Transaktionen«

---

6   EZB, *Speech by Mario Draghi, President of the European Central Bank at the Global Investment Conference in London*, 26. Juli 2012, https://www.ecb.europa.eu/press/key/date/2012/html/ sp120726.en.html.

so gut wie nichts über den Inhalt des Programms sagt. Die EZB kündigte an, dass sie die Gläubiger von konkursgefährdeten Ländern von nun an vollkommen schützen würde, indem sie ihnen rechtzeitig, bevor es brenzlig wird, die in ihrem Besitz befindlichen Staatspapiere abkaufen würde. Die Bewilligung von Mitteln aus dem Rettungsschirm ESM, die ja selbst an das Vorhandensein einer Notlage gebunden ist, sollte als Bedingung für diesen Schritt ausreichend sein.

Auf Nachfragen von Journalisten erklärte Draghi, dass die Notenbanken diese Papiere bei einem drohenden Konkurs eines Staates auch bis zur Endfälligkeit halten und die Verluste in ihre Bücher übernehmen würden.[7] Der Hintergrund der Fragen war, dass die EZB im Frühjahr 2012 beim griechischen Schuldenschnitt die Papiere, die die EZB im Zuge des SMP gekauft hatte, vorher schnell noch gegen neue Papiere umgetauscht hatte, die von diesem Schuldenschnitt ausgenommen waren. Das war insofern ein Problem für die privaten Anleger, als die anderen in ihrem Besitz befindlichen Staatspapiere dadurch einen umso größeren Schuldenschnitt hinnehmen mussten.

Ökonomisch gesehen war das OMT-Programm eine Kreditausfallversicherung, wie sie ein jeder Staat für die Käufer seiner Anleihen am Weltmarkt auch selbst für eine angemessene Avalprämie hätte kaufen können. Der Schutz, den das Eurosystem nun bot, war freilich kostenlos. Deshalb fielen die von den Investoren verlangten Risikoprämien im Zins im Vergleich zu deutschen Staatspapieren sofort um den vermuteten Wert dieses Versicherungsschutzes. Abbildung 2.1 zeigt den Rückgang der Risikoprämien in den Zinsen der Krisenländer sehr deutlich.

Das bedeutete nicht nur, dass neue Staatspapiere, die die Länder ausgaben, um alte, fällig werdende Papiere zu ersetzen, nun mit den gesunkenen Zinsen versehen werden mussten, sondern vor allem auch, dass die Marktwerte der südeuropäischen Staatspapiere in den Portfolios der Anleger auf der ganzen Welt in die Höhe schossen, was den entsprechenden Finanzinstituten hohe Buchgewinne brachte bzw. Buchverluste ersparte, sofern sie die vorherigen Kursverluste noch nicht verbucht hatten. Die Zinssenkungen, die das OMT für die Staatspapiere insgesamt, vor allem aber für die Papiere der Krisenländer bedeutete, ist in Abbildung 2.1 sehr deutlich zu erkennen.

Auch die Targetsalden gingen sofort zurück, weil das Kapital sich nun auf einmal in die Krisenländer zurück traute, was entsprechende Nettoüber-

---

7   Vgl. EZB, *Technical Features of Outright Monetary Transactions*, Presseerklärung, 6. September 2012, http://www.ecb.europa.eu/press/pr/date/2012/html/pr120906_1.en.html.

weisungen dorthin implizierte. Die große Entspannung war die Phase II der Krisenentwicklung, wie in Abbildung 3.1 definiert. Die Krise schien wie weggeblasen.

Interessanterweise ging, wie Abbildung 5.1 zeigt, auch das durch das SMP und neue Refinanzierungskredite aufgeblähte Volumen der Zentralbankgeldmenge, über das noch berichtet wird, ab dem Sommer 2012 wieder zurück. Das lag nur zum kleineren Teil daran, dass das SMP nicht weiter aufgebaut wurde und mit der Fälligkeit der erworbenen Staatspapiere allmählich abschmolz, was Zahlungen der Staaten an die EZB und damit eine Geldmengenverringerung bedeutete. Vor allem lag es an dem Umstand, dass nun die kurzfristig fällig werdenden Refinanzierungskredite nicht mehr prolongiert werden mussten, weil günstiger Kredit auch wieder auf dem Kapitalmarkt zu bekommen war.

Wem hilft und wen belastet das OMT-Programm?

Die Frage ist, was das OMT-Programm kostete. Naiv ist die Vorstellung, es habe gar nichts gekostet, weil schon die bloße Ankündigung der Hilfen ausgereicht hatte, die Märkte zu beruhigen und die Spreads zu drücken. Mit dem Schutz gingen nämlich nur die Risikoprämien für die Staatspapiere der bedrängten Länder zurück und nicht das Risiko, denn das wurde durch dieses Programm auf die Notenbanken und damit auf die nationalen Staaten nebst ihrer Steuerzahler übertragen. Die Bürger mussten als Steuerzahler weiterhin die Risiken tragen, die ihnen als Sparer genommen wurden, nur mit dem Unterschied, dass sie nun die Risikoprämien nicht mehr verdienen konnten. Das war ein zweifelhaftes Geschäft, zumal die Bürger sich mit der Risikoübernahme nicht nur selbst schützten, sondern sogleich die Anleger aus aller Welt, deren Vermögen in den Staatspapieren der bedrängten Länder investiert war. Kein Wunder, dass in London und New York großer Jubel ausbrach.

Nach der naiven Logik, dass das OMT nichts gekostet habe, bedeutet eine Deckungszusage für die Versicherungsgesellschaft erst dann eine Last, wenn der Schadenfall eintritt. Das ist aber nicht so, denn die Last liegt bereits in dem gebotenen Schutz und der bloßen Möglichkeit des Schadenfalls. Deshalb müssen die Versicherer in ihren Bilanzen gewinnmindernde Rückstellungen für die mit den Wahrscheinlichkeiten gewichteten Schadensmöglichkeiten vornehmen. Und deshalb zahlen die Versicherungsnehmer freiwillig eine Prämie für den Schutz, obwohl sie hoffen, dass der Schadenfall gar nicht eintritt. So gesehen kann nicht die Rede davon sein, dass das OMT keine Belastungen für die EZB bzw. ihre Eigentümer, die Einzelstaaten des Eurosystems, bedeutete.

Die wahren Kosten des Programms erkennt man daran, dass die Staatengemeinschaft ihren Versicherungsschutz weltweit auch für stattliche Prämien auf dem Versicherungs- und Derivatemarkt hätte anbieten können. Die Übernahme der Risiken bei gleichzeitigem Verzicht auf diese Prämien bedeutet eine Last für die wirtschaftlich gesunden Staaten der Eurozone, die die angeschlagenen Staaten stützten, und die Höhe dieser Last wird durch die den Versicherungsnehmern erlassenen Versicherungsprämien gemessen.

Manche denken, dass die EZB in einem konkreten Schadenfall die finanziellen Lasten aus einem möglichen Konkurs eines Staates ohne weiteres tragen könnte, ohne dass jemand dadurch einen Nachteil erleidet. Deshalb, so die These, könne man den Schutz ohne jede Nachteile für die anderen Länder gewähren. Das ist aber nicht der Fall, denn im Umfang der auf das Eurosystem entfallenden Abschreibungsverluste würden die Ausschüttungen der Notenbanken an ihre jeweiligen staatlichen Eigentümer sinken und würden vielleicht sogar negativ in dem Sinne, dass die Eigentümer ihre Notenbanken rekapitalisieren müssen. Die Rekapitalisierung würde nötig werden, weil die Staaten die sogenannte Anstaltslast für ihre Notenbanken tragen, also die Verpflichtung haben, ihnen einen ordentlichen Geschäftsverlauf zu ermöglichen. So lautet jedenfalls die einhellige Rechtsauffassung der EZB und auch des Deutschen Verfassungsgerichts.[8] Die Rekapitalisierung kann z. B. durch die Schenkung von Staatspapieren an die Notenbanken geschehen, so dass die Verluste sich dann für die Staaten letztlich in einer höheren Staatsschuld zeigen.

Manchmal hört man das Argument, dass die Notenbanken ja auch mit negativem Eigenkapital weiterarbeiten könnten und insofern doch keine Lasten auf die Staaten entfielen. Dieses Argument sticht aber wegen der Anstaltslast und der Notwendigkeit, einen normalen Eigenkapitalbestand zu sichern,

---

8   BVerfG, *Urteil des Zweiten Senats vom 21. Juni 2016 - 2 BvR 2728/13 -, Rn. 1-220*, http://www.bverfg.de/e/rs20160621_2bvr272813.html, insbesondere Nr. 217; BVerfG, *Beschluss des Zweiten Senats vom 18. Juli 2017 - 2 BvR 859/15 -, Rn. 1-137*, http://www.bverfg.de/e/rs20170718_2bvr085915.html, insbesondere Nr. 126.

schon rechtlich nicht. Und es sticht auch ökonomisch nicht, denn selbst wenn die Rekapitalisierung nicht nötig wäre, so würden doch die Zinseinnahmen aus den bei einem Staatskonkurs ausfallenden Staatsanleihen dauerhaft fehlen: Da der ewige Verlust der vertraglich vereinbarten Zinsen auf ein Wertpapier dasselbe ist wie der Verlust dieses Wertpapiers selbst, würden die Staatengemeinschaft in Gegenwartswerten gerechnet einen Verlust im Umfang der ausfallenden Staatspapiere erleiden. Obwohl es wahr ist, dass eine Notenbank rein ökonomisch gesehen mit negativem Eigenkapital weiterarbeiten könnte, hätten die Mitgliedstaaten des Eurosystems Verluste, die einem durch eine Staatsverschuldung ausgeglichenen heutigen Steuerausfall oder einer mit Budgetmitteln auszugleichenden Naturkatastrophe äquivalent sind.

Im Übrigen gibt es für die Rekapitalisierung nicht nur juristische, sondern auch ökonomische Gründe. So braucht ein Notenbanksystem zur Verteidigung des Außenwertes seiner Währung in turbulenten Zeiten echtes Eigenkapital über den Barwert der zukünftigen Zinserträge hinaus, um damit ausländische Währungsreserven aufzubauen, die es im Notfall zur Kursstützung einsetzen kann. Nur mit einem ausreichenden Bestand solcher Währungsreserven lässt sich die eigene Währung vor einer Abwertung durch eine spekulative Kapitalflucht schützen. Mit diesem Argument lässt sich die rechtliche Anstaltslast eines Staates für seine Notenbank, die nach Verlusten zur Rekapitalisierung zwingt, auch ökonomisch begründen.[9]

So oder so steht der Senkung der Zinsspreads tatsächlich die Zunahme der Lasten der Staaten und letztlich der Steuerzahler gegenüber. Es handelt sich bei dem OMT-Programm in ökonomischer Hinsicht um eine echte Subvention der Risikostaaten, die von den anderen Staaten erbracht wird. Subventionen gehören aber in den Bereich der Fiskalpolitik, die die EZB gar nicht betreiben darf.

Das könnte der tiefere Grund dafür sein, dass das deutsche Verfassungsgericht dem OMT-Programm kritisch gegenüber eingestellt war, auch wenn es dies nicht explizit formuliert hat. Es übernahm die Argumente verschiedener Kläger in einem Vorlagenbeschluss für den Europäischen Gerichtshof (EuGH), den sie um eine Stellungnahme bat, und schloss sich implizit der

---

9 Siehe T. J. Sargent, »The Ends of Four Big Inflations«, in: R. E. Hall, Hrsg., *Inflation: Causes and Effects*, University of Chicago Press: Chicago 1982, S. 41–98; I. Sauer, *The Influence of the Central Bank's Assets on the Exchange Rate and the Price Level: Essays and Empirical Analyses*, Inaugural-Dissertation: Frankfurt am Main, 2019.

Sicht an, dass das OMT-Programm eine verbotene Staatsfinanzierung ist.[10] Doch erfuhr das deutsche Gericht in Luxemburg eine Abfuhr.[11]

Das Bundesverfassungsgericht erklärte daraufhin in seinem abschließenden Urteil, dass es den Spruch des EuGH akzeptiere, doch war diese Erklärung sichtbar widerwillig, denn es hieß dort nur, dass die Entscheidung des EuGH »nicht offensichtlich falsch« sei.[12] Offensichtlich falsch und nicht nur falsch muss sie aber sein, bevor ein untergeordnetes Gericht wie das Bundesverfassungsgericht sich dem Spruch des EuGH widersetzen kann.

Damit war der letzte Stolperstein für das große Kaufprogramm der EZB beseitigt, und Mario Draghi konnte weiterhin von der Finanzpresse als der große Held in der Geschichte der Eurozone gefeiert werden.

Etwas eigenartig war der Umstand, dass es zumindest in Deutschland gerade auch die eher linken Parteien waren, die sich der Feierlaune anschlossen, diente das OMT doch dazu, die Portfolios von Anlegern auf aller Welt und damit den »Klassenfeind« zu retten. Wahrscheinlich hatten sie sich eher vom Solidaritätsargument beeindrucken lassen, indem sie die mitgeretteten Schuldnerstaaten selbst in den Blick nahmen, für deren Rettung ungewöhnliche Wege angebracht seien.

Die wurden aber nicht wirklich gerettet, denn es wurde ja im Wesentlichen nur der Konkurs vermieden, und damit wurde verhindert, dass die Gläubiger ihnen durch einen Schuldenschnitt eine Entlastung hätten gewähren müssen. Man denke nur an den Riesenvorteil, den Griechenland im Jahr 2012 dadurch genoss, dass ihm private Schulden in Höhe von 105 Milliarden Euro erlassen wurden und dass seine Schulden bei öffentlichen Gläubigern in den Genuss von Laufzeitverlängerungen und Zinsstundungen im Wert von 43 Milliarden Euro kamen. Diese Geschenke entsprachen zusammengefasst einem Betrag

10 BVerfG, *Beschluss des Zweiten Senats vom 17. Dezember 2013 - 2 BvR 1390/12*, http://www.bverfg.de/e/rs20131217_2bvr139012.html; dasselbe, *Beschluss des Zweiten Senats vom 14. Januar 2014 - 2 BvR 2728/13 -, Rn. 1-24*, http://www.bverfg.de/e/rs20140114_2bvr272813.html.

11 Europäischer Gerichtshof, *Urteil des Gerichtshofs (Große Kammer) vom 16. Juni 2015*, Rechtssache C-62/14, https://eur-lex.europa.eu/legal-content/DE/TXT/PDF/?uri=CELEX:62014CJ0062&from=DE.

12 BVerfG, *Urteil des Zweiten Senats vom 21. Juni 2016 - 2 BvR 2728/13 -, Rn. 1-220*, http://www.bverfg.de/e/rs20160621_2bvr272813.html, insbesondere Absatz 190; dasselbe, *Verfassungsbeschwerden und Organstreitverfahren gegen das OMT-Programm der Europäischen Zentralbank erfolglos*, Pressemitteilung Nr. 34/2016 vom 21. Juni 2016, https://www.bundesverfassungsgericht.de/SharedDocs/Pressemitteilungen/DE/2016/bvg16-034.html.

von 148 Milliarden Euro oder 79 % des griechischen Bruttoinlandsprodukts, das damals 188 Milliarden Euro betrug. Es wäre übertrieben, wollte man Mario Draghi angesichts dieser Erfolge mit Robin Hood vergleichen. Doch galt der Applaus in London, Frankfurt und New York dem genialen Trick, mit dem es ihm gelungen war, das Vermögen und die Wirtschaftskraft der nördlichen Länder der Eurozone als Pfand für die Absicherung der Staatspapiere der Mittelmeerländer einzusetzen. Den Pensionsfonds der Amerikaner, den Sovereign Wealth Funds mancher Staaten und vieler privater Investmentgesellschaften aus aller Welt wurden riesige Abschreibungsverluste erspart, weil sie auf die Wirtschaftskraft der noch intakten Länder der Eurozone hatten zugreifen können. In verschiedenen Gesprächen, die der Verfasser mit internationalen Investoren bereits bei der Griechenlandkrise hatte, war unmissverständlich klar geworden, dass das »reiche« Deutschland für ein Überleben der Eurozone würde bürgen müssen. Das OMT war ein zentraler Baustein bei dieser Strategie.

Dass es sich beim vermeintlich hohen deutschen Vermögen um eine Schimäre handelte, soll nicht unerwähnt bleiben, denn die eigenen Erhebungen, die die EZB zum Vermögen der Mitgliedsländer bereits im Jahr 2013 veröffentlichte, zeigten, dass das durchschnittliche Vermögen deutscher Haushalte im Jahr 2010 nur 195.000 Euro betrug, während das spanische bei 291.000 Euro, das französische bei 233.000 Euro und das italienische bei 275.000 Euro lag.[13] Das Vermögen der Deutschen lag unter dem Eurozonen-Durchschnitt von 229.000 Euro. Das war auch noch in der nachfolgenden Erhebung der EZB aus dem Jahr 2014 in ähnlicher Weise der Fall.[14] Erst die dritte Erhebung für das Jahr 2017 schob Deutschland mit einem Durchschnittsvermögen von 233.000 Euro ganz knapp über den Durchschnitt der Eurozone, der in jenem Jahr bei 229.000 Euro lag. Länder wie Spanien (258.000 Euro), Frankreich (242.000 Euro) oder Zypern (500.000 Euro) lagen freilich auch da noch deutlich vor Deutschland.[15]

13 EZB, »The Eurosystem Household Finance and Consumption Survey: Results from the First Wave«, *Statistics Paper Series* 2, April 2013, https://www.ecb.europa.eu/pub/pdf/other/ecb-sp2en.pdf?2180f869d12ccc366869c9419b3da32e, S. 76.
14 EZB, *The Household Finance and Consumption Survey*, Wave 2014, Statistical Tables, S. 2, https://www.ecb.europa.eu/home/pdf/research/hfcn/HFCS_Statistical_Tables_Wave_2014.pdf?bf06c66b9f89bd01e30e9ead7d836dad.
15 EZB, *The Household Finance and Consumption Survey*, Wave 2017, Statistical Tables, https://www.ecb.europa.eu/home/pdf/research/hfcn/HFCS_Statistical_Tables_Wave_2017_May2021, S. 2, pdf?ca15e575b6b7765dad1147e7a3dba728.

Das Urteil der Geschichte über das OMT-Programm wird gespalten bleiben. Ohne dieses Programm hätte es vermutlich erhebliche spekulative Attacken gegeben, die die Targetsalden in den Himmel hätten schießen lassen und Deutschland ohnehin zu einer Art Patronatserklärung gezwungen hätten, um den Kollaps des Eurosystems und mit ihm eines Teils der europäischen Banken zu vermeiden. Mit diesem Programm indes trat genau das ein, was Helmut Kohl und all die anderen Befürworter des Euro stets verneint hatten, dass der Euro ein Weg war, eine Haftungsunion zur Lösung der Staatsschuldenfrage Südeuropas zu bilden.

Dabei war das in dieser Form beim Abschluss des Maastrichter Vertrages überhaupt nicht vorhersehbare Targetsystem die Achillesferse im Konstrukt einer an den Regeln der Bundesbank ausgerichteten Währungsunion. Weil Target einen automatischen Überziehungskredit für alle Mitglieder des Euroraums bedeutet, der im Wesentlichen zulasten der Deutschen Bundesbank gezogen werden kann, steckte Deutschland bereits politisch in der Schuldenfalle und die südeuropäischen Länder, die nicht mehr abwerten konnten, in der Wettbewerbsfalle.[16] Deutschland hatte in den letzten Jahren nicht mehr viele Optionen. Entweder stimmte es neuen fiskalischen Rettungsschirmen zu. Dann stiegen die Salden nicht weiter oder fielen sogar. Oder es war knauserig, dann zogen sich die Krisenländer Überziehungskredite im Targetsystem. So oder so war man gefangen.[17]

Das Urteil über das OMT-Programm hängt auch sehr davon ab, ob man es aus dem Augenblick heraus fällt, also im Hinblick auf gefährliche Spannungen auf den Kapitalmärkten und zerstörerische Aktionen, oder ob man auf die Anreizwirkungen für die Staatsverschuldung der Euroländer abstellt, die aus den gesunkenen Schuldzinsen resultieren. Das ist ein Thema, das in Kapitel 6 diskutiert wird.

Dabei sei aber nochmals betont, dass man der Spekulation auch anders hätte Herr werden können, nämlich durch rechtzeitig verfügte Kapitalverkehrskontrollen für alle Krisenländer, wie sie 2015 in Griechenland und 2013 in Zypern eingeführt und einige Jahre lang beibehalten wurden. Kapitalverkehrskontrollen bedeuten, dass Überweisungen zum Zwecke der Kapitalflucht in andere Länder beschränkt oder verboten sind, und wenn sie nicht

---

16 H.-W. Sinn, *Die Target-Falle: Gefahren für unser Geld und unsere Kinder,* Hanser: München, 2012.

17 H.-W. Sinn, *Gefangen im Euro,* Redline: München, 2014.

stattfinden, dann können auch die Targetsalden nicht steigen. Die Geldsysteme der mediterranen Länder hätten so vor der Austrocknung geschützt werden können. Damit hätte man Zeit und Luft für eine geordnete Restrukturierung der Eurozone gewinnen können.

Das große Staatspapier-Kaufprogramm

Die Euphorie über das OMT-Programm währte nicht lange. Die Zinsspreads verringerten sich zwar sehr rasch, und das internationale Finanzkapital traute sich zurück in die Mittelmeerländer. Doch leider verschwanden die Spreads nicht völlig (Abbildung 2.1). Das kann zwar als normal angesehen werden, reichte der EZB jedoch nicht. So hatten Italien und auch Spanien im Jahr 2014 im Mittel 1,6 bzw. 1,4 Prozentpunkte mehr als Deutschland für ihre zehnjährigen Staatspapiere zu zahlen, und selbst Frankreich zahlte 0,3 Punkte mehr. Für Griechenland waren die Spreads noch deutlich höher, aber Griechenland war nicht vom Rettungsschirm geschützt, vermutlich weil es bereits zu Beginn des Programms als konkursgefährdet galt. Auch machten die mediterranen EU-Länder keine Anstalten, eine neue industrielle Wachstumsdynamik zu entfalten (Abbildung 2.3). Die Märkte wussten also, dass die Situation nach wie vor extrem labil war und dass von einem großen Aufschwung nicht die Rede sein konnte.

Auch deshalb wurden die Rufe seitens der verunsicherten Anleger lauter, den Ankündigungen des OMT-Programms Taten folgen zu lassen und nun endlich einen Teil der in den Portfolios befindlichen Staatspapiere in den Bilanzen der EZB abzuladen. Man wusste einfach nicht, wie lange die politische Situation in Europa gegenüber einer potenziellen Vergemeinschaftung der Staatspapiere tolerant bleiben würde, zumal das deutsche Verfassungsgericht in einem Vorlagenbeschluss für den EuGH gegen das OMT-Programm Stellung bezogen hatte und die Antwort des EuGHs noch ausstand.[18]

So beschloss der EZB-Rat in seiner Sitzung am 22. Januar 2015, im März desselben Jahres im Rahmen des sogenannten QE-Programms mit breit ge-

18 Vgl. BVerfG, *Beschluss des Zweiten Senats vom 14. Januar 2014 - 2 BvR 2728/13 -, Rn. 1-24,* http://www.bverfg.de/e/rs20140114_2bvr272813.html; BVerfG, *Beschluss des Zweiten Senats vom 18. Juli 2017 - 2 BvR 859/15 -, Rn. 1-137,* http://www.bverfg.de/e/rs20170718_2bvr085915.html.

fächerten Käufen von Wertpapieren öffentlicher und privater Emittenten zu beginnen. QE steht für Quantitative Easing, was eines der vielen nichtssagenden Begriffsbilder der Notenbanker ist und eigentlich nur »quantitative Lockerung« heißt, als sei all das, was sie vorher bereits beschlossen hatten, keine solche quantitative Lockerung gewesen. Hinter dem Programm verbergen sich die schon dargestellten längerfristigen Refinanzierungskredite, die LTROs, und Wertpapierkäufe, vor allem aber die Staatspapierkäufe im Rahmen des Public Sector Purchase Programme (PSPP). Pfandbriefe privater Emittenten sollten weiterhin im bisherigen Rahmen gekauft werden.[19] Das PSPP erklärt maßgeblich den dramatischen Anstieg, den die in Abbildung 5.1 dargestellte Geldmenge M0 seit dem Jahr 2015 erfuhr. Mit diesem Programm trat die Europäische Zentralbank in ein neues geldpolitisches Regime ein, bei dem sie alle bisherigen Regeln über Bord warf und von dem, wie noch eingehend erläutert wird, eine ernsthafte Inflationsgefahr ausgeht.

Das QE-Programm ist ursprünglich eine japanische Erfindung mit deutschen Wurzeln. Der Name stammt von dem deutschen Volkswirt Richard Werner. Er war als Gast bei der japanischen Zentralbank und arbeitete anschließend als Chefökonom in Tokio bei der Jardine Fleming Securities (Asia) Ltd. Im Jahr 1995 schlug er der japanischen Zentralbank in einem in der Landessprache verfassten Text vor, den Banken die faulen Kreditforderungen abzukaufen, um sie so wieder in die Lage zu versetzen, neue Refinanzierungskredite von der Zentralbank aufzunehmen und produktive Investitionen der Wirtschaft zu finanzieren. Vom Erwerb langfristiger Staatspapiere war damals allerdings noch nicht die Rede. Sie kamen erst im Jahr 2001 ins Spiel, als die Notenbank mit einem Programm zum Aufkauf der Staatspapiere

---

19 Zusätzlich zu der unter Tabelle 5.1 genannten Quelle siehe insbesondere M. Draghi, *Introductory Statement to the Press Conference (with Q&A)*, Europäische Zentralbank, Frankfurt am Main, 22. Januar 2015, http://www.ecb.europa.eu/press/pressconf/2015/html/is150122.en.html. Die nationalen Zentralbanken von Belgien, Frankreich, Niederlande, Spanien und Deutschland kaufen nach den Regeln des Asset Backed Security Purchase Programme auch noch private Wertpapiere im Auftrag des Eurosystems. Auch die EZB selbst kann über Vermittler in eigenem Namen notenbankfähige ABS-Papiere auf den Primär- und Sekundärmärkten von zugelassenen Geschäftspartnern ankaufen. Vgl. Amtsblatt der Europäischen Union, *Beschluss (EU) 2015/5 der Europäischen Zentralbank vom 19. November 2014* über die Umsetzung des Ankaufprogramms für Asset-Backed Securities (EZB/2014/45) sowie Deutsche Bundesbank, *Eurosystem, Asset Backed Securities Purchase Programme (ABSPP)*, https://www.bundesbank.de/de/aufgaben/geldpolitik/geldpolitische-wertpapierankaeufe/asset-backed-securities-purchase-programme-abspp-830338.

begann, für das sie den Begriff der Quantitativen Lockerung, der sich in der japanischen Diskussion inzwischen verselbständigt hatte, übernahm.[20] QE-Programme mit einem starken Fokus auf den Kauf von Staatspapieren wurden seitdem auch von anderen Notenbanken der Industrieländer dieser Welt übernommen. Sie bedeuteten eine wahre Revolution der Geldpolitik, die bis dato vor allem auf kurzfristige Kredite gesetzt hatte, obwohl die Käufe von Wertpapieren im Rahmen der sogenannten Offenmarktpolitik schon immer bekannt waren und eine gewisse Bedeutung hatten. Das endgültige Urteil über diese Programme steht noch aus. In Kapitel 11 wird allerdings gezeigt, dass von ihnen insofern eine Gefahr ausgeht, als sie wegen der gewaltigen Umbewertungseffekte bei den Wertpapieren, die ausgelöst würden, schwerlich rückgängig gemacht werden können. Aber an solche Gefahren dachte man damals noch nicht.

Die Käufe der staatlichen Papiere im Zuge des QE-Programms sollten mit einem Volumen von 60 Milliarden Euro pro Monat weit über das alte SMP des Jahres 2010 hinausgehen, das bis zu einer Einstellung im Jahr 2012 nur ein Kaufvolumen von insgesamt 223 Milliarden Euro hatte. 88 % der staatlichen Papiere sollten sich auf nationale Staatspapiere und Papiere öffentlicher nationaler Organisationen beziehen, und 12 % waren dem Ankauf von Papieren internationaler Organisationen wie der Rettungsschirme des Eurosystems sowie multinationaler Entwicklungsbanken wie insbesondere der Europäischen Investitionsbank EIB in Luxemburg gewidmet. Außerdem sollten wiederum die nationalen Notenbanken in Proportion zur Landesgröße (EZB-Kapitalschlüssel)[21] ausschließlich die nationalen Staatspapiere ihres jeweils eigenen Hoheitsgebietes und die Papiere der internationalen Organisationen kaufen. Die EZB selbst beschloss, nur die nationalen Staatspapiere und die Papiere anerkannter nationaler Organisationen zu erwerben, also gerade nicht die Papiere internationaler Organisationen, wie man es von einer internationalen Institution wie

---

20 R. A. Werner, »Keiki kaifuku, ryōteki kinyū kanwa kara«, (»Wie man einen Aufschwung durch Quantitative Lockerung erzielt«), *The Nihon Keizai Shinbun (Nikkei)*, ›Keizai Kyōshitsu‹, 2.9.1995 (Morgenausgabe), S. 26, https://eprints.soton.ac.uk/340476/1/Translation_Werner_QE_Nikkei_Sep_1995_final1.pdf. Vgl. auch K. Voutsinas und R. Werner, »New Evidence on the Effectiveness of ›Quantitative Easing‹ in Japan«, *Center for Financial Studies Working Paper* 30, 2011, https://www.econstor.eu/bitstream/10419/57355/1/671923366.pdf.

21 Der Kapitalschlüssel für das eingezahlte Kapital der Euroländer ist definiert als der Mittelwert des jeweiligen Landes an der Eurozonen-Bevölkerung und am Eurozonen-BIP. Der Schlüssel wird nur im Abstand einiger Jahre überprüft und ggf. angepasst.

der EZB eigentlich hätte erwarten können. Tabelle 5.1 verdeutlicht die Struktur der vereinbarten PSPP-Käufe.

Tabelle 5.1: Die Struktur der Wertpapierkäufe im Rahmen des PSPP-Programms der EZB vom 22. Januar 2015

	nationale Staatspapiere inklusive der Papiere anerkannter nationaler staatlicher Organisationen	Papiere *internationaler* Organisationen inklusive multinationaler Entwicklungsbanken	Summe
nationale Zentralbanken	80 %*	12 %	92 %
EZB	8 %	0 %	8 %
Summe	88 %	12 %	100 %

* Verluste aus dieser Kategorie werden (formell) nicht im Eurosystem sozialisiert, während die Verluste aus den anderen Käufen anteilig von allen Notenbanken getragen werden.

Quellen: EU, »Beschluss (EU) 2015/774 der Europäischen Zentralbank vom 4. März 2015 über ein Programm zum Ankauf von Wertpapieren des öffentlichen Sektors an den Sekundärmärkten (EZB/2015/10)«, *Amtsblatt der Europäischen Union* L 121/20, 14. Mai 2015, insbesondere Artikel 6, Absatz 1 und 2; Europäische Zentralbank, *EZB kündigt erweitertes Programm zum Ankauf von Vermögenswerten an*, Pressemitteilung, 22. Januar 2015, https://www.ecb.europa.eu/press/pr/date/2015/html/pr150122_1.de.html.

Hinweis: In Ausnahmefällen werden die Verluste des Eurosystems aus geldpolitischen Geschäften zwischen den Notenbanken geteilt. Im Zuge des PSPP wurden solche Ausnahmen für die Käufe der EZB selbst sowie für die Käufe von Papieren internationaler Organisationen wie insbesondere der Rettungsschirme durch die nationalen Notenbanken beschlossen, nicht aber für die nationalen Staatspapiere.

Die Proportionalitätsregel, nach der die Käufe der nationalen Staatspapiere in Proportion zur Landesgröße stattfinden sollten, wurde in der Praxis nur in einem sehr ungefähren Sinne eingehalten. Tatsächlich erwarben die Notenbanken des Eurosystems die Papiere nicht im Gleichschritt, sondern versuchten, von den besonders bedrängten Ländern mehr zu erwerben. Die Abweichungen betrugen im Falle Spaniens und Italiens mehr als 20 %.[22]

---

22 F. Heinemann, *Die Bedeutung der EZB-Anleihenkäufe für die Schuldenfinanzierung der Eurostaaten*, Zentrum für Europäische Wirtschaftsforschung, Mannheim 2017, https://ftp.zew.de/pub/zew-docs/gutachten/PSPP_Analyse_Heinemann_2017.pdf.

Das PSPP hatte aus der Sicht seiner Befürworter den großen Vorteil, dass nun einerseits die langfristigen Zinsen nachhaltig gesenkt und andererseits die Kurse der gekauften Staatspapiere, die meistens noch mit höheren Nominalzinsen ausgestattet waren, sprunghaft erhöht wurden. Das waren ähnliche Effekte wie jene, die schon bei der Einführung des Euro beobachtet werden konnten (vgl. Kapitel 2), als die Zinsaufschläge im Vergleich zu anderen Ländern fielen und die Kurse plötzlich anstiegen. Die Zinssenkungen bedeuteten, dass die Staaten sich sehr viel günstiger finanzieren konnten, was die Belastung der Staatsetats im Laufe der Zeit in dem Maße reduzierte, wie alte Papiere fällig wurden und durch neue ersetzt wurden. Die Kursgewinne verschafften den Banken und anderen Finanzinstituten, die die Papiere verkauften oder auch nur ähnliche Papiere in ihren Büchern hielten, dringend benötigtes Eigenkapital. So manch ein Finanzinstitut wurde auf diese Weise vor dem Konkurs gerettet.

Das PSPP erzürnte jedoch viele Beobachter in Deutschland genauso, wie es seinerzeit das SMP getan hatte, das erste EZB-Programm zum Kauf von Staatspapieren, das zum Rücktritt der deutschen Vertreter im EZB-Rat (Axel Weber und Jürgen Stark) geführt hatte. Die Kritiker waren der Meinung, dass auch dieses neue Programm dem Verbot der Monetisierung der Staatsschulden gemäß Artikel 123 AEUV sowie dem Verbot der Rettung von Gläubigern bankrotter Staaten gemäß Artikel 125 AEUV widersprach.

Man muss allerdings anerkennen, dass beim PSPP anders als beim SMP und den normalen Refinanzierungskrediten nun nicht von der vertraglichen Standardregelung abgewichen wurde, dass die nationalen Notenbanken die Risiken ihrer geldpolitischen Aktivitäten selbst zu tragen haben.[23] Diese

---

23 Die vertragliche Standardregelung ist festgelegt in Artikel 32.4 der Statuten des Eurosystems: »The Governing Council *may* decide that national central banks shall be indemnified against costs incurred in connection with the issue of banknotes or in exceptional circumstances for specific losses arising from monetary policy operations undertaken for the ESCB. Indemnification shall be in a form deemed appropriate in the judgment of the Governing Council; these amounts may be offset against the national central banks' monetary income« (Hervorhebung durch den Autor): Siehe *Protocol on the Statute of the European System of Central Banks and of the European Central Bank*, Protocol annexed to the Treaty establishing the European Community, Article 32.4, https://www.ecb.europa.eu/ecb/pdf/orga/escbstatutes_en.pdf. Vgl. auch European Central Bank, *Decision (EU) 2016/2248 of the European Central Bank of 3 November 2016 on the Allocation of Monetary Income of the National Central Banks of Member States whose Currency is the Euro* (ECB/2016/36), besonders Artikel 2 und 3, https://www.ecb.europa.eu/ecb/legal/pdf/celex_32016d003601_en_txt.pdf, und H.-W. Sinn, *The Economics of Target Balances,* Palgrave Macmillan: Cham 2020, Box 9.1, S. 69.

Nicht-Sozialisierungsregel kommt im vertraglichen Regelfall dadurch zustande, dass die nationalen Notenbanken Zinsen in Höhe des Hauptrefinanzierungssatzes an einen gemeinsamen Zinspool aller Notenbanken abtreten, der die Erträge wieder anteilig an sie ausschüttet. Sie gilt zum Beispiel für die im letzten Kapitel behandelten ELA- und ANFA-Kredite genauso wie nun für den Löwenanteil des PSPP und impliziert, dass übernormale Zinserträge dem eigenen Nationalstaat gehören, während Verluste im Vergleich zum Hauptrefinanzierungssatz, etwa solche durch den Konkurs des eigenen Staates, nicht umgelegt werden dürfen. Konkret heißt das für das PSPP, dass für die im ersten Fach der Tabelle 5.1 genannten 80 % der Käufe keine Gemeinschaftshaftung vorgesehen ist.[24]

Ob diese Schutzvorkehrung reicht, ist freilich debattierbar, denn wenn der Nationalstaat in die Insolvenz geht, dann tun es auch viele Geschäftsbanken und vermutlich ist dann auch die nationale Notenbank selbst in Schwierigkeiten, zumal deren Bilanz ja wegen des PSPP auch noch mit Staatspapieren vollgestopft ist. Richtig ist zwar, dass eine Notenbank ihre Verpflichtungen gegenüber dem privaten Sektor stets erfüllen kann, weil sie sich das Geld drucken kann, das sie schuldet. Das gilt aber nicht im Innenverhältnis der nationalen Notenbanken des Eurosystems, die voneinander Targetkredite bezogen haben. Wie schon in Kapitel 3 erwähnt und an anderer Stelle bewiesen, kann eine Notenbank mit Targetschulden ihre Zinsverpflichtungen gegenüber anderen Notenbanken möglicherweise nicht mehr erfüllen, wenn ihre Aktiva notleidend werden.[25]

---

24 Siehe Europäische Zentralbank, *EZB kündigt erweitertes Programm zum Ankauf von Vermögenswerten an*, Pressemitteilung, 22. Januar 2015, https://www.ecb.europa.eu/press/pr/date/2015/html/pr150122_1.de.html.
25 Den allgemeinen Nachweis findet man bei H.-W. Sinn, *The Economics of Target Balances*, a.a.O., S. 107 ff. sowie für einen Spezialfall bei C. Fuest und H.-W. Sinn, »Target-Risiken ohne Austritte«, *ifo Schnelldienst* 71 (24), S. 15–25, https://www.ifo.de/DocDL/sd-2018-24-fuest-sinn-target-risiken-2018-12-20.pdf. Vgl. auch H.-W. Sinn, *Der Euro...*, a.a.O., S. 363 ff.

PSPP vor Gericht

Auch gegen das PSPP hagelte es Klagen beim Bundesverfassungsgericht.[26] Sie basierten auf grundsätzlichen juristischen Argumenten, ähnlich wie sie zuvor schon gegen das OMT-Programm vorgebracht worden waren. Und wieder zeigte sich das Bundesverfassungsgericht von den Argumenten der Kläger beeindruckt, reichte die Klagen in einem Vorlagenbeschluss weiter an den EuGH und bat ihn um eine Stellungnahme. Der Unterschied war nur, dass das Bundesverfassungsgericht nun die Kriterien für erlaubte Käufe von Staatspapieren zugrunde legte, die der EuGH selbst beim OMT-Verfahren akzeptiert hatte.

Eigentlich erwartete jeder, dass sich die Geschichte nun wiederholen würde. Der EuGH würde das PSPP für rechtmäßig erklären, und das Bundesverfassungsgericht würde sich diesem Urteil wieder zähneknirschend unterwerfen. Stattdessen gab es im Mai 2020 eine Sensation, indem das deutsche Gericht erklärte, dass der EuGH selbst seine Kompetenzen überschritten habe und sein Urteil deshalb in dieser Form noch nicht bindend für Deutschland sei.[27] Juristen sprechen hier vom Ultra-vires-Akt, was bedeutet, dass ein untergeordnetes Gericht erklärt, dass das übergeordnete Gericht sein Mandat überschritten hat. Während das Bundesverfassungsgericht nach der Ablehnung seines Vorlagenbeschlusses durch den EuGH erklärt hatte, das Urteil des EuGH sei »nicht offensichtlich falsch«, erklärte es das Urteil des EuGH zum PSPP als »schlechterdings nicht mehr vertretbar«.[28] Das Fass war also übergelaufen.

---

26 Es hatten sich verschiedene Klägergruppen gebildet, die von ihren jeweiligen Anwälten vertreten wurden. Im Nachhinein haben die Anwälte ihre Schriftsätze in einem gemeinsamen, bald 1300 Seiten starken Buch zusammen veröffentlicht: Ch. Degenhart, H.-D. Horn, D. Murswiek und M. Kerber, *Das Anleihenkaufprogramm APP der Europäischen Zentralbank vor dem Bundesverfassungsgericht und dem Gerichtshof der Europäischen Union, Dokumentation der Schriftsätze,* redaktionell bearbeitet von H.-D. Horn (Studien und Materialien zur Verfassungsgerichtsbarkeit, Band 118, herausgegeben von F. Schorkopf), Nomos Verlagsgesellschaft: Baden-Baden 2021.

27 BVerfG, *Urteil des Zweiten Senats vom 5. Mai 2020, 2 BvR 859/15,* insbesondere Rn 119, 154, 164, 178, 229, 232 und 234, http://www.bverfg.de/e/rs20200505_2bvr085915.html; Europäischer Gerichtshof, *Urteil des Gerichtshofs (Große Kammer), 11. Dezember 2018,* https://curia.europa.eu/juris/document/document.jsf?text=&docid=208741&pageIndex=0&doclang=de.

28 BVerfG, *Urteil des Zweiten Senats vom 5. Mai 2020,* a.a.O., insbesondere Rn 117. Vgl. auch dasselbe *Beschlüsse der EZB zum Staatsanleihekaufprogramm kompetenzwidrig,* Pressemitteilung Nr. 32/2020 vom 5. Mai 2020, https://www.bundesverfassungsgericht.de/SharedDocs/Pressemitteilungen/DE/2020/bvg20-032.html.

Das Bundesverfassungsgericht durfte sich in dieser Sache gegen den EuGH wenden, weil das Budgetrecht des Bundestages unveräußerlich ist und deshalb die EU-Verträge auch nicht so interpretiert werden können, dass dieses beschnitten wird und dass der EuGH dafür zuständig ist, darüber zu urteilen. Der EuGH ist zwar das übergeordnete Gericht in jenen Belangen, die die Staatengemeinschaft auf die Gemeinschaftsebene gehoben hat, aber eben nicht in anderen Belangen, in denen das noch gar nicht passiert ist. Schließlich ist der EuGH schon deshalb kein Gericht eines europäischen Bundesstaates, dessen Rolle vergleichbar mit der Rolle des deutschen Verfassungsgerichts ist, weil dieser Bundesstaat noch gar nicht gegründet wurde.

So grundsätzlich die Entscheidung aus juristischer Sicht im Kompetenzgerangel der Gerichte ist, ihre praktische Bedeutung war gering, denn anstatt das PSPP als solches abzulehnen, hat das deutsche Gericht nur moniert, dass der EuGH nicht geprüft habe, ob die EZB die Verhältnismäßigkeit ihre Politikmaßnahmen dargelegt habe, und dass diese Prüfung nun nachzuholen und dem Deutschen Bundestag vorzulegen sei. Der machte sich die Sache recht einfach und erklärte nach Einsicht von Sitzungsprotokollen ohne sonderliche Umschweife, dass die Verhältnismäßigkeit gewahrt gewesen sei. Damit war der Weg frei für eine ungeschmälerte Fortsetzung der Staatspapierkäufe im Rahmen des PSPP. Und damit war endgültig das Eis gebrochen. Die Eurozone trat in ein Regime ein, das im Nachhinein vielleicht einmal als die Phase der inflationären Vergemeinschaftung der Schulden bezeichnet werden wird.

Allerdings hat das Urteil des Bundesverfassungsgerichts noch ein juristisches Nachspiel insofern, als die EU-Kommission am 9. Juni 2021 ein Vertragsverletzungsverfahren gegen die Bundesrepublik Deutschland eingeleitet hat, in dem es der Bundesrepublik vorwirft, mit dem genannten Urteil des Bundesverfassungsgerichts EU-Recht gebrochen zu haben.[29] Es bahnt sich hier offenbar ein größerer Verfassungskonflikt an zwischen jenen, die glauben, der Aufbau der EU als Schuldenunion lasse sich auf der Basis der bestehenden EU-Verträge schleichend, gedeckt durch bloßes Richterrecht, erreichen, und jenen, die dazu einen neuen EU-Vertrag verlangen. Das Ergebnis ist nicht abzusehen.

---

29 Europäische Kommission, *Vorrang des EU-Rechts: Kommission leitet Vertragsverletzungsverfahren gegen Deutschland ein*, Pressemitteilung, 9. Juni 2021, https://ec.europa.eu/germany/news/20210609-vertragsverletzungsverfahren_de.

Abbildung 5.1 zeigt, wie sich die Geldmenge während der Wirkung des PSPP entwickelt hat. Vom Sommer des Jahres 2014, als sie bei 1,2 Billionen Euro lag, bis zum Ende des Jahres 2019, also bis zum Beginn der Coronapandemie, ist die Geldmenge bis auf 3,2 Billionen Euro angestiegen. Das lag, wie in Kapitel 8 noch näher ausgeführt wird, tatsächlich vor allem am Kaufprogramm für die Staatspapiere. Allerdings spielten auch die Käufe von Papieren privater Institutionen sowie neue Refinanzierungskredite eine gewisse Rolle.

Dicke Bertas: LTRO und TLTRO

In ihrem ersten Jahrzehnt hatte die EZB nur ganz kurzfristige Refinanzierungskredite an die Banken gegeben. Üblich waren Fristen von einem Tag bis zu einer Woche oder bisweilen auch 14 Tagen, denn die Idee war, dass man nicht in das Kreditgeschäft einsteigen, sondern wirklich nur Liquidität zur Verfügung stellen wollte. Nur in begrenztem Umfang wurden anschließend, als die Krise drohender wurde, den Banken längerfristige Kredite, sogenannte LTROs (Longer Term Refinancing Operations) mit einer Laufzeit von drei bis zwölf Monaten zur Verfügung gestellt. Die kurzfristigen Refinanzierungskredite wurden in der Regel laufend revolviert, d. h. durch neue Kredite ähnlicher Art ersetzt, um die angestrebte Geldmenge im Aggregat zu erreichen. Durch die Kurzfristigkeit waren sehr schnelle Bremsreaktionen über die Geldmenge möglich, wenn es nötig schien. Man brauchte ja nur den Ersatz der auslaufenden Kurzfristkredite durch neue zu unterlassen. Trotz oder vielleicht gerade wegen der Kurzfristigkeit gelang die damals von der EZB praktizierte Geldmengensteuerung tadellos. Der erste deutsche Chef-Volkswirt Otmar Issing hatte dieses Instrument in der EZB, das sich immer wieder neu adjustierter Zielkorridore bediente, zur Feinsteuerung der Geldmenge entwickelt.

Mit Mario Draghi, der im Sommer 2011 EZB-Präsident wurde, wurde die ursprüngliche Grundidee, kurzfristige Liquiditätskredite gegen hohe Sicherheiten zur Verfügung zu stellen, aufgegeben. Stattdessen konnten die Banken nun LTROs mit einer Laufzeit von ein bis drei Jahren beziehen. Und wie in Kapitel 4 schon dargelegt wurde, hatte sich die EZB zudem von ihrer Politik verabschiedet, nur sehr sichere Wertpapiere als Pfänder für Refinanzierungskredite zu akzeptieren.

Draghi nannte die neuen Kredite in Erinnerung an eine Panzerabwehrwaffe aus dem Ersten Weltkrieg »Big Bazooka«, dessen deutsches Analogon mit »Dicke Berta« übersetzt wurde. Die zwei Tranchen, die im November 2011 und Februar 2013 aufgelegt wurden, hatten ein Gesamtvolumen abgerufener Kredite von 1.019 Milliarden Euro und wurden zu einem variablen Zins in Höhe des mittleren Refinanzierungssatzes angeboten, der sich bei einer revolvierenden Investition in kurzfristigen Papieren über die gleiche Laufzeit ergeben hätte.[30] Bei der Einführung der ersten Tranche lag der kurzfristige Refinanzierungssatz bei 1,0 %. Da aber dieser Zins anschließend fiel, ergab sich letztlich ein durchschnittlicher Satz von nur 0,53 %. Bei der zweiten Tranche betrug der Zins gar nur 0,48 %.[31]

Angesichts dieser Konditionen freute sich der damalige französische Staatspräsident Nicolas Sarkozy über die billige Finanzierungsquelle, die der französische Staat damit hatte, denn dieser musste kurzfristige Staatspapiere mit einer ähnlichen Laufzeit nur geringfügig besser verzinsen, um die Banken zur Kreditvergabe an ihn zu bewegen, weil sie nun in Verbindung mit der Zinsvorausschau (Forward Guidance) der EZB kaum noch ein Risiko hatten und fast sichere Arbitragegewinne einstreichen konnten.[32] Tatsächlich profitierten sowohl die Banken als auch die Staaten von diesem überaus profitablen Geschäft, das man ironischerweise »Sarko-Trade« nannte.

Der Sarko-Trade war ein Stück offener Staatsfinanzierung aus der Druckerpresse, die den Vorkehrungen des Artikels 123 AEUV Hohn sprach. Zwar wurde dem Vertrag insofern formell entsprochen, als die Notenbanken die Staaten nicht direkt finanzierten, sondern auf dem Umweg über die Banken. Doch da nicht das geringste wirtschaftliche Risiko oder Kalkül bei den Banken vonnöten war, um das Geschäft zu machen, gab es eigentlich keinen ökonomisch relevanten Unterschied zu einer direkten Kreditvergabe an den Staat.

Als Reaktion auf die Kritik an den LTROs folgten im Jahr 2014 dann die sogenannten gezielten längerfristigen Refinanzierungsgeschäfte (Targeted Longer Term Refinancing Operations, TLTROs). Von »gezielt« sprach man,

---

30 Siehe EZB, *Monthly Bulletin*, Februar 2013, S. 31 f.; dieselbe, *ECB Announces Measures to Support Bank Lending and Money Market Activity*, 8. Dezember 2011, https://www.ecb.europa.eu/press/pr/date/2011/html/pr111208_1.en.html. Das Volumen der Operationen wird auf der Homepage der EZB angegeben: https://www.ecb.europa.eu/pub/pdf/mobu/mb201302en.pdf.

31 Genauere Informationen findet man auf der Homepage der Deutschen Bundesbank: https://www.bundesbank.de/resource/blob/607812/760ac969d25a4c49a970e9ca6c4d56e9/mL/refd-data.pdf.

32 S. Ruhkamp, »Trügerische Hoffnung auf den ›Sarkozy-Trade‹«, *faz.net*, 16.12.2012, https://www.faz.net/-gv6-6vwon.

5. Die Geldmenge läuft völlig aus dem Ruder

weil diese Kredite speziell an den privaten Sektor fließen und nicht etwa für den Kauf von Staatspapieren verwendet werden sollten.[33] Über das Programm TLRO-I, das Kredite für eine Laufzeit von vier Jahren bot, wurden insgesamt 432 Milliarden Euro bereitgestellt. Im März 2016 folgte TLTRO-II als ebenfalls vierjährige Kredite mit einem Volumen von 739 Milliarden Euro.[34] Im März 2019 wurde schließlich das Programm TLTRO-III mit dreijährigen Krediten aufgelegt, das bis zum September 2021 ein Volumen von 2.287 Milliarden Euro hatte, wovon der Löwenanteil auf die Zeit seit dem Ausbruch der Coronapandemie entfiel.[35] Die gewaltigen Volumina erklären neben den riesigen Staatspapierkäufen die in Abbildung 5.1 gezeigte Dramatik der Geldmengenentwicklung bis zum Beginn der Coronakrise.

Jedes dieser Programme hatte verschiedene Tranchen, die sich über mehrere Jahre hinweg erstreckten. Während bei den ersten zwei Tranchen von TLTR-I ein Zinsaufschlag von 0,1 Prozentpunkten auf den Hauptrefinanzierungssatz verlangt wurde, verzichtete die EZB für die letzten sechs Tranchen ab dem Jahr 2015 auf jegliche Aufschläge.[36] Einen weiteren Schritt in Richtung Zinserleichterung tat die EZB 2016 bei dem dann angekündigten TLTRO-II-Programm. Dort gewährte die EZB den Banken unter besonderen Bedingungen sogar einen Zins in Höhe des Zinssatzes für Einlagen der Banken bei der EZB, der damals bei -0,4 % lag, während der Hauptrefinanzierungssatz 0 % betrug.[37] Beim TLTRO-III ging sie noch weiter und gewährte den Banken unter besonderen Bedingungen sogar Kredit für einen Zins von

---

33 EU, »Beschluss der Europäischen Zentralbank vom 29. Juli 2014 über Maßnahmen im Zusammenhang mit gezielten längerfristigen Refinanzierungsgeschäften (EZB/2014/34) (2014/541/ EU)«, *Amtsblatt der Europäischen Union* L 258/11, 29. August 2014, https://eur-lex.europa.eu/ legal-content/DE/TXT/?uri=CELEX:32014D0034.

34 EZB, *Economic Bulletin* 3, 2017, Box 5: »The Targeted Longer-term Refinancing Operations: An Overview of the Take-up and their Impact on Bank Intermediation«, https://www.ecb.europa.eu/pub/economic-bulletin/html/eb201703.en.html#IDofBox5.

35 Deutsche Bundesbank, *Informationen zu bisher ausstehenden TLTRO-III*, https://www.bundesbank.de/de/aufgaben/geldpolitik/offenmarktgeschaefte/gezielte-laengerfristige-refinanzierungs-geschaefte-iii/informationen-zu-bisher-ausstehenden-tltro-iii-807038. Insgesamt waren zehn TLTRO-III im Zeitraum von September 2019 bis Dezember 2021 geplant. Davon wurden bis zum September 2021 bereits neun realisiert.

36 M. Draghi, *Introductory Statement to the Press Conference (with Q&A)*, Europäische Zentralbank, Frankfurt am Main, 22. Januar 2015, http://www.ecb.europa.eu/press/pressconf/2015/html/is150122.en.html.

37 EZB, *ECB Announces New Series of Targeted Longer-term Refinancing Operations (TLTRO II)*, EZB-Presseerklärung, 10. März 2016, https://www.ecb.europa.eu/press/pr/date/2016/html/pr160310_1.en.html.

-0,75 %, während der Einlagezins bei -0,5 % lag. Sie versetzte die Banken also in die Lage, einen Arbitragegewinn von 0,25 % für die als Kredit bezogenen Gelder zu erzielen, wenn sie in gleichem Umfang Geld anschließend einfach auf ihrem Konto bei der EZB liegen ließen.[38] Aber nicht nur das. Wenn sie besondere Auflagen erfüllten, konnten Banken beim TLTRO-III-Programm seit dem 24. Juni 2020 Kredite sogar zu einem Zins bekommen, der um einen ganzen Prozentpunkt unter dem Hauptrefinanzierungssatz lag. Konkret konnten sie sich Geld zu einem Zins von -1 % von ihrer jeweiligen Notenbank leihen, wenn sie bestimmte Bedingungen erfüllten, während sie zugleich nur einen Strafzins für Einlagen von 0,5 % zahlen mussten, und das auch nur für Einlagen, die über den riesigen Freibeträgen lagen, für die kein Strafzins anfiel. Am 11./12. September 2019 hatte die EZB nämlich, wie schon in Kapitel 3 erwähnt, unter dem Begriff des Tiering eine Versechsfachung der Freibeträge für die Einlagen eingeführt, während diese Freibeträge zuvor nur auf die vorgeschriebene Mindestreserve an Einlagen galt.[39] Diese Regelung galt unverändert noch im Sommer 2021 bei der Abfassung dieser Zeilen. Innerhalb der Freibeträge waren die Einlagen von der Notenbank zum Mindestreservesatz in Höhe von 0 % zu verzinsen. Es gab also für diese Einlagen keine Soll- und keine Habenzinsen. Banken, die nur über geringe Einlagen verfügten, weil die Kunden viel Geld abgezogen hatten, so insbesondere die als unsicher geltenden Banken des Mittelmeerraums, konnten auf diese Weise hohe Arbitragegeschäfte ohne jedes Risiko machen.

So wird geschätzt, dass die Überschüsse der Zinseinnahmen aus aufgenommenen Krediten im Zuge des TLTRO-Programms im Jahr 2020 bei den Banken Spaniens um eine Milliarde Euro und jenen Italiens um 1,6 Milliarden Euro über den Strafzinsen auf die Einlagen lagen.[40] In Frankreich und Deutschland

---

38 EZB, *ECB Announces Easing of Conditions for Targeted Longer-term Refinancing Operations (TLTRO III)*, EZB-Presseerklärung, 12. März 2020, https://www.ecb.europa.eu/press/pr/date/2020/html/ecb.pr200312_1~39db50b717.en.html.

39 EZB, *Account of the Monetary Policy Meeting of the Governing Council of the European Central Bank Held in Frankfurt am Main on Wednesday and Thursday, 11.–12. September 2019*, https://www.ecb.europa.eu/press/accounts/2019/html/ecb.mg191010%7Ed8086505d0.en.html. Vgl. H.-W. Sinn, *The Economics of Target Balances*, a.a.O., Kapitel 10.

40 Deposit Solutions, *Negative Interest Rate Burden of Eurozone Banks Rises to Record High*, Pressemitteilung, 22. April 2021, https://www.deposit-solutions.com/wp-content/uploads/2021/04/20210421_DS_PR_Neg-Rates-Vol-3_English_FINAL_CLEAN_2.pdf. Für die bloße Beschreibung der Zinssätze vgl. auch EZB, *FAQs on TLTRO III Operations*, https://www.ecb.europa.eu/mopo/implement/omo/tltro/html/tltro-qa.en.html.

indes überwogen die Strafzinsen. Französische Banken zahlten demnach schätzungsweise 400 Millionen Euro mehr an Strafzinsen auf ihre Einlagen, als sie an Zinsen auf ihre eigene Kreditaufnahme bei der Notenbank verdienten, und deutsche Banken hatten einen entsprechenden Verlust von etwa einer Milliarde Euro. Aber es gab auch in Deutschland Banken, die für sich genommen von den Negativzinsen für die aufgenommenen Kredite profitierten, obwohl nicht klar ist, ob sie auch Nettogewinne durch die Arbitrage erzielten. So erklärte die Commerzbank, dass ihr Gewinn im ersten Quartal 2021 den Umfang von 133 Millionen Euro hatte, während sie allein durch die Negativzinsen auf die von ihr bezogenen TLTRO-Kredite 126 Millionen Euro einnahm.[41] Und die Deutsche Bank berichtet, dass auch sie durch die über TLTRO bezogenen Kredite etwa 179 Millionen Euro an Zinserträgen erzielen konnte.[42] Eine verkehrte Welt das Ganze, in der die bisherigen Regeln der Buchhaltung auf den Kopf gestellt werden, weil die Anlagen auf der Aktivseite der Bilanz Verluste erzeugen, während die Schulden auf der Passivseite Gewinne generieren. Interessanterweise hat die BaFin, die Bundesanstalt für Finanzdienstleistungsaufsicht, zeitgleich die Schulden bei der EZB, die aus solchen geldpolitischen Operationen entstanden, aus der Berechnung der Verschuldungsquoten, die Banken nicht überschreiten dürfen, herausgenommen.[43] Offenkundig hat die EZB hier ein Instrumentarium entwickelt, dessen Ziel es war, die Banken der Eurozone, allen voran jene des Mittelmeerraums, zulasten der Steuerzahler mit öffentlichen Mitteln zu subventionieren. Im Umfang der Subventionierung fielen die Ausschüttungen der Notenbanken an die Zentralstaaten kleiner aus, als es sonst der Fall gewesen wäre. Die Subventionen hätten die Zentralstaaten genauso gut selbst unter demokratischer Kontrolle ausführen können, doch zog es der EZB-Rat vor, diese Form von Wirtschaftspolitik selbst durchzuführen, obwohl sie weit entfernt vom Mandat der EZB war.

---

41 Siehe Commerzbank, *Commerzbank mit starken Ergebnissen im ersten Quartal – Transformation erfolgreich gestartet*, Pressemitteilung, 12. Mai 2021, https://www.commerzbank.com/de/hauptnavigation/presse/pressemitteilungen/archiv1/2021/2__quartal/presse_archiv_detail_21_02_96778.html.

42 Deutsche Bank, *Ergebnisübersicht zum 31. März 2021*, S. 42, https://www.db.com/ir/de/download/Ergebnisuebersicht_zum_31._Maerz_2021.pdf.

43 Bundesanstalt für Finanzaufsicht, *Ermöglicht die BaFin die temporäre Erleichterung bei der Berechnung der Verschuldungsquote gemäß Artikel 500b der Europäischen Eigenmittelverordnung (Capital Requirements Regulation – CRR)?*, 21. September 2020, https://www.bafin.de/SharedDocs/FAQs/DE/Corona/Bankenaufsicht/Sonstiges/2500_faq_corona_verschuldungsquote_lsi.html?id=14739540.

In der Coronakrise fallen die letzten Barrieren

Alles, was Europa bis 2019 an Geldmengenausweitung gesehen hatte, wurde durch die Geldpolitik während der Pandemie übertroffen, die sich von Italien aus in Europa verbreitete.
Die wirtschaftlichen Effekte der Pandemie wurden in Kapitel 2 beschrieben. Die Lockdownmaßnahmen ließen reihenweise Geschäftsmodelle kollabieren, die Industrie musste ihre Produktion einstellen, der Einzelhandel kam zum Erliegen, Hotels und Gaststätten mussten schließen, und der Kulturbetrieb wurde ausgesetzt. Es war verständlich und in engen Grenzen ökonomisch vertretbar, dass die Staaten mit schuldenfinanzierten Hilfsprogrammen gegenhielten, um eigentlich rentable Geschäftsmodelle zu retten und soziale Härten auszugleichen.

Diskussionswürdig ist aber, warum sie das Geld dafür aus den Druckerpressen des Eurosystems beziehen mussten, anstatt es sich bei den Sparern zu leihen, die händeringend nach Anlagemöglichkeiten suchten. Konsumieren konnten die Menschen ihre Einkommen ja nur noch begrenzt, also mussten sie sie sparen, aber die Staaten wollten die Ersparnisse zur Finanzierung ihrer Budgets nicht haben, weil die benötigten Mittel billiger von der EZB bereitgestellt wurden, natürlich immer mit einem kleinen Umweg über die Banken, um den Anstand zu wahren.

Als die Pandemie ausbrach und die Finanzmärkte in eine Krise gerieten, die Zinsspreads wieder anstiegen und die Aktienkurse purzelten, sah es für einen Moment nicht so aus, als würde die EZB mit einer neuen Runde des Gelddrucks beginnen. Am 12. März 2020 hatte die neue EZB-Präsidentin Christine Lagarde in ihrer ersten Presseerklärung noch proklamiert, es sei nicht Aufgabe der EZB, die Zinsspreads zu senken:[44]

---

44 Eigene Übersetzung des englischen Originalzitats. Siehe Ch. Lagarde, *Introductory Statement*, Pressekonferenz, 12. März 2020, https://www.ecb.europa.eu/press/pressconf/2020/html/ecb. is200312-f857a21b6c.en.html#qa. Dem später veröffentlichten Zitat wurde, was extrem ungewöhnlich ist, eine Fußnote angehängt, in der Lagarde ihre Stellungnahme gegenüber dem Sender CNBC relativierte, indem sie die Standarddiktion der EZB wiederholte, dass sich die EZB nach wie vor verpflichtet fühle, die »Fragmentierung« der Eurozone zu verhindern. Dieser Begriff entstammte dem Vokabular, mit dem die EZB seit dem OMT-Programm ihre Politik zur Eliminierung von Zinsspreads durch die Kollektivierung der Investitionsrisiken bezeichnete.

»Nun, wir werden zur Stelle sein, wie ich schon früher gesagt habe, und unsere volle Flexibilität nutzen, doch ist es nicht unsere Aufgabe, die Spreads zu eliminieren. Dies ist nicht die Aufgabe und nicht die Mission der EZB. Dafür gibt es andere Mittel, und es gibt in der Tat andere Akteure, die damit umgehen sollten.«

Das war sechs Tage vor dem Tiefpunkt der Aktienkurse, der am 18. März 2020 lag, und vielleicht hat diese Aussage den Absturz der Kurse sogar mitverursacht. Für den Kapitalmarkt war die Aussage Lagardes jedenfalls eine Katastrophe, denn sie stellte auf einmal das gesamte Geschäftsmodell vieler Finanzinstitute infrage, das darauf beruhte, dass man in guten Jahren die Gewinne einstrich und sich in schlechten Jahren von der Zentralbank und den Steuerzahlern retten ließ. Es brach Panik aus, auch weil damals niemand die Heftigkeit der Pandemie richtig einschätzen konnte, die Tag für Tag schlimmere Nachrichten produzierte. Die Bilder der schier endlosen Leichentransporte mit italienischen Militärlastwagen und der hoffnungslos überfüllten Krematorien, die damals die Runde machten, hatten sich tief in die Psyche der Marktteilnehmer eingebrannt.

Angesichts dieser Situation wurde die EZB-Präsidentin von ihren Beratern und sicherlich auch von Emmanuel Macron, der sie umgehend besuchte, von der Notwendigkeit einer Kurskorrektur überzeugt. Bereits weitere sechs Tage später, am 18. März 2020, kündigte die EZB an, dass sie ein zusätzliches Wertpapier-Kaufprogramm im Umfang von 750 Milliarden Euro auflegen werde, das sie PEPP nannte, eine Abkürzung für Pandemic Emergency Purchase Programme.

Dabei hatte sie sich offenbar mit der EU-Kommission abgesprochen, denn die verkündete am 27. Mai 2020, dass sie ein 750 Milliarden umfassendes, durch Schulden finanziertes Wiederaufbauprogramm auflegen wolle, um den besonders von der Coronakrise getroffenen Volkwirtschaften zu helfen. Dieses Programm wurde nach langwierigen Verhandlungen am 21. Juli 2020 auf einer EU-Regierungskonferenz beschlossen und anschließend von den Parlamenten der Eurozone ratifiziert.

Aber es blieb nicht dabei. Die EU-Kommission weitete ihr kreditfinanziertes Ausgabenprogramm weit über die anfänglich avisierten 750 Milliarden Euro hinaus aus (dazu mehr im nächsten Kapitel), und die EZB legte bei den Wertpapierkaufprogrammen ihrerseits zu. So wurde das Ankaufvolumen des PEPP in zwei weiteren Schritten, und zwar im Juni 2020 um 600 Milliarden

Euro und im Dezember um 500 Milliarden Euro, vergrößert. Bei der Abfassung dieser Zeilen sind für die Zeit bis zum März 2022 Käufe von Wertpapieren öffentlicher Emittenten in Höhe von 1.850 Milliarden Euro geplant.[45] Davon waren bis zum September 2021 bereits 1.375 Milliarden realisiert. Auch über andere Mechanismen suchte die EZB Möglichkeiten, der Wirtschaft mit neuem Geld zu helfen. So legte sie 2019 ein neues TLTRO-Programm (TLTRO-III) auf, dessen letzte Zuteilung für Dezember 2021 geplant ist. Bereits bis zum September 2021 wurden Zuteilungen in Höhe von 2,287 Billionen Euro vorgenommen. Rechnet man nur die Zuteilungen seit Beginn der Coronakrise im März 2020 zusammen, kommt man auf den in Tabelle 5.2 genannten Betrag von 2,186 Billionen Euro.

Zusätzlich beschloss die EZB noch ein sehr ähnliches PELTRO-Programm (Pandemic Emergency Longer Term Refinancing Operations), das in Höhe von 28 Milliarden Euro bis zum September 2021 spezielle Refinanzierungskredite an Banken in Ländern ausreichen sollte, die in besonderer Weise von der Pandemie betroffen sind. Bis Ende 2021 wird das PELTRO-Programm Refinanzierungskredite in Höhe von ca. 34 Milliarden Euro ausgegeben haben (vgl. Tabelle 5.2).

Ferner beschloss sie, die Käufe von Staatspapieren im Zuge des Asset Purchase Programme APP, dessen wesentlicher Teil aus dem PSPP, also dem Kaufprogramm für Staatspapiere, besteht, mit monatlich 20 Milliarden Euro vorläufig weiterzuführen und im Jahr 2020 einmalig weitere 120 Milliarden für solche Käufe einzusetzen. Allein über das APP werden vom Beginn der Coronakrise im März 2020 bis zum Ende des Jahres 2021 insgesamt 560 Milliarden Euro zur Verfügung gestellt.

Tabelle 5.2 gibt einen Überblick über die während der Coronakrise realisierten Geldmengenausweitungen aufgrund neu beschlossener oder noch laufender Programme sowie eine Schätzung der vermutlich bis zum Jahresende 2021 noch anfallenden Beträge. Bei allen Angaben handelt es sich um Bruttoausweitungen der Geldmenge durch die konkreten Programme. Die Altprogramme, die, wenn die entsprechenden Papiere fällig werden, zu einer Geldmengenkürzung führen, sind dabei nicht berücksichtigt, da die Fälligkeitsdaten öffentlich nicht bekannt sind. Die Nettozunahme der Geldmenge über alle Kanäle kann man nur anhand der veröffentlichten Aggregatstatistik

45 EZB, *Pandemic Emergency Purchase Programme (PEPP)*, https://www.ecb.europa.eu/mopo/implement/pepp/html/index.en.html.

der Zentralbankgeldmenge selbst erkennen, wie sie in Abbildung 5.1 dargestellt ist. Sie betrug vom Beginn der Coronakrise bis zum September 2021 ca. 2,8 Billionen Euro, was mehr als dreimal so viel ist wie die gesamte Zentralbankgeldmenge des Eurosystems vor der Lehman-Krise (0,9 Billionen Euro).

Tabelle 5.2: Die während der Coronapandemie laufenden Programme zur Ausweitung der Geldmenge (seit März 2020; in Milliarden Euro)

	beschlossen	bis September 2021 zugeteilt*	Prognose bis Ende 2021**
PEPP	1.850	1.376	1.556
- März 2020	750		
- Juni 2020	600		
- Dezember 2020	500		
TLTRO III		2.186	2.499
APP	120 einmalig + 20 monatlich	500	560
PELTRO		28	34
Summe		4.090	4.649

* Hinweise zu den Zuteilungen bis September 2021:

PEPP: Die EZB weist auf ihrer Internetseite die bislang ausgezahlten Bestände aus (Datenstand: 13. September 2021).

TLTRO III: Restliche Zuteilungen des schon im März 2019 gestarteten Programms, die in die Coronazeit seit März 2020 fallen. 19. März 2020: 115 Milliarden Euro, 18. Juni 2020: 1.308 Milliarden Euro, 24. September 2020: 174 Milliarden Euro, 10. Dezember 2020: 50 Milliarden Euro, 18. März 2021: 331 Milliarden Euro, 17. Juni 2021: 110 Milliarden Euro, 23. September 2021: 98 Milliarden Euro.

APP: 120 Milliarden Euro einmalig plus 20 Milliarden Euro monatlich von März 2020 bis einschließlich September 2021.

PELTRO: Zuteilungen: 20. Mai 2020: 0,9 Milliarden Euro, 22. Juni 2020: 15,6 Milliarden Euro, 5. August 2020: 5,7 Milliarden Euro, 2. September 2020: 0,8 Milliarden Euro, 7. Oktober 2020: 1 Milliarde Euro, 4. November 2020: 0,8 Milliarden Euro, 2. Dezember 2020: 1,8 Milliarden Euro, 24. März 2021: 0,4 Milliarden Euro, 21. Juni 2021: 0,5 Milliarden Euro.

** Hinweise zur Berechnung der Prognose bis Ende 2021:

PEPP: Von den beschlossenen 1.850 Milliarden wurden bis 13. September 2021 1.376 Milliarden Euro ausgezahlt. Die verbliebenen 474 Milliarden Euro können bis März 2022 ausgezahlt werden. Im Durchschnitt wären das 79 Milliarden Euro monatlich und bis Dezember 2021 insgesamt 237 Milliarden Euro. Jedoch wurde für die Prognose ein Wert von 60 Milliarden Euro monatlich angesetzt, da die EZB auf ihrer letzten Ratssitzung angekündigt hat, die monatlichen Anleihenkäufe zu reduzieren. Das wären 18 Milliarden Euro bis Dezember 2021.

TLTRO III: Für 2021 ist noch eine weitere Zuteilung geplant (16. Dezember). Die Prognose für diese Zuteilung bezieht sich auf den Durchschnitt der bislang durchgeführten Zuteilungen. Dies waren im Durchschnitt 312 Milliarden Euro.

APP: 20 Milliarden monatlich von Oktober 2021 bis Dezember 2021.

PELTRO: Für 2021 sind noch zwei weitere Zuteilungen geplant (29. September, 15. Dezember). Die Prognose für diese zwei Zuteilungen bezieht sich auf den Durchschnitt der bislang durchgeführten Zuteilungen. Dies waren im Durchschnitt 3 Milliarden Euro.

Quellen:

PEPP: EZB, *ECB Announces €750 Billion Pandemic Emergency Purchase Programme (PEPP)*, Pressemitteilung, 18. März 2020, https://www.ecb.europa.eu/press/pr/date/2020/html/ecb. pr200318_1-3949d6f266.en.html; dieselbe, *Monetary Policy Decisions*, Pressemitteilung, 4. Juni 2020, https://www.ecb.europa.eu/press/pr/date/2020/html/ecb.mp200604-a307d3429c.en.html; dieselbe, *Monetary Policy Decisions*, Pressemitteilung, 10. Dezember 2020, https://www.ecb.europa.eu/press/pr/date/2020/html/ecb.mp201210-8c2778b843.en.html; dieselbe, *Pandemic Emergency Purchase Programme (PEPP)*, https://www.ecb.europa.eu/mopo/implement/pepp/html/index. en.html, Tabelle »PEPP Holdings«; dieselbe, *Geldpolitische Beschlüsse*, Pressemitteilung, 9. September 2021, https://www.ecb.europa.eu/press/pr/date/2021/html/ecb.mp210909-2c94b35639. de.html. C. Siedenbiedel, »EZB muss ihre Inflationsprognosen raufsetzen«, *faz.net*, 7.9.2021, https://www.faz.net/-gqe-afli7.

LTRO III: Deutsche Bundesbank, *Informationen zu bisher ausstehenden TLTRO-III*, https://www. bundesbank.de/de/aufgaben/geldpolitik/offenmarktgeschaefte/gezielte-laengerfristige-refinanzie-rungs-geschaefte-iii/informationen-zu-bisher-ausstehenden-tltro-iii-807038; dieselbe, *Unverbindlicher Zeitplan für die dritte Serie der gezielten längerfristigen Refinanzierungsgeschäfte (TLTRO-III)*, https://www.bundesbank.de/resource/blob/802778/bfac2d6d542360278c656da41f86fbbe/mL/ glrg-3-zeitplan-data.pdf.

APP: EZB, *Monetary Policy Decisions*, Pressemitteilung, 12. März 2020, https://www.ecb.europa. eu/press/pr/date/2020/html/ecb.mp200312-8d3aec3ff2.en.html; dieselbe, *Monetary Policy Decisions*, Pressemitteilung, 12. September 2019, https://www.ecb.europa.eu/press/pr/date/2019/html/ ecb.mp190912-08de50b4d2.en.html.

PELTRO: Deutsche Bundesbank, *Pandemic Emergency Longer-term Refinancing Operation (PELTRO)*, Abschnitt: »Ausstehende PELTROs«, https://www.bundesbank.de/de/aufgaben/geldpolitik/offenmarktgeschaefte/pandemic-emergency-longer-term-refinancing-operation-peltro-; dieselbe, *Zeitplan für PELTRO*, https://www.bundesbank.de/resource/blob/832184/4641e695e-ec64cce70ea5339cf3370ad/mL/zeitplan-peltro-data.pdf.

Die Zahlen liegen meilenweit jenseits dessen, was noch vor einigen Jahren denkbar war. Es ist sehr schwer, die Entwicklung der Geldmenge seit der Lehman-Krise als Ergebnis eines auch nur halbwegs rationalen Gesamtplans mit dem Ziel der Stabilisierung des Geldwertes zu begreifen. Das ist ein Thema, dessen Diskussion für Kapitel 9 aufbewahrt wird.

6. Schulden ohne Ende

Die Schuldenexplosion ● *Mark gleich Mark oder Scala mobile: Welches Modell wählt Europa?* ● *Die Verletzungen des Stabilitäts- und Wachstumspaktes* ● *Die Schwarze Null* ● *Schulden gegen Corona* ● *Die Coronahilfen der EU, Eurobonds und das Helikoptergeld* ● *Die anderen Coronamaßnahmen* ● *Solidarität geht auch anders* ● *Widerstand gegen die schleichend eingeführte Transferunion und eine massive Kritik des Bundesrechnungshofes* ● *Die Verantwortung der EZB für die Schulden*

Neue Staatschulden werden normalerweise aus der Ersparnis des privaten Sektors finanziert. Tatsächlich wurden sie aber in der Eurozone in den letzten Jahren weitgehend aus der Druckerpresse des Eurosystems finanziert. Staatsschulden und Gelddrucken bedingen sich gegenseitig. Staatsschulden ermuntern die Zentralbanken zum Drucken und Verleihen von Geld, um die Zinsen klein zu halten. Und die wegen des Gelddruckens niedrigen Zinsen ermuntern die Staaten, sich neu zu verschulden. Das Problem ist nur, dass sowohl der Monetisierung der Staatsschulden als auch der Verschuldung selbst rechtliche Grenzen gesetzt sind. Dieses Kapitel widmet sich der Verletzung der rechtlichen Schranken, bevor das nächste Kapitel sich mit der neuerdings immer populärer werdenden Behauptung beschäftigt, dass die Verschuldung nicht ein Problem, sondern die Lösung aller Probleme sei.

Die Schuldenexplosion

Als der Euro eingeführt wurde, schauten die Europäer voller Hoffnung in die Zukunft, und viele glaubten, mit dem Euro ihre Schuldenprobleme gelöst zu haben. Die mediterranen Länder hatten unerträglich hohe Schuldzinsen im Bereich von 12 % bis 15 % zu tragen, und die gemeinsame Währung versprach die Zinsen zu senken und die Gefahr eines Staatskonkurses zu vermindern. Tatsächlich fielen die Zinsen auf die Staatspapiere, weil die Anleger den Euroverbund als Versicherung gegen nationale Staatskonkurse und Währungsabwertungen ansahen (Abbildung 2.1).

Viele, jedenfalls die Politiker der mediterranen Länder, erwarteten deshalb ein stürmisches Wachstum, ja wenn man der Lissabon-Agenda des Jahres 2000 glauben wollte, für das nachfolgende Jahrzehnt sogar das höchste Wachstum aller Großregionen der Erde. Die Euphorie war grenzenlos. Die ersparten Zinsen, die in Italien so groß waren wie das Mehrwertsteueraufkommen, würden im Verein mit dem erwarteten Wachstum die Schuldenquoten alsbald verringern und die Bonität der Staaten so rasch erhöhen, dass alle Sorgen sich in Luft auflösen würden.

Tatsächlich kam es ganz anders.[1] Wie Abbildung 6.1 zeigt, blieben die meisten Schuldenquoten in den ersten Jahren des Euro zwar annähernd konstant und verringerten sich zum Teil sogar, ganz besonders in Spanien, wo die Wirtschaft tatsächlich stark wuchs. Doch dann kam die Lehman-Krise, und die Trends drehten sich um. Besonders heftig war der Kurswechsel in Spanien und Griechenland, die in eine schwere Krise gerieten und deren Wirtschaft schrumpfte.

Selbst Deutschlands und Frankreichs Schuldenquoten erhöhten sich rasch. In Deutschland lag das nicht an der Rezession von über 5 % des BIP, die mit der Krise im Jahr 2009 einherging, denn die wurde alsbald mit ordentlichen Wachstumsraten von 4,2 % im Jahr 2010 und 3,9 % im Jahr 2011 wettgemacht[2], sondern an der umfangreichen Bankenrettung des Jahres 2010, die, wie schon in Kapital 2 erwähnt, die Schuldquote für sich genommen um 11 % des BIP ansteigen ließ.

Dann jedoch endete die Parallelität bei der Entwicklung der Schulden. Da Deutschland sich im Jahr 2009 der Politik der »Schwarzen Null« verschrieb, konnte es seine Schuldenquote Jahr um Jahr wieder senken und unterschritt schließlich vor der Coronakrise ganz knapp das Anfangsniveau von 60 %, das

---

1 Für eine grundlegende Diskussion der Problematik vgl. K. Konrad und H. Zschäpitz, *Schulden ohne Sühne? Warum der Absturz der Staatsfinanzen uns alle trifft*, C. H. Beck: München 2011.

2 Statistisches Bundesamt, *Volkswirtschaftliche Gesamtrechnungen, Bruttoinlandsprodukt ab 1970*, Vierteljahres- und Jahresergebnisse, 1. Vierteljahr 2021, Tabelle »BIP (1970–2020)«, https://www.destatis.de/DE/Themen/Wirtschaft/Volkswirtschaftliche-Gesamtrechnungen-Inlandsprodukt/Tabellen/bruttoinland-vierteljahresdaten-xls-ab-1970.xlsx?__blob=publicationFile.

der Maastrichter Vertrag verlangte. Doch in vielen anderen Ländern stieg die Schuldenquote fortwährend an und lag schon vor der Coronakrise überall weit über dem Anfangsniveau.

Abbildung 6.1: Die Staatsschuldenquoten seit der Gründung des Euro (bis 2021)

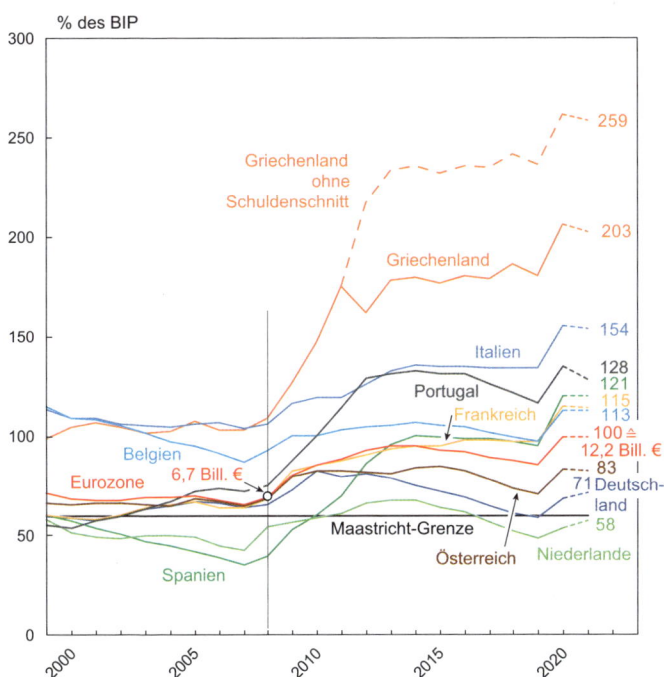

Quellen: Europäische Kommission, *AMECO Database*, AMECO online, 18-Gross Public Debt; ebenda, 6-Domestic Product.

Erläuterung: Die Kurve für die Schulden der Euroländer bezieht sich auf jene Länder, die den Euro bis zum Ende des Berichtszeitraums eingeführt hatten. Die fiktiven Daten für Griechenland ohne den Schuldenschnitt des Jahres 2012 ergeben sich durch Addition des Schuldenschnitts von 2012 zu den Ist-Zahlen. Dabei ist ein Zinseszinseffekt, der die Schulden noch größer machen würde, vernachlässigt. Die dargestellten Schulden umfassen nur die nationalen Staatsschulden, nicht die anteiligen Schulden anderer internationaler Institutionen.

Während der Coronakrise sprangen die Schuldenquoten in allen Ländern nach oben, denn es wurden überall kreditfinanzierte fiskalische Rettungs- und Konjunkturpakete geschnürt. Mit der aktuellsten Prognose bei der Abfassung dieser Zeilen werden Belgien und Frankreich zum Ende des Jahres 2021 vermutlich im Bereich von 113 % bis 115 % liegen, und Spanien wird mit 121 % mehr als doppelt so viele Schulden haben, als erlaubt ist. Portugal wird bei 128 % und Italien bei 154 % liegen. Griechenland wird 203 % erreichen, und das, obwohl es im Jahr 2012 seinen großen Schuldenschnitt gehabt hatte, der es im Umfang von 105 Milliarden Euro von Staatsschulden befreite. Ohne diesen Schuldenschnitt würde Griechenland gegen 259 % gehen. Leider konnte auch Deutschland in der Coronakrise seine Quote von etwa 60 % nicht mehr halten und wird in der Prognose mit 71% veranschlagt. All diese Werte sind deutlich niedriger, als es ursprünglich von der EU prognostiziert worden war, weil alle Länder inzwischen in den Genuss riesiger, gemeinschaftlich von der EU aufgenommener und weiterverteilter Kredite gekommen sind, die bei den gezeigten Daten nicht mitgerechnet sind. Dazu mehr im späteren Verlauf dieses Kapitels.

Mark gleich Mark oder Scala mobile: Welches Modell wählt Europa?

Dass es im Euro ein Schuldenrisiko geben werde, war vielen Teilnehmern der Regierungskonferenz von Maastricht klar. Zu sehr unterschieden sich die Mitgliedsländer im Hinblick auf die Solidität der Staatsfinanzen und die Inflationsraten, an die man sich gewöhnt hatte.

In Deutschland galt das Mark-gleich-Mark-Prinzip, und man ging davon aus, dass der Wert einer D-Mark stabil bleiben würde. Obwohl auch das nicht ganz stimmte, war es doch ein Ausdruck der herrschenden politischen Grundauffassung vom Wirtschaftsgebaren, der man sich verpflichtet fühlte. Schulden galten als verwerflich, weil die Schuldenlast auch wegen der geringen Inflation schnell unerträglich werden konnte. Es war damals verboten, Kredit- oder Mietverträge mit Inflationsklauseln abzuschließen, wie sie heute gang und gäbe sind, weil die Bundesbank darin bereits eine Aufweichung des Postulats der Preisstabilität sah.

In einigen südeuropäischen Ländern hatte man sich indessen schon jahrzehntelang an hohe Inflationsraten gewöhnt. Die Inflation machte die Staatsschulden erträglich, weil die Geldwerte des Sozialprodukts und der Steuern den Schulden immer wieder davoneilten. Aber genau deshalb erhöhte sie zugleich die Neigung, sich fortlaufend neu zu verschulden. Und die hohe Neuverschuldung, die von der Notenbank monetisiert wurde, heizte die Inflation stets weiter an, was die Schulden in realer Rechnung wieder dezimierte. Ein jeder hatte sich an das inflationäre Regime gewöhnt und rechnete bei all seinen Planungen die erwartete Preissteigerungsrate bereits ein.

In Italien war die Inflationsgewöhnung so weit gegangen, dass die Gewerkschaften Mitte der 1970er Jahre die sogenannte Scala mobile hatten durchsetzen können. Scala mobile heißt wörtlich Rolltreppe, meinte aber die automatische Inflationsanpassung der Löhne. Erst im Jahr 1992, als der Maastrichter Vertrag mit seinen Konvergenzkriterien geschlossen war, gelang es der Politik, die Scala mobile gegen den erbitterten Widerstand der Gewerkschaften wieder abzuschaffen. Der Geist der Scala mobile war damit aber noch lange nicht abgeschafft, denn Italien inflationierte in den Jahren danach zunächst noch weiter so, als sei die Einführung des Euro noch gar nicht beschlossen worden.

Unter dem Einfluss der Scala mobile war in Italien das Preisniveau in den zwei Jahrzehnten vor dem EU-Gipfeltreffen von Madrid, auf dem der Euro endgültig beschlossen wurde, also von 1975 bis 1995, um 596 % gestiegen. In Westdeutschland hatte der Anstieg stattdessen nur 91 % betragen, und in Frankreich lag er bei 248 %. Frankreich hatte früher, in den 1970er und 1980er Jahren, noch viel höhere Inflationsraten gehabt, sich dann aber unter dem Einfluss seines Zentralbankpräsidenten Jean-Claude Trichet, der später EZB-Präsident wurde, einer »Franc-fort-Politik« (»starker-Franken-Politik«) verschrieben. Mit diesem beziehungsreichen Wortspiel wollte Trichet klarmachen, dass er sich die Bundesbank in Frankfurt zum Vorbild genommen hatte.

Aber selbst Italien wurde von den anderen Mittelmeerländern noch übertroffen. In den 20 Jahren von 1975 bis 1995 stieg das Preisniveau in Spanien um 664 %, in Portugal um 1767 % und in Griechenland gar um 2209 %.[3] Die Preissteigerungen der Mittelmeerländer haben erheblich dazu beigetragen, die Staatsschuldenquote immer wieder zu drücken, indem der Nenner des Bruches, der diese Quote beschreibt (Staatsschulden/nominales BIP) künstlich aufgebläht wurde. Das war sozusagen das politische Geschäftsmodell. Die Kehrseite war freilich, dass Bürger, die nur über Geldersparnisse verfügten, die nur nominalwertgesicherte Rentenansprüche hatten und die nicht

---

3 Hier und im Folgenden entstammen die Daten aus OECD, *Main Economic Indicators – complete database*, http://dx.doi.org/10.1787/data-00052-en.

über schlagkräftige Gewerkschaften durch Anpassung ihrer Löhne geschützt waren, das Nachsehen hatten.

Auch ließ das wirtschaftliche Wachstum zu wünschen übrig, da ein solches Wachstum von langfristigen Investitionen abhängig ist, die langlaufende Kreditkontrakte voraussetzen. Solche langlaufenden Kontrakte erodieren aber in der Inflation, weil höhere Inflationsraten auch höhere Unsicherheit über das zukünftige Preisniveau implizieren. Das können die Marktteilnehmer auch nicht durch die Vereinbarung höherer Zinssätze kompensieren, denn die Gläubiger wissen selbst bei entsprechend angepassten Zinsen nicht, was sie in realer Rechnung zurückbekommen, und die Schuldner wissen nicht, was sie tatsächlich in realen Gütereinheiten zahlen müssen. Schließlich bedeuten hohe Inflationsraten stets, dass die Gefahr einer galoppierenden Inflation besteht, weil es zu Angstkäufen der Geldbesitzer kommt. Grundsätzlich könnte man sich bei Kreditkontrakten gegen dieses Risiko schützen, jedoch führen Wertsicherungsklauseln bei den Zinsen zu noch mehr Inflation, eben weil sich jeder glaubt schützen zu können. Und die Geldhalter können sich gar nicht schützen, weil für Geld keine Zinsen anfallen. Die Inflation drängt das Geld als Tauschmittel zurück und macht den Realtausch Ware gegen Ware attraktiver, der aber nur als archaisches Marktelement gelten kann, das für eine moderne Volkswirtschaft ungeeignet ist. In Deutschland sind Wertsicherungsklauseln aus solchen Gründen nicht allgemein, sondern nur in eng begrenzten Ausnahmesituationen erlaubt.[4]

Die Verletzungen des Stabilitäts- und Wachstumspaktes

In Deutschland wurde für den Euro mit dem Argument geworben, nun würde man die deutsche Stabilitätskultur auf die anderen Euroländer übertragen.[5] Tatsächlich aber war das Zweckoptimismus, um die öffentliche Zustimmung zu dem einmal gewählten Kurs nicht zu verlieren. Viele Berater und Politiker im Umfeld der Bundesbank und des Finanzministeriums hatten in Wahrheit große Angst, dass das Gegenteil passieren würde, dass sich nämlich die lockere

---

4 Siehe »Gesetz über das Verbot der Verwendung von Preisklauseln bei der Bestimmung von Geldschulden« (Preisklauselgesetz).
5 Vgl. z. B. W. Proissl, »Why Germany Fell out of Love with Europe«, *Bruegel Essay and Lecture Series,* 1. Juli 2010, S. 14, http://www.bruegel.org/publications/publication-detail/publication/417-why-germany-fell-out-of-love-with-europe.

Finanzpolitik der Mittelmeerländer auf den Euro übertragen würde. Deshalb verlangte Deutschland bei den Maastrichter Verhandlungen über den Euro eine Reihe von Sicherungsmaßnahmen gegen eine exzessive Verschuldung. Dazu gehörten der bereits mehrfach erwähnte Artikel 123, der eine Monetisierung der Staatsschulden ausschließen, sowie Artikel 125 AEUV, der eine Gemeinschaftshaftung für die Schulden anderer Länder verhindern sollte. Vor allem aber wurden Eintrittsbedingungen für den Euro definiert, die die hoch verschuldeten Länder draußen halten sollten. So wurde eine Grenze von 60 % für die Staatsschuldenquote als Bedingung für die Teilnahme an der Währungsunion definiert, wohlwissend, dass diese Bedingung vermutlich Länder wie Belgien, Italien oder Griechenland zunächst ausschließen würde, weil für sie keine Möglichkeit bestand, rechtzeitig von ihren hohen Schuldenquoten herunterzukommen.

Deutschland verfehlte diese Bedingung allerdings überraschenderweise selbst, als die Mitgliedsländer im Jahr 1996 auf der Regierungskonferenz in Dublin festgelegt wurden, denn auf Drängen der anderen Schuldenländer musste es die Treuhandschulden, die zuvor separat gerechnet worden waren, den Staatsschulden hinzurechnen. Das erhöhte die deutsche Schuldenquote von 1994 auf 1995 sprunghaft um knapp acht Prozentpunkte auf 57,7 %, und im Jahr 1997, dem Referenzjahr für den Eurobeitritt, riss Deutschland mit einem Wert von 61,3 % gar die Maastricht-Latte von 60 % und entwertete dieses Eintrittskriterium, denn selbstverständlich sollte Deutschland mitmachen und die D-Mark preisgeben. Das war ja der Sinn und Zweck des ganzen Unterfangens. Da Deutschland die Bedingung nun selbst nicht mehr einhielt und mitmachen musste, war der Weg für die Beteiligung Italiens und Belgiens frei. Selbst Griechenland trat später mit einer Verzögerung von ein paar Jahren dem Euro bei.[6]

---

6   Deutsche Bundesbank, »Die Entwicklung der Staatsverschuldung seit der deutschen Vereinigung«, *Monatsbericht,* März 1997, S. 18, https://www.bundesbank.de/resource/blob/691396/7ab2cea0fd-ffb68875b956c088d06911/mL/1997-03-staatsverschuldung-data.pdf; Europäisches Währungsinstitut, *Konvergenzbericht – Nach Artikel 109j des Vertrags zur Gründung der Europäischen Gemeinschaft vorgeschriebener Bericht,* 1998, Tabelle A: »Wirtschaftsindikatoren und Konvergenzkriterien des Maastricht-Vertrags«, S. 29, https://www.ecb.europa.eu/pub/pdf/conrep/cr1998de.pdf. Nach späteren Datenrevisionen, durch die die Schuldenquote gesenkt wurde, überschritt Deutschland erst 1999 mit einem Wert von 60,1 % die Maastricht-Grenze. Für die neuesten, rückwirkenden statistischen Berechnungen der Schuldenquote vgl. Deutsche Bundesbank, Statistiken, Zeitreihen-Datenbank, *Verschuldung gem. Maastricht-Vertrag – Deutschland – Gesamtstaat – in % des BIP,* https://www.bundesbank.de/dynamic/action/de/statistiken/zeitreihen-datenbanken/zeitreihen-datenbank/723452/723452?listId=www_v27_web011_21a&tsId=BBK01.BJ9959.

Mittlerweile hat Eurostat die damals publizierten Schuldenquoten nach unten hin revidiert. Danach kam Deutschland z. B. im Jahr 1997 nur noch auf 58,9 %.[7] Mit der neuen Messmethode für die Staatsschulden hätte Deutschland damals also sehr wohl auf dem 60 %-Kriterium beharren können, um die Zahl der teilnehmenden Länder klein zu halten. Was aber damals zählte, waren natürlich die Statistiken, wie sie bei den Verhandlungen vorlagen, nicht die Statistiken, die sich bei späteren Revisionen der Daten ergaben. Allerdings gab es noch andere sogenannte Konvergenzkriterien, die erfüllt sein mussten. So mussten sich die Wechselkurse in der Zeit vor dem Beitritt innerhalb enger Bandbreiten gehalten haben, die Inflationsrate durfte nicht zu stark von Ländern mit einer besonderen niedrigen Inflationsrate abweichen, und die Zinsen durften es auch nicht tun. Diese Kriterien waren jedoch relativ leicht zu erfüllen, zumal die Erwartung des Eurobeitritts selbst bereits jenes Maß an Investitionssicherheit implizierte, das für einen stabilen Wechselkurs und eine Zinskonvergenz sorgte. Außerdem halfen sich einige Beitrittsländer mit einer kreativen Buchführung, die die Defizite rechnerisch herunterdrückten. Italien zum Beispiel erhob eine scheinbare Steuer, deren baldige Rückzahlung der Staat den Bürgern fest versprach, und berechnete die Steuereinnahmen nicht als Staatsverschuldung, obwohl sie das ökonomisch unzweifelhaft waren. So kam es dann zum ersten Januar 1999 zur Gründung einer zunächst virtuellen, dann aber ab 2002 auch mit physischen Banknoten ausgestatteten Währungsunion, der Italien und Belgien, später selbst Griechenland und Zypern angehörten.

Bevor es beim Euro 1995 zum Schwur gekommen war, hatte es den Deutschen freilich schon gedämmert, dass sie es versäumt hatten, die Durchsetzung der von ihnen verlangten Stabilitätskultur mit Schuldengrenzen für die Zeit nach der Euroeinführung abzusichern. Von den Konvergenzkriterien hatte allein die 60 %-Grenze für die Schuldenquote nach der Einführung des Euro rechtlich noch Bestand. Die anderen Kriterien galten nur für die Zeit bis zum Beitritt selbst.

Deswegen verlangte Deutschland eine Nachbesserung in Form eines Stabilitäts- und Wachstumspaktes zwischen den Euroländern, durch den die Defizitquoten, also die Relation aus dem gesamtstaatlichen Budgetdefizit und dem Bruttoinlandsprodukt, auf 3 % begrenzt wurde. Im Verein mit einem

---

7 Ebenda.

erwarteten nominalen Wachstum des Bruttoinlandsprodukts von 5 % (z. B. 2 % Inflation und 3 % reales Wachstum) hätte eine solche Obergrenze für das Defizit, wie sich mathematisch leicht nachweisen lässt, die Relation von Schuldenbestand und Bruttoinlandsprodukt, also die Schuldenquote selbst, auf Dauer auf oder unter den kritischen Wert von 60 % getrieben, und zwar unabhängig davon, was der Anfangswert der Schuldenquote war.[8] Ausnahmen von der 3 %-Regel sollte es nur im Falle einer Rezession geben, die das Bruttoinlandsprodukt um mindestens 0,75 % pro Jahr schrumpfen lassen würde. Grundsätzlich war vorgesehen, dass es bei einer Verletzung der Defizitgrenzen Vertragsstrafen geben würde.

Der Stabilitäts- und Wachstumspakt erlangte aber nie die Bedeutung, die sich Deutschland erhofft hatte, was auch daran lag, dass die Vertragsstrafen nicht automatisiert wurden, sondern erst nach einem Entscheid der EU-Kommission wirksam werden sollten. Die EU-Kommission mochte den Pakt nie, interpretierte ihn unter dem Druck der Schuldenländer sehr locker und organisierte schließlich noch vertragliche Aufweichungen des Paktes. Der Misserfolg des Paktes hatte seine Ursache auch darin, dass Deutschland in den Jahren 2002 bis 2005 unter Kanzler Schröder zu den ersten Ländern gehörte, die den Pakt verletzten. Nachdem Deutschland den eigenen Pakt nicht einhielt, sahen auch die chronischen Schuldenländer keine Veranlassung, das zu tun.

Abbildung 6.2 gibt einen Überblick über die Zahl der Überschreitungen der 3 %-Grenze sowie die Zahl der nach dem ursprünglichen Pakt strafbaren Überschreitungen bis zum Jahr 2020.

Das Diagramm zeigt, dass es vom Beginn der Währungsunion bis zum Ende des Jahres 2020 insgesamt 195 Überschreitungen der 3 %-Grenze gab und dass davon 120 nach der ursprünglichen Vertragsformulierung strafbar waren, während 75 erlaubt waren, weil sich das jeweilige Land in einer schweren Rezession befand. Doch tatsächlich wurde bislang keine einzige Strafe von der EU-Kommission verhängt.

---

8 Das ist eine schon früh vom US-amerikanischen Ökonomen Domar beschriebene mathematische Gesetzmäßigkeit. Vgl. E. D. Domar, »The ›Burden of the Debt‹ and the National Income«, *American Economic Review* 34, 1944, S. 798–827.

Abbildung 6.2: Überschreitungen der 3 %-Grenze des
Stabilitäts- und Wachstumspaktes von 1999 bis 2020

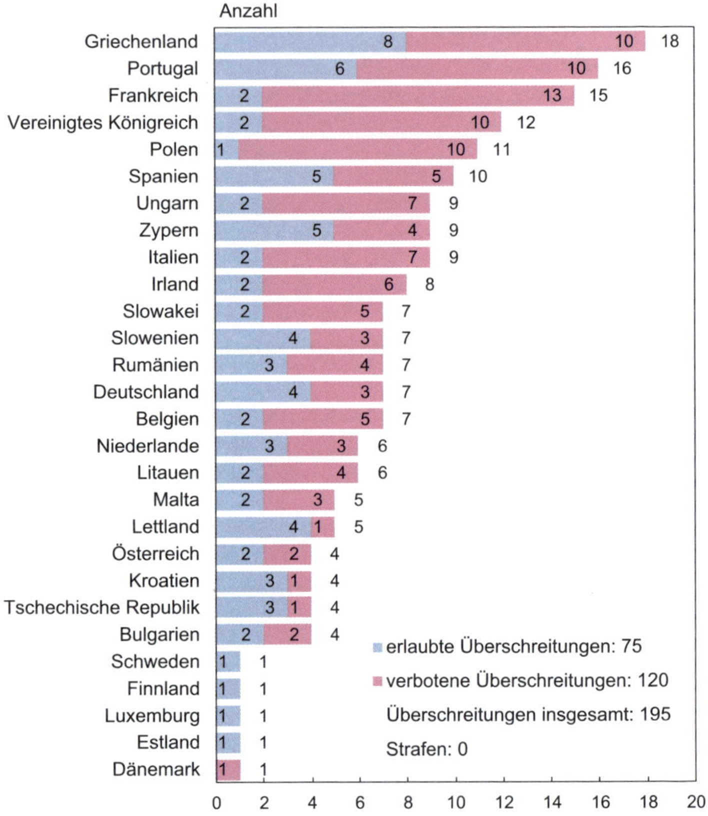

Anzahl

Land		
Griechenland	8	10	18
Portugal	6	10	16
Frankreich	2	13	15
Vereinigtes Königreich	2	10	12
Polen	1	10	11
Spanien	5	5	10
Ungarn	2	7	9
Zypern	5	4	9
Italien	2	7	9
Irland	2	6	8
Slowakei	2	5	7
Slowenien	4	3	7
Rumänien	3	4	7
Deutschland	4	3	7
Belgien	2	5	7
Niederlande	3	3	6
Litauen	2	4	6
Malta	2	3	5
Lettland	4	1	5
Österreich	2	2	4
Kroatien	3	1	4
Tschechische Republik	3	1	4
Bulgarien	2	2	4
Schweden	1	1
Finnland	1	1
Luxemburg	1	1
Estland	1	1
Dänemark	1	1

■ erlaubte Überschreitungen: 75
■ verbotene Überschreitungen: 120
 Überschreitungen insgesamt: 195
 Strafen: 0

0 2 4 6 8 10 12 14 16 18 20

Quellen: Eurostat, Datenbank, *Wirtschaft und Finanzen*, Sektor Staat, Staatsdefizit und -verschuldung, Defizit/Überschuss; eigene Berechnungen auf der Basis der Eurostat-Daten.

Im Jahr 2011 wurde der Stabilitäts- und Wachstumspakt in Vorbereitung des dauerhaften Rettungsschirms ESM novelliert und verschärft, denn Deutschland befürchtete, dass die erwartete Senkung der Zinsspreads durch die Ausweitung der Gemeinschaftshaftung für die Staatsschulden, die damit verbunden war, Anlass zu opportunistischem Verhalten geben könnte. Die durch die Senkung der Spreads begünstigten Länder hätten nämlich einen Anreiz gehabt, sich nun noch mehr zu verschulden. Die Novelle war quasi die

Bedingung, unter der Deutschland bereit war, dem dauerhaften Rettungsschirm zuzustimmen.

So wurde vereinbart, dass die EU-Länder, deren Schuldenquote über 60 % lag, ab dem Jahr 2013 gezwungen sein würden, ihre Schuldenquote jährlich um ein Zwanzigstel des Abstandes zu 60 % zu verringern, wobei freilich gerade jenen Ländern, gegen die bereits ein Verfahren wegen eines exzessiven Defizits lief, noch eine Karenzfrist eingeräumt wurde.[9]

Auch diese gehärtete Schuldengrenze wurde freilich nicht respektiert, wie man anhand von Abbildung 6.1 unschwer erkennen kann. Fast überall nahmen nämlich die Schuldenquoten der Länder, die über 60 % lagen, zu stark ab. Nur Luxemburg und Estland bildeten eine Ausnahme.

Die Schwarze Null

Erfolgreicher als die Bemühungen auf der Ebene der Eurozone waren Deutschlands eigene Anstrengungen, nicht vom Schuldenstrudel erfasst zu werden. Sie manifestieren sich im Postulat der Schwarzen Null.

Dahinter verbirgt sich die im Jahr 2009 unter maßgeblichem Einfluss von Finanzminister Peer Steinbrück angestoßene Änderung des Grundgesetzes, nach der der deutsche Staat außer in Krisenzeiten fast kein Budgetdefizit mehr haben darf. Gerade einmal 0,35 % sind erlaubt, also in etwa ein Zehntel dessen, was der Stabilitäts- und Wachstumspakt der EU zulässt.

Das Grundgesetz war vorher nicht gar so strikt gewesen. Es hatte dem Staat vielmehr eine Nettokreditaufnahme im Umfang der Investitionen erlaubt. Eine solche Regelung wird außerhalb Deutschlands manchmal auch als goldene Regel bezeichnet. Die goldene Regel hat nicht wirklich gegriffen, zumal nicht genau definiert ist, was Investitionen sind. Geht es nur um Investitionen in den materiellen Bestand der Infrastruktur, oder sind vielleicht

---

9   Siehe »Verordnung (EU) Nr. 1177/2011 des Rates vom 8. November 2011«, *Amtsblatt der Europäischen Union* L 306, 23. November 2011, http://eur-lex.europa.eu/legalcontent/DE/TXT/?uri=uriserv:OJ.L_.2011.306.01.0033.01.DEU. »Bei einem Mitgliedstaat, gegen den am 8. November 2011 ein Verfahren wegen eines übermäßigen Defizits läuft, gilt für einen Zeitraum von drei Jahren ab der Korrektur des übermäßigen Defizits die Anforderung des Schuldenstandskriteriums als erfüllt, wenn der betreffende Mitgliedstaat gemäß der Stellungnahme des Rates zu seinem Stabilitäts- oder Konvergenzprogramm genügend Fortschritte bei der Einhaltung der Anforderung erzielt hat.«

auch Bildungsinvestitionen und vielleicht sogar Investitionen in die Stabilität der Gesellschaft in Form von Sozialtransfers gemeint? Muss man Brutto- oder Nettoinvestitionen nach Abschreibungen rechnen? Die Schwammigkeit des Investitionsbegriffs war einer der Gründe dafür, dass Deutschland diese Regel aufgab. Ein anderer war, dass Deutschland seine Bonität auf den Kapitalmärkten erhalten und den Partnern in der EU unmissverständlich klarmachen wollte, dass man einer Aufweichung des Stabilitäts- und Wachstumspaktes nicht zustimmen würde.

Tatsächlich gab und gibt es in der EU starke Kräfte, die den Stabilitäts- und Wachstumspakt im Sinne einer Beschränkung der Kreditaufnahme auf die Investitionen umschreiben wollen.[10] Indem Deutschland nun seinerseits die wesentlich striktere Selbstbindung der Schwarzen Null einführte, wollte es den Partnern für die anstehenden Verhandlungen ein unmissverständliches Zeichen setzen.

Manchmal werden die Schuldenregeln im Hinblick darauf kritisiert, dass sie angeblich wichtige öffentliche Investitionen behindern. Davon kann nicht die Rede sein, denn der Staat hat jederzeit die Möglichkeit, andere Ausgaben zurückzufahren oder die Steuern zu erhöhen, wenn er die zukünftigen Generationen nicht belasten möchte.

Die neuen deutschen Regeln lassen allerdings für den Fall von Naturkatastrophen und Notlagen, die sich der Kontrolle des Staates entziehen, Ausnahmen zu. In solchen Situationen darf sich auch der deutsche Staat stärker verschulden, nur muss er dann umgehend einen Tilgungsplan vorlegen, der die Rückführung der Schulden in angemessener Zeit sicherstellt. Die Coronakrise war eine solche Ausnahme, denn ohne Zweifel handelte es sich dabei um eine Notlage, die sich der Kontrolle des Staates entzog.

Schulden gegen Corona

Die Coronakrise überrollte Deutschland wie auch die anderen Länder der Welt. Nach einer anfänglichen Schockstarre bezüglich der Lawine an Problemen für die Gesundheit und die Stabilität des Landes fand die Regierung doch alsbald

---

10 European Fiscal Board, *Assessment of EU Fiscal Rules with a Focus on the Six and Two-pack Legislation*, August 2019, https://ec.europa.eu/info/sites/default/files/2019-09-10-assessment-of-eu-fiscal-rules_en.pdf.

ihren Kurs. Einerseits reagierte sie mit umfangreichen Quarantänemaßnahmen, die den Einzelhandel, die Gastronomie und sowie den Kultur- und Sportbereich lahmlegten. Andererseits legte sie gewaltige Ausgabenprogramme auf, die der angeschlagenen Wirtschaft helfen und die Nachfrage wiederbeleben sollten. Tabelle 6.1 gibt eine Übersicht über die beschlossenen Maßnahmen.

Tabelle 6.1: Die fiskalischen Beschlüsse der deutschen Regierung in der Coronakrise (Angaben in Milliarden Euro)

	haushaltswirksame Leistungen	Garantien/ Bürgschaften	Summe
Bund			
1. Nachtragshaushalt (März 2020)	156	357	513
2. Nachtragshaushalt (Juni 2020)	130		130
3. Nachtragshaushalt (März 2021)	60		60
Länder	108	70	178
Wirtschaftsstabilisierungsfonds (März 2020)	200	400	600
Summe	**654**	**827**	**1.481**

Quellen:

Zum 1. Nachtragshaushalt: Bundesministerium für Finanzen, *Nachtragshaushalt 2020 beschlossen – Bund geht massiv gegen Krisenfolgen vor*, Pressemitteilung, 23. März 2020, https://www.bundesfinanzministerium.de/Content/DE/Pressemitteilungen/Finanzpolitik/2020/03/2020-03-23-pm-nachtragshaushalt.html; dasselbe, *Finanzielle Hilfen zur Abfederung der Coronakrise*, https://www.bundesfinanzministerium.de/Content/DE/Standardartikel/Themen/Schlaglichter/Corona-Schutzschild/2020-03-19-Milliardenhilfe-fuer-alle.html.

Zum 2. Nachtragshaushalt: Bundesministerium für Finanzen, *Zweiter Nachtragshaushalt 2020 beschlossen – Kraftvolle und verantwortungsvolle Finanzpolitik zur Überwindung der Corona-Krise*, Pressemitteilung, 17. Juni 2020, https://www.bundesfinanzministerium.de/Content/DE/Pressemitteilungen/Finanzpolitik/2020/06/2020-06-17-Nachtrag-HH.html; Die Bundesregierung, *Milliardenhilfen beschlossen*, 6. Juni 2020, https://www.bundesregierung.de/breg-de/themen/coronavirus/konjunkturpaket-geschnuert-1757558.

Zum 3. Nachtragshaushalt: Bundesministerium für Finanzen, *Scholz: Mit guter Finanzpolitik wirksam gegen die Krise – Eckwerte für 2022, Finanzplan bis 2025 und Nachtragshaushalt 2021 beschlos-*

6. Schulden ohne Ende

sen, Pressemitteilung, 24. März 2021, https://www.bundesfinanzministerium.de/Content/DE/
Pressemitteilungen/Finanzpolitik/2021/03/2021-03-24-bundeshaushalt-2022.html.

Länder: Deutscher Bundestag, »Schriftliche Fragen mit den in der Zeit vom 21. Dezember 2020
bis 31. Dezember 2020 eingegangenen Antworten der Bundesregierung«, *Drucksache* 19/25571,
S. 13, https://dserver.bundestag.de/btd/19/255/1925571.pdf.

Zum Wirtschaftsstabilisierungsfonds: ebenda sowie »Gesetz zur Errichtung eines Wirtschaftsstabilisierungsfonds (Wirtschaftsstabilisierungsfondsgesetz – WStFG) vom 27. März 2020«, *Bundesgesetzblatt* Jahrgang 2020 Teil I Nr. 14, ausgegeben zu Bonn am 27. März 2020, https://www.bun-
desfinanzministerium.de/Content/DE/Gesetzestexte/Gesetze_Gesetzesvorhaben/Abteilungen/
Abteilung_II/19_Legislaturperiode/2020-03-27-WStFG/4-Verkuendetes-Gesetz.pdf?__blob=pu-
blicationFile&v=1; Bundesministerium der Finanzen, *Deutsche Haushaltsplanung 2021,* S. 10 und
72, https://www.bundesfinanzministerium.de/Content/DE/Downloads/Broschueren_Bestellser-
vice/2020-10-15-Deutsche-Haushaltsplanung-2021.pdf?__blob=publicationFile&v=18.

Erläuterung: Die Bundesregierung hat zur Bewältigung der Coronakrise drei Nachtragshaushalte verabschiedet: 156 Milliarden Euro (4,7 % des BIP) im März 2020, 130 Milliarden Euro (3,9 Prozent des
BIP) im Juni 2020 und 60 Milliarden Euro (1,7 % des BIP) im März 2021. Ferner wurden ein Wirtschaftsstabilisierungsfonds von 200 Milliarden Euro (6 % des BIP) und seitens der Länder ein eigenes
Programm in Höhe von 108 Milliarden Euro beschlossen (3,2 % des BIP). Zum ersten Nachtragshaushalt zählten u. a. 50 Milliarden Euro Soforthilfen als Zuschüsse für kleine Unternehmen, Selbststän-
dige und Freiberufler, 7,5 Milliarden Euro für die soziale Sicherung (Arbeitslosengeld II, Kosten für
Unterkunft und Heizung) und 55 Milliarden Euro, um kurzfristig auf die Pandemie reagieren zu können. Der zweite Nachtragshaushalt im Juni 2020 galt dem Konjunktur- und Zukunftspaket, das u. a.
eine temporäre Mehrwertsteuersenkung und einen Kinderbonus für Familien (17,5 Milliarden Euro),
Zuschüsse für angeschlagene KMUs (Überbrückungshilfen in Höhe von 25 Milliarden Euro), finanzielle Unterstützung für Kommunen (12 Milliarden Euro), Entlastung bei den Stromkosten (11 Milliarden Euro) sowie 50 Milliarden Euro für Zukunftsbereiche wie Wasserstoffwirtschaft, Künstliche Intelligenz und Quantentechnologie umfasst. Mit Beginn der Coronapandemie im März 2020 wurden
die Regelungen der Kurzarbeitergeldverordnung beschlossen. Die Verordnung trat mit Wirkung vom
1. März 2020 in Kraft und ist bis Ende 2021 befristet. Sie ist durch drei Änderungsverordnungen angepasst worden, zuletzt am 23. Juni 2021. Im März 2020 rief die Bundesregierung den Wirtschaftsstabilisierungsfonds (WSF) ins Leben. Der WSF hat einen Gesamtumfang von 600 Milliarden Euro,
der Bürgschaften für Unternehmen und Kredite bzw. Beteiligungsmittel umfasst (400 Milliarden Euro
zur Garantieabsicherung von Unternehmensfinanzierungen; 100 Milliarden Euro für den Erwerb von
Kapitalinstrumenten und Beteiligungen; 100 Milliarden Euro für die Refinanzierung der Kreditan-
stalt für Wiederaufbau (KfW)). Der Fonds wird vom Bund garantiert und finanziert sich durch eine
Kreditaufnahme, die nicht auf das Defizit des Bundes, wohl aber auf seinen Schuldenstand angerech-
net wird. Die Verausgabung der Kredite und Beteiligungen bezeichnet die Bundesregierung gleichwohl als haushaltswirksam. Zusätzlich zu den beschlossenen Hilfspaketen der Bundesregierung haben
die Länder und Gemeinden eigene Maßnahmen zur Unterstützung ihrer Wirtschaft etabliert, die sich
auf 18 Milliarden Euro an direkter Unterstützung und etwa 70 Milliarden Euro an Kreditbürgschaf-
ten auf Landesebene belaufen. Aufgrund neuer Infektionswellen im Herbst 2020 und entsprechender
Lockdowns führte die Bundesregierung zusätzliche steuerliche Maßnahmen zur Unterstützung von
Familien und jungen Arbeitnehmern ein und erweiterte die bestehenden Maßnahmen zur Unterstützung der betroffenen Unternehmen (Überbrückungshilfen II und III, November- und Dezemberhil-
fe). Einige dieser Maßnahmen wurden bis weit ins Jahr 2021 verlängert. Der dritte Nachtragshaushalt
aus dem Jahr 2021 unterstützt diese Maßnahmen zusammen mit zusätzlichen Mitteln für das Bundesministerium für Gesundheit (allein für die Impfstoffbeschaffung ca. 6,2 Milliarden Euro).

Die haushaltswirksamen Maßnahmen, die 654 Milliarden Euro kosten, entsprechen knapp 10 % des aggregierten BIP der Jahre 2020 und 2021. Hinzu kommen Bürgschaften und Garantien im Umfang von gut 12 % des BIP dieser beiden Jahre. Auch wenn man davon ausgehen kann, dass die Bürgschaften nur zu einem sehr kleinen Teil zu tatsächlichen Staatsausgaben führen werden, sind sie doch geeignet, private Aktivitäten in erheblicher Größenordnung anzustoßen. All diese Zahlen sind atemberaubend, auch wenn man berücksichtigt, dass einige der Ausgaben über noch mehr als nur zwei Jahre gestreut werden. Sie bewegen sich in einer Größenordnung, die man in Friedenszeiten noch niemals hat beobachten können. Programme von einem Zehntel oder Fünftel dessen, was beschlossen wurde, hätte man auch als beträchtlich einstufen können.

Der größere Teil der Mittel und Bürgschaften wurde über Nachtragshaushalte verfügbar gemacht und unterliegt damit der normalen Haushaltsüberwachung und der Schuldenregel des Grundgesetzes. Das gilt aber nicht für alle Mittel. Ein neues Element der Wirtschaftspolitik ist der Wirtschaftsstabilisierungsfonds, weil er außerhalb des offiziellen Haushalts als GmbH gegründet wurde und damit den Charakter eines Schattenhaushalts hat. Er soll sich über eine vom Bund garantierte Kreditaufnahme im Umfang von 200 Milliarden Euro finanzieren, und er soll den Unternehmen bis zu 200 Milliarden Euro an Krediten und Beteiligungskapital zur Verfügung stellen. Ferner soll der Fonds den Unternehmen Bürgschaften im Umfang von bis zu 400 Milliarden Euro gewähren können, um ihre Bonität als Kreditnehmer zu stärken. Die Bundesregierung selbst betrachtet die Kredite und Beteiligungsmittel, die der Fonds verteilt, als »haushaltswirksam«, doch Eurostat rechnet die dafür vom Fonds aufgenommenen Kredite nicht zum Budgetdefizit, sondern nur zu den Staatsschulden.[11] Das ist ein nur schwer verständliches Tohuwabohu der Rechnungslegung des Staatsapparates.

In den Erläuterungen zur Tabelle wird im Detail beschrieben, welche Maßnahmen im Zuge der Nachtragshaushalte beschlossen wurden. Viele der

---

11 Siehe Deutscher Bundestag, »Schriftliche Fragen mit den in der Zeit vom 21. Dezember 2020 bis 31. Dezember 2020 eingegangenen Antworten der Bundesregierung«, *Drucksache* 19/25571, S. 13, https://dserver.bundestag.de/btd/19/255/1925571.pdf und Bundesministerium der Finanzen, *Deutsche Haushaltsplanung 2021*, S. 10 und 72, https://www.bundesfinanzministerium.de/Content/DE/Downloads/Broschueren_Bestellservice/2020-10-15-Deutsche-Haushaltsplanung-2021.pdf?__blob=publicationFile&v=18.

Ausgaben dienen dazu, Unternehmen vor dem Untergang zu bewahren, die jenseits von Corona wieder funktionierende Geschäftsmodelle haben würden und die von den staatlichen Quarantänemaßnahmen unmittelbar betroffen waren. Diese Ausgaben stehen, abgesehen vom Volumen der Maßnahmen selbst, grundsätzlich außer Zweifel. Auch das Kurzarbeitergeld hatte sicherlich eine wichtige Funktion, weil es den Firmen die Möglichkeit geschaffen hat, nach der Überwindung der Pandemie sofort wieder durchzustarten. Mit einer Laufzeit bis Ende 2021, die weit über die umfassende Impfung der Bevölkerung hinausgeht, muss man freilich befürchten, dass sie die epidemiologisch mögliche Wiederaufnahme der vollen Tätigkeit behindert und zu vermeidbaren Materialengpässen geführt hat.

Fragezeichen sind beim zweiten Nachtragshaushalt angebracht, der im Juni 2020 beschlossen wurde, denn er war explizit als Konjunktur- und Zukunftspaket gedacht. Beides passte eigentlich nicht auf die Pandemie.

Konjunkturprogramme sind eine Anstiftung zum Konsum und zur Frequentierung der Läden. Damit stehen sie den epidemiologischen Maßnahmen der Bundesregierung diametral entgegen. Man kann nicht einerseits den Lockdown der Läden verkünden und den Leuten andererseits Geld in die Hand geben, damit sie einkaufen gehen. Gehen sie in Läden, die noch geöffnet sind, stecken sie sich an, und bestellen sie bei Amazon & Co, weil die benötigten Läden geschlossen wurden, stimulieren sie einen Wirtschaftszweig, der von der Krise ohnehin in riesigem Maße profitiert hat. Das von der Bundesregierung im Juni 2020 beschlossene Konjunkturprogramm dürfte unbeabsichtigt dazu beigetragen haben, die ohnehin im technischen Fortschritt angelegte Verdrängung des stationären Einzelhandels durch den Versandhandel zu forcieren, und es dürfte im Herbst 2020, vor den im November beschlossenen Lockdownmaßnahmen, zudem noch die gewaltige neue Welle der tödlich verlaufenden Infektionen vom Winter 2020/2021 verstärkt haben.

Und so nützlich Zukunftsprogramme im Bereich der Wasserstoffwirtschaft, der künstlichen Intelligenz und der Quantentechnologien sind, so wenig haben sie mit der Pandemie zu tun, mit der sie begründet wurden. Auch fragt man sich, wieso die aufgenommenen Coronamittel verwendet wurden, um die Stromkosten herunterzusubventionieren. Deutschland hat mit einem Preis von deutlich über 30 Cent pro Kilowattstunde die höchsten Stromkosten der entwickelten Länder der Erde. Das liegt daran, dass es auf Doppelstrukturen bei der Stromversorgung setzt. Zum einen wird viel Wind- und

Solarstrom ins Netz eingespeist, wenn der Wind weht und die Sonne scheint, doch zum anderen müssen alle konventionellen Anlagen grundsätzlich betriebsbereit sein und im Nu in bewährter Manier Strom liefern, wenn eine der vielen Dunkelflauten einsetzt. Dieser spezielle Weg ist extrem teuer, weil er doppelte Fixkosten für die doppelt bereitstehenden Anlagen bedeutet. Es stellt sich die Frage, ob es sinnvoll ist, einen Teil der Stromkosten auf dem Verschuldungswege über zusätzliche staatliche Ausgabenprogramme zu finanzieren, noch dazu über Programme, deren Mittel letztlich aus den elektronischen Druckerpressen der Bundesbank stammen, denn die Bundesbank soll ja über die entsprechenden Wertpapierkaufprogramme des Eurosystems erhebliche Teile der zur Finanzierung emittierten Staatspapiere kaufen.

Der Verdacht ist nicht abwegig, dass hier ein cleverer Berater des Finanzministers die Pandemie als Gelegenheit sah, etwaige Zweifel gegenüber dem extrem teuren Weg zur CO_2-Freiheit, den Deutschland gewählt hat, zu dämpfen, ohne dabei in Konflikt mit der Verschuldungsgrenze des Grundgesetzes zu kommen. Die Subventionierung des Stromverbrauchs sollte offenbar unter der Ausnahmeregel der »außergewöhnlichen Notsituationen«, die das Grundgesetz in Artikel 103 vorsah, mit durchsegeln, ohne dass die Quersubvention im kommenden Wahlkampf ein Thema werden würde.

Etwas verstörend ist bei allem auch die Erkenntnis, dass die Regierung die Ausgaben für die einzige wirksame Ursachentherapie, die gegen die Pandemie und ihre gesellschaftlichen wie wirtschaftlichen Auswirkungen wirksam war, nämlich die Impfung, nicht in den Vordergrund ihrer Programme gestellt hat. So hatte sie die Bestellungen durch die EU organisieren lassen, die anfangs neben dubiosen industriepolitischen Erwägungen zugunsten der französischen Pharmaindustrie vor allem darauf bedacht war, die Preise so weit zu drücken, bis auch impfunwillige Länder wie Rumänien und Bulgarien zufrieden waren.[12] Das ging bekanntlich gründlich schief, weil das Interesse der Pharmafirmen an den EU-Aufträgen gedämpft wurde und die Bestellungen erst vier Monate nach den USA eingingen. Entsprechend hinkte auch die Impfkurve Europas lange Zeit um drei bis vier Monate hinter der US-amerikanischen hinterher, was bedeutete, dass der europäische Aufschwung dem amerikanischen erst mit deutlicher Verzögerung folgte. Viele tausend vermeidbare Todesfälle sind das Resultat des Umstandes, dass sich Europa wegen der

---

12 Zu beiden Punkten vgl. M. Becker, V. Hackenbroch, M. Knobbe, Ch. Schult und Th. Schulz, »Das Impfstoffdrama«, *Der Spiegel*, 19.12.2020, Nr. 52, S. 28–31.

verspäteten Bestellungen hinten anstellen musste. Gekostet haben Deutschland die Impfstoffe bis zur Mitte des Jahres 2021 gerade einmal 6,2 Milliarden Euro.[13] Das war 1 % des Gesamtvolumens der Ausgabenprogramme und viel weniger als allein die im Zuge des Coronaprogramms beschlossenen Stromsubventionen, die mit 11 Milliarden Euro zu veranschlagen sind.[14] Die in Tabelle 6.1 genannten Zahlen können nicht unmittelbar in die Budgetdefizite eines bestimmten Haushaltsjahres überführt werden, weil sie zum Teil über mehrere Jahre gestreckt werden. Außerdem sind sie ja nur teilweise haushaltswirksam. Obwohl, wie erläutert, die Kreditaufnahme des Wirtschaftsstabilisierungsfonds, immerhin etwa 6 % des BIP eines Jahres, nicht zum Budgetdefizit rechnet, entstanden hohe Budgetdefizite des deutschen Staates in Relation zum BIP, wenn auch nicht gar so hohe Defizite wie in manchen anderen Ländern.

Abbildung 6.3 zeigt die Schätzung von Eurostat der von wichtigen Ländern und Ländergruppen der westlichen Welt im Jahr 2020 realisierten und für 2021 geplanten Budgetdefizite, die großenteils aufgrund nationaler Maßnahmen gegen die Coronakrise zustande kamen, natürlich ohne den Wirtschaftsstabilisierungsfonds. Man sieht, dass Deutschland im Jahr 2020 noch zurückhaltend war, doch für das Jahr 2021 ein exorbitantes Defizit von 7,5 % des BIP plante.[15] Auch das reiht sich allerdings nahtlos in die Defizite anderer Länder ein. Die Budgetzwänge waren offenbar überall ähnlich und führten zu ähnlichen Entscheidungen, was die Inflationssorgen, über die noch zu sprechen sein wird, verstärkt.

---

13 Bundesministerium für Finanzen, *Scholz: Mit guter Finanzpolitik wirksam gegen die Krise – Eckwerte für 2022, Finanzplan bis 2025 und Nachtragshaushalt 2021 beschlossen*, Pressemitteilung, 24. März 2021, https://www.bundesfinanzministerium.de/Content/DE/Pressemitteilungen/ Finanzpolitik/2021/03/2021-03-24-bundeshaushalt-2022.html.

14 Bundesministerium für Finanzen, *Zweiter Nachtragshaushalt 2020 beschlossen – Kraftvolle und verantwortungsvolle Finanzpolitik zur Überwindung der Corona-Krise*, Pressemitteilung, 17. Juni 2020, https://www.bundesfinanzministerium.de/Content/DE/Pressemitteilungen/Finanzpolitik/2020/06/2020-06-17-Nachtrag-HH.html.

15 Europäische Kommission, *Spring 2021 Economic Forecast: Rolling up Sleeves, Economic Forecast for Germany*, 12. Mai 2021, https://ec.europa.eu/info/business-economy-euro/economic-performance-and-forecasts/economic-performance-country/germany/economic-forecast-germany_en.

Abbildung 6.3: Die Budgetdefizite während der Coronakrise
(ohne die Defizite staatlich garantierter Fonds)

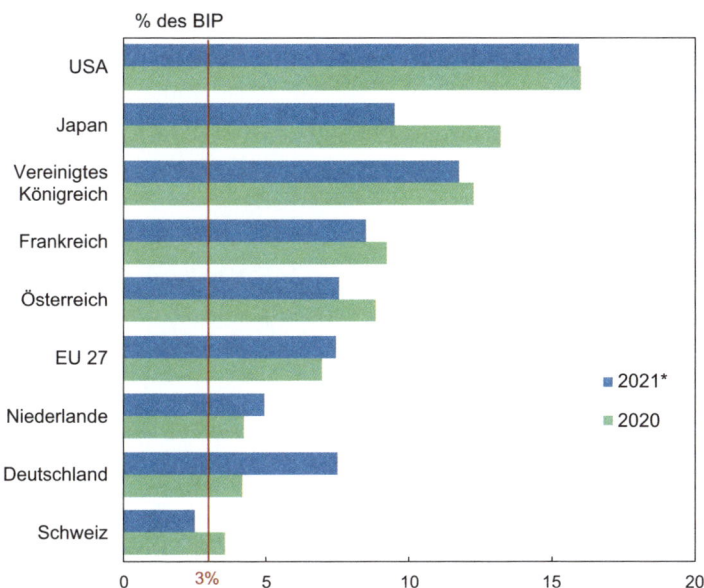

% des BIP

* Prognose der Europäischen Kommission

Quelle: Europäische Kommission, *AMECO Database.*

Hinweis: Die genannten Defizite sind Zuwächse der Staatsschulden in dem jeweils betrachteten Jahr. Sie umfassen aber in der EU nicht jene Zuwächse an Staatsschulden, die durch die Kreditaufnahme in ausgelagerten Fonds zustande kommen, die nach Eurostat nicht zu den Defiziten gerechnet werden. Die Vergleichbarkeit mit Nicht-EU-Ländern ist deshalb beschränkt. Allein in Deutschland führt der Wirtschaftsstabilisierungsfonds je nach zeitlicher Verteilung zu einem Defizit von bis zu 6 % des BIP, das in dieser Rechnung nicht auftaucht.

Besonders heftig haben die US-Amerikaner zugelangt. Präsident Trump schoss seiner konservativen Grundeinstellung zum Trotz aus allen Rohren, und sein Nachfolger setzte diesen Kurs ungebrochen fort. Kein Wunder, dass auch die USA unter einem wachsenden Schuldenproblem zu leiden haben. Die Quote der Staatsschulden lag dort im Jahr 2020 bei 127 % und wird für das Jahr 2021 mit 136 % prognostiziert. Zu Beginn der Coronakrise wurde ein Hilfspaket in Höhe von 2.300 Milliarden US-Dollar geschnürt (Coronavirus Aid, Relief and Economy Security Act, CARES Act). Das Paket beinhaltete u. a.

293 Milliarden Dollar für Steuererleichterungen, 268 Milliarden Dollar zur Arbeitslosenunterstützung und 510 Milliarden Dollar zur Verhinderung von Unternehmensinsolvenzen. Es folgte der Paycheck Protection Program and Health Care Enhancement Act in Höhe von 483 Milliarden Dollar zur Unterstützung von kleinen Unternehmen. Am 28. Dezember 2020 unterzeichnete Präsident Trump im Rahmen des Consolidated Appropriations Act of 2021 ein Gesetz zur Bekämpfung des Coronavirus in Höhe von 868 Milliarden Dollar. Am 11. März 2021 unterzeichnete Präsident Biden den American Rescue Plan, der eine weitere Runde der Coronavirushilfe mit geschätzten Kosten von 1.844 Milliarden Dollar vorsieht.[16] Damit haben die USA insgesamt ein Hilfsprogramm aufgesetzt, das etwa 13 % des BIP der Jahre 2020 und 2021 umfasst.

Die Coronahilfen der EU, Eurobonds und das Helikoptergeld

Wie schon erläutert, darf sich die EU gemäß Artikel 310 AEUV nicht verschulden. Dennoch haben die EU-Länder aus Anlass der Coronakrise auf der Regierungskonferenz am 21. Juli 2020 einen riesigen schuldenfinanzierten »Wiederaufbau-Fonds« in Höhe von 750 Milliarden Euro beschlossen, der seine Mittel nicht etwa für Gemeinschaftsaufgaben verwendet, sondern sie postwendend wieder an die Nationalstaaten ausschüttet.

Die Mittel des Fonds sollen zu 360 Milliarden Euro als rückzahlbare Darlehen ausgereicht werden, doch der größere Teil in Höhe von 390 Milliarden Euro soll ein echter Transfer von ökonomischen Ressourcen sein. Damit darf nun die EU das erste Mal in ihrer Geschichte Kredite aufnehmen, um solche Transfers an bedürftige Mitgliedsländer zu finanzieren.

Die Beschlüsse bringen nun in aller Form und juristisch eindeutig die stets von der deutschen Kanzlerin Merkel abgelehnten Eurobonds. Noch am 26. Juni 2012, kurz vor dem Gipfeltreffen der EU am 29. Juni, hatte sich die Kanzlerin gegenüber dem Drängen anderer europäischer Länder standhaft gezeigt und

---

16 IWF, *Policy Responses to Covid-19*, Policy Tracker, https://www.imf.org/en/Topics/imf-and-covid19/Policy-Responses-to-COVID-19#U.

gesagt, Eurobonds würden zu ihren Lebzeiten nicht kommen.[17] Dem ersatzweise vorbereiteten OMT-Programm der EZB, mit dem die Staatspapiere der Eurozone kollektiv abgesichert wurden, musste sie dennoch schon wenige Tage später, am Rande des Gipfels, grünes Licht geben.[18] Nun aber, kurz vor dem Ende ihrer Amtszeit, ging sie noch einen Schritt weiter und ließ es zu, dass alle Dämme brachen und formelle Eurobonds eingeführt wurden – natürlich unter Vermeidung dieses Namens. Dieser fundamentale Meinungsumschwung wurde in Südeuropa mit großer Genugtuung zur Kenntnis genommen.[19]

Die genannte Ausgabensumme des Wiederaufbaufonds von 750 Milliarden Euro soll über eine sehr langfristige Kreditaufnahme am Kapitalmarkt eingesammelt werden. Die Rückzahlung dieser Kredite soll erst im Jahr 2028 beginnen und bis zum Jahr 2058 gestreckt werden. Zins und Tilgung werden aus dem EU-Haushalt bestritten, doch der Haushalt selbst muss von den Mitgliedstaaten finanziert werden. Zum einen sollen dahin die Zinsen und die Tilgungsbeträge fließen, die die Einzelstaaten für den Kreditanteil der erhaltenen Mittel leisten müssen, zum anderen müssen sich alle Staaten gemäß einem politisch ausgehandelten Finanzierungsschlüssel an der Finanzierung des EU-Etats beteiligen.

Geht man davon aus, dass sich die bislang gültigen Finanzierungsquoten des EU-Budgets, aus dem die Kredite zu bedienen sind, nicht ändern, so impliziert die Kreditaufnahme für die reinen Transfers eine Nettolast für Deutschland in Höhe von 66 Milliarden Euro. Deutschland erhält kreditfinanzierte Transfers im Umfang von 28 Milliarden Euro und muss dann Zins und Tilgung in einem Umfang von 94 Milliarden Euro in Gegenwartswerten gerechnet zurückzahlen.

---

17 Siehe z. B. »Merkel: Keine Eurobonds, ›solange ich lebe‹«, *Tagesspiegel* (online), 26.6.2012, https://www.tagesspiegel.de/politik/kanzlerin-knallhart-merkel-keine-eurobonds-solange-ich-lebe/6802298.html.

18 Vgl. H.-W. Sinn, »Merkel Has a Duty to Stop Draghi's Illegal Fiscal Meddling«, *Financial Times*, 29.9.2014, https://www.ft.com/content/09b1d31c-47c8-11e4-ac9f-00144feab7de.

19 Man vergleiche nur die Stellungnahme des ehemaligen italienischen Ministerpräsidenten Mario Monti, der zu jenen gehörte, die sie 2012 bedrängten. Er zeigte im ersten Teil eines Interviews, das sich mit den Eurobonds beschäftigt, seine große Freude darüber, »dass sie (Angela Merkel) ihre Meinung geändert hat – nicht nur zu ihren Lebzeiten, sondern auf dem Höhepunkt ihrer politischen Karriere«. M. Monti, »Einige Länder glauben, dass es kein Zurück zu den Maastricht-Regeln gibt«, Interview mit Virginia Kirst, *Die Welt* (online), 24.9.2021, https://www.welt.de/politik/ausland/article233982084/Mario-Monti-Abkehr-von-Maastricht-Regeln-sind-ein-heikler-Punkt.html.

Damit trägt Deutschland den Löwenanteil der Lasten aus der Umverteilung zugunsten jener Länder, die mehr Transfers bekommen, als sie an Schuldenlasten für die per Kredit finanzierten Transfers haben, konkret 45 %. Die beiden Länder mit den nächsthöchsten Leistungen sind Frankreich mit 16 % und die Niederlande mit 10 % der Lasten. Hauptprofiteure der Umverteilung sind Spanien mit 26 %, Italien mit 22 % und Griechenland mit 10 % der Summe der Nettoausschüttungen.[20]

Die EU-Länder übernehmen die Haftung für die Kredite gesamtschuldnerisch. Zwar muss zunächst jedes EU-Land nach Maßgabe seines Finanzierungsanteils am EU-Budget haften, doch wenn ein Land ausfällt, aus welchen Gründen auch immer, müssen die anderen Länder die Verpflichtungen übernehmen. Theoretisch ist es denkbar, dass zum Schluss nur noch ein einziges Land für die Rückzahlung der Schulden in Anspruch genommen wird. Dessen Last würde dann 750 Milliarden Euro betragen. Allerdings gilt auch das nur, wenn das Programm nicht aufgestockt wird.

Die EU hat sich in ihrem Beschluss bereits von den Mitgliedstaaten einen Garantierahmen in Höhe von 4 Billionen Euro, also von mehr als dem Fünffachen des zunächst in Anspruch genommenen Kreditrahmens, zusichern lassen. Das begründet den Verdacht, dass bereits weitere zukünftige Kreditaktionen der EU-Kommission vorbereitet werden sollen.[21] Selbst der deutsche Finanzminister und SPD-Wahlsieger des Jahres 2021, Olaf Scholz, hat sich bereits für eine Wiederholung dieser Programme ausgesprochen.[22]

Man fragt sich, wie die Schuldenaufnahme der EU möglich ist, heißt es doch im EU-Vertrag (Artikel 310 AEUV) ganz eindeutig:

»Der Haushaltsplan ist in Einnahmen und Ausgaben auszugleichen.«

Die Erklärung liegt darin, dass die EU mithilfe findiger Juristen argumentiert, dass Schulden erlaubt seien, weil die Kreditaufnahme zu Einnahmen und

---

20 Bundesrechnungshof, *Bericht nach § 99 der Bundeshaushaltsordnung zu den möglichen Auswirkungen der gemeinschaftlichen Kreditaufnahme der Mitgliedstaaten der Europäischen Union auf den Bundeshaushalt (Wiederaufbaufonds)*, Deutscher Bundestag, Drucksache 19/27695, 19. Wahlperiode 11.3.2021, S. 13, https://dserver.bundestag.de/btd/19/276/1927695.pdf.
21 Ebenda, S. 6.
22 Bundesministerium für Finanzen, *Debatte zur Regierungserklärung zum Europäischen Rat: Rede von Olaf Scholz*, 24. Juni 2021, https://www.bundesfinanzministerium.de/Content/DE/Reden/2021/2021-06-24-rede-scholz-europaeischer-rat.html.

»Eigenmitteln« führe.[23] Das ist wenig überzeugend, denn es bedeutet, dass mit Einnahmen einfach nur Geld gemeint ist, das man irgendwoher erhält und dann ausgeben kann. Wenn man kein Geld hat, kann man ohnehin keines ausgeben, das ist schon klar, aber das kann schwerlich gemeint sein, wenn der Artikel überhaupt eine inhaltliche Bedeutung haben soll. Tautologien beschreibt man nicht in Paragrafen. Im Übrigen meint man in der Finanzwirtschaft ansonsten mit Eigenmitteln oder Eigenkapital solche Mittel, die man nun gerade nicht durch eine Kreditaufnahme erhielt, denn die heißen Fremdmittel oder Fremdkapital. Der offenbar erfolgreiche Versuch der EU-Kommission, das aufgenommene Fremdkapital zu Eigenkapital umzudeuten, ist ein weiteres Beispiel für den offenbar unaufhaltsamen Zerfallsprozess des europäischen Rechts, der seit vielen Jahren beobachtbar ist.

Dieser Zerfallsprozess zeigt sich auch in aller Deutlichkeit in dem Umstand, dass die EZB auch bei dem neuen Programm mit im Spiel ist. Wie schon im letzten Kapitel erwähnt, wurde der Wiederaufbaufonds exakt durch die 750 Milliarden Euro umfassende erste Tranche des Pandemic Emergency Purchase Programme (PEPP) der EZB gespiegelt, die der EZB-Rat in seiner Sitzung am 18. März 2020 beschloss.[24] Es ist deshalb davon auszugehen, dass die neuen Kreditmittel der EU mehr oder weniger vollständig aus den Druckerpressen des Eurosystems fließen werden, denn die nationalen Notenbanken dürfen nach den Beschlüssen des EZB-Rates die Schuldpapiere internationaler Organisationen kaufen, und sie sollen sie offenbar auch kaufen. Das ist nach Lage der Dinge die implizite Annahme aller Beteiligten, obwohl sie niemand offen ausspricht. Wie im vorigen Kapitel erläutert (siehe Tabelle 5.1) wird sich die EZB-Zentrale zwar selbst nicht am Kauf dieser Papiere beteiligen, denn sie wiederum kauft nur nationalstaatliche Schuldpapiere. Doch wird das neue Geld von den nationalen Notenbanken auf dem Umweg über die Geschäftsbanken den Weg zur EU finden, und von dort wird es dann überwiegend als Geschenk an die Euroländer weitergereicht.

---

23 Europäische Kommission, *Geänderter Vorschlag für einen Beschluss des Rates über das Eigenmittelsystem der Europäischen Union,* COM(2020) 445 final 2018/0135 (CNS), 28. Mai 2020, S. 4, https://data.consilium.europa.eu/doc/document/ST-8140-2020-INIT/de/pdf.

24 EZB, *ECB Announces €750 Billion Pandemic Emergency Purchase Programme (PEPP),* Pressemitteilung, 18. März 2020, https://www.ecb.europa.eu/press/pr/date/2020/html/ecb.pr200318_1~3949d6f266.en.html.

Damit wird dann nicht nur Artikel 310 AEUV umgangen, also die Notwendigkeit, Einnahmen und Ausgaben auszugleichen, vielmehr wird auch gleich noch das Verbot der Finanzierung mit den Mitteln der EZB missachtet, das in Artikel 123 AEUV geregelt ist, denn dieser Artikel bezieht sich nicht nur auf Staaten im engeren Sinne, sondern auch auf »Organe, Einrichtungen oder sonstige Stellen der Union, Zentralregierungen, regionale oder lokale Gebietskörperschaften oder andere öffentlich-rechtliche Körperschaften, sonstige Einrichtungen des öffentlichen Rechts oder öffentliche Unternehmen der Mitgliedstaaten«. Ihnen allen ist eigentlich die Finanzierung mit Mitteln der Zentralbank untersagt. Die beiden Mankos wurden aber juristisch vorläufig dadurch geheilt, dass alle EU-Länder zustimmen mussten. In Deutschland wurde dazu am 24. März 2021 das sogenannte Eigenmittelratifizierungsgesetz vom Bundestag verabschiedet.[25] Inzwischen haben alle EU-Länder den Vertrag ratifiziert und unterzeichnet. Er ist damit vorläufig rechtskräftig.

Vielfach wurde in den letzten Jahren in der öffentlichen Diskussion die Theorie vom Helikoptergeld vertreten. Danach solle die Notenbank Geld drucken und dieses Geld dann an die Bürger verschenken. Was in Europa beschlossen wurde, ist im Kern genau dasselbe, nur dass clevere Juristen ein paar ökonomisch irrelevante Umwege von der Druckerpresse bis zu den Taschen der begünstigten Menschen eingebaut haben, die das Ganze rechtlich vertretbar machen.

Der Begriff Helikoptergeld war in Anlehnung an den Ökonomen Milton Friedman entstanden, der dieses Vorgehen allerdings nie als Empfehlung, sondern als bloße Metapher für seine Studenten erfand, um ihnen die Mechanismen zu erläutern, durch die sich eine Geldmengenvergrößerung in eine Vergrößerung des Preisniveaus überträgt.[26] Nicht im Entferntesten dachte

---

25 Deutscher Bundestag, »Beschlussempfehlung und Bericht des Haushaltsausschusses (8. Ausschuss) zu dem Gesetzentwurf der Bundesregierung – *Drucksache* 19/26821 – Entwurf eines Gesetzes zum Beschluss des Rates vom 14. Dezember 2020 über das Eigenmittelsystem der Europäischen Union und zur Aufhebung des Beschlusses 2014/335/EU, Euratom (Eigenmittelbeschluss-Ratifizierungsgesetz – ERatG)«, *Drucksache* 19/27901, 24. März 2021, https://dserver.bundestag.de/btd/19/279/1927901.pdf sowie »Gesetz zum Beschluss des Rates vom 14. Dezember 2020 über das Eigenmittelsystem der Europäischen Union und zur Aufhebung des Beschlusses 2014/335/EU, Euratom (Eigenmittelbeschluss-Ratifizierungsgesetz – ERatG) vom 23. April 2021«, *Bundesgesetzblatt* Jahrgang 2021 Teil II Nr. 8, ausgegeben zu Bonn am 28. April 2021, https://www.bgbl.de/xaver/bgbl/text.xav?SID=&tf=xaver.component.Text_0&tocf=&qmf=&hlf=xaver.component.Hitlist_0&bk=bgbl&start=%2F%2F%5B%40node_id%3D%27910159%27%5D&skin=pdf&tlevel=-2&nohist=1.
26 M. Friedman, *Optimum Quantity of Money*, Aldine Publishing Company: Chicago 1969, S. 4 ff.

Friedman daran, diesen Weg der Geldversorgung zur Lösung irgendwelcher realer ökonomischer Probleme zu empfehlen. Das Gegenteil ist der Fall, denn es ging ihm darum darzulegen, dass durch das Helikoptergeld nichts als eine Inflation entstehen würde.

Die anderen Coronamaßnahmen

Beim Wiederaufbaufonds blieb es in der Krise nicht. Zeitgleich mit der lang-währenden Diskussion um diesen Fonds beschloss die EU auch noch weitere Ausgabenprogramme zur Eindämmung der Coronakrise, die die Gesamtsumme der Ausgaben auf 1.294 Milliarden Euro ansteigen ließen. Tabelle 6.2 gibt eine Übersicht.

Tabelle 6.2: Die Coronahilfen der EU

	Mrd. Euro
Wiederaufbaufonds (Juli 2020)	750
Solidaritätspaket (April 2020)	540
Soforthilfeinstrument (April 2020)	4
Summe	**1.294**

Quellen:

Europäischer Rat, *Außerordentliche Tagung des Europäischen Rates (17., 18., 19., 20. und 21. Juli 2020) – Schlussfolgerungen,* 21. Juli 2020, https://data.consilium.europa.eu/doc/document/ST-10-2020-INIT/de/pdf;

Europäische Kommission, *NextGenerationEU in allen 27 Staaten ratifiziert: EU-Kommission will 2021 langfristige Anleihen für rund 80 Milliarden Euro ausgeben,* Pressemitteilung, 2. Juni 2021, https://ec.europa.eu/germany/news/20210602-nextgenerationeu_de;

Europäische Kommission, *Factsheet – Coronavirus Impfstoff-Strategie,* https://ec.europa.eu/commission/presscorner/detail/de/fs_20_1109;

Europäische Kommission, *Entwurf des Berichtigungshaushaltsplans Nr. 2 zum Gesamthaushaltsplan 2020, Bereitstellung von Soforthilfe für die Mitgliedstaaten und weitere Stärkung des Katastrophenschutzverfahrens der Union/von rescEU zur Bewältigung der COVID-19-Pandemie,* COM(2020) 170 final, 2. April 2020, https://eur-lex.europa.eu/legal-content/DE/TXT/PDF/?uri=CELEX:52020DC0170&from=DE;

EZB, *Wirtschaftsbericht 1/2021,* Aufsatz 3: »Die finanzpolitischen Reaktionen der Länder des Euro-Währungsgebiets in den Anfangsphasen der Covid-19-Krise«, S. 110, https://www.bundesbank.de/resource/blob/858630/07f8c962f0d082af5a01eb4d10648d4d/mL/2021-01-ezb-wb-data.pdf;

Europäischer Rat, *COVID-19: Reaktion der EU auf die wirtschaftlichen Folgen*, https://www.consilium.europa.eu/de/policies/coronavirus/covid-19-economy/.

Hinweise:

Hinzu kommen Hilfspakete für Entwicklungsländer (siehe Europäische Kommission, *Corona-Krisenreaktion – Zeitleiste der EU-Maßnahmen*, https://ec.europa.eu/info/live-work-travel-eu/coronavirus-response/timeline-eu-action_de).

Beim Wiederaufbaufonds handelt es sich um das Hilfspaket »NextGenerationEU« (NGEU).

Das Paket setzt sich wie folgt zusammen (in Preisen von 2018): Aufbau- und Resilienzfazilität: 672,5 Milliarden Euro (davon Kredite 360 Milliarden Euro, Zuschüsse 312,5 Milliarden Euro), ReactEU: 47,5 Milliarden Euro, Horizont Europa: 5 Milliarden Euro, InvestEU: 5,6 Milliarden Euro, Entwicklung des ländlichen Raums: 7,5 Milliarden Euro, Fonds für einen gerechten Übergang: 10 Milliarden Euro und RescEU: 1,9 Milliarden Euro. Der Europäische Rat verständigte sich am 21. Juli 2020 auf das Hilfspaket, welches am 31. Mai 2021 nach der Annahme des Eigenmittelbeschlusses durch alle EU-Mitgliedstaaten als ratifiziert gilt.

Das Soforthilfeinstrument setzt sich zusammen aus 2,7 Milliarden Euro für Verpflichtungen und 1,38 Milliarden Euro für Zahlungen. Aus den Mitteln des Soforthilfeinstruments wird u. a. die Impfstrategie der EU finanziert. Im April 2020 legte die Europäische Kommission dem Europäischen Parlament und dem Rat den Entwurf des Berichtigungshaushaltsplans Nr. 2 zum Haushaltsplan 2020 vor, um auf die Covid-19-Krise reagieren zu können.

Das Solidaritätspaket hat einen Umfang von 540 Milliarden Euro. Davon entfallen 240 Milliarden Euro auf den Europäischen Stabilitätsmechanismus (ESM), 200 Milliarden Euro auf die Unterstützung der Europäischen Investitionsbank (EIB) und 100 Milliarden Euro auf die Unterstützung bei der Minderung von Arbeitslosigkeitsrisiken in einer Notlage (SURE). Das Paket wurde im April 2020 vorgestellt und im Mai 2020 endgültig beschlossen. Weitere Sofortmaßnahmen waren die Aktivierung der allgemeinen Ausweichklausel des Stabilitäts- und Wachstumspakts (SWP), die Verabschiedung eines befristeten Rahmens für staatliche Beihilfen, um die staatliche Unterstützung für Unternehmen zu beschleunigen, sowie die Investitionsinitiative zur Bewältigung der Coronakrise.

Auch die anderen in Tabelle 6.2 genannten Ausgaben sollen wie der Wiederaufbaufonds zunächst kreditfinanziert werden. Und abermals sollen die Kredite dann anschließend aus dem EU-Haushalt bedient werden, zu dem wiederum alle Mitgliedsländer beitragen müssen.[27] Dazu passt, dass auch das Pandemic Emergency Purchase Programme (PEPP) der EZB nach dem ersten Beschluss aufgestockt wurde, und zwar, wie im letzten Kapitel schon dargelegt, auf 1.850 Milliarden Euro bis zum März 2022. So gesehen liefert der Helikopter mehr als genug frisch gedrucktes Geld, um damit alle Coronaprogramme der EU finanzieren zu können.

---

27 Zum Solidaritätspaket: EZB, *Wirtschaftsbericht 1/2021*, Aufsatz 3: »Die finanzpolitischen Reaktionen der Länder des Euro-Währungsgebiets in den Anfangsphasen der Covid-19-Krise«, Kasten 2: »Reaktion der EU auf die Covid-19-Krise«, https://www.bundesbank.de/resource/blob/858630/07f8c962f0d082af5a01eb4d10648d4d/mL/2021-01-ezb-wb-data.pdf.

Solidarität geht auch anders

Die Bewertung der Coronahilfen ist schwierig, denn je nach Bewertungskriterium kommt man zu unterschiedlichen Ergebnissen. Unter dem Aspekt der Solidarität in einer tatsächlich lebensbedrohenden Krise kann man das Wiederaufbauprogramm sicherlich grundsätzlich begrüßen. Es ist keine Frage, dass es ein Gebot der nachbarschaftlichen Nächstenliebe war, insbesondere den Italienern zu helfen, die vom Coronasturm als Erste erfasst wurden und von den medizinischen Problemen sichtlich übermannt wurden.

Problematisch ist aber neben der Art der Finanzierung, dass die zur Verfügung stehenden Mittel von der EU verausgabt wurden statt von Deutschland selbst, das die Hauptlast der Maßnahmen trägt. Es ist eine tiefe philosophische Frage, ob altruistische Hilfen zugunsten anderer wirklich einer kollektiven Entscheidung bedürfen oder ob sie nicht eher als Akt der Brüderlichkeit und des Altruismus von jedem Einzelnen selbst bestimmt werden müssen. Beim Altruismus gibt es kein Trittbrettfahrertum. Er ist ja sowieso vorhanden. Jeder kann den eigenen Altruismus nach eigenem Gutdünken in konkrete Spenden umsetzen. Es handelt sich bei den Spenden nicht um sogenannte öffentliche Güter, deren Umfang nur in einer für alle gemeinsam verfügbaren Größe zu haben ist wie ein Infrastrukturprojekt, z. B. eine Straße oder ein Deich.[28]

Anders stellt sich der Sachverhalt dar, wenn die Hilfen nicht aus altruistischen Gründen, sondern im Sinne einer Solidarleistung erbracht werden, wie sie Versicherungskollektiven auf Gegenseitigkeit zu eigen ist.[29] Ein Nationalstaat ist ein solches Versicherungsbündnis auf Gegenseitigkeit. Es spricht, wie im Epilog zu diesem Buch dargelegt wird, vieles dafür, die EU zu einem Staat zu entwickeln. Heute ist die EU davon aber noch sehr weit entfernt.

Wenn es nicht um Versicherungsleistungen, sondern um altruistische Spenden geht, kann ein jeder selbst den Betrag bestimmen, den er zu leisten bereit ist,

---

28 Siehe R. A. Musgrave und P. Musgrave, *Public Finance in Theory and Practice*, McGraw Hill: New York 1973, Kapitel 1: »Fiscal Functions: An Overview«. Allerdings gibt es einen gedanklichen Versuch, altruistische Ausgaben auch in Gemeinschaftsaufgaben umzudeuten, indem die Spender sich angeblich gegenseitig Gutes tun und insofern untereinander positive externe Effekte hervorrufen. Die dazu gehörende Argumentation ist aber ein bisschen weit hergeholt. Vgl. A. K. Sen, »On Optimising the Rate of Savings«, *Economic Journal* 71, 1961, S. 479–496, und St. A. Marglin, »The Social Rate of Discount and the Optimal Rate of Investment«, *Quarterly Journal of Economics* 77, 1963, S. 95–111.

29 Siehe H.-W. Sinn, »A Theory of the Welfare State«, *Scandinavian Journal of Economics* 97, 1995, S. 495–526.

und in der Summe der freiwilligen Zahlungen entsteht dann das Hilfsvolumen. Kollektivmaßnahmen, die mit einer Ausübung von Zwang gegenüber den Bürgern verbunden sind, laufen stets Gefahr, dass die diese Maßnahmen beschließende Mehrheit das Geld von Minderheiten verschenkt. Das ist jedenfalls stets dann der Fall, wenn die Maßnahmen letztlich über Steuermittel finanziert werden, zu denen viele der im demokratischen Prozess Beteiligten keine oder nur geringe Beiträge leisten. Es fällt sehr leicht, das Geld des Nachbarn zu spenden.

Tatsächlich hatte es auch schon lange vor den Maßnahmen der EU viele private Spenden zugunsten der bedrängten italienischen Krankenhäuser und Kommunen gegeben, die ein dankbares Echo hervorriefen und die Bedürftigen tatsächlich und sehr früh erreicht haben.[30] Dazu gab es auch Spendenaufrufe. Spendenaufrufe zur Beteiligung an kollektiven Hilfsmaßnahmen sind zur Erleichterung und Koordination sehr nützlich. Mit ihnen wird aber kein Zwang auf die Spender ausgeübt. Jede Beteiligung bleibt freiwillig. Das gilt auf der individuellen Ebene wie auch auf der Ebene staatlicher Hilfsprogramme unterhalb der Ebene der EU.

Sehr rasche, freiwillige Hilfsmaßnahmen der Bundesrepublik Deutschland zugunsten der bedrängten Nachbarn hätten im Übrigen sicherlich mehr Beachtung und Dankbarkeit erzeugt als die Mittel, die später im Zuge des Wiederaufbaufonds wirklich flossen. Bei den auf der Ebene der EU beschlossenen Mitteln mussten manche den Eindruck gewinnen, die EU hätte sie mit Frankreichs Unterstützung Deutschland und jenen knausrigen Ländern Nordeuropas abpressen müssen, die sich unter der Führung der Niederlande lange verweigerten.

Über den Grund dafür, dass die Hilfen nicht spontan von den Nationalstaaten kamen, sondern aus einem kreditfinanzierten Hilfsprogramm der EU, kann man nur spekulieren. Ein erhebliches Motiv dürfte darin gelegen haben, dass sie auf diese Weise außerhalb der nationalen Haushalte angesiedelt werden, denn schließlich ist die EU der Schuldner und nicht der jeweilige Nationalstaat. Die Bundesbank hatte zwar vorgeschlagen, dass die gemeinsame Schuld jedem Nationalstaat anteilig zugerechnet und zur nationalen Staatsschuld addiert werden solle, doch verhallte dieser Vorschlag ungehört.[31] Damit

---

30 Auch der Verfasser hat neben privaten Spenden eine freiwillige Hilfsaktion über den Wirtschaftsbeirat Bayern organisiert.

31 Deutsche Bundesbank, *Monatsbericht Dezember 2020*, Kapitel: »Zur Aussagekraft nationaler Fiskalkennzahlen bei Verschuldung auf der europäischen Ebene«, https://www.bundesbank. de/resource/blob/853864/cff83580633032d97eda2eb6ea7db740/mL/2020-12-fiskalkennzahlen-data.pdf.

konnte sich nicht einmal die deutsche Regierung anfreunden, die sehr darauf bedacht war, wenigstens nach außen hin eine reine, von Schulden unbefleckte Weste zu behalten. Unter keinen Umständen wollte sie sich beim Versuch, Europas Finanzprobleme zu lösen und Solidarität zu beweisen, von scheinbar kleinlichen Schranken des Grundgesetzes bremsen lassen. Dennoch muss sich auch die Bundesrepublik Deutschland bei der Beteiligung an europäischen Aktionen an die Grundregeln einer ordentlichen Haushaltsführung halten.

Wie erläutert, trägt Deutschland 94 Milliarden der Lasten des Wiederaufbaufonds und erhält 28 Milliarden zurück. Den Verlust in Höhe der Differenz von 66 Milliarden Euro hätte der deutsche Staat auch selbst finanzieren können, entweder, indem er sich diese Mittel unter Anrechnung auf seine Schuldenquote am Kapitalmarkt besorgt hätte oder indem er die Steuern erhöht oder die Staatsausgaben gesenkt hätte. Ähnlich hätten die anderen Nettozahler handeln können. Das wäre eine ehrlichere Finanzierung gewesen, die die Lasten nicht verschleiert und deren Umfang in einem offenen demokratischen Diskurs in den Parlamenten bestimmt worden wäre. Was die EU stattdessen beschloss, ist eine dubiose fiskalische Trickserei, die die jetzige Generation sowie die heute aufgestellten nationalen Budgets schont, doch zukünftigen Generationen von EU-Bürgern Lasten auferlegt, deren Verteilung und Art heute noch gar nicht überblickt werden können.

Wen es wie stark treffen wird, ist nicht klar, weil unbekannt ist, in welchem Umfang die gesamtschuldnerische Haftung greift und in welchem Maße die Beteiligung der EZB bei der Finanzierung zu einer Inflation führen wird, die vor allem jene Teile der Bevölkerung treffen würde, die nicht die Gelegenheit haben, ihre Spargroschen in reale Werte zu investieren, und die über kontraktbestimmte feste Einkommen verfügen.

Aus der Sicht eines kinderlosen Politikers, dem die Zukunft einerlei ist und der hier und jetzt sein Wahlvolk beglücken will, mag sich das Finanzpaket lohnen, weil er heute 28 Milliarden Euro zur Verfügung hat, obwohl zukünftige Generationen, unter denen sich keine eigenen Nachkommen befinden, dafür in Gegenwartswerten gerechnet 94 Milliarden Euro an zusätzlichen Lasten werden tragen müssen. Aus der Sicht verantwortungsvoller Bürger und Steuerzahler, die sich ihr Einkommen hart erarbeiten müssen und denen das Wohl ihrer Kinder und Enkel am Herzen liegt, stellt sich der Sachverhalt freilich ganz anders dar.

Bei der Lehman-Krise hatte ein großes Problem der Banken darin bestanden, dass sie Geschäfte betrieben, die sie nicht in ihren Bilanzen verbuchten, sondern in Zweckgesellschaften in Irland und anderen Steueroasen vor den Aufsichtsbehörden versteckten. In der Coronakrise agierten die Staaten Europas ganz ähnlich, wie es damals die Banken taten, denn sie umgingen den mühsam gestrickten Rechtsrahmen der Schuldenpakte, der die Verschuldungsanreize einer Gemeinschaftshaftung im Eurosystem eingrenzen soll. Das war ein fragwürdiges Unterfangen, das geeignet ist, das Vertrauen in die finanzielle Stabilität des Eurosystems nachhaltig zu untergraben.

Bei den Coronahilfen ging es im Übrigen wohl nur vordergründig um Hilfen für die von der Epidemie betroffenen Länder. Stattdessen schienen andere Motive zu überwiegen. So war die Pandemie eine willkommene Gelegenheit für die mediterranen Länder unter der Führung Frankreichs, die alte Forderung nach einer eigenen Verschuldungsmöglichkeit für die EU durchzusetzen, die sie schon lange erhoben hatten, mit der sie aber bislang stets am Widerstand nördlicher Länder der Eurozone inklusive Deutschlands gescheitert waren. Diese Interpretation des Geschehens wird durch Abbildung 6.4 gestützt, die die Verteilung der Coronamittel je Kopf der Bevölkerung mit den Letalitätsraten, also den Coronasterbefällen relativ zur Bevölkerungsgröße für die EU-Länder darstellt.

Man sieht, dass die Rangfolge der Todesfallziffern die Rangfolge der Nettobeträge pro Kopf, die die Länder aus dem Umverteilungssystem erhalten, in keiner Weise erklärt. Deutschland verliert bei den Zuteilungen gegenüber der Reihenfolge der Todesfälle nur zwei Plätze, wird also insofern noch fair behandelt. Doch rutschen Griechenland und Zypern, die relativ zur Bevölkerungsgröße sehr wenige Todesfälle zu verzeichnen hatten, bei der Rangfolge der Nettogewinne verglichen mit der Rangfolge der Todesfälle um 17 bzw. 18 Stufen nach oben, während politisch eher störrische Länder wie Ungarn, Slowenien und Tschechien um elf bis 13 Ränge heruntergestuft werden. Noch stärker ist die Abweichung im Falle Belgiens, das doppelt so viele Tote relativ zur Bevölkerung zu beklagen hat wie Deutschland und dennoch zu den Nettozahlern gehört. Das Land wurde bei der Mittelverteilung gar um 18 Stufen herabgesetzt. Die einzige Korrelation, die sich empirisch feststellen lässt, so haben Dorn und Fuest gezeigt, besteht zwischen den Nettolasten eines Landes und dem BIP pro Kopf, wenn auch dieser Zusammenhang alles andere als eng ist. Je größer das BIP pro Kopf, desto mehr werden seine Bewohner belastet.[32]

---

[32] Siehe C. Fuest und F. Dorn, »Next Generation EU: Gibt es eine wirtschaftliche Begründung?«, *ifo Schnelldienst* 74 (2), 2021, S. 3–30, https://www.ifo.de/DocDL/sd-2021-02-dorn-fuest-etal-ngeu-corona-aufbaufonds.pdf.

Abbildung 6.4: Die Pro-Kopf-Verteilung der Coronamittel
der EU und die Sterblichkeitsziffern (bis 6.9.2021)

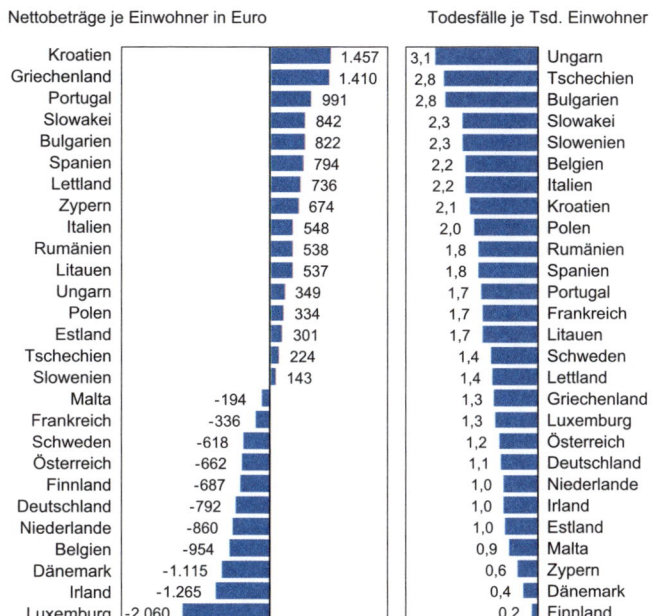

Nettobeträge je Einwohner in Euro   Todesfälle je Tsd. Einwohner

Land	Nettobetrag		Todesfälle	Land
Kroatien	1.457		3,1	Ungarn
Griechenland	1.410		2,8	Tschechien
Portugal	991		2,8	Bulgarien
Slowakei	842		2,3	Slowakei
Bulgarien	822		2,3	Slowenien
Spanien	794		2,2	Belgien
Lettland	736		2,2	Italien
Zypern	674		2,1	Kroatien
Italien	548		2,0	Polen
Rumänien	538		1,8	Rumänien
Litauen	537		1,8	Spanien
Ungarn	349		1,7	Portugal
Polen	334		1,7	Frankreich
Estland	301		1,7	Litauen
Tschechien	224		1,4	Schweden
Slowenien	143		1,4	Lettland
Malta	-194		1,3	Griechenland
Frankreich	-336		1,3	Luxemburg
Schweden	-618		1,2	Österreich
Österreich	-662		1,1	Deutschland
Finnland	-687		1,0	Niederlande
Deutschland	-792		1,0	Irland
Niederlande	-860		1,0	Estland
Belgien	-954		0,9	Malta
Dänemark	-1.115		0,6	Zypern
Irland	-1.265		0,4	Dänemark
Luxemburg	-2.060		0,2	Finnland

Quellen: Bundesrechnungshof, *EU-Wiederaufbaufonds darf keine Dauereinrichtung werden*, Sonderbericht vom 11. März 2021, PDF-Langfassung, Tabelle 1, online verfügbar: https://www.bundesrechnungshof.de/de/veroeffentlichungen/produkte/sonderberichte/2021/eu-wiederaufbaufonds-darf-keine-dauereinrichtung-werden;

Eurostat, Datenbank, *Wirtschaft und Finanzen,* Volkswirtschaftliche Gesamtrechnung, Zusätzliche Indikatoren, Bevölkerung und Erwerbstätigkeit;

Europäisches Zentrum für die Prävention und die Kontrolle von Krankheiten (ECDC), Publications and Data, *COVID-19 situation update for the EU/EEA.*

Das ist zwar ein plausibler Zusammenhang, den man durchaus für ein Transfersystem rechtfertigen kann, doch soll der Wiederaufbaufonds das ja nun gerade nicht sein. Vielmehr wurde er öffentlich als Nothilfe für jene Länder »verkauft«, die von der Coronapandemie besonders stark betroffen waren. Das ist ein ganz anderes Kriterium.

Das nährt den Verdacht, dass die Pandemie nur ein Vorwand war. Der Verdacht wird erhärtet durch die wiederholten Forderungen von Politikern verschiedener Couleur, den Fonds zu einer Dauereinrichtung zu machen und der EU eine permanente Verschuldungskompetenz auch für die Zeit nach der Überwindung der Pandemie zu geben. Churchill hat einmal das Motto ausgegeben:»Never let a good crisis go to waste!« (»Lass eine gute Krise niemals ungenutzt!«). Dieses Motto haben offenbar die EU-Politiker, die bei der Gestaltung des Fonds für den Wiederaufbau nach der Coronapandemie das Sagen hatten, beherzigen wollen.[33]

Widerstand gegen die schleichend eingeführte Transferunion und eine massive Kritik des Bundesrechnungshofes

Angesichts dieser Aspekte ist es kein Wunder, dass es erhebliche Kritik an der Einrichtung des kreditfinanzierten EU-Fonds gab.

Insbesondere wurde Klage vor dem Bundesverfassungsgericht gegen das deutsche Begleitgesetz erhoben, die sich gegen die Umgehung des Verbots der Kreditfinanzierung der EU, die gesamtschuldnerische Haftung der Mitgliedsländer und gegen den schleichenden Übergang in ein europäisches Transfersystem richtete, ohne dass dafür eine Vertragsänderung vorgenommen wurde. Es klagten eine Gruppe von Bürgern unter Leitung des Hamburger Professors für Volkswirtschaftslehre Bernd Lucke sowie eine Gruppe von sieben CDU-Abgeordneten des Deutschen Bundestages.[34] Zwar scheiterte der Ver-

33 W. Churchill, zitiert nach G. Gruère, »Never let a Good Crisis go to Waste!«, OECD, Homepage, 21. März 2019, https://www.oecd.org/agriculture/never-waste-a-good-water-crisis/.

34 H.-D. Horn, *Verfassungsbeschwerde gegen das Gesetz zum Beschluss des Rates vom 14. Dezember 2020 über das Eigenmittelsystem der Europäischen Union und zur Aufhebung des Beschlusses 2014/335/EU, Euratom (Eigenmittelbeschluss-Ratifizierungsgesetz – ERatG)*, Beschwerdeführer Bernd Lucke, Bärbel Nehring-Kleedehn, Detlef Claus, Walter Krämer, Hans-Olaf Henkel und andere, 26.3.2021, https://buendnis-buergerwille.de/wp-content/uploads/2021/03/VB-gg-ERatG-VB_publ.pdf. Vgl. auch Bündnis Bürgerwille, *Inhalt der Verfassungsbeschwerde*, https://buendnis-buergerwille.de/verfassungsbeschwerde/ sowie dasselbe, *2281 Bürger erheben Verfassungsbeschwerde gegen EU-Schulden*, Pressemitteilung, 26. März 2021, https://buendnis-buergerwille.de/verfassungsbeschwerde-2/ sowie *Verfassungsbeschwerde gegen EU-Eigenmittelbeschluss: Sieben CDU-Bundestagsabgeordnete klagen in Karlsruhe*, 23. April 2021, https://www.veronika-bellmann.de/verfassungsbeschwerde-gegen-eu-eigenmittelbeschluss.

such, den Bundespräsidenten an der Unterzeichnung der Ratifizierungsurkunde zu hindern, doch kündigte das Bundesverfassungsgericht an, sich in einem Hauptsacheverfahren intensiv mit dem Hilfsprogramm der EU zu beschäftigen und ein Urteil zu sprechen, wiederum nach Einholung der Meinung des EuGH, wie es schon bei den vorausgehenden Verfahren zum OMT und zum PSPP der Fall gewesen war.

Auch der Bundesrechnungshof befasste sich in einem umfassenden Bericht eingehend mit den EU-Beschlüssen zum Wiederaufbaufonds.[35] Er bemängelte unter anderem,

- dass Deutschland mit der Zustimmung eine gesamtschuldnerische Haftung gegenüber den Gläubigern der EU übernommen habe, dass also Deutschland für die gemeinsamen Schulden theoretisch allein haften müsse, wenn die anderen Länder sich an der Rückzahlung der Schulden nicht beteiligen»können oder wollen« (Abschnitt 5.2),
- dass mit der Verschuldung auf der Ebene der EU die Fiskalregeln, also die Schuldengrenzen für die Einzelstaaten, umgangen würden (Abschnitt 6.1) und
- dass sich angesichts der Gemeinschaftshaftung ein großer Anreiz für die EU-Staaten ergebe, die eigene Schuldendisziplin zu vernachlässigen (Abschnitt 4.1).

Das abschließende Urteil des Rechnungshofes ist eindeutig und nimmt jenen den Wind aus den Segeln, die meinen, der Wiederaufbaufonds würde die Stabilität und den Zusammenhalt der Eurozone stärken (Abschnitt 9):

»Insgesamt besteht die Gefahr, dass mit dem Wiederaufbaufonds ein Weg eingeschlagen wird, der die Europäische Union als Rechts- und Solidargemeinschaft schwächen und damit langfristig den Wesenskern sowie die Stabilität der Wirtschafts- und Währungsunion gefährden könnte.«

---

35 Bundesrechnungshof, *Bericht nach § 99 der Bundeshaushaltsordnung zu den möglichen Auswirkungen der gemeinschaftlichen Kreditaufnahme der Mitgliedstaaten der Europäischen Union ...*, a.a.O.

Angesichts dieser Stellungnahme des Bundesrechnungshofes und der früheren Urteile des Bundesverfassungsgerichts zu Eingriffen in das Budgetrecht des Deutschen Bundestages ist es schwer vorstellbar, dass das ausstehende Urteil des Bundesverfassungsgerichts den Wiederaufbaufonds der EU einfach nur durchwinken wird. Täte es das, müsste es mit seiner bisherigen Rechtsprechung brechen. Schon gar nicht wird es diesen Fonds als Muster für andere zukünftige Fonds akzeptieren, die der Umverteilung dienen, wenn es seine Glaubwürdigkeit bewahren will.

Immerhin hatte sich das Gericht wie erläutert bereits bei der Ratifizierung des dauerhaften Rettungsschirms ESM dagegen gewehrt, dass Deutschland sich an einem europäischen Schutzprogramm mit gesamtschuldnerischer Haftung beteiligt, und deswegen seinerzeit die Bundesregierung gezwungen, von allen EU-Ländern Erklärungen einzufordern, die eine solche gesamtschuldnerische Haftung ausschließen. Aber das ist nur ein Indiz für die möglichen Bedenken, kein klarer Beleg, denn seinerzeit war die Formulierung des Vertrags bezüglich der gesamtschuldnerischen Haftung sehr unklar, so dass man nicht genau wusste, was eigentlich vereinbart war.

Das ist diesmal anders, denn es ist eindeutig geregelt, dass andere EU-Länder bei der Finanzierung der Schuldenlasten einspringen müssen, wenn ein EU-Land oder mehrere ihren Verpflichtungen nicht nachkommen. Gerade diese Eindeutigkeit könnte aber nun mit der Ewigkeitsgarantie des Deutschen Grundgesetzes für das Budgetrecht des Bundestages kollidieren. Die »Ewigkeitsgarantie« sichert die Identität der Verfassung. Keine staatliche Institution kann sich wirksam auf die Verfassung berufen, wenn sie nicht die unabänderlichen Grundsätze dieser Verfassung (Menschenwürde, Rechtsstaat, Demokratie, Sozialstaat …) beachtet. Natürlich kann eine Verfassung ihre eigene Fortgeltung nicht gegen eine Revolution gewährleisten, sie ist also insofern nicht tatsächlich »ewig«. Gemeint ist nur, dass der Gesetzgeber die in Artikel 79 Absatz 3 GG für unabänderlich erklärten Bestimmungen auch mit einstimmigem Beschluss von Bundestag und Bundesrat nicht abändern kann.

Die Ewigkeitsgarantie bezieht sich zwar nicht explizit auf das Budgetrecht, doch hat die höchstrichterliche Rechtsprechung inzwischen festgestellt, dass das Budgetrecht implizit unter den Schutz der Ewigkeitsgarantie fällt. Das folgt unter anderem daraus, dass der Deutsche Bundestag dem Volk gegenüber verantwortlich über alle wesentlichen Einnahmen und Ausgaben entscheidet[36] und dass das Budgetrecht des Bundestages als wesentlicher Teil des Demokratieprinzips durch das Grundgesetz geschützt ist.[37] Der Bundestag muss über die wesentlichen Ausgaben des Staates entscheiden,[38] und weil das so ist, kann er nicht akzeptieren, dass die dem deutschen Volke aufzuerlegenden Abgaben letztlich durch die Entscheidung der EU-Kommission oder gar einzelner Länder zustande kommen, die sich der Zahlung verweigern oder nicht zahlen können.[39]

Daraus folgt, dass der Wiederaufbaufonds seine Arbeit einstellen sollte oder zumindest nicht noch einmal in ähnlicher Form aufgelegt werden kann, wenn nicht inzwischen in einem neuen EU-Vertrag Abhilfe geschaffen wird. Um das Ewigkeitsgebot des Grundgesetzes nicht zu verletzen, kann dieser neue EU-Vertrag dann freilich nicht vom Deutschen Bundestag verabschiedet werden, nicht einmal mit einer Zweidrittelmehrheit oder gar einstimmig. Stattdessen muss die Bundesrepublik Deutschland neu gegründet werden und von einer verfassungsgebenden Versammlung eine neue, dann in einem Referendum zu beschließende Verfassung erhalten. Die Komplexität dieses Weges hat bislang die entscheidenden Politiker veranlasst, einen subkutanen,

---

36 Vgl. BVerfG, *Urteil des Zweiten Senats vom 14. Januar 1986, 2 BvE 14/83 und 4/84 -*; dasselbe, *Urteil des Zweiten Senats vom 18. April 1989 aufgrund der mündlichen Verhandlung vom 17. Januar 1989 - 2 BvF 1/82 -*; dasselbe, *Urteil des Zweiten Senats vom 7. September 2011, 2 BvR 987/10, Rn. 1-142,* http://www.bverfg.de/e/rs20110907_2bvr098710.html; dasselbe, *Urteil des Zweiten Senats vom 21. Juni 2016, 2 BvR 2728/13-, Rn. 1-220,* http://www.bverfg.de/e/rs20160621_2bvr272813.html, Rn. 138.

37 *Grundgesetz für die Bundesrepublik Deutschland* in der im Bundesgesetzblatt Teil III, Gliederungsnummer 100-1, veröffentlichten bereinigten Fassung, das zuletzt durch Artikel 1 u. 2 Satz 2 des Gesetzes vom 29. September 2020 (BGBl. I S. 2048) geändert worden ist, insbesondere Art. 38 Abs. 1 Satz 1, Art. 20 Abs. 1 und Abs. 2, Art. 79 Abs. 3 (vgl. BVerfG, *Urteil des Zweiten Senats vom 30. Juni 2009…, a.a.O.*); dasselbe, *Urteil des Zweiten Senats vom 7. September 2011…, a.a.O.*; dasselbe, *Urteil des Zweiten Senats vom 12. September 2012, 2 BvR 1390/12,* Rn. 106, http://www.bverfg.de/e/rs20120912_2bvr139012.html; dasselbe, *Urteil des Zweiten Senats vom 18. März 2014 - 2 BvR 1390/12 -, Rn. 1-245,* http://www.bverfg.de/e/rs20140318_2bvr139012.html, Rn. 161; dasselbe, *Urteil des Zweiten Senats vom 21. Juni 2016, 2 BvR 2728/13, Rn. 1-220,* http://www.bverfg.de/e/rs20160621_2bvr272813.html, Rn. 138; dasselbe, *Beschluss des Zweiten Senats vom 18. Juli 2017, 2 BvR 859/15, Rn. 1-137,* http://www.bverfg.de/e/rs20170718_2bvr085915.html, Rn. 54.

38 Vgl. BVerfG, *Urteil des Zweiten Senats vom 30. Juni 2009, 2 BvE 2/08, Rn. 1-421,* http://www.bverfg.de/e/es20090630_2bve000208.html.

39 Vgl. BVerfG, *Urteil des Zweiten Senats vom 7. September 2011 - 2 BvR 987/10 -, Rn. 1-142,* http://www.bverfg.de/e/rs20110907_2bvr098710.html; dasselbe, *Urteil des Zweiten Senats vom 30. Juli 2019 - 2 BvR 1685/14, 2 BvR 2631/14 -, Rn. 123,* http://www.bverfg.de/e/rs20190730_2bvr168514.html.

schleichenden Weg zu einer neuen EU einzuschlagen und dabei nach der Salamitaktik immer nur kleine Schritte zu tun, die für sich genommen möglichst unterhalb der Reizschwelle der Verfassungsrichter liegen. Es bleibt spannend zu sehen, ob sie damit auch dieses Mal wieder Erfolg haben und so tatsächlich eine neue europäische Verfassungswirklichkeit erzeugen können, ohne dass das deutsche Volk darüber jemals hätte entscheiden können.

Die Verantwortung der EZB für die Schulden

Ob die Mitgliedstaaten der EU die rechtlichen Schuldengrenzen einhalten und ob die EU sich überhaupt verschulden darf, sind Fragen, die die Geldpolitik der EZB nicht unmittelbar betreffen. Die EZB hat nach außen hin bislang erfolgreich den Standpunkt vertreten, dass sie sich dabei nicht einmischt, obwohl sie nach innen mehrfach intensiv agiert hat, um die aus ihrer Sicht gebotenen Politikmaßnahmen herbeizuführen. Man denke nur an Jean-Claude Trichets Kampf für die Rettungsschirme im Jahr 2010 oder an das intensive Drängeln bei Angela Merkel im Juni des Jahres 2012, als es um die Kreditausfallversicherung OMT ging. Darüber hat Kapitel 3 berichtet.

Mittelbar hat die EZB aber sehr wohl, wie dieses und die vorangehenden Kapitel gezeigt haben, einen entscheidenden Einfluss auf die Anreize zum Schuldenmachen gehabt. Über die Wertpapier-Kaufprogramme, insbesondere das PSPP und das ihm vorausgehende OMT-Programm (»whatever it takes«), über die Ersatzkredite durch das vertraglich nicht verankerte Targetsystem sowie über die Pfandpolitik bei den Refinanzierungskrediten besteht nun einmal ein recht enger ökonomischer Zusammenhang zwischen der Geld- und der Fiskalpolitik.

Tatsächlich trägt die EZB auch deshalb ein hohes Maß an Verantwortung für die Wirtschaftspolitik der Staaten, weil sie durch den Maastrichter Vertrag gehalten ist, sie bei der Wirtschaftspolitik zu unterstützen, obwohl es ihr vorrangiges Ziel ist, das Preisniveau stabil zu halten. So heißt es im Protokoll über die Satzung des europäischen Systems der Zentralbanken:[40]

---

40 *Vertrag zur Gründung der Europäischen Gemeinschaft*, Protokoll über die Satzung des europäischen Systems der Zentralbanken (ABl. C 191 vom 29.7.1992, S. 68), Kapitel II, Artikel 2, hier gemäß der konsolidierten Fassung, https://www.ecb.europa.eu/pub/pdf/other/ecbinstitutionalprovisions2004de.pdf.

»Soweit dies ohne Beeinträchtigung des Ziels der Preisstabilität möglich ist, unterstützt das ESZB die allgemeine Wirtschaftspolitik in der Gemeinschaft ...«

Angesichts der bisherigen Analyse in diesem Buch und angesichts der sehr klaren rechtlichen Vorgaben der Schuldengrenzen sind Zweifel angebracht, ob die EZB diesen Sekundärauftrag erfüllt hat. Die EZB selbst beruft sich zwar immer wieder auf die großen und deshalb eher schwammigen Ziele der Union im Hinblick auf die Konvergenz und die Prosperität des europäischen Gemeinwesens, doch nimmt sie die harten und sogar numerisch vorgegebenen Schuldengrenzen des Stabilitäts- und Wachstumspaktes und des Maastrichter Vertrages, über die in diesem Kapitel berichtet wurde, nicht wirklich ernst. Ganz im Gegenteil. Im Kern war ihre Politik schon seit der Lehman-Krise darauf ausgerichtet, die Zinsspreads zwischen den Ländern der Eurozone zu reduzieren. Sie selbst sprach in dem Zusammenhang stets von der »Verbesserung der Transmission der Geldpolitik«, die sie vornehmen wolle, doch in Wahrheit meinte sie damit einfach nur die Reduktion der Zinsunterschiede für die Staatspapiere (vgl. Kapitel 3, letzter Abschnitt). Diese Politik ist so auffällig, dass an prominenter Stelle sogar schon von »the ECB's stealth new mandate«, vom »heimlichen neuen Mandat der EZB« die Rede ist.[41]

Wie die Politik gewirkt hat, wurde schon in den vorangehenden Kapiteln unter Bezug auf die Abbildung 2.1 erläutert. Nachdem die Märkte in Unruhe gekommen waren und die Bonität einzelner Staaten der Eurozone bezweifelten, gelang es der EZB immer wieder, die Spreads zu drücken. Ganz deutlich wird dies im Jahr 2012, als sie mit dem OMT-Programm ihre unbegrenzten Schutzkäufe versprach, und in der Zeit ab März 2015, als die EZB damit begann, in großem Umfang Staatspapiere zu kaufen.

Am aktuellen Rand, im August 2021, ist diese Wirkung so stark, dass sich Italien und Griechenland, zwei Länder, deren Staatskonkurs man noch vor kurzem befürchten musste, mit Zinsen auf zehnjährige Staatspapiere in der Höhe von nur 0,6 % viel billiger verschulden konnten als die Vereinigten Staaten von Amerika, die 1,3 % bezahlen mussten.[42]

---

41 M. Krauss, »The ECB's Stealth New Mandate«, *Project Syndicate*, 15. Dezember 2020, https://www.project-syndicate.org/commentary/ecb-targeting-north-south-interest-rate-spreads-by-melvyn-krauss-2020-12?barrier=accesspaylog.
42 Macrobond, Datenkategorie: *Government Benchmarks,* 10 Year, Yield.

Die Anreizwirkung im Hinblick auf eine Vergrößerung der Staatsschulden, die von den niedrigen Zinssätzen ausging, stand in diametralem Widerspruch zu den rechtlichen Schuldengrenzen, die erlassen worden waren, um die Staatsschulden in Schach zu halten: die 60 %-Grenze des Maastrichter Vertrages, die 3 %-Regel des Stabilitäts- und Wachstumspaktes von 1997 und die gehärtete Version dieses Paktes aus dem Jahr 2011, nach der ein jedes Land seine Schuldenquote Jahr um Jahr um ein Zwanzigstel des Abstandes zu 60 % reduzieren musste. Wie gezeigt, wurden all diese Regeln von vielen Ländern eklatant und in riesigem Umfang verletzt, so als wären sie gar nicht vorhanden. Das lag sicherlich zum Teil daran, dass die EU-Kommission niemals die vorgesehenen Strafen verhängte, weil sie selbst die Vereinbarungen nicht einhalten wollte, die Deutschland den anderen Ländern seinerzeit abgetrotzt hatte, bevor es seine Zustimmung zum dauerhaften Rettungsschirm des ESM gab. Es lag aber auch an den massiven Anreizen, die die EZB durch ihre Politik der Verringerung der Zinsspreads gesetzt hatte. So gesehen ist es offenkundig, dass die EZB ihren Auftrag, die hart spezifizierten Regeln der Wirtschaftspolitik der EU zu unterstützen, nicht erfüllt hat, sondern eine Schuldenunion befördert hat, die ihre Schuldenquoten ganz offenkundig nicht im Griff hat (Abbildungen 6.1 und 6.2).

Der ehemalige Richter am Bundesverfassungsgericht und Präsident des deutschen Juristentages Paul Kirchhof hat nun in einer Monografie zu dem Thema vor einer Fortsetzung dieser Politik gewarnt. Nach einer eingehenden Analyse der Anreizwirkungen der Geldpolitik und der vertragsrechtlichen Einschränkungen der EZB-Politik kommt er zu dem Schluss, dass die EZB rechtswidrig handelt, wenn sie den Staaten beim Schuldenmachen hilft. Er schreibt:[43]

»Keinesfalls darf die EZB an einer weiteren Verschuldung von Staaten mitwirken, die sich damit weiterhin von der Verschuldungsgrenze in Höhe von 60 % des BIP fernhalten oder entfernen.«

Tatsache ist aber, dass sich in ganz Europa inzwischen dank der Mithilfe der EZB eine vor 20 Jahren noch fast undenkbare Gleichgültigkeit gegenüber den Staatsschulden verbreitet hat, die man nur noch als Mischung aus Lethargie

---

43 P. Kirchhof, *Geld im Sog der Negativzinsen*, C. H. Beck: München 2021.

und Hinterlist begreifen kann. Jetzt, da man sowieso schon alle Schulden-schranken eingerissen hat und sich wichtige Euroländer mit ihrer Schulden-quote im Bereich vom Doppelten der Maastricht-Grenze oder mehr bewe-gen, wollen auch in den noch soliden Ländern wie Deutschland, Österreich oder den Niederlanden immer weniger Politiker einsehen, dass die Sparsam-keit eine Tugend ist. »Jetzt ist es eh Wurst« ist ein heimlicher Slogan, der sich angesichts der überbordenden Schuldenflut verbreitet und den Widerstand gegen waghalsig finanzierte Programme der Staaten erlahmen lässt.

Die hohen Schulden bedeuten nicht nur Gefahren für zukünftige Gene-rationen, sondern auch für das Hauptziel der EZB, das Preisniveau stabil zu halten. Denn wenn die Mitgliedsländer hohe Schuldenquoten haben, sind die Vertreter, die sie in den EZB-Rat entsenden, nicht mehr frei bei ihrer Wahl zwischen einer Politik der sparsamen Haushaltsführung mit erheblichen Zin-sen und einer Politik des lockeren Geldes, die die Zinslasten der überschulde-ten Länder drückt und vielleicht sogar den zusätzlichen Vorteil bringt, diese Länder durch eine Inflation zu entlasten, die die Ansprüche der Gläubigerlän-der in realer Rechnung dezimiert.

Tatsächlich unterminiert und zerstört die EZB durch ihre Bail-out-Poli-tik, also die Politik der unbedingten Rettung von gefährdeten Investment-portfolios, die automatische Schuldenbremse, die Föderationen normalerweise daran hindert, in den Schuldensumpf abzurutschen. Wenn sich ein Staat zu stark verschuldet, erwarten die Gläubiger, dass seine Fähigkeit, die Schulden ordnungsgemäß zu bedienen, schrumpft, und weil das so ist, reduzieren sie ihr Kreditangebot und verlangen zum Ausgleich für die mit gewisser Wahr-scheinlichkeit drohenden Verluste höhere Zinsen. Die höheren Zinsen wiede-rum veranlassen die Staaten, weniger Kredit aufzunehmen, weil sie ihn sich nicht leisten können. Dadurch entsteht ein Gleichgewicht auf dem Kapital-markt, bei dem Angebot und Nachfrage nach Krediten einander die Waage halten und exzessive Schulden vermieden werden. Von diesem Gleichgewicht hat sich die Eurozone meilenweit entfernt und ist dabei tatsächlich bereits in den Schuldensumpf gerutscht.

Der Zusammenhang zwischen den wachsenden Staatsschulden und den Käufen der Schuldpapiere durch das Eurosystem lässt sich auch quantitativ erfassen. So führte der Anstieg der Staatsschulden der Eurozone, der in Ab-bildung 6.1 dargestellt ist, von 6,7 Billionen Euro im Jahr 2008 auf schät-zungsweise 11,4 Billionen Euro bis zum Ende des Jahres 2021 bzw. 11,3 Bil-lionen Euro bis zum aktuellen Rand im September 2021. Die Schulden der

Eurostaaten stiegen also seit dem Lehman-Jahr um 4,6 Billionen Euro.[44] Diesem Anstieg stehen insgesamt ca. 3,5 Billionen Euro an zusätzlichen nationalen Staatspapieren gegenüber, die die Notenbanken des Eurosystems und die EZB-Zentrale in der gleichen Zeit erwarben.[45] Somit hat das Eurosystem über alle Krisenjahre gerechnet etwa drei Viertel (76 %) des Zuwachses der Schulden der Eurostaaten finanziert. Nach der Auffassung des EuGH, über die im vorigen Kapitel berichtet wurde, hat das alles noch nichts mit einer Monetisierung von Staatsschulden oder gar einer Defizitfinanzierung aus der Druckerpresse zu tun, die nach den Verträgen verboten sind. Tatsächlich aber ist der Zusammenhang nach dem oben Gesagten mehr als evident. Die EZB hat die vertraglich im Stabilitäts- und Wachstumspakt festgelegte Wirtschaftspolitik in der Gemeinschaft nicht unterstützt, wie es ihre Aufgabe war, sondern behindert. Außerdem hat sie das Verbot der Monetisierung der Staatsschulden nach Artikel 123 AEUV in besonders eklatanter Weise verletzt.

---

44 Man beachte, dass wie oben erläutert, der Zuwachs der Staatsschulden nach offizieller Definition die Defizite der anerkannten nationalstaatlichen Institutionen mitumfasst.

45 Nach der in Tabelle 5.1 dargestellten Beschlusslage des EZB-Rats betreffen 88 % der Käufe staatlicher Wertpapiere gemäß PSPP (und entsprechend auch die Käufe staatlicher Wertpapiere im Rahmen des PEPP) nationalstaatliche Papiere inklusive der Papiere anerkannter nationaler staatlicher Organisationen sowie 12 % die Papiere internationaler staatlicher Organisationen. Wie in der in Kapitel 11 noch folgenden Tabelle 11.1 ausgewiesen, wurden im Rahmen des PSPP und des PEPP bis zum September 2021 insgesamt für 3.793,5 Milliarden Euro Staatspapiere nationaler und internationaler Herkunft erworben, also gemäß der 88 %-Regel für 3.339 Milliarden Euro nationalstaatliche Papiere. Zusammen mit den in jener Tabelle ausgewiesenen ANFA- und SMP-Beständen, die ebenfalls nationalstaatlich sind, kommt man somit auf eine Summe der insgesamt erworbenen nationalstaatlichen Papiere von 3.496 Milliarden Euro, bzw. aufgerundet 3,5 Billionen Euro.

7. Sind Schulden gar nicht schlimm?

Der Hamilton-Moment ● Es geht auch anders: Leukerbad und Kalifornien ● Wachstum durch Schulden: Funktioniert der von den Politikern beschworene Münchhausen-Trick? ● Schneebälle im Urwald und dynamische Ineffizienz ● Spitzeder, Ponzi, Madoff & Co. ● Geldschwemme oder Sparschwemme? ● Warum Politiker Schulden lieben und warum linke Politiker das ganz besonders tun ● Piketty oder Schulden ohne Reue ● Deutschlands Demografieproblem und die Staatsverschuldung

Wenn man seine Ziele nicht erreicht, kann man sich mehr anstrengen oder die Ziele ändern. Bequemer ist Letzteres. So ist es auch mit der Staatsverschuldung. Da sie nun Ausmaße angenommen hat, die allen vertraglichen Vereinbarungen Hohn sprechen, entsteht bei den Politikern der Wunsch, sie zu rechtfertigen, und gerne nehmen sie Argumentationsmuster und Theorien auf, die erklären, warum die Schulden unproblematisch, wenn nicht begrüßenswert sind. Dieses Kapitel diskutiert einige der einschlägigen Theorien und Erklärungsmuster, versucht zu verstehen, warum die Politik zur Verschuldung neigt, und warnt vor den Folgen der Staatsverschuldung in einer alternden Bevölkerung.

Der Hamilton-Moment

Die seit 2008 schwelende Eurokrise, die im Kern eine Wettbewerbskrise der üb$$teuerten Länder Südeuropas ist, wird in stetem Rhythmus durch immer teurer werdende Bail-out-Aktionen der EZB und der Eurostaaten zugedeckt. Mit den Summen wächst das Pathos, mit dem man sie zur rechtfertigen sucht.

So bemühte der deutsche Finanzminister und Wahlsieger des Jahres 2021, Olaf Scholz, sogar den Vergleich mit der Gründung der Vereinigten Staaten von Amerika. In einem Interview mit der *Zeit* zitierte er Alexander Hamilton, um die Kreditaufnahme der EU, mithilfe derer die EU die aufgrund der Coronaepidemie erhöhte Gefahr von Staatskonkursen und entsprechenden Gläubigerverlusten in Südeuropa abwenden will, als Maßnahme darzustellen, mit der die Europäische Union zusammengeschweißt wird.[1] Das Pathos war notwendig, um den Umstand zu überdecken, dass sich Deutschland Frankreich fügen musste, das mit der Coronakrise die Gelegenheit gekommen sah, nun endlich seine seit Jahren immer wieder vorgetragene Forderung nach einer europäischen Transferunion zur Stabilisierung seiner mediterranen Nachbarn durchzusetzen.

Alexander Hamilton, dessen Bild noch immer die 10-Dollar-Note der USA schmückt, war der erste Finanzminister der Vereinigten Staaten. Er hatte 1790 kurz nach der Gründung der USA die Schulden der Einzelstaaten zu Bundesschulden gemacht. Die Schulden sollten durch gemeinsame Importzölle bedient werden. Hamilton argumentierte, diese Schulden seien im amerikanischen Unabhängigkeitskrieg gegen die Briten (1775–1783) entstanden und müssten nun auch gemeinsam getragen werden.

Den Vergleich des deutschen Finanzministers Scholz kann man insofern nachvollziehen, als der Kampf der europäischen Staaten gegen das Virus an den Kampf der US-Staaten gegen die Briten erinnert. Not und Krisen schweißen häufig zusammen. Dennoch hätte der Finanzminister besser daran getan, diesen Vergleich zu unterlassen.

Der Vergleich ist nämlich zum einen schief, weil Europa anders als seinerzeit die USA noch keinen gemeinsamen Staat gegründet hat – ja, wie die Urteile des Verfassungsgerichts der letzten Jahre unmissverständlich klargemacht haben, noch meilenweit davon entfernt ist. Gerade Frankreich hatte sich im Jahr 2005 erfolgreich gegen die gemeinsame europäische Verfassung gestemmt, weil es zwar eine Fiskalunion, nicht aber eine politische Union wollte. Außerdem übersah der deutsche Finanzminister, dass der amerikanische Bundesstaat die Schulden der Einzelstaaten nicht ohne Gegenleistung übernahm, sondern die Abtretung von Gebieten verlangte.

---

1   Dokumentiert durch Bundesministerium für Finanzen, *Solidarität in Europa und in Deutschland*, 20. Mai 2020, https://www.bundesfinanzministerium.de/Content/DE/Interviews/2020/2020-05-20-Zeit-Interview.html.

Zum anderen aber ist der Vergleich wegen der schlechten Erfahrungen, die die USA hernach mit der Schuldenunion machten, alles andere als eine Ermunterung, Hamiltons Schuldensozialisierung zu imitieren. Hamilton meinte, dass die Vergemeinschaftung der Schulden »Zement« für den neuen amerikanischen Staat sei.[2] Da irrte er jedoch. Die Vergemeinschaftung, die in den Jahren 1814–1816 während des zweiten Krieges gegen die Briten nochmals wiederholt wurde, änderte das Verhalten der Einzelstaaten in einer Art und Weise, die alles nur noch schlimmer machte.

Da nun Gläubiger und Schuldner davon ausgingen, dass man auch in Zukunft die Schulden der Einzelstaaten vergemeinschaften und nach Washington schieben würde, wurden in wachsendem Umfang Kredite aufgenommen und zur Finanzierung von Investitionen verwendet. Überall wurden Straßen, Brücken, Kanäle und öffentliche Gebäude errichtet. Das ließ sich zunächst prächtig an. Die Bauarbeiter fanden Jobs, und für die Zeit nach der Bauphase freute man sich schon auf eine bessere Infrastruktur, die weiteres Wirtschaftswachstum hervorbringen würde. Die Gläubiger, die sich in der Sicherheit wähnten, dass der Zentralstaat sie schützen werde, begnügten sich mit niedrigen Zinsen, und die Schuldner waren gerne bereit, Kredit aufzunehmen, da sie nicht davon ausgingen, dass sie ihn selbst würden zurückzahlen müssen.

Der Bauboom führte jedoch zu einer Bonanza-Stimmung, die insbesondere in der zweiten Hälfte der 1820er Jahre immer mehr Kreditwachstum induzierte und eine Wirtschaftsblase erzeugte, die schließlich Mitte der 1830er Jahre platzte. Dass die Blase platzte lag auch daran, dass sich die extrem aufwendigen Investitionen in die Wasserstraßen wegen der aufkommenden Eisenbahnen als Fehlinvestitionen erwiesen.

Die Finanzmärkte gerieten 1837 in Panik, und es begann eine Rezession, von der sogar die europäischen Handelspartner erfasst wurden, allen voran Großbritannien. Die Finanznöte zwangen manche der US-Staaten, die Zahlungen an Bedienstete und Lieferanten einzustellen. 1839 kam die Kreditvergabe auf dem offenen Markt zum Erliegen, und die amerikanische Volkswirtschaft rutschte in eine tiefe Depression. In dieser Situation versuchte der Zentralstaat abermals zu helfen, indem er den Einzelstaaten mit eigenen Krediten unter die Arme griff, doch waren seine Möglichkeiten alsbald erschöpft. Im

---

2 Vgl. R. E. Wright, »Cementing the Union«, *Financial History*, Frühjahr 2008, S. 14–18, insbesondere S. 15, und B. U. Ratchford, *American State Debts*, Duke University Press: Durham 1941, insbesondere S. 74 ff.

Jahr 1841 mussten Florida, Mississippi, Arkansas und Indiana ihre Zahlungsunfähigkeit erklären und stellten die Bedienung ihrer ausstehenden Anleihen ein. Andere Staaten wie Alabama, New York, Ohio und Tennessee hatten ebenfalls Zahlungsschwierigkeiten, konnten aber den formellen Konkurs gerade noch vermeiden. Insgesamt gingen neun der im Jahr 1842 existierenden 29 Staaten und Territorien der USA in Konkurs. Nichts als Streit und Unfrieden war durch die Sozialisierung der Staatsschulden entstanden.[3]

Der Historiker Harold James aus Princeton hat dazu lakonisch bemerkt, Hamilton habe dem neuen Staat nicht Zement, sondern Sprengstoff geliefert.[4] In der Tat kann man eine direkte Linie vom Jahr 1842 zu dem 19 Jahre später einsetzenden Sezessionskrieg ziehen. Zwar lagen die Hauptgründe für den Krieg in der Sklavenfrage und in den Zollstreitigkeiten zwischen den südlichen und nördlichen Staaten. Während der Norden dem Süden die billigen Arbeitskräfte neidete und seine moralischen Bedenken gegen die Sklaverei pflegte, wehrte sich der Süden gegen die Zölle auf importierte Industriegüter, die der Norden verlangte, um seine Industrien zu schützen, weil das die Preise für die benötigten Maschinen verteuerte.[5] Doch hat die unlösbare Schuldenproblematik, so James, zu den Spannungen beigetragen, die sich in diesem Krieg entluden.

Es geht auch anders: Leukerbad und Kalifornien

Die Staaten der USA haben aus ihrem Schuldendesaster gelernt und mehr oder weniger strikte Schuldengrenzen in ihre Landesverfassungen aufgenommen. Zugleich wurde vereinbart, dass der Zentralstaat bedrängten Einzelstaaten nicht mehr zu Hilfe kommt und auch nicht ihre Schulden übernimmt.

---

3 Vgl. A. Grinath, J. J. Wallis und R. E. Sylla, »Debt, Default and Revenue Structure: The American State Debt Crisis in the Early 1840s«, *NBER Working Paper* 97, März 1997, und W. B. English, »Understanding the Costs of Sovereign Default: American State Debts in the 1840's«, *American Economic Review* 86, 1996, S. 259–275.

4 H. James, »Lessons for the Euro from History«, *Vortrag anlässlich der Konferenz »European Crisis: Historical Parallels and Economic Lessons« des Julis-Rabinowitz Center for Public Policy and Finance*, Princeton, 19. April 2012; vgl. ferner European Economic Advisory Group, *The EEAG Report of the European Economy: Rebalancing Europe*, CESifo, München 2013, https://www.cesifo-group.de/DocDL/EEAG-2013.pdf, Kapitel 4: »US Precedents for Europe«, S. 95–107.

5 Vgl. United States Information Agency, *An Outline of American History*, Mai 1994, insbesondere Kapitel 5: »Westward Expansion and Regional Differences: Nullification Crisis«, https://usa.usembassy.de/etexts/history/ch5.htm#nullification.

Dieses Regime gilt bis zum heutigen Tage und hat den US-amerikanischen Föderalismus in der Zeit nach dem Sezessionskrieg stabil gehalten, weil die im vorigen Kapitel beschriebene automatische Schuldenbremse intakt war: Da die Anleger wussten, dass sie das Risiko trugen, waren sie vorsichtig mit dem Geldverleih und verlangten höhere Zinsen, wenn sie die Bonität durch eine exzessive Kreditaufnahme gefährdet sahen. Die steigenden Zinsen wiederum haben den Schuldenappetit der Einzelstaaten verringert und dazu beigetragen, dass die Schulden im Zaum gehalten wurden.

Zuletzt sah man die Wirkungen dieser amerikanischen Schuldenbremse während der Finanzkrise in der Zeit nach dem Lehman-Konkurs. Der Staat Kalifornien hatte damals erhebliche Zahlungsschwierigkeiten und war konkursgefährdet, doch weder der Bund noch irgendwelche anderen Einzelstaaten kamen zu Hilfe. Auch die Federal Reserve Bank (Fed) half nicht, indem sie die Schuldpapiere Kaliforniens auf den Märkten erwarb, denn sie kauft im Gegensatz zur EZB überhaupt keine Staatspapiere der Einzelstaaten. Kalifornien musste sich in dieser Situation selber helfen, indem es seine Ausgaben reduzierte, angemessene Steuereinnahmen bei seinen Bürgern eintrieb und sogar ein eigenes Geld, die sogenannten Registered Warrants, ausgab.

Registered Warrants heißt auf Deutsch in wörtlicher Übersetzung »eingetragene Optionsscheine«. Es handelt sich dabei um anfangs gering und später gar nicht verzinsliche Schuldscheine, die der Staat Kalifornien im Jahr 2009, kurz nach dem Höhepunkt der Lehman-Krise, ausgab, weil er keine Dollars mehr hatte, um damit seine Lieferanten zu bezahlen. Im allgemeinen Sprachgebrauch heißen die Registered Warrants meistens IOUs, lautmalerisch nach »I owe you« (»ich schulde dir«).

Der Inhaber der IOUs hat nicht das Recht, vom Staat eine Auszahlung in Dollars zu verlangen, sondern muss warten, bis der Staat es freiwillig tut. Die IOUs waren aber handelbar und konnten von Privaten untereinander als Zahlungsmittel verwendet werden. Auch der kalifornische Staat akzeptierte die IOUs als Zahlungsmittel für Steuerschulden und öffentliche Gebührenrechnungen. Die IOUs waren also tatsächlich ein Ersatz- oder Notgeld ähnlich den vielen Geldsorten, die deutsche Städte auf eigene Rechnung in der deutschen Hyperinflation Anfang der 1920er Jahre herausbrachten.

Auch Städte werden in den USA nicht gerettet, wenn sie Zahlungsschwierigkeiten haben. Das mussten europäische Investoren, die die hochverzinslichen Schuldscheine der Städte erworben hatten, auf dem Höhepunkt der Finanzkrise immer wieder feststellen. Anfang der 1970er Jahre wurde sogar die

Stadt New York zahlungsunfähig, nachdem Bürgermeister John Lindsay in den 1960er Jahren sozialstaatliche Regeln nach europäischem Muster eingeführt hatte, was eine Armutswanderung aus anderen Bundesstaaten nach New York induzierte, die die Stadt finanziell ruinierte.[6] Der Staat New York kam der Stadt in dieser Situation nicht zu Hilfe, und auch die Bundesregierung unter Gerald Ford zeigte sich knauserig. Im Jahr 1975 wurde die Stadt New York zahlungsunfähig, weil die Banken nicht mehr bereit waren, die Anleihen der Stadt zu refinanzieren. Erst die Beschränkung der Sozialprogramme und die Verpfändung zukünftiger Steuereinnahmen stellte schließlich die Kreditwürdigkeit wieder her.

Neben Kalifornien hatten in den USA auch immer mal wieder einzelne Bundesstaaten Zahlungsprobleme, auch wenn sie deshalb nicht wirklich in Konkurs gingen. So waren auch Minnesota und Illinois während der Finanzkrise angeschlagen. Auch sie mussten harte Einschränkungen bis hin zur Schließung öffentlicher Einrichtungen realisieren, weil sie nicht genug Geld hatten. Natürlich erhielten auch sie keine Zuschüsse vom US-amerikanischen Zentralstaat und konnten nicht darauf hoffen, dass die Fed ihre Papiere kaufte.

Kalifornien, Minnesota, Illinois hatten zuletzt (2020) übrigens Schuldenquoten bezüglich des Bruttoinlandsprodukts von nur 15 % bis 18 %.[7] Man muss diese Quoten mit jenen von Italien und Griechenland vergleichen, die gemäß Abbildung 6.1 bei mehr als 160 % bzw. 200 % liegen, um zu verstehen, wie außergewöhnlich und potenziell gefährlich die Schuldensituation in der Eurozone bereits geworden ist.

Das ist die Lehre aus dem Hamilton-Moment. Die Vergemeinschaftung der Schulden hilft im Moment, weil die Anleger erleichtert sind und eine akute Finanzkrise vermieden wird, doch führt dies zur Erwartung weiterer Vergemeinschaftungsaktionen, die die Schuldenmoral unterminiert und einer noch viel größeren Krise in der Zukunft den Weg bereitet. Es ist wie bei einer Droge: Sie löst Glücksgefühle beim Drogenkonsumenten aus, doch macht sie süchtig und verschlimmert die Situation langfristig. Die schwere Krise, die die USA nach der Schuldensucht durchlebte, die Hamilton hervorgerufen hatte, führte schließlich zur Besinnung und hat das Verhalten nachhaltig verändert.

---

6 Vgl. M. Shefter, *Political Crisis, Fiscal Crisis – The Collapse and Revival of New York City*, Basic Book Publishers: New York 1985.

7 Siehe usgovernmentdebt.us, *State Debt Rank*, https://www.usgovernmentspending.com/state_spending_rank_2020pH0C.

Die Zurückhaltung der Einzelstaaten bei den Schulden, die das Ergebnis einer Haftungsbeschränkung ist, kann als wesentlicher Grund für die Stabilität des US-amerikanischen Föderalismus angesehen werden.

Allerdings ist dieser Föderalismus inzwischen auch durch überbordende Schulden auf der Ebene des Bundes gefährdet, die durch den Kauf der bundesstaatlichen Staatspapiere durch die Fed und deren Zinssenkungspolitik noch gefördert wurden. Die Schulden auf der Ebene des Bundes sind in den USA tatsächlich auch vergemeinschaftet unter den Staaten, denn alle Bürger tragen daran mit. Die USA haben somit bislang nur auf der Ebene der Einzelstaaten ein Mittel gegen die Schuldenkrankheit gefunden, nicht aber auf der Ebene des Bundes. Auch das sollten diejenigen bedenken, die der EU die Möglichkeit geben wollen, sich dauerhaft zu verschulden.

Auch die Schweiz bietet ein Lehrstück für die Segnungen, die ein Verzicht auf eine Vergemeinschaftung von Schulden bringt. Auch dort gilt die strikte Regel, dass der Bund die Schulden der Einzelstaaten im Falle eines Konkurses nicht übernimmt und somit die Gläubiger das Nachsehen haben. Außerdem kauft auch die Schweizer Notenbank nicht die Schuldpapiere der Kantone bzw. der Gliedstaaten. Sie tut es nicht, wenn der Konkurs vor der Tür steht, und auch nicht im Vorhinein, um etwaige Zinsspreads zu vermeiden.

In der Schweiz gilt ähnlich wie in den USA als generelles Prinzip, dass übergeordnete Gebietskörperschaften nicht für die Schulden untergeordneter Gebietskörperschaften aufkommen und folglich die Gläubiger den möglichen Verlust ihrer Forderungen selbst tragen müssen, wenn die Schuldner nicht zahlen können. Das betrifft sowohl das Verhältnis zwischen dem Bundesstaat und den Kantonen als auch das Verhältnis zwischen Kantonen und Gemeinden. Das wurde zuletzt noch einmal mit dem Leukerbad-Urteil des Kantonsgerichts Wallis im Jahr 2003 bekräftigt. Damals hatten die Gläubiger der Gemeinde Leukerbad, die wegen exzessiver Investitionen in Thermalanlagen, Hotels und ein Rathaus in den Konkurs geraten war, ihre Rechnungen an den Kanton Wallis weitergeleitet.[8] Das Kantonsgericht stellte aber eindeutig

---

8   C. Blankart,»Föderalismus, direkte Demokratie und Besteuerung: Eine Theorie der Schweiz«, *ifo Schnelldienst* 64 (12), 2011, S. 13–19; C. Blankart und A. Klaiber,»Was folgt aus Leukerbad? Wider faule Kompromisse in der Gemeindeautonomie«, *Neue Zürcher Zeitung*, Internationale Ausgabe, Nr. 216, 18.9.2003, S. 17; dieselben,»Subnational Government Organization and Public Debt Crises«, *Economic Affairs* 26 (3), 2006, S. 48–54.

fest, dass der Kanton nicht in die Haftung genommen werden konnte und die Gläubiger folglich leer ausgehen würden. Auch dieser Vorfall hat die in der Schweiz gültige Schuldendisziplin bekräftigt und sorgte dafür, dass sich die Gläubiger bei der Frage, wem und wie viel sie Kredit geben wollen, nach wie vor vorsichtig verhalten und somit die finanzielle Stabilität des Landes gesichert bleibt.

Wachstum durch Schulden: Funktioniert der von den Politikern beschworene Münchhausen-Trick?

Politiker lieben Schulden, denn einerseits haben sie dann Geld, um ihre Klientel zu beglücken und die für eine Wiederwahl nötige Dankbarkeit aufzubauen, und andererseits spürt noch niemand die Lasten, da die ja erst in der fernen Zukunft sichtbar werden, wenn die Schulden mit Zins und Tilgung zu bedienen sind. Angst müssen die Politiker allenfalls vor jenen Wählern haben, die diese Zusammenhänge durchschauen, aber die sind nicht gerade zahlreich.

Deshalb lieben Politiker Theorien, und seien sie noch so verquer, die das Schuldenmachen in den Augen der Öffentlichkeit rechtfertigen können, und wenn es keine Theorien sind, dann reichen bisweilen auch semantische und vordergründige Argumentationsmuster, die in der schnelllebigen Welt der elektronischen Medien Anklang finden. Ein solches Argumentationsmuster lautet, dass man Wachstum brauche, und Wachstum lasse sich durch Schulden erzeugen. Mit dem Wachstum sprudelten auch die Steuereinnahmen wieder. Manch einer glaubt wohl gar, dass so viel Wachstum zustande kommt, dass die Wirtschaft den Schulden davonläuft. Wie Münchhausen es tat, könne man sich mithilfe der Verschuldung am eigenen Schopf aus dem Sumpf ziehen, so die implizite These. Es vergeht kaum eine Woche, in der nicht irgendein Politiker in Europa so oder so ähnlich argumentiert.

Richtig ist, dass schuldenfinanzierte Staatsausgaben oder auch schuldenfinanzierte Steuersenkungen die Wirtschaft beleben, und zwar nicht nur dort, wo das Geld zunächst landet, sondern auch in nachgelagerten Wirtschaftszweigen, die indirekt profitieren. Auch stimmt es, dass die Steuereinnahmen aufgrund der Belebung steigen. Das wird in der keynesianischen Multiplikatortheorie überzeugend dargelegt. Insofern kommt es tatsächlich zu etwas Wirtschaftswachstum und zu mehr Steuereinnahmen.

Man darf das Ergebnis aber nicht überinterpretieren, denn der so erzeugte Wachstumshüpfer ist nur kurzfristiger Natur. Er ist rein konjunkturell und rein nachfragegetrieben, weil er nicht die Produktionskapazität, sondern deren Auslastung verbessert. Natürlich stimmt es, dass die Produktionskapazität steigt, wenn der Staat mit dem Schuldengeld Investitionen finanziert. Nur kommt der Anstieg nicht wegen der Schulden, sondern wegen der Investitionen zustande. Die Vergrößerung der Produktionskapazität träte auch dann ein, wenn man die Investitionen mit Steuermitteln oder über eine Kürzung anderer Staatsausgaben finanzieren würde.

Wenn Ökonomen von Wachstum reden – und sie haben dazu umfangreiche Theorien des wirtschaftlichen Wachstums entwickelt –, dann meinen sie damit in aller Regel nicht die kurzfristigen Nachfrageeffekte, die Politiker mit Wachstum verwechseln, sondern in der Tat die Ausweitung der langfristigen Produktionskapazität durch die Akkumulation von Kapital und Wissen. Ein dadurch induziertes Angebotswachstum verlangt die Verlagerung der volkswirtschaftlichen Produktion von Konsumgütern zu Investitionsgütern. Es geht also um Mehrausgaben für Autobahnen, Fabriken, Maschinen, Computer, Schulen und Patente, die durch Minderausgaben für Sozialprogramme, Urlaube, Gaststättenbesuche und andere Konsumgüter inklusive der Dienstleistungen ermöglicht werden. Die Produktion muss umstrukturiert werden von Gütern, die verschwinden, wenn man sie nutzt, hin zu Gütern, die dauerhaften Nutzen abgeben und nicht, oder nur langsam, durch Abschreibungen wieder erodieren. Die Produktionsfaktoren Arbeit, Boden und Kapital, die für alle möglichen Formen von Produktion verwendbar sind, müssen zu diesem Zweck den konsumtiven Sektoren entzogen und den investiven Sektoren der Wirtschaft zugeführt werden. Ein solcher Strukturwandel benötigt viele Jahre.

Der Unterschied zwischen den Proklamationen der Politiker und den Mechanismen der volkswirtschaftlichen Wachstumstheorie liegt also darin, dass Erstere die Ressourcenknappheit negieren und Letztere unter der Voraussetzung der Knappheit formuliert sind, also annehmen, dass man einen Produktionsfaktor zu einer Zeit nur für eine der rivalisierenden Verwendungen – die Herstellung von Konsum- oder Investitionsgütern – einsetzen kann.

Im Übrigen stimmt es nicht einmal für die kurze Frist, dass aufgrund rein keynesianischer Effekte von einer Selbstfinanzierung der Schulden durch ein Wirtschaftswachstum und entsprechend wachsende Steuereinnahmen die Rede sein kann. Die Behauptung hört man immer wieder, aber sie bleibt empirisch wie theoretisch falsch.

Dass sie empirisch falsch ist, folgt schon aus Abbildung 6.1, die ja zeigt, wie die Schuldenquoten in der Eurozone in den letzten Jahren immer weiter stiegen, auch schon vor Corona, während landauf, landab Politiker die Behauptung vertraten, dass man in einer Wirtschaftsflaute mehr schuldenfinanzierte Ausgabenprogramme als Anschub brauche, damit die Wirtschaft in Gang komme und die Schuldenquote anschließend falle. Es folgt auch aus der vollständig falsifizierten These des Ökonomen Arthur Laffer, der um das Jahr 1980 Präsident Reagan hatte weismachen können, durch Steuersatzsenkungen steige das Sozialprodukt so sehr, dass letztlich mehr Steuereinnahmen eingenommen werden könnten.[9] Zwar hatte Laffer nicht keynesianisch argumentiert, doch brachten weder die von ihm zitierten angebotsökonomischen Mechanismen noch keynesianische Mechanismen das erhoffte Resultat. Vielmehr machte die staatliche Schuldenquote der USA einen Riesensatz nach oben. Während sie beim Amtsantritt von Präsident Reagan bei 31 % gelegen hatte, stieg sie bis zu seiner Verabschiedung im Jahr 1989 auf 50 %, obwohl Reagan in der zweiten Amtszeit den Kurs gewechselt und die steuerlichen Bemessungsgrundlagen erhöht hatte, um wenigstens ein bisschen mehr Geld in die Kassen des Staates zu spülen.[10]

Theoretisch ist die Behauptung falsch, weil sie sich nicht einmal aus dem keynesianischen Modell selbst herleiten lässt. Vielmehr lässt sich zeigen, dass es unter der Annahme einer inneren Stabilität des keynesianischen Modellgleichgewichts keine Selbstfinanzierung einer kreditfinanzierten Staatsausgabenerhöhung geben kann.[11] Zwar führt die kreditfinanzierte Erhöhung der Staatsausgaben zu einem Wachstumsschub, und der Wachstumsschub erhöht die Steuereinnahmen, doch niemals tut er das bis zur Höhe der

---

9   A. Laffer, »Government Exactions and Revenue Deficiencies«, *The Cato Journal* 1 (1), 1981, S. 1–21.

10 Federal Reserve Bank of St. Louis, *Federal Reserve Economic Data: Federal Debt: Total Public Debt as Percent of Gross Domestic Product, Percent of GDP, Quarterly, Seasonally Adjusted*, https://fred.stlouisfed.org/series/GFDEGDQ188S.

11 Fast alle ökonomischen und makrophysikalischen Prognosemodelle arbeiten mit stabilen Gleichgewichten, die aufgrund gegenwirkender Kräfte zustande kommen, wie es das keynesianische Lehrbuchmodell tut. Werden jene Parameterkonstellationen für die Stärke der abgebildeten Kräfte ausgeschlossen, die zu explosionsartigen Entwicklungen führen würden, so spricht man von der Anwendung des Korrespondenzprinzips. Parameterkonstellationen, die dem Korrespondenzprinzip nicht genügen, können nur selten beobachtet werden, eben weil sie zu Explosionen führen und dann verschwinden.

zusätzlichen Staatsausgaben.[12] Wird eine solche Politik temporär betrieben, verpuffen die Wirkungen auf das Sozialprodukt alsbald, doch die Schulden bleiben dauerhaft erhöht. Und wird sie permanent betrieben, steigt zwar das Sozialprodukt auf ein dauerhaft erhöhtes Niveau, doch wachsen die Staatsschulden über alle Grenzen. In jedem Fall wächst die Quote der Staatsschulden.

Schneebälle im Urwald und dynamische Ineffizienz

Wenn auch die keynesianische Theorie keine Münchhausen-Strategie erlaubt, so tut es in gewisser Weise aber doch unter ganz bestimmten Voraussetzungen eine bestimmte Spielart der volkswirtschaftlichen Wachstumstheorie. Sie impliziert, dass der Staat sich verschulden soll, das Geld zum Zwecke des Konsums an die Menschen weiterleiten soll, damit weniger investiert wird und sich der reale Kapitalbestand der Wirtschaft im Trend auf ein niedrigeres Niveau hinbewegt. Die Behauptung ist, dass auf diese Weise der Konsum aller Generationen vergrößert werden kann, ohne dass irgendeine Generation das Nachsehen hat. Die Ausgangssituation, die solch einen Münchhausen-Trick erlaubt, nennt der Ökonom »dynamisch ineffizient«, eben weil sich alle Generationen zugleich besserstellen lassen, ohne dass eine das Nachsehen hat. Dynamisch effizient ist demgegenüber ein Wachstum, bei dem zwischen den Generationen ein Zielkonflikt besteht, also mehr Konsum heute weniger Konsum in der Zukunft bedeutet und umgekehrt. Es ist sehr wichtig, sich mit dieser Argumentation vertraut zu machen, denn sie gewinnt in der Politik derzeit immer mehr Anhänger. Wäre sie tragfähig und nicht nur eine theoretische Möglichkeit, dann würde die Staatsverschuldung eine Art Perpetuum mobile bedeuten.

---

12 Den formalen Beweis findet man bei H.-W. Sinn, »Eine Anmerkung zur Selbstfinanzierungsthese und zum keynesianischen Modell«, *ifo Schnelldienst* 67 (23), 2014, S. 3 f. An dem Ergebnis ändert sich qualitativ nichts, wenn man unterstellt, dass die neuen Steuereinnahmen selbst wiederum für weitere Staatsausgaben verwendet werden. Dann tritt zwar der sogenannten Haavelmo-Effekt ein, nach dem das zusätzlich durch die steuerfinanzierten Staatsausgaben nachfrageseitig induzierte BIP gerade um diese Steuereinnahmen höher ist, doch stehen nun keine Steuern zur Finanzierung der anfänglichen Staatsausgabenerhöhung zur Verfügung.

Dynamisch ineffizient ist der Wachstumsprozess, wenn der Zins, nennen wir ihn r, dauerhaft, also bis in alle Ewigkeit, unter der Wachstumsrate der Ökonomie liegt, die g genannt sei, oder ihr allenfalls gleich ist. Ist die Bedingung g ≥ r erfüllt, gibt es viele Möglichkeiten in der Wirtschaft, dauerhaft über die eigenen Verhältnisse zu leben und sich dennoch langfristig keine Finanzierungsprobleme einzuhandeln.

So kann sich der Staat beliebig verschulden und sogar die Zinsen mit neuer Verschuldung bezahlen, ohne dass die staatliche Schuldenquote, also das Verhältnis von Staatsschulden und Sozialprodukt, aus dem Ruder läuft. Der Schuldenbestand wächst dann nämlich langfristig mit einer Rate, die dem Zinssatz r gleicht, und der ist bei der betrachteten Konstellation nicht größer als die Rate g, mit der das Sozialprodukt wächst. Der Staat kommt in dieser wundersamen Welt zu Schuldengeld, das er für seine Belange ausgeben kann, ohne dass jemals Geld für die Bedienung der Schulden nötig ist, sei es durch spätere Steuern oder anderweitige spätere Ausgabenkürzungen.

Wichtig ist, dass die Bedingung g ≥ r dauerhaft gilt. Sie darf zwar kurzfristig, nicht jedoch langfristig verletzt sein, denn dann würde die Schuldenquote schon bald über alle Grenzen wachsen und schließlich in einen Staatskonkurs münden.

Der Begriff der dynamischen Ineffizienz resultiert daraus, dass eine ähnliche Überlegung nicht nur für die Schulden des Staates, sondern für die gesamte Volkswirtschaft gilt. Es ist nämlich nach Meinung der Vertreter dieser Theorie grundsätzlich denkbar, dass eine Volkswirtschaft so viel Kapital akkumuliert hat, dass die Grenzproduktivität des Kapitals dauerhaft unter die Wachstumsrate der Wirtschaft gedrückt wurde. Die Grenzproduktivität des Kapitals ist die interne Verzinsung der schlechtesten, gerade noch rentablen Investitionsprojekte der Realwirtschaft. Wenn viel investiert wurde, sind die guten Projekte schon realisiert, und es bleiben nur noch schlechtere Projekte mit einer niedrigeren internen Verzinsung übrig. Die Grenzproduktivität des Kapitals ist mittelfristig, jenseits kurzfristiger Störungen des Wirtschaftsablaufs, und unter Wettbewerbsbedingungen dem Marktzins gleich. Die Bedingung für dynamische Ineffizienz ist dann also ebenfalls g ≥ r. Es wurde zu viel Kapital akkumuliert, und zwar in dem Sinne, dass es möglich ist, durch den Konsum eines Teils des Kapitalstocks der Wirtschaft nicht nur einmal, sondern dauerhaft mehr zu konsumieren, als es sonst der Fall gewesen wäre. Auch hier ist der Münchhausen-Effekt möglich.

So unglaublich diese Möglichkeit auf den ersten Blick erscheinen mag: Sie ist das Ergebnis einer grundsätzlich seriösen Analyse, wenn auch unter sehr speziellen und letztlich unrealistischen Annahmen.[13] Die Staatsverschuldung ist in einer solchen Welt nicht nur gefahrlos möglich, weil der Schuldendienst leicht zu erbringen ist, wenn der Zins unter der Wachstumsrate liegt. Sie hilft auch, indem sie den Konsum des Kapitalstocks ermöglicht. Sie macht es möglich, dass die Mittel, die die Bürger dem Staat zur Finanzierung seiner Ausgaben zur Verfügung stellen, keine verlorenen Steuern sind, sondern Sparbeträge, für die der Staat Staatspapiere hergibt. Die Bürger fühlen sich reicher, wenn sie außer Acht lassen, dass sie oder ihre Kinder für die Schulden später einmal selbst werden aufkommen müssen, und werden deshalb mehr konsumieren. Der Mehrkonsum heute führt nicht zu späterem Minderkonsum, eben weil die Wirtschaft in der Ausgangslage dynamisch ineffizient ist.

Dabei bedeutet der Konsum des Kapitalstocks natürlich nicht, dass jemand Maschinen isst, sondern dass man Ersatzinvestitionen zur Kompensation von Abschreibungen unterlässt und die dadurch freigesetzten Produktionsfaktoren, also Arbeit, Boden und Kapital, für die Herstellung von zusätzlichen Konsumgütern nutzt.

Mit gewissen Einschränkungen kann man die zunächst abstrus klingende Theorie vom Konsum durch Konsum verstehen, wenn man den Urwald mit einer nachhaltigen Forstwirtschaft vergleicht. Der Vergleich hinkt ein wenig, weil bei beiden Waldformen der Baumbestand im Sinne der Masse an Holz auf einer gegebenen Fläche im Zeitablauf konstant bleibt, es also im Aggregat aller Bäume gar kein Wachstum gibt, somit g = 0 gilt. Dennoch ist er aufschlussreich.

---

13 Siehe E. Phelps, »The Golden Rule of Accumulation: A Fable for Growthmen«, *The American Economic Review* 51(4), 1961, S. 638–643; C. C. von Weizsäcker, *Wachstum, Zins und optimale Investitionsquote*, Kyklos-Verlag: Basel 1962. In neuerer Zeit wurde die Theorie des ineffizienten Wachstums in konkrete wirtschaftspolitische Vorschläge umgemünzt. So hat vor allem C. C. von Weizsäcker die Meinung vertreten, dass Staatsschulden ein sinnvolles Politikinstrument zur Verringerung eines übergroßen Kapitalstocks der Wirtschaft seien. Siehe C. C. von Weizsäcker, *Public Debt: Just in Case*, Power-Point-Vortrag an der Universität Dortmund, Max Planck Institut, Bonn, 15. Juni 2009; derselbe, »Public Debt Requirements in a Regime of Price Stability«, *Preprints of the Max Planck Institute for Research on Collective Goods* 20, 2011, Bonn; derselbe und H. Krämer, *Sparen und Investieren im 21. Jahrhundert: Die große Divergenz*, Springer: Wiesbaden 2019. Vgl. auch O. Blanchard, »Public Debt and Low Interest Rates«, *American Economic Review* 109, 2019, S. 1197–1229.

Im Urwald vermodert stets so viel Holz wie nachwächst, und in der Forstwirtschaft wird stets so viel Holz geschlagen wie nachwächst. Die stehende Masse ist jedoch im Urwald größer als in der Forstwirtschaft, weil der größte Ernteertrag erzielt wird, wenn der Wald gut ausgelichtet und von schadhaftem Holz befreit ist. Der Übergang vom Urwald zur Forstwirtschaft bedeutet deshalb nicht nur, dass man nachwachsendes Holz, das sonst vermodert wäre, jedes Jahr schlagen kann, sondern auch, dass die überflüssige Masse an stehendem Holz bei der ersten Kultivierung des Waldes unmittelbar verfügbar wird.

Die Grenzproduktivität des Kapitals im Sinne der zusätzlichen Holzernte aus der letzten Einheit an Holzmasse, die dauerhaft stehen bleibt, ist im Urwald negativ, $r < 0$, weil erst die Verminderung dieser Masse eine jährliche Holzernte ermöglicht. Solange sie trotz eines Holzeinschlags negativ bleibt, kann der bestandsvermindernde Holzeinschlag zum Nutzen des Forstbesitzers fortgesetzt werden, und erst wenn r gerade leicht positiv geworden ist, stoppt der kluge Forstwirt die Bestandsverminderung. Danach hält er seine jährliche Ausbeute auf einem Niveau, das immer wieder nachwächst.

Die Wachstumsraten des Holzbestandes und auch des Holzeinschlags sind nach der erfolgreichen Auslichtung des Forstes wieder null wie im Urwald. So gesehen ist der Vergleich zwischen dem Urwald und der Forstwirtschaft ein Spezialfall der Theorie, nach der eine Grenzproduktivität des Kapitals, die dauerhaft unter der Wachstumsrate liegt, eine dauerhafte Konsumerhöhung durch den anfänglichen Konsum eines Teils des Kapitalstocks (der Holzmasse) ermöglicht und selbst im Grenzfall $r = g$ noch schadlos möglich ist. In diesem Grenzfall führt ein weiterer anfänglicher Holzeinschlag zwar nicht mehr zu einer dauerhaften Steigerung der jährlichen Ausbeute, doch auch nicht zu einer Verminderung. Effizient ist die Forstwirtschaft erst dann, wenn es einen Zielkonflikt zwischen heutiger und zukünftiger Ausbeute gibt. Das ist erst dann der Fall, wenn der Bestand des Waldes so klein ist, dass $r > g = 0$ geworden ist. Der Münchhausen-Effekt ist möglich, aber eben nur, wenn diese Bedingung verletzt ist.

Aus der bloßen Möglichkeit der dynamischen Ineffizienz folgt nicht, dass die dazu nötigen Bedingungen in der Realität tatsächlich erfüllt sind, denn die Wirtschaft von heute ist kein Dschungel, sondern eine funktionierende Marktwirtschaft. Der Unterschied ist entscheidend, denn grundsätzlich ist eine Marktwirtschaft effizient, weil die Gewinnmöglichkeiten, die aus der Überwindung von Ineffizienzen resultieren, bereits ausgenutzt sind. Es liegen keine Euroscheine am Boden herum, ohne dass sie jemand aufhebt. Das ist eine tiefere Weisheit der volkswirtschaftlichen Allokationstheorie, die aus den sogenannten Hauptsätzen der Volkswirtschaftslehre folgt, für deren allgemeinen mathematischen Beweis Kenneth Arrow im Jahr 1972 sowie Gerard Debreu 1983 den Nobelpreis für ökonomische Wissenschaften erhielten.[14] Die Theorie von Arrow und Debreu wird zwar meistens im Sinne intersektoraler, statischer Allokationsprobleme interpretiert, die gelieferten Beweise gelten aber grundsätzlich auch im Hinblick auf die Aufteilung des Konsums im Zeitablauf und generell für intertemporale Allokationsprobleme in einer wachsenden Marktwirtschaft.[15] So wie die Forstwirtschaft den Urwald abgelöst hat und heute weitere Effizienzgewinne von der beschriebenen Art ausschließt, weil sie längst erzielt worden sind, so gibt es heute auch grundsätzlich keine dynamischen Effizienzgewinne im Wachstumszusammenhang von komplexen wettbewerblichen Volkswirtschaften mehr.

Wenn nämlich die Bedingungen der dynamischen Ineffizienz im Sinne von $g > r < g$ stabil vorlägen, so könnten Investoren sehr reich, theoretisch unendlich reich werden, wenn sie ihr Geld statt in Finanzprodukte in Grund und Boden anlegen würden. Letzteres verspricht nämlich eine jährliche Pacht, die in Proportion zur gesamten Volkswirtschaft, also mit der Rate g wächst,

---

14 Siehe The Nobel Prize, *The Sveriges Riksbank Prize in Economic Sciences in Memory of Alfred Nobel 1972* und *1983*, https://www.nobelprize.org/prizes/economic-sciences/1972/summary/ sowie https://www.nobelprize.org/prizes/economic-sciences/1983/summary/ und die dort zitierte Literatur. Relevant ist hier insbesondere der erste Hauptsatz der Wohlfahrtstheorie, nach dem ein Wettbewerbsgleichgewicht in der Marktwirtschaft grundsätzlich Pareto-effizient ist. Vereinfacht ausgedrückt heißt das, dass aus dem vorhandenen Bestand an natürlichen Ressourcen im weitesten Sinne ein Maximum an Sozialprodukt erzielt werden kann. Präziser heißt es, dass sämtliche Ineffizienzen, die aus einer suboptimalen Verwendung der Ressourcen resultieren, ausgemerzt sind, so dass es nicht möglich ist, eine Person besserzustellen, ohne eine andere schlechterzustellen, und sich die Wirtschaftspolitik nur noch mit Verteilungskonflikten beschäftigen muss. Die Theorie ist nicht als Apologie des Kapitalismus gemeint, sondern als gedanklicher Bezugspunkt für die Wirtschaftspolitik, wenn Marktfehler als Folge von Externalitäten, Marktmacht, Informationsasymmetrien und anderen Allokationsproblemen identifiziert werden können.

15 Für den formalen Nachweis in einem dynastischen Modell, in dem zukünftige Generationen nicht vom Himmel fallen, sondern die Nachfahren der jeweiligen ökonomischen Entscheidungsträger sind, die sich jeweils um das Wohl ihrer Kinder sorgen, siehe H.-W. Sinn, »Capital Income Taxation, Depreciation Allowances and Economic Growth: A Perfect Foresight General Equilibrium Approach«, *Zeitschrift für Nationalökonomie* 41, 1981, S. 295–305; derselbe, »Taxation, Growth, and Resource Extraction: A General Equilibrium Approach«, *European Economic Review* 19, 1982, S. 357–386, sowie A. Abel und O. Blanchard, »An Intertemporal Equilibrium Model of Saving and Investment«, *Econometrica* 51, 1983, S. 675–692.

die höher ist als der Zins r. Die Bereitschaft, Boden zu ersteigern, wäre unbegrenzt, so dass die Bodenpreise und das Vermögen der Volkwirtschaft unendlich hoch wären und der Konsum daraus auch. Jeglicher Kapitalüberhang wäre daher längst wegkonsumiert, bevor ein extrem hoher Reichtum überhaupt zustande kommen könnte, mit der Folge, dass die Kapitalverknappung den Zins und die Grenzproduktivität des Kapitals schon längst bis auf ein Niveau hochgetrieben hätten, bei dem dynamische Effizienz herrscht, also r > g.

Diesen Widerspruchsbeweis hat schon 1967 der amerikanisch-schweizerische Volkswirt Jürg Niehans geliefert, dessen Analyse später von Stefan Homburg im Rahmen eines expliziten Wachstumsmodells weiterentwickelt wurde.[16] Es ist hier nicht der Ort, die weiteren Verästelungen der Argumente bei der Diskussion des Niehans-Arguments zu verfolgen. Der interessierte Leser mag dazu die weiterführende Literatur studieren.[17]

Das Hauptproblem bei der Annahme der dynamischen Ineffizienz ist die Frage, wie lange eine vielleicht einmal beobachtbare Konstellation g ≥ r gilt. Es reicht nämlich keinesfalls, dass sie temporär gilt. Vielmehr muss sie auch ganz langfristig gelten, um die dynamische Ineffizienz zu begründen. Für die Zukunft existieren aber naturgemäß keinerlei empirische Daten. Insofern ist die Vermutung der dynamischen Ineffizienz des wirtschaftlichen Wachstums eine reine Spekulation, die sich empirisch grundsätzlich nicht belegen lässt, weil die Empirie immer nur vergangene Perioden beobachten kann.

Wenn in der Gegenwart der Zins null oder negativ ist, mag man glauben, wie es offenbar viele tun, die Theorie gebe dem Staat einen Freifahrtschein für

16 J. Niehans, »Eine vernachlässigte Beziehung zwischen Bodenpreis, Wirtschaftswachstum und Kapitalzins«, *Schweizerische Zeitschrift für Nationalökonomie und Statistik* 102, 1966, S. 195–200; St. Homburg, *Efficient Economic Growth*, Springer: Wiesbaden 1992. Für eine Verallgemeinerung der Theorie von Niehans für den Fall von Transaktionskosten sowie den Fall von Enteignungsrisiken für Boden und Realkapital, die sich bei gleichen Risiken die Waage halten, vgl. H.-W. Sinn, »Staatsverschuldung und dynamische Ineffizienz« ..., a.a.O., Abschnitt »Enteignungswahrscheinlichkeit und Transaktionskosten«.
17 Vgl. z. B. C. C. von Weizsäcker und H. Krämer, *Sparen und Investieren* ..., a.a.O., Kapitel 5: »Boden«, und H.-W. Sinn, »Staatsverschuldung und dynamische Ineffizienz: Warum der Münchhausen-Trick nicht funktioniert«, *Wirtschaftsdienst – Zeitschrift für Wirtschaftspolitik* 8, 2020, S. 572–576, https://www.hanswernersinn.de/de/wirtschaftsdienst-staatsverschuldung-dynamische-ineffizienz-13082020. Angeregt von O. Issing haben von Weizsäcker und Sinn ihre Sichtweisen bei der Vorstellung des Buches von v. Weizsäcker und Krämer am Center for Financial Studies in Frankfurt am Main am 27. Februar 2020 dargelegt. Das Veranstaltungsvideo ist abrufbar unter https://video.uni-frankfurt.de/Mediasite/Play/843748d08f-da40cd878bbaf1e144b8501d. Von Weizsäckers Darlegungen beginnen bei Minute 6:10 und Sinns bei Minute 45:55.

eine große Schuldenreise. Davon kann aber nicht die Rede sein, denn die exzessive Verschuldung würde dem Staat und damit den Steuerzahlern auf die Füße fallen, wenn sich die Zinssituation irgendwann wieder normalisiert oder das Wachstum erlahmt, wenn nicht gar in eine Schrumpfung umschlägt. Das ist insbesondere in Deutschland zu erwarten. Wegen des fehlenden Nachwuchses altert die deutsche Bevölkerung sehr schnell. Außerdem hat sich auch im politischen Umfeld ein neuer Zeitgeist verbreitet, der das wirtschaftliche Wachstum aus Umweltgründen ablehnt. Der bereits in Deutschland beschlossene Totalausstieg aus sämtlichen fossilen Brennstoffen nebst der Kernkraft könnte das Seine tun, dieses Ergebnis herbeizuführen, also das Wachstum zu beenden oder die Wirtschaft sogar schrumpfen zu lassen. Es verblüfft, dass Politiker, die solche Vorstellungen für richtig halten, zugleich häufig jene sind, die die Schwarze Null ablehnen und einer erhöhten Staatsverschuldung das Wort reden, obwohl sie wissen müssen, dass in der von ihnen angestrebten Welt keine Chance besteht, dass das Sozialprodukt den Schulden jemals wird davonwachsen können.

Auch theoretisch ist es vollkommen klar, dass aus der Beobachtung einer augenblicklichen Zins-Wachstums-Konstellation, die für dynamische Ineffizienz spricht, nichts, aber auch gar nichts dafür spricht, dass diese Konstellation langfristig erhalten bleibt. So lässt sich zeigen, dass eine sich auch im Übergang zu einem langfristigen Wachstumsgleichgewicht effizient entwickelnde Wirtschaft, die den von Arrow und Debreu formulierten Hauptsätzen der Wirtschaftstheorie genügt, auch wenn sie in einer Situation g > r startet, langfristig stets in die Konstellation r > g übergeht, die dynamische Effizienz impliziert und keinerlei Maßnahmen zur Kapitalvernichtung braucht. Diese Wirtschaft würde den Konsum ohnehin schon zu Anfang hinreichend hoch- und die Investitionen hinreichend herabsetzen, so dass der Zins nach einiger Zeit wieder dauerhaft über der Wachstumsrate liegt.[18] Der Mithilfe des sich verschuldenden Staates bedarf eine solche Wirtschaft nicht.

Auch daraus folgt, dass eine verantwortliche Politik sich auf diese theoretischen Gedankenspiele nicht einlassen sollte, sondern den sehr wahrscheinlichen Zielkonflikt zwischen heutigen Wohltaten und langfristigen Lasten einer Staatsverschuldung niemals aus dem Augen lassen darf. Angesichts der Verantwortung vor den zukünftigen Generationen, die heute so häufig zu Recht betont wird, ist es wichtiger denn je, dass die heute entscheidenden Menschen

---

18 H.-W. Sinn, »Capital Income Taxation, Depreciation Allowances and Economic Growth: A Perfect Foresight General Equilibrium Approach«, a.a.O., 1981.

sich bemühen sollten, ihren Kindern und Kindeskindern keine Hypothek zu überlassen. Das gilt nicht nur im Hinblick auf die Umweltqualität, sondern auch bezüglich der Staatsschulden und der Qualität des über Generationen vom Munde abgesparten Kapitalstocks der Volkswirtschaft.

Spitzeder, Ponzi, Madoff & Co.

Die Bedeutung der langen Frist für die fast zauberhafte Möglichkeit, den Schulden durch Wachstum davonzueilen und auch noch die Zinsen durch neue Schulden finanzieren zu können, zeigen historische Beispiele erfolgloser Spekulanten. Die Erste, die versucht hat, ein solches Perpetuum mobile der Dauerverschuldung zu erzeugen, war vermutlich die Münchnerin Adele Spitzeder. Sie hatte 1869 eine Bank gegründet, die deutlich mehr Zinsen auf Ersparnisse zahlte als andere Banken. Sie erwirtschaftete diese Zinsen aber nicht durch den Verleih des Geldes für irgendwelche produktiven Investitionen, wie es die anderen Banken taten, sondern gewann sie stets vor allem aus den Einzahlungen neuer Kunden, die ihr immer mehr Geld anvertrauten. Sie wäre nie in der Lage gewesen, die versprochenen Zinsen durch echte Investitionen zu verdienen, doch da stets mehr neue Kunden Geld einzahlten, als alte zu bedienen waren, ging ihre Rechnung einige Jahre auf, zumal die Mundpropaganda dafür sorgte, dass die Bank immer populärer wurde. Manche Bauern im Münchner Umfeld verkauften oder verpfändeten ihre Höfe, um Geld bei der Spitzederschen Bank anlegen zu können.

Theoretisch funktioniert auch ein Schneeballsystem, wie es Adele Spitzeder entwickelte, unter der Annahme, dass das Geschäftsvolumen in Form der neuen Einzahlungen mit einer Rate g wächst, die größer ist als der auf die Einlagen der Kunden gezahlte Zins r. Die zentrale Bedingung ist also dieselbe wie jene für die gefahrlose Staatsverschuldung oder den Konsum durch Konsum bei dynamisch ineffizientem Wachstum. Der Münchhausen-Effekt funktioniert dann und nur dann, wenn ein dauerhaftes Wachstum oberhalb des Zinses gesichert ist. Daran haperte es aber auch bei Adele Spitzeder.

Ihr Trick flog auf, als die Neukunden ausblieben und viele Altkunden gleichzeitig ihr Geld zurückhaben wollten. Da war es aus mit dem Wachstum, und es zeigte sich, dass die Spitzedersche Bank keinerlei Gegenwerte besaß, mithilfe derer es möglich gewesen wäre, die Zinsverpflichtungen zu erfüllen. Adele Spitzeder verlor ihre Banklizenz und kam ins Gefängnis.

Der Konkurs der Spitzederschen Bank setzte im November 1872 ein. Zu dem Zeitpunkt kriselte es auch an den Börsen, die kurz danach, im Mai 1873, kollabierten und den großen »Gründerkrach« auslösten. Die Einführung von Aktiengesellschaften mit der ihnen eigenen Haftungsbeschränkung hatte auch im Rest der Wirtschaft viele windige Geschäftsmodelle ermöglicht und durch den eifrigen Handel mit Vermögensobjekten verschiedenster Art Bewertungsblasen hervorgebracht, die Scheingewinne und scheinbares Eigenkapital in den Bilanzen erzeugten. Aufgrund der gestiegenen Anlagewerte gelang es den Aktiengesellschaften, sich mehr zu verschulden und zu echtem Geld zu kommen, das man anschließend an die Aktionäre ausschütten und so in Sicherheit bringen konnte. Im Grunde waren in dieser Phase viele Unternehmen mit ähnlichen Tricks unterwegs wie Adele Spitzeder, wenngleich sie weniger dreist und offenkundig vorgingen.

Es war die Zeit des Kasino-Kapitalismus. Die Spitzedersche Bank war ein besonders extremes Beispiel der Risikospiele, die viele Unternehmen unter dem Einfluss der Haftungsbeschränkung auf das eingesetzte Kapital betrieben, die eine Aktiengesellschaft kennzeichnet. Sie war längst nicht eine so singuläre Erscheinung, wie man es zunächst meinen könnte, denn die fehlende Regulierung der Firmen und die nachlässige Aufsicht über die Buchführung brachten in dieser Zeit viele Glücksritter mit windigen Geschäftsmodellen hervor.[19]

Auch später in der Geschichte hat es immer mal wieder Privatbanken und Investmentgesellschaften gegeben, die ähnlich verwegen agierten. In den USA flog z. B. in den frühen 1920er Jahren der Bankier Charles Ponzi mit einem ähnlichen Trick auf wie Adele Spitzeder. Deshalb hat sich in der angelsächsischen Literatur der Begriff Ponzi-Spiel für die Art von Trick eingebürgert, wie ihn Adele Spitzeder nutzte. In jüngerer Zeit (2009) machte der Bankier Bernard L. Madoff mit seiner Spielart des Münchhausen-Tricks von sich reden.

Die Kernidee auch dieser Betrüger war, die Einzahlungen der Kundschaft durch eifrige Werbung mit einer Rate g wachsen zu lassen, die höher war als der Zins r, den man anbot. Solange diese Konstellation gewährleistet war, waren ihre Bank oder ihr Fonds solvent, konnte die Zinsverpflichtungen erfüllen und dennoch einen wachsenden Gewinn verbuchen. Immer jedoch scheiterte die Unternehmung letztendlich daran, dass die Zahl der Neukunden

---

19 Vgl. H.-W. Sinn, *Kasino-Kapitalismus: Wie es zur Finanzkrise kam, und was jetzt zu tun ist*, Econ Verlag: Berlin 2009.

nicht schnell genug wachsen konnte, weil nach dem Gesetz des exponentiellen Wachstums schon nach relativ kurzer Zeit das Reservoir der potenziell interessierten Kunden erschöpft war.

Bei jeder Spekulation auf steigende Kurse beobachtet man im Grunde ähnliche Effekte. Schnell steigende Kurse locken neue Anleger, deren Käufe halten die Kurssteigerungen aufrecht oder beschleunigen sie noch, und das lockt wiederum neue Käufer an. Solange die Schar der Anleger und mit ihr die Anlagesumme mit einer Rate g wächst, die den Marktzins r übersteigt, geht das Spiel weiter, doch wenn mit dem Wachstum irgendwann Schluss ist, weil sich die zur Anlage verfügbaren Mittel erschöpfen, kommt der Kollaps, wenn nicht Konkurs. Es bricht Panik unter den Anlegern aus, und die Kurse stürzen in sich zusammen. Spekulationsblasen sind deshalb auch nichts viel anderes als die Tricks der Spitzeders, Ponzis, Madoffs und wie sie alle heißen.

Jenen Zweig der volkswirtschaftlichen Theorie, der die These vom Konsum durch Konsum und vom ewigen Glück durch Verschuldung verspricht, in irgendeiner Weise in eine anrüchige Kiste zu stecken, wäre freilich verfehlt. Er unterstellt natürlich keine Betrüger und will auch nicht zum Betrug verleiten.

Stattdessen unterstellt er Grundkräfte des Wachstums, die in einer Bevölkerungsvermehrung und dauerndem technischen Fortschritt liegen und auf diese Weise ein dauerhaftes Wachstum oberhalb des Zinssatzes versprechen. Und er unterstellt gravierende Defekte des marktwirtschaftlichen Prozesses, die in einer fundamentalen dynamischen Ineffizienz münden, die von den Marktakteuren noch nicht ausgenutzt wurde, obwohl sich riesige Gewinnmöglichkeiten bieten. Das sind dann allerdings doch recht strenge und im Kern unrealistische Annahmen – Annahmen, die von einem fundamentalen Wachstumsoptimismus ausgehen und nicht so recht passen wollen in eine Welt der zunehmenden Knappheit an natürlichen Ressourcen inklusive der Knappheit eines schadlos verfügbaren Deponieraums für CO_2 in der Atmosphäre.

Geldschwemme oder Sparschwemme?

Ungeachtet der sehr grundsätzlichen und theoretischen Erwägungen des letzten Abschnitts stellt sich die Frage, warum die Zinsen heute null oder negativ sind, während die Wirtschaft bisweilen noch ein bisschen wächst, so dass man fast den Eindruck haben könnte, dass zumindest temporär die Wachstumsrate über dem Zins liegt, also g > r gilt.

Dabei muss man aber berücksichtigen, dass man die dort vorgenommene Gleichsetzung von Zins und Grenzproduktivität des Kapitals im Sinne der internen Rendite realer Investitionen in einer Firma, die für abstrakte theoretische Analysen beliebt ist, nicht allzu wörtlich nehmen darf. Sie passt annähernd für einen langjährigen Durchschnitt, doch nicht immer in jeder Phase der Entwicklung einer Wirtschaft, schon gar nicht in einer akuten Krise wie der heutigen. Den Marktzins für Kredite muss man bei genauerer Analyse von der Grenzproduktivität des Kapitals unterscheiden.

Mit dieser Unterscheidung im Blick kommen zwei Erklärungen für die niedrigen Kreditzinsen infrage. Die eine lautet, dass es in der alternden westlichen Welt eine Sparschwemme gab, die über lange Jahre eine Überinvestition von Kapital bewirkte, aufgrund derer die Ertragskraft der Unternehmen immer mehr gefallen ist, weil die guten Investitionsprojekte schon abgearbeitet waren. Die Zentralbanken hätten sich daran anpassen müssen und hätten deshalb den Zins im Gleichschritt mit der fallenden Ertragskraft gesenkt. Die aufgrund der Überinvestition abnehmende interne Rendite der Unternehmen sei der hauptsächliche Grund für einen langfristigen Zinsrückgang weltweit, der sich nun seit den 1980er Jahren zeigt. Diese Erklärung hat der ehemalige US-amerikanische Zentralbankpräsident Ben Bernanke vertreten, der dafür den Begriff der Savings Glut, eben der Sparschwemme einführte.[20]

Manch einer fühlt sich dabei an die alte These vom »Gesetz des tendenziellen Falls der Profitrate« erinnert, mit der Karl Marx vor eineinhalb Jahrhunderten die Welt in Aufruhr versetzte. Danach gebe es im Kapitalismus einen

---

20 B. S. Bernanke, *The Global Saving Glut and the U.S. Current Account Deficit*, The Federal Reserve Board, Sandridge Lecture, Virginia Association of Economists, Richmond, Virginia, 10. März 2005, https://www.federalreserve.gov/boarddocs/speeches/2005/200503102/. Vgl. auch C. C. von Weizsäcker, »Public Debt Requirements in a Regime of Price Stability«, a.a.O.; derselbe, »Das Janusgesicht der Staatsschulden«, *Frankfurter Allgemeine Zeitung*, 4.6.2010, S. 12; L. Summers, »U.S. Economic Prospects: Secular Stagnation, Hysteresis, and the Zero Lower Bound«, *Business Economics* 49 (2), 2014 S. 65–73, https://link.springer.com/article/10.1057/be.2014.13; C. C. v. Weizsäcker und H. Krämer, *Sparen und Investieren ...*, a.a.O.; Th. Mayer und G. Schnabl, »Reasons for the Demise of Interest: Savings Glut and Secular Stagnation or Central Bank Policy?«, *CESifo Working Paper* 7954, November 2019, https://www.cesifo.org/en/publikationen/2019/working-paper/reasons-demise-interest-savings-glut-and-secular-stagnation-or; H.-W. Sinn, »Forget Inflation«, *Project Syndicate*, Februar 2009 (in 15 Sprachen übersetzt und erschienen in den nationalen Tageszeitungen).

unveränderlichen säkularen Trend zu immer weiter fallenden Kapitalrenditen, in dessen Abfolge immer gravierender werdende Krisen schließlich zum Untergang des kapitalistischen Systems führen werden.[21]

Die andere Erklärung für die niedrigen Zinsen ist die Geldschwemme, die durch die Zentralbanken selbst ausgelöst wurde. Dazu zählt einerseits die Senkung der Notenbankzinsen für kurzfristige Refinanzierungszinsen, die die US-Notenbank seit dem Jahr 1982 über viele weitere Jahre hinweg schrittweise vollzog. Diese Senkung hatte nichts mit irgendwelchen fundamentalen Kräften der Wirtschaft zu tun. Vielmehr war sie einfach nur das Gegenstück zu den gewaltigen Zinserhöhungen bis auf 18 % und mehr, die der 1979 ins Amt gekomme Notenbankchef Paul Volcker vollzogen hatte, um den Inflationstrend zu brechen, der in den USA aufgrund der von der OPEC verursachten Ölkrisen in den 1970er Jahren zustande gekommen war.

Andererseits handelte es sich dabei um später bewusst von den Notenbanken vorgenommene Maßnahmen im Zuge des sogenannten Quantitative Easing, die das Ziel hatten, die langfristigen Zinsen zu senken, um die Kurse der Aktien und langfristigen Wertpapiere zu stützen und die Banken in der Krise vor Kursverlusten zu schützen oder sie sogar durch Kursgewinne mit neuem Eigenkapital auszustatten. Das Quantitative Easing wurde bereits ab dem Jahr 2001 in Japan und dann auch in anderen Teilen der Welt, so vor allem den USA und Europa, vorgenommen. Dabei handelt es sich um längerfristige Refinanzierungskredite zu niedrigen Zinsen sowie vor allem um den Kauf langfristiger Wertpapiere inklusive langfristiger Staatspapiere. Dass es solch eine Geldschwemme auch in Europa gab, wurde ja in den vorigen Kapiteln schon dargelegt. Man vergleiche insbesondere Abbildung 5.1. Im nächsten Kapitel (Abbildung 8.3) wird gezeigt, dass die Geldschwemme in Europa wesentlich stärker und voluminöser war als in den USA. Auch die Kapitel 12 und 13 gehen auf die Situation in den USA und Japan näher ein. Die Geldschwemme hat den Kreditzins gedrückt, doch nicht die Ertragskraft der Unternehmen.

---

21 K. Marx, Das Kapital: Kritik der politischen Ökonomie, Band III, Buch III: Der Gesamtprozeß der kapitalistischen Produktion, posthum hrsg. von F. Engels, in: *K. Marx, F. Engels, Werke*, Band 25, Berlin 1970. Für eine kritische Diskussion dieser Theorie vgl. H.-W. Sinn, »Das Marxsche Gesetz des tendenziellen Falls der Profitrate«, *Zeitschrift für die gesamte Staatswissenschaft* 131, 1975, S. 646–696.

Beide Erklärungen – die Sparschwemme und die Geldschwemme nach dem einmaligen und extremen Hochzinsgipfel der US-Notenbank Anfang der 1980er Jahre – haben ihre Berechtigung. Je nach Blickwinkel und betrachteter Zeitspanne können sie Teilaspekte der Zinsentwicklung der letzten 50 Jahre erklären. Für die Jahre nach der Lehman-Krise, der die Eurokrise folgte, gibt die These von der Sparschwemme jedoch nicht viel her, denn nach ihr müssten ja die Zinssenkungen auf null und in den negativen Bereich das Ergebnis negativer Ertragsraten des Realkapitals sein, der die Notenbanken nur gefolgt sind. Wenn das so wäre, hätten aber die Aktienkurse in dieser Zeit nicht nur für die überteuerten Länder des Mittelmeerraums fallen müssen. Vielmehr hätte man ganz allgemein in der Welt eine Tendenz zu fallenden Aktienkursen beobachten müssen, die durch die Zinssenkungen der Notenbanken notdürftig abgebremst würden.

Aktienkurse entstehen durch den Portfolio-Vergleich der Anleger. Die Anleger wählen u. a. zwischen festverzinslichen Anlagen und Aktien. Welcher Anlageform die Vermögensbesitzer mehr Interesse schenken, hängt letztlich von den Erwartungen an die Ertragskraft der Unternehmen und vom Zins alternativer Anlageformen ab, der von der Notenbank gesteuert wird. Verdüstern sich die Ertragserwartungen, so fällt der Aktienkurs, weil die Anleger ihre Portfolios von Aktien auf festverzinsliche Anlagen umschichten wollen. Fällt stattdessen der Zins für alternative Investitionsprojekte, steigt bei gegebenen Ertragserwartungen der Aktienkurs, weil die Anleger aus diesen Projekten fliehen und ihr Vermögen in Aktien umschichten wollen.

Die Frage, ob in den letzten Jahren eine Geldschwemme oder eine Sparschwemme dominierte, kann deshalb an der Entwicklung der Aktienkurse abgelesen werden. Handelte es sich beim Zinsverfall der letzten Jahre um ein realwirtschaftliches Phänomen mit immer schlechteren Ertragserwartungen für die Unternehmen, müssten die Aktienkurse fallen. Stiegen hingegen die Kurse bei fallendem Zins, so spricht viel dafür, dass der Zins der Auslöser war. Und entwickelten sich die Aktienkurse seitwärts, dann haben sich Ertragskraft und Zinsen im Gleichschritt entwickelt.

Tatsächlich stiegen die Aktienkurse rasant, wie Abbildung 7.1 anhand des deutschen Index für den Aktienkurs (DAX) und seines US-amerikanischen Pendants (S&P) verdeutlicht. Die Werte sind jeweils so normiert, dass sie zur Mitte des Jahres 2008, also kurz vor dem Lehman-Crash, den Wert 100 annehmen.

Abbildung 7.1: Die Entwicklung der Aktienkurse (bis Ende August 2021)

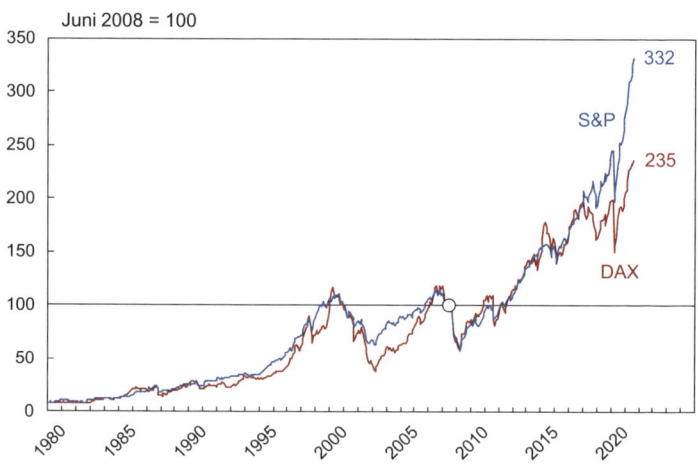

Quellen: Deutsche Börse; S&P Dow Jones Indices.

Offenbar waren beide Aktienindizes in der Vergangenheit starken Schwankungen unterworfen. Man sieht deutlich die Dotcom-Blase im Jahr 2000 und die Blase kurz vor dem Lehman-Crash. Doch erkennt man auch, dass die Kurse in der Krise, als die Zinsen immer weiter fielen und schließlich sogar in den negativen Bereich gedrückt wurden, in die Höhe schossen. (Zu den Zinsen vergleiche man Abbildung 2.1 oder auch die in den kommenden Kapiteln dargestellten Abbildungen 8.2 und 10.1.)

Dieses Phänomen lässt keinen anderen Schluss zu, als dass die treibende Kraft für den Zinsrückgang bei den Zentralbanken lag. Die apologetische These der Zentralbanker, sie hätten sich mit den Zinssenkungen nur den realen Verhältnissen angepasst, lässt sich also für die Zeit der Geldschwemme beim besten Willen nicht mehr aufrechterhalten. Wenn die Zinssenkungen nur den Trend zu einer fallenden Ertragskraft mit ihren Zinsen begleitet hätten, hätte es die Aktienhausse während der Krisenjahre nicht geben können. Da auch der Abstieg vom Zinsgipfel, den Paul Volcker mit seiner Anti-Inflationspolitik in den 1980er Jahren erzeugt hatte, nicht zu der These von der Sparschwemme passt, kann es sich dabei allenfalls um eine Zwischenphase handeln, die von den Protagonisten dieser Theorie spezifiziert werden sollte, wenn sie ihre Position verteidigen wollen.

Somit spricht wenig für die These, dass das niedrige Zinsniveau der letzten Jahre als Beleg dafür angesehen werden kann, dass die Volkswirtschaften des Westens unter einem dynamisch ineffizienten Wachstum leiden, also einer Krankheit, die auf dem Wege eines großflächigen Verbrauchs des volkswirtschaftlichen Investitionskapitals durch eine staatliche Verschuldungspolitik für Konsumzwecke geheilt werden kann.

Warum Politiker Schulden lieben und warum linke Politiker das ganz besonders tun

Politiker lieben Schulden und alle Theorien, die sie rechtfertigen, weil sie mit dem Schuldengeld Wahlgeschenke verteilen, doch zunächst noch im Unklaren lassen können, wen ihre Nachfolger im Amt später einmal mit dem Schuldendienst werden belasten müssen. Die Unklarheit über diejenigen, die später belastet werden, ist im politischen Prozess entscheidend dafür, dass es die meisten Politiker vorziehen, Ausgaben des Staates mit Schulden statt mit Steuern zu finanzieren, deren Belastungen unmittelbar sichtbar werden.

Die Zahl der potenziell Belasteten ist zwar wegen der Unklarheit darüber, wen es trifft, viel höher als im Fall der Steuerfinanzierung. Das spricht in der Demokratie eigentlich dafür, dass der politische Widerstand gegen die Schuldenfinanzierung überwiegen sollte. Doch ist die Wahrscheinlichkeit des Eintretens einer Belastung bei der Schuldenfinanzierung häufig zu klein und damit das Thema für viele Bürger zu unbedeutend, als dass sich Bürger mit anderen zu einem kollektiven politischen Widerstand zusammenfinden. Das würde erst dann passieren, wenn jetzt schon namentlich klar wäre, wen es trifft.

Es ist eine der wichtigsten Erkenntnisse der politischen Ökonomie, dass sich Menschen wegen der damit verbundenen persönlichen Kosten zu politischen Aktionen nur dann aufraffen, wenn der Streitwert pro Kopf hinreichend groß ist und jedenfalls höher als die individuellen Kosten der persönlichen Aktion. Deshalb obsiegt, wie der amerikanische Ökonom Mancur Olson gezeigt hat, im politischen Prozess bei einem Verteilungsstreit zwischen einer kleinen und einer großen Gruppe paradoxerweise in aller Regel die kleine.[22] Sie grün-

---

22 M. Olson, *The Logic of Collective Action: Public Goods and the Theory of Groups*, Harvard University Press: Cambridge U.S. 1965.

det einen Verband und wird als politische Lobby aktiv, während die einzelnen Mitglieder der großen Gruppe das Thema für zu unwichtig halten, um sich der Mühe der politischen Aktion zu unterwerfen.

Olsons Theorie löst das Paradoxon auf, dass halb Brüssel aus Lobbyverbänden irgendwelcher Industrien besteht, sich dort jedoch nur wenige Verbraucherverbände finden, obwohl doch Regelungen zugunsten der Industrien meistens Regelungen zulasten der Verbraucher sind und obwohl es bei jeder Produktkategorie viel mehr Verbraucher als Anbieter auf einem Markt gibt. Die Theorie erklärt damit die unabweisliche Dominanz des Produzenteninteresses über das Verbraucherinteresse im politischen Prozess.

Die Theorie erklärt damit zum Beispiel auch, warum die Bauern für den Milchpfennig mit ihrem Traktor nach Berlin fahren, während die Milchtrinker passiv bleiben. Für den einzelnen Milchkonsumenten geht es dabei um ein paar Cent, doch für den einzelnen Bauern gleich um Tausende von Euros.

Und die Theorie erklärt, warum Firmen im Fernsehen um Verbraucher werben, statt Verbraucher um Firmen. Ganz generell beobachtet man wegen Olsons Theorie die Werbeaktivitäten meistens bei den Anbietern statt bei den Nachfragern. Jedenfalls gilt das dann, wenn es um ein Massenprodukt geht, dessen Eigenschaften von vielen Kunden zugleich genossen werden. Bei Einzelgütern, die mit ihren Eigenschaften zum Schluss nur zwischen einem Anbieter und einem Nachfrager geteilt werden, beobachtet man auch, dass die Nachfrager werben. So ist es durchaus üblich, dass Wohnungssuchende selbst eine Annonce aufgeben, um eine passende Wohnung zu suchen. Auch das entspricht genau der Theorie.

Olsons Erkenntnis lässt sich auch auf das Problem der Staatsverschuldung anwenden und erklärt, warum diese Finanzierungsform im politischen Prozess so viel Anklang findet. Die Nutznießer der Staatsverschuldung sind heute bekannt und deshalb meistens von überschaubarer Zahl. Die Zahl der potenziell, mit gewisser Wahrscheinlichkeit belasteten zukünftigen Steuerzahler oder auch Transferempfänger, denen man Einbußen wird zumuten müssen, ist indes viel größer, weil noch nicht klar ist, wer belastet wird. Wenn einem Nutznießer heute zehn Steuerzahler morgen gegenüberstehen, von denen nur einer herangezogen wird, den man aber heute noch nicht kennt, dann ist der Streitwert pro Kopf bei den potenziellen zukünftigen Steuerzahlern nur ein Zehntel des Streitwertes pro Kopf bei den heutigen Nutznießern. Die heutigen Nutznießer der Verschuldung werden deshalb politisch aktiv, und die geschädigten zukünftigen Steuerzahler bleiben passiv.

Der Effekt wird verstärkt, wenn die zukünftig Geschädigten sich nicht artikulieren können, weil sie noch nicht geboren sind. Auch und gerade dann neigt die Politik zur Verschuldung.

Obwohl diese Aussage ganz generell für das gesamte politische Spektrum gilt, stellt sich die Frage, warum nun aber gerade linke Politiker die Schulden noch viel mehr zu lieben scheinen als rechte. Linke Politiker werben in aller Regel mehr für eine lockere Haushaltsführung, und sie haben weniger Angst vor Defiziten und vor wachsenden Schuldenquoten als rechte Politiker. Sie waren es in den letzten Jahren, die sich mit besonderer Vehemenz gegen die deutsche Politik der Schwarzen Null wandten.

Die einfache Erklärung liegt darin, dass linke Politiker einen höheren Staatsanteil am Sozialprodukt präferieren als rechte, weil der Markt mehr Ungleichheit hervorbringt, als es staatliche Verteilungsmechanismen tun, und die Einkommen in Abhängigkeit von den bestehenden Besitzständen verteilt. Die staatliche Umverteilung von Primäreinkommen, die in der Wirtschaft verdient werden, folgt den Gerechtigkeitsvorstellungen der Politiker, und die wiederum folgt den Vorstellungen des Wahlvolks. Die Verteilung der Primäreinkommen folgt hingegen aus anonymen Marktkräften, die dem Prinzip der Knappheit gehorchen. Wer Leistungen anbietet, die gebraucht werden, aber ansonsten nur von wenigen angeboten werden, kann einen hohen Lohn erzielen, und wer etwas anbietet, was viele anbieten, aber nur wenige haben wollen, der kriegt auch nur wenig Lohn. Das marktwirtschaftliche Entlohnungssystem ist nicht gerecht, aber effizient, denn es sorgt dafür, dass die Wirtschaft funktioniert, weil es einen Anreiz bietet, Knappheit durch Ausbildung, Investitionen oder Umstellung der eigenen Tätigkeit zu überwinden.

Weil sie nach dem Prinzip der Knappheit entlohnt, war die Marktwirtschaft in der Lage, den Wohlstand der breiten Massen weit über das hinaus zu heben, was sozialistische Zentralverwaltungssysteme zustande brachten. Sie hat aber sichtliche Schwächen im Hinblick auf die Verteilungsgerechtigkeit, weil sie Reiche und Superreiche hervorbringt, die von der höheren Effizienz noch mehr profitieren als die breite Masse der Menschen.

Wie die Impfstoffentwicklung gezeigt hat, ist die Marktwirtschaft sogar weitaus besser in der Lage, die Gesundheit der Menschen zu schützen, als es Zentralverwaltungssysteme können, weil sie denjenigen, die den Wettlauf um das beste Medikament oder den besten Impfstoff gewinnen, Riesengewinne verspricht. Dass dabei Milliardäre entstehen, ist zwar aus der Sicht der meisten Menschen nicht gerecht, doch es ist rechtmäßig, sinnvoll und letztlich ja auch unvermeidlich.

Die Länder des Westens haben das Spannungsverhältnis zwischen Gerechtigkeit und Effizienz aufzulösen versucht, indem sie sich zu gemischten Wirtschaftssystemen entwickelten, in denen meistens etwas mehr als die Hälfte der Einkommen durch Marktprozesse bestimmt wird und etwas weniger als die Hälfte durch staatliche Aktionen. Der deutsche Staat nimmt auch Uğur Şahin und Özlem Güreci, die mit ihrem Impfstoff gerade die Menschheit retten, die Hälfte ihres Einkommens wieder weg und reduziert aus Gerechtigkeitsgründen die Mittel, die sie für die Entwicklung neuer Impfstoffe gegen die absehbaren Mutanten einsetzen könnten.

Objektive Richtlinien dafür, wie der Trade-off zwischen der Größe des Kuchens und der Gerechtigkeit seiner Verteilung zu lösen ist, gibt es nicht. Die Entscheidung kann nur im politischen Prozess gefunden werden. Linke Parteien, die diejenigen vertreten, die ihr Einkommen nicht am Markt verdienen oder bei den Marktlöhnen nicht zu den Gewinnern gehören, wollen tendenziell einen höheren Staatsanteil als rechte Parteien, die mehr Zulauf bei denjenigen finden, die erfolgreicher bei der Erzielung von Primäreinkommen sind.

Und aus dem gleichen Grunde präferieren linke Parteien mehr Staatsverschuldung, denn mehr Staatsverschuldung ist gleichbedeutend mit einem höheren Staatsanteil, ganz einfach deshalb, weil sie dem Staat heute mehr Geld in die Hand gibt. Staatsschulden bedeuten eine höhere Staatsquote und einen egalisierenden Einfluss auf die Einkommensverteilung, ähnlich wie es Steuern tun. Dies alles erklärt, weshalb Linke gerne zuhören, wenn ein Wissenschaftler die These vertritt, dass jetzige und zukünftige Generationen durch Staatsverschuldung bessergestellt werden könnten, weil sich die Wirtschaft auf einem dynamisch ineffizienten Wachstumspfad mit einem Zins r unterhalb der Wachstumsrate g befinde. Was dynamische Ineffizienz ist, verstehen sie zwar meistens nicht, doch verstehen sie sehr wohl, dass Staatsschulden mehr Umverteilung zugunsten ärmerer Bevölkerungsschichten bedeuten, und nehmen hin oder bestreiten, zumindest nach außen hin, dass dabei die Dynamik des ganzen Systems nachlässt, was perspektivisch wiederum alle trifft und nicht nur ihre eigene Klientel.

Piketty oder Schulden ohne Reue

Es verwundert nur, warum dieselben Politiker, die die Argumente für mehr Staatsverschuldung so mögen, auch die Theorien von Thomas Piketty lieben. In seinem an Marx angelehnten Titel »Das Kapital im 21. Jahrhundert«

behauptet Piketty, es läge im Wesen der kapitalistischen Entwicklung, dass die Einkommens- und Vermögensverteilung im Zeitablauf immer ungleicher werde, weil der Zins die Wachstumsrate dauerhaft übersteige, also r > g gelte.[23] Da die Kapitalisten ihre Erträge reinvestierten, wachse ihr Vermögen und ihr Einkommen mit der Rate des Zinssatzes r und damit schneller, als das ganze Sozialprodukt im Durchschnitt wachse, nämlich mit der Rate g.

Pikettys Buch hat weltweit Furore gemacht. Es war im Jahr 2014 ein Bestseller in den USA, weil es der sich dort verbreitenden Unzufriedenheit mit dem kapitalistischen System eine theoretische Basis zu geben schien. Wie schon der Titel des Buches andeutete, wollte Piketty der neue Marx sein, und viele Linke sahen und bewunderten ihn als solchen.

Seine Theorie stimmt freilich nicht, denn sie sagt einen laufenden Anstieg der Relation aus Kapitalstock und Volkseinkommen, des sogenannten Kapitalkoeffizienten, vorher, der empirisch überhaupt nicht stattfindet.[24] Tatsächlich ist der Kapitalkoeffizient seit eh und je über lange Zeiträume und in praktisch allen Ländern der westlichen Welt erstaunlich konstant geblieben. Das liegt daran, dass die Kapitalisten nur einen Teil ihrer Gewinne reinvestieren oder sparen und den Rest konsumieren. In der Tat zeigt die volkswirtschaftliche Wachstumstheorie, dass sich auf die Dauer ein Wachstumsgleichgewicht einspielt, bei dem $s \cdot r = g$ ist, wobei s die Relation aus gesamtwirtschaftlicher Ersparnis und Profiteinkommen und $s \cdot r$ die Wachstumsrate des Kapitalstocks ist. Da die gesamtwirtschaftliche Ersparnis empirisch kleiner ist als die Summe der Profiteinkommen, also $s < 1$, impliziert diese Gleichung zwar, dass $r > g$, wie Piketty es unterstellt, doch folgt daraus eben nicht, dass der Kapitalbestand und die Profite schneller als das Volkseinkommen wachsen.

Das heißt nicht, dass es keine wachsende Ungleichheit gibt. Um sie zu erklären, muss man die makroökonomische Ebene verlassen und zwischen verschiedenen Typen von Kapitalanlegern differenzieren: Auf der einen Seite jenen, die hohe Renditen erzielen, weil sie Großprojekte angehen können, die kleinen Investoren nicht zur Verfügung stehen, und deren Konsumquote aus dem Einkommen klein ist, weil das Einkommen sehr groß ist. Und auf der anderen Seite jenen, die unten auf der Leiter stehen, deswegen eine hohe Konsumquote haben

23 T. Piketty, *Das Kapital im 21. Jahrhundert*, C. H. Beck: München 2014, vgl. besonders Kapitel 1 (Übersetzung von *Capital in the Twenty-First Century*, Harvard University Press: Cambridge U.S. 2014).

24 H.-W. Sinn, »Thomas Pikettys Weltformel«, *Frankfurter Allgemeine Sonntagszeitung*, 11.5.2014, Nr. 19, S. 29.

und nur niedrige Renditen erwirtschaften können. Zwischen diesen Typen von Anlegern entwickelt sich tatsächlich eine wachsende Ungleichheit.

Wie dem auch sei, bemerkenswert an dem Vergleich zwischen von Weizsäcker und Piketty ist, dass die Linken beide mögen, sich dabei aber logisch verheddern. Sie müssen sich schon entscheiden, wen sie mögen, denn die Wachstumsrate der Wirtschaft kann nun mal nicht zugleich höher und kleiner als die Kapitalrendite sein.

Deutschlands Demografieproblem und die Staatsverschuldung

Dass es keinen triftigen Grund für die Annahme gibt, dass Deutschland in den kommenden Jahren und Jahrzehnten seinen Schulden in ähnlicher Weise wird davonwachsen können, wie das in den Jahren vor der Coronakrise der Fall war, zeigt auch ein Blick auf die demografische Situation. Jahrzehntelang haben Wissenschaftler vergebens davor gewarnt, dass der Pillenknick massive Probleme für die Rentenversicherung zur Folge haben würde, wenn die um das Jahr 1964 zur Welt gekommenen Babyboomer eines Tages zeitgleich ihre Rente haben wollen.[25] Die Reaktion der Politik war verhalten bis ignorant, denn in der

---

25 Vgl. verschiedene Beiträge seit den 1980er Jahren, wie z. B. M. Miegel, *Sicherheit im Alter – Plädoyer für die Weiterentwicklung des Rentensystems*, mit Vorwort von Kurt Biedenkopf, Schriften des IWG Bonn, Verlag Bonn Aktuell: Stuttgart 1981; derselbe, »Der Generationenvertrag ist in Gefahr«, *Genossenschaftsforum* 7, 1981, S. 308–311. K. Biedenkopf und derselbe, *Von der Arbeitnehmer- zur Bürgerrente: Das Konzept der Grundsicherung im Alter für alle Bürgerinnen und Bürger*, Manuskript, Dresden & Bonn 1997; H.-W. Sinn, »Die Krise der Gesetzlichen Rentenversicherung und Wege zu ihrer Lösung«, in: Bayerische Akademie der Wissenschaften, Hrsg., *Jahrbuch 1998*, C. H. Beck: München 1999, S. 96–119; Bundesministerium für Wirtschaft und Technologie, »Grundlegende Reform der gesetzlichen Rentenversicherung: Gutachten des Wissenschaftlichen Beirats beim Bundesministerium für Wirtschaft und Technologie vom 20./21. Februar 1998«, *BMWA-Studienreihe* 99, https://www.bmwi.de/Redaktion/DE/Publikationen/Ministerium/Veroeffentlichung-Wissenschaftlicher-Beirat/reform-rentenversicherung.pdf?__blob=publicationFile&v=5; H.-W. Sinn, »Land ohne Kinder – Die Fakten, die Folgen, die Ursachen und die Politikimplikationen«, in: F.-X. Kaufmann und W. Krämer, Hrsg., *Die demografische Zeitbombe: Fakten und Folgen des Geburtendefizits*, Nordrhein-Westfälische Akademie der Wissenschaften und der Künste, Verlag Ferdinand Schöningh: Paderborn 2015, S. 103–147; Bundesministerium für Wirtschaft und Energie, *Vorschläge für eine Reform der gesetzlichen Rentenversicherung: Gutachten des Wissenschaftlichen Beirats beim Bundesministerium für Wirtschaft und Energie (BMWi)*, 4. Mai 2021, https://www.bmwi.de/Redaktion/DE/Publikationen/Ministerium/Veroeffentlichung-Wissenschaftlicher-Beirat/wissenschaftlicher-beirat-vorschlaege-reform-gutachten.pdf?__blob=publicationFile&v=14.

Bevölkerung war überhaupt kein Problembewusstsein entstanden, und warum sollte man sich jetzt schon mit Einschränkungen befassen, die aus den oben diskutierten Gründen Wählerstimmen kosten würden? Kinder zu bekommen war einfach nicht mehr populär und Vorsorge zu leisten auch nicht. Stattdessen standen die Frauenquote, die Verringerung der Ansprüche der Mütter im Scheidungsrecht und das Gendern der Sprache auf dem Programm, alles Themen aus einer anderen Welt als jener, die bislang die Reproduktion der Völker dieser Erde gesichert hatte.

Man kann zu diesen Themen stehen, wie man will. Es ist aber ein Faktum, dass die demografischen Probleme schon in Kürze die Lebenswirklichkeit der Deutschen dramatisch verändern werden, denn die Babyboomer sind heute bereits 57 Jahre alt. Sie wollen sich in Kürze aus dem Arbeitsleben verabschieden und verlangen dann eine Rente von Kindern, die sie nicht haben.

Heute mehr Schulden aufzunehmen bedeutet, die wenigen dann erwachsenen und im Arbeitsleben stehenden Kinder der Rentner mit riesigen Aufgaben zu belasten, die sie überfordern könnten. Sie sollen unter Verzicht auf die Kernkraft und sämtliche fossile Energien die Produktion des Sozialprodukts für eine Riesenschar lange lebender Alter übernehmen, um sich selbst und die Alten zu versorgen. Sie sollen durch ihre Steuern das Staatswesen tragen, während die meisten Alten mangels Arbeitseinkommen keine hohen Finanzierungsbeiträge mehr leisten können. Sie sollen die überproportional wachsende Rentenlast der Alten bezahlen. Sie sollen die Hauptlast eines Transfersystems in Europa tragen, das nach dem erklärten Willen Frankreichs, anderer wichtiger EU-Länder und auch mancher deutscher Politiker weiter ausgebaut werden soll, um auch den Lebensstandard der schwächeren europäischen Länder zu stützen. Sie sollen die riesigen Schulden, die aufgrund der Ausgabe der Eurobonds der EU im Zuge des Wiederaufbaufonds und ähnlicher Transferleistungen bereits entstanden sind, übernehmen. Und sie sollen die Lasten einer wachsenden deutschen Staatsschuld tragen, die angeblich gar nicht bestehen, weil die EZB die Zinsen dauerhaft bei null und im negativen Bereich hält, indem sie immer mehr Geld in die Wirtschaft pumpt und die kalte Enteignung der Sparer bis zum Sankt-Nimmerleins-Tag fortsetzt. Wie utopisch, ungerecht und unrealistisch diese Vorstellungen sind, zeigt ein Blick auf die nackten demografischen Fakten, gegenüber denen alle schönen Theorien vom Münchhausen-Typus verblassen.

Der Babyboom ergab sich zum einen als Reflex eines gewaltigen Geburtenbooms kurz vor dem Beginn des Zweiten Weltkriegs, denn die damals Geborenen waren 1964 selbst wiederum mit ihren ca. 25 Jahren in einem gebärfähigen Alter. Zum anderen ergab er sich durch die sehr hohen Fertilitätsraten, also die Zahl der Kinder pro Frau, während des Wirtschaftswunders der Nachkriegszeit. Durch die Erfindung der Anti-Baby-Pille der deutschen Firma Schering fielen diese Fertilitätsraten seit der zweiten Hälfte der 1970er Jahre in sich zusammen.

Abbildung 7.2 zeigt, wie sich die Fertilitätsrate in Deutschland im Vergleich zu Frankreich und zum Mittelwert der heutigen EU-Länder im Zeitablauf verändert hat. Man sieht, dass sich der Pillenknick in Deutschland in der zweiten Hälfte der 1960er Jahre manifestiert und dass der Rückgang der Fertilitätsrate bereits 1973 abgeschlossen war. Offenkundig fand dieser Knick einige Jahre vor dem Durchschnitt der anderen EU-Länder und vor allem vor Frankreich statt und führte mit einer Fertilitätsrate von weniger als 1,5 auf ein sehr viel niedrigeres Niveau als dort.

Abbildung 7.2: Die Entwicklung der Fertilitätsraten (bis 2020)

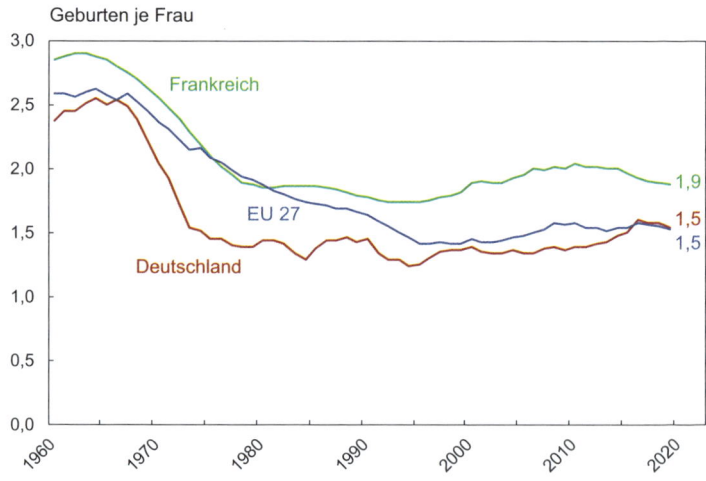

Quelle: The World Bank, data, *Fertility rate, total;* ebenda, Population, total.

Am aktuellen Rand scheint es, dass sich die Lage wieder etwas entspannt hat, denn die Rate stieg seit 1994 wieder leicht an und liegt nun bei 1,5 (Ende 2019). Die Entspannung ist aber ein Artefakt, das sich aus der Berechnungsformel ergibt, denn wenn die Gesamtzahl der Geburten einer Frau nicht nur zurückgeht, sondern sich zum Teil einfach nur im Lebenszyklus nach hinten verschiebt, dann fällt die berechnete Geburtenrate zunächst sehr stark und steigt dann wieder etwas an, ohne dass dieser Anstieg eine Verhaltensänderung anzeigt.

Die Abbildung zeigt, dass die gesamte EU ein riesiges Demografieproblem hat, denn unter Berücksichtigung der natürlichen Sterblichkeit von Frauen und der unterschiedlichen Geburtenhäufigkeit von Jungen und Mädchen müsste die Geburtenrate exakt 2,08 sein, um die Bevölkerung konstant zu halten und zu verhindern, dass sich die Altersstruktur ändert.[26] Dieser Wert wird aber nirgends erreicht. Nur Frankreich hat dank seines Kindersplittings, der starken Berücksichtigung der Kinder bei der Rente, seines Vorschulsystems sowie anderer Einrichtungen zur Stützung der Familien eine vergleichsweise hohe Geburtenrate von etwa 1,9.[27] Deutschland liegt indes weit abgeschlagen im hinteren Bereich, deutlich unter dem EU-Durchschnitt.

Das sichtliche Defizit im Bereich der arbeitsfähigen Bevölkerung wird sich zu einem Riesenproblem für die Rentenversicherung auswachsen, weil die Rentenversicherung von der Hand in den Mund lebt. Sie ist nach dem Umlageverfahren konstruiert und verfügt über keinerlei Deckungsstock, der es ihr erlauben würde, einige Jahre ohne ausreichende Beiträge der Arbeitnehmer durchzukommen. Die kleine Kassenreserve der gesetzlichen Rentenversicherung reicht allenfalls für ein paar Tage.

---

26 Um die Bevölkerung konstant zu halten, müssen für je 100 Frauen, die Kinder bekommen, 101 Mädchen geboren werden, weil ein Mädchen stirbt, bevor es das gebärfähige Alter erreicht. Wenn aber 101 Mädchen geboren werden, werden nach den Gesetzen der Biologie 107 Jungen geboren. Es sind also 208 Geburten bzw. es ist eine Fertilitätsrate von 2,08 nötig, um die Frauenpopulation von Generation zu Generation konstant auf dem Niveau von 100 zu halten und die Bevölkerungsgröße ohne Einwanderung zu stabilisieren.

27 Zur französischen Fertilitätspolitik vgl. R. Fenge und W. Ochel, »Die Vereinbarkeit von Familie und Beruf: Der Schlüssel für eine kinderreichere Gesellschaft«, *ifo Schnelldienst* 54 (12), 2001, S. 17–29; European Economic Advisory Group at CESifo, *Report on the European Economy 2004*, ifo Institut, München 2004, insbesondere Kapitel 4: »Pensions and Children«, https://www.cesifo.org/en/publikationen/2005/journal-complete-issue/eeag-european-economic-advisory-group-cesifo-report.

Die Rentenversicherung wird ihre Aufgaben nicht nur mit den Beiträgen der versicherten Arbeitnehmer erfüllen können. Vielmehr wird Geld aus dem allgemeinen Steuersäckel zugeschossen werden, aber auch das ist knapp, weil auch dieses Geld vor allem von den Arbeitseinkommen der geringen Zahl an Kindern der Babyboomer abgezweigt werden müsste. Den Jungen wird es letztlich einerlei sein, ob ihre Abgaben Steuern oder Versicherungsbeiträge genannt werden.

Die Verpflichtungen der Rentenversicherung gegenüber den zukünftigen Rentnern nennt man auch »implizite Staatsverschuldung«, denn sie sind den Verpflichtungen des Staates aus der expliziten Staatsverschuldung in vielerlei Hinsicht äquivalent.[28] Wer ein Staatspapier erwirbt, erhält einen Anspruch auf Zinsen und auf den Rückzahlungsbetrag zum Zeitpunkt der Fälligkeit. Wer in die Rentenkasse einzahlt, hat einen Anspruch auf die Rente, die im deutschen System umso höher ist, je höher der spätere Durchschnittslohn der Beitragspflichtigen ist. Die Summe aus der Wachstumsrate dieses Lohnes und der Zahl der Beitragspflichtigen ist eine Art implizite Verzinsung im Rentensystem, die eine ähnliche Rolle einnimmt wie die explizite Verzinsung der Staatspapiere. Beide Arten von Schuldenlasten liegen schon heute so schwer auf den Rücken der Arbeitsgeneration, dass es sehr fraglich erscheint, ob eine weitere Erhöhung der offenen Schuldenlasten verantwortbar ist.

Sie könnte aber kommen, denn da der Umfang der älteren Bevölkerung gegenüber den Jüngeren zunimmt, wächst auch ihr politisches Gewicht. Tatsächlich lässt sich zeigen, dass in Deutschland seit dem Jahr 2015 jener Teil der Wahlbevölkerung, der von einer Erhöhung von Beiträgen und Renten profitieren würde, bereits die Mehrheit hat und die Jüngeren, die dabei verlieren

28 Die Äquivalenz zwischen expliziter und impliziter Staatsschuld wurde erstmals bewiesen in: H.-W. Sinn, »Why a Funded Pension System is Useful and Why It is Not Useful«, *International Tax and Public Finance 7*, 2000, S. 389–410, https://www.hanswernersinn.de/sites/default/files/2000_ITAX7_Funded_Pension_System.pdf. Sie impliziert unter anderem, dass es keine Pareto-verbessernden Reformen der Rentenversicherung gibt, in dem Sinne, dass man mindestens eine Generation besserstellen könnte, ohne eine andere schlechterzustellen, was für sich genommen eine schon etwas ältere Erkenntnis ist, die ohne den Rückgriff auf die implizite Staatsschuld bewiesen wurde. Siehe F. Breyer, »On the Intergenerational Pareto Efficiency of Pay-as-you-go Financed Pension Schemes«, *Journal of Institutional and Theoretical Economics* 145, 1989, S. 643–658, https://www.jstor.org/stable/40751246; R. Fenge, »Pareto Efficiency of the Pay-as-you-go Pension system with Intragenerational Fairness«, *Finanzarchiv* 52, 1995, S. 357–363, https://www.jstor.org/stable/40912677; St. Homburg, »Old-age Pension Systems: A Theoretical Evaluation«, in: H. Giersch, Hrsg., *Reforming the Welfare State,* Springer-Verlag: Berlin 1997, S. 233–246.

würden, im demokratischen Prozess dominiert.[29] Die Jüngeren sind heute rechnerisch auf den Altruismus der Alten angewiesen.

Abbildung 7.3 zeigt die deutsche Alterspyramide des Jahres 2021. Man sieht links und rechts die gewaltigen Berge der männlichen und weiblichen Babyboomer im Bereich von etwa 50 bis 60 Jahren, mit einer Spitze bei 57 Jahren. In zehn Jahren wird diese Spitze bei einem Alter von 67 Jahren und in 15 Jahren bei einem Alter von 72 Jahren liegen. Dann wird sich praktisch der gesamte massige Berg der Babyboomer nach heutiger Definition im Rentenalter befinden.

Abbildung 7.3: Die deutsche Alterspyramide im Jahr 2021

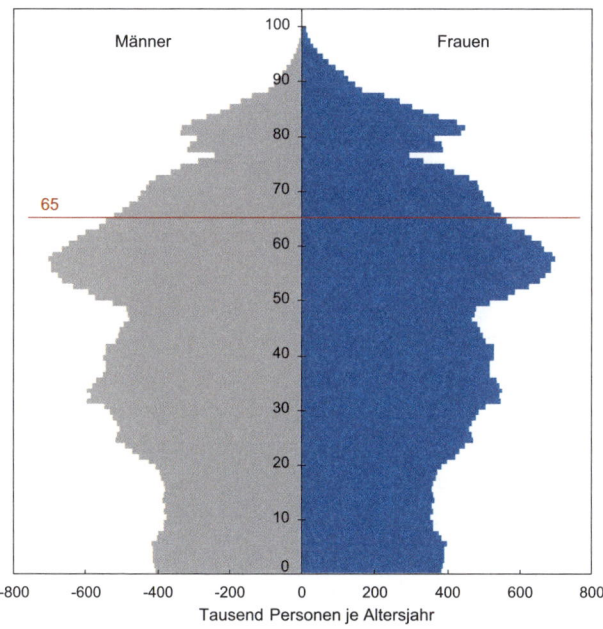

Quelle: Statistisches Bundesamt, *14. koordinierte Bevölkerungshochrechnung für Deutschland*, Variante 1.

---

29 H.-W. Sinn und S. Uebelmesser, »Pensions and the Path to Gerontocracy in Germany«, *European Journal of Political Economy* 19, 2002, S. 153–158, https://www.sciencedirect.com/science/article/pii/S0176268002001349. Es handelte sich bei diesem Papier um eine Prognose auf der Basis der Bevölkerungsvorausschätzung des Statistischen Bundesamts.

All die alten Menschen sind Wähler, von denen viele nicht zögern werden, die nachfolgenden Generationen durch politisch beschlossene, staatliche Transfersysteme zu belasten. Aber nicht nur das: Diejenigen Menschen, die zum Berg der Babyboomer gehören, sind schon längst in jenem Altersbereich, in dem sie von einer Ausweitung des Rentensystems profitieren, weil ihr absehbares Rentnerdasein den Effekt der restlichen Beitragsjahre bis zum Renteneintritt dominiert. Dieser Bereich beginnt nämlich, wie gezeigt wurde, rechnerisch bereits bei einem Alter von etwa 49 Jahren.[30] Die besondere Dramatik entsteht tatsächlich dadurch, dass die Babyboomer selbst kaum noch Kinder haben und dass auch die umfangreiche Einwanderung dieses Defizit nicht hat ausgleichen können. Das sieht man an der geringen Stärke der Bevölkerungsgruppe im Bereich von etwa 25 bis 35 Jahren, die aus den Kindern der Babyboomer besteht.

Vom Jahr 2000 bis zum Jahr 2020 hat sich der sogenannte Altersquotient, also die Relation der Bevölkerung ab 65 Jahren zur Bevölkerung von 15 bis 64 Jahren, aufgrund dieser Effekte bereits von 24 auf 34 erhöht. Und bis zum Jahr 2035 wird er sich nach der mittleren Prognose des Statistischen Bundesamtes, die bereits eine Nettoeinwanderung von 221 000 Menschen pro Jahr unterstellt, abermals erhöhen, und zwar bis auf 48. Während also im Jahr 2000 vier Personen im erwerbsfähigen Alter einen Menschen im Rentenalter zu versorgen hatten, werden im Jahr 2035 zwei Personen im erwerbsfähigen Alter diese Aufgabe erledigen müssen. Das bedeutet bei gleichem Renteneintrittsalter, dass die relative Beitrags- und Steuerbelastung der Jungen bei gleichem relativen Rentenniveau, jeweils bezogen auf die Lohnhöhe, sich in der genannten Zeitspanne auf das Doppelte erhöht, dass sich das relative Rentenniveau bei gleicher relativer Beitrags- und Steuerbelastung auf die Hälfte reduziert oder dass eine Mischlösung zwischen den Extremen realisiert wird. Eine zumutbare Entkrampfung der Situation kann es bedeuten, wenn das Rentenalter erhöht wird, doch auch das ist eine Rentenkürzung, weil sich ja die Zahl der Jahre verringert, während derer man die Rente bekommt. Rechnet man dagegen, dass ein Teil des Demografieproblems, wenn auch der deutlich kleinere,[31]

30 Siehe ebenda, S. 156.
31 Vgl. Bundesministerium für Wirtschaft und Energie, *Vorschläge für eine Reform der gesetzlichen Rentenversicherung: Gutachten des Wissenschaftlichen Beirats beim Bundesministerium für Wirtschaft und Energie (BMWi)*, 4. Mai 2021, Abbildung 2, https://www.bmwi.de/Redaktion/ DE/Publikationen/Ministerium/Veroeffentlichung-Wissenschaftlicher-Beirat/wissenschaftlicher-beirat-vorschlaege-reform-gutachten.pdf?__blob=publicationFile&v=14.

dadurch entsteht, dass sich die Lebenserwartung erhöht, so kommt es zu einer Rentenkürzung aufgrund der Erhöhung des Rentenalters in einem weiteren Sinne allerdings erst dann, wenn der Anstieg des Renteneintrittsalters den Anstieg der Lebenserwartung übersteigt. So oder so wird es unangenehm für alle Beteiligten. Ein größerer Verteilungskonflikt zwischen den Generationen, der sich auch in einen Verteilungskonflikt zwischen den verschiedenen Einkommens- und Vermögensklassen der Gesellschaft auswachsen wird, ist vorprogrammiert.

Manchmal wird argumentiert, diese Form der demografischen Rechnung lasse sich aufbrechen, wenn die Produktivität der Wirtschaft steigt, weil dann auch die Löhne steigen und mehr Rentenbeiträge hereinkommen. Das stimmt aber nicht, denn die obige Aussage bezieht sich ja auf das relative Rentenniveau und das relative Steuer- und Beitragsniveau bezüglich der aktuell gezahlten Löhne. Lohnsteigerungen, seien sie von den Gewerkschaften erzwungen oder durch Produktivitätsgewinne ermöglicht, spielen keine Rolle, weil sie sich im Rechengang herauskürzen.

Angesichts dieser Situation ist es überhaupt nicht absehbar, worin ein besonderer Wachstumsoptimismus begründet sein könnte, aufgrund dessen man hoffen kann, dass die Wirtschaft den Staatsschulden davonwachsen könnte. Das Gegenteil wird der Fall sein, zumal sich ja auch die Zinsen wieder normalisieren könnten, die die Schulden von ganz allein anwachsen lassen. Es ist deshalb nicht vertretbar, ja in hohem Maße gefährlich, die absehbaren Verteilungskonflikte durch eine lockere Verschuldungspolitik auf nationaler oder gar europäischer Ebene nun noch zu forcieren, wie das häufig gefordert wird.

8. Warum das viele Geld noch keine Inflation erzeugt hat: Das Phänomen der Horte

Der Geldüberhang ● Ein Vergleich mit den USA ● Die Quantitätstheorie des Geldes ● Wo liegt das viele Geld? ● Der Geldkreislauf und die Geldhorte ● Wehe, wenn die Banken ihre Horte in Kredite verwandeln

Die EZB hat die Geldmenge in den Krisen der letzten Zeit immer weiter ausgedehnt und damit sogar die Politik der amerikanischen Notenbank in den Schatten gestellt. Griechenland zahlt heute dank des Schutzes der EZB niedrigere Zinsen als die USA. Die Geldflut müsste nach der klassischen Ökonomik eine Inflation hervorbringen, das tat sie bislang aber nicht. Der Grund dafür ist, dass das viele Geld in Horten abgelegt wurde, wo es so lange liegen bleibt, bis die höheren Geldaggregate ebenfalls anziehen. Horte erklären sowohl den durch Nachfrageschwankungen induzierten keynesianischen Konjunkturzyklus als auch die Wirkungslosigkeit der Geldpolitik.

Der Geldüberhang

In den vorigen Kapiteln war schon dargelegt worden, wie stark und warum die Geldmenge während der Eurokrise und der Coronapandemie aus dem Ruder gelaufen war. Abbildung 5.1 hatte gezeigt, dass die Geldmenge von knapp 900 Milliarden Euro in der Zeit kurz vor der Lehman-Krise, konkret zur Jahresmitte 2008, in mehreren Schüben auf den Wert von fast genau 6 Billionen Euro im Juni 2021 gestiegen war. Der erste Schub begann nach der Lehman-Pleite und lief bis zum Sommer 2012, als das OMT-Programm (»whatever it takes«) die Märkte wieder beruhigt hatte. Er führte zu einem Anstieg auf 1,8 Billionen Euro. Der zweite Schub wurde durch das große Wertpapierkaufprogramm, das schon 2014 diskutiert und 2015 beschlossen wurde, ausgelöst und erhöhte die Geldmenge bis zum Ende 2019 auf etwa 3,2 Billionen Euro. Und dann kam der Coronaschub, der den gewaltigen Sprung auf die genannten 6 Billionen hervorrief. Bis zum Jahresende 2021 werden ihm noch einige hundert Milliarden Euro folgen. Bereits im September 2021 war die Geldmenge fast siebenmal so groß wie jene Geldmenge, die sich vor dem Beginn der Krisen als ausreichende Menge an Transaktionsmitteln für die Eurozonen-Ökonomie erwiesen hatte.

Man muss allerdings berücksichtigen, dass die Eurozonen-Ökonomie in der Zwischenzeit etwas größer wurde. Das BIP stieg aufgrund eines normalen Wirtschaftswachstums, es stieg wegen des Beitritts der baltischen Länder, und es stieg, weil die Preise sich ein wenig erhöhten. Doch auch, wenn man das alles herausrechnet, indem man die Geldmenge durch das nominale BIP der Eurozone teilt, um den sogenannten Kassenhaltungskoeffizienten zu berechnen, ergibt sich nur ein unwesentlich anderes Bild. Das zeigt Abbildung 8.1.

Wie man sieht, lag der Kassenhaltungskoeffizient der Eurozone zur Jahresmitte 2008, also kurz vor der Lehman-Krise, bei etwa 9 % und ist inzwischen bis zum aktuellen Rand (September 2021) auf etwa 51 % angestiegen. Relativ zur Wirtschaftsleistung gibt es bald sechs Mal so viel Geld als Schmiermittel für Transaktionen, wie noch vor der Lehman-Krise ausreichend war.

In absoluten Zahlen betrug der Geldüberhang im September 2021, am aktuellen Rand der verfügbaren Statistiken, 4,9 Billionen Euro, denn von der tatsächlichen Geldmenge von 5,99 Billionen Euro hätten auch 5,99 × 9,1 / 50,1 Billionen Euro, also 1,09 Billionen Euro ausgereicht, das inzwischen gewachsene nominale Transaktionsvolumen der Realwirtschaft zu bewegen. Die 4,9 Billionen Euro sind aus den Kassen der EZB als Kredit gegen verbriefte und nicht verbriefte Forderungstitel, die den Notenbanken des Eurosystems und auch der EZB-Zentrale übereignet wurden, ausgegeben worden. Unmittelbar verwertbare Verfügungsrechte über ökonomische Ressourcen in solchem Umfang sind während der Eurokrise von den Notenbanken des Eurosystems über das hinaus verteilt worden, was in Relation zur Wirtschaftsleistung schon einmal als Transaktionsmittel ausgereicht hatte.

Abbildung 8.1: Die Entwicklung des Kassenhaltungskoeffizienten
der Eurozone (M0/BIP in Prozent) von Q1 2000 bis Q3 2021

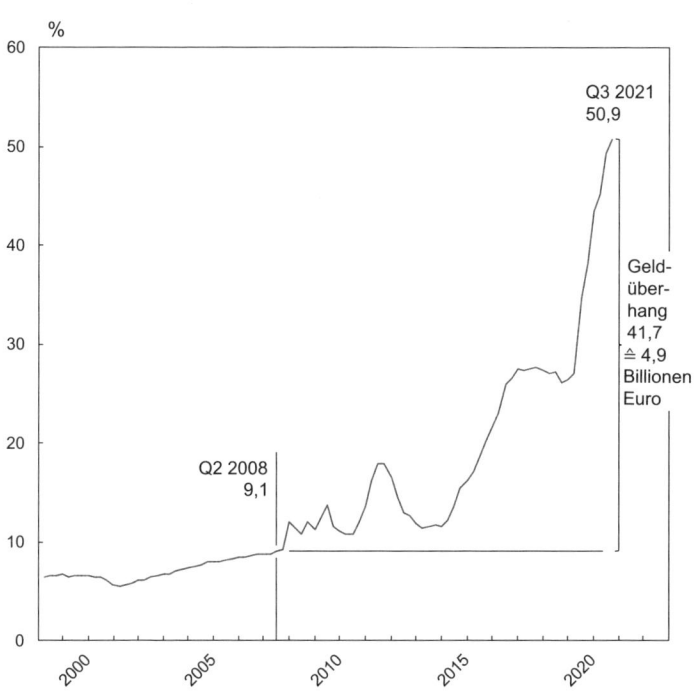

Quellen: Europäische Zentralbank, *Statistical Data Warehouse,* ECB/Eurosystem Policy and Exchange Rates, Minimum Reserves and Liquidity, ILM, Base Money; OECD. Stat, »Economic Projections«, *Economic Outlook,* Nr. 109 – Mai 2021, Variable: Gross Domestic Product, Nominal Value, Market Prices.

Erläuterung: Die Grafik zeigt Quartalswerte. M0 ist die Zentralbankgeldmenge am jeweiligen Quartalsende. Um den Kassenhaltungskoeffizienten zu berechnen, wird es durch das annualisierte (d. h. mit vier multiplizierte) Bruttoinlandsprodukt der Eurozone des jeweiligen Quartals dividiert.

Ein Vergleich mit den USA

Häufig wird die These vertreten, auch die US-amerikanische Federal Reserve Bank habe eine ähnliche Ausweitung der Geldmenge betrieben wie die Europäische Zentralbank. Auf deren Geldpolitik habe die EZB reagieren müssen, um keine höheren Zinsen zu haben als die USA, denn das hätte eine für die

219

Exportwirtschaft schädliche Aufwertung des Euro bedeutet. Höhere Zinsen locken ja internationales Investitionskapital an, was den Umtausch ausländischer Währung in Euros und damit eine Euroaufwertung bedeutet.

Diese These deckt sich nicht mit den Fakten. Das kann man an den Zinsen für längerfristige Staatspapiere erkennen, die das Resultat der Verschuldungspolitik und der Geldpolitik, speziell der Staatspapierkäufe der jeweiligen Zentralbank sind.

Abbildung 8.2: Zinsen auf zehnjährige Staatspapiere

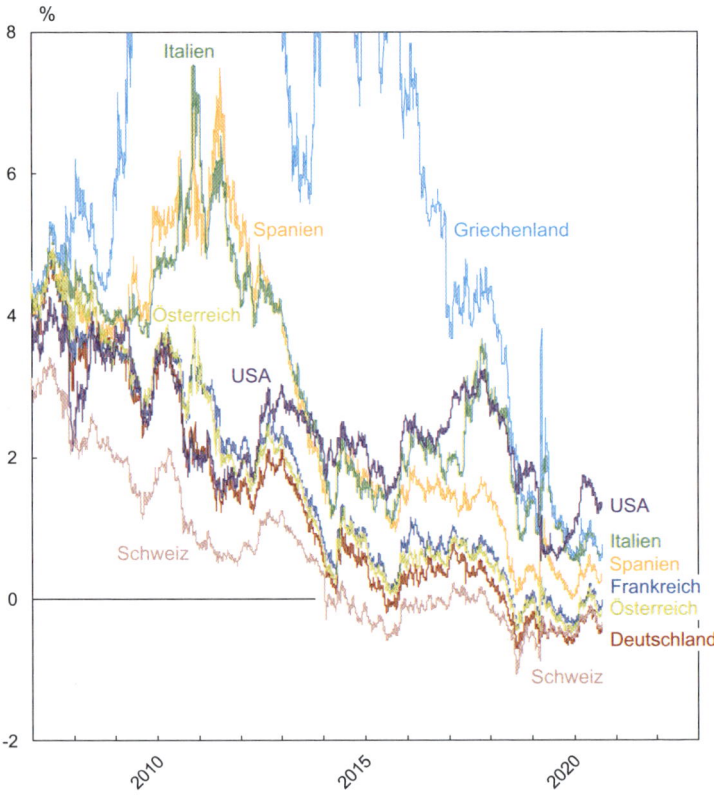

Quelle: Macrobond, Datenkategorie: *Government Benchmarks,* 10 Year, Yield.

Erläuterung: Bei den Zinsen handelt es sich um durchschnittliche Zinssätze von Staatsanleihen mit zehnjähriger Laufzeit (sogenannte Benchmark Bonds). Zur Berechnung vgl. die Erläuterung zu Abbildung 2.1. Daten bis Ende August 2021.

Abbildung 8.2 zeigt die Entwicklung der Zinsen für die zehnjährigen Anleihen der Vereinigten Staaten im Vergleich zu den zehnjährigen Anleihen einiger charakteristischer Eurostaaten, die in den Genuss von Wertpapierkäufen durch ihre jeweilige Notenbank kamen. Die USA sind ein guter Vergleich für die Eurozone, denn die beiden Wirtschaftssysteme haben ähnliche Größenordnungen (329 Millionen versus 343 Millionen Menschen), sind föderal organisiert und waren in ähnlicher Form von der Pandemie betroffen.

Man sieht, dass sich die US-amerikanischen Zinsen bis zum Jahr 2012 ähnlich nach unten hin entwickelten wie die deutschen, dann aber nicht weiter fielen. Sie lösten sich vom gemeinsamen Abwärtstrend im Jahr 2013 und verharrten mit gewissen Fluktuationen bei etwa 2 %, während die deutschen Zinsen immer weiter fielen und bereits im Jahr 2019 negatives Territorium erreichten. Ähnliches zeigt der Vergleich der US-amerikanischen Zinsen mit den französischen, österreichischen und Schweizer Zinsen, die zum Teil ein wenig über oder, im Falle der Schweiz, lange Zeit erheblich unter den deutschen lagen.

Bemerkenswert ist es, dass sogar die Zinsen anderer Mittelmeerstaaten, die anfangs weit über den US-amerikanischen gelegen hatten, am aktuellen Rand unter die US-amerikanischen fielen. Exemplarisch sind in der Grafik die Zinsen Italiens, Spaniens und Griechenlands gezeigt. Das ist geradezu grotesk, wenn man bedenkt, dass die USA die Leitwährung der Welt emittieren und trotz aller Probleme ein wirtschaftlich starkes Land sind, während Griechenland und Italien jahrelang am Rande des Staatskonkurses entlangsegelten.

Die Zinsentwicklung hat offenkundig weniger mit der Bonität der Wirtschaftssysteme der mediterranen Länder als mit der politischen Klugheit und Durchsetzungskraft der Repräsentanten dieser Länder im EZB-Rat zu tun, wo es darum ging, mit der Kraft des Eurosystems ein Schutzsystem für die Staatspapiere der Eurozone aufzubauen. Der ehemalige Chefvolkswirt der EZB Jürgen Stark hatte die Öffentlichkeit auf dieses Phänomen aufmerksam gemacht und es als Beleg für die nach seiner Meinung ausufernde Geldpolitik der EZB angeführt.[1]

Auch ein Vergleich zwischen der Entwicklung des Kassenhaltungskoeffizienten in der Eurozone und den USA lässt Zweifel an der These aufkommen, die EZB könne das eigene Vorgehen mit dem Verweis auf die Geldpolitik

---

1 J. Stark, »Die EZB ist auf die schiefe Bahn geraten«, Interviewer D. Kremer, *faz.net*, 27.7.2020, https://www.faz.net/aktuell/finanzen/was-juergen-stark-ueber-die-ezb-sagt-16876012.html.

der US-amerikanischen Notenbank begründen. Tatsächlich hat sie die Geldmenge viel stärker erhöht, als die Fed es tat.

Abbildung 8.3 zeigt, dass der Kassenhaltungskoeffizient, also die Geldmenge in Relation zur Wirtschaftsleistung, beim Jahreswechsel 2008/2009,
also unmittelbar nach der Lehman-Krise, für beide Gebiete nahezu gleich war.
Davor waren die Kurvenwerte zwar nicht gleich, aber doch sehr ähnlich. Mal
lag die eine Kurve höher, mal die andere. Bei der physischen Einführung des
Euro zum Beginn des Jahres 2002 lag der Kassenhaltungskoeffizient in der Eurozone bei 5,5 % und in den USA bei 6,1 %.

Abbildung 8.3: Geldmengenausweitung in der Krise –
Vergleich der Kassenhaltungskoeffizienten der Eurozone und
der USA (M0/BIP in Prozent, von Q1 1999 bis Q3 2021)

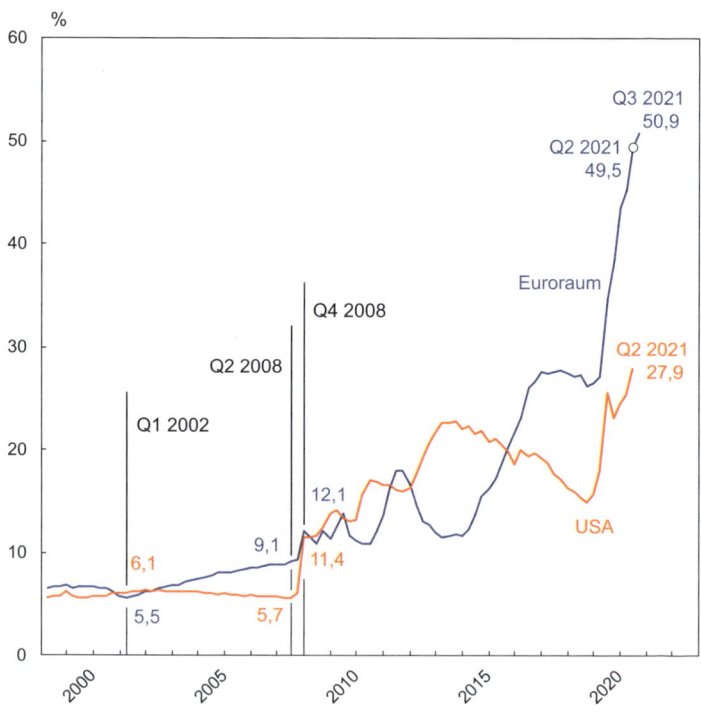

Quelle: Federal Reserve, Data, *Money Stock Measures* – H.6, Monetary Base; OECD. Stat, »Economic Projections«, *Economic Outlook,* Nr. 109 – Mai 2021, Variable: Gross Domestic Product, Nominal Value, Market Prices.

Die Abbildung zeigt, dass die Zentralbanken sehr unterschiedlich auf die Krisen reagierten. Während die USA schon etwas früher mit der Geldmengenausweitung anfingen, legten die Europäer im Nachhinein stark zu, insbesondere in den Jahren ab 2015, als das Kaufprogramm PSPP für die staatlichen Papiere begann, und dann nochmals während der Coronapandemie selbst, die ja im ersten Quartal 2020 einsetzte.

Während in den USA das Bemühen, die Geldmenge nicht aus dem Ruder laufen zu lassen, schon ab 2014 deutlich sichtbar wurde, als der Kassenhaltungskoeffizient von der Fed wieder heruntergedrückt wurde, ging es in Europa seit jenem Jahr fast immer nur bergauf. Nur in den Jahren 2018 und 2019 gab es eine kleine Pause auf hohem Niveau. Man kann sich des Eindrucks nicht erwehren, dass die Krisen, woher auch immer sie kamen, stets ein willkommener Anlass waren, möglichst viele Schuldpapiere bei der gemeinsamen Zentralbank abzuladen.

Die wahrlich ungewöhnliche Hast, mit der das geschah, ist umso bemerkenswerter, als im Euroraum dazu die Staatspapiere der Gliedstaaten vom Zentralbanksystem aufgekauft wurden, während Ähnliches in den USA überhaupt nicht passierte. Seit der großen Krise in den 1830er und Anfang der 1840er Jahre, als viele US-amerikanische Gliedstaaten formell in den Konkurs gegangen waren, ist es Konsens, dass die Einzelstaaten der Föderation sich nicht mehr verschulden sollten. Insofern kam es in den USA seitdem auch nicht infrage, dass die Zentralbank deren Schuldpapiere erwarb und auf diese Weise neues Geld in Umlauf brachte. Es ist richtig, dass die Zentralbank der USA stattdessen bundesstaatliche Papiere erwarb, die es bis dato in Europa noch nicht gab. Doch auch wenn man das berücksichtigt, führt kein Weg an der Erkenntnis vorbei, dass die EZB in der Krise relativ zur Wirtschaftsleistung noch viel mehr Geld gedruckt hat, als es die amerikanische Federal Reserve Bank tat.

Die EZB muss sich die ernsthafte Frage stellen, wie sie den Unterschied zur Geldmengenentwicklung in den USA erklären will. Daran, dass die Epidemie in Europa heftiger zugeschlagen hätte als in den USA, kann es jedenfalls nicht liegen. Die hat bis Ende September 2021 in den USA 2,1 Promille der Bevölkerung hinweggerafft, in der Eurozone jedoch nur 1,6 Promille.[2]

---

2   Worldometer, *COVID-19 Coronavirus Pandemic*, https://www.worldometers.info/coronavirus/#countries.

Die Quantitätstheorie des Geldes

Die Frage nach der Rechtfertigung der in Europa gewählten Geldpolitik ist nicht nur wegen der damit verbundenen Verteilungswirkungen über die Kapitalmärkte relevant, sondern vor allem auch im Hinblick auf eine mögliche Inflationsgefahr. Wenn man die Versechsfachung der Geldmenge in Relation zur Wirtschaftsleistung, die von der Jahresmitte 2008 bis zum dritten Quartal 2021 stattfand, aus der Sicht der klassischen Quantitätstheorie des Geldes beurteilt, dann folgt aus ihr auf längere Sicht eine Versechsfachung des Preisniveaus. Nach der Quantitätstheorie ist das Preisniveau eines Wirtschaftsgebietes auf die Dauer das Resultat der Geldversorgung. Mehr Geld macht höhere Preise, ja nach der Theorie sogar proportional höhere Preise.

Die Quantitätstheorie ist bereits von Nicolaus Copernicus zum Beginn des 16. Jahrhunderts angedacht worden,[3] fand bei verschiedenen klassischen Ökonomen Erwähnung, allen voran David Hume,[4] und wurde später in komplexer und an die modernen Geldaggregate angepasster Form vom Nobelpreisträger Milton Friedman weiterentwickelt.[5]

Die Theorie stimmt einigermaßen für höhere Geldaggregate.[6] Das ist ein Thema, über das weiter unten noch räsoniert wird. Sie stimmt aber zum Glück nicht in den ursprünglichen Formulierungen, wenn man sie auf die von der Zentralbank geschaffene Geldmenge, also die Geldbasis M0, bezieht, und jedenfalls nicht in der kurzen Frist. Das zeigt schon der bloße Umstand, dass die Inflation in den letzten Jahren trotz der geradezu explosionsartigen Ausdehnung

---

3   N. Copernicus, *Opera Minora, Monete Cudente Ratio*, 1528 oder früher, nach H. M. Nobis und M. Folkerts, Hrsg., *Nicolaus Copernicus Gesamtausgabe*, Band V: *Opera Minora*, Akademie-Verlag: Berlin 1999, besonders S. 158–168 ff. Vgl. auch L. Zygner, »Monete Cudende Ratio, Essay on the Coinage of Money«, Nicolaus Copernicus Thorunensis, Homepage, http://copernicus.torun.pl/en/archives/money/4/, sowie J. Taylor, »Copernicus on the Evils of Inflation and the Establishment of a Sound Currency«, *Journal of the History of Ideas* 16, 1955, S. 540–547.

4   D. Hume, »Of Money«, in: *Essays, Moral, Political, and Literary*, Eugene F. Miller, Hrsg., Indianapolis, Ind.: Liberty Fund 1987, erstmals 1752 veröffentlicht, www.econlib.org/library/lfbooks/hume/hmmpl26.html.

5   M. Friedman, »The Quantity Theory of Money – a Restatement«, in: M. Friedman, Hrsg., *Studies in the Quantity Theory of Money*, University of Chicago Press: Chicago 1956; derselbe, *The Optimum Quantity of Money*, Aldine Publishing Company, Chicago 1969, besonders S. 51–67.

6   Vgl. M. Friedman, »Quantity Theory of Money«, S. 299–338, in: S. Durlauf und L. Blume, Hrsg., *The New Palgrave Dictionary of Economics: Monetary Economics*, Palgrave Macmillan: UK 2008.

der Geldmenge nur sehr gering war. Dennoch bietet die Quantitätstheorie in ihrer ursprünglichen Formulierung Anlass zur Sorge, denn wenn sie auch nur etwas Relevanz haben sollte, dann stehen Europa schwierige Zeiten bevor. Derweil mag man sich auf dem offenkundigen Versagen der alten Quantitätstheorie noch gedanklich ausruhen und damit zu beruhigen versuchen, dass man nach Gründen für das Versagen sucht. Sie sind aber nicht so leicht auszumachen, wie viele denken.

So könnte man darauf verweisen, dass nicht nur die Transaktionen der Realwirtschaft, sondern auch finanzwirtschaftliche Transaktionen, also der bloße Tausch von existierenden Wertpapieren und anderen werthaltigen Vermögenstiteln einen gewissen dauerhaften Teil des Geldbestandes absorbieren. Doch gibt es keine Anhaltspunkte dafür, dass sich die finanzwirtschaftlichen Transaktionen relativ zu den realwirtschaftlichen Transaktionen, die durch das BIP gemessen werden, gegenüber der Vor-Lehman-Zeit erhöht haben könnten, denn schließlich war das die Zeit der Finanzblase, die mit der Lehman-Pleite platzte. Der Derivate-Handel hat zwar in den letzten Jahren wieder zugenommen, doch zumindest in Europa noch nicht wieder auf das Vorkrisenniveau.

Auch könnte man vermuten, dass es eine Rolle spielte, dass es heute neben dem staatlichen Geld auch noch privates Geld und allerlei Geldsurrogate bis hin zu den Kryptowährungen und Kreditkarten gibt, die das Bild verkomplizieren und den Zusammenhang zwischen Geldmenge und Preisen lockern. Auch diese Vermutung trägt aber nicht, denn das viele Kryptogeld rivalisiert ja mit dem Zentralbankgeld und verdrängt es aus verschiedenen Wirtschaftsbereichen. Wenn überhaupt, so macht es Zentralbankgeld teilweise überflüssig und vergrößert den Geldüberhang über den genannten Wert von 4,9 Billionen Euro hinaus. Einen Mehrbedarf an Zentralbankgeld kann es hingegen nicht erklären.

Eher schon ist es von Relevanz, dass das viele Geld irgendwo abgelegt sein könnte, so dass der Zusammenhang zwischen Preisen und Zentralbankgeldmenge aufgebrochen ist. Wie beruhigend dieser Grund für das kurzfristige Versagen der Quantitätstheorie ist, wird zu diskutieren sein.

Wo liegt das viele Geld?

Um einer Antwort auf die Frage näher zu kommen, wo das Geld sich befindet oder gar abgelegt sein könnte, ist es zunächst wichtig, sich zu erinnern, dass es hier und in den beiden vorigen Grafiken zunächst um das Geld geht, das von den Zentralbanken ausgegeben wurde, nämlich die sogenannte Geldbasis (M0) und nicht etwa die Geldmenge M1, die neben dem Bargeld auch das von den Banken geschaffene Giralgeld umfasst. Die Geldmenge M1 spielt, wie wir sehen werden, eine wichtige Rolle bei Beurteilung von Inflationsgefahren, doch sie ist im Moment noch nicht im Fokus, weil sie sehr stark vom Bankverhalten abhängig ist. Die Geldbasis oder Zentralbankgeldmenge existiert als digitales Giralgeld, das die Geschäftsbanken auf ihren Konten bei den nationalen Notenbanken halten, sowie als Bargeld in Form von Banknoten und Münzen, das bei Banken und Nichtbanken liegt. Es ist die Steuerungsgröße, die die EZB durch ihre Maßnahmen unmittelbar beeinflusst und von der alle anderen Geldaggregate abhängen.

Ende des Jahres 2020 hatte die Zentralbankgeldmenge (nicht der Geldüberhang) einen Umfang von 4,9 Billionen Euro. Damals lag der Bargeldbestand bei 1,43 Billionen Euro und machte damit ein knappes Drittel (30,4 %) der gesamten Geldbasis aus.[7] Der Löwenanteil, 3,47 Billionen Euro oder gut zwei Drittel, bestand also aus dem digitalen Zentralbankgeld, das die Banken auf ihren Konten bei den nationalen Notenbanken hielten.

Darüber, wo sich das Bargeld, also der kleinere Teil der Geldmenge, befindet, gibt es keine umfassenden Statistiken. Man weiß aber, dass ein bisschen von diesem Geld auch bei den Banken selbst lag. Diese Summe betrug damals etwa 90 Milliarden Euro.[8] Das ist weitaus mehr, als früher üblich war, aber es sind eben doch nur 6 %. Der Leser mag bis zur Abbildung 10.2 vorblättern, um den zeitlichen Verlauf der Bargeldhaltung der Banken zu erkennen.

Über die geografische Verteilung des Bargeldes innerhalb der Eurozone ist wenig bekannt. Wie im Zusammenhang mit den Targetsalden in Kapitel 3 erläutert wurde, verbuchen die Notenbanken des Eurosystems in ihren Bilanzen allerdings Bargeldverbindlichkeiten und Bargeldforderungen, wenn die von einer nationalen Notenbank emittierten nationalen Bestände von den Werten abweichen, die man bei einer gleichmäßigen, größenproportionalen Emission hätte erwarten sollen. Man unterstellt also für die formalen Rechnungen

---

7   EZB, *Konsolidierte Bilanz des Eurosystems zum 31. Dezember 2020*, https://www.ecb.europa.eu/pub/annual/balance/html/ecb.eurosystembalancesheet2020-0da47a656b.de.html.

8   EZB, Statistical Data Warehouse, *Euro Area (Changing Composition), Outstanding Amounts at the End of the Period (Stocks), MFIs excluding ESCB Reporting Sector – Cash*, Code: BSI.M.U2.N.A.A10.X.1.Z5.0000.EUR.E, https://sdw.ecb.europa.eu/quickview.do?SERIES_KEY=117.BSI.M.U2.N.A.A10.X.1.Z5.0000.EUR.E.

einfach, dass sich das Bargeld proportional zur Landesgröße auf die einzelnen Länder verteilt.

Zu bedenken ist aber, dass ein erheblicher Teil des von den Notenbanken des Eurosystems ausgegebenen Bargelds vermutlich im Nicht-Euro-Ausland als Wertaufbewahrungsmittel gehalten wird. Speziell in Osteuropa, den anderen Ländern der ehemaligen Sowjetunion und der Türkei werden erhebliche Bestände vermutet. Darüber gibt es nur anekdotische Evidenz und ökonometrische Schätzungen sehr indirekter Art, die sich auf den Strom der Rückflüsse von Banknoten aus dem Euroausland über die Bankensysteme und auf saisonale Besonderheiten dieser Rückflüsse beziehen.[9] Dieser Teil wird von Forschern der EZB sehr grob auf 30 % bis 50 % der gesamten Bargeldmenge geschätzt, also Ende 2020 auf etwa 400 bis 700 Milliarden Euro.[10] Der Rest, etwa 700 bis 1.000 Milliarden Euro befanden sich wohl in den Tresoren und Taschen der Menschen und ihrer Firmen. Davon wiederum werden nur etwa 20 % oder 300 Milliarden Euro für Transaktionszwecke im Euroraum genutzt, während der Rest der Wertaufbewahrung dient.[11]

Genaueres weiß man zum Glück über die geografische Verteilung des digitalen Zentralbankgeldes, also des Giralgeldes, das die Banken auf den Konten ihrer nationalen Notenbanken halten und das wie gesagt die anderen zwei Drittel der Geldbasis ausmacht. Man weiß, wo wie viel von diesem Geld geschaffen wurde und wohin es überwiesen wurde. Die Summe der internationalen Nettoüberweisungen eines Landes wird durch die in Kapitel 3 behandelten Targetsalden genau gemessen, allerdings inklusive der inzwischen aufgelaufenen Zinsen auf diese Salden, die über ein internes Zinsverteilungssystem berechnet werden.[12] In den Bilanzen der nationalen Notenbanken werden Targetsalden als Forderungen und Verbindlichkeiten verbucht.

Wie schon in Kapitel 3 erläutert wurde, hat die Bundesbank eine riesige Targetforderung gegenüber dem Eurosystem aufgebaut. Diese Forderung misst

---

9 Für eine Beschreibung der Methoden und neueste Schätzergebnisse vgl. L. Lalonette, A. Zamora-Pérez, C. Muzu, N. Batzsch, E. Politronacci, M. Delmas, A. Rua, M. Brandi und M. Naksi, »Foreign Demand for Euro Banknotes«, *Eurosystem Occasional Paper Series* 253, Januar 2021.

10 Ebenda und A. Zamora-Pérez, »The Paradox of Banknotes: Understanding the Demand for Cash Beyond Transactional Use«, *ECB Economic Bulletin* 2, 2021, S. 121–137.

11 Ebenda.

12 H.-W. Sinn, *The Economics of Target Balances*, Palgrave Macmillan: Cham 2020, insbesondere Kapitel 9: »The Effective Rate of Interest on Target Balances«.

die Summe der Nettoüberweisungen aus dem Ausland, die sie auszuführen hatte, sowie aufgelaufene Zinsansprüche gegenüber dem Eurosystem. In der Eurokrise ist sehr viel von dem nicht unbedingt für nationale Transaktionszwecke benötigten Geld nach Deutschland überwiesen worden, um damit Vermögensobjekte und Importwaren in Deutschland zu kaufen und es so auch in Sicherheit zu bringen. Parallel dazu haben die nationalen Notenbanken der anderen Länder die wegfließende Liquidität durch neue Refinanzierungskredite und neue Wertpapierkäufe kompensiert. Der Euro ist eben eine Währung, die man zuhause herstellen und für den Kauf von Gütern und Dienstleistungen sowie von Vermögensobjekten in andere Euroländer überweisen kann, weil sie dort als gesetzliches Zahlungsmittel anerkannt ist. Von dieser Möglichkeit haben insbesondere die mediterranen Krisenländer, allen voran Spanien und Italien, wie oben beschrieben in hohem Maße Gebrauch gemacht. Wie sich die Salden daraufhin schubweise auf über 1.000 Milliarden Euro hinbewegten, ist in Abbildung 3.1 bereits dargelegt worden.

Die Bundesbank hat die Überweisungsaufträge kreditiert und die deutschen Lieferanten von Waren und Verkäufern von Vermögensgütern wie festverzinslichen Wertpapieren, Aktien und Immobilien ausbezahlt, wie umgekehrt ausländische Notenbanken die aus Deutschland kommenden Überweisungsaufträge kreditierten. Dabei war bis zur Jahresmitte 2021 per Saldo ein Targetkredit in Höhe von 1.102 Milliarden Euro aufgelaufen, der an den Rest des Eurosystems vergeben wurde. Für das den Banken der Lieferanten übergebene Geld erhielt die Bundesbank eine unbesicherte Forderung gegen das Eurosystem, und das wiederum erhielt eine unbesicherte Forderung gegen die in Auftrag gebenden ausländischen Notenbanken. Normalerweise baut die Bundesbank stattdessen, wenn sie deutschen Banken Geld gutschreibt, gegenüber diesen Banken eine Kreditforderung auf oder erhält von ihnen ein Wertpapier. Die Targetforderung gegen das Eurosystem ist der Ersatz.

Die Überlegungen zeigen, dass es in der Bundesrepublik zwei Sorten von Zentralbankgeld gibt. Das Überweisungsgeld oder »externe Geld«, das ursprünglich durch Kreditoperationen (inklusive Wertpapierkäufe) ausländischer Notenbanken entstand, und das »interne« Geld, das im Zuge eigener Kreditoperationen geschaffen wurde.

Abbildung 8.4 zeigt, wie sich die Bargeld- und Targetsalden auf das Volumen und die Verteilung des rechnerisch in Deutschland liegenden Zentralbankgeldes ausgewirkt haben. Die oberste Kurve bemisst die von der Bundesbank emittierte Zentralbankgeldmenge und die unterste Kurve das interne

Geld, also das von der Bundesbank gegen Forderungstitel, die von den deutschen Banken kamen, ausgereichte Zentralbankgeld. Dazwischen liegen die Targetsalden. Zieht man von der obersten Kurve die Bargeldverbindlichkeit der Bundesbank ab – wegen der erwähnten EZB-Hypothese, dass dieses Geld ins Ausland geflossen sei –, so verbleibt das rechnerisch noch in Deutschland vorhandene Zentralbankgeld. Die Zeichnung verdeutlicht dessen Aufteilung in externes und internes Geld.

Abbildung 8.4: Externes und internes Zentralbankgeld in Deutschland in Abhängigkeit von den Bargeld- und Targetsalden (Januar 2007 bis Juni 2021)

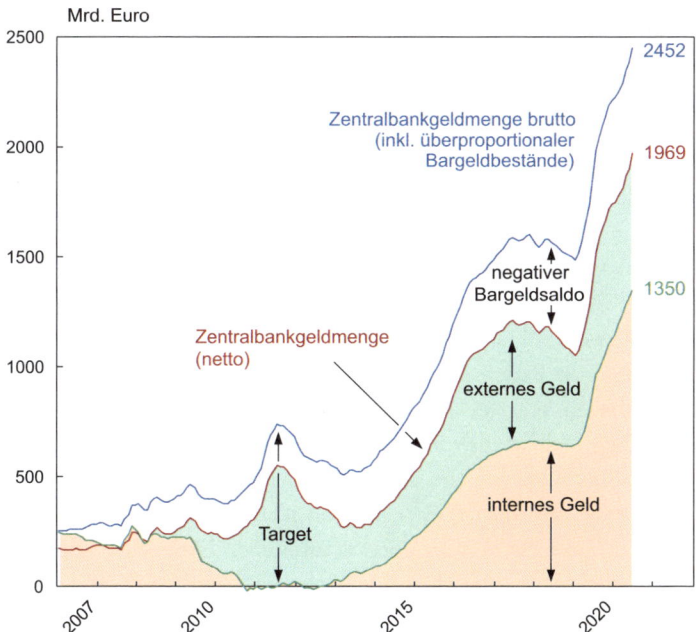

Quelle: H.-W. Sinn, *The Economics of Target Balances*, Palgrave Macmillan: Cham 2019, S. 52.

Man sieht an dem Diagramm, dass in den Jahren 2012 und 2013, auf dem Höhepunkt der Eurokrise, in Deutschland überhaupt kein internes Geld mehr vorhanden war. Alles Geld, das in Deutschland physisch in den Taschen und Tresoren oder elektronisch auf den Konten der Geschäftsbanken bei der Bundesbank lag, war externes Geld, welches das ursprünglich durch die Kreditoperationen der Bundesbank entstandene Geld verdrängt hatte. Einerseits hatte es eine gewaltige Kapitalflucht nach Deutschland gegeben, und andererseits waren im Ausland die elektronischen Druckerpressen bildlich gesprochen heiß gelaufen, um die wegfließende Liquidität mit Krediten der nationalen Notenbanken zu ersetzen. In Deutschland gaben die Banken das zuvor von der Bundesbank an deutsche Banken entliehene Geld zurück, weil die so viel Überweisungsgeld bekamen, dass sie das Kreditgeld von der Bundesbank, für das sie Zinsen zahlen mussten, nicht mehr benötigten.

Inzwischen hat sich die Situation insofern normalisiert, als die Bundesbank durch die Symmetrieanforderungen beim PSPP, dem 2015 begonnenen Kaufprogramm für staatliche Papiere, gezwungen war, durch Käufe von Bundesanleihen in Proportion zur Landesgröße eigenes Kreditgeld in den Markt zu pumpen. Das ist die Erklärung für die seitdem zu verzeichnende Zunahme des internen Geldbestandes. Dennoch nahmen die Targetsalden nicht ab, sondern stiegen von ihrem temporären Maximum im September 2012, das 751 Milliarden Euro betrug, auf 1.102 Milliarden Euro zur Jahresmitte 2021 (vgl. Abbildung 3.1). Nach Abzug der Bargeldverbindlichkeit hatte das externe Geld in Deutschland, das von der Bundesbank netto im Auftrag anderer Notenbanken kreditiert wurde, damit in Deutschland Vermögenstitel und neu produzierte Güter erworben werden konnten, einen Umfang von 619 Milliarden Euro. Das sind die 774 Elbphilharmonien, von denen oben in Kapitel 3 schon die Rede war.

Überall haben sich die Notenbanken und die Staaten der nationalen Druckerpressen bedient, um sich und ihrer Klientel Geld und damit Verfügungsrechte über ökonomische Güter zu geben, doch in Deutschland landeten im Austausch für solche Güter und auch für marktfähige Vermögenstitel per Saldo Verfügungsrechte, die von ausländischen Notenbanken geschaffen und ursprünglich den heimischen Banken gegen Wertpapiere oder Kreditforderungen übergeben worden waren. Echte Ressourcen sind weg und durch von der Bundesbank ausgegebenes Zentralbankgeld eingetauscht worden, das die Bundesbank in ihrer Bilanz als Schuld gegenüber den Banken verbucht. Zum Ausgleich hat die Bundesbank nur ungedeckte Targetkreditforderungen gegen das Eurosystem erhalten. Weder sie noch das Eurosystem haben dafür selbst marktfähige Vermögenstitel vonseiten jener Länder bekommen, in die die aus Deutschland stammenden Ressourcen flossen. Sollte eines Tages eine Inflation einsetzen, so werden die Targetforderungen der Bundesbank in realer Rechnung unmittelbar entwertet, doch sind jene Güter, Aktien und

Immobilien, die im Zuge der Entstehung der Targetforderungen in ausländische Hand gelangten, davon unberührt, weil ihr Geldwert mit dem Preisniveau zu steigen pflegt.

Der Geldkreislauf und die Geldhorte

Die im vorigen Abschnitt dargelegten Fakten beleuchten die geografische Verteilung der Geldbasis und die Aufteilung zwischen dem Banken- und Nichtbankensektor. Sie helfen aber nur sehr bedingt bei der Beantwortung der Frage, warum das viele Geld bislang noch keine Inflation hervorgerufen hat. Die Antwort liefert der keynesianische Teil der volkswirtschaftlichen Lehrmeinung. Sein Urheber, John Maynard Keynes, hat die bis dato gültige volkswirtschaftliche Theorie durch die Berücksichtigung von Geldhorten revolutioniert. Mit den Geldhorten erklärt er den Konjunkturzyklus und die Wirkungslosigkeit einer Geldpolitik für die gesamtwirtschaftliche Nachfrage und damit letztlich auch für den Versuch, mithilfe einer Ausweitung der Geldmenge eine Inflation zu erzeugen.[13]

Keynes hat seine Theorie in Kenntnis der Theorien des deutschen Ökonomen Silvio Gesell formuliert, den er auch zitierte und der im Grunde die Eckpfeiler seines Denkgebäudes schon errichtet hatte – viel umfassender und viel solider, als es gemeinhin unterstellt wird.[14] Gesell hatte bei seinen Aufenthalten in Argentinien beobachtet, wie schädlich die Möglichkeit des Hortens von Geld für den Wirtschaftsablauf ist. Er argumentierte, das Horten von Geld führe dazu, dass der »gleichmäßige, schnelle Kreislauf« der Volkswirtschaft unterbrochen werde und sich eine Stagnation ausbreite, die eine Deflation zur Folge haben könne. Die Deflation bewirke sodann, dass sich noch mehr Horte bildeten, noch weniger Güternachfrage übrigbleibe und die Preise noch stärker fielen. Umgekehrt sei es in der Inflation, die sich selbst verstärke, weil sie zur Auflösung von Horten für Güterkäufe führe.

---

13 J. M. Keynes, *The General Theory of Employment, Interest, and Money*, Macmillan: London 1936.

14 S. Gesell, *Die natürliche Wirtschaftsordnung durch Freiland und Freigeld*, Freiland-Freigeldverlag: Rehbrücke bei Berlin 1920, 4. Auflage, hier besonders Teil III, Kapitel 11: »Das Gesetzmäßige im Umlauf des heutigen Geldes« und Kapitel 12: »Die Wirtschaftskrisen und ihre Verhütung«. IV. Teil: *Freigeld. Das Geld wie es sein soll und sein kann*, besonders S. 238 ff.

Die Grundidee, die die Theorie von Gesell und Keynes von der klassischen Theorie unterscheidet und die den Schlüssel zum Verständnis der Inflations-problematik liefert, kann durch Abbildung 8.5 verdeutlicht werden, die eine stark vereinfachte Form des Geldkreislaufs mit volkswirtschaftlichen Aggre-gatgrößen darstellt, die erst in den 1940er Jahren im Zuge der Entwicklung der volkswirtschaftlichen Gesamtrechnung durch den späteren Nobelpreisträ-ger Richard N. Stone präzisiert wurden.[15] Nehmen wir an, dass es bei der be-trachteten Ökonomie um den Euroraum geht, und abstrahieren wir weiterhin von breiter gefassten Geldmengenbegriffen, die auch das von Banken erzeugte Giralgeld umfassen.

Abbildung 8.5: Der Geldkreislauf*

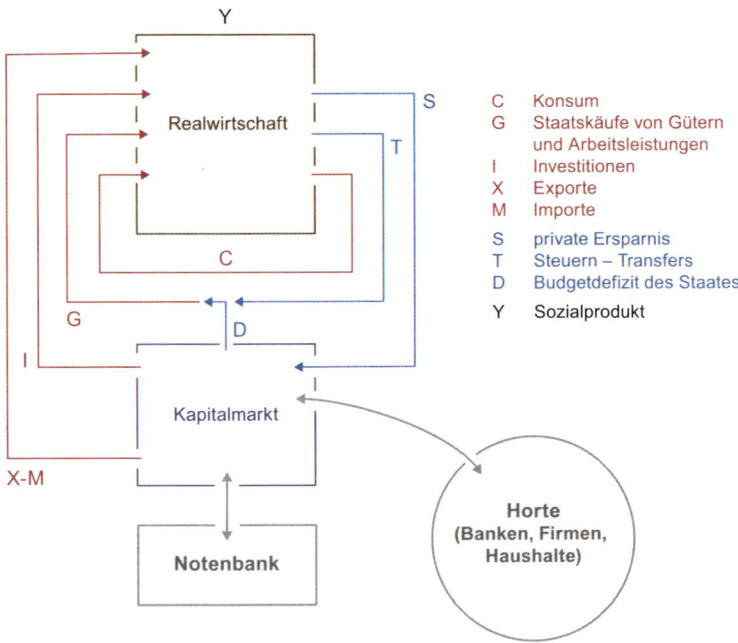

C   Konsum
G   Staatskäufe von Gütern und Arbeitsleistungen
I   Investitionen
X   Exporte
M   Importe

S   private Ersparnis
T   Steuern – Transfers
D   Budgetdefizit des Staates

Y   Sozialprodukt

* Unter der vereinfachenden Annahme, dass alle Zahlungen mit Geld geleistet werden.

---

15 Für die einschlägigen Arbeiten von Stone vgl. The Royal Swedish Academy of Sciences, *Press Release on the Sveriges Riksbank Prize in Economic Sciences in Memory of Alfred Nobel 1984*, 1984, https://www.nobelprize.org/prizes/economic-sciences/1984/press-release/.

In der Realwirtschaft werden Konsumgüter C, Investitionsgüter I sowie jene Güter G produziert, die der Staat erwirbt. Ferner werden Exportgüter produziert und Importgüter absorbiert. Die Begriffe Güter oder Produkte umschließen in dieser Definition Dienstleistungen. Die Summe der erzeugten Endprodukte abzüglich der Importe ist das Sozialprodukt Y. Es gleicht der Summe aller Bruttoeinkommen vor Steuern, die in der Volkswirtschaft verdient werden, denn das beim Verkauf eingenommene Geld fließt als Lohneinkommen oder Gewinneinkommen an die Produzenten. Auf der betrieblichen Ebene wird natürlich viel Geld auch für Vorprodukte verwendet, aber die dabei erzielten Erlöse führen wiederum zu Gewinn- und Lohneinkommen und werden für Vorprodukte verausgabt und so weiter. In der Produktionskette fallen die Vorprodukte heraus, so dass der Wert der produzierten Endprodukte abzüglich der Importe zugleich das Sozialprodukt und die Summe aller Einkommen ist. Das von den Menschen verdiente Geld, das zugleich Einkommen ist, wird für den Kauf der Konsumgüter und für Steuerzahlungen an den Staat, T (netto nach Abzug der vom Staat ausgezahlten Transfereinkommen wie Renten und Sozialhilfebezüge), verwendet. Der Rest, S, wird gespart.

Der Einfachheit halber abstrahiert das Diagramm von Abschreibungen auf den Kapitalstock sowie von grenzüberschreitenden Einkommensströmen (Gastarbeiter, ausländisches Kapitaleinkommen etc.).[16] Es ist ohne weiteres möglich, diese Aspekte noch mit einzubeziehen, denn an den noch

---

16 Eine genauere Analyse müsste zwischen dem Sozialprodukt (oder Nettonationaleinkommen) und dem Bruttoinlandsprodukt unterscheiden. Das Sozialprodukt ist gleich der Summe der von Inländern im In- und Ausland verdienten Einkommen, und das Bruttoinlandsprodukt ist die Summe aller im Inland von inländischen und ausländischen Firmen erzeugten ökonomischen Leistungen inklusive jenes Teils der Investitionen, die als Ersatz für die Abschreibungen auf den vorhandenen Kapitalstock benötigt werden. Wegen der Schwierigkeiten, die Abschreibungen und im Ausland verdiente Faktoreinkommen zu messen, bezieht man sich in der öffentlichen Kommunikation meistens auf das Bruttoinlandsprodukt (BIP). Für die Zwecke der Argumentation im Text ist der Unterschied nicht relevant. Bis auf die Abschreibungen ist er auch quantitativ unerheblich. Das Y aus dem Diagramm kann für eine präzisere Analyse von Fragestellungen, die die Unterschiede zwischen diesen Aggregatgrößen benötigen, als Nettoinlandsprodukt (BIP abzüglich Abschreibungen) und die Investitionen können als Nettoinvestitionen (Bruttoinvestitionen abzüglich Abschreibungen) definiert werden. Alternativ kann es als Bruttoinlandsprodukt und als Summe aller im Inland verdienten Roheinkommen inklusive der für den Ersatz von Abschreibungen benötigten Mittel verstanden werden, wenn I die Bruttoinvestitionen und S die Ersparnis inklusive der Mittel für den Ersatz der Abschreibungen bezeichnet.

abzuleitenden Grundaussagen ändert sich dadurch nichts. Auch wird der Einfachheit halber angenommen, dass grundsätzlich alle Transaktionen mit inländischem Geld realisiert werden.[17] In der klassischen Theorie wurde unterstellt, dass das ersparte Geld auf dem Kapitalmarkt als Kredit (oder Eigenkapital) angeboten wird, der für die Finanzierung des staatlichen Budgetdefizits, für die Finanzierung der Investitionen und für die Finanzierung der Exportüberschüsse über die Importe verwendet wird. Die ausländischen Käufer der Exportware benötigen Euros, die sie zum Teil aus dem Verkauf der Importware gewinnen. Für den Exportüberschuss über die Importe müssen sie sich die noch fehlenden Euros am inländischen Kapitalmarkt von den Sparern leihen oder, was hier auf dasselbe hinausläuft, den Sparern marktfähige Vermögenstitel verkaufen. Den Exportüberschuss bei den Gütern bzw. das dafür von den Ausländern im Austausch gegen Vermögenstitel erworbene Geld nennt man deshalb auch Nettokapitalexport.[18] Box 1 in Kapitel 2 hatte diese sehr wichtigen Zusammenhänge schon beleuchtet. Was viele Beobachter des Wirtschaftsgeschehens nicht verstehen, die sich über die empirische Ähnlichkeit zwischen Exportüberschuss und Nettokapitalexport wundern: Beide Größen sind identisch, weil sie exakt denselben Vorgang abbilden, ungeachtet des Umstandes, dass es aufgrund unterschiedlicher Messmethoden stets zu kleineren statistischen Abweichungen kommt.

Wenn kein Geld von außen in den Geldkreislauf hineinkommt und kein Geld versickert, steht mit den verdienten Einkommen (trotz der Umlenkung eines Teils der Einkommen über den Staat und den Kapitalmarkt) für den Kauf der produzierten Güter und Leistungen grundsätzlich exakt so viel Geld zur Verfügung, wie sie kosten. Diese Grunderkenntnis der klassischen vorkeynesianischen Theorie ist bestechend. Sie ist der Grundbaustein der

---

17 Einkommen kann man auch ohne Geldbezug erzielen, wenn man mit etwas anderem als Geld bezahlt wird, so z. B. mit dem Aufbau von Forderungstiteln, wenn der Kaufpreis nicht sofort gezahlt wird. Davon wird hier abstrahiert.

18 Das gilt gleichermaßen, egal ob die Ausländer einen Kredit im Inland beziehen, ob sie vorhandene verzinsliche Vermögenstitel verkaufen, um an die Euros zu kommen, oder ob sie einfach nur ausländisches Geld gegen Euros tauschen, während dieses Geld anschließend von Inländern als Vermögenstitel gehalten wird. Um präzise zu sein, ist der Exportüberschuss, der hier gemeint ist, der sogenannte Leistungsbilanzüberschuss, der aus Exporten minus Importen minus Geschenken an Ausländer und zuzüglich der aus dem Ausland bezogenen Nettokapitalerträge besteht.

mikroökonomischen Theoriebildung, die sich mit langfristigen Allokationsaspekten wie dem Strukturwandel, der Umweltproblematik und dem wirtschaftlichen Wachstum beschäftigt.

Die Theorie hat nur eine Schwäche: Sie kann den Konjunkturzyklus nicht erklären, denn wenn der Kreislauf so geschlossen ist, wie bislang unterstellt, kann es niemals an gesamtwirtschaftlicher Nachfrage fehlen. Die Gesamtnachfrage nach allen Gütern ist stets so groß wie die laufende Produktion, eben weil die Summe der Einkommen und der Wert der produzierten Güter identisch sind und weil alle Einkommen wieder zu Güterkäufen führen. Die klassische Theorie erlaubt zwar eine Modifikation durch die Existenz der Zentralbank. Die kann nämlich mithilfe ihrer Druckerpresse Geld herstellen und auch auf dem Kapitalmarkt verleihen. Dann ist die Summe aller Güternachfragen offenbar um die entsprechende Injektion von neuem Geld in den Kreislauf größer als der Wert der laufenden Produktion und der dabei erzielten Einkommen. Es entsteht eine Übernachfrage über die laufende Produktion (außer, es wird gerade nur so viel Geld injiziert, wie die wachsende Wirtschaft zusätzlich für die Bewerkstelligung eines wachsenden Transaktionsvolumens benötigt). Die Überschussnachfrage entlädt sich in einer Inflation, die gerade so groß ist, dass der Nominalwert des Sozialprodukts in Proportion zur gestiegenen Geldmenge zunimmt. Das ist die schon erläuterte Quantitätstheorie des Geldes. Im Übergang, bis die Preise sich angepasst haben, mag es dann zu gewissen Schwankungen in der realen Wirtschaftstätigkeit kommen. Diese Schwankungen sind aber von der Politik verursacht und kommen nicht durch das Marktgeschehen selbst zustande. Das ist offenbar nicht überzeugend, denn zu gravierend und offenkundig ist der Umstand, dass die Wirtschaft immer wieder konjunkturelle Störungen erlebt, die andere Ursachen haben.

Hier nun setzt die Gesell-keynesianische Theorie an, denn sie führt Geldhorte ein, die in der Abbildung durch den Kreis unten rechts dargestellt sind. Die Firmen, Banken und Haushalte müssen das Geld, das sie haben, nicht in Kredite (oder den Erwerb anderer Forderungstitel) umsetzen, die Exportüberschüsse, Staatsausgaben oder Investitionen finanzieren, sondern können es auch horten. Horten heißt, dass sie Geld dem Kreislauf entziehen und es im Tresor, im Portemonnaie oder, im Falle der Banken, auch nur als Sichteinlage auf ihrem Konto bei der Notenbank aufbewahren.

Das dem Kreislauf entzogene Geld fehlt dann bei der Güternachfrage. Die Güternachfrage ist kleiner als der Wert der laufenden Produktion, und die Folge ist, dass die Firmen ihre Produktion einschränken. Die Wirtschaftsleistung schrumpft, und die Arbeitslosigkeit nimmt zu.

Umgekehrt ist es, wenn Horte aktiviert werden, um damit direkt mehr Güterkäufe zu ermöglichen, oder indirekt, indem sie als Kredite an Menschen vergeben werden, die solche Käufe damit tätigen wollen. Dann ist die gesamtwirtschaftliche Nachfrage größer als der Wert der laufenden Produktion, und die Firmen dehnen ihre Güterproduktion aus, um die Nachfrage zu befriedigen, vorausgesetzt natürlich, dass das für sie rentabel ist und sie dadurch mehr erlösen, als sie die Mehrproduktion kostet. Das ist normalerweise unterhalb der Produktionskapazität der Fall. Sind die Kapazitäten bereits ausgelastet, dann führt die Mehrnachfrage zu steigenden Preisen.

So einfach diese Überlegung ist, sie ist der Kern der keynesianischen Theorie und aller keynesianischen Modelle der konjunkturellen Arbeitslosigkeit, wie sie für kurzfristige Wachstumsprognosen weltweit von den Konjunkturinstituten, von den Regierungen und den internationalen Institutionen wie IWF und OECD verwendet werden. Mit ihr hat der Keynesianismus eine Revolution in der Wirtschaftspolitik bedeutet, weil nun auf einmal die vordem verpönte Staatsverschuldung als sinnvolle Stabilisierungspolitik erschien. Wenn der Staat sein Defizit in einer Wirtschaftsflaute planvoll erhöht, um damit Staatsausgaben zu finanzieren (Deficit Spending), und es ihm gelingt, dafür wenigstens teilweise zuvor brachliegende Geldhorte zu aktivieren statt über den Kapitalmarkt private Investitionen zu verdrängen, kann er die gesamtwirtschaftliche Nachfrage aktivieren und die Konjunktur wieder beleben. Ähnliches kann freilich auch der Notenbank gelingen, wenn sie Geld druckt und dem Kreislauf als Kredit zur Verfügung stellt, ohne dass dieses Geld sogleich zur Gänze wieder in den Horten verschwindet. Und wenn einmal zu viel Nachfrage entsteht, so dass eine Inflationsgefahr besteht, können beide Akteure auch bremsen, indem sie das Gegenteil tun.

Tatsächlich scheint es in den letzten Jahren so gewesen zu sein, dass ein erheblicher Teil der gewaltigen Aufblähung der europäischen Zentralbankgeldmenge in den Horten versickerte. Wie schon erwähnt, stieg die Zentralbankgeldmenge im Euroraum von der Jahresmitte 2008 (vor Lehman) bis zum dritten Quartal 2021 (aktueller Rand) von 0,9 Billionen Euro auf 6,0 Billionen an, also um 5,1 Billionen Euro. Davon waren 4,9 Billionen Euro eine reine Überschusskasse, die nicht durch das gestiegene nominelle

Transaktionsvolumen in der Eurozone erklärt werden kann. Der Rest, nur etwa 0,2 Billionen Euro, wurde von Preissteigerungen und einem realen Zuwachs des Eurozonen-BIP absorbiert.

Die Überschusskasse ist das (bzw. die Untergrenze dessen), was Keynes selbst unter Horten verstand, denn in Abwesenheit einer direkten Messmethode für die Horte kann man sie im beschriebenen Sinne als Überschusskasse über das hinaus definieren, was ein Wachstum der wirtschaftlichen Transaktionen bei gleichem Kassenhaltungskoeffizienten an Zusatzgeld erfordert hätte.[19]

Dass nur 0,2 Billionen Euro vom nominalen Zuwachs der wirtschaftlichen Transaktionen absorbiert wurden, verblüfft vielleicht. Es zeigt aber, dass die Ausweitung der Geldmenge, wenn überhaupt, nur sehr begrenzte Auswirkungen auf die Wirtschaftstätigkeit hatte. Das lag daran, dass das Geld großenteils in Horte floss und keine besonderen Nachfragewirkungen entfaltete. Die ersten geldpolitischen Maßnahmen während der Krise, die ab 2008 ergriffen wurden, insbesondere das OMT-Programm, also die Kreditausfallversicherung, die die EZB ab 2012 anbot, haben zwar die Zinsen sehr stark gesenkt und somit die Investitionsgüternachfrage gestärkt. Doch verpuffte offenbar der Löwenanteil der anschließend im Zuge des QE-Programms vorgenommenen Geldmengenausweitung wegen der Horte.

Abbildung 5.1 hatte schon gezeigt, dass dieses Programm, insbesondere das seit dem Jahr 2015 einsetzende Kaufprogramm für Staatspapiere PSPP ein neues geldpolitisches Regime mit einer gewaltigen Aufblähung der Geldmenge brachte. Bis zum Beginn der Coronapandemie (Ende 2019) stieg die Geldmenge von 1,2 Billionen Euro auf 3,2 Billionen Euro. Erstaunlicherweise verdeutlicht die obige Abbildung 8.2 jedoch, dass die Zinsen für Staatspapiere in dieser Zeit keine besonders auffälligen Bewegungen zeigten. Die deutschen, spanischen und italienischen Zinskurven verliefen ab diesem Jahr vier Jahre lang seitwärts, und die italienische stieg kurz vor der Coronakrise im Jahr 2019 sogar noch etwas an. Erst mit den besonders aggressiven geldpolitischen Programmen der Coronakrise sind kleinere Zinssenkungen erkennbar, die aber in keinem Verhältnis zum Riesenvolumen der Kaufprogramme standen.

---

19 Vgl. Keynes, *The General Theory*, Kapitel 13 V und 15 II.

Nur Griechenland hat deutliche Zinssenkungen erfahren. Dazu muss man aber wissen, dass Griechenland durch seinen großen Schuldenschnitt von 2012 sehr stark entlastet wurde und die restlichen griechischen Staatspapiere, die in Umlauf waren, mit diesem Schuldenschnitt sicherer wurden, weil die Mittel, die das Land zu ihrer Bedienung zur Verfügung hatte, sich nun auf weniger Staatspapiere verteilten. Außerdem war Griechenland in den Genuss umfangreicher fiskalischer Rettungspakete gekommen und zu Sparmaßnahmen im Haushalt verpflichtet worden, was seine Bonität deutlich erhöhte.[20]

Wehe, wenn die Banken ihre Horte in Kredite verwandeln

Die 4,9 Billionen Euro an Zentralbankgeld, die in Horte geflossen sind, stellen eine potenzielle Inflationsgefahr dar, denn der Nachfrageeffekt, den sie bislang nicht entfaltet haben, könnte sich ja irgendwann später einmal zeigen. Außerdem können gewaltige Summen hinzutreten, weil die Banken daraus ein Vielfaches an eigenem Kreditgeld schaffen können. Das ist nicht zwangsläufig so, es kann aber passieren. Wie und unter welchen Umständen, wird in den Kapiteln 9 und 11 diskutiert.

Die Gefahr der Horte an Zentralbankgeld wird gerade auch von manchen Keynesianern nicht in den Blick genommen, weil sie sich bei ihrer Analyse nicht auf das Zentralbankgeld M0, sondern von vornherein auf das daraus abgeleitete Geldaggregat M1 beziehen. Während M0, wie erwähnt, die Summe aller Zentralbankgeldbestände inklusive aller Bargeldbestände und der Girokonten der Banken bei der Notenbank ist, nennt man M1 die Summe aus den Bargeldbeständen und den Einlagen, die Banken ihren Kunden eingeräumt haben, jedoch ohne die Einlagen, die die Banken selbst bei ihrer Notenbank halten.

---

20 Allerdings wurden die griechischen Staatspapiere damals aus dem Kaufprogramm PSPP herausgenommen. Erst ab 2020 hat die griechische Notenbank im Zuge des PEPP-Programms wieder Staatspapiere kaufen dürfen. Siehe EZB, *Beschluss (EU) 2020/440 der Europäischen Zentralbank vom 24. März 2020 zu einem zeitlich befristeten Pandemie-Notfallankaufprogramm (EZB/2020/17)*, Artikel 3: »Ausnahme für von der Hellenischen Republik begebene marktfähige Schuldtitel«, https://eur-lex.europa.eu/legal-content/DE/TXT/?uri=CELEX%3A32020D0440.

Wenn eine Bank einem Kunden einen Kredit gewährt, ihm dabei Giralgeld gutschreibt und eine entsprechende Summe an Zentralbankgeld vorhält, so verlässt in der Regel nicht das gesamte verliehene Zentralbankgeld die Bank. Ein Teil pflegt dazubleiben, weil der Kreditnehmer sein Geld an jemand anderen überweist, der sein Konto bei derselben Bank hat. Ein anderer Teil wird an eine andere Bank übertragen, wenn der Empfänger der Zahlung dort sein Konto hat. Insofern schwindet das Zentralbankgeld der Banken nicht notwendigerweise, wenn es für den Verleih von Einlagen verwendet wird. Im Prinzip könnten auf diese Weise unendlich viele Einlagen geschaffen werden. Allerdings gibt es zwei begrenzende Einflussfaktoren.

Der eine liegt im sogenannten Reservesatz, der sich auf die vorgeschriebene Mindestreserve sowie auf die freiwillig darüber hinaus gehaltene Reserve an Einlagen der Banken bei der Notenbank bezieht. Im Eurosystem müssen Banken für die Einlagen, die Kunden bei ihnen halten, mindestens 1 % eigene Zentralbankgeld-Einlagen als Mindestreserve bei der Notenbank halten. Das Bankensystem kann aus jedem Euro überschüssigen Zentralbankgeldes deshalb theoretisch bis zum Hundertfachen an eigenem Kreditgeld schaffen.

Der andere Faktor ist der Bargeldabfluss. Wenn die Giralgeldmenge ausgeweitet wird, pflegen die Kunden einen gewissen Anteil des neuen Geldes nicht auf ihren Konten stehen zu lassen, sondern als Bargeld abzurufen. Das abgerufene Bargeld steht den Banken dann nicht mehr als Einlagen bei der Notenbank zur Verfügung und auf seiner Basis können sie keine weiteren Giralgeldkredite an ihre Kunden vergeben.

Faktisch reizen die Banken allerdings die Möglichkeiten für eine Kreditgeldschöpfung nicht aus, sondern halten zusätzlich zur gesetzlichen Mindestreserve weiteres Zentralbankgeld als Einlagen bei ihrer Notenbank. Für die tatsächliche Kreditgeldschöpfung kommt es deshalb auf die Summe aus der vorgeschriebenen Mindestreserve und der freiwillig gehaltenen Überschussreserve an, die den in Relation zu den Einlagen gewünschten Reservesatz angibt.

Berücksichtigt man den gewünschten Reservesatz und den prozentualen Bargeldabfluss, so lässt sich ein Multiplikator errechnen, der angibt, wie viele zusätzliche Euros insgesamt an Giralgeld und Bargeld aus einem Euro Zentralbankgeld geschaffen werden, der dem Bankensystem als Ganzem von der Notenbank zufließt. Man nennt diesen Wert den Geldschöpfungsmultiplikator.[21] Der Geldschöpfungsmultiplikator ist keine Konstante, sondern steigt mit dem Zins, weil die Banken umso weniger Reserven zu halten wünschen, je mehr sie bei einem Geldverleih verdienen können. Bei den niedrigen Zinsen, die heutzutage herrschen, ist der Multiplikator deshalb auch nur recht klein. So lag z. B. im Juli 2021 die Geldmenge M1 bei 10,843 Billionen Euro und M0 bei 5,875 Billionen Euro, was einem Wert von nur 1,8 entspricht.[22] Zur Jahresmitte 2008, kurz vor dem Lehman-Konkurs, als der Interbankenmarkt für einige Zeit zusammenbrach und als die Zinsen noch hoch waren, war der Multiplikator noch sehr viel höher. Damals war M1 bei 3.852 Milliarden Euro, während der Bestand des Zentralbankgeldes bei nur 876 Milliarden Euro lag. Der Multiplikator hatte damals also die Höhe M1/M0 = 4,4. So gesehen könnte nach einer Zinsnormalisierung aus einer Aktivierung der rechnerisch bis zur Jahresmitte 2021 akkumulierten Horte von 4,9 Billionen Euro ein Zuwachs der Geldmenge M1 von sage und schreibe etwa 4,4 x 4,9 Billionen Euro = 22,6 Billionen Euro entstehen. Das ist keine Prognose, sondern der Versuch, den Möglichkeitsraum abzustecken.

Die Aktivierung der Horte würde also theoretisch ausreichen, mehr als 20 Billionen Euro an Bankkrediten zu generieren. Die Bankkredite werden dann zum einen geschaffen, indem die Banken selbst einen Teil ihrer von der Notenbank geliehenen Überschusskasse weiterverleihen. Und zum anderen werden sie durch den Prozess der Giralgeldschöpfung geschaffen, indem die Banken bei steigenden Zinsen mehr eigenes Kreditgeld schaffen und sich dabei mit einem kleineren Reservesatz in Relation zu den neu kreditierten Einlagen begnügen.

---

21 Die Formel für den Geldschöpfungsmultiplikator lautet (1+b)/(x+b), wobei x der Reservesatz und b die Bargeldabflussquote ist. Der Reservesatz ist das Verhältnis von Einlagen der Bank bei der Notenbank und Einlagen der Kunden bei der Bank. Und die Bargeldabflussquote ist die Relation aus dem Bargeld und den nach Abfluss desselben verbleibenden Sichtdepositen bei der Bank. Man kann diese Formel im Sinne von Durchschnittswerten oder auch im Sinne von Marginalgrößen interpretieren, die nur die Effekte von kleinen Änderungen der Geldbasis erfassen. Siehe E. Schneider, *Einführung in die Wirtschaftstheorie*, Teil III, Geld, Kredit, Volkseinkommen und Beschäftigung, J. C. B. Mohr (Paul Siebeck): Tübingen 1952, hier nach der 10. Auflage 1967, S. 49, Gleichung (14). Diese Gleichung wird hier nur im Hinblick auf den gewünschten Reservesatz statt auf den vorgeschriebenen Mindestreservesatz, den Schneider meinte, interpretiert. Der Reservesatz x ist keine Konstante, sondern hängt von den unternehmerischen Entscheidungen und Präferenzen der Banken ab. Er ist eine fallende Funktion des Zinsniveaus. Ein steigender Zinssatz senkt folglich x und erhöht damit den Geldschöpfungsmultiplikator. Mehr dazu in Kapitel 9.
22 Vgl. dazu die Quellenangaben zu der nachfolgenden Abbildung 8.6 bzw. die in der Abbildung mit eingetragenen Absolutwerte für die Geldaggregate.

Und das ist nicht alles, denn durch das so geschaffene Kreditgeld kann der Einkommenskreislauf aktiviert werden. Das Kreditgeld könnte zu Käufen von Gütern aus laufender Produktion führen, die Produktion ankurbeln und Einkommen bei den Produzenten entstehen lassen, aus denen wieder neue Güterkäufe finanziert werden. Das muss nicht nur direkt passieren. Indirekt könnte es diesen Effekt geben, indem z. B. der Schuldner erst ein bereits vorhandenes Vermögensobjekt kauft und der Verkäufer es dann für Güter aus laufender Produktion verwendet.

Wenn die Produktion der Nachfrage nicht nachkommen kann, was bei der immensen Summe, um die es geht, sicherlich zu erwarten wäre, dann würden die Preise steigen. Immerhin liegt ja das gesamte Bruttoinlandsprodukt der Eurozone nur im Bereich von etwa 11 Billionen Euro. Es ist vollkommen undenkbar, dass es ohne Inflation in überschaubaren Zeiträumen so ausgedehnt werden kann, wie es aufgrund des Geldüberhangs rechnerisch möglich ist, also von 11 auf über 30 Billionen Euro. So gesehen ist der Geldüberhang ein Pulverfass, von dem man nur hoffen kann, dass es nicht irgendwann einmal durch die Aktivierung der Giralgeldschöpfung der Banken und damit der Geldmenge M1 gezündet wird. Die EZB würde, wenn eine solche Gefahr imminent wird, sicherlich zu bremsen versuchen, indem sie Maßnahmen zur Verringerung der Geldmenge ergreift. Die Frage ist aber, ob sie das früh genug und in ausreichendem Maße tun würde und könnte. Das ist der Gegenstand des Kapitels 11.

Hat der Prozess der Übertragung der Überschusskasse beim Zentralbankgeld in die Geldmenge M1 vielleicht schon stattgefunden und wird nun vielleicht dieses Geld anstelle des Zentralbankgeldes selbst gehortet? Woher wissen wir, dass die Banken das Geld horten?

Nun, wir wissen es zum einen aus dem Umstand, dass die Banken des Eurosystems insgesamt in Form ihres digitalen Zentralbankgeldes gut drei Viertel (75 %) des Geldüberhangs von 4,9 Billionen Euro, also 3,7 Billionen Euro verantworten, während ihre Mindestreserveverpflichtung nur 151 Milliarden Euro beträgt.[23] Sie haben also ihre Möglichkeiten der Kreditgeldschöpfung bei weitem nicht ausgenutzt.

---

23 EZB, Statistical Data Warehouse, *Total Required Reserves of Credit Institutions Subject to Minimum Reserve Requirements in the Euro Area*, Code: BSI.M.U2.N.R.LRR.X.1.A1.3000.Z01.E, https://sdw.ecb.europa.eu/quickview.do?SERIES_KEY=117.BSI.M.U2.N.R.LRR.X.1.A1.3000. Z01.E; dieselbe, Statistical Data Warehouse, *Net Circulation - Number of Banknotes/Coins in Circulation in Euro Area*, Code: BKN.M.U2.NC10.B.ALLD.AS.S.E, https://sdw.ecb.europa. eu/quickview.do?SERIES_KEY=195.BKN.M.U2.NC10.B.ALLD.AS.S.E&.

Abbildung 8.6: Die Entwicklung der Geldaggregate im Euroraum

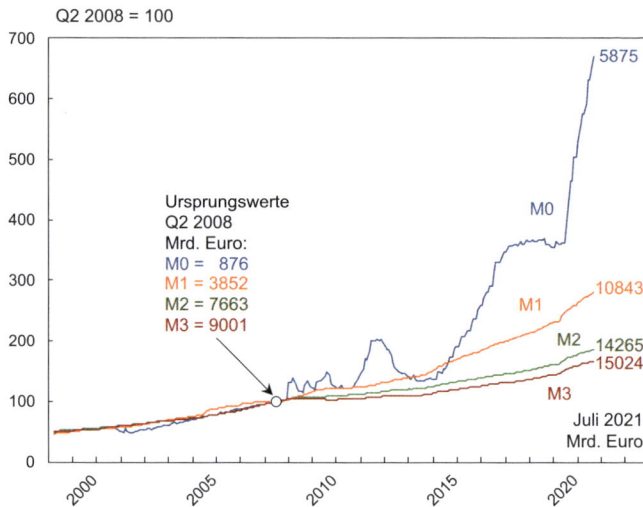

(Indexwerte, Q2 2008=100, bis Juli 2021)

M0 = Zentralbankgeld, Geldbasis: Bargeld der Banken und Nichtbanken zuzüglich der Einlagen der Banken bei der Notenbank ohne die Einlagen des Staates bei der Notenbank
M1 = Bargeld der Banken und Nichtbanken zuzüglich der Sichteinlagen der Kunden bei ihren Banken, ohne die Einlagen der Banken und des Staates bei der Notenbank
M2 = M1 + Spareinlagen
M3 = M2 + Forderungstitel mit einer Laufzeit von bis zu zwei Jahren

Quellen: EZB, *Euro Area (Changing Composition), Eurosystem Reporting Sector – Base Money [sum(L010000 and L020100 and L020200)], Euro – World not Allocated (Geographically) Counterpart*, Code: ILM.M.U2.C.LT00001.Z5.EUR, Statistical Data Warehouse, https://sdw.ecb.europa.eu/quickview.do?SERIES_KEY=123.ILM.M.U2.C.LT00001.Z5.EUR; dieselbe, *Monetary Aggregate M1 vis-a-vis Euro Area Non-MFI Excl. Central Gov. Reported by MFI & Central Gov. & Post Office Giro Inst. in the Euro Area (Stock)*, Code: BSI.M.U2.Y.V.M10.X.1.U2.2300.Z01.E, Statistical Data Warehouse, https://sdw.ecb.europa.eu/quickview.do?SERIES_KEY=117.BSI.M.U2.Y.V.M10.X.1.U2.2300.Z01.E. Unter ähnlichen Links findet man dort auch die Daten für M2 und M3.

Hinweis: Die Kurven zeigen Indexwerte, die so normiert sind, dass sie zum Ende des zweiten Quartals 2008 den Wert 100 annehmen. Sie zeigen somit nur das seit diesem Bezugspunkt realisierte Wachstum. Man beachte die Absolutwerte, die bei dem Bezugspunkt und auch an den Enden wiedergegeben werden. Daran sieht man, dass die Abfolge der absoluten Größe der Aggregate genau umgekehrt ist wie ihre relativen Zuwächse. Die relativen Zuwächse sind umso kleiner, je größer die Aggregate sind.

Zum anderen wird auch aus Abbildung 8.6 klar, dass sich seit der Lehman-Krise die besondere Dynamik der Geldmengenentwicklung allein auf die Zentralbankgeldmenge, nicht aber auf die anderen Geldaggregate bezog, zu denen neben M1 auch noch M2 und M3 gehören. M2 ist etwas breiter definiert als M1, weil zusätzlich zu den Sichteinlagen auch noch Spareinlagen erfasst sind. Und M3 enthält zusätzlich zu den Spareinlagen auch noch kurzfristige Forderungstitel mit einer Laufzeit von bis zu zwei Jahren. Die Idee hinter diesen offiziellen Definitionen ist es, geldnahe Vermögenstitel zu erfassen, die über eine hohe Liquidität verfügen, weil sie eine kurze Laufzeit haben und alsbald für Güterkäufe verfügbar wären, wenn es darauf ankäme.

Die Abbildung zeigt die Entwicklung der Geldaggregate als Indexkurven, die so definiert sind, dass die aktuellen Werte der jeweiligen Aggregate durch ihren jeweiligen Wert zur Jahresmitte 2008, also die Zeit kurz vor dem Beginn der Lehman-Krise, geteilt werden. Alle Kurven nehmen deshalb zu diesem Zeitpunkt den Wert 100 an. An ihrer weiteren Entwicklung erkennt man die Wachstumsdynamik der jeweiligen Aggregate.

Es ist deutlich zu sehen, dass allein die Geldbasis M0 die schon aus den früheren Grafiken bekannte Dynamik aufweist, während alle anderen Geldaggregate einem recht glatten Trend folgen, der sich seit der Vorkrisenzeit kaum verändert hat. Das zeigt zweifelsfrei, dass der Prozess der Umsetzung der Überschusskasse der Banken in eine Kreditgewährung und Giralgeldschöpfung noch nicht stattgefunden hat.

Das ist also die konkrete Gefahr für die Inflation. Es gibt so lange keine kreditgetriebene Inflation, wie die Banken ihre überschüssigen Kassenbestände horten, doch wenn die gesamtwirtschaftliche Nachfrage anzieht, weil die Marktteilnehmer Inflationsgefahren sehen und deswegen wieder mehr investieren und Kreditmittel abrufen, dann ist zu erwarten und zu befürchten, dass auch die anderen Geldaggregate von ihrem Trend abweichen und einen Galopp der Preise ermöglichen. Die Abweichung in der Dynamik zwischen M0 auf der einen Seite und M1 bis M3 auf der anderen Seite ist geradezu ein Beleg für die Horte. Der zu befürchtende Nachholprozess bei den höheren Geldaggregaten wäre dann gleichbedeutend mit einem Nachfrage- und Inflationsschub. Deswegen ist es zwar richtig, wenn Beobachter darauf hinweisen, dass kreditgetriebene Inflation noch nicht kommt, solange M1 und die höheren Geldaggregate, die M1 beinhalten, nicht anziehen, andererseits aber auch ziemlich tautologisch, weil ein starker Zuwachs von M1 gleichbedeutend mit dem Zuwachs kreditfinanzierter Ausgaben ist, der sich mit hoher

Wahrscheinlichkeit inflationär entladen würde.[24] Die Inflation ist das Feuer. M1 und die anderen höheren Geldaggregate sind der Rauch. Und M0 ist das Pulverfass. Rauch zeigt Feuer an, wohl wahr, doch ist er eine unmittelbare Erscheinungsform des Feuers und nicht Indikator einer erst noch drohenden Gefahr. Die Gefahr geht vom Pulverfass aus.

---

24 Vgl. z.B. P. Bofinger, »Inflationsängste sind übertrieben«, *Handelsblatt* 39, 25.2.2021, S. 8. Bofinger ist zuzustimmen, wenn er schreibt: »Entscheidend für private Ausgaben sind die … Geldbestände privater Haushalte und Unternehmen in Form von Bankeinlagen und Bargeld. Im Euro-Raum ist diese Geldmenge seit 2008 relativ zur Wirtschaftsleistung nur um den Faktor 1,3 gestiegen.« Es ist ihm nicht zuzustimmen, wenn er den Eindruck erweckt, ich hätte in meinen früheren Darlegungen etwas anderes gesagt. Vielmehr war das schon bei meiner Weihnachtsvorlesung, die die Vorlage für dieses Buch lieferte, genau der Punkt, auf den ich unter Verweis auf die fehlende Dynamik der höheren Geldaggregate hinwies. Die Banken horten das Zentralbankgeld und solange sie es noch nicht in M1 umsetzen, gibt es keine von der Investitionsgüternachfrage getriebene Inflation. Vgl. H.-W. Sinn, *Corona und die wundersame Geldvermehrung in Europa*, Weihnachtsvorlesung an der LMU München, 18.12.2020, ab Minute 32:15, https://www.youtube.com/watch?v=L-dCADYr2AM.

9. Geldpolitik trotz Liquiditätsfalle: Warum versucht die EZB, was sie nicht kann und nicht darf?

Die Liquiditätsfalle • Preisstabilität oder Inflation: Was ist das Mandat der EZB? • Preisstabilität heißt nicht 2 % Inflation • Angst vor der Deflation als ökonomischer Grund für eine Umdefinition des Mandats • Die Nachteile instabiler Preise • Warum der EZB-Rat nicht selbst über die Interpretation der Preisstabilität entscheiden sollte • Aber andere machen es auch so! • Geldpolitik wirkt nicht in der Liquiditätsfalle, außer vielleicht über eine Stimulierung der verbotenen Staatsverschuldung • Die Staatspapierkäufe stehen auf einer dubiosen Rechtsgrundlage • Die Stellungnahme der Ex-Gouverneure • Der Niedrigzins als sozialer Sprengstoff • Internationale Verteilungswirkungen der Niedrigzinspolitik

Seit Jahren hat die EZB versucht, mithilfe einer Geldmengenausweitung durch Staatspapierkäufe Inflation zu erzeugen, was sie als ihr Mandat ausgab, doch gelang es ihr nicht. Sie hat dann noch mehr Staatspapiere gekauft. Dieses Kapitel beschäftigt sich mit der Frage, warum sich die Inflation so lange nicht anschieben ließ und warum die EZB die Staatspapiere gleichwohl gekauft hat.

Die Liquiditätsfalle

Die Horte, die eine Inflation bislang verhindert haben, werden durch die Geldpolitik selbst induziert, denn ihr Umfang hängt unter anderem von den

Zinsen ab, die von der EZB direkt gesetzt oder indirekt erzeugt werden. Vermögen in Form von Geld statt anderer Vermögenstitel zu halten, auch wenn es sich nicht direkt für die laufenden wirtschaftlichen Transaktionen in Umlauf befindet, bringt viele Vorteile. Das gilt grundsätzlich für die Einlagen der Banken bei der Notenbank, das physische Bargeld in Form von Banknoten und auch das Giralgeld, das Firmen und Privatleute auf ihrem Bankkonto haben. Ein hoher Geldbestand schützt Firmen, Banken und Bürger vor Illiquiditätskrisen, die aus einem ungleichmäßigen und zufälligen Zahlungsfluss resultieren können. Eine Bank, die über keine Reserven an digitalem Zentralbankgeld verfügt, die sie jederzeit aktivieren kann, um plötzliche Zahlungsverpflichtungen gegenüber anderen Banken oder Bargeldwünsche des Publikums erfüllen zu können, kann schnell in eine Zahlungskrise kommen. Firmen und auch Privathaushalte können aus einem ähnlichen Grund in die Insolvenz geraten, wenn sie nicht genug Giralgeld in Form von Einlagen bei den Banken oder Bargeld halten. Geld bietet im Übrigen die Option, schnell zuzugreifen, wenn sich günstige Anlagemöglichkeiten ergeben. Es hat deshalb auch stets in einem gewissen Umfang Platz in einem wohldiversifizierten Vermögensportfolio. Dafür hat sich in der Volkswirtschaftslehre der Begriff der Spekulationskasse eingebürgert.

Keynes hat einmal gesagt, der Zins sei die Belohnung für das »Nicht-Horten« von Geld, und er hat deshalb angenommen, dass die Horte umso kleiner sind, je höher der Marktzins ist.[1] Abbildung 9.1 verdeutlicht diesen Zusammenhang in einem Diagramm, bei dem der Zins und der gewünschte Bestand der Horte relativ zum Gesamtvermögen der wirtschaftlichen Akteure an den Achsen stehen. Es gibt natürlich nicht nur einen Zins, sondern viele in einem Wirtschaftsgebiet. Sie unterscheiden sich nach der Fristigkeit und nach der Bonität der Schuldner. Aber davon kann man in einer ersten Näherung abstrahieren, wenn man die Grundidee verstehen will. Die von links nach rechts fallende Kurve, die den Zins in Beziehung zum gewünschten Anteil des Geldes am Vermögen darstellt, nennt man auch die Liquiditätspräferenzfunktion.

Man kann die Liquiditätspräferenzfunktion auf zweierlei Weise lesen, zunächst einmal so, wie die Pfeile es verdeutlichen. Der Zins erklärt, welchen Geldanteil am Vermögen die wirtschaftlichen Entscheidungsträger halten wollen.

---

1   J. M. Keynes, *The General Theory of Employment, Interest, and Money*, Macmillan: London 1936, Kapitel 13 V und 15 II.

Abbildung 9.1: Die Liquiditätspräferenzfunktion

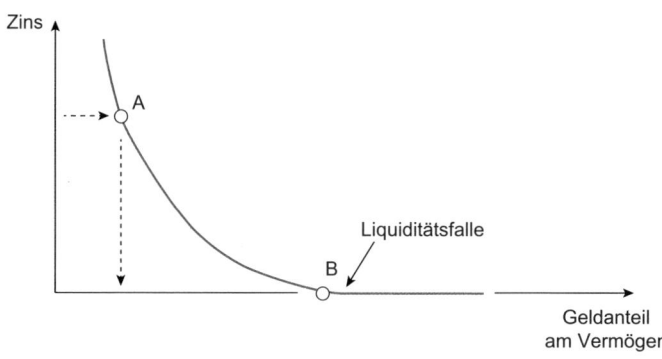

Je niedriger der Zins, desto größer ist der gewünschte Geldanteil, eben weil die Belohnung des »Nicht-Hortens« bei fallendem Zins kleiner wird und die Vorteile der Liquidität dann stärker in den Vordergrund treten. Die Kurve ist nicht so zu verstehen, dass andere Einflussgrößen wie das Volumen der Transaktionen, die Zahlungssitten, die Techniken der Zahlungsvorgänge und die Sicherheit der verzinslichen Anlagen keine Rolle spielen. Vielmehr beschreibt sie nur die Zinsabhängigkeit der Geldnachfrage bei gegebenen Werten dieser anderen Einflussgrößen. Wenn sich diese anderen Einflussgrößen verändern, verschiebt sich die Kurve in der Horizontalen.

Man kann die Kurve auch in umgekehrter Richtung lesen. Dann sagt sie, wie groß der Zins in der Wirtschaft ist, der sich bei einer bestimmten Geldmenge im Marktgleichgewicht ergibt.

Bei der Geldmenge, um die es bei dieser Kurve geht, ist die Geldbasis gemeint, also die Zentralbankgeldmenge M0, und nicht etwa eines der daraus abgeleiteten höheren Geldaggregate, denn nur diese Geldmenge wird unmittelbar durch die Notenbank bestimmt. Im vorigen Kapitel wurde erläutert, wie es den Banken gelingt, aus dem Zentralbankgeld, das sie haben, ein Vielfaches an Giralgeld für ihre Kundschaft zu erzeugen. Davon sei in einem ersten gedanklichen Schritt abstrahiert, es sei also zunächst angenommen, dass die Geldmenge M1 genauso groß ist wie M0. Diese Annahme wird alsbald wieder aufgehoben.

Warum die Liquiditätskurve den Zins in Abhängigkeit von der Geldmenge bestimmt, kann man verstehen, wenn man kontrafaktisch unterstellt, dass der Zins nicht dem Gleichgewichtswert entspricht, der zu einer bestimmten Geldmenge gehört, und sich überlegt, was dann auf den Finanzmärkten passieren würde.

Ist der Zins zufällig einmal höher, als es für eine bestimmte Geldmenge der Kurve entspricht, finden die Marktteilnehmer, dass sie zu viel Geld halten, und versuchen einen Teil des Geldes in verzinsliche Anlagen umzutauschen, also als Kredit an andere zu verleihen. Das geht aber nur individuell und nicht im Aggregat. Wenn der eine sein Geld verleiht, hat es der andere. Der Versuch, das Geld zu verleihen, lässt allerdings den Kreditzins fallen, denn dazu muss man andere Anbieter von Krediten unterbieten. Da alle zusammen das Geld nicht loswerden, fällt der Zins so weit, bis die Geldhalter in ihrer Gesamtheit letztlich auf ihren Umtauschwunsch verzichten. Das Geld verschwindet durch die Kreditvergabe nicht, verteilt sich aber je nach der Struktur der individuellen Liquiditätspräferenzen etwas anders über die Menschen und Institutionen.

Und ist der Zins einmal zufällig niedriger, als es dem Kurvenwert entspricht, wollen die Marktteilnehmer weniger verzinsliche Anlagen halten, also weniger Kredit vergeben, und mehr Geld halten, als sie haben, weil sie die Liquiditätsdienste des Geldes höher einschätzen als den Vorteil des Zinses. Da aber nicht mehr Geld vorhanden ist, gelingt ihnen in der Summe auch das nicht. Die Kreditverknappung führt stattdessen nur zu einer Zinserhöhung, bis die Marktteilnehmer in der Summe ihren Wunsch aufgeben und sich mit dem Geldanteil in ihrem Vermögensportfolio begnügen, den sie tatsächlich haben.

Aus diesen Überlegungen folgt, dass eine nachhaltige Zinsänderung durch eine entsprechende Geldmengenänderung seitens der Zentralbank induziert werden kann und muss, wie sie durch eine Bewegung längs der dargestellten Kurve dargestellt wird. Ändert die Zentralbank die faktische Portfoliostruktur der Geldhalter, indem sie ihnen mehr Geld gibt und weniger verzinsliche Vermögenstitel belässt, dann fällt der Zins. Zieht sie Geld ein, indem sie die verzinslichen Vermögenstitel wieder zurückgibt, also den Bestand der von ihr vergebenen Kredite verringert, oder, was dasselbe ist, ihnen Wertpapiere verkauft, dann steigt der Zins.

Die Geldhalter, um die es hier geht, sind zum einen die Sparer und die Kapitalanlagegesellschaften, denen sie ihr Vermögen anvertraut haben, sowie die private Wirtschaft einschließlich der privaten Haushalte, die Kredite nachfragen. Zum anderen sind es auch die Banken, die nicht nur Kredite vermitteln, sondern auch die Einzigen sind, mit denen die Zentralbank in direkten geschäftlichen Kontakt tritt. Wie schon im letzten Kapitel erläutert, sind es vor allem die Banken, die die Überschusskasse an Zentralbankgeld über das hinaus halten, was für die bloßen Transaktionen der Wirtschaft notwendig ist. Auch und vor allem durch ihre Aktionen entsteht der gleichgewichtige Zins, bei dem die gewünschte Portfoliostruktur bezüglich verzinslicher Anlagen und Zentralbankgeld mit der tatsächlich durch die Notenbank erzeugten Struktur übereinstimmt, wie es erläutert wurde.

Nun stellt sich die Frage, was geschieht, wenn die Giralgeldschöpfung der Banken mitberücksichtigt wird. Wie in Kapitel 8 erläutert wurde, sind die Banken nicht nur Kreditvermittler, sondern können zudem auch noch nach Maßgabe der Mindestreservevorschriften und der Bargeldabflussquote Giralgeld und Kredit quasi aus dem Nichts selbst erzeugen. Das ist der Grund dafür, dass die Geldmenge M1 entgegen der obigen Annahme tatsächlich nicht mit der Geldmenge M0 identisch ist, sondern sie um ein Vielfaches übersteigen kann. Wie im vorigen Kapitel gezeigt wurde, lag der Geldschöpfungsmultiplikator M1/M0 bei den hohen Zinsen, wie sie noch im Sommer 2008 galten, bei 4,4 und am aktuellen Rand nur noch bei 1,8.

Dieser Umstand ändert aber nichts Grundsätzliches an der Bedeutung der Liquiditätspräferenzfunktion, denn immer noch gilt, dass zu einer gegebenen, politisch festlegbaren Zentralbankgeldmenge ein ganz bestimmter Zins gehört, der sich im Gleichgewicht der Marktteilnehmer einstellt. Als Besonderheit kommt nur hinzu, dass die Banken bei einer Geldmengenausweitung und dem dadurch fallendem Zins nicht nur mehr Zentralbankgeld horten und diese Horte dem Wirtschaftskreislauf entziehen, sondern dass sie dabei zudem noch weniger eigenes Kreditgeld schaffen, also den Kreditschöpfungsmultiplikator verringern.[2]

---

2   Die Zinsabhängigkeit des Geldschöpfungsmultiplikators erhöht die Elastizität des Geldsystems in dem Sinne, dass ein Nachfrageschub, der das Transaktionsvolumen in der Realwirtschaft erhöht, eine kleinere Zinserhöhung braucht, damit die Banken der Wirtschaft dafür mehr M1-Geld zur Verfügung stellen, denn zu dem Basisgeld M0, das die Banken freigeben und weiterverleihen, tritt das zusätzliche Giralgeld, das sie dabei erzeugen, noch hinzu. Dieser Zusammenhang wird in den Lehrbüchern durch die sogenannte LM-Kurve verdeutlicht, die den Zusammenhang zwischen dem Sozialprodukt und dem Zinsniveau bei einer gegebenen Zentralbankgeldmenge verdeutlicht. Die LM-Kurve ist umso flacher, je stärker die gewünschte Überschusskasse der Banken bei einer Zinserhöhung zurückgeht, je mehr Giralkredit die Banken in Relation zur Geldmenge M0 also erzeugen. Dieser Zusammenhang kann durch eine Zinsabhängigkeit des Reservesatzes x in der Formel für den Geldschöpfungsmultiplikator berücksichtigt werden, der in einer Fußnote im Abschnitt »Wehe, wenn die Banken ihre Horte in Kredite verwandeln« in Kapitel 8 schon genannt wurde.

Die Liquiditätspräferenzkurve ist von entscheidender Bedeutung für die Geldpolitik, denn die Zentralbank muss sie respektieren. Sie kann den Zins und die Geldmenge nicht unabhängig voneinander steuern, sondern muss mit ihrer Geldpolitik stets zwischen den durch diese Kurve dargestellten Kombinationen von Zins und Geldmenge wählen. Grundsätzlich hat sie zwei Möglichkeiten. Sie kann mit dem selbst gemachten Geld Wertpapiere einer bestimmten Menge kaufen oder auch Refinanzierungskredite ausgeben, um diese Menge zu erreichen. Dann ergibt sich der Zins. Oder sie kann einen bestimmten Zins festsetzen. Dann muss sie zu diesem Zins so viel Geld in Umlauf bringen, wie es die Liquiditätspräferenzkurve impliziert. Tut sie das nicht, ist der von ihr gesetzte Zins für das Marktgeschehen nicht mehr relevant, und es bildet sich in Abhängigkeit vom vorhandenen Geldbestand ein Zins nach Maßgabe der Liquiditätskurve.

Eine expansive Geldpolitik bedeutet, auf der Liquiditätskurve nach rechts unten zu wandern. Grundsätzlich senkt eine solche Politik die Zinsen und macht deswegen die Investitionsfinanzierung billiger. Die Firmen kaufen mehr Maschinen und Computer, und sie errichten neue Fabrikgebäude. Privatleute kaufen sich Häuser und renovieren sie oder bauen sie gleich neu. Die Investitionen bedeuten langfristig eine Erhöhung der Produktionskapazität, doch kurzfristig sind sie auf jeden Fall erst einmal Nachfrage nach Gütern aus laufender Produktion. Der Wirtschaftskreislauf kommt in Schwung, und über sekundäre Multiplikatoreffekte steigen alle Einkommen. Dabei muss vorausgesetzt werden, dass die Produktionskapazitäten der Wirtschaft noch unterausgelastet sind, so dass die Firmen auch mehr produzieren wollen und können. Wenn das nicht der Fall ist, steigen stattdessen die Preise, weil Unternehmen, die nicht mehr liefern können oder wollen, dann mehr für ihre Waren verlangen.

Das Problem ist freilich, dass diese Politik nicht beliebig ausgeweitet werden kann, denn in der Nähe eines Zinssatzes von null wird die Liquiditätskurve immer flacher, und wenn sie flacher wird, sinken die Zinsen bei einer gegebenen Geldmengenausweitung immer weniger – mit der Folge, dass auch immer weniger Nachfrage induziert wird.

Jenseits eines bestimmten Punktes, Punkt B in dem Diagramm, sind die Vermögensbesitzer fast unbegrenzt bereit, Geld statt anderer Vermögensobjekte zu halten. Wenn die Entlohnung für das Nicht-Horten null ist, macht es für sie keinen großen Unterschied mehr, ob sie ihr Vermögen als Geld oder zum Beispiel in Form von Staatspapieren halten, vorausgesetzt, beide sind gleichermaßen sicher. Geld selbst ist ja eine besondere Form von Staatspapier. Der

Unterschied ist so gesehen kaum noch vorhanden, und weil das so ist, sind die Vermögensbesitzer fast zu jedem Tausch von Staatspapieren gegen Geld bereit.

Ein kleiner Unterschied zwischen dem Geld und den Staatspapieren besteht aber insofern, als nur das Geld als gesetzliches Zahlungsmittel für wirtschaftliche Kontrakte anerkannt ist und deshalb zusätzliche Liquiditätsdienste bietet, die Staatspapiere so nicht bieten können. Der Bäcker nimmt nun mal keine Staatspapiere für das Brot an, das er verkauft. Dieser Unterschied erklärt, warum in der traditionellen Lehrmeinung der flache Bereich der Liquiditätspräferenz-Kurve bei einem leicht über null liegenden Zins vermutet wurde. Tatsächlich liegen aber manche Zinsen der Eurozone heute schon leicht unter null. Das liegt daran, dass die Geldhaltung in Form von Bargeld auch Nachteile in Form von Tresorkosten hat und dass die Zentralbanken die Einlagen der Banken inzwischen mit Zinsen in Höhe von -0,5 % versehen haben, also Strafzinsen verlangen, so dass auch das Halten von digitalem Zentralbankgeld durch die Banken Kosten verursacht. Viel tiefer kann die EZB mit dem Zins auf das digitale Zentralbankgeld nicht gehen, weil die Banken dann in viel größerem Umfang Bargeld halten würden, als sie es derzeit bereits tun. Wie in Kapitel 8 schon berichtet wurde, lag der Bargeldbestand der Banken im Mai 2021 bei etwa 90 Milliarden Euro. Die Existenz von Bargeld verhindert also offenbar allzu stark negativ werdende Zinsen in der Geldwirtschaft.

Das ist ein Thema, dem sich das nächste Kapitel näher widmen wird. Vorläufig können wir dieses Detail aber vernachlässigen und feststellen, dass die Liquiditätsfalle bei Zinsen in der Gegend von null Prozent liegt und dass sich die tatsächlichen Marktzinsen nun schon seit einigen Jahren, konkret seit dem Jahr 2015, in der Gegend von null bewegen (vgl. Abbildungen 2.1 und 8.2).

Die europäische Wirtschaft befindet sich damit erstmals, seitdem Keynes über den horizontalen Ast der Kurve räsonierte, in einer Situation, für die sich in der Volkswirtschaftslehre der Begriff der »Liquiditätsfalle« etabliert hat.[3] Die meisten makroökonomischen Lehrbücher haben einen Abschnitt dazu.

---

3   Statt von Liquiditätsfalle zu sprechen, kennzeichnete Keynes diese hohe Liquiditätspräferenz als »absolut«. Siehe J. M. Keynes, *The General Theory*, Kapitel 15, II (iii). Der Begriff der Liquiditätsfalle geht auf Robertson zurück, der aber wiederum etwas anderes meinte. Zu den Ursprüngen des Begriffs vgl. D. H. Robertson, *Lectures on Economic Principles,* Volume III, Staples Press: London 1959 sowie z. B. I. Barens, »Robertson's ›Liquidity Trap‹ as an Answer to Keynes's ›Banana Parable‹, or: Did the General Theory Really Have to be Written?«, Konferenzpapier, *22nd Annual ESHET Conference*, 7.–9. Juni 2018, Universidad Complutense de Madrid, Spanien.

Keynes selbst hatte die Liquiditätsfalle, die er mit dem Begriff der »absoluten« Liquiditätspräferenz kennzeichnete, als theoretischen »Grenzfall« analytisch hergeleitet und beschrieben. Er betonte, dass er von keinem Beispiel wisse, wo man diesen Grenzfall schon habe beobachten können, glaubte aber, dass das in der Zukunft einmal der Fall sein könne.[4] Generationen von Volkswirtschaftsprofessoren haben in ihrer Lehre Ähnliches konstatieren müssen, wenn sie von ihren Studenten nach einem Anschauungsbeispiel gefragt wurden. Der Grenzfall der Liquiditätsfalle schien so weit abseits der realen Welt angesiedelt zu sein, dass es in den USA seit den 1980er Jahren erste Lehrbücher gab, die ihn gar nicht mehr darstellten. Das war die Phase der »Great Moderation«, in der es schien, als seien die Konjunkturzyklen verschwunden und als würden die Volkswirtschaften nur noch gleichmäßig dahinschweben. Monetaristische und angebotsorientierte Sichtweisen der Wirtschaftspolitik hatten ihren Sieg über den Keynesianismus errungen, und in den USA wandten sich sowohl die volkswirtschaftliche Disziplin als auch die Politik zunehmend von der Analyse der Krisen ab. Nur in Europa, vor allem Deutschland, blieb das keynesianische Modell unangefochten der anerkannte Lehrstoff in der makroökonomischen Konjunkturtheorie.[5] Es ist jedoch die Ironie der Geschichte, dass just in jener Zeit der Abwendung von Keynes Finanzkrisen ausbrachen, bei denen einige Länder erstmals seit Keynes in die Liquiditätsfalle gerieten.

Der Bereich der Liquiditätspräferenzfunktion, den man Liquiditätsfalle nennt und der rechts vom Punkt B in Abbildung 9.1 liegt, begründet eine Asymmetrie der Geldpolitik. B ist nämlich eine Art Eintrittsschwelle in ein anderes geldpolitisches Regime. Vor der Schwelle führt eine Ausdehnung der Geldmenge zu einer Senkung der Zinsen. Wenn aber die Schwelle erreicht wurde, dann fallen die Zinsen nicht weiter, und folglich ergeben sich bei einer weiteren Ausdehnung der Geldmenge keine zusätzlichen Effekte auf die Realwirtschaft mehr. Umgekehrt führt aber eine Einschränkung der Geldmenge zu

---

4   J. M. Keynes, *The General Theory* ..., Kapitel 15, III (2).
5   In der Version der formalen Darstellung von Hicks, dem es gelungen war, die Kerngedanken von Keynes in einem eleganten Modell zusammenzufassen. Siehe J. R. Hicks, »Mr. Keynes and the ›Classics‹ A Suggested Interpretation«, *Econometrica* 5 (2), 1937, S. 147–159. Für sein Gleichgewichtsmodell, das Horte beinhaltet, wurde John Hicks zeitgleich mit Arrow vom Nobelpreiskomitee geehrt. Siehe The Nobel Prize, *The Sveriges Riksbank Prize in Economic Sciences in Memory of Alfred Nobel 1972* und *1983*, https://www.nobelprize.org/prizes/economic-sciences/1972/summary/ sowie https://www.nobelprize.org/prizes/economic-sciences/1983/summary/.

Zinserhöhungen, wenn die Ökonomie sich genau auf der Schwelle befindet. Diese Asymmetrie ist wichtig für das Verständnis der Geldpolitik. Man kann auch die Metapher des Kutschers verwenden, um das Problem zu verdeutlichen. Hat der Kutscher die Zügel straffgezogen, gegen den Drang der Pferde, bedeutet eine Verlängerung und Lockerung der Zügel, dass die Pferde schneller laufen. Doch wenn der Punkt gekommen ist, an dem der Druck der Pferde am Zügel nicht mehr besteht und sie nur noch so dahinschreiten, wie sie es wollen, kann man die Zügel immer weiter lockerlassen, und die Pferde gehen trotzdem nicht schneller. Die Geldpolitik hat ihre Wirkung vollkommen verloren.

In die Liquiditätsfalle kann man nicht nur durch eine expansive Geldpolitik geraten, sondern auch durch eine wirtschaftliche Flaute, denn dann ist der Geldbedarf für Transaktionszwecke sehr gering, und die gesamte Liquiditätskurve verschiebt sich parallel nach links. Den Abstand zwischen dem senkrechten Ast der Kurve und der Ordinate (der senkrechten Achse des Diagramms) kann man als den für die bloßen Transaktionen nötigen Geldbedarf ansehen, den man auch Transaktionskasse nennt. Die Senkung der benötigten Transaktionskasse führt offenbar bei einer gegebenen Geldmenge ebenfalls dazu, dass der Zins fällt, und wenn sie stark genug ausfällt, kann man auch so in die Liquiditätsfalle geraten, so dass die Geldpolitik ihre Wirkung verliert. Übertragen auf die Pferde heißt das: Wenn sie müde sind und fast stehen bleiben, dann nützt es nichts, die Zügel zu lockern. Sie laufen trotzdem nicht schneller.

Das erste Land, das auf diese Weise in die Liquiditätsfalle geriet, war Japan. Im Jahr 1990 war dort im Gefolge der großen asiatischen Finanzkrise der Immobilienboom zusammengebrochen. Kurz zuvor hätte man für Tokio ganz Kanada kaufen können,[6] doch nun wurden den Käufern die Immobilien nachgeworfen. Die Immobilienfirmen kollabierten und mit ihnen die Banken, die sie kreditiert hatten. 40 % der Banken mussten bis 1997 durch Staatsbeteiligungen oder Übernahmen gerettet werden. Die japanische Notenbank hatte daraufhin die Zügel immer lockerer gelassen, insbesondere ab dem Jahr 2001, als sie damit begann, in großem Umfang im Zuge eines Programms, das sie Quantitative Lockerung (Quantitative Easing, QE) nannte, Staatspapiere zu kaufen, aber es half nichts. In Kapitel 5 wurde schon dargelegt, wie es zu dem Namen

---

6 Siehe S. Rosa, »Die Aktien- und Immobilienblase in Japan«, *Finanz und Wirtschaft*, 6.11.2015, https://www.fuw.ch/article/die-aktien-und-immobilienblase-in-japan/.

für dieses Programm gekommen war. Die japanischen Zinsen waren aufgrund der ausufernden Geldpolitik alsbald bei null angekommen, und dennoch hat sich das Land bis zur Abfassung dieser Zeilen nicht gefangen.

Die US-amerikanische Notenbank folgte dem japanischen Beispiel nach dem Ausbruch der Finanzkrise im Jahr 2008, indem sie den kurzfristigen Leitzins bereits seit dem Beginn des Jahres 2009 bis auf null absenkte und zugleich mit dem großflächigen Kauf von privaten Pfandbriefen und Papieren des amerikanischen Bundesstaates begann, was auch die langfristigen Zinsen senkte.

Nachdem Mario Draghi im Jahr 2011 die Präsidentschaft bei der EZB übernommen hatte, schob er schließlich auch die Eurozone in die Liquiditätsfalle. Stufenweise senkte die EZB unter seiner Leitung den Hauptrefinanzierungssatz, der zunächst 1 % betragen hatte, immer weiter ab, bis er im Jahr 2015 den Wert null erreichte. Zugleich begann die EZB im Jahr 2015 mit dem großflächigen Kauf von privaten und vor allem staatlichen Wertpapieren, was auch den Zins der langfristigen Staatspapiere bei nur noch geringer Spreizung zwischen den Ländern bis in die Gegend von null senkte (siehe Abbildung 2.1).

In der Liquiditätsfalle ist die Fiskalpolitik noch vollends wirksam, weil der Staat mit seinen kreditfinanzierten Ausgaben oder Steuersenkungen recht unmittelbar Nachfrageimpulse entfalten kann, wie es aus dem Kreislaufbild 8.5 klar wird. Durch seine Kreditaufnahme aktiviert er brachliegende Geldhorte und führt sie dem Geldkreislauf zu, bis sie wieder von Neuem in Horten versickern. Dadurch gelingt es, wie erläutert, die Produktion unmittelbar zu steigern, wenn der Staat Leistungen des Privatsektors kauft, oder auch indirekt, wenn er die Einkommen von Transferempfängern erhöht, die aufgrund dieser Einkommenssteigerung dann mehr Konsumgüter kaufen.

Doch hat die Geldpolitik in der Liquiditätsfalle ihre Wirksamkeit vollkommen verloren, weil das neue Geld den Weg zu den Investoren wegen der fehlenden Möglichkeit weiterer Zinssenkungen nicht finden kann und sofort in bloßen Geldhorten versickert, von denen es ohnehin schon zu viele gibt.

Auch eine Geldmengenausweitung durch Staatspapierkäufe, wie sie die EZB in so riesigem Ausmaß von den nationalen Notenbanken durchführen ließ, führt zu gar nichts, wenn die Liquiditätsfalle erst einmal erreicht ist, weil dann fast identische Papiere gegeneinander ausgetauscht werden: Geldscheine und Staatspapiere bzw. die jeweiligen elektronischen Varianten davon, beide ohne Zinsen. Da der Zins nicht fällt, ergibt sich kein konjunktureller Impuls auf die Investitionsgüternachfrage und nichts passiert wirklich, außer dass die Staatspapiere dann in den Portfolios einer Gemeinschaftseinrichtung landen.

Preisstabilität oder Inflation: Was ist das Mandat der EZB?

Angesichts der Unwirksamkeit der Geldpolitik in der Liquiditätsfalle verwundert es sehr, dass die EZB die Geldmenge seit 2015, dem Jahr, das man als Eintritt in die Liquiditätsfalle ansehen kann, in geradezu astronomische Höhen getrieben hat, wie Abbildung 5.1 gezeigt hatte. Wie hat sie diese Politik begründet?

Präsident Draghi erklärte nach seiner Amtsübernahme im Jahr 2011 mehrfach und mit Nachdruck, es sei das Mandat der EZB, die Preise stabil zu halten, und Preisstabilität bedeute eine Inflationsrate von knapp unter 2 %. So sagte er zum Beispiel im entscheidenden Jahr 2015 auf einer Pressekonferenz am 22. Januar zu den Beschlüssen über die Staatspapierkäufe:[7]

»We shouldn't forget that our mandate is price stability, price stability defined as keeping [the] inflation rate close [to] but below 2 %.«

Auf Deutsch (Übersetzung durch den Autor):

»Wir sollten nicht vergessen, dass unser Mandat die Preisstabilität ist, wobei die Preisstabilität als eine Inflationsrate nahe bei, doch unter 2 % definiert ist.«

Mehrfach wies die EZB nach der Einführung des Kaufprogramms auf die Gefahr einer Deflation im Euroraum hin, der es vorzubeugen gelte.[8] Ihretwegen müsse man einen Sicherheitsabstand von der Nullgrenze der Inflation halten. Man müsse Staatspapiere kaufen, um über eine Ausweitung der Geldmenge die gesamtwirtschaftliche Nachfrage zu stimulieren und die gemäß Mandat

---

7 M. Draghi, *Introductory Statement to the Press Conference (with Q&A)*, Pressekonferenz, Frankfurt am Main, 22. Januar 2015, https://www.ecb.europa.eu/press/pressconf/2015/html/is150122.de.html.

8 Vgl. z. B. die Stellungnahme des Vizepräsidenten der EZB: V. Constâncio, »Deflation ist gefährlich«, Interview mit A. Hennersdorf, M. Fischer und K. Handschuch, *Wirtschaftwoche online*, 30. Dezember 2014, https://www.wiwo.de/politik/europa/vtor-constancio-deflation-ist-gefaehrlich/11145016-all.html.

erforderlichen Preissteigerungen auslösen.[9] Da die Politik aber nicht wirkte und sich die Erhöhung der Inflationsrate partout nicht einstellen wollte, argumentierte sie wiederholt, sie müsse nun noch mehr Staatspapiere kaufen. Diese Art der Argumentation ist nicht überzeugend. Zwar war eine tendenzielle Deflationsfurcht zu Beginn der Krise nicht aus der Luft gegriffen,[10] doch gab es mindestens drei gewichtige Gegenargumente gegen die Rezeptur, die Draghi empfahl.

Preisstabilität heißt nicht 2 % Inflation

Zunächst irritiert die Behauptung der EZB, es sei ihr Mandat, die Inflationsrate auf irgendeinen positiven Wert anzuheben, und sei es auf knapp unter 2 %. Wie schon in Kapitel 3 erwähnt, sagt der EU-Vertrag (Artikel 127

---

9   Mario Draghi: »Second, we decided to expand the monthly purchases under our asset purchase programme from €60 billion at present to €80 billion. They are intended to run until the end of March 2017, or beyond, if necessary, and in any case until the Governing Council sees a sustained adjustment in the path of inflation consistent with its aim of achieving inflation rates below, but close to, 2 % over the medium term.« EZB, *Introductory Statement to the Press Conference (with Q&A)*, Pressekonferenz, Frankfurt am Main, 10. März 2016, https://www. ecb.europa.eu/press/pressconf/2016/html/is160310.en.html; derselbe: »Regarding non-standard monetary policy measures, we confirm that from January 2018 we intend to continue to make net asset purchases under the asset purchase programme (APP), at a monthly pace of €30 billion, until the end of September 2018, or beyond, if necessary, and in any case until the Governing Council sees a sustained adjustment in the path of inflation consistent with its inflation aim. If the outlook becomes less favourable, or if financial conditions become inconsistent with further progress towards a sustained adjustment in the path of inflation, we stand ready to increase the APP in terms of size and/or duration. The Eurosystem will reinvest the principal payments from maturing securities purchased under the APP for an extended period of time after the end of its net asset purchases, and in any case for as long as necessary. This will contribute both to favourable liquidity conditions and to an appropriate monetary policy stance.« EZB, *Introductory Statement to the Press Conference (with Q&A)*, Pressekonferenz, Frankfurt am Main, 14. Dezember 2017, https://www.ecb.europa.eu/press/pressconf/2017/ html/ecb.is171214.en.hhtml.

10 Warum es trotz der Geldmengenvergrößerung eine Deflationsgefahr gab, wurde z. B. belegt in: H.-W. Sinn, »Forget Inflation«, *Project Syndicate*, Februar 2009 (in 15 Sprachen übersetzt und erschienen in den nationalen Tageszeitungen). Das dort gemachte Argument war, dass die Zunahme der Geldnachfrage der Grund für die Ausweitung der Geldmenge war, und nicht etwa umgekehrt die Zunahme des Geldangebots. Letzteres hätte den Wert des Geldes fallen lassen, doch Ersteres ließ ihn, so die Aussage des Textes, tendenziell eher steigen, erzeugte also eine Deflationstendenz.

AEUV) etwas ganz anderes. Dort heißt es stattdessen, dass es das »vorrangige« Ziel der EZB sei, »die Preisstabilität zu gewährleisten«. Preisstabilität heißt aber nun einmal 0 % Inflation und nicht 2 % oder »knapp unter 2 %«. Auch wenn eine Inflation von knapp 2 % ökonomisch sinnvoll sein sollte: Es kann beim besten Willen nicht die Rede davon sein, dass es das »Mandat« der EZB sei, diesen Wert anzustreben.

Die 2 % kommen denn auch nicht aus den EU-Verträgen, sondern vom EZB-Rat selbst. Er beschloss sie unter dem frisch designierten Präsidenten Wim Duisenberg bereits vor der virtuellen Einführung des Euro im Jahr 1998, aber nur im Sinne einer Obergrenze, unter der man bleiben müsse.[11] Den Charakter eines Ziels hatte diese Grenze damals noch nicht.

Zu den objektiven Gründen für die Festlegung einer solchen Obergrenze gehörte es, dass man eine Punktlandung mit 0 % ohnehin nicht schaffen kann, dass es Messfehler bei der Inflationsrate gibt und dass eine Abweichung nach unten in den deflationären Bereich gefährlicher für die Wirtschaft ist als eine Abweichung nach oben. Aber die 2 % waren zunächst tatsächlich nur eine tolerierbare Obergrenze, unter der man bleiben wollte. Man wollte damals eine Schranke setzen, die auch realistischerweise einhaltbar war.

Von der tolerierbaren Obergrenze mutierte die alte Vorgabe dann alsbald zur Formulierung »knapp unter 2 %«. Das war bereits im Jahr 2003 und stand wohl unter dem Einfluss der Erkenntnis, dass die Inflationsraten der südeuropäischen Länder nach der vollendeten Einführung des Euro kräftig anzogen, weil der Euro ihnen, wie in Kapitel 2 dargelegt wurde, extrem starke Zinssenkungen bescherte.[12] Die Inflation schlug sogar auf den Durchschnittswert der gesamten Eurozone durch, wie es Abbildung 9.2 mit dem Sprung der Inflationsrate vom Jahr 1999 bis zum Jahr 2001 zeigt.

11 Vgl. O. Issing, »An Assessment of the ECB's Strategy Review«, *Central Banking*, 13. August 2021, https://www.centralbanking.com/central-banks/monetary-policy/operating-framework/7864761/an-assessment-of-the-ecbs-strategy-review; H. Hannoun, O. Issing, K. Liebscher, H. Schlesinger, J. Stark, N. Wellink, *Memorandum on the ECB's Monetary Policy*, 9. Oktober 2019, https://www.hanswernersinn.de/sites/default/files/Memorand-ECB-Monetary-Policy-04102019.pdf.

12 Vgl. EZB, *Press Seminar on the Evaluation of the ECB's Monetary Policy Strategy*, Willem F. Duisenberg, President of the European Central Bank, Lucas Papademos, Vice-President of the European Central Bank und Otmar Issing, Member of the Executive Board of the ECB, Frankfurt am Main, 8. Mai 2003, https://www.ecb.europa.eu/press/pressconf/2003/html/is030508_1.en.html.

Abbildung 9.2: Die Jahres-Inflationsraten im Euroraum (1998 bis 2020)

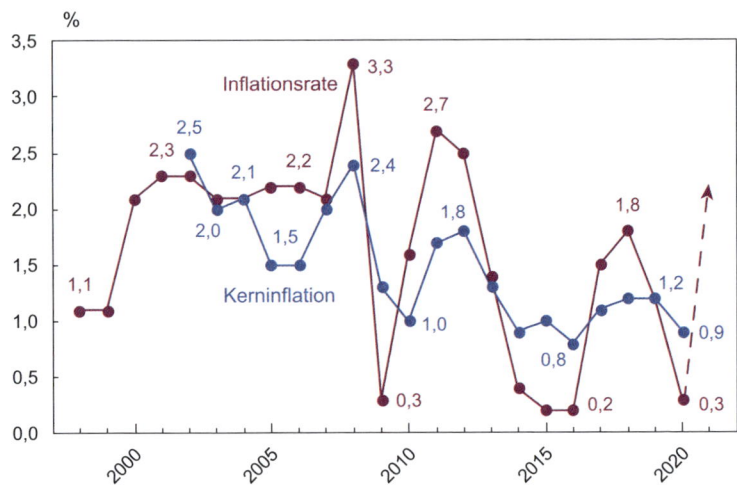

Quellen: Eurostat, Datenbank, *Wirtschaft und Finanzen,* Preise, Harmonisierte Verbraucherprei-
sindices, Jährliche Daten; T. Wollmershäuser et al., »ifo Konjunkturprognose Sommer 2021:
Deutsche Wirtschaft im Spannungsfeld zwischen Öffnungen und Lieferengpässen«, *ifo Schnelldienst,* Sonderausgabe Juni, S. 1–52, insbesondere S. 10.

Hinweis: Für eine Diskussion der Inflationszahlen am aktuellen Rand vergleiche Kapitel 12. Der
aufwärts zeigende Pfeil soll die Richtung aufzeigen, in die sich der Jahreswert 2021 aufgrund der
bei der Abfassung dieser Zeilen schon bekannten Inflationszahlen auf Monatsbasis vermutlich entwickeln wird. Alle Prognosen, die dazu in der ersten Jahreshälfte 2021 veröffentlicht wurden, sind
längst Makulatur.

Es ging damals um eine mögliche Bremsung der Konjunktur, die man nicht
übertreiben wollte, um nicht eine Deflationsgefahr auszulösen. Viele Mitglieder im EZB-Rat wollten sich nicht auf eine energische Bremsstrategie festlegen, wollten aber auch nicht in einen Widerspruch zu der Festlegung von
1998 (»unter 2 %«) geraten. Daher entwickelte man die Sprachregelung, dass
man knapp unter 2 % bleiben wolle. Den Charakter eines echten Ziels, mit
dem man eine expansive Geldpolitik begründen wollte, die die Inflationsrate
erhöht, hatte diese Formulierung aber nicht. Den erhielt sie erst unter dem
neuen Präsidenten Mario Draghi, wie es oben zitiert wurde.

Angst vor der Deflation als ökonomischer Grund für eine Umdefinition des Mandats

Ökonomisch kann man die Umdefinition des Mandats auf eine Inflationsrate von knapp unter 2 % durchaus vertreten, denn die Gefahren einer Deflation werden allgemein für größer gehalten als die einer Inflation. Das liegt an zwei Effekten.

Zum einen sind Preise und Löhne nach unten hin oft sehr starr, denn sie bestimmen die Einkommen der Anbieter auf den Arbeits- und Gütermärkten. Es gibt erhebliche psychologische Widerstände gegen die Vorstellung, einmal erreichte Verteilungspositionen aufzugeben.[13] Ein deflationärer Preisdruck führt deshalb tendenziell eher zu einem starken Produktionsrückgang und einer Zunahme der Arbeitslosigkeit, während ein Inflationsdruck sich eher in einer tatsächlichen Inflation entlädt und vergleichsweise weniger Produktions- und Beschäftigungseffekte zur Folge hat. Es kommt hinzu, dass ein bisschen Inflation nützlich ist, weil sie trotz der Preisstarrheit nach unten die im Strukturwandel permanent nötige Änderung der relativen Preise erleichtert. Wegen veränderter Knappheiten müssen sich die relativen Preise der Güter in der Marktwirtschaft fortwährend ändern, um das Verhalten der Verbraucher an die neue Knappheitssituation anzupassen und den Produzenten Anreize zu geben, Produktionsfaktoren von Sektoren mit fallenden Preisen zu Sektoren mit steigenden Preisen umzulenken. Der relative Preis eines Gutes, von dem sich die Nachfrage abwendet, kann viel einfacher fallen, wenn es eine Inflation gibt, denn um zu fallen reicht es aus, wenn der Preis langsamer steigt als andere Preise. Inflation ist ein Schmiermittel, das den Strukturwandel reibungsloser vonstattengehen lässt.

Zum anderen gibt es ein etwas komplexeres ökonomisches Argument, das mit dem Umstand zu tun hat, dass wegen des zinslosen Bargeldes eine Untergrenze für den Nominalzins von ungefähr null besteht. Diese Untergrenze impliziert für den Realzins, der als Differenz zwischen dem Nominalzins und der Preissteigerungsrate definiert ist, eine Untergrenze in der Höhe des Negativen der Inflationsrate. Bei einer Inflationsrate von null liegt auch die Untergrenze des Realzinses bei null. Bei einer Inflationsrate von 2 % liegt die Untergrenze

---

13 T. Bewley, *Why Wages Don't Fall During A Recession*, Harvard University Press: Cambridge Mass. 1999.

des Realzinses bei -2 %. Je höher die Inflationsrate ist, desto weiter lässt sich der Realzins in den negativen Bereich drücken, und da es für das Kalkül der Investoren auf den Realzins ankommt, hat die Geldpolitik für den Notfall, bei dem ein starker Investitionsstimulus nötig ist, mehr Möglichkeiten. Dazu mehr in Kapitel 10.

Die Nachteile instabiler Preise

Ob die Fähigkeit, die Realzinsen in den negativen Bereich drücken zu können, bereits eine tragfähige Argumentation für das Ziel einer wenn auch leichten Inflation ist, ist aber unklar, denn eine solche Inflation bedeutet genauso wie eine Deflation immer auch Unsicherheit über zukünftige Preise und belastet Kreditnehmer und Kreditgeber mit einem Risiko, das beider Bereitschaft zum Vertragsabschluss reduziert. Der freie Kreditfluss von Sparern zu Investoren ist aber unerlässlich für das wirtschaftliche Wachstum, denn das verlangt Investitionen. Investitionen erhalten die Produktionskapazität, wenn sie die Abschreibungen ausgleichen, und sie vergrößern sie, wenn sie darüber hinausgehen. Investitionen sind darüber hinaus das Vehikel des technischen Fortschritts, weil der sich in neuen Maschinen und Anlagen, ja neuen Wirtschaftsbranchen äußert, deren Aufbau Investitionskapital erfordert.

Das Preisrisiko ist auch für Lieferbeziehungen schädlich, denn im industriellen Bereich, wo nicht von der Hand in den Mund gekauft wird, sondern Bestellungen mit Lieferfristen von vielen Wochen vereinbart werden, bedeutet eine Inflation grundsätzlich ein Risiko für den Lieferanten, der ein Angebot abgegeben hat, denn er weiß nicht, was seine Vorprodukte kosten, wenn er den Zuschlag für ein Angebot erhält und wenn er schließlich seine Leistung erbringt. Allein schon die zeitliche Verzögerung zwischen Angebot und Lieferung erzeugt viel Unsicherheit, die das Geschäft wie echte Kosten belastet. Angebote werden wegen der Preisunsicherheit nicht abgegeben, und Kontrakte kommen nicht zustande. Fallende Preise haben eine ähnliche Implikation, denn die Anbieter verzögern den Kauf von Vorprodukten, was zum Abbau der Lager an Vorprodukten führt, und schon kleine Störungen bei der Lieferung von Vorprodukten führen zu Produktionsausfällen. Inflation und Deflation sind aus diesen Gründen Sand im Getriebe der Wirtschaft. Die Funktion des Geldes als Zahlungsmittel und Verrechnungseinheit wird beschädigt, und wirtschaftliche Kontrakte werden behindert.

Das Problem ist gravierend, denn das Preisänderungsrisiko hat die Tendenz, sich von allein zu vergrößern, weil Preisänderungen dazu neigen, klein anzufangen und sich dann zu verstärken. Fängt nach einer Phase der Stabilität eine Preissteigerung an, dann ändern sich die Preiserwartungen der Menschen. Sie befürchten, dass noch mehr solche Steigerungen zustande kommen, ziehen Käufe vor, um den Steigerungen zuvorzukommen, und beginnen mit Hamsterkäufen. Dadurch steigen die Preise erst recht, und es beginnt eine sich selbst verstärkende Inflationsspirale. Und kommt es irgendwo nach einer Stabilitätsphase zu Preissenkungen, dann entsteht die Erwartung, dass auch andere Preise fallen. Das wiederum lässt die Käufer von Waren zögern in der Hoffnung, später noch günstiger einkaufen zu können. Statt Waren zu hamstern, horten die Käufer nun das Geld. Die Kaufzurückhaltung führt dann erst recht zu niedrigeren Preisen und verstärkt die Erwartungen abermals, was erneut Kaufzurückhaltung impliziert. Nun gibt es eine sich selbst verstärkende Deflationsspirale.

Deutschland hat beide Spiralen in der Weimarer Republik mit großen Schrecken erlebt. Nach dem Ende des Ersten Weltkrieges drehte sich die Inflationsspirale immer schneller, bis es zur Hyperinflation kam, die 1923 zur Einführung einer neuen Währung zwang. Und wenige Jahre später, ab 1929, kam es zu einer Deflationsspirale, die die Preise und Löhne sehr stark fallen ließ, eine Massenarbeitslosigkeit erzeugte und schließlich die Machtergreifung Hitlers ermöglichte. Damals waren es die gewaltigen Umverteilungseffekte zwischen den Sparern und ihren Gläubigern sowie zwischen den Arbeitnehmern mit kontraktbestimmten Einkommen und den Unternehmern, die wechselweise das Volk in Wallung oder die Unternehmer zur Verzweiflung brachten, wobei Letzteres über die resultierende Arbeitslosigkeit das Volk in noch mehr Not stürzte, weil viele Menschen entlassen wurden und somit die Löhne gar nicht mehr bekamen, mit denen sie mehr hätten kaufen können.

Doch auch wenn solche extremen Entwicklungen verhindert werden können, führen Preisänderungen zu Ungerechtigkeiten, die Unfrieden hervorrufen können. So führt eine nicht antizipierte Inflation zu einer Umverteilung zwischen Gläubigern und Schuldnern, soweit sie nicht bereits beim Vertragsabschluss antizipiert und im Zins berücksichtigt wurde. Immerhin addiert sich selbst eine kleine jährliche Inflationsrate von 2 % nach dem Gesetz des geometrischen Wachstums über eine Zeitspanne von 35 Jahren, also einer Generation, bereits zur Halbierung eines Sparguthabens und über eine Zeitspanne von 70 Jahren, also ein aktives Menschenleben, zu einer Viertelung.

Eine mäßige Deflation hat die gegenteiligen Effekte. Zwar freuen sich nun die Sparer, doch kann die Schuldenlast der Kreditnehmer nun erdrückend werden, weil sie bei ihren wirtschaftlichen Geschäften immer weniger verdienen. Auch wenn der Verdienst ausreicht, Güter aus laufender Produktion zu bezahlen, weil deren Preise auch fallen, reicht er womöglich nicht mehr aus, die vor langer Zeit zu anderen Preisen aufgenommenen Schulden zu bedienen. So hagelt es dann Konkurse. Erhebliche Störungen des Rechtsgefühls und gesellschaftliche Konflikte sind die Folgen.

Zu bedenken ist schließlich, dass Preisänderungen zu unbeabsichtigten Verzerrungen des Kapitalmarktes im Zusammenhang mit nominalwertorientierten Steuern führen, wie sie überall auf der Welt üblich sind. Zinseinkünfte werden im Falle einer Inflation einer Scheinzinsbesteuerung durch den Fiskus unterworfen, der die nominalen Zinseinkünfte besteuert, obwohl die realen Einkünfte nur ein Bruchteil davon sind. Wenn der Zins 2 % beträgt und die Inflation auch, dann würde der Staat Steuern auf Kapitaleinkünfte verlangen, obwohl es sie in realer Rechnung gar nicht gibt, denn die 2 % Zins gleichen in diesem Beispiel nur den realen Wertverlust des Vermögens in Höhe von 2 % des Anlagekapitals aus.[14] Umgekehrt bedeutet eine Deflation, dass es in realer Rechnung Zinseinkünfte durch die Aufwertung des Geldes gibt, die bei Festzinskontrakten zu den vereinbarten Zinsen hinzutreten, doch nicht der Besteuerung unterliegen.

Ähnlich liegen die Effekte der Inflation auf die Gewinnbesteuerung der Unternehmen. Weil die steuerlichen Abschreibungsbeträge, die einem Unternehmen nach einer Investition gewährt werden, im Falle der Inflation gar nicht mehr ausreichen, das eingesetzte Kapital wiederzubeschaffen, kommt es zu einer Scheingewinnbesteuerung. Eine Kette von kurzlebigen Investitionen, deren Abschreibungen stets wieder ersetzt werden, wird stärker von einer solchen Scheingewinnbesteuerung betroffen sein als eine Kette langlebiger Investitionen.[15] Deswegen verlagert die Inflation die Wirtschaftsstruktur

---

14 Zur Scheinzinsbesteuerung siehe H. Wielens, *Inflation kein Albtraum*, Nicolaische Verlagsbuchhandlung: Herford 1971; M. Feldstein. »Inflation, Income Taxes and the Rate of Interest: A Theoretical Appraisal«, *American Economic Review* 66, 1978, S. 809–820; V. Tanzi, *Inflation and the Personal Income Tax: An International Perspective*, Cambridge University Press: Cambridge 1980.

15 Siehe H.-W. Sinn, »Inflation, Scheingewinnbesteuerung und Kapitalallokation«, in: D. Schneider, Hrsg., *Kapitalmarkt und Finanzierung* (Schriften des Vereins für Socialpolitik), Duncker & Humblot: Berlin 1987, S. 187–210, https://www.hanswernersinn.de/sites/default/files/sinn-inflschein-vfs-1987.pdf.

von kurzlebigen Investitionen wie z. B. vielen Ausrüstungsinvestitionen hin zu Immobilieninvestitionen, ohne dass dies von der Wirtschaftspolitik antizipiert oder gar beabsichtigt wird. Umgekehrt ist es bei einer Deflation, denn sie impliziert, dass die steuerlichen Abschreibungen größer sind, als es zur Wiederbeschaffung einer Anlage nötig ist. Nun verlagert sich die Wirtschaftsstruktur von langlebigen zu kurzlebigen Anlagen.

Die Inflation erzeugt darüber hinaus bei der Einkommensteuer eine heimliche Progression, von der der Staat profitiert und unter der die Steuerzahler leiden. Wenn nämlich die nominellen Einkommen in Proportion zu den Preisen steigen, dann bleiben die Realeinkommen zwar konstant, aber dennoch müssen die Menschen nun einen größeren Prozentsatz dieser Einkommen an den Staat abtreten. Das ist nicht nur ungerecht, sondern kann auch zur Folge haben, das manch eine unsolide Regierung eine Inflation nicht nur mit Sorgen betrachtet.

Schließlich ist darauf hinzuweisen, dass eine Inflation die Kosten der Geldhaltung erhöht, weil sie das eigentlich zinslose Geld im Umfang der Inflationsrate entwertet und damit faktisch mit einem negativen Realzins versieht. Selbst wenn die Inflation antizipiert wird und sich der Nominalzins in der Wirtschaft so weit erhöht, dass die Sparer kompensiert werden und der alte Realzins auf Sparguthaben erhalten bleibt, erleiden die Geldhalter im Umfang der Inflation Jahr um Jahr reale Verluste, weil Geld keinen Nominalzins hat. Die Konsequenz ist ein Rückgang der realen Geldmenge, also der Relation von Geldmenge und Preisniveau. Damit werden die Liquiditätsdienste, die das Geld leistet, indem es einen Vermögensanteil darstellt, der jederzeit für Käufe von Gütern oder Vermögensobjekten verwendet werden kann, reduziert. Kein Geringerer als Milton Friedman, einer der großen Ökonomen des 20. Jahrhunderts und Nobelpreisträger, hat deshalb sogar vorgeschlagen, dass eine Notenbank eine so restriktive Geldpolitik realisieren möge, dass sich eine antizipierte Deflationsrate in Höhe des für die Wirtschaft angemessenen Realzinses ergibt.[16] Der Nominalzins wäre in einer solchen Welt null, doch real würden die Sparer und Geldhalter eine Verzinsung in Form einer laufenden Zunahme des Realwertes ihrer Sparguthaben erzielen. Die reale Geldhaltung wäre nun maximal, und deshalb wäre das Geld auch in der Lage, ein Maximum an Liquiditätsdiensten für die Geldhalter

---

16 M. Friedman, *Optimum Quantity of Money*, Aldine Publishing Company: Chicago 1969.

zu erzeugen. Kosten der Geldbeschaffung muss man nicht berücksichtigen, denn sie bestehen, wenn es nicht schon um digitales Geld geht, dessen Verbuchung gar nichts kostet, aus den Kosten des Papiers und des Drucks, die ebenfalls vernachlässigbar sind.

Friedmans Vorschlag sollte man wegen der sonstigen Nachteile, die eine Deflation auslöst, keinesfalls realisieren. Es ist sehr gefährlich, den nötigen Realzins auf diese Weise erzeugen zu wollen, weil man ihn dann nicht mehr senken kann, wenn es darauf ankommt. Man müsste dazu ja den nominalen Zins senken, um mehr Inflation zu erzeugen, doch ist der ja bereits am Anschlag von null. Dennoch zeigen seine Ausführungen, dass es auch gegen die These, dass eine Deflation schlimmer als eine Inflation sei, Argumente gibt. So asymmetrisch, wie viele meinen, sind die Lasten von Preisänderungen nicht verteilt. Insofern kann man nur konstatieren, wie weise es war, dass die Väter und Mütter des Maastrichter Vertrages der EZB die Preisstabilität als vorrangiges Ziel ins Stammbuch geschrieben haben, und zwar als Schutz gegen Preisänderungen nach oben und nach unten.

Warum der EZB-Rat nicht selbst über die Interpretation der Preisstabilität entscheiden sollte

Bei der Abwägung zwischen dem Für und Wider, zwischen mehr oder weniger Inflation, kommen viele Ökonomen trotz Friedmans Argument zu dem Schluss, dass die Gefahren einer Deflation die Gefahren einer Inflation überwiegen. Die These der EZB, dass fast 2 % Inflation besser sei als 0 %, wird von ihnen akzeptiert. Insofern ist die Position des EZB-Rates ökonomisch nachvollziehbar, wenn man Vor- und Nachteile einer leichten Inflation gegeneinander abwägt.

Auch die Unterzeichner des Maastrichter Vertrages haben allerdings ähnliche Abwägungen vorgenommen und sind dennoch zu einem anderen Schluss gekommen. Und das taten sie, nachdem sie sich eingehend von ihren Fachökonomen hatten beraten lassen, die die relevanten Argumente allesamt im Blick hatten. Insbesondere hatte sich deshalb die deutsche Seite für die Vertragsformulierung, dass die Preisstabilität Vorrang haben solle, starkgemacht. Die Schrecken der großen Inflation und der großen Deflation aus der Zeit der Weimarer Republik standen ihnen noch lebhaft vor Augen.

Frankreich und andere Länder hatten damals schon eine andere Sicht der Dinge, waren aber bereit, sie dem Ziel der gemeinsamen Währung unterzuordnen, von dem sie sich sehnlichst eine Senkung ihrer überbordenden Zinslasten versprachen (vgl. Kapitel 2). Unisono verkündeten die Beitrittsländer deshalb offiziell, dass sie die EZB nach dem Muster der Bundesbank allein auf einen Kurs der Preisstabilität ausrichten wollten und sie auch ansonsten beauftragen würden, dem Kurs der Bundesbank zu folgen. Die deutsche Regierung nahm es deshalb sogar hin, dass der deutsche Vertreter im EZB-Rat auch nicht mehr zu sagen haben würde als die Vertreter der kleineren Länder.

So gesehen ist es schlechterdings nicht hinnehmbar, im Nachhinein, wo die Stimmrechtsverteilung vertraglich fixiert ist, die Geschäftsbedingungen mit der künstlich gewonnenen Mehrheit zu verändern. Im Zweifel sind die Vertragsunterzeichner bei der Frage der Zielvorgaben der EZB relevant und nicht der EZB-Rat. Er ist nur ein ausführendes Organ, während es jedoch die Parlamente der EU waren, die den Maastrichter Vertrag ratifiziert haben. Sie sind nach wie vor die Herren der Verträge – obwohl selbst ihre Dominanz durch die Rechtsprechung des EuGH zugunsten der EZB zunehmend infrage gestellt wird.

Dass es angesichts der Inflationsgewöhnung und hohen Verschuldung der Mittelmeerländer im Eurosystem ohnehin immer Kräfte geben würde, die auf Inflation drängen, war den Vertragsunterzeichnern der nördlichen Länder vollkommen klar. Gerade deshalb wollten sie mit der kompromisslosen Festlegung des Eurosystems auf die Preisstabilität solchen Bestrebungen von vornherein einen Riegel vorschieben. Insbesondere Deutschland hatte dies zur Bedingung für die Aufgabe der D-Mark gemacht. Es geht nicht an, dass diese Bedingung auf der Ebene der bloßen geldpolitischen Exekutive durch ein reines Fachgremium im Nachhinein wieder aufgehoben wird.

Aber andere machen es auch so!

Bisweilen wird argumentiert, Preisstabilität heiße 2 % Inflation, weil der Zeitpfad des Preisniveaus stabil sein soll und nicht das Niveau selbst. Solange die Preise mit einer festen Jahresrate wüchsen, sei auch das Preisstabilität. Aber das ist pure Semantik, die einer klaren und nüchternen Beurteilung des Sachverhalts nicht standhält. Wenn die Wörter der europäischen Amtssprachen, die fast alle den gleichen Wortstamm in den übersetzten Vertragstexten verwenden, einen Sinn haben, ist diese Interpretation des Wortes Stabilität ausgeschlossen.

Es stimmt zwar, wie der vormalige Vizepräsident der EZB Vítor Constâncio betonte, dass auch die Federal Reserve Bank der USA ihr Mandat, für Preisstabilität zu sorgen, so interpretiert.[17] Doch hatte die Fed einen Kompromiss zu finden zwischen drei verschiedenen und gleichrangigen Zielen, die ihr vom Kongress aufgetragen wurden, nämlich für

- »maximale Beschäftigung,
- stabile Preise und
- moderate langfristige Zinsen«

zu sorgen.[18] Da das erste und das letzte dieser drei Ziele in einem Konflikt zum zweiten stehen, hat die Fed sich zu Kompromissen beim Inflationsziel genötigt gesehen und deshalb die 2 % angesetzt. Die EZB darf aber dieser Kompromissfindung zwischen rivalisierenden Zielen nach Maßgabe der EU-Verträge nicht folgen, sondern muss die Preisstabilität als »vorrangiges Ziel« anstreben.[19] So steht es nun einmal im Vertrag. Andere Ziele im Bereich der Unterstützung der staatlichen Wirtschaftspolitik darf sie nur nachrangig berücksichtigen, soweit das vorrangige Ziel nicht beeinträchtigt wird. Insofern trägt der Vergleich nicht.

Geldpolitik wirkt nicht in der Liquiditätsfalle, außer vielleicht über eine Stimulierung der verbotenen Staatsverschuldung

Ein weiteres Problem mit der Argumentation der EZB besteht darin, dass die Politiken, die eingesetzt wurden, um das 2 %-Ziel zu erreichen, wegen der Liquiditätsfalle wirkungslos sind. Das gilt zumindest für die kurzfristigen

---

17 V. Constâncio, Interview *Wirtschaftswoche* 2014, a.a.O.
18 Board of Governors of the Federal Reserve System, *Federal Reserve Act*, Section 2A. Monetary Policy Objectives, https://www.federalreserve.gov/aboutthefed/section2a.htm.
19 Vgl. § 127 AEUV.

Refinanzierungskredite, denn die sind sehr liquide, ähnlich wie das Zentral-bankgeld selbst, und leicht gegen dieses Geld substituierbar.

Die Entscheidungsträger der EZB konzentrierten sich bei ihren Politik-maßnahmen deshalb auf den Kauf von Wertpapieren mit einer längeren Frist und auf längerfristige Refinanzierungskredite, die LTROs, über die schon in Kapitel 5 berichtet wurde. Dabei spielte das 2015 aufgesetzte PSPP, also das Kaufprogramm für Staatspapiere, eine besondere Rolle, denn es erklärte im September 2021 mit einem Betrag von gut 2,4 Billionen Euro die Hälfte der seit dem Beginn des Programms realisierten Geldmengenausweitung von etwa 5,1 Billionen Euro, die anderen Staatspapierkaufprogramme im Umfang von 1,5 Billionen Euro noch gar nicht gerechnet.[20]

Die EZB argumentierte, sie müsse die Staatspapiere kaufen, um speziell die langfristigen Zinsen für die private Wirtschaft zu senken.[21] Die Käufe er-höhen ja die Kurse dieser Papiere und senken die Effektivrenditen. Und bei fallenden Zinsen für langfristige Kredite ist mit mehr privaten Investitionen zu rechnen.

Das Argument überzeugt allerdings nicht, denn die Käufe haben zunächst einmal die Zinsen der Staaten verbilligt und verbotenerweise mehr Staatsver-schuldung angeregt, wie es in Kapitel 6 schon aufgezeigt wurde.

Die EZB hat niemals zugegeben, dass sie auf diese Weise, also über eine vermehrte Verschuldung der Staaten, einen gewissen expansiven Nachfrage-effekt erzeugt hat, denn damit hätte sie sich selbst ins Unrecht gesetzt. Statt-dessen argumentierte sie, sie kaufe Staatspapiere, weil die daraufhin fallen-den Renditen dieser Papiere Finanzinvestoren veranlassen würden, anstelle der Staatspapiere mehr private Wertpapiere zu kaufen und auch deren Renditen zu drücken.[22] Das ist nicht grundsätzlich falsch. Vermutlich hätte die EZB je-doch einen weitaus stärkeren Effekt auf die private Nachfrage ausüben kön-nen, wenn sie statt der Staatspapiere unmittelbar die Anleihen privater Emit-tenten gekauft oder ausschließlich auf die LTROs gesetzt hätte, um so die

---

20 Vgl. hierzu Abbildung 5.1 und Tabelle 11.1 in dem noch folgenden Kapitel 11.
21 Vgl. M. Draghi, *Introductory Statement to the Press Conference (with Q&A)*, Pressekonferenz, Frankfurt am Main, 5. Juni 2014, https://www.ecb.europa.eu/press/pressconf/2014/html/is140605.en.html; V. Constâncio, *Introductory Statement to the Press Conference (with Q&A)*, Pressekonferenz, Frankfurt am Main, 10. März 2016, https://www.ecb.europa.eu/press/press-conf/2016/html/is160310.en.html; V. Constâncio, Interview *Wirtschaftswoche*, 2014, a.a.O.
22 V. Constâncio, Interview *Wirtschaftswoche* 2014, a.a.O.

Banken mit längerfristigen Kreditmitteln auszustatten, die sie den Firmen hätten zur Verfügung stellen können. Leider hat die EZB noch nicht einmal die Renditen der Staatspapiere sonderlich drücken können, wie Abbildungen 2.1 und 8.2 bereits gezeigt haben. Der Haupteffekt der Maßnahmen war bereits bis zum Sommer 2015 erledigt, und danach gab es nur noch sehr geringe Zinseffekte auf die Staatspapiere, obwohl die EZB alle Register zog und die Geldmenge durch die Wertpapierkäufe und Refinanzierungskredite so stark in die Höhe schraubte wie noch nie seit der Einführung des Euro und viel stärker als zum Beispiel die USA. Sie befand sich so gesehen bereits zum Beginn des Kaufprogramms in einer Situation, die auf der Liquiditätspräferenzkurve der Abbildung 9.1 kurz vor dem Punkt B gelegen haben könnte, der den Eingang zur Liquiditätsfalle kennzeichnet.

Da es keine nennenswerten Zinseffekte gab, die die Investitionsgüternachfrage hätten beleben können, konnte die EZB auch die Inflationsrate kaum mehr beeinflussen. Wie Abbildung 9.2 zeigt, stieg die Inflationsrate nach 2015 zwar an und erreichte im Jahr 2018 ein temporäres Maximum von 1,8 %, doch war dieser Anstieg nicht nachhaltig. Schon 2019 sank die Inflationsrate wieder auf 1,2 %. Im Coronajahr 2020 sank sie gar auf 0,3 %, doch das ist ein Ausnahmejahr. Für das Jahr 2021 wurden zuletzt schon wieder Jahreswerte von deutlich mehr als 2 % erwartet.

Die Schwankung der Inflationsrate hatte so gut wie nichts mit der EZB-Politik zu tun, denn sie war das Ergebnis geänderter Importpreise für Rohstoffe, insbesondere Öl, und anderer Sondereffekte, die sich in kurzer Zeit auch wieder umzudrehen pflegen. Das sieht man an der von Eurostat berechneten Kerninflationsrate, die um solche Sondereffekte bereinigt ist. Sie ist im Diagramm 9.2 als blaue Linie mit eingezeichnet. Man sieht, dass die Inflation ohne die Sondereffekte vom Jahr 2014, also dem Jahr unmittelbar vor dem Beschluss über das Kaufprogramm PSPP, bis zum Beginn der Coronakrise im Jahr 2020 recht stabil im Bereich von etwa einem Prozent lag. Sie schwankte nur zwischen 0,9 % im Jahr 2014 und 1,2 % im Jahr 2018. Die Angst vor der Deflation war somit im Nachhinein weniger gut begründet, als es vorher erschienen war, und es war auch kein inflationärer Effekt der ausufernden Geldpolitik erkennbar, genauso wie es die keynesianische Theorie der Liquiditätsfalle besagt. Die komplexe Argumentation mit dem angeblichen Inflationsmandat der EZB von unter, doch nahe bei 2 %, auf deren Basis die vielen Staatspapiere gekauft wurden, ist nicht nur theoretisch gekünstelt und falsch, sondern fällt auch empirisch in sich zusammen.

Die Staatspapierkäufe stehen auf einer dubiosen Rechtsgrundlage

Zu den genannten Ungereimtheiten in der EZB-Argumentation tritt hinzu, dass die umfangreichen Staatspapierkäufe, mit deren Hilfe die EZB die Inflation ankurbeln wollte, nach Auffassung des Bundesverfassungsgerichts nicht im Einklang mit dem Verbot der Monetisierung der Staatsschulden gemäß Artikel 123 AEUV stehen. Nur widerwillig hatte sich das Verfassungsgericht ja, wie schon in Kapitel 5 diskutiert, dem Urteil des EuGH zur Ankündigung unbegrenzter Staatspapierkäufe im Zuge des OMT-Programms von 2012 unterworfen. Das tat es nicht, weil es dem europäischen Gericht recht gab, sondern nur weil es sein Urteil für »nicht offensichtlich falsch« hielt und ihm deshalb nicht widersprechen wollte.[23]

Noch deutlicher wurde es bei den Verfahren gegen das Public Sector Purchase Programme (PSPP), das 2015 anlief und mit dessen Hilfe es zu einer gewaltigen Aufblähung der Geldmenge gekommen war. Darüber wurde in Kapitel 5 unter der Überschrift »PSPP vor Gericht« schon berichtet. Das Bundesverfassungsgericht hatte den Klägern in einem Vorlagenbeschluss für den EuGH weitgehend recht gegeben. Als der EuGH sich abermals der Meinung des Bundesverfassungsgerichtes entgegenstellte, reagierte Letzteres mit der provokanten Aussage, das Urteil des EuGH sei »schlechterdings nicht mehr vertretbar«, und erklärte das EuGH-Urteil als nicht für die Bundesrepublik Deutschland anwendbar.[24] Zu diesem Urteil kam es zwar nur aufgrund einer fehlenden Prüfung der Verhältnismäßigkeit der Gründe für und wider das PSPP, die anschließend schnell nachgeholt werden konnte. Dennoch wurde damit ein »ultra-vires-Akt« festgestellt, also eine Mandatsüberschreitung des

---

23 BVerfG, *Urteil des Zweiten Senats vom 21. Juni 2016 - 2 BvR 2728/13 -, Rn. 1-220*, http://www.bverfg.de/e/rs20160621_2bvr272813.html, insbesondere Absatz 190; dasselbe, *Verfassungsbeschwerden und Organstreitverfahren gegen das OMT-Programm der Europäischen Zentralbank erfolglos*, Pressemitteilung Nr. 34/2016 vom 21. Juni 2016, https://www.bundesverfassungsgericht.de/SharedDocs/Pressemitteilungen/DE/2016/bvg16-034.html.

24 BVerfG, *Urteil des Zweiten Senats vom 5. Mai 2020, - 2 BvR 859/15 -, Rn. 1-237*, insbesondere Rn 117, http://www.bverfg.de/e/rs20200505_2bvr085915.html. Vgl. auch Bundesverfassungsgericht, *Beschlüsse der EZB zum Staatsanleihekaufprogramm kompetenzwidrig*, Pressemitteilung Nr. 32/2020 vom 5. Mai 2020, https://www.bundesverfassungsgericht.de/SharedDocs/Pressemitteilungen/DE/2020/bvg20-032.html.

EuGH. Diese von vielen Nichtjuristen als ungeheuerlich begriffene Stellungnahme, die aber wegen der begrenzten Kompetenzübertragung auf die EU-Ebene inhaltlich korrekt ist, markiert den Beginn eines größeren Verfassungskonflikts in Europa. Im Kern geht es um die Frage, ob die europäische Integration über bloßes Richterrecht weiterentwickelt werden kann oder ob es dazu neuer Verträge bedarf, die den europäischen Institutionen ein eindeutiges Mandat übertragen.

Wenn man diese juristischen Probleme und die aufgezeigten ökonomischen Nachteile zusammenfassen will, so muss man feststellen: Die EZB versucht, eine Inflation zu erzeugen, die für sich genommen nicht aus den EU-Verträgen herleitbar ist, und bläht die Geldmenge über ihre Staatspapierkäufe auf, nutzt also eine Strategie, die wegen der Liquiditätsfalle gar nicht funktionieren kann und rechtlich äußerst fragwürdig ist. Kurzum: Die EZB versucht etwas, was sie nicht kann und nicht darf. Die Frage ist deshalb, warum sie es versucht.

Die Stellungnahme der Ex-Gouverneure

Warum die EZB ihre Mitgliedsnotenbanken zwang, die vielen Staatspapiere aufzukaufen, wird man niemals sicher sagen können, denn es geht um großenteils verborgene Anreize und daraus resultierende Verhaltensweisen. Verborgene Anreize sind nicht leicht zu erkennen, denn im Vordergrund stehen die offiziellen Verlautbarungen, die in einer Art und Weise aufbereitet werden, die spontane Zustimmung der medialen Öffentlichkeit erzeugen soll und weniger darauf aus ist, Leute zu überzeugen, die den Sachverhalt durchdringen wollen.

In den ökonomischen Disziplinen widmet sich die Public-Choice-Theorie, also die Theorie der öffentlichen Entscheidungen, der Erforschung der tatsächlichen Motivationslagen politischer Instanzen. Nach dieser Theorie verfolgen die im Staatssektor tätigen Entscheidungsträger genauso ein Eigeninteresse bei ihrer Tätigkeit, wie Unternehmer ihr Profitinteresse verfolgen. Beide Gruppen versuchen ihren eigenen Vorteil im Rahmen der Spielregeln des Systems zu maximieren und nutzen dazu die Freiräume für Entscheidungen aus, die ihnen dort gewährt werden. Grundsätzlich ist das nicht schlecht, denn wenn die Unternehmer ihren Gewinn maximieren, überwinden sie Knappheiten, weil sie die Produktion dort hinlenken, wo Bedarf und Preise hoch sind. Ebenso ist der Eigennutz nicht grundsätzlich schlecht für Politiker, denn wenn sie versuchen, ihre Wählerstimmen zu maximieren, um im Amt zu bleiben, dann tun sie grundsätzlich ja das, was die Wähler wollen.

Allerdings gibt es Gründe für die Vermutung, dass die Anreizsysteme nicht immer so gestrickt sind, dass der Allgemeinheit gedient wird. Das gilt nicht nur für die Marktwirtschaft, sondern insbesondere auch für den öffentlichen Sektor, wo das pekuniäre Eigeninteresse der Entscheidungsträger im Gegensatz zu den privaten Unternehmen zwar grundsätzlich geleugnet wird, aber doch auch besteht. So schielen die Leiter von staatlichen Regulierungsbehörden häufig nach einem guten Anschlussposten in der regulierten Industrie, der sie frühzeitig für deren Argumente empfänglich macht. Und auch politische Parteien sind empfänglich für die Zuwendungen von Lobbyisten, die ja in Deutschland sogar steuerlich absetzbar sind.

Zu den vielen Details der Anreizeffekte des öffentlichen Sektors und den dabei entstehenden Verzerrungen der Politik gibt es mittlerweile eine umfangreiche volkswirtschaftliche Literatur. James Buchanan, der geistige Urvater dieser Forschungsrichtung, erhielt für seine Arbeiten, die das Fach Public Choice begründet haben, im Jahr 1986 den Nobelpreis.[25]

Aus der Sicht der Public-Choice-Theorie ist ein Memorandum einer Gruppe prominenter Ex-Zentralbankgouverneure extrem interessant, in dem die Motivationslage des EZB-Rates und seiner Präsidenten beurteilt wird.[26] Es handelt sich bei dieser Gruppe um erfahrene Personen, die nicht mehr berufstätig sind, nichts mehr werden wollen und deshalb unbestechliche Urteile fällen können. Sie haben großenteils noch Zugang zu alten Kollegen in ihren Behörden und verstehen, nach welchen Regeln und mit welchen Zielsetzungen dort entschieden wird. Weil die Stellungnahme so wichtig ist und weil Reputation und Fachkundigkeit der Gruppe über jeden Zweifel erhaben sind, sollen die Mitglieder hier genannt werden. Es handelt sich um Hervé Hannoun, den früheren Vizegouverneur der Banque de France und ehemaligen Vizepräsidenten der Bank für Internationalen Zahlungsausgleich (BIZ), Otmar Issing und Jürgen Stark, beide ehemalige Chefvolkswirte der EZB und

---

25 Siehe The Nobel Prize, *The Sveriges Riksbank Prize in Economic Sciences in Memory of Alfred Nobel,* 1986, https://www.nobelprize.org/prizes/economic-sciences/1986/buchanan/facts/.

26 Siehe H. Hannoun, O. Issing, K. Liebscher, H. Schlesinger, J. Stark, N. Wellink, J. de Larosière und Ch. Noyer, *Memorandum on the ECB's Monetary Policy,* 4. Oktober 2019, hier nach https://www.hanswernersinn.de/sites/default/files/Memorand-ECB-Monetary-Policy-04102019.pdf. (Das Memorandum wurde an mehreren Stellen veröffentlicht und mit der Erlaubnis der Verfasser auch auf meiner eigenen Homepage eingestellt. Der Autor.)

EZB-Direktoriumsmitglieder, Klaus Liebscher, früherer Zentralbankchef der österreichischen Nationalbank, Helmut Schlesinger, früherer Bundesbankpräsident, Nout Wellink, früherer Gouverneur der niederländischen Zentralbank, sowie Jacques de Larosière und Christian Noyer, beide frühere Gouverneure der französischen Zentralbank. Issing, Stark, Liebscher, Wellink und Noyer waren auch Mitglied des EZB-Rates. Issing war der erste und langjährige Chefvolkswirt der EZB, der die Weichen dieser Institution gestellt hat.

In dem Memorandum wird unter anderem bestritten, dass eine Inflationsrate von fast 2 % das Mandat der EZB war, wie es Mario Draghi immer wieder behauptete. Vielmehr seien die 2 % bei den anfänglichen Festlegungen nur als Obergrenze der Inflation verstanden worden, unter die man auf jeden Fall kommen wolle.

Die Verfasser äußern Unverständnis darüber, dass die EZB so viele Wertpapiere gekauft hat, wobei es doch ein »breiter Konsens« sei, dass solche Käufe inzwischen kaum irgendwelche positiven Wachstumsimpulse auslösen könnten. Das kann man implizit als eine Anspielung auf die Liquiditätsfalle ansehen, obwohl das Thema nicht direkt angesprochen wird.

Die wichtigste Aussage des Memorandums ist diese:

»... the suspicion that behind this measure [dem fortgesetzten Kauf von Staatspapieren, d.V.] lies an intent to protect heavily indebted governments from a rise in interest rates is becoming increasingly well founded. From an economic point of view, the ECB has already entered the territory of monetary financing of government spending, which is strictly prohibited by the Treaty.«

Oder auf Deutsch (eigene Übersetzung)

»... der Verdacht, dass hinter dieser Maßnahme [dem fortgesetzten Kauf von Staatspapieren. d.V.] die Absicht steht, hoch verschuldete Regierungen vor einem Zinsanstieg zu schützen, erhärtet sich immer mehr. Aus ökonomischer Sicht hat die EZB bereits das Territorium der monetären Staatsfinanzierung betreten, die der [EU-]Vertrag strikt verbietet.«

Das spricht für sich. Danach vermuten die Autoren, dass hinter den ausufernden Wertpapierkäufen nicht oder nicht nur das Ziel steht, die Inflationsrate anzuheben, weil das in der Liquiditätsfalle ohnehin nicht geht, sondern einfach nur das Ziel, die Staaten vor möglichen Zinserhöhungen zu schützen, die es ohne die Kaufprogramme gegeben hätte.

Die Stellungnahme der Ex-Gouverneure erinnert an die Bedenken, die Bundesbank-Präsident Axel Weber und Jürgen Stark bei der Verkündigung des SMP, des ersten Kaufprogramms für Staatspapiere, im Jahr 2010 gehabt hatten, weil sie darin eine nach Artikel 123 AEUV verbotene monetäre Staatsfinanzierung gesehen hatten. Darüber war in Kapitel 5 schon berichtet worden. Beide hatten ihre Ämter zur Verfügung gestellt, weil sie sich dem Druck nicht beugen wollten. Die Stellungnahme erinnert auch an die vielfachen Bedenken, die Webers Nachfolger als Bundesbankpräsident, Jens Weidmann, gegen die Wertpapierkaufprogramme geäußert hatte und die dazu führten, dass er seinerzeit dem OMT-Programm im EZB-Rat nicht zugestimmt hatte. Aber so deutlich wie jetzt die Ex-Gouverneure hatte sich bislang kaum jemand geäußert.

Dass es beim Kaufprogramm tatsächlich vor allem um verteilungspolitische Überlegungen ging, ist eine nachvollziehbare Einschätzung. Sie ist es angesichts der ausufernden Staatsverschuldung mancher Länder der Eurozone, über die in Kapitel 6 bereits berichtet wurde. Und sie ist es angesichts des Umstands, dass die normalen Mitglieder des EZB-Rates aus den Notenbankgouverneuren der Mitgliedsländer der Eurozone bestehen, die allesamt von ihren Regierungen eingesetzt wurden. Die Gouverneure sind zwar formell unabhängig, also nicht weisungsgebunden, doch hängt ihre berufliche Zukunft im Heimatland, wenn sie hinreichend jung sind, sehr wohl davon ab, wie sie sich im EZB-Rat geschlagen haben, und »jung« ist bei den in manchen Ländern üblichen politischen Karrieren ein sehr dehnbarer Begriff. Es gibt Länder, in denen auch noch sehr betagte Politiker in höchste Ämter berufen werden.

Insofern könnte sich die Hoffnung, die Geldpolitik von einem neutralen Gremium nationaler Fachleute durchführen zu lassen, das keine nationalen Interessen verkörpert und völlig unabhängig, nur sachbezogen entscheidet, als trügerisch erweisen. Wie schon vorher in diesem Buch erläutert, war auch die Regelung, dass die Vertreter aller Länder das gleiche Stimmrecht unabhängig von der Größe der Bevölkerung ihrer Heimatländer erhalten, auf der Basis dieser Hoffnung beschlossen worden, und auch ihretwegen gab man der EZB die volle Unabhängigkeit für ihre Entscheidungen. Den Vorwurf einer gewissen Blauäugigkeit kann man den deutschen Verhandlungsführern, die das alles unterschrieben haben, nicht ersparen.

Der Niedrigzins als sozialer Sprengstoff

Geldpolitik verändert die Zinsen und hat deshalb auch immer verteilungspolitische Implikationen. Eine expansive Geldpolitik reduziert nun einmal das Zinseinkommen des Gläubigers und die Zinslast des Schuldners. Das ist unvermeidlich und muss grundsätzlich als Konsequenz der EZB-Politik hingenommen werden. Wenn jedoch, wie die Ex-Gouverneure der europäischen Notenbanken und ehemaligen Chef-Volkswirte der EZB schreiben, sich der Verdacht zunehmend erhärtet, dass der EZB-Rat die Staatspapierkäufe mit dem Ziel tätigt, die Zinslasten der hoch verschuldeten Länder niedrig zu halten, dann sieht das Urteil anders aus. Dann hat die EZB aus verteilungspolitischen Gründen eine andere Politik betrieben als jene, die ihr Mandat implizierte.

Es sei erinnert, dass die niedrigen Zinsen nicht oder nicht in erster Linie das Ergebnis einer abnehmenden Ertragskraft des Realkapitals sind, die aufgrund einer exzessiven Ersparnis einer alternden Bevölkerung der westlichen Welt oder sonstiger natürlicher Effekte zustande kam (Kapitel 7). Wäre das so, dann hätten die Aktienkurse und Immobilienpreise in den letzten Jahren nicht so exorbitant steigen können. Dass sie so stark stiegen, kann allein damit erklärt werden, dass die Marktzinsen durch die Maßnahmen der Zentralbanken wichtiger Industrieländer unter die internen Renditen der Unternehmen gedrückt wurden und dass dadurch der Wunsch bei den Anlegern ausgelöst wurde, von festverzinslichen Papieren in reale Anlagen zu wechseln. Wären die Marktzinsen den internen Unternehmensrenditen gefolgt, hätte es den Wunsch, die Portfolios von festverzinslichen Papieren auf Aktien und Immobilien umzuschichten, nicht gegeben, und die exorbitanten Preissteigerungen der Aktien und Immobilien hätten nicht stattfinden können.

So gesehen scheint es nun eindeutig so zu sein, dass die Zentralbanken der westlichen Staaten selbst die Zinsen gedrückt haben und dass zumindest die EZB das auch oder vor allem tat, um bedrängten Staaten zu helfen, deren Staatsschulden, wie in Kapitel 6 gezeigt, in den letzten Jahren über alle Maßen hochschossen. Die Nutznießer dieser Politik sind vor allem die Steuerzahler der hoch verschuldeten Staaten des Euroraums von Griechenland bis Frankreich, die ja in Abbildung 6.1 bereits identifiziert wurden.

Nutznießer sind aber auch die privaten Schuldner aller Länder, von den Immobilienschuldnern über die Inhaber von Konsumentenkrediten bis hin zu hoch verschuldeten privaten Unternehmen, die nun weniger Zinsen zahlen müssen.

Für zehnjährige Immobilienkredite musste man noch kurz vor der Einführung des Euro, Mitte der 1990er Jahre, Zinsen von über 7 % zahlen.[27] Im Frühjahr 2021 bekam man solche Kredite in Deutschland für nur 0,5 %, natürlich stets nur mit hinreichenden Sicherheiten.

Wer in der Zeit vor der Vereinbarung des Euro von der Bank einen zehnjährigen Kredit von einer Million D-Mark zu einem Zins von 7 % bei einer anfänglichen Tilgung von 3 % aufnahm, musste jährlich 100.000 D-Mark (50.000 Euro) an die Bank zahlen. Wer die gleiche Summe, also 500.000 Euro, Anfang 2021 aufnahm, musste dafür bei gleicher Tilgung jährlich nur 17.500 Euro zahlen. Allerdings bleibt der rechnerische Vorteil häufig nicht bei den Kreditnehmern liegen, sondern überträgt sich über Marktprozesse auf andere. So muss ja der Bezieher eines Immobilienkredits heutzutage wegen des Runs auf die Immobilien, der von den niedrigen Zinsen ausgelöst wurde, umso mehr für die Immobilie selbst aufwenden. Der Nettovorteil erlischt dadurch weitgehend. Der Vorteil landet also letztlich bei den Altbesitzern von Immobilien, die allerdings auch nur dann etwas davon haben, wenn sie sie verkaufen und in neu produzierte Konsumgüter verwandeln. Und natürlich kann sich auch die Bauindustrie an dem Geldsegen laben. Bauhandwerker sind heute die heimlichen Könige der Republik.

Die Mieteinnahmen oder ersparten Eigenmieten der Immobilienbesitzer sind wegen der niedrigen Zinsen freilich auch nicht höher, als es sonst der Fall gewesen wäre, ganz im Gegenteil. Die niedrigen Zinsen regen mehr Bautätigkeit an. Die zusätzliche Bautätigkeit vergrößert das Angebot an neuem Wohnraum und drückt die Mieten unter das Niveau, auf das sie sonst aus anderen Gründen gestiegen wären. Die Mieter gehören insofern zu den Gewinnern der Niedrigzinspolitik. Der Anstieg der Mieten in den letzten Jahren widerspricht dieser Aussage nicht. Er hat seine Ursache ganz sicher nicht in der vergrößerten Bautätigkeit, sondern in der Zuwanderung, dem allgemeinen Wirtschaftsaufschwung und dem daraus resultierenden Anstieg der Beschäftigung und der Löhne.

Zu den Verlierern der Niedrigzinspolitik gehören vor allem die Sparer, die ihr Vermögen festverzinslich in Sparbüchern oder Ähnlichem anlegen oder Lebensversicherungsverträge abschließen. Sie erleiden massive Verluste, zwar nicht sofort, indem sie Teile ihres Vermögens verlieren, aber doch perspektivisch, weil ihnen im Alter die Zinsen und Zinseszinsen fehlen.

---

27 Vgl. dazu Abbildung 2.1, die die Zinsen für zehnjährige Staatspapiere zeigt.

Ein Kleinsparer, der vor der Einführung des Euro seinerzeit einen Geldbetrag von 100 Geldeinheiten für sein Rentenalter, sagen wir für 30 Jahre, zu einem Zins von 4 % anlegte, hatte dann 324 Geldeinheiten zum Konsum zur Verfügung, wenn er wegen der Freibeträge keine Steuern zahlen musste. Etwa zwei Drittel der für das Rentenalter angelegten Summe kamen also durch die verdienten Zinsen zustande. Ein Sparer mit einem etwas besseren Einkommen, dessen Zinssteuersatz 30 % betrug, hatte nach 30 Jahren immerhin noch 229 Geldeinheiten verfügbar. Auch bei ihm war noch mehr als die Hälfte des Betrages, der für den Konsum im Rentenalter zur Verfügung stand, auf die verdienten Zinsen zurückzuführen. Heute erhält der Sparer überhaupt keine Zinsen mehr und muss vielleicht sogar an seine Bank negative Zinsen entrichten, die verschämt »Verwahrentgelt« genannt werden. Er verliert unter den Bedingungen des Beispiels die Hälfte seines zukünftigen durch eigene Ersparnisse aufgebauten Vermögens oder mehr. In allen Fällen treten noch mögliche Inflationsverluste hinzu, die sich perspektivisch aus der lockeren Geldpolitik ergeben könnten.

Glücklich können sich die Altsparer schätzen, die vor den allgemeinen Zinssenkungen Lebensversicherungsverträge mit einer Garantieverzinsung abgeschlossen hatten. Sie sind von den Null- und Negativzinsen von heute nicht betroffen. Umso größer ist freilich die Not der Versicherungsunternehmen, die nicht mehr wissen, wie sie die versprochenen Altzinsen bezahlen sollen, denn auch sie haben keine Anlagen mehr zur Verfügung, die die dafür notwendige Rendite erbringen können. Sie erleiden massive Verluste durch die Niedrigzinspolitik, die so groß sind, dass die Sparer in Einzelfällen die Insolvenz ihrer Vertragsunternehmen befürchten müssen.

Auch das Bankensystem leidet, denn die Gewinne der Banken entstehen nun einmal in hohem Maße dadurch, dass sie das selbst geschaffene Giralgeld verzinslich verleihen. Immerhin konnten die Banken vor der Lehman-Krise, zur Jahresmitte 2008, wie in Abbildung 8.6 schon berichtet wurde, aus einer Zentralbankgeldmenge M0 von 876 Milliarden Euro eine Geldmenge M1 in Höhe von 3.852 Milliarden Euro erzeugen. M1 war also damals 4,4-mal so groß wie M0. Die Differenz, 2.976 Milliarden Euro, war Kreditgeld, das die Banken selbst geschaffen und verzinslich verliehen hatten. Man kann deshalb auch sagen, dass damals die Banken aus einem Euro Zentralbankgeld, das sie im Austausch gegen Schuldtitel von der jeweils zuständigen nationalen Notenbank erhalten hatten, 4,4 Euro an M1-Geld haben schaffen können, von denen ein Euro aus der Kreditvermittlung stammte und 3,4 Euro aus dem selbst gemachten Kreditgeld bestanden.[28] Das Kreditgeld konnten sie selbst aus dem Nichts schaffen und damit Zinseinnahmen erzielen, ohne dass sie dafür an die EZB oder sonst wen Zinsen hätten zahlen müssen.

Dieses Geschäft ist in der Krise zusammengebrochen, weil die Banken kaum noch Zinsen aus dem Verleih des selbstgemachten Kreditgeldes verdienen konnten und außerdem noch Strafzinsen für die von ihnen gehaltenen Zentralbankgeldbestände zahlen mussten, zuletzt in Höhe von 0,5 %. Die EZB hat die Banken zwar, wie schon in Kapitel 5 berichtet wurde, zu kompensieren versucht, indem sie ihnen die Möglichkeit bot, in begrenztem Umfang und unter besonderen Bedingungen Geld bei der nationalen Notenbank zu Negativzinsen zu leihen, konkret zu einem Zins von -1 %, doch war das längst nicht genug, um ihre Verluste zu kompensieren.

Jedenfalls war das für die deutschen Banken so, denn die EZB hatte sich, wie schon in Kapitel 5 dargelegt wurde ein raffiniertes Arrangement zurechtgelegt, das im Endeffekt dazu führte, dass vor allem die nördlichen Geschäftsbanken durch negative Einlagenzinsen zur Kasse gebeten wurden, während ihre südlichen Pendants davon kaum betroffen waren. Das gelang durch die Versechsfachung der zinsfreien Mindestreserve, die die Banken halten müssen. Da die überschüssige Liquidität, die durch die ausufernde Geldpolitik geschaffen wurde, über das Targetsystem in den Norden abgeflossen und bei den Banken der Verkäufer von Gütern und Vermögensobjekten gelandet war, die über die Targetsalden bezahlt wurden, reichte diese Maßnahme bei weitem nicht aus, die Banken im Norden vor dem Strafzins in Höhe von -0,5 % auf die Einlagen bei der jeweiligen Notenbank zu schützen, doch im Süden, wo das Finanzkapital sich wegen des mangelnden Vertrauens in die Bankensysteme nicht aufzuhalten wagte, schlug die negative Verzinsung kaum zu Buche.[29]

---

28 Definitionsgemäß ist M1=M0-M0*+G, wobei M0* das digitale Zentralbankgeld ist, über das die Banken verfügen (Mindestreserve und Überschussreserve), und G das Giralgeld, das sie auf den Konten ihrer Kunden als Sichteinlagen ausweisen. Die Kreditschöpfung der Banken, K, gleicht jenem Teil des Giralgeldes, der nicht durch digitales Zentralbankgeld gedeckt ist, also K=G-M0*. Also folgt, dass K=M1-M0.

29 Vgl. Abbildung 3.1 sowie Kapitel 5, Abschnitt »Dicke Bertas: LTRO und TLTRO«. Vertiefend dazu: H.-W. Sinn, *The Economics of Target Balances*, Palgrave Macmillan: Cham 2020, Kapitel 10; sowie Deposit Solutions, *Negative Interest Rate Burden of Eurozone Banks Rises to Record High*, Pressemitteilung, 22.4.2021, https://www.deposit-solutions.com/wp-content/uploads/2021/04/20210421_DS_PR_Neg-Rates-Vol-3_English_FINAL_CLEAN_2.pdf. Eine nützliche Zusammenfassung findet man bei M. Fischer, »Negativzinsen sind eine gigantische Umverteilungsmaschine«, *Wirtschaftswoche online*, 23.4.2021, https://www.wiwo.de/politik/europa/geldpolitik-negativzinsen-sind-eine-gigantische-umverteilungsmaschine/27123528.html.

In den ersten Jahren spürten auch die deutschen Banken den Nachteil der Null- und Negativzinspolitik noch nicht allzu stark, weil sie mit der sogenannten Fristentransformation ihr Geld verdienten, also hochverzinsliche langfristige Kredite jeweils kurzfristig zu niedrigen Zinsen refinanzierten. Einige Banken hatten aus der Absenkung der Zinsen anfangs sogar Vorteile ziehen können, weil sie noch über einen großen Bestand an früher zu viel höheren Zinsen ausgereichten Krediten verfügten.

Außerdem erzielten sie aufgrund der durch die Zinssenkungen ausgelösten Zunahme der Marktbewertungen Wertzuwächse, die sie als Gewinne in ihrem Rechnungswesen ausweisen konnten. Das waren zwar letztlich nur Luftbuchungen, weil die hohen Marktwerte nur der Reflex einer Flucht aus kurzfristigen Anlagen und der Wertpapier-Kaufprogramme der EZB waren, doch halfen sie einige Jahre ganz erheblich dabei, die Bilanzen zu verschönern.

Im Laufe der Zeit schmolz der Altbestand an rentierlichen Anlagen aber dahin und wurde durch neue Kredite zu niedrigeren Zinsen ersetzt. Außerdem ließ die Dynamik der Umbewertungen bei den langfristigen Wertpapieren nach. So überwogen schließlich bei allen Banken die Nachteile aus der fehlenden Möglichkeit, das selbst geschaffene Giralgeld verzinslich zu verleihen. Sie litten unter dem Zusammenbruch ihres Geschäftsmodells in der von der EZB geschaffenen Kunstwelt der Null- und Negativzinsen.[30]

Wenn die EZB von dieser Politik nicht abläst und den Banken nicht endlich wieder Zinseinnahmen aus dem Verleih des selbst geschaffenen Kreditgeldes verschafft, wird unweigerlich ein großes Bankensterben drohen, das die öffentliche Hand durch neue Bankenrettungsprogramme und damit zulasten der Steuerzahler und Empfänger von Sozialleistungen sowie auch zulasten der Infrastrukturinvestitionen wird auffangen müssen. Der Leser erinnere sich an die in Kapitel 2 bereits erwähnte und belegte Bankenrettung durch den deutschen Staat im Jahr 2010, die 11 % des BIP kostete und zu einem Sprung in der Schuldenquote führte. Die Stützung der Banken durch Refinanzierungskredite

30 Vgl. Bundesministerium für Wirtschaft und Energie, »Zur Diskussion um Bargeld und die Null-Zins-Politik der Zentralbank«, *Gutachten des Wissenschaftlichen Beirats beim Bundesministerium für Wirtschaft und Energie*, 9. Februar 2017, insbesondere S. 22–23, https://www.bmwi.de/Redaktion/DE/Publikationen/Ministerium/Veroeffentlichung-Wissenschaftlicher-Beirat/gutachten-wissenschaftlicher-beirat-gutachten-diskussion-um-bargeld.pdf?__blob=publicationFile&v=92. Vgl. dazu auch die Erläuterungen von Heinrich Haasis, dem langjährigen Präsidenten des Deutschen Sparkassenverbandes am 26. Januar 2021 in einem Vortrag und Interview mit dem Verfasser beim ordnungspolitischen Ausschuss der Wirtschaftsunion Bayern: https://youtu.be/LW9E05dmdRE.

der EZB zu einem Zinssatz von bis zu -1 %, mit der die EZB versuchte, den Schaden wiedergutzumachen, ist nichts als eine Subventionierung der Banken zulasten der Steuerzahler, denn die Zinskosten, die bei den nationalen Notenbanken durch die Negativzinsen anfallen, schlagen sich voll und ganz in einer Verminderung der Gewinnausschüttungen an die Staaten der Eurozone nieder und müssen von den Steuerzahlern kompensiert werden.[31]

Auch die Stiftungen der Bundesrepublik Deutschland gehören zu den großen Verlierern der Null- und Negativzinspolitik, denn in der Regel müssen sie das Stiftungskapital mündelsicher anlegen und dürfen zur Erfüllung ihres Stiftungszwecks nur ihre Kapitalerträge verwenden, damit das Kapital selbst erhalten bleibt.[32] Auch hier gilt, dass der Bestand an langfristigen Anlagen zu hohen Zinsen aus früheren Zeiten schwindet und sie immer weniger Mittel für die Erfüllung ihres Stiftungszwecks haben. Darunter leiden sogar die besonders wichtigen gemeinnützigen Ausgaben, die von der Förderung der Forschung bis hin zur Unterstützung der Ärmsten in Deutschland und der Welt reichen.

Eine Zeitbombe schlummert wegen der Null- und Negativzinsen in jenen Pensionsverpflichtungen der Firmen, die auf konkrete Rentenhöhen lauten oder Garantiezinsen versprechen. Diese Verpflichtungen werden mit einem Rechnungszins diskontiert, der von der Bundesbank auf der Basis von tatsächlichen Zinsen der letzten zehn Jahre berechnet wird. Ende des Jahres 2020 lag dieser Zins für Anlagen mit einer Restlaufzeit von 15 Jahren noch bei knapp über 2,3 %.[33] Solch einen Zins kann man aber schon lange nicht mehr durch mündelsichere Anlagen erwirtschaften. Viele betriebliche Pensionskassen erzielen ihre Einnahmen heute nur unter Inkaufnahme erheblicher Investitionsrisiken und in Form der künstlichen, von den Zinssenkungen selbst induzierten Wertsteigerungen.

Die, gemessen an den Marktzinsen, zu hohe Diskontierung führt dazu, dass viele Pensionsverpflichtungen mit zu geringen Barwerten in den Bilanzen

---

31 Die Schuldenquote stieg vor allem durch die Übernahme toxischer Papiere aus den Portfolios der Banken. Einen Teil seiner Ausgaben konnte der Staat in den nachfolgenden Jahren durch den erfolgreichen Verkauf dieser Papiere wieder hereinholen.

32 Vgl. Bundesverband Deutscher Stiftungen, *Vermögensanlage von Stiftungen: Bereits vor Corona herausfordernd*, Pressemitteilung, 25. Juni 2020, https://www.stiftungen.org/presse/mitteilung/vermoegensanlage-von-stiftungen-bereits-vor-corona-herausfordernd.html.

33 Deutsche Bundesbank, *Abzinsungszinssätze gemäß § 253 Abs. 2 HGB*, https://www.bundesbank.de/de/statistiken/geld-und-kapitalmaerkte/zinssaetze-und-renditen/abzinsungszinssaetze/abzinsungszinssaetze-772396 sowie *Abzinsungszinssätze gem. § 253 Abs. 2 HGB / 10-Jahresdurchschnitt / 15,0 Jahre RLZ / Monatsendstand*, https://www.bundesbank.de/dynamic/action/de/statistiken/zeitreihen-datenbanken/zeitreihen-datenbank/723452/723452?tsId=BBK01.WV0015&dateSelect=2021.

eingestellt sind, was das Eigenkapital der Firmen höher erscheinen lässt, als es ist. Wenn nicht alsbald eine substanzielle Zinswende kommt, so dass die erwirtschafteten Erträge wieder in die Richtung des Rechnungszinses steigen, wird eine Anpassung des Rechnungszinses nach unten unumgänglich sein, so dass es zu rapide wachsenden Pensionsverpflichtungen in den Bilanzen der Unternehmen kommt. Viele Unternehmen laufen dann Gefahr, an den Rand des Ruins getrieben zu werden, was sie zu Opfern für Übernahmen macht und im Extremfall zur Zerschlagung führen kann. Eher noch schlimmer wäre das Ergebnis, wenn es bei den niedrigen Marktzinsen bliebe und die Bundesbank einfach nur die Absenkung des Rechnungszinssatzes unterließe. In diesem Fall ließen sich die geschönten Bilanzwerte zwar noch etwas länger halten, doch türmten sich die Verluste aufgrund der unzureichenden echten Erträge auf die Pensionsrücklagen nur noch länger auf. Der Knall käme dann später, aber er wäre umso größer.

Die absehbaren Verzerrungen der Null- und Negativzinspolitik sowie der damit einhergehenden Staatsverschuldung sind so immens, dass sich mit Edmund Stoiber und Peer Steinbrück zwei ehemalige Kanzlerkandidaten (CDU/CSU und SPD) mit einer Gruppe weiterer Autoren zusammengefunden haben, um eine Kehrtwende der EZB-Politik zu fordern.[34] Die Autoren sprechen »von massiven gesellschaftlichen Verwerfungen« und »sozialem Sprengstoff«, die diese Politik erzeugen könne, und warnen vor den Inflationsgefahren.

Internationale Verteilungswirkungen der Niedrigzinspolitik

Sprengstoff liegt auch in den internationalen Verteilungseffekten, die durch die niedrigen Zinsen ausgelöst werden. Diese Verteilungseffekte kommen zustande, weil die Staaten in der Regel eine von null verschiedene Nettoauslandsposition aufweisen. Als Nettoauslandsposition eines Landes bezeichnet man die Summe der Kapitalanlagen von Inländern im Ausland abzüglich der Kapitalanlagen der Ausländer im Inland. Man kann also auch Nettoauslandsver-

---

34 E. Stoiber, P. Steinbrück, G. Oettinger, H.-W. Sinn, F.-Ch. Zeitler, K. Faltlhauser, M. Vitt, R. Bocklet, N. von Bomhard, P. Achleitner, L. Teuteberg, R. Koch, W. Reitzle, Ch. Bortenlänger, »Für ein Ende der Schuldenpolitik«, *Süddeutsche Zeitung*, 12./13. Mai 2021, Nr. 108, S. 19, https://www.hanswernersinn.de/de/fuer-ein-ende-der-schuldenpolitik-sz-12052021.

mögen dazu sagen. So, wie im Verhältnis zwischen Individuen aufgrund von Zinssenkungen Verteilungseffekte auftreten können, weil ein Individuum der Gläubiger und ein anderes der Schuldner ist, kann es auch zwischen ganzen Staaten Verteilungseffekte geben, wenn der eine ein Nettoauslandsvermögen besitzt, auf das er Kapitalerträge erhofft, und der andere sich in der Schuldnerposition befindet und Zinsen zahlen muss.

Das Nettoauslandsvermögen entsteht, wie schon in Box 2.1 dargelegt wurde, durch Leistungsbilanzüberschüsse, also im Wesentlichen durch Exportüberschüsse, denn ein Leistungsbilanzüberschuss ist definitorisch einem Nettokapitalexport ins Ausland gleich.[35] Deutschland hatte Ende 2020 wegen seiner jahrelangen riesigen Exportüberschüsse mit einem Betrag von 3,1 Billionen Dollar oder 2,5 Billionen Euro nach Japan (3,4 Billionen Dollar) und vor China (2,2 Billionen Dollar) das zweitgrößte Nettoauslandsvermögen der Welt. Demgegenüber hatten in der Eurozone 58 % der Länder ein negatives Nettoauslandsvermögen, allen voran Spanien, dessen Volkswirtschaft extrem stark im Ausland verschuldet ist und allein schon auf einen negativen Wert des Nettoauslandsvermögens von -0,9 Billionen Euro kam. An zweiter Stelle folgte Frankreich mit -0,7 Billionen Euro. Italien hatte sich demgegenüber auf ein leichtes Plus, konkret +30 Milliarden Euro hinbewegt. Dabei hatten die niedrigen Zinsen auf die italienische Auslandsschuld selbst geholfen, insbesondere die negativen Zinsen auf Italiens riesige Targetschulden. Das weltweit größte negative Nettoauslandsvermögen verzeichnen seit vielen Jahren die USA. Sie kamen im Jahr 2020 auf eine Nettoauslandsposition von -14,1 Billionen Dollar oder -11,5 Billionen Euro.[36]

---

35 Der Leistungsbilanzüberschuss ist die Summe aus Exporten und Nettokapitaleinkünften aus dem Ausland abzüglich der Importe und der Nettotransfers (Geschenke) an das Ausland. Die Gleichheit zwischen ihm und dem Nettokapitalexport lässt sich anhand des Kreislaufbildes 8.5 und der dazu gegebenen Erläuterung verstehen, wobei die Abbildung freilich von Nettokapitaleinkünften und internationalen Nettotransfers abstrahiert.

36 Für diese und die vorangehenden Werte in USD siehe Internationaler Währungsfonds, *IMF Data*, International Investment Position by Indicator: Net International Investment Position (With Fund Record), US Dollars, https://data.imf.org/regular.aspx?key=62805745. Die Umrechnung von USD in Euro erfolgte hier und im Folgenden anhand des Wechselkurses am 30.12.2020, wie er von der EZB ausgewiesen wird: EZB, Statistics, *ECB/Eurosystem Policy and Exchange Rates*, Euro Foreign Exchange Reference Rates, https://www.ecb.europa.eu/stats/policy_and_exchange_rates/euro_reference_exchange_rates/html/eurofxref-graph-usd.en.html. Für die angegebenen Werte in Euro siehe Eurostat, Datenbank, *Wirtschaft und Finanzen*, Zahlungsbilanz – Internationale Transaktionen, Zahlungsbilanzstatistiken und Auslandsvermögensstatus, Zahlungsbilanzstatistiken nach Land – jährliche Daten (bop_c6_a).

Wären alle Posten, die für die Nettoauslandspositionen der Welt saldiert werden, gleich verzinst, so würden sich die Kapitaleinkommensströme proportional dazu ergeben. Die Struktur der Vermögenstitel und Schulden der einzelnen Länder ist aber sehr unterschiedlich. So haben die USA zwar viele festverzinsliche Auslandsschulden, doch legen sie ihr Geld meist in Firmen, Aktien und Immobilien im Ausland an. Deswegen erzielen sie trotz des negativen Bestandswertes ihres Auslandsvermögens ein positives Nettokapitaleinkommen aus dem Ausland in Höhe von 196 Milliarden Dollar bzw. 160 Milliarden Euro.[37] Deutschland indes musste durch seine Exportüberschüsse das zweithöchste Nettoauslandsvermögen der Welt aufbauen, um im Jahr 2020 sein Nettokapitaleinkommen von 92 Milliarden Euro zu erwirtschaften, was trotz seiner extrem rentablen Direktinvestitionen einer Verzinsung von gerade einmal 3,7 % entsprach.[38]

Eine Teilerklärung für die geringe Rendite liegt darin, dass ein großer Teil des deutschen Auslandsvermögens aus bloßen Targetforderungen der Bundesbank besteht, die durch die automatische Gewährung von Überziehungskrediten im internationalen Zahlungsverkehr entstanden. Man vergleiche Kapitel 3. Am Ende des Jahres 2020 lagen diese Forderungen mit einem Wert von gut 1,1 Billionen Euro (vgl. Abbildung 3.1) bei 45 % des Nettoauslandsvermögens der Deutschen. Die Targetforderungen der Bundesbank sind nicht nur schlecht, sondern derzeit sogar negativ verzinst. Die Zinsen sind ein gewogenes Mittel der Politikzinssätze der EZB (der Refinanzierungssätze und Zinsen auf Einlagen). Der Mittelwert war 2020 negativ und ist es auch bei der Abfassung dieser Zeilen noch.[39]

Weil es immer wieder anders dargestellt oder vermutet wird, sei betont: Die Targetforderungen der Bundesbank sind in den offiziellen Statistiken als Teil des Nettoauslandsvermögens der Bundesrepublik Deutschland enthalten, und die Nettozinseinnahmen, welche die Bundesbank deswegen von anderen Notenbanken des Eurosystems erhält, sind als Teil des deutschen Nettovermögen-

---

37 Zuletzt im Jahr 2020 lag das Nettokapitaleinkommen, das die USA aus dem Ausland bezogen, bei 196 Milliarden Dollar. Vgl. Bureau of Economic Analysis, *International Transactions*, Tables Only, Tabelle 4: »U.S. International Transactions in Primary Income«, https://www.bea. gov/data/intl-trade-investment/international-transactions.

38 Eurostat, Datenbank, *Wirtschaft und Finanzen*, Zahlungsbilanz – Internationale Transaktionen, Zahlungsbilanzstatistiken und Auslandsvermögensstatus, Zahlungsbilanzstatistiken nach Land – jährliche Daten (bop_c6_a).

39 H.-W. Sinn, *The Economics of Target Balances*, a.a.O., Kapitel 9.6.

seinkommens aus ausländischen Kapitalanlagen in der Zahlungsbilanzstatistik verbucht.[40] Die Zinsen auf die Targetsalden ergeben sich aus dem Zinspooling-Mechanismus des Eurosystems. Dieses System isoliert die Zinseinnahmen einer Notenbank gegenüber den Änderungen ihrer eigenen Nettozinseinnahmen aus dem Verleih und der Aufbewahrung von Zentralbankgeld, die unmittelbar aus den Targetsalden resultieren, indem es internationale Zinsausgleichszahlungen zwischen den nationalen Notenbanken veranlasst.[41]

Es ist deshalb klar, dass Deutschland zu den großen Verlierern der Niedrigzinspolitik der EZB und anderer Zentralbanken der Welt gehört. Zwar profitiert der deutsche Staat von den niedrigen Zinsen, weil er, auch wenn man die Targetforderungen der Bundesbank abzieht, Nettoschuldner ist. Doch ist Deutschland als Ganzes – also der Staat mit seiner Bundesbank sowie die privaten Haushalte und die Unternehmen – keineswegs ein großer Schuldner, sondern wegen der Exportüberschüsse ein extrem großer Gläubiger und Kapitalanleger im Gefüge der Länder dieser Erde.

Umgekehrt haben die südeuropäischen Krisenländer der Eurozone, also Griechenland, Italien, Spanien, Zypern und Portugal, deren negative Nettoauslandsposition großenteils die Form von Targetschulden angenommen hat (man vergleiche nochmals Abbildung 3.1), in ihrer Gesamtheit von den niedrigen Zinsen profitiert. Die Zinsgewinne dieser Länder, die die Zinsgewinne aus den Targetschulden beinhalten, werden in Abbildung 9.3 aufgezeigt.

Die blaue Kurve zeigt die wirklichen Zahlungen von Kapitaleinkommen an das Ausland. Man sieht, dass diese Zahlungen im Jahr 2008, dem Jahr des Ausbruchs der Weltfinanzkrise, ein Maximum hatten. Die Krisenländer hatten sich im Zuge des inflationären Wirtschaftsbooms Jahr für Jahr stark im Ausland verschuldet, um ihre wachsenden Importe zu bezahlen, und wiesen daher negative Leistungsbilanzsalden auf.

---

40 Europäische Zentralbank, *European Union Balance of Payments and International Investment Position*, Statistical Sources and Methods, »B.o.p. and i.i.p. book«, November 2016, Nr. 3.10.4, S. 59, und Nr. 3.10.3, S. 58, https://www.ecb.europa.eu/pub/pdf/other/eubopintiinvposstmeth201611.en.pdf. Für eine Diskussion des Sachverhalts vgl. H.-W. Sinn, *The Economics of Target Balances*, a.a.O., S. 18 und 19.

41 Diese Zinsausgleichszahlungen werden selbst wiederum nicht mit Geld geleistet, sondern als neue Targetsalden verbucht, die für sich genommen einen Rückgang der Geldmenge im Target-Defizitland und eine Expansion der Geldmenge im Target-Überschussland und somit über eine Art Zinseszinseffekt im folgenden Kalenderjahr neue Ausgleichszahlungen im Rahmen des Zinspooling-Systems induzieren. Siehe H.-W. Sinn, *The Economics of Target Balances*, a.a.O., Kapitel 9.

Abbildung 9.3: Die Zinsgewinne der südeuropäischen Krisenländer
(GIPSZ, inklusive Portugal, ohne Frankreich und Slowenien)

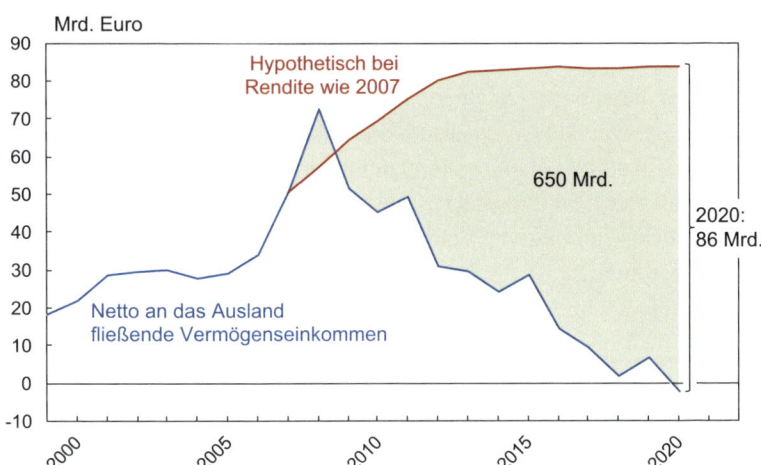

Quellen: Eurostat, Datenbank, *Wirtschaft und Finanzen*, Zahlungsbilanz – internationale Transaktionen, Zahlungsbilanzstatistiken und Auslandsvermögensstatus; eigene Berechnungen.

Hinweis. Die blaue Kurve zeigt die netto an das Ausland gezahlten Kapitaleinkommen. Die rote Kurve zeigt jenen Wert des netto an das Ausland gezahlten Kapitaleinkommens, der sich ergeben hätte, wenn an das Ausland auf das jeweilige negative Nettoauslandsvermögen nach wie vor die tatsächlich im Jahr 2007 gezahlten Durchschnittszinsen i. w. S. (an das Ausland gezahltes Nettokapitaleinkommen geteilt durch Absolutwert der Nettoauslandsposition am Jahresanfang 2007) hätten gezahlt werden müssen. Dabei wird, um sehr vorsichtig zu rechnen, angenommen, dass trotz der höheren fiktiven Zinsen der Zeitpfad des aggregierten Leistungsbilanzsaldos und somit des Nettoauslandsvermögens der gleiche ist, wie er sich tatsächlich, auch aufgrund der Zinssenkungen durch die EZB, bereits ergab. Die zusätzlichen Zinslasten werden also nicht fortgeschrieben und mit Zinseszinseffekten in eine (absolut) vergrößerte negative Nettoauslandsposition übertragen. Vielmehr wird angenommen, dass die Vorteile der Zinsentlastungen sich in Form vermehrter Importe niederschlugen bzw. es ohne diese Zinsentlastungen weniger Importe gegeben hätte. (Die Rechenmethode unterscheidet sich somit von der in H.-W. Sinn, *Der Euro: Vom Friedensobjekt zum Zankapfel*, Hanser: München 2015, S. 146 gewählten Methode, wo es unter Berücksichtigung von Zinseszinseffekten zu höheren Werten der Umverteilungseffekte kam.) Die Fläche zwischen den Kurven misst die Summe der Zinsgewinne i. w. S. aufgrund der Zinssenkungen im Vergleich zu 2007, ohne dass hier eine Aussage darüber gemacht wird, was die Zinssenkungen verursacht hat.

Dann kam die Krise. Auf einmal verweigerten sich die Kapitalmärkte diesen Ländern und verlangten von ihnen hohe und bis zum Jahr 2012 exorbitant wachsende Zinssätze (vgl. Abbildung 2.1), doch erstaunlicherweise fielen, wie Abbildung 9.1 zeigt, die tatsächlich an das Ausland gezahlten Zinseinkommen.

Diese Diskrepanz ist darauf zurückzuführen, dass die nationalen Notenbanken der Krisenländer den jeweils heimischen Volkswirtschaften über die Finanzierung der Banken und den Erwerb von Wertpapieren Ersatzkredite zu extrem niedrigen Zinsen zur Verfügung stellten, die dann zu Targetkrediten mutierten, weil die so erhaltene Liquidität für Importe, für die Schuldentilgung im Ausland und für Geldanlagen im Ausland genutzt werden konnte, ohne dass die heimische Liquidität austrocknete. Außerdem spielten die fiskalischen internationalen Kredite der Rettungsschirme, die die Targetkredite zum Teil wieder ablösten, eine zum Teil erhebliche Rolle bei den Zinssenkungen. All das wurde in Kapitel 3 und 4 bereits beschrieben.

Bemerkenswert ist, dass die genannten südeuropäischen Länder in der Summe im Verhältnis zum Ausland bereits im Jahr 2020 gar keine Zinslasten mehr trugen, obwohl sie zum Beginn des Jahres ein negatives Nettoauslandsvermögen in Höhe von -1.454 Milliarden Euro hatten, also in der Summe in einem weiteren Sinne, d. h. inklusive der Vermögenspositionen aus Direktinvestitionen, große Nettoschuldner waren. Tatsächlich verdienten sie trotz ihrer vielen Schulden, wenn nicht gar wegen dieser Schulden, im Jahr 2020 sogar schon leicht positive Nettokapitaleinkommen im Ausland. Das ist die verdrehte Welt, die durch die Zinspolitik der Notenbanken erzeugt wurde.

Hätten die südeuropäischen Krisenländer in den Jahren ab 2008 stets nur die Kapitalerträge auf ihr negatives Nettoauslandsvermögen zahlen müssen wie noch 2007, dann hätten sich andere Kapitaleinkommensströme aus diesen Ländern ins Ausland ergeben. Das wird durch die rote Kurve in Abbildung 9.3 verdeutlicht. Die sehr vorsichtige und die Umverteilungseffekte tendenziell untertreibende Berechnungsmethode für diese Kurve ist in der Legende unter der Abbildung beschrieben. Im Kern wird angenommen, dass die ohne die Hilfen erhöhten Zinslasten nicht zu höheren Auslandsschulden und somit Zinseszinseffekten geführt hätten, sondern sich in verminderten Importen niedergeschlagen hätten, weil höhere Auslandsschulden von den Märkten nicht finanziert worden wären. Die Kurve der fiktiven Nettozinszahlungen steigt unter diese Hypothese nach dem Ausbruch der Krise zunächst weiter an und erreicht dann ab etwa 2013/2014 bereits ihr Maximum.

Der vertikale Abstand zwischen der roten Kurve und der blauen Kurve ist die jährliche Zinsersparnis durch die niedrigen Zinsen, die in der Krise realisiert wurden. Sie betrug zuletzt im Jahr 2020 für die genannten Länder zusammengenommen 86 Milliarden Euro. Summiert über alle Jahre seit 2007 hatte sich damit ein Zinsgewinn der mediterranen Krisenländer von insgesamt

650 Milliarden Euro ergeben, wie er durch die Fläche zwischen den Kurven dargestellt wird.

Dieser Betrag ist riesig, denn er stellt keinen Kredit, sondern einen echten Einkommenstransfer durch die Staatengemeinschaft dar. Er ist nicht nur deshalb als Untergrenze der Zinsgewinne der genannten Länder anzusehen, weil ein Zinseszinseffekt wegen der Annahme über die Importreaktion ausgeschlossen wurde, sondern auch, weil der Durchschnittszins von 2007 zum Vergleich herangezogen wurde, der ohne die Rettungsaktionen vermutlich in den Folgejahren noch weit übertroffen worden wäre. Abermals vergleiche man dazu Abbildung 2.1.

Die Frage ist, wodurch diese Zinsgewinne der Schuldnerländer verursacht wurden. Wie schon erläutert, widerspricht der Umstand, dass die Aktienkurse mitten in der Krise in die Höhe schossen, der apologetischen These mancher Zentralbanker, dass sie nur der natürlichen Entwicklung fallender Unternehmenserträge gefolgt seien. Tatsächlich kann die Aktienhausse nur durch eine Flucht der Anleger aus festverzinslichen Anlagen erklärt werden. Deren Ertragsraten wurden durch die umfangreichen Wertpapierkäufe im Zuge der QE-Programme der Notenbanken der westlichen Welt unter das Niveau gedrückt, das die Aktienanlagen noch erwarten ließen.

Es kommt hinzu, dass in Europa durch die speziellen Interventionen der EZB die länderspezifischen Risiken bei der Zinsgestaltung und den Wertpapierkäufen systematisch unterdrückt wurden. Zum einen hat die EZB mit ihrem OMT-Programm eine kostenlose Kreditausfallversicherung für die Käufer von Staatspapieren ausgesprochen, wodurch die von diesen Käufern auf dem Markt verlangten Risikoprämien sanken. Das private Kapital traute sich wieder in die Krisenländer zurück, und infolge dessen sanken die Targetsalden. Das Thema wurde in Kapitel 5 ausführlich diskutiert. An Abbildung 2.1 erkennt man sehr deutlich, dass die Zinsen der Mittelmeerländer in den ersten Jahren nach der Lehman-Krise in die Höhe schossen, weil die Kapitalmärkte länderspezifische Sonderrisiken vermuteten, dann aber durch das OMT-Programm im Jahr 2012 wieder sehr stark reduziert wurden. In ihrer Eigenschaft als Steuerzahler und Eigentümer ihrer Notenbanken mussten die Bürger der nördlichen Länder damals die länderspezifischen Risiken der Mittelmeerländer kostenlos übernehmen, die sie in ihrer Eigenschaft als Sparer zuvor bei einem Kauf der von den Mittelmeerländern ausgegebenen Papiere in Form hoher Aufschläge auf die Zinsen des deutschen Staates bezahlt bekommen hatten.

Zum anderen hat die EZB bei ihrer Kreditgewährung – sei es auf direktem Wege über die Gestaltung der Refinanzierungskredite oder auf indirektem Wege über den Ankauf von Wertpapieren – die Länderrisiken bewusst unberücksichtigt gelassen. Auch durch ihre Ersatzkredite, die sich in den Targetsalden niederschlugen, hat sie, wie in Kapitel 3 schon erläutert wurde, die länderspezifischen Zinsspreads unterdrückt. Letztlich wurden die Bürger und Steuerzahler, denen die Notenbanken indirekt gehören, gezwungen, verbilligte Ersatzkredite für die Krisenländer zur Verfügung zu stellen, mit denen die Erträge ihrer privaten Sparanlagen dezimiert wurden.

So gesehen haben staatliche Institutionen, allen voran die EZB selbst, durch ihre Aktionen eine gewaltige Umverteilungsaktion zugunsten des Mittelmeerraumes in Gang gesetzt. Es mag sein, dass die Parlamente der Geberländer dieser Umverteilung zugestimmt hätten, wenn sie denn gefragt worden wären. Tatsächlich aber waren sie durch die begrenzten fiskalischen Rettungsschirme nur am Rande beteiligt, und das auch nur, nachdem die EZB bereits Fakten und unwiderrufliche Handlungszwänge geschaffen hatte. Statt der Parlamente entschied der EZB-Rat und dominierte mit seiner vermeintlichen Geldpolitik die Fiskalpolitik (monetäre Dominanz der Fiskalpolitik). 71 % der Mitgliedsländer der Eurozone, die jeweils einen Repräsentanten in den EZB-Rat entsenden durften, hatten im Jahr 2012, als die entscheidenden Weichenstellungen stattfanden, eine negative Nettoauslandsposition.[42] Heute sind es noch 68 %. Die Mehrheit der netto – über alle Vermögenstitel saldiert – im Ausland verschuldeten Länder entschied und entscheidet sich immer noch für eine die Schuldner begünstigende Geldpolitik.

---

42 Es handelt sich um die Länder Estland, Irland, Griechenland, Spanien, Frankreich, Italien, Zypern, Österreich, Portugal, Slowenien, Slowakei und Finnland. Vgl. Eurostat, Datenbank, *Wirtschaft und Finanzen,* Zahlungsbilanz – Internationale Transaktionen, Auslandsvermögensstatus – Vierteljährliche und jährliche Daten (BPM6) [bop_iip6_q].

10. Negativzinsen, digitales Geld und die gedruckte Freiheit

Störfaktor Bargeld oder gedruckte Freiheit? • *Bargeld, Tresore und Zinsen* • *Digitales Zentralbankgeld für jeden* • *Die Gedankenspiele des IWF: Wie das Bargeld abgewertet werden kann* • *Der französische Sachverständigenrat und das digitale Helikoptergeld* • *Ein juristisches Verdikt*

Die exzessive Geldmengenausweitung ging einher mit Zinssenkungen auf null und in den negativen Bereich. Viel tiefer als null können die Zinssenkungen aber nicht führen, weil die Möglichkeit besteht, das Vermögen als Bargeld zu halten. Deswegen gibt es Vorschläge, das Bargeld sukzessive zurückzudrängen und durch digitales Zentralbankgeld zu ersetzen, das technisch ohne weiteres mit negativen Zinsen versehen werden kann. Obwohl es dafür seriöse ökonomische Gründe gibt, beinhaltet es aber doch die Gefahr der kalten Enteignung der Sparer durch die negativen Zinsen und durch die Inflation, die dadurch ausgelöst werden kann. Noch größer sind die Gefahren des Helikoptergeldes, das aus dem Umfeld des französischen Sachverständigenrats ins Spiel gebracht wurde.

Störfaktor Bargeld oder gedruckte Freiheit?

Die EZB ist mit dem umfangreichen Kauf der Wertpapiere und ihrer Zinspolitik bei dem Versuch, die von ihr gewünschte, doch ihrem Mandat widersprechende Inflation anzuschieben, an die Grenze ihrer Möglichkeiten geraten. Der Grund dafür ist die Liquiditätsfalle im Bereich eines Zinses von null, die selbst wiederum daher rührt, dass die Sparer und die Banken jederzeit Bargeld horten können, das einen Zins von null trägt. Das Bargeld ist beim Versuch der EZB, die Inflation auf zwei Prozent zu heben, der große Störfaktor.

Die Zweifel an der Motivationslage des EZB-Rates, die durch die Stellungnahme der Ex-Gouverneure geweckt werden, und die gewaltigen Umverteilungseffekte, die die EZB-Politik bewirkt, begründen Sorgen bezüglich weiterer geldpolitischer Maßnahmen, die für die kommenden Jahre erwogen und zum Teil schon ergriffen wurden. Es handelt sich dabei um die Abschaffung der großen Geldscheine und die parallele Entwicklung eines digitalen Zentralbankgeldes. Die nachfolgenden Abschnitte diskutieren die mögliche Bedeutung und Berechtigung dieser Schritte, und sie ziehen in Zweifel, dass es wirklich um die Kriminalitätsbekämpfung ging.

Der Beginn einer neuen Phase der Geldpolitik, die durch die Zurückdrängung des Bargelds gekennzeichnet ist, kann auf den 4. Mai 2016 datiert werden. An diesem Tag beschloss nämlich der EZB-Rat gegen den Widerstand der Bundesbank, die 500-Euro-Scheine abzuschaffen. Zwar behalten die bereits umlaufenden Scheine ihre Gültigkeit, doch werden keine neuen mehr gedruckt. Die Maßnahme mag zunächst harmlos erscheinen, sie hat aber doch eine größere Bedeutung. Begründet wurde sie mit der Bekämpfung des Schwarzmarktes, denn auf dem Schwarzmarkt wird häufig mit Bargeld bezahlt, um keine Spuren der Transaktionen in irgendwelchen Computern zu hinterlassen. Auch die Bekämpfung der Terrorfinanzierung, des Drogenhandels und der Geldwäsche wurden als Argumente gebracht.

EZB-Präsident Mario Draghi betonte zwar, die Abschaffung der großen Geldscheine habe nichts mit dem Versuch zu tun, das Bargeld abzuschaffen oder zurückzudrängen.[1] Es gehe allein um die Bekämpfung der Kriminalität. Sparen könne man auch in Form von 200-Euro-Geldscheinen. Doch in der deutschen Öffentlichkeit wurde dieser Schritt mit großer Skepsis aufgenommen, gerade auch wegen des Dementis von Draghi, denn die Befürchtung,

---

[1] Wörtlich sagte Mario Draghi: »The 500-euro note has nothing to do with the objective of limiting cash. There is a pervasive and increasing conviction in world public opinion that high-denomination banknotes are also used for criminal purposes. That is where our action comes in. It does not mean that people cannot store their savings on other denomination banknotes. People will continue saving the 200-euro notes. But the 500-euro note is being viewed as increasingly an instrument for illegal activities.« Vgl. EU, Committee on Economic and Monetary Affairs, *Monetary Dialogue with Mario Draghi, President of the European Central Bank (pursuant to Article 284(3) of the TFEU)*, Brüssel, 15. Februar 2016, https://www.ecb.europa.eu/pub/pdf/annex/ecb.sp160215_transcript.en.pdf?efea49178b4b493fc7b8c550a4f5e1ae.

dass dies der Anfang vom Ende des Bargelds sein könnte, drängte sich vielen auf.

Vielfach wurde beschworen, dass Bargeld »geprägte Freiheit« sei, wie es Fjodor Dostojewskij einmal schrieb. Allerdings bezog sich der Dichter dabei auf die Freiheiten, die sich Strafgefangene in einem Zuchthaus damit kaufen können, was so gesehen fast wie ein Eigentor derer erscheint, die ihn zitierten.[2] Indes passt das Zitat von Dostojewskij insofern, als es ja auch als eine Kritik an einer möglichen Gleichsetzung freier Bürger mit Zuchthäuslern verstanden werden kann. Insofern sind die in der Presse zu lesenden Hinweise verständlich, dass bei der Zurückdrängung des Bargelds der Überwachungsstaat drohe und Big Brother nicht weit sei, weil dann alle Transaktionen dokumentiert und nachprüfbar sein würden.[3] Auch im EZB-Rat war der Widerstand aus solchen und ähnlichen Gründen erheblich. Nicht nur der deutsche Notenbankpräsident, auch die Präsidenten bzw. Gouverneure von Österreich, Estland und Luxemburg verweigerten ihre Zustimmung zu dem Beschluss.

Auf der gleichen Ebene wie die Abschaffung der großen Scheine liegt das von der EU vorgeschlagene Verbot der Benutzung von Bargeld bei Transaktionen von mehr als 10.000 Euro. Die EU verwies in ihrer Begründung darauf, dass es darum gehe, die Geldwäsche und die Terrorismusfinanzierung zu erschweren.[4]

---

2   »Geld bedeutet doch geprägte Freiheit und hat darum für einen jeder Freiheit beraubten Menschen den zehnfachen Wert. Wenn nur einige Münzen in seiner Tasche klimpern, so ist er schon halb getröstet, selbst wenn er keine Möglichkeit hat, das Geld auszugeben. Geld kann man aber immer und überall ausgeben, um so mehr, als die verbotene Frucht doppelt so süß ist. Im Zuchthause konnte man sich auch Branntwein verschaffen. Pfeifen waren strengstens verboten, und doch rauchten alle. Das Geld und der Tabak schützten vor Skorbut und anderen Krankheiten. Die Arbeit schützte aber vor Verbrechen: ohne Arbeit würden die Arrestanten einander aufgefressen haben wie in einem Glase eingeschlossene Spinnen. Trotzdem war aber die Arbeit wie auch der Besitz von Geld verboten.« F. Dostojewskij, *Aufzeichnungen aus einem toten Hause*, 1. Teil: Das tote Haus, übersetzt von Alexander Eliasberg, Volksverband der Bücherfreunde/Wegweiser Verlag: Berlin 1923, online verfügbar unter: https://www.projekt-gutenberg.org/dostojew/totenhau/totenhau.html.

3   M. Beise, »Bargeld ist geprägte Freiheit«, *Süddeutsche Zeitung online*, 3.2.2016, https://www.sueddeutsche.de/geld/bezahlen-bargeld-ist-gepraegte-freiheit-1.2847157.

4   Europäische Kommission, *Kommission stärkt Kampf gegen Geldwäsche und Terrorismusfinanzierung*, Pressemitteilung, 20. Juli 2021, https://ec.europa.eu/germany/news/20210720-kampf-gegen-geldwaesche_de. Vgl auch »EU legt Pläne vor. Bargeldobergrenze gegen Geldwäsche«, *Tagesschau*, 20.7.2021, https://www.tagesschau.de/wirtschaft/verbraucher/bargeld-obergrenze-bargeldobergrenze-geldwaesche-eu-kommission-101.html.

Höchst brisant ist in diesem Zusammenhang der Umstand, dass die BaFin, die Bundesanstalt für Finanzdienstleistungsaufsicht, schon heute die vorgeschlagene 10.000-Euro-Grenze auch so interpretiert, dass Banken Kontoeinzahlungen von größeren Beträgen verweigern können, wenn die Kontoinhaber nicht in der Lage sind, über die legale Herkunft des Geldes Auskunft zu geben.[5] Auch die BaFin begründet ihre Maßnahme mit dem Versuch, die Geldwäsche zu erschweren.

Bedenken gegen diese Politikmaßnahmen sind in der Tat angebracht. Sie sind zum einen darin begründet, dass das kriminelle Gewerbe bei wichtigen und großvolumigen Transaktionen, wie sie z. B. im Drogenhandel üblich sind, oder auch bei der Geldwäsche und der Terrorfinanzierung schon längst über die Verwendung von Bargeld hinausgegangen ist und sich stattdessen der Kryptowährungen, allen voran der Bitcoins, bedient. Kryptowährungen erlauben völlig unkontrolliert von staatlichen Instanzen absolut sichere und zugleich anonyme weltweite Geldüberweisungen, weil sie sich der Blockchain-Technologie bedienen. Sie sind ideal für das dunkle Gewerbe und schlagen die Möglichkeiten, die das Bargeld bietet, um Längen. Bestenfalls die Kleinkriminalität kann man also durch die Beschränkung des Bargeldgebrauchs etwas erschweren, Großkriminelle erwischt man damit nicht.

Zum anderen gibt es durchaus Bereiche, in denen größere Mengen an Bargeld eine legitime und nützliche wirtschaftliche Funktion erfüllen, weil sie dem Verkäufer, der seine Ware hergibt, Sicherheit verschaffen, den Kaufpreis auch tatsächlich sofort und unwiderruflich zu erhalten. Der Handel »Ware gegen Geld« ist im strengen Sinne nur mit Bargeld möglich, weil andere Bezahlformen stets unter Vorbehalt realisiert werden. Überweisungen kann man zurückrufen, und selbst Zahlungen mit Kreditkarten lassen sich im Nachhinein stornieren. Kein Wunder deshalb, dass in Deutschland und auch anderen

5   Siehe Bundesanstalt für Finanzdienstleistungsaufsicht (BaFin), *Warum muss ich bei Bareinzahlungen einen Herkunftsnachweis vorlegen?*, 13. September 2021, https://www.bafin.de/SharedDocs/FAQs/DE/Verbraucher/Bank/Zahlungsverkehr/11_herkunftsnachweis_bareinzahlungen.html?id=16602136. Hier heißt es: »Kunden der Bank müssen die Herkunft des Bargeldes bei Bareinzahlungen (zum Beispiel auf ihr Konto bei der Bank) bei einem Betrag über 10.000 Euro regelmäßig anhand eines aussagekräftigen Beleges nachweisen. Sollte die Bank bereits bei einem niedrigeren Betrag Bedenken hinsichtlich der legalen Herkunft des Bargeldes haben, kann sie auch bei einer niedrigeren Einzahlungssumme einen Herkunftsnachweis fordern.« Vgl. auch »Wohin jetzt nur mit all dem Bargeld?«, *Frankfurter Allgemeine Zeitung*, 23.9.2021, Nr. 221, S. 27.

Ländern nach wie vor ein Großteil des Handels mit gebrauchten Automobilen auf der Bezahlung mit Bargeld basiert, und ein gebrauchtes Auto kann leicht einmal einige 10.000 Euro kosten.

Besonders problematisch ist die Regelung der BaFin. Sie ist nochmals eine dramatische Steigerung der Restriktion bei der Benutzung des Bargelds gegenüber dem EU-Vorschlag, denn sie schränkt die Verfügung über das Bargeld zur Wertaufbewahrung ein und macht die Banken zu Mitbestimmern und Kontrolleuren darüber, wie Menschen Vermögen in Form von Bargeld anlegen. Wer Bargeld lange Jahre gehortet hat, eben weil er der Sicherheit der Banken misstraute oder auch nur ihren Kontoführungsgebühren und Negativzinsen ausweichen wollte, hat häufig gar keine Möglichkeit, den Herkunftsnachweis zu erbringen. Und selbst wenn er die Möglichkeit hätte, eine gesonderte Buchführung mit Belegen über den Bezug von Bargeld zu betreiben, so ist es unzumutbar, sie ihm abzuverlangen.

Es kommt hinzu, dass man eine restriktive Auslegung der von der BaFin eröffneten Möglichkeiten durch die Banken vermuten kann, weil das Halten und die Bezahlung mit Bargeld eine mit dem Geschäft der Banken konkurrierende Tätigkeit ist. Immerhin erzielen ja heute die Banken erkleckliche Einnahmen aus Strafzinsen, die sie auf das Geld erheben, das auf den Konten liegt. Verschämt spricht man von »Verwahrentgelt«. Durch die Verfügung der deutschen Finanzaufsicht erhalten die Banken nun die Möglichkeit, eine mit ihrem Geschäft in Konkurrenz stehende Tätigkeit, nämlich das Halten von Bargeld, zu behindern und die Menschen zur Inanspruchnahme ihrer eigenen Dienstleistungen bei der Geldaufbewahrung zu zwingen.

Das ist zwar vordergründig nicht so, wenn man nur den Akt der Einzahlung im Auge hat, doch was man eingezahlt hat, wurde vorher ja abgehoben und aufbewahrt. Man muss das Ganze als einen Vorgang sehen. Insofern haben die Banken die Möglichkeit, die in den letzten Jahren eben wegen der Negativzinsen verstärkte Hortung von Bargeld durch eigene Beschränkungen zu einem riskanten und unattraktiven Verhalten abzustempeln. Die Kunden sollen eben kein Bargeld abrufen, es zuhause gebührenfrei horten und es bei Bedarf später wieder auf ihr Konto einzahlen, um damit dann ihre Rechnungen zu begleichen. Sie sollen stattdessen das Verwahrentgelt zahlen. Oder wenn sie das nicht wollen, sollen sie ihr Geld womöglich wegen der Geldwäschegefahr in den Schließfächern der Banken aufbewahren, wobei die Banken die freiwillige, aber nicht unentgeltliche Dienstleistung anbieten werden, die Befüllung der Schließfächer zu dokumentieren.

Die von der EU geplante Bevormundung in Form einer Obergrenze für Barzahlungen ist für sich genommen bereits ein erheblicher Eingriff in die Freiheitsrechte. Mit der Übertragung dieser Regelung auf Kontoeinzahlungen, bei denen man den Banken die Herkunft des Geldes nachweisen muss, setzt die BaFin der EU die Spitze auf, ein im Grunde ungeheuerlicher Vorgang.

Friedrich Schneider von der Universität Linz, der der Schwarzgeldexperte schlechthin in Europa ist, stellt in einer Abhandlung zu dem Thema der missbräuchlichen Bargeldnutzung fest:[6]

»The conclusion of this paper is that cash has a minor influence on the shadow economy, crime and terrorism, but potentially a major influence on civil liberties.«

Auf Deutsch:

»Die Schlussfolgerung dieses Papiers ist, dass Bargeld nur einen geringen Einfluss auf Schwarzmarktgeschäfte, Kriminalität und Terrorismus hat, doch möglicherweise einen großen Einfluss auf die bürgerlichen Freiheiten.«

Dem ist zuzustimmen. In der Tat geht es den Staat und damit die Mehrheit der Bevölkerung, die seine Repräsentanten bestimmt, in einer freiheitlichen Demokratie wahrlich nichts an, was der Einzelne mit seinem Geld anstellt. Die freie Verwendung des eigenen Geldes nach eigenem Gutdünken, unkontrolliert und unkommentiert von Neidern und selbsternannten Sittenwächtern und Moralaposteln gehört zu den wesentlichen Rechten, die sich das Bürgertum in den liberalen Gesellschaften des Westens im Laufe der Geschichte erstritten hat. Diese Rechte durch die Hintertür einer Einschränkung des Bargeldgebrauchs zu opfern, stellt einen schwerwiegenden Eingriff in die Grundrechte dar, die auch und gerade darin bestehen, vor der Kujonierung durch politische Mehrheiten geschützt zu werden. Eine liberale Demokratie ist keine Diktatur der Mehrheit über die Minderheit, sondern gewährt den

---

6   F. Schneider, »Restricing or Abolishing Cash: An Effective Instrument for Eliminating the Shadow Economy, Corruption and Terrorism?« in: U. Birchler et al., Hrsg., *Cash on Trial*, Band II, Larcier: Wien und Frankfurt am Main 2019, S. 53–66.

Bürgern auch gegen eine solche Diktatur umfassenden und unveräußerlichen Rechtschutz.

Angesichts dieser gewichtigen Gegenargumente muss man sich fragen, wieso sich die EZB überhaupt Gedanken darüber macht, wie man die Kriminalität bekämpfen kann. Das ist ein Bereich der Politik, der nicht zu ihren Aufgaben gehört. Wie schon erläutert, darf sie ja ihr Mandat nicht selbst definieren. Nach dem Prinzip der Einzelermächtigung, das zu den Grundprinzipien der EU gehört (Artikel 5 EU), kann sie nur jene Aufgaben übernehmen, zu denen sie explizit durch Verträge der Mitgliedstaaten bevollmächtigt wurde. Insofern bleibt die Kontrolle über Maßnahmen von EU-Einrichtungen, die über solche expliziten Aufgaben hinausgehen, voll und ganz bei den Parlamenten der EU-Länder, die diese Verträge ratifizieren müssen.

Sicherlich ist es so, dass der Trend der Zeit hin zu elektronischen Zahlungsmitteln wie Kreditkarten, Debit-Karten, PayPal, Google Pay führt. Er wird durch die neuen technischen Möglichkeiten und die Bequemlichkeit, die solche Zahlungsmittel für die Menschen und die Wirtschaft bieten, erklärt. Gerade der in der Coronakrise aufblühende Versandhandel hat die Vorteile dieser Zahlungssysteme nochmals unterstrichen.

Auch ist in anderen Ländern der Trend viel weiter vorangeschritten als in Deutschland. So sind in den USA, Frankreich und Schweden, um nur drei Beispiele zu nennen, Kreditkarten schon Jahrzehnte lang üblich. Sie werden sogar für die Bezahlung von Kleinstbeträgen am Kiosk eingesetzt, und wer partout mit Bargeld bezahlen will, löst häufig Skepsis aus und stößt auf Widerstand beim Verkäufer. Kein Taxifahrer erwartet in Schweden, mit Bargeld bezahlt zu werden, denn das Geld mit sich herumzufahren, ist ihm viel zu gefährlich. So gesehen ist es nur eine Frage der Zeit, bis das Bargeld weitgehend aus dem Wirtschaftsleben verschwindet.

Es ist jedoch das eine, wenn sich diese Entwicklungen aufgrund der Wünsche der Menschen ergeben, die auf die neuen technologischen Möglichkeiten reagieren, und es ist das andere, wenn eine staatliche Instanz wie die EU oder gar mit diktatorischen Vollmachten ausgestattete Behörden wie die EZB oder die BaFin sie anordnen. Der Umstand, dass bestimmte Entwicklungen wünschbar sind und den Menschen Vorteile bringen, ist wahrlich keine Begründung für Staatseingriffe, denn wenn das so ist, dann finden sie ja in der Marktwirtschaft ohnehin schon statt. Staatliche Eingriffe laufen immer Gefahr, des Guten zu viel zu tun oder den Entwicklungsprozess zu verzerren.

Tatsächlich geht es den Fachleuten, die einer bewussten Zurückdrängung des Bargelds durch politische Maßnahmen das Wort reden, nicht allein um die Kleinkriminalität, sondern vor allem auch um die Beseitigung der Zinsuntergrenze, die sie bedeutet. In dem wichtigen, 2016 erschienenen Buch des Harvard-Ökonomen Kenneth Rogoff wird das Thema explizit und sehr seriös behandelt.[7] Auch die Abschaffung des 500-Euro-Scheines, so harmlos sie für sich genommen erscheinen mag, hat einen unmittelbaren Einfluss auf die Lage dieser Zinsuntergrenze.

Bargeld, Tresore und Zinsen

In erster Näherung impliziert die Existenz des Bargeldes als gesetzliches Zahlungsmittel, wie gezeigt wurde, eine Zinsuntergrenze von null. Eine solche Zinsuntergrenze war in Abbildung 9.1 eingezeichnet worden, und sie lag der Diskussion in Kapitel 9 zugrunde.

Die Aussage stimmt empirisch zwar einigermaßen, aber eben doch nur einigermaßen. Das wird in Abbildung 10.1 verdeutlicht. Dort werden der von der EZB festgesetzte Zins für die sogenannte Einlagefazilität und der durchschnittliche Zins für den sehr kurzfristigen Über-Nacht-Verleih von Liquidität an andere Banken dargestellt, wie er sich auf dem europäischen Interbankenmarkt ergab (EONIA). Beide Zinsen sind auf Jahresbasis hochgerechnet. Dargestellt sind also jene Zinsen, die sich für das Gesamtjahr ergäben, würde man das Geld mit Zins und Zinseszins jeden Tag von neuem wieder zum selben Zins so anlegen wie am betrachteten Tag. Die Einlagefazilität ist eine ebenfalls sehr kurzfristige, nur über eine Nacht hinweg reichende Geldanlagemöglichkeit, welche die EZB den Banken gewährt. Sie zählt im Gegensatz zu den Terminaldepositen der Banken bei der Notenbank, die es bis 2014 gab, neben dem Bargeld und dem einfachen Giralgeld, das die Banken bei der Notenbank halten – den sogenannten Reserven (inkl. Mindestreserve) – zur Geldbasis. Seit

---

7   Vgl. K. Rogoff, *The Curse of Cash: How Large-Denomination Bills Aid Crime and Tax Evasion and Constrain Monetary Policy*, Princeton University Press: Princeton 2016. https://doi.org/10.2307/j.ctvc77m90. Rogoff ist der Träger des CESifo-Preises des Jahres 2014. Er hielt dazu die Munich Lectures in Economics dieses Jahres mit dem Titel »Rethinking the Global Currency System«, verfügbar als Video: https://www.ifo.de/node/59661, aus denen das Buch hervorging.

2014 wird der Einlagenzins auf alle Reserven der Banken, die über die Mindestreserven hinausgehen, angewendet.[8]

Abbildung 10.1: Zinssätze im Euroraum (bis Juni 2021)

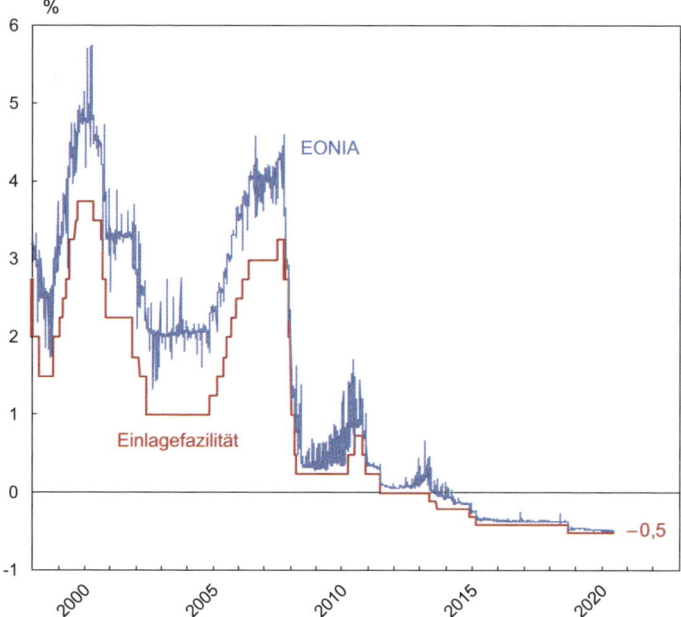

Quellen: Europäische Zentralbank, *Statistical Data Warehouse*, ECB/Eurosystem policy and exchange rates, Official interest rates, ECB Deposit facility; ebenda, All Datasets, FM - Financial market data, Eonia rate.

Hinweis: Die Einlagefazilität ermöglicht eine Über-Nacht-Kreditgewährung an die Notenbank, und EONIA steht für Über-Nacht-Kredite am europäischen Interbankenmarkt. EONIA heißt Euro Overnight Index Average. Seit 2014 wird der Einlagezins einheitlich auf die Nutzung der Einlagefazilität und die die Mindestreserve überschreitenden Reserven der Notenbanken angewendet.

---

8 Europäische Zentralbank, »Decision of the European Central Bank of 5 June 2014 on the Remuneration of Deposits, Balances and Holdings of Excess reserves (ECB/2014/23) (2014/337/EU)«, *Official Journal of the European Union*, L 168, S.115 f., https://eur-lex.europa.eu/legal-content/EN/TXT/PDF/?uri=CELEX:3201D0023(01)&from=EN. Für die Zeitpfade der Zinskurven in Beziehung zu den Kurven für die Reserven und die Einlagefazilität vgl. H.-W. Sinn, *The Economics of Target Balances*, Palgrave Macmillan: Cham 2020, S. 71.

Man sieht, dass der Marktzins am Interbankenmarkt dem Zinspfad folgt, der von der EZB gesetzt wird und bereits im Jahr 2015 negativ wurde. Den Banken ist es wegen der Gleichheit zwischen dem Einlagezins und dem Zins am Interbankenmarkt egal, ob sie ihr Geld verleihen oder einfach liegen lassen sollen. Sie befinden sich in der Liquiditätsfalle und sind bereit, jedwede neue Liquidität dort abzulagern. Allerdings ist der Zins mit einem Wert von -0,5 % etwas kleiner als der Zins auf Bargeld, der ja null ist.

Der Grund für diese kleine Differenz liegt unzweifelhaft in den Kosten der Aufbewahrung und Umschichtung von Bargeld. Während digitales Geld auf dem Konto bei der Notenbank außer den Negativzinsen keine Kosten verursacht und per Mausklick anderswohin transferiert werden kann, wären entsprechende, gegebenenfalls tägliche Transaktionen mit physischem Bargeld bei den Summen, um die es bei den Banken geht, teuer und kaum möglich. Das physische Bargeld muss in einem Tresor aufbewahrt und dann auch noch bewacht und versichert werden. Der Transport, der im Falle eines Verleihs an eine andere Bank notwendig würde, muss mit gepanzerten Fahrzeugen und hohen Sicherheitsvorkehrungen durchgeführt werden. All dies, also die Kosten der Aufbewahrung, Versicherung, Einlagerung, Entnahme und des Transports von Banknoten, sei hier und im Folgenden unter dem Begriff der »Tresorkosten« subsumiert. Die Tresorkosten erklären, wieso Banken den Strafzins von 0,5 % auf ihre elektronischen Einlagen bei der Notenbank akzeptieren, obwohl sie zinsfrei Bargeld halten könnten.

Der Strafzins kann allerdings nicht beliebig hoch sein, denn wäre er höher als die Kosten der physischen Bargeldhaltung bei den Banken, würden auch Banken ihre Liquidität verstärkt in Form von Banknoten halten. Schon in den letzten Jahren hat sich unter dem Einfluss der Negativzinsen der Bestand an Banknoten in den Tresoren der Banken erhöht, weil sie auf diese Weise den Strafzinsen ausweichen wollten. Dies geschah sehr zum Ärger der EZB, die, wie dem Verfasser berichtet wurde, auch vor persönlichen Interventionen bei den Bankvorständen nicht Halt machte. Die Ausweitung der Geldbestände findet zwar kurzfristig ihre Grenze in der vorhandenen Kapazität der Tresore, doch langfristig ließen sich natürlich nach Belieben neue Tresore bauen.

Abbildung 10.2 zeigt, wie sich der Bestand an gehorteten Banknoten bei den Geschäftsbanken in den letzten Jahren entwickelt hat. In Relation zur gesamten Zentralbankgeldmenge ist das zwar ein minimaler Betrag. Doch sieht man deutlich, wie dieser Bestand zunahm, nachdem der Einlagezins im

Jahr 2014 negativ wurde. Links im Bild sieht man eine große Spitze bei den Banknotenbeständen zum Zeitpunkt der physischen Einführung des Euro Anfang 2002. Damals brachten die Bürger ihre alten Währungen, die aber rechtlich schon seit 1999 als Untereinheiten des Euro behandelt wurden, zu den Banken und tauschten sie gegen Euros um. Dafür hielten die Banken temporär große Bestände an alter und neuer Währung in Papierform. Rechts sieht man, wie weit die Negativzinspolitik die Bargeldbestände der Banken und implizit wohl auch den Bau der Tresore und der vielen anderen Sicherungs- und Transportsysteme, die mit der großflächigen Bargeldhaltung verbunden sind, hat ansteigen lassen.

Abbildung 10.2: Banknoteneinlagerungen durch die Kreditinstitute der Euroländer (bis Ende August 2021)

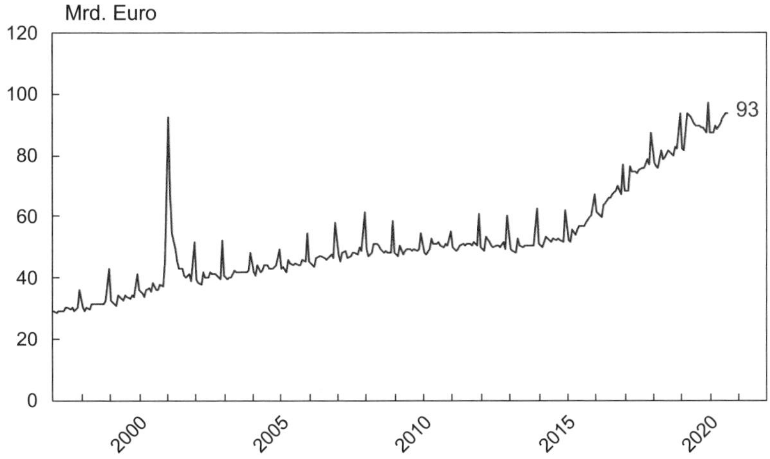

Quelle: EZB, *Statistical Data Warehouse, Euro Area (Changing Composition), Outstanding Amounts at the End of the Period (Stocks), MFIs excluding ESCB Reporting Sector – Cash*, Code: BSI.M.U2.N.A.A10.X.1.Z5.0000.EUR.E, https://sdw.ecb.europa.eu/quickview.do?SERIES_ KEY=117.BSI.M.U2.N.A.A10.X.1.Z5.0000.EUR.E.

So gesehen sind die Kosten der Tresore im weiteren Sinne zugleich ein Maß für den Umfang, um den die Marktzinsen unter dem Nullzins des Bargeldes liegen können. Die Liquiditätspräferenzfunktion, die in Abbildung 9.1 dargestellt wurde und von unterschiedlichen Zinsen abstrahierte, erfährt insofern eine Präzisierung, als der horizontale Ast zwar ungefähr bei null, doch genau genommen um die Tresorkosten darunter liegt.

Auch die Abschaffung des 500-Euro-Scheines wird durch diese Überlegungen in ein anderes Licht gerückt, denn es handelt sich dabei ja eindeutig um eine Maßnahme zur Erhöhung der Tresorkosten im weiteren Sinne, denn das Gewicht und das Volumen einer bestimmten Geldsumme verdoppeln sich nun. Bis auf die Versicherungskosten, die dadurch vermutlich kaum steigen werden, bedeutet das eine Verdoppelung der Transport-, Lager- und Zählkosten des Bargeldes und verdoppelt damit die möglichen Strafzinsen auf die Einlagen, die die EZB von den Banken verlangen kann, ohne dass eine massive Flucht in das Bargeld einsetzt.

Wenn der EZB-Rat nach einer Möglichkeit gesucht hat, die störende Zinsuntergrenze, die durch die Existenz des Bargeldes impliziert wird, weiter abzusenken, dann war die Abschaffung der 500-Euro-Geldscheine eine der cleversten Politikentscheidungen, die er hat treffen können. Aber man weiß es ja nicht. Vielleicht stimmten diesmal die kommunizierte und die tatsächliche Motivation überein. Es gilt jedenfalls auf der Hut zu bleiben und die geprägte Freiheit zu verteidigen, wenn nicht gegen die Staatskontrolle, so doch gegen die Versuchung der Vertreter der hoch verschuldeten Länder im EZB-Rat, eines Tages auch den 200-Euro-Schein und den 100-Euro-Schein aus dem Verkehr zu ziehen, um die Zinsen noch stärker in den negativen Bereich drücken zu können.

Digitales Zentralbankgeld für jeden

Auch die Pläne der EZB, dem physischen Bargeld ein digitales Zentralbankgeld an die Seite zu stellen, so dass es eines Tages seine Rolle mehr und mehr übernehmen kann, sind aus diesem Grunde mit Argwohn zu betrachten.

Die Idee bei diesem Plan ist, jedem Bürger ein Konto direkt bei der nationalen Notenbank oder gar bei der EZB-Zentrale in Frankfurt selbst zu eröffnen. Bisher hat der Bürger nur das Recht, ein Konto bei einer Geschäftsbank zu führen, dessen Inhalt kein gesetzliches Zahlungsmittel ist, sondern auf einem Schuldverhältnis mit dieser Bank begründet ist. Nur Banken können digitales Zentralbankgeld halten. Das wird sich nun ändern.

Nach einer langen Vorbereitungszeit und internen Diskussionen beschloss der EZB-Rat auf seiner Sitzung vom 14. Juli 2021, eine zweijährige

Testphase für ein digitales Zentralbankgeld einzuleiten.[9] Die Präsidentin der EZB, Christine Lagarde, sprach von einem »Startschuss für das Projekt zum digitalen Euro«.

Für die Bürger hat das digitale Geld unmittelbare Vorteile, denn es ist viel sicherer als das Giralgeld, das die Banken schaffen. Das Girokonto normaler Art enthält nämlich genau genommen Schulden der Bank bei ihren Kunden, und weil das so ist, ist es so sicher oder unsicher wie die Bank selbst. Man kann mit den Schuldtiteln, die die Kontobestände ja nur sind, Zahlungen leisten wie mit Bargeld, doch wenn die Bank in Konkurs geht, kann man es nicht mehr, es sei denn, ein Sicherungsfonds der Banken spränge ein. Der aber hilft auch nicht sofort, sondern bestenfalls nach Monaten, wenn die Ansprüche im Zuge eines Insolvenzverfahrens geklärt sind, und auch nicht in beliebiger Höhe. Die vorhandenen Sicherungsfonds reichen zwar grundsätzlich aus, einzelne Bankkonkurse abzufangen, nicht aber den Konkurs einer ganzen Kette von Banken. Demgegenüber wäre ein Konto bei der Notenbank für alle praktischen Belange vergleichsweise sicher, weil es nur durch eine Inflation oder einen Zusammenbruch des Währungssystems gefährdet wäre.

Für die EZB hätte das digitale Zentralbankgeld perspektivisch den Vorteil, dass es ein perfektes Substitut für physisches Bargeld ist, so dass dieses physische Bargeld im Laufe der Zeit durch die Außerbetriebnahme immer kleinerer Geldscheine und durch immer engere Grenzen für die Bargeldzahlung aus dem Verkehr gedrängt werden könnte.

Damit das digitale Zentralbankgeld dann nicht seinerseits eine Zinsuntergrenze erzeugt wie heute das Bargeld, muss ihm seine Attraktivität durch negative Zinsen genommen werden, die sich an den anderen negativen Zinsen des EZB-Arsenals orientieren. Technisch ließe sich das ohne weiteres bewerkstelligen, denn die EZB bräuchte nur dasselbe zu tun wie heute schon die Geschäftsbanken mit ihren Kunden, nämlich eine Art Verwahrentgelt verlangen.

Dass so etwas angedacht wird, stellt die EZB natürlich derzeit in den öffentlichen Verlautbarungen nicht in den Vordergrund, und in der 2021 beginnenden Testphase wird das Thema vermutlich nicht problematisiert werden, denn erst einmal geht es ja darum, den digitalen Euro überhaupt ins

---

9   Europäische Zentralbank, *Das Eurosystem startet Projekt zum digitalen Euro*, Pressemitteilung, 14. Juli 2021.

Leben zu rufen. Kontingente für das, was ein Kontoinhaber an digitalem Geld besitzen darf, werden es erlauben, das Thema der Verzinsung des Digitalgeldes zunächst zu umschiffen. Aber wenn der digitale Euro erst einmal eingeführt ist, könnte es neue Diskussionen um die Abschaffung der Kontingente und ihren Ersatz durch negative Zinsen auf das elektronische Geld geben.

In dem von der EZB vorgelegten Basispapier, das von der Präsidentin Lagarde und dem Vorsitzenden der Arbeitsgruppe der EZB für die Einführung des digitalen Euro, Fabio Panetta, im Herbst 2020 vorgelegt wurde, ist die Möglichkeit der Verzinsung des digitalen Geldes bereits ganz klar vorgesehen.[10] So heißt es in Anforderung 4 des Textes (eigene Übersetzung):

»Wenn der digitale Euro als Mittel für die Verbesserung der Transmission der Geldpolitik in Betracht gezogen wird, dann sollte er zu einem Zins entlohnt werden, den die Zentralbank im Laufe der Zeit ändern kann.«

Das klingt harmloser, als es ist. Wenn der Zins null oder gar positiv wäre, dann bliebe ja die Zinsuntergrenze durch die Existenz des Zentralbankgeldes bestehen, und nichts wäre gewonnen, ganz im Gegenteil. Tatsächlich löst die angedachte Verzinsung des elektronischen Geldes das Problem der Nullzinsgrenze und der Liquiditätsfalle nur, wenn sie negativ ist. Negative Zinsen auf den digitalen Euro stehen in dem genannten Text definitiv im Raum. Das folgt zweifelsfrei aus den Überlegungen auf S. 32 des Textes. Dort wird die Gefahr beschrieben, dass der digitale Euro attraktiver als Bargeld und attraktiver als die Einlagen bei den Banken sein könnte und dass man eine variable Verzinsung des digitalen Euro erwägen müsste, möglicherweise auch mit hohen Freibeträgen (Tiering), um den Ersatz dieser Geldformen durch das digitale Zentralbankgeld zu verhindern. Man wolle ja nicht den Banken Konkurrenz machen. Da Bargeld einen Zins von null und Sichtdepositen heute einen negativen Zins tragen, wird offenbar

---

10 European Central Bank, *Report on a Digital Euro*, mit einem Vorwort von Christine Lagarde und Fabio Panetta, Frankfurt am Main, Oktober 2020, https://www.ecb.europa.eu/pub/pdf/other/Report_on_a_digital_euro~4d7268b458.en.pdf.

erwogen, das digitale Zentralbankgeld mit einem negativen Zins auszustatten, auch wenn diese Aussage als solche nicht explizit in dem Text getroffen wird.[11]

Die EZB hätte es, wenn der digitale Euro auch mit negativen Zinsen ausgestattet werden darf, in der Hand, diesen Zins und damit ihr gesamtes Zinsgefüge im Laufe der Zeit immer weiter in negatives Territorium zu treiben, wenn sie sukzessive immer mehr von großen Geldscheinen verbieten würde, also nicht nur die 500-Euro-Scheine, sondern die 200-Euro-Scheine, die 100-Euro-Scheine und so weiter. So gesehen würde sie tatsächlich mit dem digitalen Euro über ein Instrumentarium verfügen, die leidige Zinsuntergrenze von null, die durch das Bargeld gesetzt wird, ein für alle Mal zu beseitigen.

Die sachliche Begründung für die Einführung des digitalen Zentralbankgeldes mit negativem Zins liegt in dem Umstand, dass die EZB ihren Spielraum für eine aktive Politik zur Konjunkturankurbelung und Erhöhung der Inflationsrate erweitern würde, weil sie die Liquiditätsfalle zu immer stärker negativ werdenden Zinsen hin verschieben könnte. In Abbildung 9.1 könnte der horizontale Ast der Liquiditätspräferenzfunktion im Ausmaß dieses Negativzinses nach unten hin verschoben werden. Die Deflationsgefahr, die immer wieder beschworen wurde, gäbe es dann nicht mehr.

Damit wäre das digitale Zentralbankgeld das Vehikel, um eine alte Idee des deutschen Sozialreformers Silvio Gesell zu realisieren.[12] Gesell war, wie in Kapitel 8 schon erläutert, der Vorläufer von Keynes. Genauso wie Keynes war Gesell von der Schädlichkeit der Geldhorte überzeugt, weil er befürchtete und bei seinen Aufenthalten in Argentinien auch beobachtete, dass sie den Wirtschaftskreislauf zusammenbrechen lassen können. Er wollte das

---

11 Ähnliches folgt aus Fußnote 34 auf S. 17 desselben Textes:»A non-interest-bearing or positive interest-bearing digital euro is more likely to induce large-scale substitution away from deposits in a negative interest rate environment. While banknotes already offer a non-interest-bearing alternative to deposits, storage and insurance costs mean that deposit rates can be below zero without triggering large-scale substitution into cash. Holding digital euro would likely entail lower costs than holding banknotes, implying that large-scale substitution into non-interest-bearing or positive interest-bearing digital euro would be more likely – at any given negative rate on deposits – compared with substitution into banknotes.«

12 S. Gesell, *Die natürliche Wirtschaftsordnung durch Freiland und Freigeld*, Freiland-Freigeldverlag: Rehbrücke bei Berlin 1920, 4. Auflage, hier besonders IV. Teil:»Freigeld. Das Geld wie es sein soll und sein kann«, S. 237–816, Selbstverlag: Les Hauts Geneveys 1916; hier nach der 9. Auflage herausgegeben von Karl Walker, Rudolf Zitzmann Verlag: Lauf 1949.

Horten von Geld deshalb durch Verfallsdaten auf den Banknoten unattraktiv machen und die Wirtschaft so stabilisieren. Die Geldscheine sollten dazu jährlich vom Währungsamt ausgetauscht werden müssen und wöchentlich ein Tausendstel ihres Wertes verlieren, was eine Verzinsung von -5,2 % pro Jahr impliziert. Die Entwertung sollte der Nutzer verhindern können, indem er beim Währungsamt Marken kaufte, die er auf die vorbezeichneten Felder der Banknoten aufklebte. Tatsächlich hatte Gesell bereits die Banknoten entworfen. Die Einnahmen aus dem Verkauf der Marken sollten dem Währungsamt und damit dem Staat zufließen. Gesell nannte sein Geld »Freigeld«, andere nannten es später »Schwundgeld«.

Das Freigeld sollte im Austausch gegen Banknoten und Münzen des vorher in Umlauf befindlichen Geldes in Umlauf kommen. Es sollte weiterhin erlaubt sein, das alte Geld parallel zu verwenden, doch sollte allein das Freigeld zum gesetzlichen Zahlungsmittel erklärt werden.[13] Dieser Umstand werde von allein dazu führen, dass ein jeder bestrebt sein werde, das alte gegen das neue Geld auszutauschen.

Die Gedankenspiele des IWF:
Wie das Bargeld abgewertet werden kann

Das große politische Problem bei diesen Gedankenspielen bleibt aber, dass die forcierte Zurückdrängung des physischen Geldes in manchen Ländern wie in Deutschland, Italien und den osteuropäischen Ländern wegen der immer noch sehr großen Bedeutung der Banknoten für den Zahlungsverkehr auf erhebliche politische Widerstände stoßen würde. Auch haben Banknoten gegenüber der elektronischen Währung nicht nur Nachteile, sondern auch Vorteile, die in der Anonymität der Transaktionen, der Möglichkeit der Zug-um-Zug-Geschäfte (Autohandel) und nicht zuletzt in der geringeren Anfälligkeit gegenüber Stromausfällen und anderen Gründen für den Zusammenbruch von Computern liegen könnten. Öffentlichkeit und Politik werden also vermutlich noch lange an den Banknoten hängen.

---

13 Ebenda, S. 245, Nr. 7.

Es sind solche Erwägungen, die eine Reihe von Autoren veranlasst haben, über Alternativen zum Verbot der Banknoten nachzudenken, die es möglich machen würden, das digitale Geld mit negativen Zinsen auszustatten. Die Autoren ziehen es vor, die Nutzung dieser Banknoten unattraktiv zu machen, anstatt sie zu verbieten. Und es ist klar, je unattraktiver das Bargeld ist, desto stärker negativ können die Zinsen auf das digitale Bargeld und alle anderen Anlageformen sein.

Die Idee von Silvio Gesell, die Banknoten am Jahresende verfallen zu lassen und durch das Aufkleben von Marken unterjährig den Wert zu sichern, steht natürlich im Raum. Aber sie lässt sich schon aus praktischen Gründen nicht realisieren. Der Verwaltungsaufwand wäre prohibitiv hoch.

Praktikabler, aber deshalb nicht notwendigerweise besser, sind Überlegungen, die dazu beim Internationalen Währungsfonds (IWF) veröffentlicht wurden. Da das geschah, als die jetzige EZB-Präsidentin Christine Lagarde noch Präsidentin des IWF war, kommt diesen Vorschlägen eine besondere Bedeutung zu, denn im IWF wird nichts veröffentlicht, was nicht erst durch die interne Kontrolle der Leitung des Hauses gegangen ist, auch wenn es sich nur um ein Working Paper handelt. Und tatsächlich hat IWF-Präsidentin Lagarde bereits im Jahr 2018, ein Jahr bevor sie ihr Amt als EZB-Präsidentin antrat, auf einer Konferenz in Singapur ein flammendes Plädoyer für das digitale Zentralbankgeld gehalten.[14]

Bereits im Jahr 2015 wurde in einem IWF-Working-Paper vorgeschlagen, nach der Einführung des digitalen Zentralbankgeldes die Nettoausgabe von Banknoten mit hohen Gebühren zu versehen, um dem physischen Bargeld seine Attraktivität zu nehmen.[15] Aber das ist letztlich ein untaugliches Mittel, weil es dazu führt, dass sich außerhalb des Bankensystems der Bargeldumlauf verfestigt und das Bargeld, das einmal den Weg zu den Bürgern gefunden hat, nie mehr auf irgendwelche Konten eingezahlt wird.

Realistischer ist indes die ebenfalls beim IWF weiterentwickelte Möglichkeit, das Bargeld regelmäßig gegenüber dem elektronischen Geld abzuwerten,

---

14 Ch. Lagarde, *Winds of Change: The Case for New Digital Currency*, IMF, Singapore Fintech Festival, 14. November 2018, https://www.imf.org/en/News/Articles/2018/11/13/sp111418-winds-of-change-the-case-for-new-digital-currency.

15 R. Agarwal und M. Kimball, »Breaking Through the Zero Lower Bound«, *IMF Working Paper* WP/15/224. 2015, https://www.imf.org/en/Publications/WP/Issues/2016/12/31/Breaking-Through-the-Zero-Lower-Bound-43358.

und zwar mit einer Rate, die in der Nähe des Strafzinses auf das digitale Geld liegt.[16] In diesem Fall gäbe es, so die Hoffnung der Autoren, auch bei stark negativen Zinsen keine Flucht in das Bargeld mehr, denn wenn der Strafzins auf das digitale Geld erhöht wird, kann man stets im Gleichschritt auch das physische gegenüber dem digitalen Geld abwerten. Die Zinsuntergrenze, die derzeit noch vom Bargeld bestimmt wird, wäre verschwunden.

Das Problem bei dieser Lösung ist dann freilich, dass es im Grunde zwei Währungen gibt, in denen man Preise und Zahlungsverpflichtungen vertraglich festlegen kann. Das führt erstens zu einem Durcheinander bei neuen Verträgen, und zweitens schafft es eine rechtliche Unklarheit bei alten Verträgen wie Miet- und Darlehensverträgen, die vor der Einführung der digitalen Währung abgeschlossen wurden. Kreditschuldner, Mieter und andere, die kontraktbestimmte Geldleistungen schulden, würden in einer solchen Situation ihre Verpflichtungen nicht in digitalem Geld, sondern in abgewertetem Bargeld erfüllen wollen, während die Gläubiger wohl eine Bezahlung in digitaler Währung verlangen würden.

Womöglich würden die Geldhalter immer noch das Bargeld als die Grundlage der Währung sehen, ihre Verträge in Einheiten von Bargeld abschließen und die Abwertung des Bargeldes als Aufwertung der digitalen Währung begreifen, wobei der Vorteil der Aufwertung gerade wieder durch die Strafzinsen kompensiert würde. In diesem Fall wäre die Zinsuntergrenze immer noch null, und nichts wäre im Hinblick auf die Zielsetzung, Zinsen negativ machen zu können, gewonnen.[17]

Um dieses Problem zu umgehen, wird in den einschlägigen Working Papers vorgesehen, den Banknoten ihren Status als gesetzliches Zahlungsmittel zu nehmen und stattdessen nur noch das digitale Zentralbankgeld als gesetzliches Zahlungsmittel zu definieren.[18] Dann müssen alle Kontrakte mit

---

16 K. Assenmacher und S. Krogstrup, »Monetary Policy with Negative Interest Rates: Decoupling Cash from Electronic Money«, *IMF Working Paper* WP/18/191, 2018. Die Idee geht zurück auf W. Buiter, »Is Numérairology the Future of Monetary Economics? Unbundling Numéraire and Medium of Exchange through a Virtual Currency with a Shadow Exchange Rate«, *Open Economies Review,* 18. Mai 2007, S. 127–156, https://link.springer.com/article/10.1007/s11079-007-9035-7.

17 Vgl. W. Buiter, »Is Numérairology…«, a.a.O.

18 Assenmacher und Krogstrup, »Monetary Policy ...« a.a.O., S. 16 und 17, die sich auf Kimball und Buiter berufen. Siehe M. Kimball, »Negative Interest Rate Policy as Conventional Monetary Policy«, *National Institute Economic Review* 234 (1), November 2015, R5–R14, und W. Buiter, »Is Numérairology…«, a.a.O.

digitalem Geld erfüllt werden, und wenn man doch mit Banknoten zahlen möchte, muss man dem Empfänger der Zahlung zur Kompensation der seit dem Kontraktbeginn realisierten Bargeldabwertung entsprechend mehr Banknoten aushändigen. Bargeldhalter würden dann, wenn sie immer noch in Bargeld-Einheiten denken, Preise, die in Einheiten der neuen digitalen Währung im Zeitablauf konstant bleiben, als inflationär empfinden.

Das ist praktisch dieselbe Idee, die Silvio Gesell mit dem alten Geld hatte, dem er die Funktion als gesetzliches Zahlungsmittel zugunsten des neuen Geldes entziehen wollte. So gesehen ist die beim IWF erarbeitete Variante des digitalen Zentralbankgeldes vollkommen deckungsgleich mit den Vorstellungen von Gesell, nur dass nun eben wegen der Digitalisierung des Freigeldes das laufende Kleben von Märkchen durch den negativen Zins auf das digitale Geld ersetzt wird. Es ist aber zu betonen, dass das erwähnte Konzeptpapier der EZB, das auch die Unterschrift der Präsidentin trägt, noch nicht so weit geht wie die Working Papers des IWF. Es plädiert nicht dafür, dem Bargeld die Rolle als gesetzliches Zahlungsmittel abzusprechen. Vielmehr wird nur vorgeschlagen, dem digitalen Zentralbankgeld die Rolle als gesetzliches Zahlungsmittel auf jeden Fall schon einmal zu gewähren.[19]

Letztlich hängt die Frage, ob es der Notenbank gelingen wird, die Zinsuntergrenze zu beseitigen, entscheidend davon ab, ob dem Bargeld die Eigenschaft als gesetzliches Zahlungsmittel genommen wird oder nicht. Erst dann, wenn dieser Schritt vollzogen ist, kann der digitale Euro die Rolle übernehmen, die Gesell dem Freigeld zugedacht hatte. Der Begriff der gedruckten Freiheit gewinnt im Lichte dieser Überlegungen eine ganz andere und vermutlich noch wichtigere Bedeutung, als sie Dostojewskij seinerzeit sah.

Der französische Sachverständigenrat und das digitale Helikoptergeld

Das digitale Zentralbankgeld lässt sich vorzüglich mit der Idee des Helikoptergeldes verbinden, von dem in letzter Zeit so viel die Rede ist. Während der Urheber dieses Begriffs Milton Friedman, wie schon in Kapitel 6 erwähnt,

---

19 Europäische Zentralbank, *Das Eurosystem startet...*, a.a.O., S. 24, 25 und 33.

dem Helikoptergeld, das er als Metapher für die Erläuterung der Geldpolitik gebraucht hatte, niemals eine normative Bedeutung gegeben hätte, gibt es eine zunehmende Zahl von Autoren, die genau das tun. Sie nehmen den Begriff Helikoptergeld wörtlich und sehen dieses Geld als eine Möglichkeit, endlich eine breitflächige Inflation loszutreten.[20]

Die Grundidee ist, dass die Zentralbanken Geld drucken oder digital bereitstellen und es mit festen Pro-Kopf-Beträgen an die Bevölkerung verschenken. Die Absicht ist, eine Konsumwelle auszulösen, die Wachstum und Inflation erzeugt. Das Helikoptergeld geht damit über das hinaus, was die Vertreter des digitalen Euro vorschlagen, denn es ist in den einschlägigen Texten nicht daran gedacht, das digitale Geld zu verschenken, sondern so in Umlauf zu bringen, wie Zentralbankgeld normalerweise in Umlauf kommt: Durch Verleih an die Banken oder durch den Tausch gegen marktfähige Wertpapiere mit den Banken und den anschließenden Verleih dieses Geldes an das Publikum.

Weil das Helikoptergeld verschenkt wird, kombiniert man mit ihm aus ökonomischer Sicht die klassische Geldpolitik mit der Fiskalpolitik, obwohl der Staat formal gar nicht involviert ist. Und wegen der fiskalpolitischen Komponente löst es auch in Zeiten der Liquiditätsfalle einen potenziell inflationären Nachfrageschub aus. Nach einschlägigen ökonometrischen Schätzungen würde ein Geldgeschenk von 1 % des Eurozone-BIP die Preise sofort um etwa 0,5 % steigen lassen, weil das Geschenk einen unmittelbaren Konsumschub auslösen würde.[21]

Keine Geringeren als Philippe Martin und Xavier Ragot, zwei Mitglieder des französischen ökonomischen Sachverständigenrates, haben der EZB die Ausgabe von Helikoptergeld in einem gemeinsam mit einem dritten Autor verfassten Text zur Diskussion vorgeschlagen. Der Text verkörpert zwar

---

20 O. Blanchard und J. Pisani-Ferry, »The Euro Area Is Not (Yet) Ready for Helicopter Money«, *PIIE Realtime Economic Issues Watch*, 20. November 2019, https://www.piie.com/blogs/realtime-economic-issues-watch/euro-area-not-yet-ready-helicopter-money; Th. Renault und B. Savatier, »What Impact Does Helicopter Money Have on Inflation?«, *Focus du CAE*, Nr. 063-2021, Juni 2021, https://www.cae-eco.fr/staticfiles/pdf/cae-focus63-en.pdf; J. Galí, »The Effects of a Money-financed Fiscal Stimulus«, *Journal of Monetary Economics* 115, November 2020, S. 1–19, https://www.sciencedirect.com/science/article/abs/pii/S0304393219301357.

21 Vgl. T. Renault und B. Savatier, »Quel impact de la monnaie hélicoptère sur l'inflation?«, *Focus du CAE*, Nr. 063-2021, Juni 2021, https://www.cae-eco.fr/staticfiles/pdf/cae-focus63.pdf; W. van der Wielen, »The Macroeconomic Effects of Tax Changes: Evidence Using Real-Time Data for the European Union«, *Economic Modelling* 90, August 2020, https://www.sciencedirect.com/science/article/pii/S0264999319308296?via%253Dihub.

nur die Meinung der Autoren selbst, er wurde aber vom Sachverständigenrat technisch unterstützt und offiziell publiziert. Die Autoren knüpfen damit an die Diskussion um das digitale Zentralbankgeld an und verbinden diese Geldform mit dem Helikoptergeld.[22] Etwas unklar ist ihre Position zur negativen Verzinsung. Einerseits finden sie sie problematisch.[23] Andererseits sagte Philippe Martin der *Frankfurter Allgemeinen Zeitung (FAZ)* in einem Gespräch, dass er das Helikoptergeld nach einem Jahr verfallen lassen wolle, wenn es nicht ausgegeben werde. Das gehe besonders einfach, wenn das Helikoptergeld digital zur Verfügung gestellt würde.[24] Diese Vorkehrung liefe ja auf einen Negativzins von 100 % hinaus.

Helikoptergeld ist inhaltlich das Gleiche wie eine Geldschöpfung auf dem konventionellen Weg des Erwerbs von Staatspapieren, die dem Staat Geld zuführt, das er dann für Sozialtransfers ausgibt. Zwar steigen bei diesem konventionellen Weg die Staatsschulden, doch da die Schulden von der Notenbank gekauft werden, die dem Staat gehört, handelt es sich letztlich nicht um eine Neuverschuldung im privaten Sektor, sondern nur um eine bloße Verschuldung im Innenverhältnis des Staates. Auch Zinslasten spielen keine Rolle, weil die vom Staat gezahlten Zinsen in Form von Gewinnausschüttungen der Notenbank wieder an den Staat zurückfließen. Was bleibt, ist, dass die Empfänger von Sozialtransfers mehr Geld in der Hand haben, das frisch aus der Druckerpresse kommt. So gesehen sind die Rettungsprogramme der letzten Jahre inklusive der Coronahilfen und Kurzarbeiterprogramme auch nichts Anderes als Helikoptergeldprogramme.

Das Problem all dieser Programme wie auch des neuen Helikoptergeldes ist, dass das für die Steigerung der Transfereinkommen verwendete Geld nur einmal einen konjunkturellen Impuls auslöst, doch anschließend dauerhaft im Geldkreislauf verbleibt, zunächst in den Horten schlummert und sich dann doch irgendwann inflationär entladen kann. Der anfängliche Inflationseffekt kommt nur durch das Einkommensgeschenk zustande, nicht jedoch durch die Vermehrung der Geldmenge, denn auch wenn der Staat sich Geld geliehen

---

22 Ph. Martin, É. Monnet und X. Ragot, »What Else Can the European Central Bank Do?«, *Les notes du conseil d'analyse économique,* Nr. 65, Juni 2021, besonders S. 10, https://www.cae-eco.fr/staticfiles/pdf/cae-note065-en.pdf.

23 Ebenda, S. 7.

24 Ph. Martin, »Mit Helikoptergeld hätten wir weniger Probleme«, *faz.net,* 20.7.2021, https://zeitung.faz.net/faz/wirtschaft/2021-07-20/13a90fd42d19e29e31c0bc31d393ae69/?GEPC=s3.

hätte, das aus den Horten stammt, um damit Transferprogramme zu bezahlen, hätte sich der gleiche Inflationseffekt ergeben. Es ist also tatsächlich nur die fiskalische Komponente des Helikoptergeldes, die die gewünschte Wirkung unmittelbar entfaltet.

Den Mitgliedern des französischen Sachverständigenrates ist dies natürlich alles bekannt.[25] Sie erklären daher auch frank und frei, dass der Vorteil des Helikoptergeldes allein auf der rechtlichen Seite liegt:

- also zum einen darin, dass die Staatsschulden nicht steigen, was für Länder, die »keinen fiskalischen Manövrierraum« mehr haben, sich also nicht weiter verschulden dürfen, nützlich sein könnte,[26]

- und zum anderen darin, dass das Verbot der Monetisierung der Staatsfinanzen nach dem Maastrichter Vertrag umgangen werden kann. Dieses Verbot gelte nur, wenn der Staat das Geld »direkt« und »sicher« bekomme und es an die Bevölkerung austeile. Wenn die Notenbank das Geld verschenke, gebe es keine rechtlichen Probleme. Das sei Geldpolitik, die ihr nicht verboten ist.[27]

Beide Begründungen sind kaum haltbar, weil sie natürlich von deutschen Juristen sofort als Umgehungstatbestände identifiziert würden, die gerichtliche Verbote nach sich zögen. Die Behauptung, dass das Helikoptergeld in den Bereich der Geldpolitik gehöre, ist jedenfalls ökonomisch falsch, weil seine Wirkungen angesichts der ohnehin vorhandenen Geldschwemme allein durch die fiskalische Komponente, also das Geschenk an sich, zustande kommen und nicht etwa durch die Vermehrung der Geldmenge.

Rechtlich problematisch ist auch, dass die Autoren vorschlagen, dass das Helikoptergeld bei den Bürgern steuerpflichtig sein möge.[28] Die Steuerpflicht führt nämlich doch dazu, dass ein Teil des neuen Geldes aus der Druckerpresse recht direkt an den Staat fließt und ihn finanziert, was nach Artikel 123 AEUV strikt verboten ist. Auch hier wird offenbar die Umgehung einer strikten rechtlichen Vorgabe versucht.

Der Mut, mit dem man hier munter drauflosargumentiert und Denkmodelle hoffähig macht, die man vor kurzem noch in den Bereich der Utopien verwiesen hätte, zeigt nicht nur, wie weit sich der keynesianische Mainstream im Umfeld des französischen Sachverständigenrates schon durchgesetzt und

---

25 Vgl. Ph. Martin, E. Monnet und X. Ragot, »What Else Can the European...«, a.a.O., S. 9.
26 Ebenda.
27 Ebenda, S. 1, 6, 8 und 9.
28 Ebenda, S. 11.

von ordnungspolitischen Überlegungen, wie sie in Deutschland zumindest noch in Resten bestehen, gelöst hat. Er zeigt auch, wie groß die Gefahr einer Usurpation der EZB für fiskalpolitische Aufgaben, für die den Regierungen das Geld fehlt, inzwischen schon geworden ist.

Ein juristisches Verdikt

Die Negativzinsen, die nach einer Zurückdrängung oder bei einer Umdefinition des gesetzlichen Zahlungsmittels möglich sind, sind nach der Auffassung des ehemaligen Verfassungsrichters Paul Kirchhof mit dem deutschen Verfassungsrecht nicht kompatibel.[29] Es handele sich bei den Negativzinsen um einen Eingriff in das Eigentumsrecht des Sparers, der auch nach den Maßstäben des Bundesverfassungsgerichts einer Enteignung nahekomme.[30] So erklärt Kirchhof zu den Negativzinsen, dass sie sich »grundlegend von der währungspolitischen Lenkung der Notenbank« unterscheiden und die »Grenze von hoheitlicher Willensbeeinflussung zur Wegnahme von Geldsubstanz« überschreiten. Er betont:[31]

»Ein Eingriff dieser Art und Intensität verursacht einen Systemwechsel von der Währungspolitik zur Wegnahme von Geldsubstanz (Negativzins). Er begründet einen erheblichen Eingriff in das Privateigentum der Geldsparer.«

Ohne einen Geldausgleich sei ein solcher Eingriff nicht möglich. Ein Geldausgleich für Geldentzug sei allerdings sinnwidrig und deshalb verfassungswidrig.[32] Selbst wenn nur Nullzinsen festgelegt würden, bedürfe dies einer parlamentarischen Entscheidung und könne nicht von der EZB verfügt werden.[33]

Bereits die Nullzinspolitik sei faktisch ein Verbot, das Spareigentum zu nutzen. Das Spareigentum werde als Erwerbsquelle zum Versiegen gebracht.

---

29 P. Kirchhof, *Geld im Sog der Negativzinsen*, C. H. Beck: München 2021, S. 165 ff., S. 187 und passim.
30 Ebenda, S. 218.
31 Ebenda, S. 176.
32 Ebenda, S. 187.
33 Ebenda, S. 217.

Um die Absurdität von Nullzinsen zu verdeutlichen, nennt Kirchhof das Beispiel des Winzers. Die Nullzinspolitik sei ähnlich zu sehen, wie wenn man einem Winzer die Rebstöcke so zuschneide, dass keine Ernte mehr erzielt werden kann. Das sei ein hoheitlicher Eingriff in die Nutzbarkeit des Betriebsvermögens, der die Eigentumsgarantie des Grundgesetzes verletzt.[34] Es sei dem Winzer nicht zuzumuten, statt seines Weingutes eine Brauerei oder eine Fruchtsaftfabrikation zu betreiben.

Die EZB mutet den Sparern gleichwohl Negativzinsen zu und drängt sie damit in das unverzinsliche Bargeld ab. Kirchhof sagt es nicht, aber das entspricht dem von ihm zitierten Winzer, dem man zumutet, eine Brauerei zu eröffnen. Da schon Nullzinsen verfassungswidrig sind, folgt aus seinen Ausführungen vermutlich, dass die Abwertung des Bargelds, die bei den Gedankenspielen des IWF eine große Rolle spielt, und der Entzug der Rolle als gesetzliches Zahlungsmittel im Zuge der Einführung des digitalen Zentralbankgeldes einen noch gravierenderen Eingriff in das Eigentum darstellen würden als nur die Festlegung von Negativzinsen.

In Deutschland scheint eine solche Gefahr auf den ersten Blick durch § 14 Abs. 1 des Gesetzes über die Deutsche Bundesbank gebannt zu sein, denn dort heißt es:

»Auf Euro lautende Banknoten sind das einzige unbeschränkte gesetzliche Zahlungsmittel.«

Mit dieser Formulierung scheint es unmöglich zu sein, den digitalen Euro zu einem unbeschränkten gesetzlichen oder gar zum einzigen gesetzlichen Zahlungsmittel zu erheben. Man darf aber nicht vergessen, dass sie einem einfachen Gesetz eines Landes entstammt, das seine Hoheit über die Währung längst verloren hat. Letztlich sind im Bereich des Währungswesens nur Gesetze und Verordnungen der EZB rechtsrelevant.

Der EU-Vertrag (Artikel 128 Abs. 1 AEUV) ist in Hinblick auf die Rolle der Banknoten weniger eindeutig als das deutsche Gesetz. Dort wird nur festgelegt, dass die von der EZB und den nationalen Notenbanken ausgegebenen Banknoten die »einzigen Banknoten« sind, die gesetzliches Zahlungsmittel sind. Dass es noch andere gesetzliche Zahlungsmittel geben könnte, so z. B.

---

34 Ebenda, S. 191.

das digitale Zentralbankgeld, ist damit nicht ausgeschlossen. Offenbar geht deshalb die EZB davon aus, dass sie das digitale Geld auch ohne eine Vertragsänderung bloß auf der Basis eines Beschlusses des EZB-Rates einführen kann. Damit wird sie Recht behalten. Das folgt schon aus einer Stellungnahme des EuGH zu einem Rechtsstreit mit dem Hessischen Rundfunk. Es ging in diesen Rechtsstreit um die Frage, ob der Hessische Rundfunk eine Barzahlung von Rundfunkgebühren verweigern darf.[35] Der Rundfunk hatte die Annahme von Bargeld aus Praktikabilitätsgründen verweigert, weil er gar nicht mehr über öffentlich zugängliche Schalter verfügte, an denen Kunden die Rundfunkgebühren hätten begleichen können. Zwei Bürger, einer von ihnen der *Handelsblatt*-Journalist Norbert Häring, hatten daraufhin Klage erhoben und gefordert, dass sie ihre Rundfunkgebühren mit Bargeld bezahlen dürfen.

Das Bundesverwaltungsgericht hatte diesen Fall zum EuGH hochgereicht, weil es eine grundsätzliche rechtliche Klarstellung benötigte und angesichts der wachsenden Bedeutung des elektronischen Zahlungsverkehrs einen Präzedenzfall schaffen wollte, auf den es sich zukünftig bei ähnlichen Streitfällen würde berufen können. In seinem Urteil stellte sich der EuGH gegen die Kläger, denn er erklärte, dass die Kläger nur grundsätzlich die Bezahlung mit Eurobanknoten verlangen dürfen. Im konkreten Fall hätten die Mitgliedstaaten aber sehr wohl das Recht, aus Gründen des öffentlichen Interesses davon abweichende Regeln zu erlassen, also auch eine Bezahlung auf dem Wege der Überweisung zu verlangen. Das Bundesverwaltungsgericht, dem der Fall zurücküberwiesen wurde, darf also in dieser Sache frei entscheiden (Ziffer 67).

Der EuGH betonte noch einmal, was ohnehin klar ist, dass sich der deutsche Gesetzgeber im Bereich von Währungsfragen der EU-Gerichtsbarkeit vollständig unterworfen hat und über keine eigenen Zuständigkeiten mehr verfügt. Außerdem zeigt der gesamte Text, dass unterhalb der Ebene der Vertragsänderung ein hohes Maß an Flexibilität bezüglich dessen besteht, was als gesetzliches Zahlungsmittel angesehen werden kann. So weist der EuGH darauf hin, dass schon bei der Einführung des Euro in einer Verordnung festgelegt wurde, dass auch Münzen genauso gesetzliches Zahlungsmittel sind wie

---

35 EuGH Rs C-422/19 und C- 423/19 vom 26.1.2021. Siehe auch F.-Ch. Zeitler, *Digitaler Euro: Chancen für Wachstum nutzen – Finanzstabilität sichern – Bargeldfunktionen erhalten!*, Wirtschaftsbeirat Bayern, München, April 2021, S. 7.

Banknoten, obwohl im Vertragstext nur von Banknoten die Rede ist.[36] Die in der Verordnung gegebene Einschränkung lautet nur, dass nicht mehr als 50 Stück davon zum Einkauf verwendet werden dürfen.

Den digitalen Euro erwähnt das Gericht nicht, doch ist der Weg von diesem Urteil und den bestehenden EU-Regelungen bezüglich der Münzen nicht mehr weit bis dorthin. Es kann gar kein Zweifel daran bestehen, dass die EZB den digitalen Euro als ein den Banknoten ebenbürtiges Zahlungsmittel behandeln kann und wird.

Haarig dürfte es aber werden, wenn den Banknoten der Status eines gesetzlichen Zahlungsmittels eines Tages zugunsten des digitalen Euro genommen würde, und eigentlich auch schon, sollten weitere der großen Banknoten verboten werden und Restriktionen für die Bargeldnutzung, wie sie von der EU und der BaFin verhängt wurden, verschärft oder auch nur beibehalten werden. Solche Einschränkungen hätten die Folge, dass Banknoten im Vergleich zum digitalen Euro ihre Funktion als Wertaufbewahrungsmittel verlieren, und ließen sich auf der Basis der bestehenden Verträge wohl kaum noch rechtfertigen.

Man mache sich aber keine Illusionen. Sicherlich wird es in Brüssel und Frankfurt einflussreiche Kräfte geben, die versuchen werden, irgendwelche harmlos klingenden Begründungen dafür zu finden, dass dem Bargeld schließlich doch eines Tages die Existenzberechtigung als gesetzliches Zahlungsmittel abgesprochen werden kann. Wenn die Digitalisierung der Finanzen voranschreitet und die Bequemlichkeit der digitalen Zahlweise sich im Markt und im politischen Prozess so weit durchgesetzt hat, dass ohnehin nur noch wenig Bargeld in Umlauf ist, dann wird die EZB auf eine Stimmungslage treffen, die es ihr ermöglicht, die größeren Geldscheine sukzessive aus dem Verkehr zu ziehen und schließlich ganz vom Bargeld Abstand zu nehmen. Dann aber befinden sich die Euroländer in einer anderen Welt, in der bei neuen Krisen das wohlfeile Argument für die angebliche Notwendigkeit negativer Zinsen zur Belebung der Wirtschaft Anklang finden wird und so ganz nebenbei die Sparer den Schuldnern jedes Jahr einen Teil ihrer Schuld erlassen müssen.

Insofern ist die Politik in den noch soliden Ländern der Eurozone aufgerufen, bei einer möglichen Vertragsänderung darauf zu beharren, dass Bargeld in vollem Umfang die Funktion als rechtlich primäres gesetzliches

---

36 Ebenda, Ziffern 47 und 61 in Verbindung mit EU-Verordnung Nr. 974/98.

Zahlungsmittel behält, von dem sich alle anderen Bezahlformen ableiten, so dass Preise und vertragliche Zahlungsverpflichtungen jedweder Art stets nur in Einheiten von Banknoten definiert sind. [37] Auch muss sichergestellt sein, dass die Bürger jederzeit so viel Bargeld zum Zweck der Wertaufbewahrung von ihren Konten abrufen und auf sie einzahlen können, wie sie wollen. Ein von eins abweichender Wechselkurs zwischen digitalem und physischem Bargeld, gar ein solcher, der sich gegenüber dem digitalen Euro im Laufe der Zeit ändert, ist strikt zu verbieten.

Solche Regelungen würden den Siegeszug des digitalen Zentralbankgeldes nicht behindern und sollten dies auch nicht tun, soweit er mit objektiven Vorteilen und nicht mit Bewertungsprivilegien seitens der EZB erstritten wird. Nur hätte der digitale Euro dann eine rechtliche Papiergelddeckung, ähnlich wie früher das Papiergeld eine Golddeckung hatte. Allein die rechtlich abgesicherte Möglichkeit des sofortigen Umtausches von digitalem in physisches Geld und zurück würde ausreichen, die wenigstens approximative Nullzinsgrenze, die durch das Bargeld garantiert wird, prinzipiell aufrechtzuerhalten.

Das Bargeld setzt der Negativzinspolitik der EZB eine Schranke. Das ist auf der operationalen Ebene aus der Sicht der EZB und der keynesianisch-volkswirtschaftlichen Analyse ein Nachteil. Es ist aber aus der Sicht der Public-Choice-Theorie und aus der Sicht des Publikums, das sich angesichts der besonderen Machtverhältnisse und ungewöhnlichen Verteilung der Stimmrechte im EZB-Rat vor einem opportunistischem Verhalten der EZB und negativen Zinsen schützen möchte, ein Vorteil. Auch im Lichte der gravierenden rechtlichen Einwände gegen negative Zinsen und der unabweisbaren Rolle des Bargelds als Schutz gegen hoheitliche Willkür könnte die Entscheidung zum dauerhaften Erhalt der rechtlichen Rolle des Bargelds konstitutiv für die Fortexistenz des Euro als einer gemeinsamen Währung Europas sein.

---

37 F.-Ch. Zeitler, *Digitaler Euro*, a.a.O., S. 7.

11. Die Zerstörung der Inflationsbremse

Warum die Inflationsbremse blockiert ist • Ein Rückverkauf der Staatspapiere würde deren Kurse und Zinsen massiv verändern • Bei der ursprünglich gewählten Geldmengensteuerung hätte das Problem vermieden werden können • Der Wille zur Umkehr fehlt • Der EZB-Rat schafft die Obergrenze für die Inflationsrate ab • Könnte man die Staatsschulden bei der Notenbank nicht einfach streichen? • Könnte man nicht statt der Staatspapierbestände die Refinanzierungskredite zurückfahren? • Sollen die Notenbanken bei den Geschäftsbanken Kredit aufnehmen?

Die Liquiditätsfalle hat bislang verhindert, dass sich die Versechsfachung der Zentralbankgeldmenge relativ zur Wirtschaftsleistung, die seit dem Sommer vor der Lehman-Krise zu verzeichnen ist, in einer Inflation entlud. Dennoch gibt es eine Inflationsgefahr, weil die EZB sich schwertun wird, ihre ausufernde Geldpolitik rückgängig zu machen, wenn es darauf ankommt. Der Wagen fährt ohne Bremse.

Warum die Inflationsbremse blockiert ist

Der Hauptgrund für eine Inflationsgefahr liegt darin, dass die EZB ihre Politik nicht rückabwickeln kann. Sie hat die Zügel im Übermaß schleifen lassen, ohne dass die Pferde zu laufen anfingen, weil sie müde waren. Mit den Zügeln der Geldpolitik kann man bremsen, doch kann man die Pferde nicht antreiben. Dazu braucht man die Peitsche der Fiskalpolitik. Die Pferde können aber durch viele Störungen erschreckt werden. Wenn sie sich erholt haben und plötzlich, wie von einer Hornisse gestochen, zu rennen beginnen, dann tut sich der Kutscher schwer, die Zügel wieder anzuziehen, wenn sie zu lang gelassen wurden und sich im Geschirr verheddert haben. Ein Geldüberhang von 4,9 Billionen Euro mit Zinsen, die schon seit Jahren am Anschlag sind, bedeutet, dass die Zügel viel zu lang sind.

Die rasche Straffung der Zügel ist zwar technisch möglich, sie ist aber besonders bei den Staatspapieren politisch kaum möglich. Wenn die Notenbanken den Bestand an Staatspapieren, den sie in ihren Büchern halten, zurückführen wollen, müssen sie die Staatspapiere entweder zurückverkaufen oder sie müssen warten, bis sie fällig werden, und dann keine neuen mehr kaufen. Beides würde die Zinsen, zu denen die Staaten neue Papiere am Markt verkaufen können, erhöhen. Im ersten Fall als unmittelbare Konsequenz der aufgrund der Verkäufe fallenden Kurse, denn fallende Kurse bedeuten steigende Effektivrenditen der Papiere. Und an diesen Renditen müssen sich auch die Neuemissionen messen lassen, mit denen die Staaten ihre Defizite erhöhen. Im zweiten Fall, weil die Staaten versuchen würden, neue Papiere zu verkaufen, um mit dem Erlös die alten, fällig werdenden Papiere zu tilgen, während zugleich die EZB nicht mehr bereit wäre, diese Ersatzpapiere zu erwerben. Auch diese Strategie zwingt die Staaten, Neuemissionen mit höheren Zinsen auszustatten.

Die Staaten haben sich aber an die niedrigen Zinsen gewöhnt und kämen in enorme Schwierigkeiten, wenn sie aufgrund einer solchen Politik wieder Zinsen bezahlen müssten, die früher einmal als normal galten. Bei Schuldenquoten von 120 % bis 160 %, die für eine Reihe von mediterranen Ländern gelten, bedeutet jeder Prozentpunkt, um den die Zinsen steigen, eine mittel- bis langfristige Erhöhung der Zinslasten der Staaten um 1,2 % bis 1,6 % des BIP, was sehr viel ist, wenn man bedenkt, dass der Stabilitäts- und Wachstumspakt nur 3 % erlaubt. Gut, dieser Effekt setzt nicht unmittelbar ein, weil es Zeit braucht, bis die neuen Zinsen sich vollends auf den allmählich umgewälzten Bestand der Staatspapiere auswirken. Die Belastungen sind aber absehbar und werden als bedrohlich wahrgenommen.

Hätten die Notenbanken des Eurosystems ihre Geldmengenausweitung mit normalen kurzfristigen Refinanzierungskrediten realisiert, wie es vor der Eurokrise und ohnehin zu Zeiten der D-Mark in Deutschland üblich war, dann wäre eine Rückführung der Geldmenge durch Unterlassung der Ausgabe neuer Refinanzierungskredite nicht ganz so schwierig. Eine solche Maßnahme hätte natürlich ebenfalls Zinssteigerungen zur Folge, die alle Kreditnehmer, so auch die Staaten, treffen würden. Aber die Staaten wären nicht mehr unmittelbar in der Schusslinie, da die von ihnen ausgegebenen Papiere langfristig sind und einer anderen Risikoklasse angehören als Unternehmensanleihen und kurzfristige, von den Banken nachgefragte Refinanzierungskredite.

Aber das ist nicht alles, denn tatsächlich haben sich die Zügel der Geldpolitik verheddert, weil es bei einer raschen Reaktion zur Löschung eines Inflationsbrands sicherlich nicht ausreichen würde, darauf zu warten, bis die Staatspapiere, die mit einer Restlaufzeit von bis zu 31 Jahren gekauft wurden, allmählich fällig werden. Stattdessen könnte es nötig werden, sogar Teile des Bestands langfristiger Staatspapiere an die Märkte zurückzuverkaufen, um die Geldmenge zu verringern. Das würde zu heftigen Kursreaktionen nach unten führen und die Bewertungsgewinne, die während der letzten Jahre in den Portfolios der Banken und Anleger verbucht wurden, wieder eliminieren.

Die Notenbanken des Eurosystems müssten nun Verluste aus ihrem Geschäft mit den Staatspapieren realisieren und wären gezwungen, ihre Gewinnausschüttungen an die jeweiligen Staaten zu reduzieren. Das aber würde sie in rechtliche Schwierigkeiten bringen, weil man ihnen den Vorwurf der monetären Staatsfinanzierung machen würde. Dieser Vorwurf ist gemäß Artikel 123 AEUV das Damoklesschwert, das stets über dem Haupte des EZB-Präsidenten hängt.

Die Wertverluste träfen auch die Banken, die ähnliche Papiere in ihren Büchern halten. Auf einmal würden die Luftgewinne und das scheinbare Eigenkapital verpuffen, die nur durch die Käufe der EZB entstanden waren. Nun könnte man meinen, dann sei halt alles wieder wie vorher. Die Luftbuchungen seien wieder korrigiert und das Eigenkapital wieder richtig verbucht. Doch so ist es nicht, denn die Banken haben einen Teil der Scheingewinne inzwischen ausgeschüttet, indem sie ihre Dividenden mit Krediten bezahlten, die sie wegen der Wertzuwächse bei den Altpapieren nach den Bilanzregeln aufnehmen konnten. Der Zuwachs an bilanziellem Eigenkapital, der durch die Umbewertung der Wertpapierportfolios eigentlich hätte zustande kommen können, fand gar nicht in vollem Umfang statt, weil er auf dem Wege der Kreditaufnahme längst in Dividenden umgemünzt worden war.

Das ist exakt derselbe Sachverhalt wie jener, der 1873 zur Gründerkrise in Europa führte, über die schon in Kapitel 7 im Zusammenhang mit Adele Spitzeder kurz berichtet wurde. Damals waren die Werte der Aktiva in der Euphorie über die Möglichkeiten der kurz vorher eingeführten Aktiengesellschaften mit beschränkter Haftung aufgeblasen worden. Den Aktionären hatte man kreditfinanzierte Dividenden gezahlt, die wegen der Wertzuwächse buchhalterisch als Gewinnausschüttungen dargestellt wurden, und als die Werte sich wieder normalisierten, hagelte es Konkurse, weil man das Geld von den Aktionären nicht zurückbekam. Der deutsche Staat hatte daraufhin im Jahr 1884 das sogenannte Niederstwertprinzip eingeführt, um Ähnliches für die Zukunft auszuschließen. Nach dem Niederstwertprinzip sind Aktiva bei Wertsteigerungen grundsätzlich nur zum Anschaffungswert zu bilanzieren, und auf diesen Anschaffungswert sind sogar Abschreibungen vorzunehmen, wenn der Marktwert darunter fällt.[1] Das Niederstwertprinzip hat Deutschland ein Jahrhundert lang vor platzenden Finanzblasen bewahrt, weil die Banken und die Unternehmen im Allgemeinen stets hohe Bestände an stillen Reserven hatten, die sie im Krisenfall durch Verkäufe von Aktiva realisieren konnten, um das in den Bilanzen verbuchte Eigenkapital wieder aufzufüllen. Dieses System ist leider in den letzten Jahrzehnten unter dem Druck internationaler Harmonisierungsvereinbarungen in der gesamten deutschen und europäischen Bankenwelt dem US-amerikanischen IFRS-System der Buchhaltung gewichen, das grundsätzlich wieder auf der Bilanzierung nach Marktwerten basiert, wie es in Deutschland vor 1884 der Fall war.[2]

Heute würde der Rückverkauf der Staatspapiere ebenfalls die Luftblasen in den Bilanzen der Banken zum Platzen bringen. Wegen der zwischenzeitlich aufgenommenen Schulden und der damit finanzierten Dividendenausschüttungen würde das Eigenkapital unter das anfängliche Niveau fallen und vielfach auch unter das regulatorische Minimum, das die Banken vorweisen müssen. Da viele Banken Südeuropas wegen der Wettbewerbsprobleme aufgrund einer Überteuerung (Kapitel 2) ohnehin Probleme mit hohen krisenbedingten Kreditausfällen bei ihren Kunden haben, wäre eine Konkurswelle im Finanzsektor kaum zu vermeiden. Auch in Deutschland sind nicht alle Banken solide genug aufgestellt, um jeden Sturm bestehen zu können.

Es zeigt sich nun, wie gefährlich das QE-Programm des Jahres 2015 und seine Vorläufer, das schon 2010 beschlossene SMP und das OMT (»whatever it takes«), von 2012 tatsächlich sind. Beide Programme waren wundervolle Mittel, der Wirtschaft in der Flaute privates und öffentliches Kreditgeld zur Verfügung zu stellen, den Staaten neue Finanzierungswege zu eröffnen und vor allem die Banken und die Kapitalanleger aus aller Welt zu beglücken, die sofort

---

1 Vgl. H.-W. Sinn, *Kasino-Kapitalismus: Wie es zur Finanzkrise kam und was jetzt zu tun ist*, Econ: Berlin 2009, S. 162 ff. und passim.
2 IFRS steht für International Financial Reporting Standard.

in den Genuss von Wertzuwächsen kamen und neues Eigenkapital in ihren Bilanzen verbuchen durften. Die Solvenzkrise der Banken war wie weggeblasen. Doch so rasch und durchschlagend diese Programme in der Expansionsphase wirkten, so heftig sind die negativen Reaktionen, die sie in der Kontraktionsphase auslösen können. Die Erfindung des QE durch die japanische Zentralbank im Jahr 2001 erweist sich damit als Bumerang, der zu jenen zurückkehrt, die sich damit seinerzeit den großen Befreiungsschlag erhofft hatten.

Ein Rückverkauf der Staatspapiere würde deren Kurse und Zinsen massiv verändern

Der mögliche Einfluss der Rückverkäufe der Staatspapiere auf das Marktgeschehen hängt natürlich entscheidend davon ab, welche Volumina an Staatspapieren das Notenbanksystem hält. Ist der Anteil der von den Notenbanken gehaltenen Staatsschulden vernachlässigbar angesichts der ohnehin riesigen Staatsschulden, die die Länder der Eurozone haben? Immerhin liegen die Schuldenquoten bezüglich des BIP in den Mittelmeerländern inklusive Frankreichs im Bereich von 120 % und mehr (vgl. Abbildung 6.1). Oder ist der Anteil erheblich? Um welche Dimensionen geht es?

Beim ersten Staatspapierkaufprogramm, dem SMP, das im Jahr 2010 vereinbart wurde, hatten alle Notenbanken den bedrängten Ländern geholfen, indem sie gezielt deren Staatspapiere kauften. Beim neuen PSPP, das 2015 eingeführt wurde, war stattdessen vereinbart worden, dass jede Notenbank nur die Papiere des eigenen Staates kauft und dass die Käufe symmetrisch in dem Sinne sein sollten, dass sie stets in Proportion zur Landesgröße stattfinden. Ferner war vereinbart worden, dass maximal 33 % der vorhandenen Staatspapiere eines Landes erworben werden durften und auch nur maximal 33 % einer jeden Tranche an Staatspapieren.[3] Die Symmetrieregel impliziert im Verein mit der 33 %-Regel, dass Länder mit wenigen Schulden wie die Bundesrepublik irgendwann die Käufe von Staatspapieren von Ländern mit vergleichsweise hohen Schulden begrenzen würden, bevor dort ein Anteil von 33 % erreicht ist.

---

3   EU, »Beschluss (EU) 2015/774 der Europäischen Zentralbank vom 4. März 2015 über ein Programm zum Ankauf von Wertpapieren des öffentlichen Sektors an den Sekundärmärkten (EZB/2015/10)«, *Amtsblatt der Europäischen Union* L 121, 14. Mai 2015, Artikel 5: Ankaufsobergrenzen, https://eur-lex.europa.eu/legal-content/DE/TXT/PDF/?uri=CELEX:32015D0010&from=DE.

Abbildung 11.1, die auf Daten der Commerzbank beruht, zeigt, auf welche Anteile der vorhandenen Staatsschulden der einzelnen Länder bis zum Juni 2021 die Käufe der Notenbanken angestiegen waren. Man sieht, dass die 33 %-Grenze vielfach deutlich überschritten wurde. Nur im Durchschnitt über alle Länder war zu dem Zeitpunkt nach Aussage der Deutschen Bank die Quote von 33 % in etwa erreicht worden,[4] doch auf den Durchschnitt bezog sich die Regelung nicht.

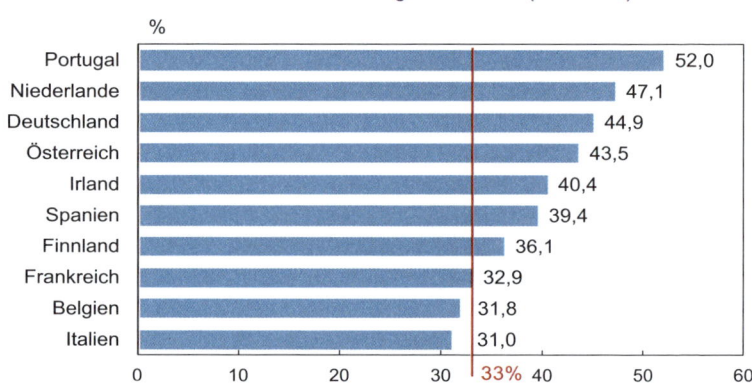

Abbildung 11.1: Der Anteil der ausstehenden Staatspapiere, der von den Notenbanken gehalten wird (Juni 2021)

Quellen: M. Leister und C. Rieger, »Big Picture: €QE ohne Grenzen«, *Commerzbank – Rates & Credit Strategy: Ahead of the Curve,* 24. Juni 2021, S. 3–6; M. Leister, »PEPP Erratum«, *Commerzbank – Rates & Credit Strategy: Ahead of the Curve,* 1. Juli 2021, S. 16. Berechnet auf der Basis der Buchwerte der Anlagen nach Maßgabe der EZB-Vorschriften für die 33 %-Regel.

Hinweis: Berücksichtigt wurden von der Commerzbank die Staatspapiere, die im Zuge des PSPP und PEPP erworben wurden, sowie auch die nach dem ANFA-Abkommen erworbenen Papiere. Die rote Linie kennzeichnet die prozentuale Ankaufobergrenze von 33 %. Abweichungen von dieser Regel sind im Rahmen des PEPP erlaubt.

Es gibt verschiedene Gründe dafür, dass die 2015 nur für das PSPP vereinbarte Schranke von 33 % in der Gesamtheit aller Staatspapierkäufe bei so vielen Ländern überschritten werden konnte. Dazu gehört zunächst einmal der Umstand, dass, wie die Commerzbank berichtet,[5] einige Staatspapiere nach eigenem Ent-

---

4 S. Schneider, »Nehmen die Inflationsrisiken in Deutschland tatsächlich zu?«, *Deutschland Monitor*, Deutsche Bank Research, 29. Juli 2021, S. 1.

5 M. Leister und C. Rieger, »Big Picture: €QE ohne Grenzen«, *Commerzbank – Rates & Credit Strategy: Ahead of the Curve,* 24. Juni 2021, S. 3–6.

scheid von den Notenbanken gemäß der Regeln des ANFA-Abkommens erworben wurden. Die Commerzbank schätzt, dass sich unter den gemäß ANFA erworbenen Anleihen ca. 80 % Staatspapiere befinden. Das wurde in Kapitel 4 im Zusammenhang mit Abbildung 4.2 schon erwähnt. Dabei geht es aber nur um insgesamt 151 Milliarden Euro.

Der Hauptgrund für die zum Teil hohen Quoten der Käufe liegt aber wohl darin, dass jene Länder, die relativ geringere Schulden relativ zur Landesgröße haben wie Deutschland oder die Niederlande, die Käufe der Papiere anderer Länder mit hohen Schuldenbeständen nach Meinung des EZB-Rates zu früh begrenzt hätten, wenn man nicht von der 33 %-Grenze für die Länder mit den relativ geringen Schulden abgesehen hätte. Der Rat setzte sich deshalb in der Coronakrise mit dem Kaufprogramm PEPP über die zuvor gültige Schranke hinweg, was dann in der Tat zur Folge hatte, dass bei Ländern mit niedrigen Schulden wie eben Deutschland und den Niederlanden hohe Kaufquoten erreicht wurden.

Obwohl die im PEPP geschaffenen Ausnahmeregeln nachvollziehbar sind, ist die Verletzung der 33 %-Regel sehr problematisch im Hinblick auf die 2013 vereinbarten neuen Konkursregeln für Staatspapiere (Collective Action Clauses). Nach diesen Regeln soll zukünftig eine Sperrminorität von 33 % unter den Anleihegläubigern ausreichen, einen Schuldenschnitt zu verhindern, wie er 2012 zu Lasten von Griechenlands Gläubigern vorgenommen wurde. Mit der selbst auferlegten Beschränkung, von jeder Tranche der Staatspapiere weniger als 33 % zu erwerben, wollte der EZB-Rat ursprünglich verhindern, dass er jemals in die Rolle eines strategischen Investors kommen würde, der über eine Sperrminorität verfügt. Tatsächlich hat er diese Rolle nun aber in einigen Fällen erreicht, und nach übereinstimmender Rechtsauffassung muss er sich damit im Falle des Falles einem Schuldenschnitt widersetzen, um nicht Gefahr zu laufen, eine nach Artikel 123 und 125 verbotene Staatsfinanzierung zu betreiben. Das Verbot der Staatsfinanzierung mutiert auf diese Weise allerdings implizit und paradoxerweise zu einem Verbot, im Falle einer Insolvenz auch die privaten Gläubiger der Staaten zur Kasse zu bitten. Abermals und aus einem noch stärkeren Grunde als im Jahr 2010 beim Beschluss der ersten Rettungsschirme (vgl. Kapitel 3) sind die Parlamente der Eurozone damit von der EZB unter Druck gesetzt worden, internationale Transfers zum Schutz überschuldeter Staaten und ihrer Gläubiger zu vereinbaren. Ein weiterer großer Schritt in die Richtung einer Haftungsgemeinschaft für die Staatsschulden der Euroländer wurde getan, und erneut wurde eine monetäre Dominanz über die

Fiskalpolitik exerziert. Es besteht die Gefahr eines dauerhaften Regimewechsels, der die Maastrichter Verträge aus den Angeln hebt.[6]

Bei der Interpretation der Grafik mag es verwundern, dass der Anteil der erworbenen Staatspapiere bei manchen Ländern wie z. B. Italien vergleichsweise niedrig ist. Dabei muss man jedoch bedenken, dass die italienische Quote der Staatsschulden bezüglich des BIP 2,2-mal so groß ist wie die deutsche (Abbildung 6.1). So gesehen entspräche der Kauf jener Staatspapiere Italiens, die der Quote von 31 % aus dem oberen Diagramm entsprechen, rechnerisch einer Ankaufquote von 68 %, wenn Italien genauso wenig Staatsschulden relativ zum BIP hätte wie Deutschland, von denen ja 44,9 % gekauft wurden. Mit anderen Worten: Obwohl von Italiens großer Staatsschuld ein kleinerer Anteil gekauft wurde, wurde doch relativ zum BIP von Italien eine um etwa die Hälfte größere Menge an Staatspapieren gekauft als von Deutschland. Nach der gleichen Logik entsprächen die Käufe portugiesischer Staatspapiere, die nach der Abbildung 52 % des Bestands ausmachen, einer Ankaufquote von 94 %, wenn Portugal bezogen auf seine Wirtschaftskraft die gleiche Verschuldung aufweisen würde wie Deutschland.

So oder so sind die genannten Zahlen allesamt sehr hoch und erklären, warum das europäische System der Notenbanken zu dem bei weitem größten Gläubiger der Eurostaaten wurde. Die Zahlen sind so groß geworden, dass der Rückverkauf der Staatspapiere erhebliche Änderungen der Kurse und der Effektivzinsen bedeuten würde, zu denen die Staaten neue Schulden aufnehmen können. Gerade auch der deutsche Staat, dessen Staatsschulden traditionell eine recht kurze Fristigkeit haben, wäre recht bald von den Zinserhöhungen betroffen.

Ähnliche Probleme würde die Rückabwicklung der Staatspapierkäufe für private langfristige Immobilienkredite mit sich bringen, die auf den Märkten in einer gewissen Substitutionsbeziehung zu Staatspapieren stehen. Besonders Spanien wäre betroffen, denn hinter der riesigen negativen Nettoauslandsposition in Höhe von -0,9 Billionen Euro (vgl. Kapitel 9) stehen nicht nur ausufernde Staatsschulden, sondern auch die Auslandsschulden der Banken, die mit diesen Schulden spanische Immobilien finanziert haben. Viele Schulden, die die Immobilienbesitzer bei den Banken haben, würden bei steigenden

---

6 Vgl. F. Heinemann, »Die alte Maastricht-Ordnung steht auf dem Spiel«, *Handelsblatt online*, 9.11.2021, https://www.handelsblatt.com/meinung/gastbeitraege/gastkommentar-die-alte-maastricht-ordnung-steht-auf-dem-spiel/27773666.html?ticket=ST-5118964-ccvlF0BaPVS-gJ7Hf6vaN-cas01.example.org.

Zinsen notleidend, denn steigende Zinsen würden nicht nur die allmähliche Refinanzierung von auslaufenden Festzinskrediten erschweren, sondern sich bei den in Spanien noch sehr weit verbreiteten Baukrediten mit variablen Zinsen sofort in Finanzproblemen der Immobilieneigentümer niederschlagen. Ein unmittelbarer Immobiliencrash in Spanien und manch anderen Ländern wäre die wahrscheinliche Konsequenz einer substanziellen Zinswende.

Selbst in Deutschland täte sich die Politik schwer, wenn wieder deutlich höhere Zinsen auf Staatspapiere anfielen. Die Schwarze Null, derer sich das Land so lange gerühmt hat und derentwegen die Schuldenquote Deutschlands vor der Coronakrise Jahr um Jahr absank und schließlich bei der Maastricht-Grenze von 60 % landete (Abbildung 6.1), war nur deshalb ohne allzu große Anstrengungen erreichbar, weil die Zinslasten auf die Staatsschuld wegen der EZB-Politik fielen und für Neukredite sogar negativ wurden (Abbildung 8.2). Heute, nachdem die Coronakrise die Schuldenquote wieder 14 Prozentpunkte über die Maastricht-Grenze gehoben hat (Abbildung 6.1), würden höhere Zinsen einen unliebsamen Verteilungskampf um das Staatsbudget auslösen, den auch viele deutsche Politiker vermeiden möchten. Die Belastung der politisch vergleichsweise stillen Sparer und Rentner lässt sich offenbar leichter aushalten.

Bei der ursprünglich gewählten Geldmengensteuerung hätte das Problem vermieden werden können

All diese Probleme hätte es nicht geben können, wenn die EZB ihre Geldpolitik weiterhin so betrieben hätte wie früher die Bundesbank. Es hätte sie auch nicht geben können, wenn die EZB der Politik gefolgt wäre, die sie in ihren ersten Jahren betrieb, als sie noch unter dem Einfluss der Bundesbank stand, nach deren Vorbild sie ja gestaltet wurde. Damals hatte man eine expansive Geldpolitik in aller Regel nicht über die Käufe von Wertpapieren und schon gar nicht über die Käufe von Staatspapieren betrieben, sondern indem man kurzfristige Refinanzierungskredite ausgab.

Außerdem wurde keine Inflationssteuerung versucht, sondern eine Geldmengensteuerung.[7] Man fuhr zwar formell ein gemischtes System, wo es auf

---

7 Deutsche Bundesbank, »Geldpolitische Strategien in den Ländern der Europäischen Union«, *Monatsberichte der Deutschen Bundesbank*, Januar 1998, S. 33–48.

beides ankam, doch tatsächlich hatte, wie ein Blick auf die Entwicklung der Geldmenge in dieser Zeit sehr deutlich zeigt (Abbildung 5.1), die Geldmengensteuerung die Oberhand: Der Pfad der Geldmengenentwicklung war von der physischen Einführung des Euro im Jahr 2002 bis zur Lehman-Krise völlig frei von irgendwelchen Sprüngen und verlief sogar linear. Die Inflationssteuerung hielt man damals für viel zu ungenau, eben weil der Zusammenhang zwischen der Geldmenge und der Inflationsrate in der Regel sehr schwach ist und in einer Zeit der Geldschwemme und Liquiditätsfalle schon grundsätzlich gar nicht funktionieren kann. Wenn etwas die einhellige Botschaft der keynesianischen Theorie ist, so ist es genau das.

Für die Geldmenge hatte es stattdessen feste, nur gelegentlich adjustierte Zielkorridore gegeben, bei deren Verlassen die Zentralbank sofort gegensteuern konnte. Sie musste nicht auf Preissignale warten, die ohnehin vielleicht lange Zeit gar nicht kommen würden, sondern benötigte als Basis für ihre Politikentscheidungen nur die eigenen Bilanzwerte, die jederzeit präzise feststellbar waren.

Hätte die EZB die Politik der Bundesbank nicht nur anfangs, sondern dauerhaft verfolgt, hätte sie sich niemals in die Sackgasse begeben können, in der sie sich heute befindet. Die Geldexpansion über Refinanzierungskredite hätte bei vergleichsweise milden Umbewertungseffekten stattfinden können, und sie hätte durch die Nichtverlängerung kurzfristiger Refinanzierungskredite sehr schnell revidiert werden können. Wäre man bei der Geldmengensteuerung statt einer Inflationssteuerung geblieben, hätte die Versechsfachung der Geldmenge relativ zur Wirtschaftsleistung, die die EZB seit dem Sommer 2008 betrieb, niemals stattfinden können.

Die Frage ist aber, ob der EZB-Rat überhaupt ein Interesse hatte, sich durch eine Geldmengenregelung frühzeitig einbremsen zu lassen. Hätte er das getan, wäre es ihm schwerlich gelungen, Staatspapiere im Werte von mehren Billionen von Euros in den Bilanzen der Notenbanken des Eurosystems abzuladen. Aber vermutlich war genau das der Grund dafür, nicht bei der Geldmengensteuerung zu bleiben.

Der Wille zur Umkehr fehlt

Auch bei einer irgendwann anstehenden Zinsnormalisierung durch den Rückkauf der Staatspapiere dürfte das Hauptproblem für eine energische Betätigung der Bremse darin liegen, dass es zu viele Länder als notwendig ansehen, ihre Papiere dauerhaft im Portfolio der EZB zu belassen, um auf den Märkten Platz für neue Staatspapiere zu schaffen. Immerhin hatten, wie schon erwähnt, 58 % der im EZB-Rat vertretenen Länder eine negative Nettoauslandsposition, und alle Staaten, so auch der deutsche, sind hoch verschuldet. Es ist deshalb aus einer Public-Choice-Sicht unwahrscheinlich und politisch nur schwer vorstellbar, dass sich der EZB-Rat zu einer Rückabwicklung der Staatspapierkäufe bereitfände, um mit steigenden Zinsen eine Inflation zu bekämpfen. Niedrige Zinsen, erst recht negative Zinsen, entlasten im Ausland verschuldete Volkswirtschaften, und wenn niedrige Zinsen eine Inflation anschieben, dann entlastet das diese Volkwirtschaften noch mehr, denn die Inflation lässt die Einkommen nominal wachsen und die Steuereinnahmen sprudeln, während die Zinsverpflichtungen nicht mit der Inflation steigen. So denken sicherlich viele Politiker und auch manche Ökonomen.[8]

Tatsächlich war es wohl der Sinn und Zweck der Staatspapierkäufe, die Staaten zu entlasten und die Inflation anzukurbeln. Nicht nur das bereits zitierte Memorandum der europäischen Ex-Zentralbankgouverneure um Otmar Issing vom Herbst 2019 legt diesen Schluss nahe, auch der ehemalige Vizepräsident der EZB Vítor Constâncio wurde bei der öffentlichen Debatte, die den Wertpapierkaufprogrammen vorausging, recht deutlich. Constâncio ist ein Ökonom, der vor seinem Amt bei der EZB Generalsekretär der sozialistischen Partei Portugals und Kandidat für das Präsidentenamt war. Er war der Mann, der in der EZB die Fäden hinter dem Präsidenten Mario Draghi zog. Im Jahr 2014 führte er in einem Interview mit der *Wirtschaftswoche* als Begründung des großen Kaufprogramms für Staatspapiere an:[9]

»Die Euro-Länder haben ein Problem mit Schulden – öffentliche wie private. Diese Schulden belasten die Konjunktur. Wenn die Inflation sehr niedrig ist und das Wachstum ebenfalls, dann wird es immer schwieriger, diese Schulden zu bedienen – und das hemmt die wirtschaftliche Erholung.«

---

8   Prominent unter den Ökonomen war die Stimme des Chefvolkswirts des IWF, Olivier Blanchard. Vgl. O. Blanchard, G. Dell'Ariccia und P. Mauro, »Rethinking Macroeconomic Policy«, *IMF Staff Position Note* 10/03, 12. Februar 2010, https://www.imf.org/external/pubs/ft/spn/2010/spn1003.pdf.

9   V. Constâncio, »Deflation ist gefährlich«, Interview mit A. Hennersdorf, M. Fischer und K. Handschuch, *Wirtschaftswoche online*, 30.12.2014, https://www.wiwo.de/politik/europa/vtor-constancio-deflation-ist-gefaehrlich/11145016-all.html.

Und er fügte hinzu:

>»Nur mit diesem Programm [dem unbegrenzten Aufkaufprogramm]
im Rücken werden die Märkte ihre Spekulation gegen den Euro aufgeben und es dank sinkender Risikoaufschläge den Staaten ermöglichen,
ihre Schulden auf Dauer wieder aus eigener Kraft – also ohne die Hilfe
eines Rettungsschirms –- zu bedienen.«

Mit dieser Aussage begründete Constâncio die Staatspapierkäufe ganz offiziell mit dem Ziel, den Staaten zu helfen, ihre Schulden über niedrige Zinsen und Inflation in den Griff zu bekommen. Er bestätigt damit den in
Kapitel 9 zitierten Vorwurf im Manifest der Ex-Gouverneure der Notenbanken vom Jahr 2019, dass die EZB darauf abziele, die Staaten vor den
Lasten steigender Zinsen zu schützen. Dass, wie Abbildung 11.1 gezeigt hat,
gerade von den portugiesischen Staatsschulden so extrem viele im Notenbanksystem landeten, kann angesichts dieser Zielsetzung nicht verwundern.
Als Constâncio seine Aussagen machte, hatten die meisten der gefährdeten Länder noch wesentlich niedrigere Schuldenquoten als bei der Abfassung dieser Zeilen im Sommer des Jahres 2021. So hatten z. B., wie schon
in Abbildung 6.1 gezeigt wurde, Spanien und Frankreich im Jahr 2014 eine
Staatsschuldenquote von knapp unter 100 %, während sie derzeit bereits
bei etwa 120 % und mehr liegen. Allerdings hatte es Griechenland trotz des
Schuldenschnitts von 2012 nicht geschafft, seine extrem hohen Schulden
zu reduzieren, Portugals Schulden waren sehr stark gestiegen, und Italien
stand kurz davor, hohe Rückzahlungen aus fällig werdenden Altkrediten an
die EZB leisten zu müssen.

Heute ist die Schuldensituation wie erläutert noch sehr viel schwieriger
als im Jahr 2014, als die Vorentscheidungen zum QE getroffen wurde. Fast
alle Länder liegen jenseits der vom Maastrichter Vertrag erlaubten Höchst-
grenze von 60 %, einige sogar beim Doppelten und mehr. Da man davon
ausgehen kann, dass Constâncio im Jahr 2014 die Mehrheit des Rates ver-
trat und dass diese Mehrheit ihre Meinung nicht geändert hat, kann man
die Rückabwicklung der Staatspapierkäufe, jedenfalls in mehr als homöopa-
thischen Dosen, im Rahmen der heutigen EU-Verträge und der aus ihnen
ableitbaren Machtstrukturen als politische Option ausschließen. Der Widerstand dagegen wäre übermächtig. Die Inflationsbremse ist vorläufig tatsächlich aus politischen Gründen blockiert.

Der EZB-Rat schafft die Obergrenze für die Inflationsrate ab

Für die Befürchtung, dass der Wille zur Umkehr nicht vorhanden ist, spricht auch das neue Inflationsziel der EZB, das der EZB-Rat just zu einer Zeit verkündete, als die ersten Daten über eine möglicherweise beginnende Inflation in der Eurozone bekannt wurden (zu den Daten vergleiche man das kommende Kapitel 12). Anstatt die Geldpolitik so zu ändern, dass das alte Inflationsziel, knapp unter 2 % zu bleiben, mit größerer Wahrscheinlichkeit erreicht werden kann, gab sich der Rat lieber ein neues Ziel. Sie strebe nun ein symmetrisches Inflationsziel von 2 % an, gab die EZB nach der Sitzung des EZB-Rates am 8. Juli 2021 bekannt.[10] Die EZB folgte damit einer Umdefinition ihrer Ziele, die die US-amerikanische Federal Reserve Bank bereits im August 2020 vorgenommen hatte, nachdem das Thema schon längere Zeit diskutiert worden war.[11]

Der vorige EZB-Präsident Mario Draghi hatte das neue Ziel bereits bei einer seiner letzten Pressekonferenzen im Juli 2019 wie selbstverständlich verkündet, freilich ohne dabei von einem Ratsbeschluss gedeckt zu sein.[12]

Angesichts der anderen Rechtslage ist es jedoch höchst problematisch, den Vorgaben der amerikanischen Notenbank in Europa zu folgen.[13] In Kapitel 9 (Abschnitt »Aber andere machen es auch so«) war schon dargelegt worden, dass die Fed ein grundsätzlich anderes Mandat als die EZB hat, das neben

---

10 C. Lagarde und L. de Guindos, *Opening Remarks: Press Conference*, Frankfurt am Main, 8. Juli 2021, https://www.ecb.europa.eu/press/pressconf/2021/html/ecb.sp210708~ab68c3bd9d.en.html. Vgl. auch EZB, *ECB's Governing Council Approves its New Monetary Policy Strategy*, Pressemitteilung, Frankfurt am Main, 8. Juli 2021, https://www.ecb.europa.eu/press/pr/date/2021/html/ecb.pr210708~dc78cc4b0d.en.html.

11 Federal Reserve System, *Federal Open Market Committee Announces Approval of Updates to its Statement on Longer-Run Goals and Monetary Policy Strategy*, Pressemitteilung, 27. August 2020, https://www.federalreserve.gov/newsevents/pressreleases/monetary20200827a.htm.

12 M. Draghi, *Introductory Statement to the Press Conference (with Q&A)*, Pressekonferenz, Frankfurt am Main, 25. Juli 2019, https://www.ecb.europa.eu/press/pressconf/2019/html/ecb.is190725~547f29c369.en.html#qa. Dort sagte der Präsident: »In the meantime, however, the main thing in this introductory statement is that the Governing Council – I think I have said this many times, but now it's in the introductory statement – reaffirmed its commitment to symmetry around the inflation aim, which in a sense is 1.9 – it's close to, but below, 2 %.«

13 O. Issing, »The Danger of Following the Fed«, *Project Syndicate*, 2. Oktober 2020, https://www.project-syndicate.org/commentary/federal-reserve-monetary-policy-strategy-four-concerns-by-otmar-issing-2020-10 Vgl. auch O. Issing, »An Assessment of the ECB's Strategy Review«, *Central Banking*, 13. August 2021, https://www.centralbanking.com/central-banks/monetary-policy/operating-framework/7864761/an-assessment-of-the-ecbs-strategy-review.

der Preisstabilität andere wirtschaftspolitische Ziele mit umfasst. Wenn sie als Kompromiss zwischen diesen Zielen ein Inflationsziel verkündet, folgt daraus noch lange nicht, dass die EZB das auch tun darf, denn der Vertrag über die Arbeitsweise der Europäischen Union (127, Absatz 1 AEUV) verpflichtet sie, das Ziel der Preisstabilität »vorrangig« anzustreben. Sie darf dabei keine Abwägung mit anderen Zielen der Wirtschaftspolitik vornehmen, wie die Fed es tut. Dennoch hat sie sich nun der Fed im Grundsatz angeschlossen und das symmetrische Inflationsziel ebenfalls proklamiert.

Damit verlängert sich die Historie der Deutungen und Umdeutungen des Maastrichter Vertrages um einen fünften Schritt. Zur Erinnerung:

- Im Maastrichter Vertrag von 1991 steht, das vorrangige Ziel der EZB sei die Preisstabilität, also eine Inflationsrate von null.
- 1998 erklärte der neu gegründete EZB-Rat, dass die Inflationsrate unter 2 % bleiben müsse. Da man ein Punktziel nie genau erreichen und seine Erfüllung nicht genau messen kann, war das eine sinnvolle, technisch bedingte Entscheidung.
- 2003 sagte der Rat, die Inflationsrate müsse unter 2 %, aber nahe bei 2 % liegen, wohl um eine übermäßige Bremsung hoher Inflationsraten, wie sie damals noch herrschten, zu vermeiden. Diese Entscheidung war bereits problematisch, aber vielleicht gerade noch vertretbar, weil die Reise ja nach unten ging.
- 2011 sagte die EZB, sie müsse die Inflationsrate erhöhen, um, von unten kommend, knapp unter 2 % zu landen. Dies war bereits eine eklatante Umdeutung des Maastricht-Ziels, auch wenn sie ökonomisch begründbar war.
- Jetzt, im Jahr 2021, da das letzte Ziel überschritten wird, sagt die EZB, sie habe ein Inflationsziel von 2 %, das symmetrisch zu interpretieren sei. Mit dieser Entscheidung wird das Maastricht-Ziel endgültig negiert.

»Symmetrisch« heißt nicht, dass über längere Zeiträume ein Durchschnitt von 2 % erreicht werden soll, wie der scheidende Bundesbankpräsident Weidmann betont.[14] Insofern ergibt sich ein kleiner Unterschied zur Fed, die explizit von

---

14 J. Weidmann, »Inflationsraten, die in Richtung 5 Prozent gehen«, Interview mit der *Frankfurter Allgemeinen Zeitung,* 24.7.2021, https://www.bundesbank.de/de/presse/interviews/-inflationsraten-die-in-richtung-5-prozent-gehen--869908.

einem »durchschnittlichen« Inflationsziel spricht. Doch in der Praxis dürfte dieser Unterschied nur semantischer Natur sein. Was der neue Beschluss wirklich bedeutet, sagte die EZB-Präsidentin Christine Lagarde unmissverständlich gegenüber der internationalen Presse:[15]

»The new formulation removes any possible ambiguity, and reasonably conveys that 2 per cent is not a ceiling.«

oder übersetzt:

»Die neue Formulierung beseitigt jede mögliche Unklarheit und macht vernünftigerweise klar, dass 2 Prozent keine Obergrenze ist.«

Es gibt jetzt also keine Obergrenze für die Inflation mehr, die die EZB zum Handeln zwingen könnte. Stattdessen behält sich die EZB die Entscheidung vor, bei Überschreitungen der 2 %-Grenze zu handeln oder auch nicht. In der *FAZ* wurde diese Entscheidung mit der Überschrift »Die EZB gibt dauerhaft Gas« kommentiert und so interpretiert, dass die EZB nun bereit sei, geringfügige Überschreitungen der Inflationsrate von 2 % zu tolerieren.[16] Und was geringfügig ist, bestimmt sie eigenmächtig ad hoc.

Es ist bemerkenswert, dass die EZB zeitgleich mit dem symmetrischen Inflationsziel eine neue prognosebasierte Leitstrategie (Forward Guidance) angekündigt hat.[17] Danach will sie nicht sogleich auf Überschreitungen des neuen Preisziels reagieren, sondern erst, wenn es lange genug überschritten wurde (mindestens wohl eineinhalb Jahre) und wenn außerdem die Kerninflationsrate eine Überschreitung anzeigt. In der Vergangenheit zeigte sich die EZB bereits alarmiert, als die Inflationsrate unter 1 % fiel, und war nicht durch den Umstand besänftigt, dass die Kerninflationsrate, bei der z. B. Energiepreisänderungen herausgerechnet wurden, stabil in der Gegend von etwa 1 % blieb.

---

15   C. Look und J. Neumann, »ECB Unveils Policy Regime Change That Lets Inflation Overshoot«, *Bloomberg*, 8.7.2021, https://www.bloomberg.com/news/articles/2021-07-08/ecb-unveils-symmetric-2-inflation-goal-that-allows-overshoot.

16   G. Braunberger, »Die EZB gibt dauerhaft Gas«, *Frankfurter Allgemeine Zeitung*, 23.7.2021, Nr. 168, S. 21.

17   European Central Bank, *An Overview of the ECB's Monetary Policy Strategy*, Juli 2021, https://www.ecb.europa.eu/home/search/review/html/ecb.strategyreview_monpol_strategy_overview.en.html, in Verbindung mit Hintergrundinformationen von Eurointelligence, *Professional Daily Morning Newsbriefing*, 23. Juli 2021, London.

(Vgl. Abbildung 9.2 und die zugehörige Diskussion.) Sie begründete damals ihr großes Wertpapierkaufprogramm mit der niedrigen Inflationsrate und ließ die Kerninflationsrate außer Acht. In der Zukunft, wenn die Abweichungen vermutlich in die andere Richtung gehen, will sie hingegen erst einmal Ruhe bewahren und noch nicht reagieren, auch wenn die Inflationsrate längere Zeit über 2 % liegt, sofern das nicht auch die Kerninflationsrate tut. Doch was ist, wenn die Energiepreise dauerhaft steigen, weil sie durch die neue Umweltpolitik der EU-Staaten bewusst und dauerhaft hochgetrieben werden? Dann ist die Kerninflationsrate, die die Energiepreise nicht beinhaltet, kein sinnvolles Maß für die langfristigen Komponenten der Inflation mehr, so dass man sich gerade nicht auf sie berufen darf, wenn es um die Sicherung der langfristigen Preisstabilität geht. Es ist zu befürchten, dass die EZB auch dann den Fuß nicht vom Gaspedal nehmen wird.

Das symmetrische Inflationsziel kann man ökonomisch zwar irgendwie begründen. Die relativen Preise können sich nun leichter ändern, wenn es nötig ist, und die durch das Bargeld begründete nominale Nullzinsgrenze bedeutet nun, dass die Realzinsen noch stärker in den negativen Bereich fallen können, wenn es darauf ankommt.

Es gibt jedoch zwei gravierende Probleme. Das erste ist rechtlicher Natur. Während die anderen Notenbanken andere Mandate haben, die gleichgewichtig z. B. auch die Verringerung der Arbeitslosigkeit beinhalten, wurde der EZB im Vertrag von Maastricht eine klare Rangordnung der Ziele vorgegeben, die keine Kompromisse zulässt. Kurzum: Sie darf sich gar nicht wie die anderen Notenbanken verhalten, weil ihr für die Eurozone ein wesentlich strengeres Mandat gegeben wurde.

Das andere Problem liegt in der Gefahr opportunistischen Verhaltens. Verhielte sich der EZB-Rat wie ein wohlwollender Diktator, dann müsste man die Dehnung und Verletzung des Mandats nicht befürchten. Allerdings hat die Geschichte gezeigt, dass wohlwollende Diktaturen selten sind, um es zurückhaltend auszudrücken. Besser sind Systeme mit »Checks and Balances«, wie die Briten sagen, also Systeme, in denen das Handeln der Entscheidungsträger ständig überprüft und durch Gremien, die eine andere Sichtweise haben, ausgeglichen wird. Bei der EZB fehlt das alles. Die Entscheidungsträger genießen eine vollständige Immunität bezüglich all ihrer Handlungen, und es existiert noch nicht einmal ein Rechnungshof, der ihnen dabei auf die Finger schaut.

Deshalb ist auch eine aus der Public-Choice-Theorie herleitbare Skepsis bezüglich der Motive der agierenden Entscheidungsträger gerechtfertigt, zumal das zitierte Memorandum der Ex-Gouverneure aus dem Jahr 2019 sowie die Stellungnahme des ehemaligen EZB-Vizepräsidenten Constâncio eindeutig belegen, dass es der EZB nicht nur um Preisstabilität, sondern auch um die Sicherung der Schuldentragfähigkeit hoch verschuldeter Staaten geht. So gesehen kann man sich bei der Beurteilung dessen, was eine angemessene Inflationsrate ist bzw. wann eine solche Rate noch als preisstabil tituliert werden kann, nicht allein auf das Urteil des EZB-Rates verlassen, sondern muss vom Rat verlangen, den Maastrichter Vertrag in diesem zentralen Punkt eng auszulegen. Auch das Bundesverfassungsgericht kann sich angesichts der überragenden Funktion, die ein stabiles Geld für eine stabile Gesellschaft bedeutet, bei der Kontrolle der EZB nicht aus der Verantwortung ziehen.

Es ist nun einmal nicht von der Hand zu weisen, dass der EZB-Rat, in dem Vertreter von Ländern dominieren, die mehrheitlich eine negative Nettoauslandsposition haben, also vereinfacht gesagt netto im Ausland verschuldet sind, die Verteilungsvorteile einer inflationären Erosion der Staatsschulden in sein Kalkül mit einbeziehen wird, obwohl es genau solche Verteilungseffekte waren, die die Unterzeichner des Maastrichter Vertrages ausschließen wollten. Insofern droht die Inflationsgefahr nicht nur über die Mechanismen der Marktwirtschaft, sondern auch, weil der Rückverkauf der Staatspapiere aus politischen Gründen kaum in nennenswertem Maße stattfinden wird.

Könnte man die Staatsschulden bei der Notenbank nicht einfach streichen?

Um das Thema des möglichen Rückverkaufs der Staatspapiere ein für alle Mal vom Tisch zu bekommen, hat der Präsident des EU-Parlaments, David Sassoli, am 14. November 2020 gefordert, alle Covidschulden zu streichen, wohlwissend, dass die Schuldpapiere bei den Notenbanken des Eurosystems liegen.[18] Und damit steht er nicht allein. Auch in einem Anfang 2021 erschienenen Aufruf, den 100 europäische Politiker, Ökonomen und Aktivisten, unter ihnen der bekannte französische Ökonom Thomas Piketty,

---

18 David Sassoli, »Sassoli: ›L'Europa deve cancellare i debiti per il Covid‹«, Interview mit A. d'Argenio, *La Repubblica*, 14.11.2020, https://www.repubblica.it/esteri/2020/11/14/news/sassoli_l_europa_deve_cancellare_i_debiti_per_il_covid_-301045654/.

unterschrieben haben, wird ähnlich argumentiert.[19] Entweder sollen die Schulden der Staaten bei den Notenbanken gestrichen werden oder sie sollen in ewige Anleihen (Consols) verwandelt werden, die einen Zins von null tragen – und deshalb natürlich auch einen Marktwert von null haben. Überall hörte man in der Krise prominente Stimmen, die Ähnliches fordern. Folgte die Politik diesen Forderungen, wäre die Rückabwicklung der Staatspapierkäufe offenbar nicht mehr möglich.

Das öffentlich vorgetragene Argument der Befürworter dieses Schrittes lautet, dass die Notenbanken ja ohnehin ihren Staaten gehören und dass es deshalb ohne Belang sei, wenn die Schuldpapiere gestrichen würden. Es flössen dann zwar keine Zinsen mehr von der nationalen Notenbank an den jeweiligen Staat, aber der Staat müsste diese Zinsen dann ja auch nicht mehr bezahlen. Das höbe sich auf.

So einfach ist die Rechnung aber nicht, denn der Ausschluss der Rückabwicklung der Käufe durch die Streichung der Staatsschulden hat definitiv zur Folge, dass die Inflationsbremse dauerhaft zerstört ist und die EZB eine mögliche Inflation wohl kaum noch eindämmen könnte. Die Streichung würde den Weg der Eurozone in ein letztlich inflationäres Regime zementieren. Hinzu kommt, dass die riesigen Targetschulden Italiens und Spaniens, die bei je einer halben Billion Euro liegen (Abbildung 3.1), wohl nicht mehr durch eine Rückabwicklung der Geldpolitik verschwinden werden, denn sie sind das Ergebnis einer ausufernden und teilweise auch asymmetrischen Geldpolitik, die neue Liquidität in den letzten Jahren vor allem durch Staatspapierkäufe in den Markt brachte.

Targetschulden entstehen, wenn die Notenbank eines Landes mehr Geld durch Kreditoperationen (inklusive der Wertpapierkäufe) in Umlauf bringt, als für die lokalen Transaktionen unbedingt benötigt wird, was ihr gelingen kann, wenn sie günstigere Kreditzinsen anbietet als der internationale Kapitalmarkt (vgl. Kapitel 3). Das überschüssige Geld kann dann für Käufe von Vermögensobjekten und Gütern ins Ausland überwiesen werden, ohne dass eine Gegenfinanzierung durch private Kapitalimporte stattfindet. In der Anfangsphase des Euro war im einen Land mehr und im anderen Land

---

19 »Cancel the Public Debt Held by the ECB and ›Take Back Control‹ of our Destiny«, *Euractiv*, 8. Februar 2021, Aufruf von 100 Autoren, https://www.euractiv.com/section/economy-jobs/opinion/cancel-the-public-debt-held-by-the-ecb-and-take-back-control-of-our-destiny/ sowie https://annulation-dette-publique-bce.com/#english.

weniger Kreditgeld ausgegeben worden, später war überall mehr ausgegeben worden, als es für die lokalen Transaktionen nötig war. So oder so gelang es dadurch vor allem den Mittelmeerländern, Nettoüberweisungen für Kaufakte in andere Länder, vor allem nach Deutschland, vorzunehmen, die zu den Targetsalden führten.

Unterbleibt die Rückabwicklung, dann werden diese Salden zementiert, und unterbleibt die Zinsnormalisierung, dann mutieren die Targetsalden zu echten Geschenken, denn wie in Kapitel 5 schon erwähnt, werden die Targetsalden über den Zinspooling-Mechanismus des Eurosystems effektiv verzinst, wenn es denn solche Zinsen überhaupt gibt.[20] Allerdings gibt es noch ganz andere Einflüsse auf die Targetsalden. Wie erläutert, ist der Aufwärtstrend dieser Salden am aktuellen Rand wegen der riesigen Rettungsprogramme unterbrochen, denn die führen vor allem zu Überweisungen in die Krisenländer und ersetzen sukzessive einen Teil der Targetkredite durch Geschenke und Kredite der EU. Trotz dieser Überweisungen hatte Deutschland im August 2021 noch Targetforderungen von über 1.000 Milliarden Euro (Abbildung 3.1).

Könnte man nicht statt der Staatspapierbestände die Refinanzierungskredite zurückfahren?

Nun kann man natürlich mit dem Hinweis Entwarnung geben wollen, dass sich die Geldmenge ein Stück weit auch ohne den Rückverkauf der Staatspapiere reduzieren lässt. Die Notenbank brauche ja nur die auslaufenden Refinanzierungskredite nicht zu verlängern, die allerdings zum Teil, nämlich was das TLTRO-Programm betrifft, auch schon mit einer Laufzeit von bis zu vier Jahren vergeben wurden. Sofern die Rückführung der Refinanzierungskredite als dauerhaft angesehen wird, hätte auch sie Kurssenkungen zur Folge, weil eine Abfolge kurzfristiger Zinsen den langfristigen Zins fast schon ergibt.

Die Kurssenkungen werden aber nicht dasselbe Ausmaß haben, denn verkettete kurzfristige Refinanzierungskredite entstammen einer anderen Risikoklasse als Staatspapiere, weil der Schuldner im einen Fall eine private Bank

---

20 H.-W. Sinn, *The Economics of Target Balances*, Palgrave Macmillan: Cham 2020, Kapitel 9 und 12.

und im anderen Fall ein Staat ist. Auch die EZB selbst hat ja im Grund ähnlich argumentiert.

Beim Gasgeben hieß es, man müsse die Staatspapiere kaufen, um speziell die Zinsen am langen Ende der Fristigkeitsstruktur zu senken, weil nur noch so die Wirtschaft angekurbelt werden könne. In der Tat hat die EZB Staatspapiere mit einer Restlaufzeit von bis zu 31 Jahren gekauft, um eben auch Kredite mit solchen langen Laufzeiten gezielt zu verbilligen und die damit finanzierten Ausgaben anzuregen. Dem Vernehmen nach sollten das private Investitionen der Realwirtschaft sein. Dass es tatsächlich, wie in Kapitel 6 gezeigt, Staatsausgaben waren, die – auch noch unter Verletzung der Stabilitätspakte – finanziert wurden, sei nur am Rande erwähnt. Kurzfristige Zinsen zu senken reiche nicht, hieß es damals. Wenn die EZB dieses Argument beim Gasgeben vorbrachte, dann muss sie es sich konsequenterweise entgegenhalten lassen, wenn sie bremsen will. Gerade beim Bremsen käme es ja darauf an, die langfristigen Zinsen wieder zu erhöhen, weil die besonders wichtig für kapitalintensive und langfristig orientierte Investitionsprojekte sind.

Außerdem ist es in der Praxis gar nicht klar, wie lange die Zinsen auf dem Wege über eine Rückführung der Refinanzierungskredite erhöht würden. Zwar gibt es das Instrument der Forward Guidance, also der etwas längerfristigen Zinsvorausschau der Notenbank.[21] Doch ist eine solche Vorausschau keine rechtsverbindliche Zusage. Sie steht für die Marktteilnehmer auf einem ganz anderen Niveau als der Rückverkauf der Staatspapiere, denn ein solcher Rückverkauf hat unmittelbare Kurseffekte zur Folge, die die Banken zur Umbewertung ähnlicher Papiere in ihren Bilanzen zwingen.[22] Auch insofern sind von einem Rückverkauf der Staatspapiere sehr viel stärkere Effekte auf die Marktkurse und die langfristigen Zinsen zu erwarten, als sie bei einer Erhöhung der kurzfristigen Zinsen vorausgesehen werden können, selbst wenn diese Erhöhung im Sinne der Forward Guidance als langfristig angekündigt wird.

---

21 EZB, *Was ist Forward Guidance?*, 15. Dezember 2017 (aktualisiert am 8. Juli 2021), https://www.ecb.europa.eu/explainers/tell-me/html/what-is-forward_guidance.de.html.

22 Das gilt, sofern die Banken die Papiere im sogenannten Handelsbuch verbucht hatten, was in der Regel der Fall ist, wenn sie vorher in der Lage waren, Kursgewinne zu verbuchen. Man unterscheidet zwischen dem Handels- und dem Anlagebuch. Im Handelsbuch werden die Papiere meist kurzfristig gehalten. Sie werden dort zu Marktwerten verbucht. Im Anlagebuch werden sie zu Ankaufspreisen verbucht. Nach den Wertsteigerungen der Staatspapiere hatten viele Banken ihre Papiere mindestens temporär vom Anlage- in das Handelsbuch übertragen, um die Wertzuwächse im Rechnungswesen aufscheinen zu lassen.

Richtig ist, dass ein Kursverfall bei den langfristigen Wertpapieren nicht auf die Zinslast der Altschulden durchschlagen würde. Doch erstens müssen die Altschulden bei Fälligkeit sukzessive durch neue Papiere ersetzt werden, die von vornherein mit den neuen, höheren Zinsen ausgestattet sind, und zweitens finanzieren die Schuldner in aller Regel stets auch neue Ausgaben mit neuen Schuldpapieren, für die sofort höhere Zinsen gelten.

Aber selbst wenn die EZB irgendeine Begründung dafür fände, warum es gleichgültig ist, ob sie Staatspapiere zurückverkauft oder die ausgegebenen Refinanzierungskredite nicht mehr verlängert würden, so verbliebe doch das Problem, dass das Stück des Weges, das man durch die bloße Reduktion von Refinanzierungskrediten zurücklegen könnte, sehr kurz ist. Wie Tabelle 11.1 erläutert, hat das Eurosystem auf dem Wege der Staatspapierkäufe inklusive der Käufe von staatlichen Einrichtungen (Rettungsschirme, Europäische Investitionsbank und EU) im Zuge der Krisenprogramme der EZB bis September 3,951 Billionen Euro in Umlauf gebracht. Diese Summe erklärt zwei Drittel der gesamten bis zum September 2021 ausgebrachten Zentralbankgeldmenge (5,99 Billionen Euro) und vier Fünftel des Geldüberhangs, der seit dem Sommer 2008 aufgebaut wurde.

Tabelle 11.1: Die Staatspapierbestände des Eurosystems (20.9.2021)

	Mrd. Euro
SMP	6,5
PSPP	2.453,4
PEPP	1.340,1
ANFA	151,0
Summe	**3.951,0**

Quellen: EZB, *Statistics, ECB/Eurosystem Policy and Exchange Rates,* Minimum Reserves and Liquidity, Liquidity Conditions in the Euro Area, csv data (zipped) seit 2009, https://www.ecb.europa. eu/stats/policy_and_exchange_rates/minimum_reserves/html/index.en.html; dieselbe, *Pandemic Emergency Purchase Programme (PEPP): History of PEPP Purchases Broken Down by Asset Category,* https://www.ecb.europa.eu/mopo/implement/pepp/html/index.en.html. ANFA-Bestände nach Auskunft der Commerzbank vom 11. August 2021 (M. Leister) zur Studie: M. Leister und C. Rieger, »Big Picture: €QE ohne Grenzen«, *Commerzbank – Rates & Credit Strategy: Ahead of the Curve,* 24. Juni 2021, S. 3–6; M. Leister, »PEPP Erratum«, *Commerzbank – Rates & Credit Strategy: Ahead of the Curve,* 1. Juli 2021, S. 16.

Hinweis: Die Tabelle zeigt die aktuellen Bestände (September 2021) der unter den genannten Kaufprogrammen getätigten Käufe von Staatspapieren. Staatspapiere nach der von der EZB, also hier verwendeten Definition umfassen u. a. die Schulden der Einzelstaaten mit allen ihren Gebietskörperschaften, die Schulden von anerkannten öffentlichen Institutionen mit Förderauftrag, die Schulden der EU, die Schulden der Rettungsschirme und die Schulden der Europäischen Investitionsbank. Die Käufe unter PEPP beziehen sich in der Tabelle ebenfalls nur auf Staatspapierkäufe. Insgesamt wurden unter dem PEPP (Stichtag 20. September 2021) für 1,396 Billionen Euro Papiere erworben. Die EZB hat allerdings bei der Abfassung dieser Zeilen für September den Anteil der Staatspapiere bislang nicht veröffentlicht, so dass der in der Tabelle angegebene Wert von 1,340 Billionen Euro auf einer Schätzung beruht. Diese gründet sich auf den durchschnittlichen Anteil der Ankäufe von Staatspapieren im Rahmen des PEPP seit Februar 2021 und beträgt 96 %.

Man könnte nun erwägen, im Eurosystem all jene Posten, die für den Rest der Geldschöpfung stehen (ein Drittel oder 2,04 Billionen Euro), rückabzuwickeln, also die Refinanzierungskredite, die Käufe privater Wertpapiere und alle sonstigen Käufe von Vermögensobjekten – auch jene, die nach dem ANFA-Abkommen erworben wurden –, während die Staatspapierbestände verschont bleiben. Dann hätte die Geldmenge immer noch ein Volumen von fast genau 4 Billionen Euro, und der Geldüberhang über die 1,1 Billionen Euro, die eine inflationssichere Geldmenge kennzeichnen, wäre dementsprechend immer noch 2,9 Billionen Euro. Den Geldüberhang von 4,9 Billionen Euro könnte man so also gerade einmal um 41 % reduzieren. Der Löwenanteil verbliebe. Da die Geldmenge dann immer noch 3,6-mal so groß wie die inflationssichere Geldmenge von 1,1 Billionen Euro ist, könnten sich die Preise nach der alten und zum Glück überholten Quantitätstheorie immer noch um diesen Faktor vergrößern. Ohne die Staatspapiere wieder zu verkaufen, bringt man also nicht einmal die Hälfte des Geldüberhangs weg, wenn es darum ginge, eine anderweitig verursachte Inflation zu bekämpfen.

Sollen die Notenbanken bei den Geschäftsbanken Kredit aufnehmen?

Es gibt allerdings noch einen Trick, mit dessen Hilfe sich die Geldmenge auch ohne den Rückverkauf der Staatspapiere in Relation zur Wirtschaftsleistung wieder auf das alte Niveau verringern ließe: Er besteht darin, dass die EZB keine Kredite an die Geschäftsbanken vergibt, sondern im Gegenteil solche Kredite von ihnen bezieht und dafür die entsprechenden Zinsen bezahlt.

Konkret könnte die EZB den Banken verzinsliche Spareinlagen bei sich selbst anbieten, auf denen sie zu attraktiven Zinsen überschüssiges Geld anlegen können. Alternativ könnte sie, was sachlich fast dasselbe ist, hohe Zinsen für ihre Einlagefazilität bieten.

Der Trick wäre allerdings nach der Rechtsauffassung des Bundesverfassungsgerichts wohl schon deshalb problematisch, weil eine Notenbank, wie schon in Kapitel 3 (Abschnitt »Die Rettungspolitik und das Mandat der EZB«) dargelegt, die von ihr erworbenen Staatspapiere im Regelfall nicht bis zur Endfälligkeit halten darf.[23] Das Bundesverfassungsgericht hat für diese Rechtsauffassung sogar den EuGH selbst zitiert und vertritt sie in einem expliziten Urteil, das der Bundesbank die Beteiligung am Kauf von Staatspapieren im Zuge eines Programms verbietet, das ein Halten bis zur Endfälligkeit vorsieht. Es dürfte daher schwerfallen, den Verkauf von Staatspapieren mit der Begründung aufzuschieben, dass man auch über andere Wege verfüge, das überschüssige Geld wieder einzusammeln.

Es hatte früher tatsächlich bereits solche Spareinlagen unter dem Namen Termindepositen (Term Deposits) im Eurosystem gegeben. Ihr Zins lag beim Refinanzierungssatz oder darunter, fast immer jedoch über dem Zins der Einlagefazilität. Die Sparkonten wurden 2014 abgeschafft, da 2015 das große Wertpapierkaufprogramm in Gang gesetzt werden sollte.[24] Durch die Abschaffung wollte man verhindern, dass die EZB einerseits die Staaten kreditiert und andererseits zur gleichen Zeit selbst Kredite beim privaten Bankensystem aufnimmt. Das wäre eine Politik gewesen, die man als verbotene Finanzierung von Staaten hätte ansehen können, ja müssen, weil sie ja die Geldmenge nicht verändert hätte.

Genau dieses Problem hätte die EZB, wenn sie bei Bremsmanövern die Staatspapiere behielte und zugleich verzinsliche Kredite im privaten Sektor aufnähme, um auf diese Weise die Geldmenge zu reduzieren. Und sie hätte das Problem sogar aus verstärktem Grunde, weil sie ja die Staatspapiere in der Expansionsphase zu niedrigen Zinsen gekauft hatte und nun in der Kontraktionsphase zu hohen Zinsen selbst Kredit aufnehmen müsste. Es wäre schlechterdings unmöglich, die Öffentlichkeit und das deutsche Verfassungsgericht

---

23 Siehe BVerfG, *Urteil des Zweiten Senats vom 21. Juni 2016*, Leitsätze zum Urteil, http://www.bverfg.de/e/rs20160621_2bvr272813.html.

24 Vgl. H.-W. Sinn, *The Economics of Target Balances*, a.a.O., S. 68 ff., besonders S. 71, Abbildung 9.1.

davon zu überzeugen, dass es sich nicht um eine monetäre Staatsfinanzierung handelt, wenn die Notenbanken des Eurosystems Verluste aus einem Arbitragegeschäft zugunsten der Staaten der Eurozone machen. Der Tatbestand der Staatsfinanzierung wäre zu offenkundig.

Im Übrigen wäre diese Politik vergleichbar mit der Rückführung der Refinanzierungskredite, die oben schon diskutiert wurde, weil man sie ökonomisch als negative Refinanzierungskredite begreifen kann. Insofern greifen die schon dargestellten ökonomischen Argumente, die letztlich von der EZB selbst stammen, nach denen eine solche Rückführung eine schwächere Wirkung auf die Wirtschaftstätigkeit entfaltet als der Rückverkauf der Staatspapiere, eben weil Staatspapiere und Refinanzierungskredite anderen Risikoklassen angehören, und zwar erstens, weil staatliche und private Kreditnehmer eine unterschiedliche Bonität haben, und zweitens, weil es sich bei den Alternativen um Kredite mit extrem unterschiedlicher Fristigkeit handelt.

Kurzum: Nach der Analyse dieses Kapitels haben sich die Zügel des Kutschers verhakt und sind viel zu lang, um eine Inflation wirksam ausbremsen und die Liquiditätsfalle verlassen zu können, wenn sie denn aufgrund anderer Effekte als der Geldmengenerhöhung im Anmarsch ist. Die gewaltige Aufblähung der Geldmenge durch das QE-Programm, speziell durch die Staatspapierkäufe, hat die Inflationsbremse zerstört.

12. Die möglichen Anstoßeffekte

Wie der Ketchup aus der Flasche kommt ● *Der Preisanstieg bei den Immobilien: Ursachen, Messprobleme, Ansteckungseffekte* ● *Die große Knappheit am Bau* ● *Riesige Konjunktur- und Rettungsprogramme* ● *Die Wirtschaft nach Corona: Aus der Transaktions- in die Angebotskrise* ● *Beginnt nun die Inflation?* ● *Die Erfahrung mit den Ölpreisschocks* ● *Die »europäische OPEC«* ● *Kinderarmut als Inflationsrisiko* ● *Wenn die Amerikaner bremsen und die Europäer nicht: Abwertung und Inflationsschub*

Was in der Liquiditätsfalle und bei blockierter Inflationsbremse noch fehlt, um eine Inflation loszutreten, sind Anstoßeffekte, die eine Anfangsinflation erzeugen. Eine Anfangsinflation kann Inflationserwartungen schüren und dadurch die Inflation verstärken, denn wenn die Menschen mehr Inflation erwarten, wollen sie mehr kaufen, um ihr zuvorzukommen, und das treibt die Preise erst recht. Dieses Kapitel diskutiert mögliche Anstoßeffekte, die vom Bauboom über die Rettungsschirme, die coronabedingte Materialknappheit bis hin zu einer selbstinduzierten Energiekrise reichen, deren Auswirkungen jene der Ölpreisschocks der 1970er Jahre in den Schatten stellen könnten.

Wie der Ketchup aus der Flasche kommt

Unter monetären Ökonomen wird manchmal der Vergleich mit der Ketchup-Flasche, die man aus dem Kühlschrank holt, herangezogen, um die Wirkungen eines Geldüberhangs auf das Preisniveau zu verdeutlichen. Häufig ist der Ketchup steif und lässt sich zunächst nicht aus der Flasche schütteln. Doch wenn man kräftig genug schüttelt, schießt der Inhalt plötzlich in einem Schwall heraus, und dann landet zu viel davon auf dem Teller oder gar auf dem Rock.

Auch bei der Inflation ist das so. Lange Zeit hält sich der Geldüberhang in der Liquiditätsfalle, und selbst Konjunkturerholungen rufen keine wirkliche Inflation hervor. Doch wenn die Anstoßeffekte auf der Nachfrageseite oder bei den Kosten groß genug sind, kann es zu heftigen, zunächst temporären Preissteigerungen kommen, die aber die längerfristigen Inflationserwartungen erhöhen.

Und wenn die Inflationserwartungen erst einmal gestiegen sind, dann kommt es zu einem Anstieg der Nachfrage nach Investitionsgütern, weil die Käufer befürchten, dass sie jedes Jahr mehr für solche Güter werden bezahlen müssen. Der Anstieg der Investitionsgüternachfrage erhöht die Preise dann tatsächlich. Die Hersteller der Investitionsgüter wollen daraufhin ihre Produktion ausweiten, doch müssen sie dazu mehr Material und mehr Arbeitskräfte nachfragen. Weil sie sich gegenseitig überbieten, um an die Produktionsfaktoren heranzukommen, steigen nun auch die Materialpreise und die Löhne der Arbeitskräfte.

Das Material und die Arbeitskräfte werden mit steigenden Preis- und Lohngeboten aus anderen Sektoren der Wirtschaft weggelockt. Zum Beispiel liefern die Chip- und die Werkstoffproduzenten bevorzugt an jene Sektoren, in denen ihnen höhere Preise geboten werden, und im Lauf der Zeit satteln auch immer mehr Arbeitskräfte vom einen zum anderen Gewerbe um. Dadurch werden auch jene Branchen betroffen, die von der Primärinflation zunächst verschont geblieben waren. Sie müssen nun höhere Preise und Löhne zahlen und sich mit weniger Material und Arbeitskräften begnügen. Sie drosseln ihre Produktion und erhöhen ihre Preise. Eine kosteninduzierte Sekundärinflation erfasst auf diese Weise die gesamte Wirtschaft.

Ganz ähnlich wie beim Anstieg der Investitionsgüternachfrage ist es bei der Nachfrage nach langlebigen Konsumgütern, denn dabei handelt es sich im Grunde auch um Investitionsgüter, die über viele Jahre Nutzen stiften und deren wesentliche Kosten zum Zeitpunkt der Anlage anfallen. Auch die Käufer von Kühlschränken, Waschmaschinen und Autos lassen sich von erwarteten Preissteigerungen zum Kauf motivieren. Das sieht man nach der Coronakrise ganz deutlich an der überraschend starken Nachfrage nach VW-Autos mit Verbrennungsmotoren, von denen die Käufer befürchten, dass sie wegen der Umweltgesetzgebung bald nur noch sehr teuer zu kaufen sein werden.

Den Einfluss der erwarteten Inflation auf die Nachfrage nach Investitions- und langlebigen Konsumgütern erklärt der Ökonom mit dem Begriff der realen Zinsen, die als Nominalzinsen abzüglich der erwarteten Inflationsrate definiert sind. Wenn vermutet wird, dass der Marktpreis der Investitionsgüter mit der Inflationsrate steigt, wird das Rentabilitätskalkül des Investors ähnlich

beeinflusst wie durch eine Nominalzinssenkung. Doch während die Nominalzinssenkung nicht mehr möglich ist, wenn der Zins bereits am Anschlag ist,
kann eine steigende Inflationserwartung den Realzins beliebig weit in den negativen Bereich drücken, und bei hinreichend niedrigem Realzins lohnt sich
zum Schluss fast jede Investition.

Die durch die Verknappung der Produktionsfaktoren ausgelöste Sekundärinflation in anderen als den zunächst betroffenen Branchen lässt die Inflationserwartungen der breiten Massen weiter ansteigen und führt ihrerseits zu
mehr Käufen von Investitionsgütern und langlebigen Konsumgütern, was die
Spirale dann weiterdreht.

Auch die Gewerkschaften werden in der Spirale aktiv. Der verlangte Lohn-
zuwachs in allen Branchen hängt zunächst vom Produktivitätszuwachs ab,
doch auf diesen Zuwachs pflegen sie die Inflationsrate aufzuschlagen. Das gilt
sowohl für die Inflationsrate der Vergangenheit, für die Kompensation verlangt wird, als auch für die Inflationsrate, die man erst noch erwartet. Die
Gewerkschaften drehen auf diese Weise ebenfalls kräftig an der Lohn-Preis-
Spirale mit. So wird aus einer Inflation, die zunächst nur eine Huckelinflation
aufgrund einer temporären Störung war, eine kostengetriebene Dauerinfla-
tion, die sich noch über Jahre hinziehen kann.

So weit also das generelle Muster, wie sich ein Inflationsanstoß über Nach-
frage- und Angebotseffekte verstärken kann. Aber wo und wie könnten solche
Anstoßeffekte im Konkreten ausgelöst werden?

Der Preisanstieg bei den Immobilien: Ursachen, Messprobleme, Ansteckungseffekte

Ein naheliegender Kandidat für Anstoßeffekte ist der Immobilienmarkt, denn
dort beobachtet man seit geraumer Zeit Inflationstendenzen. Die Immobilienpreise ziehen in Deutschland schon seit dem Jahr 2010 kräftig an, nachdem
sie zuvor 20 Jahre nicht gestiegen waren.[1]

---

1 Für eine frühe Prognose eines langanhaltenden Immobilienbooms vgl. Hans-Werner Sinn, »Solider Aufschwung bei Immobilien«, Interview mit Henrik Müller, *Manager Magazin*, 23.6.2010,
https://www.manager-magazin.de/unternehmen/artikel/a-702338.html; M. Krause, »Ifo-Präsi-
dent Sinn erwartet längere Wachstumsphase«, *Neue Westfälische*, 22.9.2019, https://www.nw.de/
nachrichten/wirtschaft/3779464_Ifo-Praesident-Sinn-erwartet-laengere-Wachstumsphase.html.

Abbildung 12.1 zeigt, wie stark der Preisanstieg der Immobilien seit der Lehman-Krise war. Ging es erst verhalten voran, da nicht klar war, wie die Krise verläuft, begann dann aber doch seit 2010 eine sich unermüdlich drehende Preisspirale.

Abbildung 12.1: Immobilienpreise in Deutschland (Reihenhäuser, Einfamilienhäuser, Eigentumswohnungen; Indexwerte, 2008 = 100, bis 2020)

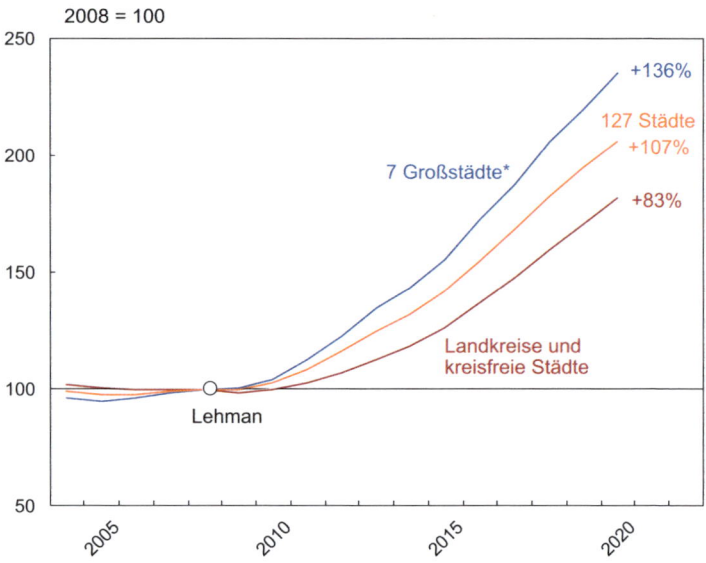

Quelle: Deutsche Bundesbank, Statistiken, *Zeitreihendatenbank,* Indikatorenansätze, Indikatorensystem Wohnimmobilienmarkt, Preise für Wohnimmobilien in deutschen Städten.

Der Preisanstieg bei den Bestandsimmobilien bewirkt, dass die Käufer zunehmend auf neu zu bauende Immobilien ausweichen und auch dafür mehr zu zahlen bereit sind. Das bedeutet ein gutes Geschäft für die Bauunternehmen, die nun expandieren und dazu Arbeitskräfte und Materialien einsetzen, die sonst hätten in anderen Branchen verwendet werden können oder, sofern es um Arbeitskräfte geht, gar von dort abgeworben werden. Die Verknappung solcher Produktionsfaktoren treibt deren Preise hoch, also die Preise der Rohmaterialien und auch der Arbeitskräfte, und das wiederum setzt eine kostengetriebene Sekundärinflation in anderen Branchen in Gang. Eine solche Verknappung ist heute zumindest bei den Materialien evident, wie weiter unten noch gezeigt werden wird, sie zeigt sich aber auch in dem trendmäßigen Rückgang der Arbeitslosenzahlen während der letzten Jahre, der durch die Coronakrise nur temporär unterbrochen wurde.

Doch bevor die anderen Sektoren infiziert wurden, kam erst einmal eine Spirale mit steigenden Bestandspreisen, zunehmenden Preissteigerungserwartungen und deshalb sich vergrößernder Nachfrage der Käufer in der Immobilienbranche selbst zustande, die die Bestandspreise weiter erhöhte. Der Preisanstieg bei den Bestandsimmobilien war zunächst verhalten, doch als die Leute merkten, dass Bekannte ihre neuen Wohnungen und Häuser billiger bezahlt hatten, als sie aktuell verfügbar waren, und bereits erkleckliche Wertzuwächse einbuchen konnten, bemühten sich viele, die das nötige Geld dafür hatten, nicht zu spät zu kommen, und sahen sich ebenfalls nach Kaufobjekten um. Das wachsende Käuferinteresse beschleunigte den Preisanstieg, und der beschleunigte Preisanstieg weckte neues Käuferinteresse. Auch die Skeptiker, die zunächst gemeint hatten, dass es sich bei den Preissteigerungen um temporäre Effekte handeln würde, versuchten nun, schnell noch eine Wohnung zu ergattern.

Diese Spirale drehte sich besonders schnell in den Großstädten. Dort betrug der Preisanstieg von der Lehman-Krise bis zur Jahresmitte 2021 insgesamt 136%, wobei fast der gesamte Anstieg auf die Zeit ab 2010 entfiel. Die Coronakrise zeigt sich in den Kurven nicht. Selbst die zögerliche Beauftragung von Architekten im Frühjahr 2020, als der Beginn der Pandemie die Welt für einen Moment in eine Schockstarre versetzt hatte, ließ die Preiskurven unberührt. Die Preise stiegen, als hätte es die Epidemie nie gegeben, und ein Ende ist bei der Abfassung dieser Zeilen noch nicht in Sicht.

Der Preisanstieg bei den Immobilien hat ursächlich mit der Finanzkrise und der Eurokrise zu tun. In beiden Krisen erschien Deutschland als Hort der Stabilität und zog das Kapital deshalb an. Das senkte die deutschen Zinsen für langfristige Kredite des Staates, aber auch für Baukredite, und ließ das Interesse am Erwerb von Immobilien steigen. Bei den monatlichen Belastungen der Haushaltskasse, die die potenziellen Bauherren zu tragen in der Lage waren, konnten sie nun im Ausmaß der Zinssenkungen höhere Kreditsummen stemmen und wagten es, höhere Preise zu zahlen.

Wer sich kein Geld leihen musste, weil er genug davon hatte, drängte ebenso in die Immobilien. Er wusste nicht mehr, wo er sein Geld noch anlegen konnte, denn die ganze Welt schien plötzlich sehr unsicher geworden zu sein. Weder traute man sich an verschachtelte US-amerikanische Finanzprodukte heran, deren Platzen der Auslöser der Krise gewesen war, noch wagte

man es, griechische oder italienische Staatspapiere zu kaufen. In seiner Not
floh man in das Betongold.

In Berlin, das traditionell billig gewesen war, explodierten die Preise re-
gelrecht und bewegten sich in die Richtung auf das Normalniveau deutscher
Großstädte, ohne es freilich zu erreichen, denn auch die anderen Großstädte
legten sehr stark zu. Bemerkenswert ist, dass am deutschen Wohnungsmarkt,
speziell auch am Berliner Wohnungsmarkt viele ausländische Investoren enga-
giert waren und große Bestände aufzukaufen versuchten. So beispielsweise der
Vermögensverwalter Blackstone[2] oder Investoren aus China.[3] Selbst aus dem
von der Krise geplagten Griechenland meldeten sich Wohnungsunternehmen,
um mit dem frisch geschaffenen Geld ihrer Zentralbank auf Shoppingtour zu
gehen, was zum Anstieg der Targetsalden beitrug.[4]

Bemerkenswert ist, dass die Preise in ursprünglich strukturschwachen und
entlegenen Gebieten nun, wenn auch von niedrigstem Niveau aus, sogar überproportional stiegen. Sie profitieren davon, dass sich die Menschen im Grünen vor der Epidemie sicherer fühlten und die Angst vor der Entfernung von
den Zentren wegen der Erfahrungen mit dem Homeoffice, den Videokonfe-
renzen und der zunehmenden Bedeutung des Versandhandels schwand.

Bis zum heutigen Tage hat die sich selbst verstärkende Spirale aus Preissteigerungen, Kaufreaktionen und dadurch induzierten weiteren Preissteigerungen kein Ende genommen. Viele bezweifelten deshalb die Aussage der Statisti-
ker, die trotz der Dramatik der Preisentwicklung lange Zeit keine Inflation in
ihren Daten entdecken konnten.

Die Ursache für die Diskrepanz zwischen der gefühlten und der in den Statistiken ausgewiesenen Inflation liegt an der Art, wie sie gemessen wird. Der
Anstieg der Immobilienpreise taucht zwar insofern im sogenannten BIP-Deflator auf, als die jeweils jährlich neu produzierten Häuser erfasst sind, denn
grundsätzlich wird in diesem Preisindex der Preisanstieg aller Endprodukte

---

2 Siehe A. Funk, H. Jahberg und R. Schönball, »Berlin will sich gegen Spekulanten wehren«, *Der
   Tagesspiegel*, 27.8.2018, https://www.tagesspiegel.de/wirtschaft/goldgraeberstimmung-bei-im-
   mobilien-berlin-will-sich-gegen-spekulanten-wehren/22951994.html.
3 Siehe »Berliner Immobilienmarkt ist Magnet für ausländische Investoren«, *Cash.online*,
   30.11.2017, https://www.cash-online.de/immobilien/2017/berliner-immobilienmarkt-inves-
   toren/404609.
4 »Griechische Investoren kaufen Wohnungen«, *faz.net*, 26.10.2011, https://www.faz.net/-gqe-
   6um03 sowie »Reiche Griechen kaufen Wohnungen in Berlin«, *faz.net*, 17.12.2012, https://
   www.faz.net/-gqe-754rw.

erfasst, die im Inland produziert werden. Er taucht aber nicht im Verbraucherpreisindex auf, weil dieser Preisindex die Investitionsgüter definitionsgemäß nicht miterfasst. Der Zuwachs des Verbraucherpreisindexes ist die Größe, die man meistens meint, wenn man von »der« Inflationsrate spricht. Nur die Mietsteigerungen gehen dort ein, doch die werden durch den Immobilienboom eher ein bisschen gedämpft, weil ja allmählich mehr Angebot auf den Markt kommt.

Die EZB hat nun allerdings auf ihrer Sitzung vom 8. Juli 2021 erwogen, neben den Mieten die Selbstnutzung des Wohneigentums im Verbraucherpreisindex anteilig mit zu erfassen. Es wird eine Testphase bis zum Jahr 2026 geben, aber es ist noch unklar, wie und wann danach der Preisindex umgestellt wird, denn dazu wird erst das Ergebnis abgewartet.[5]

Diese Missachtung der Immobilienpreissteigerungen bei der Inflationsmessung ist häufig kritisiert worden, sie ist aber systematisch korrekt. Erstens gehören Bestandsgüter, die in früheren Perioden produziert worden sind und ihren Nutzenstrom im Zeitablauf abgeben, nicht in den Preisindex der laufend konsumierten Konsumgüter hinein, eben weil sie keine Konsumgüter sind, die mit der Nutzung verschwinden. Und zweitens sind nicht einmal selbst genutzte Wohnimmobilien im eigentlichen Wortsinne Konsum, denn verbraucht wird ja nicht die Immobilie selbst, sondern nur die temporäre Nutzung derselben. Dennoch verbleibt ein erhebliches Störgefühl, wenn man sieht, wie niedrig die offiziell ausgewiesenen Inflationsraten sind. Eine junge Familie, die Geld gespart hat und sich auch noch verschuldet, um endlich ein Eigenheim zu erwerben, wird durch die Immobilienpreissteigerung massiv belastet.[6] Zwar fällt die Zinslast auf den aufgenommenen Kredit, doch wird dieser Vorteil durch den Preisanstieg der Immobilie überkompensiert, und zwar umso mehr, je mehr Eigenkapital eingesetzt wird. Das ist ein relevanter Aspekt, der zu berücksichtigen ist, aber eben doch nur im Umfang der jährlichen Selbstnutzung und der so ersparten Miete, nicht im Umfang des Kaufpreises.[7]

---

5   EZB, *An Overview of the ECB's Monetary Policy Strategy*, Juli 2021, S. 5, https://www.ecb.europa.eu/home/search/review/html/ecb.strategyreview_monpol_strategy_overview.en.html.

6   C. Thimann, »Die EZB und die Schranken von Mandat und Marktwirtschaft«, *faz.net*, 2.9.2019, https://www.faz.net/-gv6-9qnl6.

7   Die EZB erwägt, zunächst die tatsächlichen Zahlungen für den Kauf der selbstgenutzten Immobilien in den Index aufzunehmen, doch hat das offenbar rein technische Gründe. Sie sucht noch nach Wegen, diese Inkonsistenz zu vermeiden. Siehe EZB, *An Overview of the ECB's Monetary Policy Strategy*, a.a.O.

Analytisch ist die durch den hohen Kaufpreis hervorgerufene Belastung der Familie, die ihre eigenen Ersparnisse einsetzt, ungefähr dasselbe wie eine Zinssenkung für einen Sparer, denn die bedeutet, dass der zukünftige Konsum in Form normaler Güter, den man aus heutiger Ersparnis finanzieren möchte, teurer wird. Je niedriger der Zins, desto mehr Geld muss man heute auf sein Sparkonto legen, um mit Zins und Zinseszins den späteren Konsum zu finanzieren. Man kann auch sagen, der Gegenwartspreis der zukünftigen Konsumgüter steigt, wenn der Zins fällt. Und wenn der Zins fällt und deswegen die Leute in die Immobilien drängen, dann steigt auch der Preis der Immobilien und damit der Gegenwartspreis der zukünftigen Wohnnutzung. Beide Phänomene sind zwei Seiten derselben Medaille. So gesehen wäre die Niedrigzinspolitik schon für sich genommen inflationär, und nicht erst, wenn die heute konsumierten Konsumgüter teurer werden.

Man merkt diesen Effekt auch ganz deutlich bei den Preisen für Versicherungsprodukte, denn auch das sind Gegenwartspreise für Leistungen, die erst in einer ferneren Zukunft gewährt werden. So sind, wie die Deutsche Aktuarvereinigung (DAV), die berufsständische Vertretung der Versicherungs- und Finanzmathematiker, berechnet hat, aufgrund der Zinssenkung, die durch das PSPP verursacht wurde, die Preise der Krankenversicherung um 8 %, der Berufsunfähigkeitsversicherung um 9 % und der Pflegeversicherung um 34 % gestiegen.[8] Insgesamt hätten die Deutschen allein schon über das Versicherungswesen über 100 Milliarden Euro durch das PSPP verloren, errechnet die DAV.

Es wäre sicher reizvoll, einmal einen Preisindex zu konstruieren, der auf einem Warenkorb basiert, der Gegenwarts- und Zukunftsgüter umfasst. Man könnte ihn vielleicht den intertemporalen Preisindex nennen. Ein solcher intertemporaler Preisindex wäre aufgrund der Niedrigzinspolitik der EZB schon längst durch die Decke gegangen. Das ist aber für sich genommen keine valide Kritik an der EZB und den statistischen Ämtern, denn über Definitionen kann man sich lange streiten. Es gibt keine richtigen und keine falschen Definitionen, jedenfalls, wenn sie analytisch konsistent konstruiert sind. Man muss nur wissen, was gemessen wird, und den Index dann richtig interpretieren.

Als im Maastrichter Vertrag das Ziel der Preisstabilität definiert wurde, ist selbstverständlich niemand davon ausgegangen, dass etwas anderes als das

---

8 Hier nach: M. Rasch, »Neue Berechnungen: Anleihenkäufe der EZB kosten die Deutschen über 100 Milliarden Euro Zinseinnahmen in der privaten Vorsorge«, *NZZ online*, 4.8.2021, https://www.nzz.ch/wirtschaft/neue-berechnungen-die-anleihekaeufe-der-ezb-kosten-die-deutschen-etwa-125-milliarden-euro-zinseinnahmen-ld.1638727.

Preisniveau der heute erworbenen Konsumgüter gemeint sein könnte, denn das war damals stets der Bezugspunkt für Aussagen zur Inflation und zur Preisstabilität. Insofern sollte man grundsätzlich bei der offiziellen Definition des Preisindexes bleiben, wenn es um die Frage geht, ob die EZB ihr Mandat respektiert hat. Allerdings kann man den Index um die Kosten der jährlichen Nutzung des selbstgenutzten Wohneigentums – und nicht um die Kosten des Erwerbs – erweitern, ohne unsystematisch zu werden.

Auf einer ganz anderen Ebene als der Messproblematik liegt die grundsätzliche Frage, ob es nicht doch bereits messbare Effekte der Sekundärinflation auf den Faktormärkten gibt, die indirekt betroffen sind, weil steigende Bestandspreise die Neubaupreise und die Bautätigkeit ansteigen lassen, die selbst wiederum eine Verknappung und Verteuerung der Materialien und Arbeitskräfte auch für andere Branchen bedeuten.

Die große Knappheit am Bau

Abbildung 12.2 zeigt das Ergebnis der ifo-Umfragen nach dem Materialmangel im Hoch- und Tiefbau seit der deutschen Vereinigung. Früher, in den Jahren 1991, 2006 und 2018, wurde ein Materialmangel höchstens einmal von 7 % bis 10 % der befragten Firmen berichtet. Im Juni des Jahres 2021 klagten darüber indes 50 % der Firmen im Hochbau und 40 % der Firmen im Tiefbau.

Das Schlimmste könnte am Bau aber schon überwunden sein. Die akute Mangellage zur Jahresmitte war eine direkte Folge der Lockdowns und der Kurzarbeit im Winter und Frühjahr bei anhaltend hoher Baunachfrage. Nach der Sommerpause, die viele Lieferanten nutzten, um die Bestellungen abzuarbeiten, hat sich die Lage etwas entkrampft. Immer noch klagen freilich um die 30 % der Firmen über Materialmangel, weitaus mehr als in allen Jahren seit der deutschen Vereinigung. Der Materialmangel spiegelt sich unmittelbar in den Preisen der Rohmaterialien, deren Verlauf in Abbildung 12.3 dargestellt wird. Die Werte von 43 % bis 61 % am aktuellen Rand sind exorbitant und bei weitem die höchsten seit der Einführung des Euro. Der Stahl war im August um 43 % teurer als vor einem Jahr und das Bauholz um 61 %. Bauholz war besonders knapp nicht weil das Holz fehlte, sondern weil die Trockenkammern fehlten, die die Feuchtigkeitswerte auf die Normwerte herunterbringen müssen und dafür ihre Zeit brauchen.

Abbildung 12.2: Materialmangel in der deutschen Bauindustrie, Anteil der Nennungen (bis September 2021)

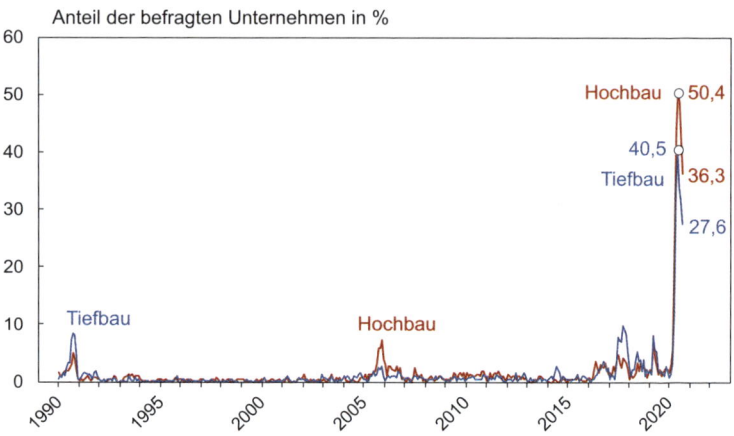

Quelle: *ifo Konjunkturumfrage,* September 2021.

Abbildung 12.3: Exorbitante Inflation bei den Rohmaterialien*

*Bis August 2021

Quelle: Statistisches Bundesamt, Statistiken, *Preise,* Agrar-, Erzeuger-, Bau-, Großhandelspreise, Index der Erzeugerpreise gewerblicher Produkte.

Dass die Preissteigerungen gerade bei den am Bau benötigten Materialien so riesig sind, hat sicherlich mit der überschäumenden Baukonjunktur zu tun, die sich völlig unberührt von der Coronakrise zeigt. Der Anstieg der Rohstoffpreise und der Erzeugerpreise resultiert indes auch aus dem Umstand, dass der Staat in der Coronaepidemie die gesamtwirtschaftliche Nachfrage massiv ankurbelte, während er zugleich Lockdowns verordnete, die die Produktion drosselten.

Riesige Konjunktur- und Rettungsprogramme

Die Anstoßeffekte der staatlichen Kreditfinanzierung während der Krisen könnten in der Tat erheblich sein. Der Leser erinnere sich, dass in der Liquiditätsfalle zwar die Geldpolitik konjunkturell wirkungslos ist, nicht jedoch die Fiskalpolitik. Bei der Fiskalpolitik handelt es sich um die schuldenfinanzierte Erhöhung der staatlichen Transfers an Firmen und Haushalte, um schuldenfinanzierte Steuersenkungen und um die schuldenfinanzierte Erhöhung der Nachfrage des Staates nach den Leistungen des Unternehmenssektors, von der Bauwirtschaft bis zu den Käufen privat angebotener Dienstleistungen. Die Steuersenkungen und staatlichen Transfers an Haushalte und Unternehmen erhöhen die Einkommen und die Kaufkraft der Bürger gegenüber dem Zustand, der sonst eingetreten wäre, und veranlassen sie mittelbar, mehr Güter nachzufragen. Die an den Unternehmenssektor gerichteten Kaufwünsche erhöhen die Nachfrage demgegenüber unmittelbar. Aus beiden Nachfrageschüben folgen in dem Maße Preissteigerungen, wie die Anbieter mit ihrer Produktion nicht nachkommen.

All diese Effekte haben nichts mit der Frage zu tun, ob die Notenbanken mithelfen, die staatlichen Budgetdefizite zu finanzieren. Da die Wirtschaft sich in der Liquiditätsfalle befindet, würden sie in der gleichen Höhe auftreten, wenn der Staat sich bei den Sparern statt bei der Notenbank verschulden würde. Die Mithilfe der Notenbanken, wenn man so will, führt zunächst allein dazu, dass sich die Geldhorte weiter auffüllen und die Staatspapiere bei den Notenbanken abgeladen werden, was man als eine Art implizite Kollektivierung der Staatsschulden begreifen kann.

In Kapitel 6 (Tabelle 6.1) war schon dokumentiert worden, in welchem Umfang der deutsche Staat in den Jahren 2020 und 2021 kreditfinanzierte Ausgabenprogramme beschlossen hat. Die haushaltswirksamen Zusatzausgaben belaufen sich auf knapp 10 % des deutschen BIP in diesen zwei Jahren.

Hinzu kommen Bürgschaften und Kredite von nochmals 12 % des BIP der beiden Jahre, von denen allerdings nicht klar ist, in welchem Umfang sie nachfragewirksam werden. Sie werden ja nur insofern wirksam, als sie wirtschaftliche Aktivitäten im privaten Sektor ermöglichen, die sonst nicht hätten stattfinden können, ein Effekt, der naturgemäß schwer zu berechnen ist. So oder so sind dies riesige Ziffern, die in Relation zum BIP so in Deutschland noch niemals beobachtet werden konnten und zumindest in der Vergangenheit auch weltweit keine Parallelen hatten.

Auf der Ebene der EU kommen, wie in Tabelle 6.2 aufgelistet wurde, vornehmlich kreditfinanzierte Ausgabenprogramme im Umfang von ca. 1,3 Billionen Euro hinzu, die wegen der Coronakrise beschlossen wurden. Sie liegen bei rechnerisch 9,4 % des BIP der Eurozone eines Jahres, werden aber über mehrere Jahre verteilt.

Besonders beherzt gingen auch die USA vor. Wie in Kapitel 6 schon berichtet wurde, hatten die USA in den Jahren 2020 und 2021 Hilfsprogramme gegen die Coronakrise im Umfang von 26 % des BIP des Jahres 2020 oder ca. 13 % des BIP der Jahre 2020 und 2021 zusammengenommen aufgelegt. Diese Zahlen sind vergleichbar mit den für Deutschland zitierten Zahlen der unmittelbar haushaltswirksamen Programme. Rechnet man die anteilig auf Deutschland entfallenden EU-Hilfen, die durch eine gemeinsame Verschuldung aufgebracht werden, sowie anteilig den nachfragewirksam werdenden Teil der Bürgschaften und Kredite hinzu, wie immer man sie im Einzelnen berechnen möchte, kommt man zu dem Schluss, dass auf deutschem Boden in der Summe aller Posten und in Relation der Wirtschaftskraft sicherlich ein noch viel größeres schuldenfinanziertes Rettungsprogramm aufgelegt wurde als in den USA. Die Vermutung liegt nahe, dass dieses Programm ähnliche inflationäre Effekte wie das US-amerikanische Programm entfaltet.

Die Wirtschaft nach Corona:
Aus der Transaktions- in die Angebotskrise

Der Inflationseffekt ist insbesondere deshalb so stark, weil ja gleichzeitig mit den staatlichen Nachfrageprogrammen umfangreiche Lockdowns verhängt wurden, die die Produktion und damit das Angebot der Unternehmen beschränkt haben.

Traditionell unterscheidet man in der volkswirtschaftlichen Theorie zwischen einer Nachfrage- und einer Angebotskrise. Die Nachfragekrise kommt aufgrund einer starken Reduktion der Güternachfrage zustande. Sie steht im Mittelpunkt der keynesianischen Makrotheorie, wo auf störende Einflüsse auf die Konsum- und die Investitionsgüternachfrage abgestellt wird. Eine Angebotskrise kommt stattdessen aufgrund einer Verschlechterung der Produktionsbedingungen zustande. Sie kann in der Volkswirtschaftslehre von der sogenannten neoklassischen Theorie analysiert werden, die sich mit Fragen fehlerhafter Strukturentwicklungen, Umweltproblemen und auch den Auswirkungen der Energieknappheit beschäftigt, um nur einmal drei Beispiele von vielen zu erwähnen. Eine große Angebotskrise wurde in den 1970er Jahren durch die Verknappung der Ölförderung durch die OPEC ausgelöst. Mit der Theorie des temporären Gleichgewichts können beide Analyseansätze in einem einheitlichen Modellrahmen verbunden werden.[9]

Die Coronakrise ist erstens eine Nachfragekrise, weil die Menschen vorsichtig waren und ihr Geldeinkommen horteten. Sie ist zweitens eine Angebotskrise, weil viele Firmen, z. B. in der Automobilindustrie, wegen eines Materialmangels gezwungen waren, ihre Produktion einzustellen. Sie ist aber auch noch ein dritter Typ von Krise, den man Transaktionskrise nennen könnte. Da die Ansteckungsgefahr in der Epidemie groß war, wollten und sollten die Menschen nicht in die Läden gehen oder auf den üblichen Wegen für den normalen wirtschaftlichen Austausch in Kontakt treten. Sowohl die Nachfrage als auch das Angebot wurden auf diese Weise zusätzlich beschränkt. Das viele Geld, das die Menschen frisch aus den Druckerpressen zusätzlich zu ihrem eigenen Verdienst zugesteckt bekamen, konnten sie allenfalls bei Amazon & Co ausgeben. Es blieb neben dem selbst verdienten Einkommen großenteils in den Horten liegen.

Wie es scheint, gehen die beschriebenen Mischformen der Krise mit dem Auslaufen der Epidemie nun aber in eine reine Angebotskrise über. Die hohen Impfquoten, die die europäischen Länder und die USA bis zum Sommer 2021 realisieren konnten, legen die Vermutung nahe, dass die Epidemie ihren

---

9   R. Barro und H. Grossman, »A General Disequilibrium Model of Income and Employment«, *American Economic Review* 61, 1971, S. 82–93. Eine mikroökonomisch fundierte Symbiose zwischen diesem Modell und dem keynesianischen IS-LM-Modell findet man bei H.-W. Sinn, »A Theory of Temporary Equilibrium and the Keynesian Model«, *Zeitschrift für Nationalökonomie/Journal of Economics* 40, 1980, S. 281–320, https://www.hanswernersinn.de/de/publ/ fachzeitschriften-temporary-equilibrium-zfn-1980.

Höhepunkt überwunden hat. Eine weitere Infektionswelle setzte mit dem beginnenden Winter des Jahres 2021 zwar ein. Sie scheint sich aber vor allem auf die Zahl der positiv Getesteten und nur begrenzt auf die Zahl der Todesfälle zu beziehen. Erstens wirken die Impfstoffe, zweitens ist ein größerer Anteil von Jüngeren betroffen, und drittens gibt es inzwischen extrem wirksame Antikörpermedikamente, die die Zahl der tödlichen Fälle in Schach halten. Auch weil die bislang Impfunwilligen inzwischen massiv bedrängt werden, sich doch noch impfen zu lassen, überwiegt trotz allem die Hoffnung auf einen baldigen Aufschwung. Lockdowns werden von der Wirtschaft nicht mehr großflächig erwartet, und das Konjunkturbarometer des ifo Instituts signalisiert volle Auftragsbücher.[10]

Was freilich zunächst bleibt ist der Umstand, dass die aufgestauten Kaufwünsche der Bürger auf ein verringertes Güterangebot stoßen. Die Lager der Firmen sind leer, weil während der Pandemie so lange nicht gearbeitet werden konnte und auch weil das Kurzarbeitergeld für die Firmen und ihre Mitarbeiter einen Anreiz setzte, länger mit der Wiederaufnahme der Produktion zu warten, als es sonst der Fall gewesen wäre. Nur mit Mühe können die Firmen des verarbeitenden Gewerbes und im Bau nach dem Höhepunkt der Epidemie die Wünsche ihrer Kunden aus der schleppend bei ihren Lieferanten wieder aufgenommenen Produktion erfüllen. Die Lieferzeiten für industrielle Zwischenprodukte, die früher fünf Wochen betrugen, haben sich verdoppelt und verdreifacht.

Das ifo Institut berichtet, dass im August 2021 fast 70 % aller befragten Unternehmen Engpässe bei der Vorlieferung von industriellen Zwischenprodukten beklagten. So etwas hatte es seit der deutschen Vereinigung nicht einmal annähernd gegeben.[11] Der vorige Spitzenwert war im dritten Quartal 2018 mit 20 % erzielt worden, als die Ämter nicht nachkamen, die Emission von Stickoxiden bei Verbrennungsmotoren zu prüfen, so dass die fertigen Autos auf Halde genommen werden mussten.

Die neuen Lieferengpässe betrafen viele Bereiche der Wirtschaft. Besonders betroffen waren die Hersteller elektrischer Ausrüstungen und die Möbelherstel-

---

10 ifo Institut, *Industrie belastet ifo Geschäftsklima*, Pressemitteilung, 24. September 2021, https://www.ifo.de/node/65288.

11 K. Wohlrabe, »Materialengpässe in der Industrie: Wer ist betroffen, und wie reagieren die Unternehmen?«, *ifo Schnelldienst* 74 (9), 2021, S. 60–65, https://www.ifo.de/publikationen/2021/aufsatz-zeitschrift/materialengpaesse-der-industrie-wer-ist-betroffen-und-wie.

ler, wo im August 2021 jeweils über 80 % der Firmen Lieferengpässe bei Vorprodukten beklagten. Bei den Autoherstellern waren es sogar über 90 %. Von den Herstellern von Gummi- und Kunststoffwaren sowie von den Maschinenbauern schlossen sich knapp über 80 % der Klage an.[12] Es fehlt auf den Weltmärkten vor allem an Chips, also einer Art frei programmierbarer technischer Minicomputer, ohne die sich heute kein Auto und keine Waschmaschine mehr produzieren lässt. So erklärte VW seine Schwierigkeiten beim Absatz seiner E-Autos in China mit dem Chipmangel.[13] Zuletzt klagten die Firmen der Automobilindustrie auch über den Mangel an Aluminium und an Magnesium, das in technischen Anwendungen häufig mit dem Aluminium legiert wird. China, der Hauptlieferant dieser Rohstoffe, kommt coronabedingt mit der Produktion nicht nach oder demonstriert seine Macht angesichts der wachsenden politischen Spannungen mit den USA und der Nato.

Als ein Problem erwies sich in dieser Angebotskrise die Just-in-time-Strategie, die viele Firmen des verarbeitenden Gewerbes in den letzten Jahren entwickelt haben. Diese Strategie spart teure Bestände an Zwischenlagern, doch macht sie das Geflecht der Lieferbeziehungen störanfälliger, weil es an Puffern in der Angebotskette fehlt. Auch zeigte sich, dass die weltweite Spezialisierung und die Konzentration der einzelnen Produkte auf wenige Hersteller ein erhebliches Klumpenrisiko bedeuteten. Schon der Ausfall eines Herstellers etwa durch einen epidemischen Verlauf der Krankheitsfälle konnte wegen dessen großen Marktanteils nicht ohne weiteres durch andere Hersteller ausgeglichen werden.

Besonders gravierend sind die Lieferengpässe in China, die vor allem auch damit zu tun haben, dass sich die Containerschiffe vor Chinas Küsten stauen, weil die Hafenbehörden bei jeder nachgewiesenen Infektion strikte Quarantänemaßnahmen anordnen und die Hafeneinfahrt verweigern. Das bedeutet, dass die ankommenden Schiffe weder ihre mitgebrachte Ladung löschen können, noch in der Lage sind, neue Ladung aufzunehmen.

---

12 Siehe ifo Institut, *Materialmangel der Industrie verschärft sich*, Pressemitteilung, 8. September 2021, https://www.ifo.de/node/64994.
13 D. Heide und S. Menzel, »Chipmangel und schwache Elektro-Offensive: Volkswagen kriselt in China«, *Handelsblatt*, 16. Juli 2021, https://www.handelsblatt.com/unternehmen/industrie/autobauer-chipmangel-und-schwache-elektro-offensive-volkswagen-kriselt-in-china/27424574.html.

Abbildung 12.4: Der Anstieg der Frachtraten für Container in der Pandemie
(bis Oktober 2021)

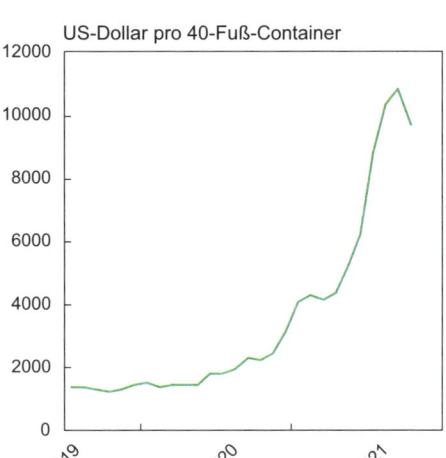

US-Dollar pro 40-Fuß-Container

Quelle: Freightos, bezogen über Statista.com.

Die Staus vor den Häfen, die die Schiffe blockieren, bedeuten, dass es in der Krise sehr schwer wurde, überhaupt Container-Frachtschiffe buchen zu können. Die Folge war, dass die Frachtraten explodierten. Wie Abbildung 12.4 zeigt, hatten sich die Frachtraten im September 2021 gegenüber dem Vorjahreswert mehr als verachtfacht. Sie hatten dann allerdings auch schon ihr Maximum erreicht und gingen im Oktober wieder zurück, was insofern deutlich zeigt, dass die Engpässe nicht von dauerhafter Natur sein werden, insofern also nur zu einer Anstoßinflation beitragen. Allerdings waren es Anstoßeffekte erheblichen Ausmaßes, die auf dem Umstand zurückzuführen sind, dass die weltweite Epidemie mit dem Covidvirus sich als hartnäckiger erwies, als man es zunächst gedacht hatte.

Abbildung 12.5 zeigt ein Foto der sich hoch auftürmenden Container im Hafen Yantian der Stadt Shenzhen in Süd-China bei einer der Lockdownwellen während der Pandemie. Das Foto ist zwar von einer früheren Stockung vor dem Maximum der Kurve der Frachtraten. Es zeigt aber, was die Lieferengpässe praktisch bedeuten. Ähnliche Bilder lassen sich von anderen Häfen aus anderen Teilen der Welt zeigen, auch z. B. aus Los Angeles in den USA, wo die Abfertigung im Herbst 2021 massiv ins Stocken geriet.

Abbildung 12.5: Der Hafen Yantian in Shenzhen

Quelle: ©gettyimagesCostfoto/Barcroft Studios/Future Publishing

Beginnt nun die Inflation?

Die Kombination aus Materialmangel, neuer Kauflust und Konjunktur- bzw. Rettungsprogrammen hat nach dem Abflauen der Coronakrise bereits zu einem drastischen Anstieg der Erzeugerpreise gewerblicher Produkte geführt. So meldete das Statistische Bundesamt für Oktober 2021 einen Anstieg gegenüber dem Vorjahresmonat von 18,4 %. Das war der höchste Anstieg seit Menschengedenken, konkret seit dem Jahr 1951.

Abbildung 12.6 zeigt die Entwicklung der monatlichen Inflationsraten bei den gewerblichen Erzeugerpreisen seit dem Jahr 1950 in Deutschland. Gewerbliche Erzeugerpreise sind die Preise von im Inland produzierten und abgesetzten Gütern auf allen Stufen der gewerblichen Produktion ohne die jeweils anfallende Mehrwertsteuer. Mit ihrer Hilfe kann man bereits die Preisentwicklung auf sämtlichen Vorstufen der Produktion erkennen, bevor die Endprodukte entstehen und ausgeliefert werden. Dieser zeitliche Vorlauf macht sie zu wichtigen Frühindikatoren für die Entwicklung der Konsumentenpreise, auf die auch die EZB ihr besonderes Augenmerk richtet.[14]

Man sieht am rechten Bildrand die Situation im Oktober 2021. Offenkundig war der Zuwachs in diesem Monat mit den erwähnten 18,4 % noch wesentlich höher als selbst auf dem Höhepunkt der Ölkrisen während der 1970er Jahre. Damals wurde ein Höchstwert von 14,6 % im Juli 1974 erzielt.

Wie bei den Ölkrisen waren auch dieses Mal die steigenden Energiepreise direkt oder indirekt mitverantwortlich für den Anstieg der Erzeugerpreise der im Inland hergestellten Produkte. Im August 2021 war Erdöl im Zwischenhandel um 62 %, Erdgas um 44 % und Strom um 24 % teurer als noch im gleichen Vorjahresmonat. Im Durchschnitt waren die Energiepreise um 24 % gestiegen. Dabei muss man allerdings berücksichtigen, dass die Preise importierter Energieformen ohnehin im Zeitablauf sehr stark schwanken. Nur beim Strom war der Preisanstieg so groß, dass ein langjähriger Höchststand erreicht wurde.[15]

Das Außergewöhnliche der gegenwärtigen Situation wird anhand von Abbildung 12.6 unmittelbar sichtbar. Der Anstieg der gewerblichen Erzeugerpreise ist das klarste, bei der Abfassung dieser Zeilen verfügbare Indiz dafür, dass eine recht heftige Inflation bereits im Anmarsch ist.

Der neue Rekord am aktuellen Rand ist insofern bemerkenswert, als er nichts mit dem Anstieg der Mehrwertsteuer zu tun hat, wie man mutmaßen könnte. Der Regelsatz der Mehrwertsteuer war zum 1. Juli 2020 temporär um drei Prozentpunkte gesenkt worden, von 19 % auf 16 %, um die Konjunktur zu beleben, und ein Jahr später wieder erhöht worden. Diese Erhöhung beeinflusst zwar die Konsumgüterpreise, nicht jedoch die gewerblichen Erzeugerpreise, weil es Nettopreise sind.

Der Anstieg der gewerblichen Erzeugerpreise wird sich in den kommenden Monaten, wenn dieses Buch schon beim Leser angekommen ist, sicherlich, wenn auch abgeschwächt, in der Inflationsrate der Konsumgüter widerspiegeln

---

14 Siehe Statistisches Bundesamt (DeStatis), *Handbuch zur Methodik: Index der Erzeugerpreise gewerblicher Produkte (Inlandsabsatz)*, Juli 2019, https://www.destatis.de/DE/Themen/Wirtschaft/Preise/Erzeugerpreisindex-gewerbliche-Produkte/Methoden/Downloads/HandbuchErzeugerpreise.pdf?__blob=publicationFile.

15 Siehe Statistisches Bundesamt, *Erzeugerpreise August 2021: +12,0 % gegenüber August 2020*, Pressemitteilung Nr. 442, 20. September 2021, https://www.destatis.de/DE/Presse/Pressemitteilungen/2021/09/PD21_442_61241.html;jsessionid=3A27DDF9AB379014E6BDD3FE22094F31.live721; dasselbe, *Preise, Daten zur Energiepreisentwicklung*, Lange Reihen, https://www.destatis.de/DE/Themen/Wirtschaft/Preise/Publikationen/Energiepreise/energiepreisentwicklung-pdf-5619001.pdf;jsessionid=05B97D406FD35E5C7F898B8234327BF3.live721?__blob=publicationFile.

und Werte hervorbringen, die man schon sehr lange nicht mehr in dieser Größenordnung hat beobachten können. Und das wird vermutlich auch noch nach dem Jahreswechsel 2021/2022 der Fall sein, obwohl dann der temporäre Sondereffekt einer Normalisierung der Mehrwertsteuer entfällt. Man schätzt diesen Effekt je nach Monat auf einen bis zwei Prozentpunkte bei der Inflation im Vorjahresvergleich.[16]

Abbildung 12.6: Die Entwicklung der monatlichen Inflationsraten bei den gewerblichen Erzeugerpreisen in Deutschland (1950 bis Oktober 2021)

Quellen: Statistisches Bundesamt, *Genesis-online,* Erzeugerpreisindex gewerblicher Produkte, https://www.destatis.de/DE/Presse/Pressemitteilungen/2021/07/PD21_349_61241.html;jsessionid=5474F-45DB7A679EFDC1E47DD53DA461C.live722; Statistisches Bundesamt, Pressemitteilung Nr. 528 vom 19. November 2021, https://www.destatis.de/DE/Presse/Pressemitteilungen/2021/11/PD21_528_61241.html; bis 1975: Macrobond, Time series, Source & Release, Germany, German Federal Statistical Office, Industrial PPI, Producer Price Indices for Industrial Products: GP2009 Special Items, GP-X0 Total, Code: depric2200.

Hinweis: Die veröffentlichten Daten des Statistischen Bundesamtes reichen bis 1976 zurück. Davor wurden Angaben der Datenplattform Macrobond verwendet. Durch die dabei notwendige Umbasierung kann sich eine leichte Verschiebung gegenüber dem Statistischen Bundesamt ergeben haben, denn das teilte in der zitierten Presseerklärung mit, dass der Höhepunkt der Inflationsrate mit einem Zuwachs von 20,6 % im November 1951 lag. Ihre frühen Daten hat das Amt bislang nur Datenplattformen wie Macrobond verfügbar gemacht.

---

16 T. Wollmershäuser, P. Brandt, C. Grimme, M. Lay, R.Lehmann, S. Link, M. Menkhoff, S. Möhrle, A.-C. Rathje, P. Sandqvist, R. Šauer, M. Stöckli und K. Wohlrabe, »ifo Konjunkturprognose Sommer 2021: Deutsche Wirtschaft im Spannungsfeld zwischen Öffnungen und Lieferengpässen«, *ifo Schnelldienst,* Sonderausgabe Juni 2021, S. 12, https://www.ifo.de/node/63791.

Der Anstieg der gewerblichen Erzeugerpreise ist im Übrigen nicht auf Deutschland beschränkt. Das zeigt ein Blick auf Abbildung 12.7, in der auch noch die Pfade der Inflationsraten anderer europäischer Länder dargestellt sind.

Abbildung 12.7: Die monatlichen Inflationsraten der industriellen Erzeugerpreise ausgewählter Euroländer (bis September 2021)

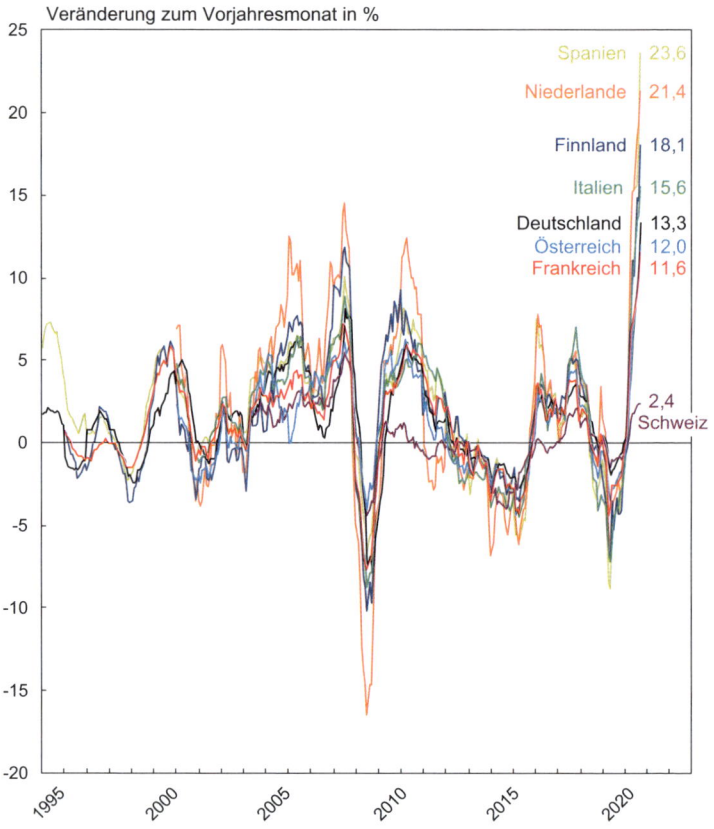

Quelle: Eurostat, Datenbank, Industrie, Handel und Dienstleistungen, Konjunkturstatistiken, Industrie, Erzeugerpreise in der Industrie, Inlandsmarkt.

Hinweis: Die hier dargestellten industriellen Erzeugerpreise sind in den Eurostat-Statistiken etwas anders als die gewerblichen Erzeugerpreise gemäß Statistischem Bundesamt definiert. Dadurch ergeben sich leichte Unterschiede in den Datenreihen für Deutschland, die aber das Gesamtbild nicht verändern.

Während die Preissteigerung in der Schweiz nur verhalten ist, weil die Schweiz durch einen flexiblen Wechselkurs abgeschottet ist, zeigen sich bei allen anderen Ländern erhebliche Zuwächse. Im September 2021 lag Frankreich mit 11,6 % nur knapp hinter Deutschland und Österreich, die Werte von 13,3 % und 12,0 % aufwiesen, doch Italien lag schon bei 15,6 % und Finnland bei 18,1 %. Spitzenreiter waren die Niederlande mit 21,4 % und Spanien mit gar 23,6 %. Dies alles sind untrügliche Zeichen, dass Europa von einer gewaltigen Anstoßinflation erschüttert wird, die sich in den nächsten Jahren nach der Überwindung des anfänglichen Inflationsbuckels nachhaltig auf die Inflationserwartungen und die dadurch ausgelösten Zweit- und Drittrundeneffekte auswirken dürfte.

Es ist besonders alarmierend, dass gerade die ohnehin zu teuren Mittelmeerländer Italien und Spanien (vgl. Abbildung 2.2) nun wieder an vorderster Front inflationieren. Das dämpft die Hoffnung, dass diese Länder durch eine ausreichend starke Fortsetzung ihrer realen Abwertung gegenüber Deutschland auf absehbare Zeit die Wettbewerbsfähigkeit zurückerlangen können, die sie vor der Euroeinführung hatten. Vielmehr nährt dieser Umstand die Befürchtung, dass die Gemeinschaftsmittel für die großen Konjunkturprogramme, die diese Länder in der Pandemie von der EU erhielten, einen Zustand schaffen, der in Zukunft noch mehr Abhängigkeiten von solchen Gemeinschaftsmitteln bedeutet.

Das ist sehr problematisch, denn die Zeit, die Inflation zu bremsen, ist längst gekommen. Es lässt sich gar nicht mehr von der Hand weisen, dass Europas Wirtschaft sich am Ausgang der Pandemie in einer Phase der inflationären Überhitzung bei gleichzeitigen Angebotsengpässen befindet. Verwunderlich ist nur, dass weder die EZB noch die Regierungen der Eurozone die geringsten Anstalten machen, bei der Geld- und Fiskalpolitik auf die Bremse zu treten. Die sprudelnden öffentlichen Kassen machen offenbar so sinnlich, dass man vorläufig gar nicht daran denken mag, vom süßen Geld der Druckerpressen zu lassen. Über kurz oder lang wird sich diese Einstellung unter dem Druck der Verhältnisse aber ändern müssen, denn die gesamte westliche Welt ist nun gerade dabei, aus einem Regime stabiler Preise in ein neues Inflationsregime überzuwechseln.

Ein empirischer Vergleich der Zeitreihen der Inflation der gewerblichen bzw. industriellen Erzeugerpreise mit den Zeitreihen für die Inflation der Konsumentenpreise zeigt, dass letztere die deutlich geringeren Ausschläge haben, weil die Hersteller in den Endstufen der Produktion einen Teil der Volatilität der Preise auf den Vorstufen abzufedern pflegen. Dennoch sind die Ausschläge heute so gewaltig, dass sie bei vielen Herstellern bereits auf die Endkundenpreise durchschlagen. Das zeigt die nachfolgende Abbildung 12.8, die verdeutlicht, wie sich die Konsumentenpreise in den USA, in der Eurozone und auch in Deutschland entwickelt haben.

Abbildung 12.8: Die Inflationsraten bei den Endverbraucherpreisen für Konsumgüter in den USA, in der Eurozone und in Deutschland (bis Oktober 2021)

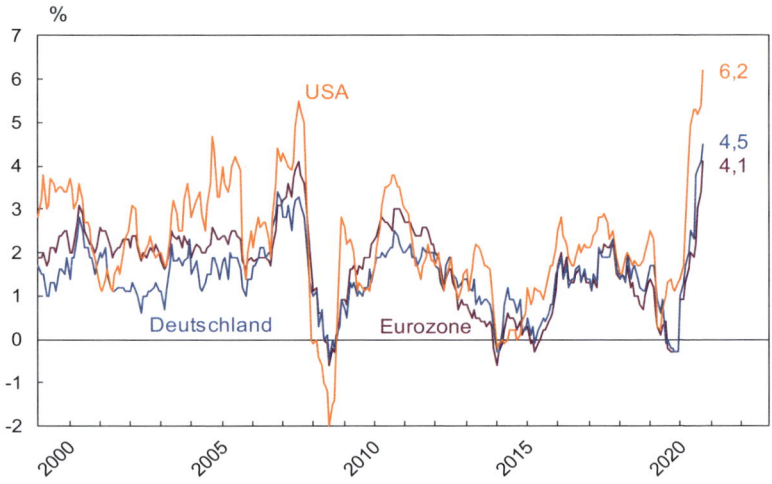

Quellen: Eurostat, Datenbank, *Wirtschaft und Finanzen,* Preise, Harmonisierte Verbraucherpreisindizes; U.S. Bureau of Labor Statistics (BLS), *Price Indexes,* CPI for All Urban Consumers; Statistisches Bundesamt, *Genesis-online,* Verbraucherpreisindex; Statistisches Bundesamt, Pressemitteilung Nr. 513 vom 10. November 2021.

Wie man sieht, sind die USA am aktuellen Rand Spitzenreiter bei der Inflation der Konsumgüterpreise mit einem Wert von 6,2 % im Oktober 2021, weil man dort viel früher mit den Impfungen begann und der Aufschwung entsprechend früher einsetzte. Doch auch Deutschland erreichte im Oktober mit 4,5 % einen Extremwert, dicht gefolgt von der Eurozone insgesamt, die auf 4,1 % kam. Alle drei Gebiete erreichten damit absolute Höchststände bei der Preissteigerungsrate der Konsumgüter seit der Einführung des Euro. Da die Inflationsraten der Konsumentenpreise Höchststände erreicht haben, obwohl sie dem stürmischen Preisanstieg der Zwischenprodukte erst mit Verzögerung zu folgen pflegen, sind stürmische Zeiten angesagt.

Die Erfahrung mit den Ölpreisschocks

In mancherlei Hinsicht ähnelt die heutige Situation der Wirtschaft in den USA und Europa der Situation zum Beginn der großen Ölkrise der 1970er Jahre. Nachdem im Jahr 1970 der Club of Rome eine baldige Erschöpfung der Energie- und Rohstoffreserven prognostiziert und die Welt in Unruhe versetzt hatte,[17] waren die Ölförderländer in Sorge, dass sie ihre Reserven zu schnell abbauen und bald erschöpfen würden. Auf dem Wege der OPEC, eines Anbieterkartells, das sie schon 1960 gegründet hatten, versuchten sie, die Preise und die Fördermengen zu kontrollieren, um die Extraktion über einen längeren Zeitraum strecken zu können als jene 40 Jahre, die der Club of Rome als Restlaufzeit der Förderung prognostiziert hatte. Sie erhöhten den Ölpreis von 1970 bis 1974 auf das Neunfache. Das war der erste Ölpreisschock. 1975 fiel der Preis wieder ein bisschen, dann stieg er noch drei Jahre moderat, doch von 1978 bis 1980 verdreifachte er sich abermals. Das war der zweite Ölpreisschock. 1980 war der Preis 21-mal so hoch wie 1970.[18] Die Folge war eine Krise der gesamten Weltwirtschaft, die diejenigen Länder, die über kein eigenes Öl verfügten, besonders hart traf. In Deutschland reagierte die Politik im Jahr 1973 mit einem Fahrverbot für Autos an Sonntagen, so dass die Menschen auf den Autobahnen spazieren gingen.

Der steigende Ölpreis führte zu einer Angebotsverknappung der Firmen, die sich gezwungen sahen, ihren Ölverbrauch zu drosseln, gekoppelt mit starken Preissteigerungen ihrer energieintensiv erzeugten Produkte. Nachdem der erste Ölpreisschock abgeebbt war, hieß es damals, es handele sich um Einmaleffekte bei den Preiserhöhungen, die bald wieder vorübergingen. Tatsächlich kam es anders.

Zum einen gesellte sich zum ersten Ölpreisschock der zweite Schock, der zu noch viel höheren Preisen führte. Zum anderen riefen die Preissteigerungen die Gewerkschaften auf den Plan, die eine Kompensation durch Lohnerhöhungen verlangten. Die Lohnerhöhungen übertrugen die Preissteigerung in

---

17 D. H. Meadows, D. L. Meadows, J. Randers, W. Behrens, *The Limits to Growth: A Report for the Club of Rome's Project on the Predicament of Mankind*, 1972, https://collections.dartmouth. edu/teitexts/meadows/diplomatic/meadows_ltg-diplomatic.html.

18 »Preisentwicklung ausgewählter OPEC-Rohöle in den Jahren 1960 bis 2021 (in US-Dollar je Barrel)«, *Statista*, August 2021, https://de.statista.com/statistik/daten/studie/810/umfrage/rohoelpreisentwicklung-opec-seit-1960/.

alle Sektoren. Die gemessene Inflationsrate stieg von 2,1 % im Jahr 1969 auf 7,8 % im Jahr 1973 an. Angesichts der Inflation setzte eine »Flucht in das Betongold« ein, die die Immobilienpreise anhob und einen Bauboom entfachte, der sich bis Ende der 1980er Jahr erstreckte.

Und angesichts der Inflation wurden die Gewerkschaften immer aggressiver. Jahr um Jahr wurden die Lohnforderungen hochgeschraubt, weil die Inflationsrate gestiegen war. Die höheren Lohnsteigerungen, die verhandelt wurden, erhöhten daraufhin wieder die Preiszuwächse. Es setzte eine Preis-Lohn-Preis-Spirale ein, die sich immer schneller drehte. Unter ihrem Führer Heinz Kluncker war die für die beim Staat beschäftigten Arbeitnehmer zuständige ÖTV (heute Verdi) besonders aggressiv. Sie verlangte 1974 eine Lohnerhöhung um 15 % bzw. mindestens eine Erhöhung von 185 D-Mark. Vereinbart wurde dann zwar »nur« eine Lohnerhöhung von 11 % und mindestens 170 D-Mark.[19] Aber auch das lag meilenweit über dem, was man bisher gekannt hatte.

Insgesamt stieg der deutsche Preisindex der Lebenshaltung von 1970 bis 1980 um 65 %, was einer jahresdurchschnittlichen Inflationsrate von 5,1 % entsprach. Zum Vergleich: Vom Jahr 2010 bis zum Jahr 2020 ist der Preisindex der Lebenshaltung nur um 13,5 % bzw. 1,2 % im jährlichen Durchschnitt gestiegen.[20]

Auch in anderen Ländern war es ähnlich. So stieg die US-amerikanische Inflationsrate von 3,3 % im Jahr auf 1971 auf 13,3 % im Jahr 1979 an, während die Wirtschaft gleichzeitig durch die Energieverknappung stranguliert wurde. Insgesamt stieg das Konsumentenpreisniveau von 1970 bis 1980 um 117 %, was einem jährlichen Durchschnitt von 8 % entsprach.[21]

Die Inflation kam allerdings in zwei Schüben. In den USA fand der erste Schub in den Jahren 1973 bis 1974 statt und erreichte im Jahr 1974 einen temporären Spitzenwert von 12,1 %. Dann ging die Inflationsrate wieder auf 5 % im Jahr 1976 zurück und stieg erst danach auf den erwähnten Wert von 13,3 %

---

19 Siehe Vereinte Dienstleistungsgewerkschaft, *10. Februar 1974: Streik im öffentlichen Dienst*, https://www.verdi.de/ueber-uns/idee-tradition/gruendungsgewerkschaften/++co++9ef60752-afd3-11e1-57a6-0019b9e321cd.

20 Statistisches Bundesamt, Genesis-online, *Verbraucherpreisindex* sowie *Verbraucherpreisindizes für Deutschland, Lange Reihen ab 1948*, https://www.destatis.de/DE/Themen/Wirtschaft/Preise/Verbraucherpreisindex/Publikationen/Downloads-Verbraucherpreise/verbraucherpreisindex-lange-reihen-pdf-5611103.html.

21 U.S. Bureau of Labor Statistics (BLS), *Price Indexes, CPI for All Urban* Consumers, https://data.bls.gov/pdq/SurveyOutputServlet.

im Jahr 1979. In Deutschland wurde mit der oben genannten Inflationsrate von 7,8 % bereits im Jahr 1973 ein erstes lokales Maximum erreicht. Dann ging die Inflationsrate über fünf Jahre kontinuierlich bis auf 2,5 % im Jahr 1978 herunter, doch im Jahr 1979 schnellte sie schon wieder auf 5,7 % hoch und erreichte im Jahr 1981 mit einem Wert von 6,7 % einen neuen Höchststand.[22] Die beiden Schübe erkennt man auch sehr deutlich an der Entwicklung der gewerblichen Erzeugerpreise in Abbildung 12.4, die aber der Inflationsrate der Konsumentenpreise etwas vorauseilt und höhere Ausschläge zeigt.

Gleichzeitig nahm die Arbeitslosigkeit sehr stark zu, weil die Wirtschaft in eine tiefe Krise geriet. Die Arbeitslosigkeit in Deutschland verfünffachte sich von einem Minimum in Höhe von 0,5 % im Jahr 1969 auf einen Wert von 2,5 % im Jahr 1980 und 9,7 % im Jahr 1982.[23] Wegen des gleichzeitigen Auftretens von Inflation und Arbeitslosigkeit nebst Wachstumsschwäche sprach man damals von der »Stagflation«, also einer Kombination aus Stagnation und Inflation.

Der deutsche Kanzler Helmut Schmidt versuchte der Krise Herr zu werden, indem er die Staatsverschuldung forcierte und dazu die keynesianische Rezeptur des 1967 beschlossenen Stabilitäts- und Wachstumsgesetzes anwandte, das damals als Magna Charta der Wirtschaftspolitik angesehen wurde. Mit dem Rückhalt dieses Gesetzes verdoppelte sich die staatliche Schuldenquote bezüglich des BIP innerhalb von nur acht Jahren, von 1974 bis 1982, von 20 % auf 40 %. Der dadurch ausgelöste Nachfrageschub verpuffte in höheren Preisen, weil die fehlende Nachfrage ja nicht das Problem war, und ließ das Feuer der Inflation weiterhin lodern. Auch hier liegt eine wichtige Parallele zu dem oben beschriebenen Nachfrageschub, den die riesengroßen Konjunktur- und Rettungsprogramme auslösten, die in der Coronakrise beschlossen wurden.

Im Jahr 1982 kam es zu einem Regierungswechsel, und Helmut Kohl wurde Kanzler. Kohl leitete eine Phase der finanziellen Konsolidierung ein und konnte dadurch den Preistrend beruhigen. Die Beruhigung kam aber

---

22 Die zwei Phasen werden eingehend von Blinder und Rudd untersucht: Siehe A. S. Blinder und J. B. Rudd, »The Supply-Shock Explanation of the Great Stagflation Revisited«, in: M. D. Bordo and A. Orphanides, Hrsg., *The Great Inflation: The Rebirth of Modern Central Banking*, University of Chicago Press: Chicago, S. 119–175, https://www.nber.org/system/files/chapters/c9160/c9160.pdf.

23 OECD, *Main Economic Indicators, Short-Term Labour Market Statistics, Unemployment Rate, Aged 15 and Over, All Persons*, https://stats.oecd.org/BrandedView.aspx?oecd_bv_id=mei-data-en&doi=data-00052-en#.

nicht nur durch seine Sparpolitik zustande, sondern vor allem durch die Ereignisse in den USA.

In den USA wurde der Inflationstrend durch die beherzten Maßnahmen der Federal Reserve Bank unter ihrem Vorsitzenden Paul Volcker gebrochen. Darauf war schon in Kapitel 7 hingewiesen worden. Volcker war im Sommer 1979 in sein Amt gekommen und leitete sofort eine Notbremsung ein, indem er eine drastische Erhöhung des Leitzinses auf ca. 17 bis 18 %, zeitweilig sogar 20 % durchsetzte.[24] Die Zinserhöhung zerstörte die Inflationserwartungen und mit ihnen die tatsächliche Inflation mit einem Schlage.

Das Bremsmanöver führte die USA und Teile der westlichen Welt jedoch auch in eine Rezession. Ob Volckers Maßnahmen dafür wichtiger waren als die zweite Ölkrise, ist strittig. Anerkannt wird aber, dass Volcker die Inflation schlagartig beendete und dass er richtig gehandelt hatte, weil eine Niedrigzinspolitik in der Zeit der Stagflation ohnehin nicht viel mehr als eine Fortsetzung der Inflation bewirkt hätte. Sie hätte eine Nachfrage stimuliert für die das Angebot fehlte.

Europa könnte heute in einer ähnlichen Stagflationsphase stehen wie in den 1970er Jahren die gesamte westliche Welt.[25] Der Ölpreisschock resultierte aus einer plötzlichen Verknappung des Angebots an Öl. Die Coronapandemie führte dazu, dass plötzlich die Arbeitskräfte knapp wurden. Ganze Industriezweige mussten wegen der Epidemie zeitweilig geschlossen werden. Es wurde nicht produziert, und gleichzeitig hat die Politik wie damals durch riesige kreditfinanzierte Geldtransfers die Nachfrage über alle Maßen belebt. Heute sind die Transaktionsbeschränkungen aufgehoben, doch sind die Lager leer, und so manch eine Firma tut sich schwer, wieder in den normalen Produktionsrhythmus zurückzufinden. Gleichzeitig sind die Einkommen mit einem gewaltigen Geldschwall aus den Notenpressen hoch gehalten worden.

Allerdings könnte sich die historische Parallele auf die erste Ölkrise der Jahre 1972 bis 1973/1974 beschränken, weil die Coronaepidemie mit den

---

24 Federal Reserve Bank of St. Louis, *Effective Federal Funds Rate, Percent, Monthly, Not Seasonally Adjusted*, https://fred.stlouisfed.org/series/FEDFUNDS.

25 Es wird manchmal behauptet, die ökonomische Theorie habe keine Modelle zur Analyse des Stagflationsgeschehens. Das mag zwar für die modernsten Versionen der neo-keynesianischen Modellwelt gelten, wie sie von Woodford und anderen entwickelt wurden, doch bietet die oben erwähnte Theorie des temporären Gleichgewichts einen geschlossenen theoretischen Analyserahmen dafür. Vgl. M. Woodford, *Interest and Prices: Foundations of a Theory of Monetary Policy*, Princeton University Press: Princeton 2003.

Impfungen nun hoffentlich ausläuft. So gesehen käme es nur zu einem temporären Inflationsbuckel. Aber Vorsicht!

Auch in der ersten Ölkrise dachten viele Menschen, dass die Inflation sich nur auf einen kleinen Buckel in der Statistik beschränken würde, als die Inflationsraten 1974 wieder abnahmen. So hatte einer der weltweit führenden keynesianischen Makroökonomen, Robert Gordon, seinerzeit den Standpunkt vertreten, dass die Inflation durch eine relativ niedrige Sockelinflation, die noch aus den 1960er Jahren stammte, sowie durch Sonderfaktoren bestimmt sei, die schnell wieder verschwänden. Sie hätte zwar einen dauerhaften Einfluss auf das Preisniveau, nicht aber auf die Inflationsrate, meinte er.[26]

Dieser Optimismus verflüchtigte sich spätestens ab 1978, weil sich da schon wieder eine neue, zweite Ölkrise abzeichnete und umfangreiche Konjunkturprogramme der Wirtschaft kräftig Dampf machten. In der Tat führte diese Kombination, wie schon erläutert, abermals zu sehr hohen Inflationsraten.

Schon Keynes hat darauf hingewiesen, dass sich die Marktteilnehmer regelmäßig täuschen, wenn plötzlich eine Inflation einsetzt. Sie halten sie zunächst für ein temporäres Phänomen, einen bloßen Preisbuckel, für den sie allerlei Sondereffekte verantwortlich machen, und reagieren, indem sie ihr Geld zurückhalten, um wieder auf niedrigere Preise zu warten. Tatsächlich aber merken sie alsbald, dass die Zurückhaltung falsch war, weil die Preise weiter steigen. Wenn sie es merken, geben sie das zunächst gehortete Geld aus.[27] Eine zweite Preiswelle folgt deshalb mit ein paar Jahren Verzögerung auf die erste.

Eine solche zweite Preiswelle könnte aus heutiger Sicht durch eine Gefahr ganz anderer Art verstärkt werden, die ohnehin auf Europa zurollt.

Die »europäische OPEC«

Die neue Inflationsgefahr nach dem zunächst temporären Inflationsbuckel, der nun erwartet werden kann, könnte die Form einer Energiekrise annehmen, die die EU-Länder selbst erzeugt und im Wesentlichen in ihren energiepolitischen Beschlüssen schon angelegt haben.

---

26 Robert J. Gordon, »Alternative Responses of Policy to External Supply Shocks«, *Brookings Papers on Economic Activity* I, 1975, S. 184. »Although these events may have permanently raised the price level, such a one-shot rise generates only a temporary increase in the rate of inflation.«
27 J. M. Keynes, *A Tract on Monetary Reform,* Harcourt, Brace & Co.: New York 1924, S. 50–51.

Die große Energiekrise, die die Welt in den 1970er Jahren erschütterte, wurde von der OPEC ausgelöst, weil sie höhere Ölpreise verlangte. Damals gab es aber noch vier wirkmächtige Energiequellen als Ersatz: die Steinkohle, die Braunkohle, die Kernkraft und das Erdgas.

Die neue Energiekrise könnte von der Klimapolitikern Deutschlands und der EU verursacht werden, die aus achtbaren umweltpolitischen Gründen nicht nur aus dem Öl aussteigen wollen, sondern sogleich auch noch aus sämtlichen anderen fossilen Energieträgern, also aus der Steinkohle, der Braunkohle und dem Erdgas sowie, jedenfalls in Deutschland, aus der Kernkraft. Der Ausstieg soll auf dem Wege der Bepreisung des fossilen Kohlenstoffs durch Emissionshandelssysteme, aber auch durch Verbote geschehen, wie es im Falle der Autos durch die CO_2-Verordnungen der EU implementiert wurde (vgl. Tabelle 2.1). Verbote bedeuten zwar nicht unmittelbar Kosten für die Produzenten, weil ja kein Preis für die Emissionsrechte gezahlt werden muss. Mittelbar tun sie das aber schon, denn sie zwingen die Firmen in teure Ersatztechnologien hinein. Man kann sogar zeigen, dass die Notwendigkeit, Emissionsrechte zu kaufen, für die Wettbewerbsfähigkeit und das reale Produktionsgeschehen letztlich auch keine andere Auswirkung hat als Verbote, wenn beide so dosiert sind, dass sie die gleiche CO_2-Einsparung bewirken.[28]

Der Mehrfachausstieg aus allen nichtgrünen Energieträgern wird ein Mehrfaches der Probleme bedeuten, die Deutschland seinerzeit mit der Ölkrise erlebte, denn die in Deutschland im Bereich der Elektrizität umfangreich genutzte Windkraft und Solarenergie wird noch auf sehr lange Zeit hin nicht in der Lage sein, die fünf anderen Energieträger zu auch nur halbwegs verkraftbaren Kosten zu ersetzen.

Man darf ja nicht vergessen, wie gering noch immer die Bedeutung der Wind- und Solarenergie ist, obwohl das Land mit entsprechenden Anlagen schon übersät ist. Man liest häufig, dass der Anteil des Wind- und Solarstroms in Deutschland bereits bei einem Drittel und mehr liege.[29] Doch be-

---

28 Das ist das sogenannte Separationstheorem der volkswirtschaftlichen Theorie, nach dem es im Gegensatz zu privaten Haushalten keine Einkommenseffekte auf die realen Entscheidungen gewinnmaximierender Firmen gibt. Aber natürlich unterscheiden sich Verbote und Preise durch die Einkommenseffekte selbst. Das ist der Grund dafür, dass Firmen stets Verbote einer Preissetzung vorziehen, die gleichen Verhaltensimplikationen hat.

29 Im Jahr 2020 betrug der Anteil 31,7 %. Siehe AG Energiebilanzen, *Stromerzeugung nach Energieträgern (Strommix) von 1990 bis 2020 (in TWh) Deutschland insgesamt*, Februar 2021, https://ag-energiebilanzen.de/28-0-Zusatzinformationen.html. Die Bruttostromerzeugung aus Wind (on- und offshore) beträgt 22,9 %, aus Photovoltaik 8,8 %.

zieht sich dieser Wert, was häufig übersehen wird, nur auf die Stromproduktion, die selbst nur zu etwas mehr als einem Fünftel zur Deckung des gesamten Endenergieverbrauchs in Deutschland beiträgt. Die Prozesswärme für die Industrie, die Heizung der Gebäude und der Verkehr implizieren im Vergleich zum Strom ein Vielfaches des Energieverbrauchs, und diese Energie kommt fast ausschließlich aus fossilen Quellen.

Der Anteil des Wind- und Solarstroms am gesamten Energieverbrauch der Bundesrepublik lag nach den Angaben des Bundesministeriums für Wirtschaft und Energie, das selbst wiederum auf die Daten der AG Energiebilanzen zurückgreift, im Jahr 2019 bei 6,8 %, und selbst im ersten Coronajahr 2020, als der grüne Strom sein Einspeiseprivileg ausnutzen durfte, während der pandemiebedingte Minderverbrauch zulasten der konventionellen Energiequellen ging, lag er nur bei 7,5 %.[30] Das sind dann doch eher ernüchternde Zahlen, die so gar nicht zu den Jubelmeldungen von den Erfolgen und der Machbarkeit der großen Energiewende passen wollen, die tagaus, tagein über die Medien verbreitet werden. Bis diese beiden Energieträger die Braunkohle, die Steinkohle, das Gas, die Kernkraft und das Öl werden ersetzen können, wie es die Politiker fast aller Parteien prophezeien, wird noch sehr viel Wasser den Rhein herunterfließen. Angesichts des Fehlens kostengünstiger Speichertechnologien, die nötig sind, wenn man die enorme Volatilität der grünen Energiequellen glätten und den Strom bedarfsgerecht zur Verfügung stellen möchte, ist es nicht realistisch anzunehmen, dass das ohne dramatische Kostensteigerungen und ohne herbe Einschnitte in den Lebensstandard der Massen wird stattfinden können.

---

30 Siehe Bundesministerium für Wirtschaft und Energie, *Zeitreihen zur Entwicklung der erneuerbaren Energien in Deutschland unter Verwendung von Daten der Arbeitsgruppe Erneuerbare Energien-Statistik (AGEE-Stat)*, https://www.erneuerbare-energien.de/EE/Navigation/DE/Service/Erneuerbare_Energien_in_Zahlen/Zeitreihen/zeitreihen.html (Stand: Februar 2021). Die im Text genannten Zahlen beziehen sich auf den sogenannten Bruttoendenergieverbrauch, der inklusive des Eigenverbrauchs der Kraftwerke und der Transportverluste definiert ist. Sie werden nicht direkt vom Ministerium genannt, doch folgen sie aus Tabelle 3 und 7 des angegebenen Dokuments. Dabei ist zu beachten, dass die in Tabelle 7 angegebenen Petajoule-Werte erst durch 3,6 dividiert werden müssen, um sie in Terrawattstunden umzurechnen, die mit den ansonsten in den Tabellen ausgewiesenen Gigawattstunden verglichen werden können. Es ist unerfindlich, warum das Ministerium die Leistungsangaben einmal in Joule und einmal in Wattstunden ausdrückt. Bezieht man den Wind- und Solarstrom auf den Endenergieverbrauch zuzüglich des Nettoexports, um ein Maß für die Gesamtproduktion zu erhalten, ergeben sich Anteilswerte für den Wind- und Sonnenstrom von 6,3 % für 2019 und 7,0 % für 2020.

Es wird in der öffentlichen Debatte viel Schindluder mit den Zahlen getrieben, um den Eindruck zu erwecken, man könne die Räder einer Industriegesellschaft und die Heizung in einem von Natur aus sonnenarmen Land wie Deutschland mit Wind- und Solarstrom betreiben. Wer kennt schon den geringen Anteil dieser Energiequellen an der gesamten Energieversorgung des Landes?[31] Selbst der Anteil an der Stromproduktion wird regelmäßig übertrieben, indem man den CO_2-lastigen Industriestrom einfach aus der Grundgesamtheit herausnimmt, auf die man den grünen Strom bezieht. So führt die eigentlich begrüßenswerte moralische Grundhaltung der Deutschen, dass sie etwas gegen den Klimawandel zu tun bereit sind, im allgemeinen Überschwang, nun endlich einmal auf der moralisch richtigen Seite der Geschichte zu stehen, zu einer Fehleinschätzung der tatsächlichen Möglichkeiten und einer massiven Beschädigung der deutschen Wirtschaftskraft, die durch euphorische Abschaltorgien ausgelöst werden.

Häufig hört man die Behauptung, die Energiewende würde sich für Deutschland sogar finanziell in Form einer gesteigerten Wettbewerbsfähigkeit und steigendem materiellen Wohlstand auszahlen. Das ist Wunschdenken, geschürt von Werbeprofis. Nichts könnte absurder sein als diese Behauptung. Man kann ja der Meinung sein, dass die deutsche Zurückhaltung beim Konsum fossiler Brennstoffe dem Weltklima hilft. Und man muss nach Lage der Dinge anerkennen, dass die Welt ein wirklich substanzielles Klimaproblem hat. Doch für die Vermutung, dass dieser Schritt auch noch den materiellen Wohlstand der Bevölkerung erhöht, fehlt jegliche sachliche Basis. Deutschland hat heute ohnehin schon mit deutlich über 30 Cent pro Kilowattstunde die höchsten Stromkosten der entwickelten Länder dieser Erde. Dieses Geld müssen die meisten Firmen und auch die Verbraucher auf den Tisch legen. Es vermindert ihre Wettbewerbsfähigkeit und ihren Lebensstandard.

Deutschlands Energiewende ist so extrem teuer, weil sie auf der Idee der Doppelstrukturen basiert. Wind- und Sonnenenergie werden prioritär ins Netz eingespeist, wenn genug Wind und Sonne vorhanden sind. Doch für die häufigen Dunkelflauten müssen konventionelle Kraftwerke, die mit

---

31 Entsprechende Informationen finden sich allerdings in einer einführenden Grafik des Vortrags »Energiewende ins Nichts«, der vom Verfasser am 3. November 2014 in der großen Aula der LMU München gehalten wurde. Im Jahr 2012, damals der aktuelle Rand der verfügbaren Daten, hatte der Anteil des Wind- und Sonnenstroms am Endenergieverbrauch bei 2,8 % gelegen.

fossiler Energie betrieben werden, im vollen Umfang der heutigen Kapazität vorgehalten werden, um die Lücken zu füllen. Das bedeutet doppelte Fixkosten der Stromversorgung und erklärt die zweifelhafte Weltmeisterschaft bei den Stromkosten.

Eine Füllung der Versorgungslücken durch eine zwischengeschaltete Stromspeicherung ist mit Batterien und Pumpspeicherwerken wirtschaftlich nicht darstellbar, denn die Schwankungen, die auszugleichen sind, sind saisonaler Natur und benötigen deshalb Speichervolumina, die nur mit einer Speicherung in Form von Wasserstoff erreichbar sind. Die Wasserstoffspeicherung impliziert aber beim Weg vom Strom zum Wasserstoff und zurück zum Strom Verluste von zwei Dritteln bis zu drei Vierteln der erzeugten Energie. Sicher, technische Neuerungen können den Wirkungsgrad vermutlich noch etwas verbessern, doch auch die besten Ingenieure stoßen rasch an die unüberwindlichen Schranken, die durch die Gesetze der Physik errichtet werden.[32] Auch deshalb ist die Wasserstoffspeicherung sehr teuer. Wenn man Wasserstoff zu E-Fuels oder Methan (Erdgas) umwandelt, mit denen man Verbrennungsmotoren betreiben kann, wird die Rechnung nicht besser. Das spricht nicht gegen den Wasserstoff als Energiespeicher, im Gegenteil. Es besagt nur, dass selbst diese einzige halbwegs realistische Möglichkeit, die saisonalen Schwankungen des wetterabhängigen Stroms in den Griff zu bekommen, sehr teuer ist und sehr viel Lebensstandard kosten wird.

Hinzu kommt, wie schon erwähnt, dass selbst die Vermutung, Europa könne durch unilaterale Einsparbemühungen den Klimawandel der Welt verlangsamen, auf wackligen Beinen steht. Sofern die Brennstoffe, die man einspart, international handelbar sind, wird man davon ausgehen müssen, dass die Verbraucher in anderen Ländern der Welt diese Brennstoffe zu fallenden Preisen gerne abnehmen und dann selbst verbrennen. Damit ist für das Klima nichts gewonnen. Deutschland müsste schon die nicht mehr benötigten Rohölmengen auf seinem Territorium einlagern und die Lagerstätten versiegeln, wollte es erreichen, dass das von ihm durch das Quasiverbot der Verbrennungsmotoren freigegebene Öl nicht anderswo auf der Welt verbrannt wird.

Sicher, es gibt das Pariser Abkommen des Jahres 2015, das von 191 Staaten ratifiziert wurde, zu denen auch die EU-Staaten gehören. Man darf aber nicht vergessen, dass sich weniger als 60 der 200 Länder zu bindenden Mengen-

---

32 Der hauptsächliche Grund liegt im Wechsel der Entropiestufe beim Rückweg von einem chemischen Energieträger zum Strom.

restriktionen für eine CO_2-Reduktion durchgerungen haben.[33] Die allermeisten Länder haben sich nicht festlegen lassen und nur vage Versprechen abgegeben. Sie haben im Grunde nur begrüßt, dass die grün bewegten Länder, zu denen auch Deutschland und viele andere EU-Länder gehören, zugesagt haben, auf die handelbaren Brennstoffe zu ihren Gunsten zu verzichten. Erst mit dieser Zusage konnten auch sie zur Unterschrift bewegt werden.

Russland, China und Indien haben sich auf dem G20-Gipfel in Neapel vom Juli 2021 mit Händen und Füßen gegen eine Verpflichtung zu einer Einsparung von CO_2-Emissionen und Einschränkungen bei der Kohleverbrennung gewehrt. Sie waren auch nicht bereit, das 1,5-Grad-Ziel anzuerkennen.[34] Allein China stößt mehr CO_2 aus als alle OECD-Länder zusammengenommen.[35]

Die USA haben sich unter dem neuen Präsidenten Joe Biden zwar wieder zu einer aktiven Politik der Vermeidung fossiler Brennstoffe bekannt, von der sich der Vorgänger Donald Trump verabschiedet hatte.[36] Zugleich hat die amerikanische Regierung aber die OPEC-Länder ermahnt, wieder mehr Öl auf die Märkte zu werfen, um die amerikanischen Verbraucher vor steigenden Ölpreisen in der Zeit nach der Epidemie zu schützen.[37] Die USA mit ihrer dezentralen Siedlungsstruktur und den riesigen Entfernungen werden sich schwertun, den im Überschwang nach dem Wahlsieg von Präsident Biden gezeigten

---

33 W. Pauw, D. Cassanmagnano, K. Mbeva, J. Hein, A. Guarin, C. Brandi, A. Dzebo, N. Canales, K. Adams, A. Atteridge, T. Bock, J. Helms, A. Zalewski, E. Frommé. A. Lindener, D. Muhammad, *NDC Explorer*, Deutsches Institut für Entwicklungspolitik, African Centre for Technology Studies, Stockholm Environment Institute, 2016, https://klimalog.die-gdi.de/ndc/#NDCExplorer/worldMap?NDC??income???catIncome. Über diesen Link kommt man zu einer Tabelle mit den Einsparverpflichtungen im Rahmen des Pariser Abkommens.

34 G20, »Presidency Statement towards the G20 Leaders Summit«, *G20 Energy and Climate Ministerial Meeting*, Neapel, 23. Juli 2021, https://www.g20.org/wp-content/uploads/2021/07/Presidency-Statement.pdf; vgl. auch A. Wysling, »Die westlichen Mächte scheitern mit ihrem verschärften Klimaziel – vorerst«, *Neue Zürcher Zeitung*, 24.7.2021, https://www.nzz.ch/wirtschaft/g-20-neapel-westen-scheitert-mit-klimaziel-an-indien-china-ld.1637262.

35 »China erstmals mit mehr CO2-Emissionen als alle Industrieländer zusammen – Pro Kopf liegen aber die USA vorn«, *Handelsblatt*, 7.5.2021, https://www.handelsblatt.com/politik/international/klimaschutz-china-erstmals-mit-mehr-co2-emissionen-als-alle-industrielaender-zusammen-pro-kopf-liegen-aber-die-usa-vorn/27169198.html?ticket=ST-3970323-KTHspfEhSnnb3fWRpD5f-ap5.

36 The White House, *Paris Climate Agreement*, Pressemitteilung, 20. Januar 2021, https://www.whitehouse.gov/briefing-room/statements-releases/2021/01/20/paris-climate-agreement/; vgl. Auch »Bidens Klimapolitik: Ein historischer Wendepunkt?«, *dw.com*, 10.11.2020, https://www.dw.com/de/bidens-klimapolitik-ein-historischer-wendepunkt-a-55554153.

37 »Amerika verlangt höhere Ölförderung von der OPEC«, *Frankfurter Allgemeine Zeitung*, 13.8.2021, Nr. 186, S. 23.

Handlungswillen auch tatsächlich gegen die Wünsche der Bevölkerung umzusetzen. Um das Thema ist es sehr still geworden in den USA, denn auch Präsident Biden muss respektieren, dass die Amerikaner vom Öl nicht lassen wollen. Wenn man alles zusammennimmt, werden die bereits getroffenen energiepolitischen Entscheidungen der EU-Länder auf die europäische Wirtschaft wie die einer Super-OPEC wirken, die zusätzlich zum Öl auch noch die anderen fossilen Energiequellen und im Falle Deutschlands auch noch die Kernkraft begrenzt. Die EU-Länder haben mit einer unilateralen Aktion, die die allermeisten anderen Länder der Welt nicht mitmachen, eine Politik von zweifelhaftem Nutzen für das Weltklima beschlossen, die darauf hinausläuft, der eigenen Wirtschaft zugunsten der anderen Wirtschaftsräume der Welt den Energiehahn weitgehend abzudrehen. Die Ölkrisen der 1970er Jahre könnten sich im Nachhinein einmal als harmlose Episoden beim Niedergang Europas erweisen, denn deren Effekte waren moderat im Vergleich zu der Strangulierung der Industrie, die speziell der von Deutschland geplante Totalausstieg aus allen konventionellen Energiequellen bedeutet.

Hoffentlich gilt das nicht auch für die Inflation. Die Materialknappheit am Ausgang der Coronakrise und der dadurch induzierte Kostenschub werden für sich genommen vermutlich nur einen temporären Inflationsschub bedeuten, der nur einen mäßigen Anstieg der Inflationserwartungen etabliert. Die Selbstkasteiung durch die unilaterale Klimapolitik der Europäer wird jedoch, wenn es bei den bisherigen Festlegungen bleibt, in den kommenden Jahren vielfältige neue Anstöße für Inflationseffekte mit sich bringen. Das könnte eine lange zweite Inflationswelle auslösen, die wesentlich dauerhafter als die zweite Preiswelle während der 1970er Jahre ist.

Wie erläutert, führte vor allem die zweite Ölkrise zu exorbitanten Preissteigerungen und änderte die Inflationserwartungen der Bürger nachhaltig, was große Selbstverstärkungseffekte auf die Inflation hervorrief, die von der Federal Reserve Bank zum Schluss nur noch mittels einer Gewaltbremsung mit zweistelligen Zentralbank-Zinssätzen unter Kontrolle gebracht werden konnte.

Kinderarmut als Inflationsrisiko

Es kommt mittelfristig eine weitere Inflationsgefahr hinzu, die mit der Demografie zu tun hat. In Kapitel 7 war schon dargelegt worden, wie stark die deutsche Alterspyramide verzerrt ist. Die Babyboomer, die um das Jahr 1964 geboren wurden, und die Jahrgänge im Bereich der maximalen Ausbuchtungen in der Alterspyramide (Abbildung 7.3) sind im Jahr 2021 bereits um die 57 Jahre alt. Viele von denjenigen, die vor 1964 geboren wurden, werden ab der zweiten Hälfte der 2020er Jahre abschlagsfrei in die Rente gehen, weil sie dann das graduell von 63 auf 65 Jahre steigende Mindestalter erreicht und 45 Beitragsjahre hinter sich gebracht haben. Die ab 1964 Geborenen werden mit Abschlägen dann auch schon Rente erhalten. Ohne Abschläge dürfen sie erst mit 67 Jahren Rente beziehen, das heißt in den Jahren ab 2031.

Das alles wäre kein Problem, wenn die neuen Rentner in der produktiven Phase ihres Lebens für genügend Nachwuchs gesorgt hätten, der inzwischen im Erwerbsleben steht und dort seinen Platz als Produzenten und Finanziers des Staates einnimmt. Das aber ist nun einmal nicht der Fall (Abbildung 7.2). Offenbar ging die Fertilitätsrate, also die Zahl der Kinder pro Frau, mit der Erfindung der Anti-Baby-Pille schon in den 1970er Jahren rapide zurück und verblieb seitdem auf einem Niveau, das bei weitem nicht mehr zur Reproduktion der Bevölkerung ausreicht. Und wie die Alterspyramide selbst zeigt, haben auch die vielen Immigranten, die seitdem kamen, nicht einmal quantitativ einen ausreichenden Ersatz am Arbeitsmarkt bedeutet.

In den meisten anderen europäischen Ländern ist die Sachlage ähnlich. Auch dort machte sich der Pillenknick bemerkbar, wenn auch meistens mit Verzögerung. Die Verzögerung ergibt sich dadurch, dass die »Pille« in Deutschland von Schering erfunden wurde und früher als anderswo auf den Markt kam. Nur Frankreich ist wegen der energischen Fertilitätspolitik, die es schon lange betreibt, eine gewisse Ausnahme. Das Land hat es als einziges geschafft, sich dem demografischen Trend zu widersetzen.

Der Eintritt der Babyboomer in das Rentenalter bedeutet einen Inflationsschub, weil einerseits das Produktionspotenzial nebst der originären Arbeitseinkommen vom Rückgang der Erwerbstätigkeit beeinträchtigt wird und weil die Rentner andererseits weiterhin konsumieren. Man kann dazu, wenngleich ohne zusätzlichen Erkenntnisgewinn, sagen, dass die Sparquote fällt. Wenn es lange Zeit eine deflationäre Lücke gegeben hat, weil aus den Einkommen nicht genug konsumiert wurde, wird diese Lücke spätestens im Zuge der Verabschiedung der Babyboomer aus dem Produktionsprozess verschwinden.

In der Tat lässt sich dieser Zusammenhang offenbar empirisch belegen. So zeigen zwei Autoren der finnischen Nationalbank aufgrund eines Datensatzes mit 22 Ländern, der die Zeitspanne von 1955 bis 2014 umfasst, dass es einen signifikanten Zusammenhang zwischen der Höhe der Inflationsrate und der Alterung der Bevölkerung gibt.[38] Und was in der Vergangenheit bei vergleichsweise geringfügigen Änderungen der Altersstruktur bereits sichtbar wurde, dürfte sich angesichts der massiven Verwerfungen auf dem Arbeitsmarkt, die in wenigen Jahren bevorstehen, mit noch größerer Deutlichkeit bei den Preisen und beim Wirtschaftsgeschehen zeigen.

Wenn die Amerikaner bremsen und die Europäer nicht: Abwertung und Inflationsschub

Ein weiterer Treibsatz für die Inflation wird sich vermutlich aus dem Zusammenwirken der Notenbanken der westlichen Länder ergeben. Schon die Geschichte des QE, also im Wesentlichen der großvolumigen Käufe der Staatspapiere, hat gezeigt, dass Notenbanken voneinander lernen, wenn nicht sogar abgestimmt handeln. Maßnahmen, die zuvor für kaum denkbar gehalten wurden, konnten aufgrund koordinierter Aktionen gegenüber der nationalen Öffentlichkeit durchgesetzt werden, weil eine jede darauf verweisen konnte, dass die andere es auch tut. Man kann auch sagen, Notenbanken bildeten Kartelle zur Koordination ihrer Geldpolitik.

Es sind Szenarien denkbar, bei denen die Notenbanken auf eine kommende Inflation nicht oder nur wenig reagieren, um die günstige Finanzierung der jeweiligen Staaten aus den nationalen Druckerpressen aufrechtzuerhalten. Einer möglichen Kritik kann man jederzeit mit dem Hinweis darauf begegnen, dass es die anderen Notenbanken auch so machen.

Es ist freilich auch denkbar, dass die US-Fed vorangeht und die Europäische Zentralbank nur zögerlich folgt, weil sie Gefahren für die Finanzierung der überschuldeten Staaten der Eurozone sieht, die so nicht in den anderen Wirtschaftsräumen der Welt bestehen. In einem solchen Fall gäbe es zusätzliche Konsequenzen für den Außenwert des Euro und die Inflation in Europa. Auch hierzu bietet die große Inflation der 1970er Jahre ein Lehrstück.

---

38 Siehe M. Juselius und E. Kakáts, »The Age-Structue-Inflation Puzzle«, *Bank of Finland Discussion Paper* 4, 2016, https://ssrn.com/abstract=2759780 und Ch. Goodhart and M. Pradhan, *The Great Demographic Reversal: Ageing Societies, Waning Inequality, and and Inflation Revival*, Palgrave Macmillan: Cham 2020.

Als Notenbankchef Paul Volcker 1979 direkt nach seinem Amtsantritt die Zinsen erhöht hatte, um die gesamtwirtschaftliche Nachfrage zu zügeln und den Inflationstrend zu brechen, reagierte die Wirtschaft so heftig, dass sich der im darauffolgenden Jahr neu gewählte Präsident Ronald Reagan genötigt sah, mit einem Programm der steuerlichen Investitionsförderung, dem Accelerated Cost Recovery Program, massiv dagegenzuhalten.[39] Das Programm half, die Konjunktur zu stabilisieren, führte jedoch zu weiteren Zinserhöhungen, weil die Unternehmen nun in die Lage versetzt wurden, wesentlich höhere Zinsen zu zahlen. Die Zinserhöhungen machten Anlagen in US-Wertpapieren für Finanzinvestoren aus aller Welt interessant und führten zu einer starken Dollar-Aufwertung gegenüber anderen Währungen, deren Notenbanken nicht bereit waren, der Zinspolitik der USA in vollem Umfang zu folgen. Während der Dollar noch im Jahre 1979 für 1,70 DM zu haben war, musste man im Jahr 1982 schon 2,30 DM und im Februar 1985 über 3,40 DM dafür zahlen. Ähnlich war es in Relation zu den meisten anderen Währungen der Welt.

Die Dollar-Aufwertung brachte viele Banken der Welt, besonders solche in den Entwicklungs- und Schwellenländern, in Schwierigkeiten, weil sie Dollar-Kredite aufgenommen hatten. Da sie ihre Bilanzen in heimischer Währung aufzustellen hatten, mussten sie nun plötzlich auf der Passivseite der Bilanzen viel höhere Beträge für ihre Schulden verbuchen. Das verringerte das noch verbleibende rechnerische Eigenkapital und trieb viele von ihnen in den Konkurs. Dies ist die Erklärung für die lateinamerikanische Schuldenkrise der frühen 1980er Jahre, die in den Jahren ab 1982 Länder wie Mexiko, Brasilien, Argentinien, Chile und Peru in den Abgrund zog und dort Staatskonkurse auslöste.[40]

Sollten in der nun vermutlich anstehenden Inflation in den westlichen Ländern die US-Fed und die EZB ihre Zinsen nicht im Gleichschritt erhöhen, weil der EZB-Rat auf die hoch verschuldeten und wirtschaftlich angeschlagenen Länder des Mittelmeerraums Rücksicht nimmt, dann käme es auf dem Weltkapitalmarkt abermals zu einem Run auf Dollars und auf in Dollar

---

39 Es handelte sich um ein Programm der Fast-Sofort-Abschreibung, das die Rentabilität der Investitionen stark verbesserte und die Unternehmen in die Lage versetzte, wesentlich höhere Zinsen zu bezahlen. Siehe H.-W. Sinn, »Die Bedeutung des Accelerated Cost Recovery System für den internationalen Kapitalverkehr«, *Kyklos* 37, 1984, S. 542–576, https://www.hanswernersinn.de/de/publ/fachzeitschriften-acc-cost-recov-sys-kyklos-1984.

40 J. Cruces und C. Trebesch, »Sovereign Defaults: The Price of Haircuts«, *CESifo Working Paper* 3604, Oktober 2011, https://www.ifo.de/DocDL/cesifo1_wp3604.pdf.

denominierte Papiere. Eine Aufwertung des Dollar oder, was dasselbe ist, eine Abwertung des Euro wäre die Folge.

Man muss nun zwar nicht befürchten, dass Europas Banken in ähnliche Schwierigkeiten kommen wie seinerzeit die Banken der Entwicklungsländer, denn auf Dollar denominierte Auslandsschulden sind hierzulande unüblich. Doch ergibt sich eine weitere Inflationsgefahr, weil als Folge der Abwertung des Euro sämtliche Importpreise steigen. Das würde sich sofort und unmittelbar in den Verbraucherpreisen der Eurozone niederschlagen, weil dieser Index auf der Basis eines Warenkorbes gemessen wird, in den die importierten Konsumgüter eingehen. Ferner würden sich die Preise importierter Zwischenprodukte heimischer Hersteller erhöhen, was auch diese Hersteller veranlassen würde, ihrerseits die Preise zu erhöhen.

Exporteure könnten nun höhere Europreise für ihre Exportware verlangen, ohne dass ihnen Kunden abspenstig gehen, weil die ja in der aufgewerteten ausländischen Währung zahlen. Die Gewerkschaften könnten in einer solchen Situation von den Exportfirmen schadlos höhere Löhne verlangen.

Von den anderen Firmen im Bereich der Binnensektoren würden die Gewerkschaften Lohnerhöhungen verlangen, um die Preissteigerungen der Importgüter zu kompensieren. Viele Firmen der Binnensektoren wären in einer solchen Situation auch von sich aus bereit, höhere Löhne zu zahlen, um einer Abwanderung ihrer Arbeitskräfte in die Exportsektoren vorzubeugen. Aus all diesen Gründen würde sich über den Wechselkurseffekt ein Inflationsimpuls ausbreiten, der alle Wirtschaftsbereiche erfasst.

Klare Anzeichen dafür, dass die EZB zu einer expansiveren Geldpolitik neigt als ihr US-amerikanisches Pendant, wurden in diesem Buch bereits dargelegt. So sei in Erinnerung gerufen, dass die Geldmenge relativ zur Wirtschaftsleistung in Europa viel schneller erhöht wurde als in den USA (Abbildung 8.3) und dass die Zinsen der zehnjährigen Staatspapiere in der Coronakrise in Europa viel weiter abgesenkt wurden als in den USA (Abbildung 8.1). Selbst Griechenland und Italien, beides Staaten mit extrem hohen Schuldenbeständen (Abbildung 6.1) und einer zweifelhaften Bonität, haben am aktuellen Rand niedrigere Zinsen als die USA. Das alles begründet die Befürchtung, dass die EZB auf eine kommende Inflation weniger energisch mit Bremsmanövern reagieren wird als die Fed und dass es auch über eine Abwertung des Euro zu einer Beschleunigung der Inflation in der Eurozone kommen könnte.

13. Den Gefahren entkommen

Die große Inflation muss vermieden werden • *Die Inflation vor 100 Jahren* • *Andere Inflationen in der Geschichte* • *Die Gefahr der Zombifizierung à la Japan* • *Wird Südeuropa nun zu einem großen Mezzogiorno?* • *Was nun zu tun ist*

Das Eurosystem hat sich in eine Sackgasse hineinmanövriert, aus der ein Ausweg im Einvernehmen mit den hoch verschuldeten Ländern der Eurozone kaum zu finden ist. Es besteht deshalb die Gefahr, dass die Eurozone sich einreiht in die lange Geschichte der Inflationen, von denen die Menschheit immer wieder gepeinigt wurde. Es besteht allerdings auch die Gefahr einer durch die niedrigen Zinsen und fortgesetzte Rettungsaktionen ausgelösten Zombifizierung der Wirtschaft nach dem Muster Japans, das seit über drei Jahrzehnten Zinssätze und Wachstumsraten von nahe null aufweist. Beide Gefahren lassen es ratsam erscheinen, sofort innezuhalten und den Rückweg zu einer normalen Geldpolitik mit großem Nachdruck durchzusetzen, damit Europa wieder gesunden kann.

Die große Inflation muss vermieden werden

Wie in Kapitel 9 teilweise schon dargelegt, wäre eine große Inflation ein schreckliches Ereignis für die deutsche Gesellschaft,

- weil sie die untere Mittelschicht, die ihr Vermögen in nominalwertgesicherten Sparformen angelegt hat, kalt enteignet und damit die Gesellschaft destabilisiert,

- weil sie das Stiftungsvermögen und die betriebliche Altersvorsorge entwertet, die großenteils mündelsicher und damit zu Festzinsen angelegt sind,
- weil sie alle nominalwertgesicherten Einkommensströme wie Löhne, Gehälter, Pensionen, Mieteinnahmen und Renten zumindest bis zur Neuverhandlung der entsprechenden Kontrakte entwertet,
- weil sie den Realwert ihrer Targetforderungen von über 1.000 Milliarden Euro vermindert,
- weil sie langfristige Festzinskontrakte erschwert und dadurch die Investitionen behindert, da weder Gläubiger noch Schuldner wissen, worauf sie sich in realer Rechnung einlassen,
- weil sie eine Scheinzinsbesteuerung induziert, die dazu führen kann, dass der Staat mehr als die realen Zinserträge wegsteuert,
- weil sie eine Scheingewinnbesteuerung induziert, indem die erlaubten Abschreibungen nicht mehr zum Kapitalerhalt ausreichen,
- weil sie in einem nominal definierten System der progressiven Einkommensteuer immer höhere reale Steuerlasten impliziert, auch wenn die Wirtschaft gar nicht wächst, und vor allem
- weil sie die Menschen veranlasst, zumindest teilweise auf die Liquiditätsdienste des Geldes als das zentrale Transaktionsmittel zu verzichten, mithilfe dessen die Arbeitsteilung ermöglicht und der Realtausch Ware gegen Ware vermieden wird.

Ob es zu einer solchen Inflation kommt, hängt nicht nur, aber auch von den Politikentscheidungen der EZB und der Regierungen der Eurozone ab, die zum Ausgang dieses Kapitels diskutiert werden. Sorgen bereitet,

- dass die Geldmenge gegenüber dem, was sich relativ zur Wirtschaftskraft in der Eurozone kurz vor dem Beginn der Finanzkrise schon einmal als ausreichend erwiesen hat, versechsfacht wurde und damit wesentlich schneller wuchs als die Geldmenge der USA,
- dass es wegen der Überladung der Bilanzen der Notenbank mit Staatspapieren keine legale Bremse gegen eine Inflation mehr gibt bzw. die Bundesrepublik gezwungen werden könnte, einer endgültigen Monetisierung und faktischen Sozialisierung der Staatspapiere zuzustimmen, indem eine Kreditaufnahme der EZB bei den Banken an die Stelle eines Rückverkaufs der Staatspapiere tritt,

- dass Deutschland eine sehr expansive Fiskalpolitik betrieben hat, die der US-amerikanischen kaum nachsteht und erhebliche Nachfrageimpulse auslöst,
- dass eine im Vergleich zu den USA verzögerte Rückkehr zu höheren Zinsen eine Euroabwertung und eine importierte Inflation zur Folge hätte,
- dass sich im Ausklang der großen Coronawellen und auch wegen des von der Coronakrise fast unberührten Immobilienbooms bereits massive Inflationstendenzen im Bereich der industriellen Erzeugerpreise zeigen, welche die Ölpreisschocks der 1970er Jahre übertreffen,
- dass das baldige Ausscheiden der Babyboomer aus dem Arbeitsprozess zu einer preistreibenden Angebotsverknappung führen könnte,
- dass eine Lohn-Preis-Spirale wie in den 1970er Jahren in Gang kommen könnte,
- dass der beschlossene Ausstieg aus der Kohle, dem Gas, dem Öl und der Kernkraft eine Kostenspirale in Gang setzt, die die Ölpreisschocks und die daraus entstandene große Inflation der 1970er Jahre in den Schatten stellt, und
- dass der EZB-Rat den Willen vermissen lässt, eine etwaige Inflation energisch zu bekämpfen.

Es könnte sich aufgrund solcher Effekte eine Inflation wie in den 1970er Jahren ergeben. Dafür ist die Wahrscheinlichkeit nicht gering.

Die größte Sorge ist freilich, dass das Eurosystem irgendwann so verzerrt und zerrüttet ist, dass aufgrund der beschriebenen Anstoßeffekte und der Zerstörung der Inflationsbremse eine galoppierende Inflation, wenn nicht gar eine Hyperinflation in Gang kommt, wie sie am Ausgang der Spanischen Grippe vor 100 Jahren in Deutschland stattfand. Naturgemäß ist ein solches Extremereignis nur bedingt wahrscheinlich, wie die meisten Extremereignisse nur bedingt wahrscheinlich sind.

Den Ausdruck »bedingt wahrscheinlich« hat der wissenschaftliche Dienst des Deutschen Bundestages im Jahr 2012 für eine Epidemie von der Art der SARS-Epidemie in Deutschland benutzt.[1] Nach seiner Klassifikation wird damit eine Naturkatastrophe bezeichnet, die »statistisch in der Regel einmal in einem Zeitraum von 100 bis 1.000 Jahren eintritt«. Dabei seien eher mildere Verläufe bei einer kurzen und eher gravierendere Verläufe bei einer langen Zeitspanne zu erwarten.[2] Mit der statistischen Häufigkeit solcher Ereignisse, so der Dienst, sei nicht eine erwartbare Regelmäßigkeit gemeint in dem Sinne, dass, wenn ein bestimmtes Ereignis bereits vor kurzem stattfand, es nicht sofort wieder stattfinden könne. Vielmehr ist mit den genannten Zeitspannen ein Mittelwert gemeint, der sich bei einer Beobachtung über sehr lange Zeiträume theoretisch ergeben würde. Der Dienst wollte im Übrigen mit dem Begriff »bedingt wahrscheinlich« keineswegs die Irrelevanz der beschriebenen Gefahr zum Ausdruck bringen. Das Gegenteil ist der Fall. Nachdem er die Infektionswellen und die Gefahren für die Gesundheit der Menschen sowie die Stabilität der Gesellschaft geradezu hellseherisch und minutiös so beschrieben hatte, wie sie dann auch wenige Jahre später stattfanden, wies er auf die Notwendigkeit von umfangreichen Vorsorgemaßnahmen hin, und er tat das zu einem Zeitpunkt, an dem die Gefahr noch keineswegs virulent war.

Hätten der Bundestag und die deutsche Regierung den Bericht auch nur halbwegs ernst genommen, dann hätte es das Chaos und die Versorgungsengpässe in den ersten Monaten der Pandemie nicht gegeben.

Bei der Inflation könnte es wieder so ähnlich kommen, denn ausgeschlossen ist eine galoppierende Inflation nicht. Zu groß ist der Geldhunger der

---

1 Bericht zur Risikoanalyse im Bevölkerungsschutz 2012, Deutscher Bundestag, *Drucksache* 17/12051, 17. Wahlperiode 3.1.2013, zugeleitet mit Schreiben des Bundesministeriums des Innern vom 21. Dezember 2012 gemäß § 18 Absatz 1 und 2 des Gesetzes über den Zivilschutz und die Katastrophenhilfe des Bundes. Unterrichtung durch die Bundesregierung, Abschnitt 2.3: Risikoanalyse »Pandemie durch Virus ›Modi-SARS‹«, S. 5, 6 und besonders S. 55–86, https://dserver.bundestag.de/btd/17/120/1712051.pdf.

2 Vgl. ebenda, S. 14 und 56. Zum Verständnis dieser Klassifikation führt der Dienst aus: »Es handelt sich hierbei um statistische Jährlichkeitswerte, die so zu verstehen sind, dass mit zunehmender Seltenheit auch die zu erwartende Intensität des Ereignisses zunimmt. So sind beispielsweise bei einem 10-jährlichen Sturmereignis geringere Schäden zu erwarten als bei einem 100-jährlichen. Allerdings sagt die statistische Jährlichkeit nichts darüber aus, in welchen zeitlichen Abständen ein entsprechendes Ereignis tatsächlich stattfindet. So kann es beispielsweise vorkommen, dass innerhalb eines Jahrzehnts mehrere Ereignisse der Größenordnung ›100-jährlich‹ auftreten (Beispiel: ›Jahrhunderthochwasser‹ des Rheins in Köln 1993 und 1995).«

Regierungen, die darauf bauen, dass die Notenbanken ihre Staatspapiere erwerben und die Zinsen niedrig halten. Und zu klein ist die Gruppe der stabilitätsorientierten Mitglieder des EZB-Rates, als dass sie in der Lage wären, einen rechtzeitigen Kurswechsel durchzusetzen. Diese Mitglieder müssten sich schon zu drastischen Protestaktionen aufraffen, die, wie seinerzeit bei Axel Weber und Jürgen Stark, Konsequenzen für die persönliche Karriere hätten, und auch dann wäre der Erfolg mehr als ungewiss. Die EZB ist und bleibt in der Hand derjenigen Länder, die in einer moderaten Inflation die Lösung ihrer eigenen Finanzprobleme erblicken und die Gefahr des Umschlagens von einer moderaten und von ihnen gewünschten Inflation zu einer galoppierenden Inflation vorläufig als vernachlässigbar einschätzen.

Die Inflation vor 100 Jahren

Auch bei der großen deutschen Inflation, die während des Ersten Weltkriegs und in den ersten Jahren der Weimarer Republik stattfand, konnte sich die Regierung nicht dazu durchringen, im Hinblick auf mögliche Inflationsgefahren auf die Finanzierung aus der Druckerpresse zu verzichten. Die Reichsbank finanzierte damals den Staat, indem sie seine Schatzwechsel revolvierend diskontierte und trotz der kurzen Fristigkeit solcher Wechsel einen immer größeren Bestand davon akkumulierte. Keineswegs wollte sie die große Inflation erzeugen, die zum Schluss dabei herauskam und zur Zerrüttung des Staatswesens führte. Vielmehr kam die Inflation zustande, weil man andere Zielsetzungen mit der ausufernden Geldmengenvermehrung verfolgte und die Gefahren für den Geldwert nicht sah oder angesichts der drängenden Finanznot nicht sehen wollte.

Zu diesen Zielsetzungen gehörte es auch, die Reparationsleistungen erbringen zu können. Da die Regierung außerstande war, die geforderten Reparationen als Sachleistungen zu liefern, beharrte sie gegenüber den Siegermächten darauf, mit Geld zahlen zu dürfen, das sie großenteils von der Reichsbank drucken ließ und das dann auf dem Devisenmarkt gegen ausländische Währung umgetauscht wurde.[3] Die Konsequenz war eine beständige Abwertung der Mark und dementsprechend eine importierte Inflation, die von einer heimischen Lohn-Preis-Spirale begleitet war. Die Spirale endete erst, als der Wert

---

3   Siehe G. D. Feldman, *The Great Disorder: Politics, Economics, and Society in the German Inflation, 1914–1924*, Oxford University Press: New York und Oxford 1993, Teil IV.

der Papierwährung 1923 beim Wert des Papiers selbst angekommen war und keiner mehr gewillt war, sich in Mark bezahlen zu lassen. Insgesamt stiegen die Produktpreise vom Vorkriegsjahr 1913 bis zum Jahr 1923 auf das 1,25-Billionenfache, wobei der Löwenanteil auf die letzten Monate vor dem Kollaps der Währung entfiel.[4]

Erst mit der im Jahr 1923 neu herausgegebenen Rentenmark konnte die Inflation gestoppt werden, weil sie mit Zwangshypotheken auf Grundstücken gedeckt und insofern nicht leicht vermehrbar war. Die Rentenmark wurde von der neu gegründeten Rentenbank ausgegeben und war mit dem Versprechen verbunden, sie auf Verlangen jederzeit in Rentenbriefe, die auf Goldmark lauteten, umzutauschen. Auch die Neuvereinbarung der Reparationsleistungen und die Deutschland gewährte Möglichkeit der Kreditaufnahme im Dawes-Plan von 1924 trugen zur temporären Stabilisierung des deutschen Finanzwesens bei.

Die Rentenmark ersetzte die Mark faktisch, doch zunächst nicht rechtlich. Eine neue rechtlich gültige Währung im Sinne eines gesetzlichen Zahlungsmittels wurde erst ein Jahr später mit der Reichsmark eingeführt, die formell einen festen Kurs zum Gold hatte und die Rentenmark ergänzte.

Wegen ihrer zumindest fiktiven Golddeckung war die Reichsmark nicht mehr inflationär und brachte in den Jahren der Weltwirtschaftskrise von 1929 bis 1933 sogar eine Deflation hervor. Erst unter dem Einfluss der neuerlichen Kriegsvorbereitungen und nach der Beendigung des Goldstandards begann sie ab etwa 1936 selbst zu inflationieren. Durch umfangreiche Preisstopps konnte diese zweite deutsche Inflation im 20. Jahrhundert zwar beendet werden, doch verlor die Reichsmark dadurch insofern an Wert, als man immer weniger Waren für sie kaufen konnte, weil die Firmen das Interesse an der Produktion verloren.[5]

Im Jahr 1948, nach dem verlorenen Krieg, wurden Reichsmarkkonten dann im Westen zu einem Verhältnis 6,5 zu 100 in D-Mark umgetauscht.[6] Im Osten wurde die Reichsmark zu einem Betrag von maximal 70 Einheiten eins zu eins zunächst in eine Kuponmark umgewandelt, die anschließend in

---

4 Vgl. hier und im Folgenden O. Pfleiderer, »Die beiden großen Inflationen unseres Jahrhunderts und ihre Beendigung«, in: P. Hampe, Hrsg., *Währungsreform und Soziale Marktwirtschaft*, Olzog-Verlag: München 1989, S. 26–33, hier S. 27.

5 Vgl. R. Gaettens, *Inflationen. Das Drama der Geldentwertungen vom Altertum bis zur Gegenwart*, Richard Pflaum Verlag: München, Kapitel 12, sowie O. Pfleiderer, »Die beiden großen Inflationen ...«, a.a.O.

6 Ebenda, S. 30.

die neu eingeführte Mark der DDR umgetauscht wurde. Die Mark der DDR wurde alsdann nach dem Fall der Mauer zum 1. Juli 1990 in D-Mark transferiert, und die D-Mark machte schließlich im Jahr 1999 dem Euro Platz.

Betagte Bürger der neuen Bundesländer, die vor dem Ersten Weltkrieg geboren wurden, durften in ihrem Leben sechs Währungen nebst den jeweiligen politischen Regimes und ihrer herrschenden Ideologie bejubeln: die Mark, die Rentenmark, die Reichsmark, die Mark der DDR, die D-Mark und den Euro. Den Altersgenossen im Westen blieb eine der sechs »Jubelrunden« erspart.

Abbildung 13.1 zeigt einen im November 1923 durchaus üblichen Geldschein, der aber schon wenige Monate später nicht mehr wert war als das Papier, auf das er gedruckt war.

Abbildung 13.1: Ein Geldschein aus der Zeit der deutschen Hyperinflation

Es besteht heute unter allen beteiligten Politikern und Zentralbankern Einigkeit, dass es in Europa nicht noch einmal zu einer galoppierenden Inflation oder gar einer Hyperinflation kommen darf. Keiner will so etwas. Uneinigkeit besteht jedoch bei der Frage, wie wahrscheinlich die Gefahr dafür ist und wie früh man deshalb die Zügel der Geldpolitik straffen sollte, denn die Interessenlagen sind sehr unterschiedlich. Schließlich hilft ja auch ein bisschen Inflation den Schuldnerländern ganz enorm, ähnlich wie es die in Kapitel 9 untersuchten Nominalzinssenkungen taten, ohne dass es deshalb schon zum Systemversagen und größerem Aufruhr kam.

Dennoch sollten sich alle Beteiligten gedanklich auch mit den Extremszenarien, so abstrakt sie vorläufig erscheinen mögen, auseinandersetzen, um Klarheit darüber zu gewinnen, was im schlechtesten Fall auf dem Spiel steht. Die Kosten einer lockeren Geldpolitik werden nämlich nicht nur durch die geringe Wahrscheinlichkeit einer galoppierenden Inflation, sondern auch durch die mit einer solchen Inflation verbundenen riesigen gesellschaftlichen und wirtschaftlichen Schäden bestimmt. Die Größe einer Gefahr ist das Produkt aus der Eintrittswahrscheinlichkeit und der Größe des möglichen Schadens. Die erste Komponente dieses Produkts mag beim Inflationsthema klein sein, doch die zweite ist riesig.

Nicht nur der in der Einleitung schon erwähnte Stefan Zweig hat in seiner Autobiografie in aller Deutlichkeit geschildert, wie der Zerrüttungsprozess des zivilen Wirtschaftslebens in der großen deutschen Inflation vonstattenging, und die Meinung vertreten, nichts hätte die Deutschen »so hitlerreif« gemacht wie diese Inflation. Auch das voluminöse, über 1000 Seiten starke Standardwerk zur deutschen Hyperinflation, das von dem jüdisch-amerikanischen Historiker Gerald D. Feldman im Jahr 1993 veröffentlicht wurde, betont die Rolle der Inflation für die Zerrüttung der Weimarer Republik und der deutschen Gesellschaft. Zwar sei die Weltwirtschaftskrise mit der dabei entstandenen Massenarbeitslosigkeit und den Lohnsenkungen der akute Grund dafür gewesen, dass Hitler im Januar 1933 die Macht ergreifen konnte.[7] Doch habe die Inflation mit der Verarmung des Kleinbürgertums inklusive der Rentner und Pensionäre weite Teile der Gesellschaft schon zehn Jahre früher gegen das System aufgebracht und damit für Hitler empfänglich gemacht. Ausführlich schildert Feldman die Schmach und Erbitterung derer, die nach der Entwertung ihres Finanzvermögens, ihrer Löhne und Pensionen gezwungen waren, ihre persönlichen Pretiosen an Wucherer zu verkaufen, um über die Runden zu kommen.[8]

Der Hitler-Ludendorff-Putsch vom November 1923 scheiterte zwar, doch muss er vor dem Hintergrund der gesellschaftlichen Zerrüttung durch die Inflation gesehen werden, die ein solches Unterfangen überhaupt erst aussichtsreich erscheinen ließ.[9] Auch erste Ausschreitungen gegen Juden hatte es

---

7   Ebenda, S. 854. Ähnlich H.-W. Sinn, *Der Euro: Von der Friedensidee zum Zankapfel*, Hanser: München 2014, S. 179–186: »Gefangen im Euro: Das Drama der Deflation«.
8   G. D. Feldman *The Great Disorder* ..., a.a.O., S. 555 ff.
9   Ebenda, S. 778 und passim.

kurz vor dem Putsch bereits im Berliner Scheunenviertel gegeben.[10] Es wäre insofern ein großer Fehler, das Hochkommen der Nazis allein mit der Massenarbeitslosigkeit während der großen Weltwirtschaftskrise zu erklären. Die tieferen Ursachen lagen stattdessen ganz eindeutig bei der großen Inflation, die die deutsche Gesellschaft zerrüttet und in Aufruhr versetzt hatte. Feldman schließt sein letztes Kapitel, das die Überschrift »From Geldmenschen to Hitlermenschen« trägt, mit den Worten:

> »Surely, the German inflation is one important reason why so many Germans defaulted not only on democracy but also on civilization itself.«

oder in meiner Übersetzung:

> »Sicherlich ist die deutsche Inflation ein wichtiger Grund dafür, dass so viele Deutsche nicht nur die Demokratie aufgaben, sondern auch die Zivilisation selbst.«

Andere Inflationen in der Geschichte

Die Inflation zur Zeit der Weimarer Republik war ein besonders heftiges, aber keineswegs singuläres Ereignis. Im Laufe der Kulturgeschichte der Menschheit hatten viele Länder unter Inflationen zu leiden gehabt, wenn sie auch nicht so extrem waren wie die deutsche Hyperinflation. Stets hatten diese Inflationen ihre Ursache darin, dass den Herrschern das Geld ausging und sie ihre Untertanen nicht mit zusätzlichen Steuern belasten konnten oder wollten. Die bequemere Lösung, die scheinbar niemandem wehtat, bestand darin, bei vermindertem Silbergehalt mehr Münzen zu prägen oder auch, sofern die Technik schon so weit war, neue Banknoten zu drucken und den Staat damit zu finanzieren. Das ging anfangs gut, doch merkten die Menschen bald, dass dem vielen neuen Geld nicht genug Güter gegenüberstanden und dass der Geldwert allmählich erodierte. Dann versuchten sie, der Erosion durch den Verzicht auf Geldhorte und den Kauf von Gütern zuvorzukommen, was aber bestenfalls individuell gelang, während tatsächlich die Erosion nur noch beschleunigt wurde.

---

10 Ebenda, S. 780.

Schon im Römischen Reich gab es eine langanhaltende, über mehr als ein Jahrhundert während Inflation, weil der Silbergehalt der Sesterzen laufend verringert wurde. Allein unter Kaiser Gallienus erhöhte sich der Silberpreis in nur 15 Jahren, von 253 bis 268 a. D., auf das Vierfache,[11] was einer Jahresinflationsrate von knapp 10 % entspricht. Gallienus war in endlose Kämpfe mit germanischen Stämmen verstrickt, die überall in das Reich einfielen, und bezahlte seine vielen Kriege mit der Prägung von noch viel mehr Münzen, als seine Vorgänger es taten. Diokletian, der 16 Jahre nach Gallienus an die Macht kam, bereitete der Inflation ein Ende, indem er mit dem Argenteus eine neue stabile Währung einführte, doch war das Geldwesen auch in den nachfolgenden Jahrhunderten immer wieder neuen Erosionsprozessen ausgesetzt.

Karl der Große hat mit der Neugründung des Römischen Reiches nicht nur eine lange und schwierige Phase politischer Unsicherheit beseitigt, sondern auch für wirtschaftliche Stabilität gesorgt, indem er seinen Sohn Ludwig schwören ließ, den Edelmetallgehalt der Münzen niemals zu verschlechtern. Auch seine karolingischen Nachfolger hielten sich an diese Regel.[12] Über die späteren Jahrhunderte hinweg verschwand jedoch diese Tugend wieder, und immer wieder griffen die Potentaten der Geschichte auf die Möglichkeiten der öffentlichen Falschmünzerei zurück, um ihren Hofstaat zu bezahlen.

Eine denkwürdige Episode in der deutschen Geschichte ist die Zeit der Schinderlinge. Schinderlinge wurden jene Pfennige der Habsburger Monarchie genannt, die ihres Silbergehaltes weitgehend beraubt waren und fast nur noch aus Kupfer, Zinn und Blei bestanden, so dass sie mit der Zeit schwarz anliefen und unansehnlich wurden. Sie waren von dem Habsburger Albrecht VI. in Umlauf gebracht worden, um seine Söldnerheere im Kampf gegen seinen Bruder Friedrich III. zu bezahlen. In nur zwei Jahren, von Ende 1458 bis Ende 1460 stieg der Preis eines Gulden in Einheiten der Pfennige bald auf das 12-Fache.[13] Das entsprach einer durchschnittlichen jährlichen Inflationsrate von 246 %.

---

11 Berechnet aus H.-J. Drexhage, H. Konen und K. Ruffing, *Die Wirtschaft des Römischen Reiches (1.–3. Jahrhundert): Eine Einführung*, Akademie Verlag: Berlin 2002, S. 206 und 305.
12 Nach R. Gaettens, *Inflationen …*, a.a.O., S. 302. Vgl. auch A. Rugina, *Geldtypen und Geldordnungen*, Kohlhammer: Stuttgart und Köln 1949.
13 R. Gaettens, *Geschichte der Inflation: Vom Altertum bis zur Gegenwart*, Battenberg Verlag: München 1982, S. 44, sowie K. Langmaier, *Erzherzog Albrecht VI. von Österreich (1418–1463): Ein Fürst im Spannungsfeld von Dynastie, Regionen und Reich*, Böhlau Verlag: Köln 2015, S. 502 ff. Vgl. W. Bareis und N. Nauhauser, *Lexikon der Finanzirrtümer*, Ullstein: Berlin 2009, S. 277 f.

Auch im Chaos des Dreißigjährigen Krieges wurden großflächig Münzen entwertet. Man sprach von der Zeit der Kipper und Wipper. Händler nahmen die guten Münzen, die bei ihnen anlandeten, und stellten mithilfe einer Waage (»Wippe«) den Silbergehalt fest, um sodann die schweren Münzen zur Seite zu »kippen«. Aus der Schmelze ließen sie unter Beigabe von Blei und Kupfer neue Münzen mit vermindertem Silbergehalt und gängigen Prägebildern erstellen. Die Folge war eine massive Inflation der Güterpreise, die ihren Höhepunkt um das Jahr 1620 hatte. So erhöhte sich der Getreidepreis in Einheiten des Reichstalers in drei Jahren, von 1620 bis 1623, auf das Fünfeinhalbfache, was einer jährlichen Inflationsrate von 77 % entsprach.[14] Die Inflation wurde nach der Erklärung des Staatsbankrotts im Jahr 1624 und der Einführung eines neuen Guldens mit dem alten Feinsilbergehalt beendet.[15]

Die Inflationen waren nicht auf Europa beschränkt. Im China der Ming-Dynastie gab es von 1375 bis 1488 eine große Inflation, die den Silberpreis in Einheiten des Papiergeldes (Liang) auf das 750-Fache vergrößerte.[16] Das entsprach zwar nur einer durchschnittlichen jährlichen Inflationsrate von 6 %, doch war die chinesische Inflation dauerhaft und hartnäckig. Die Ming-Kaiser benötigten das Geld vornehmlich, um in nicht enden wollenden Kämpfen die Mongolen in Schach zu halten, die man kurz zuvor vom chinesischen Thron vertrieben hatte und derer man sich später durch den Bau der Großen Mauer zu erwehren suchte.

Unter den vielen historischen Inflationsereignissen ist auch die Französische Revolution zu nennen. Die Revolutionsführer hatten ein neues Geld, die sogenannten Assignaten geschaffen, die mit den konfiszierten Kirchengütern besichert waren. Eigentlich handelte es sich dabei um eine Art besserer Pfandbriefe, die den Gläubigern zur Ablösung der hohen Schulden der Revolutionsregierung übergeben wurden und die formell jederzeit gegen Landgüter getauscht werden konnten. Da aber diese Pfandbriefe sehr klein gestückelt waren, nutzte man sie als Währung für die allgemeinen wirtschaftlichen Transaktionen des Landes, anstatt sie gegen die Landgüter einzutauschen. So gab die Regierung immer mehr von diesen Assignaten aus, um ihre laufenden

---

14 R. Gaettens, *Geschichte der Inflation ...*, a.a.O., S. 83.

15 Siehe St. Leins, *Das Prager Münzkonsortium 1622/23: Ein Kapitalgeschäft im Dreißigjährigen Krieg am Rand der Katastrophe*, Aschendorff: Münster 2012, S. 146 f.

16 P. Bernholz, *Monetary Regimes and Inflation: History, Economic and Political Relationships*, Edward Elgar Publishing: Cheltenham 2003, S. 57.

Geschäfte dadurch zu finanzieren. Nimmt man die Relation der in Umlauf befindlichen Assignaten, gemessen durch sogenannte Livres, und der Menge der Kirchengüter als Maßstab für das Preisniveau eines Kirchengutes, so stieg das Preisniveau von 1789 bis zum Jahr 1796 auf das 114-Fache.[17] Das bedeutete eine jährliche Inflationsrate von 97 %. Der Preisanstieg in Einheiten gehandelter Waren des täglichen Gebrauchs war sogar noch größer. So stieg der Preis einer Volumeneinheit Calvados vom Januar 1791 bis zum März 1796 auf das 268-Fache.[18] Das entsprach einer durchschnittlichen jährlichen Inflationsrate von 195 %. Die Assignaten wurden daraufhin zum Kurs 30 zu 1 in eine neue Art von Pfandbriefen, die ebenfalls auf Land besicherten »Mandate«, umgetauscht. Auch die Mandate erlitten freilich binnen kurzem das gleiche Schicksal, weil auch sie im Übermaß gedruckt wurden, und mussten aus dem Verkehr gezogen werden.

Schließlich sei noch der Amerikanische Bürgerkrieg erwähnt. Um ihn zu finanzieren, versuchte die Regierung der abtrünnigen Südstaaten, der »Konföderierten«, zunächst vergeblich, Steuern einzutreiben. Als das nicht gelang, verlegte sie sich aufs Gelddrucken. Nicht weniger als 61 % ihres Budgets finanzierte die Regierung der Südstaaten mit dem Druck von Dollar-Banknoten, 30 % finanzierte sie mit Schuldscheinen, nur 4 % mit Steuern und den Rest mittels Sachspenden, die meistens unter Zwang eingetrieben wurden.[19] Kein Wunder, dass die Inflation kräftig aufblühte. So stieg der Preisindex von 1861, als der Krieg ausbrach, bis zum Jahr 1865, als er endete, auf das 90-Fache.[20] Das entsprach einer jährlichen Inflationsrate von etwa 200 %. Die hohe Inflation führte dazu, dass bald keiner mehr den Südstaaten-Dollar haben wollte und die Finanzierung des Krieges aufseiten der Südstaaten zusammenbrach.

Die Nordstaaten hatten stattdessen Zolleinnahmen und Steuern, die eine stabilere Basis für die direkte Finanzierung ihrer Armee und die indirekte Finanzierung qua Kredit bedeuteten. Ihr Budget war »nur« zu 13 % durch den

---

17 R. Gaettens, *Geschichte der Inflation …*, a.a.O., S. 183–184.

18 E. White, »Measuring the French Revolution's Inflation: the Tableaux de Dépréciation«, *Histoire & Mesure* 6 (3–4), 1991, S. 245–274, https://www.persee.fr/doc/hism_0982-1783_1991_num_6_3_1396.

19 B. G. Doyle, *Hyperinflation and the Confederacy: An Interdisciplinary Lesson in Economics and History*, https://www.socialstudies.org/sites/default/files/publications/se/6506/650607.html.

20 E. Lerner, »Money, Prices, and Wages in the Confederacy, 1861–65«, *Journal of Political Economy* 63, 1955, S. 20–40, Abbildung 1.

Gelddruck finanziert worden, und sie erlitten nur eine sehr geringe Inflation. Diese Unterschiede dürften zum Ausgang des Krieges beigetragen haben.

Die Gefahr der Zombifizierung à la Japan

Wie in den Kapiteln 8 und 9 schon erläutert wurde, muss eine lockere Geldpolitik, die die Zinsen bis zum Anschlag reduziert, nicht notwendigerweise eine Inflation erzeugen, weil das neue Geld dann in die Liquiditätsfalle wandert, also gehortet wird. Inflationssteigernde Wirkungen auf die gesamtwirtschaftliche Nachfrage, wie sie im Normalbereich durch Zinssenkungen zustande kommen, können dann nicht mehr stattfinden. Ein Auto kann man nicht beschleunigen, indem man eine ohnehin nicht greifende Bremse lockert. Eine Inflationsgefahr ist mit der kaputten Bremse, wie erläutert, nur insofern verbunden, als man aus anderen Gründen zustande kommende inflationäre Anstoßeffekte nicht mehr ausbremsen kann.

Es gibt jedoch bei einer solchen Geldpolitik noch andere schädliche Wirkungen, die unabhängig davon auftreten können, ob es zu einer Inflation kommt oder nicht. Das zeigt ein erneuter Blick auf das Beispiel Japans, das in Kapitel 9 schon behandelt wurde.

Japan hatte ähnlich wie Deutschland nach dem Krieg ein Wirtschaftswunder erzielt und kam dank seiner niedrigen Löhne, der hohen Produktivität, seiner fleißigen Arbeitnehmerschaft und der Innovationsstärke seiner Industrien international bestens ins Geschäft. Es entwickelte sich ein scheinbar ewiger Wirtschaftsboom, der die ganze Welt bewundernd, neidvoll und auch voller Sorgen um die eigene Wettbewerbsfähigkeit nach Japan schauen ließ.

Japans Boom war von den Exporterfolgen getragen, doch zog er die Binnensektoren mit, weil nun auch sehr viel Kaufkraft ins Innere des Landes schwappte. Bei den Immobilien war der Boom gewaltig. Auf die Möglichkeit, Kanada gegen Ende der 1980er Jahre mit dem Erlös aus dem Verkauf Tokios erwerben zu können, war schon hingewiesen worden.

Zu dem Zeitpunkt war der Boom allerdings schon zu einer Blase geworden. Die Blase platzte im Jahr 1990. Die Immobilienunternehmen gerieten in die Überschuldung, weil die Aktiva in Form der zu Marktwerten in den Bilanzen verbuchten Immobilien schrumpften, während die Schulden blieben. Viele dieser Unternehmen gingen in Konkurs, und die Konkurse machten ihren Gläubigerbanken zu schaffen. Viele Immobilienunternehmen und Banken konnten sich damals nur mittels einer kreativen Buchführung über Wasser halten, die darauf hinauslief, die Abwertung der Aktiva einfach nicht in den Bilanzen zu verbuchen.

Im Jahr 1997 hatte die Krise dennoch ein Ausmaß erreicht, das es erforderlich machte, 40 % der Banken durch andere Banken oder vom Staat übernehmen zu lassen.[21] Immer noch bemühte man sich freilich, die echten Werte der Aktiva zu verschleiern, um sich durchzulavieren.

Dabei half die japanische Zentralbank, die schon früh, als erste der großen Zentralbanken der Welt, den Hauptrefinanzierungssatz im Jahr 1999 auf null senkte und ihn seitdem bei minimalen Schwankungen in der Gegend von null beließ. Die Zinssenkungen stabilisierten die Aktienkurse und ließen die Kurse langfristiger festverzinslicher Anlagen steigen, die sich in den Bilanzen der Banken befanden. Dadurch wurden manche Abschreibungen fauler Kreditforderungen, die unumgänglich waren, rechnerisch kompensiert.

Noch kräftiger wirkte das große Wertpapier-Kaufprogramm, mit dem die japanische Zentralbank im Jahr 2001, nach dem Platzen der Dotcom-Blase, unter dem Namen Quantitative Lockerung oder Quantitative Easing (QE) begann. Über die zum Teil auch deutschen Wurzeln des in Japan erfundenen QE war in Kapitel 5 schon berichtet worden. Das Ziel dieses Programms war es, die langfristigen Zinsen zu drücken, die Kurse der Wertpapiere zu stabilisieren und die Staatsfinanzierung zu erleichtern.

Der japanische Staat hatte bereits direkt nach dem Platzen der Blase Anfang der 1990er Jahre mit gewaltigen schuldenfinanzierten Konjunkturprogrammen reagiert, von denen er drei Jahrzehnte lang nicht abließ. Die Staatsschuldenquote bezüglich des BIP, die im Jahr 1990 bei 63 % gelegen hatte, stieg beharrlich mit einigen kurzen Unterbrechungen, während derer die Entwicklung seitwärts verlief, auf 256 % im Jahr 2020.[22] Unter Ministerpräsident Shinzō Abe, der 2012 ins Amt kam und die Bremswirkungen einer Normalisierung fürchtete, wurde diese Politik offensiv als längerfristige Lösung vertreten und als »Abenomics« bekannt.

---

21 Deutsch-japanischer Wirtschaftskreis, *Japan Analysen Prognosen*, Nr. 200, Dezember 2008, S. 7. Vgl. auch M. Ehrke, *Japan: Die Folgen der Bubble*, Friedrich-Ebert-Stiftung, Bonn 1996 https://library.fes.de/fulltext/stabsabteilung/00043.htm.

22 IWF, *World Economic Outlook Database*, April 2021.

Was Japan betrieben hat, sieht auf den ersten Blick aus wie eine keynesianische Nachfragepolitik aus dem Lehrbuch. Die gesamtwirtschaftliche Nachfrage schwächelt, und der Staat hält dagegen, indem er den Wirtschaftskreislauf über neue Schulden aufpumpt, während die Notenbank diese Politik durch eine lockere Geldversorgung akkommodiert. Das Besondere war, dass die Ausweitung der Geldmenge über Offenmarktkäufe von langfristigen Wertpapieren geschehen sollte. Diese Politik hat tatsächlich gewirkt und Japan in der 2001 beginnenden weltwirtschaftlichen Flaute stabilisiert, die nach dem Platzen der Dotcom-Blase, der Attacke auf das World Trade Center und dem Irakkrieg einsetzte.

Das Problem war nur, dass solch eine Rezeptur zur kurzfristigen Konjunkturstabilisierung gemeint ist und nicht als Dauermaßnahme. Längerfristig hielt man sie für ungesund, sogar in Japan, bis Abe sie zur Dauereinrichtung machte.

Sicher, es gab die von Alvin Hansen schon in den 1930er Jahren beschriebene Gefahr einer »säkularen Stagnation«, eines dauerhaften Überhangs der Ersparnisse über die Investitionen. Hansen wollte dagegen mittels dauerhafter Staatsdefizite angehen.[23] Doch haben solche Rezepte nie wirklich Anklang in der volkswirtschaftlichen Disziplin gefunden bis auf den neuerlichen Zuspruch, der von dem US-amerikanischen Volkswirt und Politiker Larry Summers kam.[24] Die meisten Volkswirte vertraten und vertreten die Auffassung, dass diese Politik letztlich eine Vergabe von Aufputschmitteln ist, die keinem Körper auf die Dauer guttut.

---

23 A. Hansen, *Full Recovery or Stagnation?*, W. W. Norton & Co: New York 1938.
24 L. H. Summers, *Speech at IMF Fourteenth Annual Research Conference in Honor of Stanley Fischer*, Washington, D. C., 8. November 2013, http://larrysummers.com/imf-fourteenth-annual-research-conference-in-honor-ofstanley-fischer/; derselbe, »Reflections on the New Secular Stagnation Hypothesis«, in: C. Teulings and R. Baldwin, Hrsg., *Secular Stagnation: Facts, Causes, and Cures*, CEPR Press: London 2014; derselbe, »Macroeconomics of Austerity«, Seminar, Annual Meeting of the *American Economic Association*, Philadelphia, PA, 4.1.2014, 1.35.05 h: Kommentare zur säkularen Stagnation von H.-W. Sinn, https://www.aeaweb.org/webcasts/2014/Austerity/NewStandardPlayer.html?plugin=HTML5&mimetype=video%2Fmp4. Die Gefahr der säkularen Stagnation, wie sie Hansen beschrieb, wurde im Zusammenhang mit der Finanzkrise auch diskutiert in H.-W. Sinn, »Forget Inflation«, *Project Syndicate*, Februar 2009 (in 15 Sprachen übersetzt und erschienen in den nationalen Tageszeitungen). In Deutschland hat C. C. von Weizsäcker unabhängig von Hansen ähnliche Ideen auf der Basis der österreichischen Kapitaltheorie entwickelt. Siehe C. C. von Weizsäcker, »Public Debt Requirements in a Regime of Price Stability«, *Preprints of the Max Planck Institute for Research on Collective Goods* 20, 2011, Bonn; derselbe, »Das Janusgesicht der Staatsschulden«, *Frankfurter Allgemeine Zeitung*, 4.6.2010, S. 12.

In der Tat war dann auch das Ergebnis in Form des Wachstums der japanischen Wirtschaft alles andere als zufriedenstellend. In den Jahrzehnten nach dem Platzen der Blase gehörte Japan zu den am langsamsten wachsenden Industrieländern der Welt. Seine Wirtschaftskraft wuchs in den 30 Jahren von 1990 bis 2020 nur um 24 %, Zahlen, die nur noch von Griechenland mit 18 % und Italien mit 11 % unterboten wurden. Währenddessen wuchs die US-amerikanische Wirtschaft von 1990 bis zum Jahr 2020 um 97 %, jene von Deutschland um 45 % und jene von Frankreich um 44 %.[25] Plötzlich sah jeder, was aus Japan geworden war: ein alterndes Industrieland mit nur noch wenig Dynamik, das sich wie andere Länder auch nach der Decke strecken musste und den einstigen Lohnvorteil gegenüber den Konkurrenten, der oft maßgeblich für den wirtschaftlichen Aufschwung kulturell hochstehender Länder nach einer Integration in die Weltwirtschaft ist, längst verloren hatte. Die keynesianische Nachfragerezeptur, von der Japan literweise trank, hat die Lage in keinem Punkte sichtbar verbessert.

Sie könnte sogar zu einer Sklerose der Wirtschaft geführt haben, weil sie die natürliche Ausmerzung ineffizienter Firmen durch Konkurse und somit der Auslese der gut funktionierenden Firmen unterbunden hat. Durch die niedrigen Zinsen und eine Vielfalt staatlicher Unterstützungsleistungen für Firmen, die in Schwierigkeiten geraten waren, waren nämlich seit den 1990er Jahren systematisch Banken und Firmen mit nicht mehr funktionierenden Geschäftsmodellen gerettet worden. Man nennt solche Firmen »Zombies«, nach dem in Haiti gebräuchlichen und ursprünglich aus Westafrika stammenden Glauben, dass Tote auferstehen und dann als Scheintote herumgeistern können. Die Zunahme der Zombies hat den fortwährenden Wandel in der Wirtschaftsstruktur verlangsamt, weil sie die alten Standorte weiter belegen konnten und auch in der Lage waren, die Belegschaft weiter an sich zu binden. Der Boden, die Gebäude und die Arbeitskräfte waren für neue Start-up-Firmen blockiert. Die neuen Produkte und technischen Verfahren, über die diese Firmen verfügten, konnten so gar nicht umgesetzt werden, und der Wachstumsschub, der sonst durch sie hätte stattfinden können, unterblieb. Die Verabreichung der keynesianischen Aufputschmittel hatte kurzfristig geholfen, eine Krise abzumildern, doch die japanische Volkswirtschaft langfristig geschwächt, weil sie mehr und mehr mit Zombies durchsetzt wurde, die,

---

25 IWF, *World Economic Outlook Database*, a.a.O.

einmal gewöhnt an die Droge des billigen Geldes, davon nicht mehr lassen wollten.[26]

Schon Karl Marx und Joseph Schumpeter haben erkannt, dass es langwährende ökonomische Zyklen mit einem ständigen Auf und Ab der Wirtschaftstätigkeit gibt, deren Abschwung eine Reinigungsfunktion für die Wirtschaft hat.[27] Im Aufschwung überwiegt der Optimismus, die Nachfrage boomt, und alle Firmen wollen investieren, um sie zu befriedigen. Der Wert des Kapitalbestandes in Form der Aktienkurse und Immobilienpreise steigt, und weil er steigt, wollen die Investoren noch mehr davon erwerben. Auch die Preise der realen Kapitalgüter wie Maschinen und Fabrikgebäude steigt. Irgendwann haben sich die Werte so weit von der realen Geschäftstätigkeit gelöst, dass die Entwicklung umkippt und die Blase platzt. Die Werte der Kapitalien fallen, und es hagelt Konkurse. In diesen Konkursen überleben nur die kräftigen Firmen.

Auf den Ruinen der bankrotten Firmen entwickeln sich neue Geschäftsmodelle. Es gelingt den neuen Start-ups, die alten Produktionsstätten zu erwerben und vor allem an vormals anderswo gebundene Arbeitskräfte heranzukommen. Damit ist der Keim eines neuen Aufschwungs gelegt, der irgendwann von Neuem überhitzt und zur Blase wird, die wieder platzt, und so fort.

Marx zeigte sich bei aller Kritik am kapitalistischen System durchaus voller Bewunderung für dessen Dynamik und die Triebkraft, die von den Unternehmern ausgeht. Er glaubte aber, dass die Ausschläge bei diesem Auf und Ab immer größer werden, so dass der Kapitalismus daran eines Tages zugrunde gehen würde. Schumpeter hegte zwar ähnliche Befürchtungen, doch wählte er mit dem Begriff der »Schöpferischen Zerstörung«, der ihm einfiel, als er schon im amerikanischen Exil weilte, ein freundlicheres Vokabular für denselben

---

26 Für nützliche Beobachtungen zu diesem Sachverhalt vgl. u. a. R. J. Caballero, T. Hoshi und A. Kashyap, »Zombie Lending and Depressed Restructuring in Japan«, *American Economic Review* 98, 2008, S. 1943–1977; G. Schnabl, »Die japanischen Lehren für die europäische Krise«, *Zeitschrift für Wirtschaftspolitik* 62, 2013, S. 1–22, sowie derselbe, *Japans Banken in der Krise*, Springer Gabler: Wiesbaden 2020.

27 K. Marx, *Das Kapital. Band III: Der Gesamtprocess der kapitalistischen Produktion*, Verlag Otto Meissner: Hamburg 1894; J. A. Schumpeter, *Theorie der wirtschaftlichen Entwicklung*, Duncker & Humblot: Leipzig 1912; derselbe, *The Theory of Economic Development*, Harvard University Press: Cambridge, MA, 1934; derselbe *Capitalism, Socialism and Democracy*, London: Allen & Unwin: London 1943 (deutsche Übersetzung: derselbe, *Kapitalismus, Sozialismus und Demokratie*, Verlag Francke: Bern 1946).

Sachverhalt. Das Pech von Marx als Forscher war, dass er mit dem Sozialismus auf das falsche Pferd gesetzt hatte, während Schumpeter sich nicht festlegte und im Nachhinein zum Propagandisten eines ungestümen Kapitalismus hochstilisiert werden konnte. Tatsächlich waren die Theorien beider Autoren in ihrem Kern weitgehend identisch.[28] Marx hat die Grundlagen gelegt, und Schumpeter hat die Theorie weiter ausgeschmückt und entwickelt, so dass sie noch überzeugender und umfassender wurde.

Die Geldpolitik der EZB und die Rettungsaktionen der Staaten könnten für die europäische Wirtschaft eine ähnliche Funktion gehabt haben wie die entsprechenden Politiken, mit denen Japan schon 20 Jahre früher begonnen hatte. Sie haben in den Jahren nach der Lehman-Krise (2008) den Abschwung aufgehalten und damit den reinigenden Strukturwandel, die schöpferische Zerstörung unterbunden. Die Werte der Kapitalgüter, also die Immobilienpreise und die Aktienkurse, wurden durch die Null- und Negativzinspolitik hochgehalten, die Portfolios von Investoren und vor allem die Pensionsfonds vieler Länder der Erde wurden gerettet. Zugleich blieben überzogene Löhne, die sich in der Euroblase aufgebaut hatten, künstlich aufrechterhalten. Die Rettung der Altfirmen bedeutete jedoch, dass die Start-ups behindert wurden, die viele der unter normalen Umständen nicht mehr überlebensfähigen Firmen hätten ersetzen können. Die europäische Wirtschaft wurde immer stärker mit Zombies durchsetzt, die dank der Null- und Negativzinspolitik nicht nur überlebten, sondern auch leidliche Aktienkurse aufwiesen.[29] Doch mit der Rendite des so geretteten Bestandes an Unternehmen war es nicht großartig bestellt, weil die Immobilienpreise und die Löhne künstlich überhöht waren, so dass man den Eindruck haben konnte, dass irgendeine natürliche Kraft vom tendenziellen Fall der Profitrate,[30] wie sie Marx beschrieben

---

28 Siehe H.-W. Sinn, »Was uns Marx heute noch zu sagen hat«, *Aus Politik und Zeitgeschichte* (APuZ), 19–20, 2017, S. 23–28.

29 Siehe T. Murai und G. Schnabl, »Japans und Deutschlands Zombieunternehmen – willenlos und wohlgenährt«, *Austrian Institute, Economics and Social Philosophy*, 26. März 2021, https://austrian-institute.org/de/blog/japans-und-deutschlands-zombieunternehmen-willenlos-und-wohlgenaehrt/.

30 Siehe K. Marx, *Das Kapital. Band III: Der Gesamtprocess der kapitalistischen Produktion*, Verlag Otto Meissner: Hamburg 1894, 3. Abschnitt, Das Gesetz des tendenziellen Falls der Profitrate. Für eine Kritik aus der Sicht der ökonomischen Wachstumstheorie vgl. H.-W. Sinn, »Das Marxsche Gesetz des tendenziellen Falls der Profitrate«, *Zeitschrift für die gesamte Staatswissenschaft* 131, 1975, S. 646–696, https://www.hanswernersinn.de/sites/default/files/1975_ZGS131_Marxsches_Gesetz_Profitrate.pdf.

hatte, am Werke war und einen längerfristigen Abwärtstrend bei den Unternehmensrenditen erzeugt hatte, der niedrige Zentralbankzinsen erforderlich machte. Dabei war es in Wahrheit dieser niedrige Kapitalmarktzins selbst, der die Unternehmensrenditen auf dem Wege der Durchsetzung der Wirtschaft mit Zombies heruntergedrückt hatte.

Wird Südeuropa nun zu einem großen Mezzogiorno?

Die problematischen Strukturentwicklungen haben auch eine regionale Komponente, denn speziell in den romanischen Ländern des Mittelmeerraums, die sich immer noch nicht von der wettbewerbsschädlichen Sonderinflation in den ersten zehn Jahren des Euro erholt haben (Kapitel 2), haben die Kredite des Eurosystems Ersatz für die in der Sonderinflation aufgeblähten und immer noch überzogenen Löhne und Preise geschaffen. Das hat zwar die Finanznot gelindert, doch führte es zu einer strukturellen Verzerrung der Wirtschaft, indem der Staatssektor aufgebläht wurde und viel neues Geld in kapitalintensive Bauprojekte statt in Ausrüstungsinvestitionen und den Aufbau neuer Fabriken floss. Beim Bau von Wohnhäusern fällt zwar viel Arbeit an, doch wenn sie erst einmal stehen, braucht man für das viele dort gebundene Kapital allenfalls den Hausmeister. Wettbewerbsfähige Arbeitsplätze entstehen, gemessen am hohen Kapitaleinsatz, dadurch kaum. In Spanien und Italien stiegen die Staatsquoten von 2008 bis 2020 je um ungefähr zehn Prozentpunkte, doch hatten beide Länder im Jahr 2019, acht Jahre nach dem Beginn der großen Rettungsaktionen, immer noch hohe Arbeitslosenquoten von 14 % bzw. 10 %. Die Jugendarbeitslosigkeit lag in diesen Ländern sogar bei 33 % bzw. 29 %. Zum Vergleich: In Deutschland lagen die Gesamtarbeitslosenquote bei 3 % und die Jugendarbeitslosigkeitsquote bei 6 %. Auch mit dem Abklingen der Coronakrise zeigt sich in den beiden Ländern noch keine Besserung. Am aktuellen Rand, im Juni 2021, lag die Arbeitslosenquote in Spanien bei 15 %, in Italien bei 10 %, doch in Deutschland bei nur 4 %.

Ohne die Nullzinspolitik hätte Italien schon längst größere reale Abwertungen auf dem Wege einer Disinflation, wenn nicht Deflation gehabt, als es tatsächlich hatte (vgl. Abbildung 2.2). Das wären schmerzliche Anpassungen gewesen, doch hätten diese Anpassungen nach ihrem Abschluss eine dauerhaft belebende Wirkung gehabt, weil die preisliche Wettbewerbsfähigkeit der Arbeitnehmerschaft wieder gestiegen wäre. Die Nullzinspolitik und die

Versorgung des Staates aus der elektronischen Druckerpresse der Banca D'Italia hatten den dazu erforderlichen Druck freilich genommen und stattdessen eine dauerhafte Abhängigkeit von der Zufuhr billigen Geldes geschaffen, die abhängig machte.

In der Ökonomie gibt es unter dem Stichwort »Holländische Krankheit« viele Modelle, die die Wirkungen dieser Art von Problem auf die Wirtschaft beschreiben.[31] Der Begriff der Holländischen Krankheit bezeichnet die Situation, in der sich die Niederlande in den 1970er Jahren befand, nachdem das Land in den 1960er Jahren durch umfangreiche Gasfunde zu unverhofftem Reichtum gekommen war. Durch den Verkauf des Gases in die Welt kam es zu einer Aufwertung des Gulden und zudem zu einem Preisanstieg im Lande, der, gespeist von der neu gewonnenen Kaufkraft, durch einen binnenwirtschaftlichen Wirtschaftsboom ausgelöst wurde. Die Kehrseite des Booms war der Verlust der internationalen Wettbewerbsfähigkeit der niederländischen Industrie, die mit den hohen Lohnkosten und der aufgewerteten Währung nicht mehr zurechtkam. Erst als die Gasproduktion nachließ und die Gewerkschaften sich im Wassenaar-Abkommen[32] von 1981 zu einer Politik der Lohnmoderation bereitfanden erholte sich das Land wieder.

Der italienische Mezzogiorno leidet schon seit vielen Jahrzehnten unter der Holländischen Krankheit. Die Löhne werden von den Gewerkschaften des Nordens dominiert und sind für die strukturschwachen Gebiete Süditaliens viel zu hoch. Deshalb konnte sich dort eine wettbewerbsfähige Industrie nicht entwickeln. Der daraus resultierende Zustand der Massenarbeitslosigkeit wurde durch Sozialtransfers des italienischen Staates abgefedert und perpetuiert.

Auch die neuen Bundesländer hatten und haben bis zum heutigen Tage ähnliche Probleme. Einerseits wurden nämlich Lohnerhöhungen großenteils schon zur Treuhandzeit unter dem Einfluss der westlichen Tarifpartner – Gewerkschaften und Arbeitgeberverbände gleichermaßen – durchgesetzt, die

---

31 Siehe N. M. Corden und J. P. Neary, »Booming Sector and De-Industrialization in a Small Open Economy«, *Economic Journal* 92, 1982, S. 825–848; G. Sinn und H.-W. Sinn, »Do not Perpetuate the Dutch Disease in Europe: Lessons from German Reunification for a European Fiscal Union«, *VOX*, 1.11.2015, *voxeu.org*. Auch erschienen als »Les leçons à tirer de la réunification allemande«, in: *Commentaire*, Nr. 153, 2016, S. 181.

32 *The Wassenaar Arrangement on Export Controls for Conventional Arms and Dual-Use Goods and Technologies*, Dezember 2019, https://www.wassenaar.org/app/uploads/2019/12/WA-DOC-19-Public-Docs-Vol-I-Founding-Documents.pdf.

weit über die möglichen Produktivitätszuwächse hinausgingen.[33] Andererseits wurde schon früh eine Sozialunion mit westdeutschen Sozialstandards geschaffen, die die Konsequenzen der Hochlohnpolitik für den Arbeitsmarkt in Form hoher Lohnersatzeinkommen, die vom Staat kamen, abfederte.

Auch in den neuen Bundesländern wurden die hohen Lohnkosten, die so verheerend für die Standortqualität waren, durch eine Senkung der Kapitalkosten abgefedert, ähnlich wie sie heute durch die Eliminierung der Zinsspreads durch die EZB im Mittelmeerraum abgefedert werden. Die Senkung kam seinerzeit nicht durch direkte Zinssenkungen zustande, sondern durch extensive Abschreibungsvergünstigungen für die Investoren, die den Rentabilitätsmaßstab für die Realinvestitionen nicht nur senkten, sondern tatsächlich negativ werden ließen.[34] Auch das war bereits eine verdeckte Negativzinspolitik, wenn man auf die nach den Vergünstigungen übrigbleibenden Kapitalkosten blickt. Damit ließen sich zwar Investitionen anregen, doch waren sie extrem kapitalintensiv, so dass es nicht möglich war, auch nur annähernd wieder die Zahl von Industriearbeitsplätzen entstehen zu lassen, die es in der DDR gegeben hatte. Während es zu DDR-Zeiten über vier Millionen Industriearbeitsplätze im Osten Deutschlands gab, beträgt die Zahl dieser Arbeitsplätze auf dem Gebiet der Ex-DDR heute eine knappe Million.

Die Folge ist, dass auf dem Gebiet der Ex-DDR noch im Jahr 2019, 30 Jahre nach dem Fall der Mauer, je Kopf der Bevölkerung im privaten Sektor ein Bruttoinlandsprodukt von weniger als zwei Drittel des Westniveaus erzeugt wurde.[35] Anstelle der privaten Produktion floriert dort noch immer der

---

33 Vgl. G. Sinn und H.-W. Sinn, *Kaltstart: Volkswirtschaftliche Aspekte der Deutschen Vereinigung*, J. C. B. Mohr (Paul Siebeck): Tübingen 1991.

34 H.-W. Sinn, »Schlingerkurs: Lohnpolitik und Investitionsförderung in den neuen Bundesländern«, in: G. Gutmann, Hrsg., *Die Wettbewerbsfähigkeit der ostdeutschen Wirtschaft*, Jahrestagung des Vereins für Socialpolitik, Jena 1994, Duncker & Humblot: Berlin 1995, S. 23–60, https://www.hanswernersinn.de/de/publ/konferenzbaende-schlingerkurs-gutmann-vfs-1994.

35 Hochrechnung auf der Basis von G. Sinn und H.-W. Sinn, »Was lehrt uns die deutsche Vereinigung für die europäische Fiskalunion?«, *ifo Schnelldienst* 68 (22), 2015, S. 4–7, https://www.ifo.de/DocDL/sd-2015-22-symposium-wiedervereinigung-2015-11-26.pdf. Vgl. auch H.-W. Sinn, »Der Osten hängt noch immer am Tropf des Westens«, *Münchner Merkur* Nr. 236/Wochenende, 12./13. Oktober 2019, https://www.hanswernersinn.de/sites/default/files/20191012-der-osten-haengt-noch-immer-am-tropf-des-westens-merkur.pdf. Dort wird eine Grafik gezeigt, die die Zeitverläufe der Pro-Kopf-Werte verschiedener Wirtschaftsdaten für das Gebiet der Ex-DDR zeigt, also ohne Westberlin. Danach war im Jahr 2017 das verfügbare Einkommen bei 86 % des Niveaus der alten Bundesrepublik zuzüglich Westberlins angekommen, das BIP inklusive des Staatssektors bei 75 % und der privat erzeugte Teil des BIP bei 62 %.

staatliche Sektor, der Westlöhne zahlt. In der Statistik werden diese Löhne mangels Marktpreisen für staatliche Leistungen in vollem Umfang als Beitrag zum Bruttoinlandsprodukt gerechnet. Auch die neuen Bundesländer sind wirtschaftlich eine Art Mezzogiorno, auch sie leiden unter der Holländischen Krankheit.[36]

Was nun zu tun ist

Selten fühlt man sich als Ökonom so hilflos wie heute gegenüber der sich anbahnenden Gefahr der Inflation. Die Hilflosigkeit resultiert nicht aus der fehlenden Erkenntnis dessen, was geschehen sollte, sondern aus der Erkenntnis des gewaltigen Verteilungskonflikts in Europa, der verhindert, dass die Sorge um die Preisstabilität, die der Maastrichter Vertrag der EZB aufgibt, hinreichend ernst genommen wird. Zu offenkundig ist es, dass die Schar jener Vertreter im EZB-Rat, die sich für eine stabilitätsorientierte Politik aussprechen, eine hoffnungslos kleine Minderheit ist. Die geldpolitischen Grundpositionen aus der Vor-Euro-Zeit, die von der Scala mobile bis zum Mark-gleich-Mark-Prinzip reichten (vgl. Kapitel 6), stehen sich nach wie vor diametral gegenüber, und die Vertreter des Letzteren sind nicht zahlreich genug, um sich im EZB-Rat durchsetzen zu können. Dennoch muss das Notwendige und nach der Analyse dieses Buches Offenkundige zumindest erwähnt werden.

Dazu gehört es als Allererstes, mit der Straffung der Zügel der Geldpolitik zu beginnen, indem der Kauf der Staatspapiere und der anderen Wertpapiere öffentlicher Einrichtungen nicht nur beendet, sondern allmählich wieder rückgängig gemacht wird, damit die Zinsen wieder steigen und Staaten veranlasst werden, Schuldendisziplin zu üben. Mindestens müsste das Eurosystem damit aufhören, neue Staatspapiere zu kaufen, so dass der Bestand an Staatspapieren in den Bilanzen der Notenbanken allmählich schrumpft, wenn die alten Papiere fällig werden. Da die dort verbuchten Papiere eine lange Laufzeit von bis zu 31 Jahren haben, würde dieser Prozess freilich viel

---

36 H.-W. Sinn und F. Westermann, »Due Mezzogiorni«, *L'industria* 27, 2006, S. 49–51, englische Version: dieselben, »Two Mezzogiornos« (zusammen mit F. Westermann), *Rivista di diritto finanziario e scienza delle finanze* 60, 2001, S. 29–54; ebenso in: M. Bordignon, D. da Empoli, Hrsg., *Politica fiscale, flessibilità dei mercati e crescita*, Franco Angeli: Mailand 2001, S. 43–66.

zu langsam ablaufen, als dass die Inflationsbremse rechtzeitig aktiviert werden könnte, wenn es darauf ankommt.

Die Geldmengenvermehrung auf das Sechsfache dessen, was sich in Relation zur Wirtschaftsleistung schon einmal als ausreichend erwiesen hat, ist schlechterdings nicht mehr hinnehmbar. Sie kann aber schwerlich rückgängig gemacht werden, weil das eine Abwertung der Staatspapiere bedeuten würde, die gravierende Auswirkungen auf die Stabilität des Bankensystems hätte und bei der EZB auch noch rechtlich problematische Verluste entstehen lässt, die auch bei den Richtern den Verdacht der Staatsfinanzierung nähren. Aus politischen Gründen ist die Inflationsbremse zerstört. Die daraus resultierende Gefahr für das, was für viele Menschen das Wichtigste ist, was sie an materiellen Dingen besitzen, wofür sie Zeit ihres Lebens gearbeitet und gespart haben, nämlich ihr Geldvermögen, ist nicht gering. Inflationen verstärken sich plötzlich. Wenn man wartet, bis sie da sind, kann es zu spät sein.

Nur die Rückführung der Geldmenge durch einen behutsamen, doch mit fester Hand durchgeführten Rückverkauf der vielen Staatspapiere, die die Notenbanken des Eurosystems aufgesogen haben, kann zur Besinnung führen. Der Rückverkauf ist ein Drogenentzug mit Entzugserscheinungen. Die Missstimmung, die er auslöst, kann man nicht außer Acht lassen. Doch gibt es zu ihm keine überzeugende Alternative. Man kann die europäische Zukunft nicht mit Volkswirtschaften gestalten, die suchtkrank geworden sind.

Die Rückführung der Geldmenge über Sparkonten bei der EZB oder gar von der EZB emittierte Wertpapiere, die manch einem Investmentbanker vorschwebt, kann ebenfalls nicht gestattet werden. Sie liefe auf eine offene Vergemeinschaftung der vorhandenen Staatspapiere hinaus. Außerdem würde auch sie dauerhafte Verluste der Notenbank erzeugen, weil deren niedrig verzinslichen Anlagen in Form der Staatspapiere höher verzinsliche Schulden in Form dieser Sparkonten gegenüberstünden. Eine Kollision mit dem Verbot des Haltens der Staatspapiere bis zur Endfälligkeit, welches das Verfassungsgericht der Bundesbank durch ein rechtskräftiges Urteil erteilt hat, wäre schwerlich zu vermeiden.

Die Staaten müssen wieder lernen, sich das Geld, das sie ausgeben wollen, von den Bürgern zu holen, statt es zu drucken. Der Widerstand, auf den sie dann bei den Steuerzahlern stoßen, wird sie zu einer sparsameren Haushaltsführung veranlassen. Die Bürger selbst werden freilich einsehen müssen, dass der Staat unabweisbare Steuereinnahmen braucht, um seine Aufgaben im Bereich der allgemeinen Daseinsvorsorge und der Sozialpolitik zu erfüllen.

Wollen sie es nicht einsehen, dann kann man sie nur bitten, den Konflikt mit den Nutznießern der Staatsausgaben heute auszufechten, anstatt ihn auf dem Rücken zukünftiger Generationen auszutragen.

Und das Bankensystem muss wieder lernen, seine Gewinne nicht durch bloße Arbitragegeschäfte mit den Notenbanken zu machen. Heute sind die Banken der verlängerte Arm der Notenbanken und verdienen ihr Geld mit den Dienstleistungen, die sie für sie erbringen. Ihr Sinnen und Trachten besteht darin, den nächsten Schachzug der EZB früher zu erfahren als ihre Konkurrenten, um daraus einen kärglichen Profit zu erzielen, der ihnen im realen Kreditgeschäft in der Null- und Negativzinswelt von heute versagt ist. Eine neue Geldpolitik muss es ihnen wieder ermöglichen, sich der Finanzierung der Realinvestitionen der privaten Wirtschaft zuzuwenden, denn nur solche Realinvestitionen schaffen Arbeitsplätze und sichern die Zukunft.

Wenn die Banken und Kapitalsammelstellen wieder auskömmliche Zinsen erwirtschaften können, lassen sich Reste der privaten Altersversorgung der Bürger vielleicht gerade noch retten und die Radikalisierung verhindern, die eine kalte Enteignung durch Null- und Negativzinsen nebst einer heftigen Inflation bedeuten würde. Auch können die Entwertung der nominalwertgesicherten Arbeitseinkommen und Mieten sowie die Entwertung der nominalwertgesicherten Targetforderungen auf diese Weise abgeblockt werden.

Am wichtigsten ist jedoch, dass das Vertrauen in den Geldwert erhalten bleibt, um den Sparwillen der Bevölkerung zu stärken und um dem Geld seine Funktion als Wertsicherungsinstrument und Transaktionsmittel zu erhalten. Die Sicherung des Geldwertes ist die Grundvoraussetzung dafür, dass eine Wirtschaft überhaupt in der Lage ist, auf der Basis verlässlicher wirtschaftliche Kontrakte ihre langfristigen Planungen zu koordinieren. Ohne eine solche Koordination über die Kapitalmärkte ist weder ein wirtschaftliches Wachstum noch eine Stabilität der Gesellschaft zu haben.

Auch jene Mitglieder des EZB-Rates, die dazu neigen, zunächst einmal auf die Entlastungswirkungen der Null- und Negativzinspolitik für ihre jeweiligen Volkswirtschaften zu setzen, haben eine Gesamtverantwortung für das europäische System. Da diese Mitglieder großenteils aus Politikern bestehen, sollten sie ahnen können, wie unangenehm das Leben werden kann, wenn sich der Wind dreht und sie für ihre Politik der Monetisierung der Staatsschulden den Rückhalt verlieren.

Es würde deshalb schon helfen, wenn sich die Regierungen der um die Inflation besorgten Länder öffentlich zu Wort meldeten. Das wäre kein Angriff auf die Unabhängigkeit der EZB, sondern eine notwendige Diskussion um die vertraglichen Grenzen, innerhalb derer diese Unabhängigkeit nur besteht. Ein breiter öffentlicher Diskurs zu diesem Thema ist erforderlich, bevor es zu spät ist.

Der Diskurs darf nicht vor den bestehenden Regeln und Statuten der EZB und der EU haltmachen sondern muss sie auch selbst infrage stellen. Wie erläutert haben die karolingischen Kaiser, angefangen mit Karl dem Großen, ihren Nachfolgern den Schwur abverlangt, den Realwert des Geldes nicht zu verschlechtern. Einen solchen Schwur haben auch die EU-Länder für den Euro geleistet, indem sie die Preisstabilität zum einzigen und vorrangigen Ziel der EZB machten. Angesichts des dennoch ausufernden Geldmengenwachstums und der damit verbundenen Gefahren ist es an der Zeit, diesem Schwur durch konkretere Verfahrensregeln für das Eurosystem mehr Bedeutung zu geben.

Es geht nicht an, dass die Stimmrechte im EZB-Rat nach wie vor so ungleichmäßig verteilt bleiben wie heute. Jeder Bürger der Eurozone hat das Recht auf eine gleiche politische Repräsentanz im EZB-Rat, denn die Entscheidungen dieses Rates haben, wie inzwischen überdeutlich ist, gewaltige Umverteilungseffekte zur Folge. Wer meint, diese Umverteilungseffekte seien nur die unvermeidliche Implikation einer dem Allgemeinwohl dienenden Geldpolitik, verkennt die Realität. Er übersieht die Verdachtsmomente oder will sie nicht sehen, zum Beispiel die in der Stellungnahme der Ex-Gouverneure genannten Punkte und die Aussage, dass Verteilungseffekte geradezu das Ziel mancher geldpolitischen Manöver der letzten Jahre waren. Nur eine Anpassung der Stimmrechte an die Bevölkerungsgröße der EU-Länder kann letztlich Abhilfe schaffen.

Und es geht auch nicht an, dass sich die Euroländer Gemeinschaftsgeld drucken – sei es im Rahmen der ANFA-, ELA und Pfänderregeln, sei es über eine lockere symmetrische Geldschöpfung –, das sie unter Ausnutzung des Targetsystems zum Nettoerwerb von Gütern und Vermögensobjekten im Rest der Eurozone nutzen und dann selbst auch noch Null- und Negativzinsen für die daraus resultierenden Kreditbeziehungen festlegen. Eine solche Politik führt zu erheblichen, weder demokratisch noch geldpolitisch legitimierten Umverteilungseffekten zwischen den Ländern und erlaubt es ihnen, die aus dem exzessiven Gelddruck resultierenden Inflationsrisiken zu externalisieren. Um den Anreiz für die Selbstbedienung mit der Druckerpresse zu verringern, sollte die Sicherung eines Zahlungsbilanzgleichgewichts innerhalb der

Eurozone zu einem wichtigen Zwischenziel der EZB-Politik ernannt werden, das vertraglich zu verankern ist.

Ein solches Zwischenziel würde die EZB zwingen, mit ihrer Politik der Reduktion der internationalen Zinsunterschiede aufzuhören und die Zinsstrukturen wieder von den Märkten bestimmen zu lassen. Dazu wäre es unter anderem nötig, in den Statuten der EZB

- wieder ausreichende Sicherheiten für die Refinanzierungskredite zu verlangen, die einem Staatskonkurs standhalten,
- ELA-Kredite nicht mehr mit einer Zustimmung von nur einem Drittel der Stimmen im EZB-Rat zu erlauben,
- ANFA-Anlagen zu verbieten bzw. aus den Notenbanken unter Verlust des Geldschöpfungsprivilegs auszulagern sowie
- eine Zinspolitik zu verlangen, welche die Länderrisiken respektiert bzw. der Fiskalpolitik und den Parlamenten die Entscheidung darüber überlässt, in welchem Maße solche Risiken im Zuge der Schaffung einer politischen Union vergemeinschaftet werden können.

Angesichts der Gefahren für die Funktionsfähigkeit der Inflationsbremse sollte die EZB aufhören, langfristige Wertpapiere zu erwerben. Das in Japan erfundene QE-Programm ist eine viel zu starke Droge für die Wirtschaft, weil es kurzfristig Luftblasen in den Portfolios der Anleger und Banken erzeugt, die langfristig ohne erhebliche Konkursgefahren kaum wieder aufzulösen sind. Die Notenbanken sollten vom QE-Gedanken ablassen, aufhören, die langfristigen Zinsen zu manipulieren, und wieder zu einer kurzfristigen Kreditvergabe gegen erstklassige Sicherheit zurückkehren. Die langfristigen Zinsen sind von den Märkten statt von der EZB zu bestimmen.

Das Zahlungsbilanzgleichgewicht muss nicht an jedem Tag und in jeder Woche erreicht werden, doch sollten keine Targetsalden vom einen zum anderen Jahr übertragen werden. Wenn es Widerstände gibt, ein solches Mandat der EZB in einen veränderten EU-Vertrag aufzunehmen, müsste zumindest die jährliche Tilgung entstehender Targetschulden mit marktfähigen und sicheren Wertobjekten vorgesehen werden.

Die bisweilen zu hörende Behauptung, die EZB könne ein Zahlungsbilanzgleichgewicht nicht anstreben, weil sie die Aufgabe habe, gegen das Urteil der Märkte und ungeachtet der Länderrisiken die nominalen langfristigen Kreditzinsen in allen Ländern der Eurozone gleich zu machen, steht ökonomisch und rechtlich auf schwachen Füßen. Diesen Auftrag gibt es nicht, im Gegenteil. Der Maastrichter Vertrag gibt den Staaten den expliziten Auftrag, Schuldendisziplin zu üben, und der EZB den Auftrag, sie dabei zu unterstützen. Eine Föderation ist nur dann stabil, wenn eine übermäßige Zunahme der Schulden einzelner Mitglieder zu einer automatischen Erhöhung der Zinsen dieser Mitglieder durch die Märkte führt. Nur die so aktivierbare Schuldenbremse der Märkte ist in der Lage, den Wunsch zu begrenzen, auf Kosten zukünftiger Generationen zu leben und in ein inflationäres Regime abzurutschen.

Auch die privaten Kreditnehmer eines Landes können von einer Zinsspreizung nach der Bonität der jeweiligen Staaten nicht ausgenommen werden, denn als Steuerzahler sind sie selbst für die Finanzierung ihrer jeweiligen Staaten verantwortlich. Sicherlich mag es aus der Sicht mancher Beobachter wünschbar sein, wenn das nicht so wäre. Jedoch setzt die Realisierung dieses Wunsches eine Fiskalunion voraus, und die Fiskalunion wiederum verlangt eine politische Union mit einem echten Parlament, in dem alle Bürger Europas mit dem gleichen Stimmrecht vertreten sind.

Der EZB-Rat hat nicht das Mandat, die Fiskalunion vorwegzunehmen und seine Entscheidungen so zu treffen, als gäbe es sie bereits.

Die Berücksichtigung all dieser Vorschläge würde bedeuten, dass sich das Eurosystem vom Regime der geldpolitischen Lockerung verabschiedet, um wieder zu einer soliden Geldpolitik zurückzufinden. Europa braucht eine politische Union mit einer prosperierenden und stabilen Gesellschaft. Es braucht dafür ein stabiles Geld, das im Inneren und nach außen als gesetzliches Zahlungsmittel anerkannt wird und den Bürgern Gewissheit schafft, dass die Früchte ihrer Anstrengungen nicht durch eine Inflation in fremde Hände übertragen werden. Wird diese Geldwertstabilität nicht erreicht, wird sich Streit und Hader in der EU ausbreiten.

Epilog: Der Weg nach Europa

Wie sagte doch Copernicus zu dem vielen neuen Geld, das wie Unkraut aus dem Boden sprießt?

>»Wenn es überhandgenommen hat und zu spät entdeckt worden ist, kann es der Herr nicht ohne Mühe und nicht ohne erneute Belastung seiner Untertanen beseitigen und erst recht nicht ohne Unglimpf, da er ja selbst die Ursache dafür gesetzt hat.«

Dieses Buch will verhindern, dass der gewaltige Geldüberhang, den die EZB aufgebaut hat, zu spät entdeckt wird. Es will erreichen, dass die Staaten Europas endlich damit aufhören, aus den Druckerpressen des Eurosystems zu leben. Eine Versiebenfachung der Geldmenge, eine Finanzierung von drei Vierteln des Schuldenzuwachses der Eurostaaten durch die Zentralbanken in fast 13 Krisenjahren, eine Erosion des Bankenwesens durch Null- und Negativzinsen, eine kalte Enteignung der Sparer, riesige Zahlungsbilanz-Ungleichgewichte im Eurosystem und eine EZB, die eine monetäre Dominanz über die Parlamente ausübt und sie immer wieder zu neuen Bail-out-Aktionen zwingt. Und nun auch noch eine Anschubinflation, die über die Energie- und Vorproduktpreise läuft und aus dem Zusammenwirken von einer exzessiven fiskalischen Expansion mit den Lieferengpässen durch die Pandemie entsteht. Das alles lässt in der Tat den von Copernicus genannten Unglimpf erwarten, wenn der Kurs nicht endlich verlassen wird.

Man kann nicht ewig behaupten, es liege eine Ausnahmesituation vor, die außergewöhnliche Maßnahmen rechtfertigt. Auch Krisen können zur Normalität werden. Die Zeit der Konsolidierung ist gekommen.

Die EU muss einen Weg zurück zu soliden Finanzen ihrer Euroländer finden, denn sie wird noch gebraucht. Trotz aller Probleme stellt sie im Vergleich zu dem, was der Kontinent in der Vergangenheit erlebt hat, eine glückliche Wende der Geschichte dar. Das Erreichte sollte man nicht verspielen.

Nach der Konsolidierung der Finanzen im Euroverbund sollte nicht die fiskalische Union, sondern zunächst die politische Union angestrebt werden. Europa braucht perspektivisch eine gemeinsame Regierung, eine gemeinsame Verfassung, eine gemeinsame Streitmacht und eine gemeinsame Außenpolitik, um sich in dieser Welt behaupten zu können. Und natürlich braucht es ein echtes demokratisches Parlament, bei dem im Gegensatz zu heute alle EU-Bürger das gleiche Stimmrecht haben. Bevor irgendwelche weiteren Schritte in die Richtung einer Vergemeinschaftung der Schulden und einer Fiskalunion getan werden, sollte die politische Union auf die Agenda kommen. Sie ist lange überfällig.

Dabei sollte nicht der Fehler gemacht werden, speziell das Eurosystem zu einer politischen Union entwickeln zu wollen, wie es Frankreich will, denn das würde zur weiteren Spaltung der EU führen und einen Graben an Deutschlands Ostgrenze ziehen. Es ist unerlässlich für den Frieden an Deutschlands Grenzen, dass auch die osteuropäischen Länder, von denen die meisten den Euro noch nicht eingeführt haben, stärker integriert werden. Sie haben ein Recht darauf, dass auch ihre Präferenzen beachtet werden.

Die EU prosperierte, als sie sich zur Freihandelsunion entwickelte. Sie geriet in eine Dauerkrise, als sie das Gemeinschaftsgeld einführte. Sie würde zerbrechen, wenn sie nun mit dem Vehikel des Euro versuchen würde, auf dem Weg zu einer Schulden- und Haftungsunion weiterzufahren. Dieser Weg ist eine Sackgasse, die ins Chaos führt, wie die unheilvollen ersten Jahrzehnte der USA gezeigt haben.

Und eine Transferunion, wie sie Präsident Macron in seiner Sorbonne-Rede mit Nachdruck gefordert hat, würde Südeuropa zu einem großen Mezzogiorno machen. Sie wäre ein Schritt, der Europas Kräfte auf Dauer erlahmen ließe.

Die Herstellung der politischen Union sollte Deutschland nach den vielen Jahren der Fehlentwicklung als Vorbedingung einfordern, bevor weitere Schritte in die Richtung einer Fiskal- und Transferunion überhaupt nur angedacht werden können. Denn wenn das Geld erst einmal auf dem Tisch liegt, werden viele der stolzen europäischen Staaten nicht mehr einsehen, warum sie dann noch Teile ihrer Souveränität aufgeben sollten.

Vor unseren Toren wird ein Modell gelebt, das den Weg und das Ziel einer politischen Union beschreiben könnte: die Schweiz. Nach Jahrhunderten der Kriege und Streitigkeiten zwischen den kulturell sehr unterschiedlichen Kantonen gelang es den Eidgenossen, aus verschiedenen Nationalitäten einen gemeinsamen Staat mit einem demokratischen Parlament und einer gemeinsamen Armee zu bilden. Die Schweiz ist zuvorderst eine politische Union. Sie ist keine Schuldenunion und nur in einem sehr begrenzten Umfang eine Fiskalunion. Die Kantone sind autonom und delegieren das Recht, Bundessteuern zu erheben, nur auf begrenzte Zeit. In einem begrenztem Umfang gibt es Finanztransfers zwischen den Kantonen, die man im Sinne einer Versicherung auf Gegenseitigkeit interpretieren kann. Es gibt keine Schutzversprechen gegenüber überschuldeten Kantonen. Auch beteiligt sich die Schweizer Nationalbank nicht an der Defizitfinanzierung der Kantone, genauso wenig übrigens, wie das die US-amerikanische Federal Reserve Bank bei den Mitgliedstaaten der USA tut. Die Schweiz verfügt jedoch über eine schlagkräftige gemeinsame Armee und betreibt eine gemeinsame Außenpolitik gegenüber anderen Ländern.

Die Schweiz erblühte in kultureller Vielfalt im Geist der Toleranz, mit einem freiheitlichen, marktwirtschaftlichen Wirtschaftssystem, das sich durch eine hohe Innovationskraft, beachtliche Exporterfolge, eine stabile Währung, stabile Preise und eine disziplinierte und fleißige Bevölkerung auszeichnet. Sie verkörpert keine Utopie, sondern ein realistisches Modell, an dem sich die EU, vor allem auch, was die Reihenfolge der Integrationsschritte und ihren Zeitbedarf betrifft, orientieren könnte.

Verzeichnis der Abbildungen und Tabellen

Autoren- und Namensregister

Stichwort- und Institutionenregister

Stellungnahmen zu diesem Buch

»Hans-Werner Sinns neues Buch kommt zur rechten Zeit. Die EZB hat die Eurozone inzwischen in eine Sackgasse geführt. Sinn erläutert analytisch brillant, jederzeit verständlich und für den Leser anregend die absehbar schwer einzuhegenden Folgen einer äußerst expansiven Geld- und Fiskalpolitik für die Stabilität des Euro und den Zusammenhalt Europas.«

Dr. Nikolaus von Bomhard, Aufsichtsratsvorsitzender und ehemaliger Vorstandsvorsitzender, Munich Re

»Kommt die Inflation zurück? Wie reagiert die EZB? Wohin führt die exorbitante Verschuldung vieler Staaten? Diese und weitere Fragen, Sorgen beschäftigen die Bürger. Anspruchsvoll und zugleich verständlich gibt der Autor Antworten. Ein ›echter Sinn‹.«

Prof. Dr. Otmar Issing, Präsident des Center for Financial Studies, Frankfurt am Main, ehemals Chefvolkswirt der EZB, Mitglied des EZB-Direktoriums, Inhaber des Lehrstuhls für Volkswirtschaftslehre, Geld und Internationale Wirtschaftsbeziehungen an der Universität Würzburg

»Hans Werner Sinn hat ein wichtiges und provokatives Buch geschrieben. Es erschüttert die derzeit vorherrschende geldpolitische Orthodoxie, nach der der aktuelle Inflationsschub nur ein vorübergehendes Phänomen ist, das von einem sehr kurzlebigen Angebotsschock getrieben wird. Die Analyse zwingt den den Leser, in neuen Bahnen zu denken.«

Harold James, Professor für Wirtschaftsgeschichte, Princeton University

»Ein Buch, das gediegene historische Erfahrungen aufgreift, die Gegenwart in diagnostischer Schärfe analysiert und der Zukunft eine Therapie der Vernunft eröffnet.«

Prof. Dr. Paul Kirchhof, Seniorprofessor distinctus für Staats- und Steuerrecht der Universität Heidelberg, Richter des Bundesverfassungsgerichts a.D.

»Hans-Werner Sinn entzaubert die ›wundersame Geldvermehrung‹ durch reiche Fakten, theoretische Modelle und klare Argumentationsstränge. Staaten und Notenbanken in Europa laufen Gefahr, Fiskal- und Geldpolitik zu überdehnen und mit Verteilungszielen zu vermischen: packend provokant, analytisch überzeugend.«

Prof. Dr. Bernd Rudolph, ehemaliger Direktor des Instituts für Kapitalmarktforschung und Finanzierung an der Ludwig-Maximilians-Universität München

Zurück zu soliden Finanzen – das fordert Hans-Werner Sinn von den Euroländern. Sonst drohe das Gemeinschaftswerk EU zu scheitern, an Überschuldung, Inflation und Zombifizierung. Sinns Buch ist ein Weckruf, der Gehör verdient, wenn Europa ein Global Player bleiben soll.

Dr. Wolfgang Schäuble, Präsident des Deutschen Bundestages, Bundesfinanzminister a.D.

Die anhaltende Nullzinspolitik und Liquiditätspumpe der EZB verursacht erhebliche Risiken. Die Geldschwemme und Schuldenlawine bedroht die Geldwertstabilität, führt zur Spaltung Europas und verursacht gesellschaftliche Verteilungskonflikten. Bisher hat niemand prägnanter und erschöpfender diese Risiken beschrieben als Hans-Werner Sinn. Sein Buch sollte Pflichtlektüre für Politiker sein, der öffentlichen Debatte einen Anstoß geben - und der EZB eine deutliche Mahnung sein.

Peer Steinbrück, Bundesfinanzminister a.D., ehemaliger Vorsitzender der SPD

»Pointiert und oft auch provokant schreibt Hans-Werner Sinn der Politik unbequeme Wahrheiten ins Stammbuch. In seinem neuen Werk seziert er die ultralockere Geldpolitik der EZB mit analytischer Schärfe. Er legt überzeugend dar, dass die enormen Risiken für die Preisstabilität mittel- und langfristig auch den Zusammenhalt Europas gefährden. Sinn versteht es wie kein anderer, einen hohen wissenschaftlichen Anspruch mit verständlicher Sprache zu verbinden. Ein wichtiges und zeitgemäßes Buch: Pflichtlektüre für alle politisch Verantwortlichen!«

Dr. Edmund Stoiber, Ministerpräsident des Freistaates Bayern a.D., ehemaliger Vorsitzender der CSU

»Hans-Werner Sinn hat ein äußerst wichtiges Buch geschrieben. Nie zuvor hat jemand die Folgen der EZB-Politik so klar und umfassend erklärt und kritisiert. Das Buch zwingt zum Denken und Handeln, nicht nur in Deutschland, sondern in Europa.«

Nout Wellink, ehemals Präsident der Niederländischen Zentralbank, Vorsitzender des Basler Ausschusses für Bankenaufsicht, Vorstandsvorsitzender der Bank für Internationalen Zahlungsverkehr (BIZ), Direktor beim Internationalen Währungsfonds